适合13至14岁

U0741174

\ ZIRAN WUYU \

# 自然物语

主编 赵建霞

①

上海教育出版社
SHANGHAI EDUCATIONAL
PUBLISHING HOUSE

# 编 委 会

亲爱的同学，当你打开这本书时，你就开启了一段惬意的旅程。从相遇、相知，到相伴前行，淡淡的书香将一直萦绕在你身边。

初中阶段，你已经读过许多名篇佳作，在充满智慧和温情的文字浸润中，语文素养自然会得到提升。但面对神秘奇幻的自然、日新月异的社会、渐趋丰盈的人生，仅仅是课堂上阅读的文章，恐怕很难再满足你的需求，你的阅读理应更广泛、更专业。如何让课内外读物有机融合成滋养你成长的沃土？如何让点滴的阅读收获汇聚成助推你遨游书海的动力？为此，我们邀请了全国各地的名师，精选文章，为你搭建大量阅读、高效阅读的平台。

于是，便有了摆在你面前的这本书。

这本书分为经典诵读、主题阅读、整本书阅读三个板块。

第一个板块是"经典诵读"，所选古诗词都具有经典阅读价值。针对诗词中可能会给你造成阅读障碍的生字难词，我们增加了读音和注释，且辅以专业诵读音频和鉴赏资料供你随时赏听或查阅。你可以利用每天的晨读或其他课余时间反复诵读，只要持之以恒地阅读，假以时日，定能厚积薄发。

第二个板块是"主题阅读"，我们精心挑选了几组文章，聚焦主题，帮助你进行专题探究。其中，"范文阅读"有批注和学习提示，方便你边阅读边思考，掌握这一类文章的阅读方法，并能进行拓展运用。"组文阅读"有单元学习任务，帮助你对一组文章进行整合阅读、比较鉴赏，从碎片化到结构化，在阅读中积累语言、拓展思维，提升核心素养。带有"自由阅读"标签的文章，你可以根据自己的需要、

兴趣自主选择阅读，多读、少读，深读、浅读皆可，如能养成边读边做批注的习惯，你会收获更多。带有"类文阅读"标签的是一组与写作要求相匹配的文章，旨在提供写作思路，激发你的创作灵感。这组文章的首篇附有旁批，为你的写作实践提供技巧点拨。

"整本书阅读"设计了"阅读导航""精彩选篇""阅读规划""交流平台"等助读工具，旨在激发你的阅读兴趣，帮助你掌握科学的阅读方法，从而有计划地开展整本书阅读。

愿这本书伴随你度过阅读的美好时光，与经典交流，与大师对话，帮助你积累知识，开阔视野，提升素养，成为睿智优雅、阳光自信的中国好少年！

# 目录

## 第一单元　流年似水

### 范文阅读

### 组文阅读

# 第二单元　乡梦如烟

## 范文阅读

## 组文阅读

# 第三单元　地域风情

## 自由阅读

## 第四单元　民俗寻趣

### 自由阅读

## 第五单元　学习仿写

### 类文阅读

## 整本书阅读

　　踏一条平平仄仄的幽径，咏一阕抑扬顿挫的辞章，让心灵开始一次雅韵悠长的旅程。从《诗经》到宋词，从田园到边塞，从婉约到豪放，从现实主义到浪漫主义……那些或率真质朴、或清幽缠绵、或慷慨刚健、或隽永蕴藉的诗句，寄托了中华儿女的家国情怀，传承着博大精深的中华文明。

　　有了诗词的濡染，我们的语文学习自当渐入佳境；有了经典的浸润，我们的语文生活定会异彩纷呈。

扫码收听朗诵音频

# 1. 江畔独步寻花
# 七绝句（其五）

⊙〔唐〕杜甫

黄师塔①前江水东，春光懒困②倚微风。

桃花一簇开无主③，可爱深红爱浅红。

这首绝句约写于上元二年（761）春。当时杜甫住在成都浣花溪草堂，生活上失去了依靠，常常为生活而奔波。好在与邻居的交往和美丽的自然景色还能给他带来一点乐趣。这时期，他写过一些游赏村野的小诗，《江畔独步寻花七绝句》便是其中一部分。这些诗篇有的通过写景表现他的闲情逸致，有的则流露出他在失意中无可奈何的心情。这里选取的是第五首，写作者在黄师塔前观赏桃花，虽在尽力寻找闲情雅趣，但其落寞的情绪依然难以掩饰。

①黄师塔：一位姓黄的和尚圆寂后葬地所在的墓塔。唐宋时蜀人尊称和尚为"师"。为圆寂的和尚所建的塔称"师塔"。

②春光懒困：春光融融，让人疏懒困乏。

③无主：没有主人。

扫码收听朗诵音频

# 2. 城①东早春

⊙〔唐〕杨巨源

诗家②清景在新春③，绿柳才黄半未匀。
若待上林④花似锦，出门俱是看花人。

赏析

　　描写春光，抒发对春色的喜爱是诗歌中常见的话题，但本诗作者却没有人云亦云，而是写出了新的境界。首句"诗家清景在新春"，是说为诗人们所喜爱的清新景色，正在这早春中，这是诗人对眼前早春景色的赞美之辞。第二句"绿柳才黄半未匀"，具体写早春之景，诗人眼中、笔下的景物都紧扣了早春的特征。末尾两句与前两句的对比是本诗的独到之处。似锦的繁花，拥挤的人群，毫无新鲜感；而早春的景色有着与众不同的清新，于反衬中表现出了诗人对早春的情有独钟。

---

① 城：指唐代京城长安。

② 诗家：诗人的统称，并不仅指作者自己。

③ 新春：早春。

④ 上林：指上林苑，故址在今陕西西安市西，建于秦代，汉武帝时加以扩充，为汉宫苑。

# 3. 白云泉

◎〔唐〕白居易

天平山①上白云泉，云自②无心水自闲。
何必奔冲山下去，更添波浪向人间！

 赏析

　　这首七绝犹如一幅线条明快、简洁的淡墨山水图。诗人并不注重用浓墨重彩描绘天平山上的风光，而是着意摹画白云与泉水，将它们人格化，使其充满生机、活力，给人一种饶有风趣的清新感。诗人采取象征手法，写景寓志，以云水的逍遥比喻自己恬淡的胸怀与闲适的心情；用泉水激起的自然波浪象征社会风浪，言浅旨远，意在象外，寄托深厚，理趣盎然。

　　"云自无心水自闲"描绘出眼前之景的悠闲：白云随风飘荡，舒卷自如，无牵无挂；泉水淙淙，自由奔泻，从容自得，表现了白云坦荡淡泊的胸怀和泉水娴静雅致的神态。句中连用两个"自"，特别强调云水的自由自在、自得自乐，逍遥而惬意。这里移情注景，景中寓情，"云自无心水自闲"，恰好是诗人思想感情的自我写照。末尾两句写白云泉的水在这里如此闲适，何必奔下山去，给纷扰的人世间再添波澜呢！表达了诗人随遇而安、渴望归隐的思想。

---

① 天平山：在苏州市灵岩山北，高耸巍然，岩石峻峭，山上青松郁郁葱葱，山腰依崖建有亭，亭侧有白云泉，号称"吴中第一水"，泉水清冽。

② 自：本来。

# 4. 思帝乡

扫码收听朗诵音频

⊙〔唐〕韦庄

春日游，杏花吹满头。陌①上谁家年少，足②风流？
妾③拟将身嫁与④一生休⑤。纵被无情弃，不能羞⑥。

《思帝乡》这首词是正面抒写女子在婚姻生活上要求自由选择对象的强烈愿望的情歌，充分体现了女主人公追求爱情的狂热而大胆的精神。在封建社会，女子如果自己表示要选择婚姻对象，人们是会投以轻蔑的目光的。词中的女主人公却干脆地说要嫁与风流的少年，这在古代文人词作里是很少出现的，就冲破封建礼教樊篱而言，有一定的时代意义。

韦庄是"花间词派"的重要词人之一，与温庭筠齐名。但温词秾丽，注重客观描写，使人产生美好的联想；而韦词比较俊爽，注重主观描写，为人的感情品质而感慨。此词正如贺裳《皱水轩词筌》所指出的，是"作决绝语而妙者"。

---

① 陌：田间小路。

② 足：足够，十分。

③ 妾：古代女子自称的谦辞。

④ 将身嫁与：将自己嫁给他。

⑤ 一生休：一辈子就这样罢了，一生就满足了。休，喜悦，欢乐。

⑥ 羞：后悔。

# 5. 临江仙①

扫码收听朗诵音频

⊙〔宋〕苏轼

　　夜饮东坡②醒复醉，归来仿佛三更。家童鼻息已雷鸣。敲门都不应，倚杖听江声③。

　　长恨此身非我有，何时忘却营营④？夜阑⑤风静縠纹⑥平。小舟从此逝，江海寄余生。

 赏析

　　这首词融写景、抒情、议论于一体。作者将客观物境与主观心境融为一体，写出了谪居中的真性情，反映了他的生活理想和精神追求。元好问评论苏轼词说："唐歌词多宫体，又皆极力为之。自东坡一出，情性之外，不知有文字，真有'一洗万古凡马空'气象。"元好问道出了苏词总的特点：文如其人，个性鲜明。这也恰好指出了这首《临江仙》的最成功之处。

---

① 临江仙：唐教坊曲名，后用作词牌名。此词双调六十字，平韵格。

② 东坡：在今湖北黄冈市东。苏轼谪贬黄州时，友人马正卿助其垦辟的游息之所，筑"东坡雪堂"五间。

③ 听江声：苏轼住在长江边上的临皋亭，故能听到长江涛声。

④ 营营：周旋、忙碌，内心躁急之状，形容奔走钻营，追逐名利。

⑤ 夜阑：夜尽。阑，残，尽。

⑥ 縠（hú）纹：比喻水波细纹。縠，绉纱类丝织品。

扫码收听朗诵音频

# *6.* 唐多令

⊙〔宋〕吴文英

何处合成愁？离人心上秋①。纵芭蕉、不雨也飕飕②。都道晚凉天气好，有明月，怕登楼。

年事③梦中休，花空烟水流。燕辞归、客尚淹留。④垂柳不萦⑤裙带⑥住，谩长是、系行舟。

## 赏析

这首词起笔写羁旅秋思，酿足愁情，为写别情蓄势。前两句先点"愁"字，语带双关。从字面看，"愁"字是由"秋心"二字拼合而成，所以此二句又近于字谜游戏。此处似信手拈来，但涉笔成趣，且紧扣主题秋思离愁；从词情看，是说造成这些愁情的是离人悲秋。

下片结尾"垂柳不萦裙带住，谩长是、系行舟"，写客中孤寂的感叹。"垂柳"是眼中秋景，而又关离情别事，写来承接自然。"萦""系"二字均是由柳丝绵长生发的联想，十分形象。"燕辞归、客尚淹留"句与其他句又形成比兴关系，情景相映成趣。

①心上秋："心"上加"秋"字，即合成"愁"字。

②飕（sōu）飕：形容风雨的声音。这里指风吹蕉叶之声。

③年事：指岁月。

④"燕辞归"二句：曹丕《燕歌行》中有"群燕辞归雁南翔，念君客游思断肠。慊慊思归恋故乡，何为淹留寄他方"句，此用其意。客，作者自指。淹留，停留。

⑤萦：缠绕，系住。

⑥裙带：指别去的女子。

# 7. 鹧鸪天·代人赋

⊙〔宋〕辛弃疾

陌上柔桑①破②嫩芽，东邻蚕种已生些。平冈细草鸣黄犊，斜日寒林点暮鸦。

山远近，路横斜，青旗③沽酒有人家。城中桃李愁风雨④，春在溪头荠菜花。

内容上，这首词写的是江南早春乡村景象。上片"嫩芽""蚕种""细草""寒林"等意象都在渲染早春，"斜日"句点明是早春的傍晚。上片四句为我们勾勒出了一幅早春平冈春耕晚景图。下片"山远近"句将视角移开，使画面产生远近错落之感，在结构上亦属"过片"。从表面看，这首词的下片好像仍然接着上片在写景，但"青旗沽酒有人家"一句却在写景之余透露出了"人"的存在，为下文的议论蓄足了势。"城中桃李愁风雨，春在溪头荠菜花"两句画龙点睛，明写景，实议论，奠定了全词的基调。

本词从愉快的景象说起，再转到悲苦的心境，这样互相衬托，悲苦的就显得更为悲苦。前人谈辛词往往用"沉痛"二字，但是沉痛不等于失望，"春在溪头荠菜花"一句可以见出辛弃疾对南宋偏安局面还寄托着很大的希望，这希望是由作者在乡村看到的劳动人民从事农桑的景象引发的。

---

① 柔桑：小桑树。

② 破：冒出。

③ 青旗：也称青帘，古代酒店用青布做的店招。

④ 愁风雨：不堪风雨的摧残。

# 8. 题画竹①

扫码收听朗诵音频

⊙〔清〕郑燮

四十年来②画竹枝，日间挥写③夜间思。

冗繁④削尽留清瘦，画到生时是熟时。

郑板桥以诗画闻名，但他一生落魄。少年时他为世俗所不容，于是发愤读书；老年时他为官场所不容，于是又回到了起点，全身心寄托于他的艺术追求。这首诗便是作者通过几十年的创作经验，告诉我们的道理：作画的提炼过程，绝非一朝一夕之事，而是一个长期积累、需要全身心投入的过程。其实，不仅是作画，任何艺术都是如此。

---

① 郑燮（xiè）作过多首《题画竹》诗，这是其中一首。

② 四十年来：本诗原有一注——"乾隆戊寅十月下浣，板桥郑燮画并题。"可知本诗作于乾隆二十三年（1758）十月间，诗人时年65岁。

③ 挥写：执笔作画。

④ 冗（rǒng）繁：此处指繁杂多余的笔墨。

# 流年似水

　　日历被时光一页页翻过，岁月循了时光的轨迹在我们的生命中镌刻下印记。我们不能挽留时光，但藏在心底的那份醇香，含蕴了浓浓的亲情、友情、乡情，让人回味悠长。

　　似水流年，流年似水，而永不流逝的，是一路上美好并有意义的幸福时光。让我们徜徉于乡村田野，流连于民俗风情，重温那些美好的记忆吧！

　　学习本单元文章，要领会作者是如何根据需要综合运用多种表达方式来传情达意的，还要感受理解作者寄寓在字里行间的情思，品味文章中富于表现力的语言。

# 1. 社戏（节选）

⊙鲁 迅

我在倒数上去的二十年中，只看过两回中国戏，前十年是绝不看，因为没有看戏的意思和机会，那两回全在后十年，然而都没有看出什么来就走了。

第一回是民国元年我初到北京的时候，当时一个朋友对我说，北京戏最好，你不去见见世面么？我想，看戏是有味的，而况在北京呢。于是都兴致勃勃的跑到什么园，戏文已经开场了，在外面也早听到冬冬地响。我们挤进门，几个红的绿的在我的眼前一闪烁，便又看见戏台下满是许多头，再定神四面看，却见中间也还有几个空座，挤过去要坐时，又有人对我发议论，我因为耳朵已经喤喤的响着了，用了心，才听到他是说"有人，不行！"

简洁的叙述，既引出看戏的话题，又能激发读者想一探究竟的兴趣。

11

这段描写颇具功力，试着针对作者描写时所用的手法进行鉴赏。

我们退到后面，一个辫子很光的却来领我们到了侧面，指出一个地位来。这所谓地位者，原来是一条长凳，然而他那坐板比我的上腿要狭到四分之三，他的脚比我的下腿要长过三分之二。我先是没有爬上去的勇气，接着便联想到私刑拷打的刑具，不由的毛骨悚然的走出了。

走了许多路，忽听得我的朋友的声音道，"究竟怎的？"我回过脸去，原来他也被我带出来了。他很诧异的说，"怎么总是走，不答应？"我说，"朋友，对不起，我耳朵只在冬冬喤喤的响，并没有听到你的话。"

议论耐人寻味，如能联系《藤野先生》中有关"看客"的描述品味思考，会读出更复杂的情绪和意味。

后来我每一想到，便很以为奇怪，似乎这戏太不好，——否则便是我近来在戏台下不适于生存了。

第二回忘记了那一年，总之是募集湖北水灾捐而谭叫天①还没有死。捐法是两元钱买一张戏票，可以到第一舞台去看戏，扮演的多是名角，其一就是小叫天。我买了一张票，本是对于劝募人聊以塞责的，然而似乎又有好事家乘机对我说了些叫天不可不看的大法要了。我于是忘了前几年的冬冬喤喤之灾，竟到第一舞台去了，

---

① 谭叫天：又称小叫天。当时的京剧演员。

但大约一半也因为重价购来的宝票，总得使用了才舒服。我打听得叫天出台是迟的，而第一舞台却是新式构造，用不着争座位，便放了心，延宕到九点钟才出去，谁料照例，人都满了，连立足也难，我只得挤在远处的人丛中看一个老旦在台上唱。那老旦嘴边插着两个点火的纸捻子，旁边有一个鬼卒，我费尽思量，才疑心他或者是目连的母亲，因为后来又出来了一个和尚。然而我又不知道那名角是谁，就去问挤小在我的左边的一位胖绅士。他很看不起似的斜瞥了我一眼，说道，"龚云甫！"我深愧浅陋而且粗疏，脸上一热，同时脑里也制出了决不再问的定章，于是看小旦唱，看花旦唱，看老生唱，看不知什么角色唱，看一大班人乱打，看两三个人互打，从九点多到十点，从十点到十一点，从十一点到十一点半，从十一点半到十二点，——然而叫天竟还没有来。

　　我向来没有这样忍耐的等待过什么事物，而况这身边的胖绅士的吁吁的喘气，这台上的冬冬喤喤的敲打，红红绿绿的晃荡，加之以十二点，忽而使我省悟到在这里不适于生存了。我同时便机械的拧转身子，用力往外只一挤，

語言甚妙，铺排出无从躲避的无聊、无助、无奈之情状，令读者感同身受。

再次提到"冬冬喤喤""不适于生存"，你觉得作者想表达什么情感？

13

觉得背后便已满满的，大约那弹性的胖绅士早在我的空处胖开了他的右半身了。我后无回路，自然挤而又挤，终于出了大门。街上除了专等看客的车辆之外，几乎没有什么行人了，大门口却还有十几个人昂着头看戏目，而叫天却还没有来……

点睛式的议论，可品出让人心领神会又不可言说的妙处。

然而夜气很清爽，真所谓"沁人心脾"，我在北京遇着这样的好空气，仿佛这是第一遭了。

这一夜，就是我对于中国戏告了别的一夜，此后再没有想到他，即使偶而经过戏园，我们也漠不相关，精神上早已一在天之南一在地之北了。

但是前几天，我忽在无意之中看到一本日本文的书，可惜忘记了书名和著者，总之是关于中国戏的。其中有一篇，大意仿佛说，中国戏是大敲，大叫，大跳，使看客头昏脑眩，很不适于剧场，但若在野外散漫的所在，远远的看起来，也自有他的风致。我当时觉着这正是说了在我意中而未曾想到的话，因为我确记得在野外看过很好的戏，到北京以后的连进两回戏园去，也许还是受了那时的影响哩。可惜我不知道怎么一来，竟将书名忘却了。

至于我看好戏的时候，却实在已经是"远哉遥遥"的了，其时恐怕我还不过十一二岁。

## 学习提示

本文是《社戏》一文的节选，《社戏》这篇文章共讲述了作者三次看戏的经历，表达了真实、复杂的感受：成年后在京城的两次看戏过程近乎煎熬，童年到赵庄看社戏则成为永生难忘的美好回忆。文中有对现实社会中逼仄、喧嚣的生存空间和人们浮躁、麻木、空虚的生存状态的批判，又有对自由、平等、和谐、宁静的理想社会生活的憧憬。此文收入小说集《呐喊》，与整部小说集表现出的对民族生存状态浓重的忧患意识和对社会变革的强烈希望这一主题契合。

学习时要深入领会作者意旨，还要关注作者是如何根据需要综合运用多种表达方式，又是如何以其遣词造句的非凡功力赋予作品非凡表现力的。

# 2. 清　明

◎丰子恺

清明例行扫墓。扫墓照理是悲哀的事。所以古人说："鸦啼雀噪昏乔木，清明寒食谁家哭。"又说："佳节清明桃李笑，野田荒冢只生愁。"然而在我幼时，清明扫墓是一件无上的乐事。人们借佛游春，我们是"借墓游春"。我父亲有八首《扫墓竹枝词》：

> 别却春风又一年，梨花似雪柳如烟。
> 家人预理上坟事，五日前头折纸钱。

> 风柔日丽艳阳天，老幼人人笑口开。
> 三岁玉儿娇小甚，也教抱上画船来。

> 双双画桨荡轻波，一路春风笑语和。
> 望见坟前堤岸上，松阴更比去年多。

这句议论，奠定了全篇的感情基调，将历来笼在"清明"一词近旁的阴冷愁怨之气驱散。

壶榼纷陈拜跪忙，闲来坐憩树荫凉。
村姑三五来窥看，中有谁家新嫁娘。

周围堤岸视桑麻，剪去枯藤只剩花。
更有儿童知算计，松球拾得去煎茶。

荆榛坡上试跻攀，极目云烟杳霭闲。
恰得村夫遥指处，如烟如雾是含山。

纸灰扬起满林风，杯酒空浇奠已终。
却觅儿童归去也，红裳遥在菜花中。

解将锦缆趁斜晖，水上蜻蜓逐队飞。
赢受一番春色足，野花载得满船归。

　　这里的"三岁玉儿"，就是现在执笔写此文的七十老翁。我的小名叫作"慈玉"。

　　清明三天，我们每天都去上坟。第一天，寒食，下午上"杨庄坟"。杨庄坟离镇五六里路，水路不通，必须步行。老幼都不去，我七八岁就参加。茂生大伯挑了一担祭品走在前面，大家跟他走，一路上采桃花，偷新蚕豆，不亦乐乎。

此处简洁洗练的叙述，与后面两段的首句相呼应，共同交代了清明活动的日程，使文章结构条理分明。

排比句式的运用，使自由玩耍的情状跃然纸上。描写拔蚕豆梗、豌豆梗做笛子的经历，妙趣横生，且与开篇处"无上的乐事"遥相呼应。

到了坟上，大家息足，茂生大伯到附近农家去，借一只桌子和两只条凳来，于是陈设祭品，依次跪拜。拜过之后，自由玩耍。有的吃甜麦塌饼，有的吃粽子，有的拔蚕豆梗来做笛子。蚕豆梗是方形的，在上面摘几个洞，作为笛孔。然后再摘一段豌豆梗来，装在这笛的一端，笛便做成。指按笛孔，口吹豌豆梗，发音竟也悠扬可听。可惜这种笛寿命不长。拿回家里，第二天就枯干，吹不响了。祭扫完毕，茂生大伯去还桌子凳子，照例送两个甜麦塌饼和一串粽子，作为酬谢。

文中提及父亲的语句都别有一番情味，请联系上下文，细细品味。

然后诸人一同在夕阳中回去。杨庄坟上只有一株大松树，临着一个池塘。父亲说这叫作"美人照镜"。现在，几十年不去，不知美人是否还在照镜。闭上眼睛，情景宛在目前。

正清明那天，上"大家坟"。这就是去上同族公共的祖坟。坟共有五六处，须用两只船，整整上一天。同族共有五家，轮流做主家。白天上坟，晚上吃上坟酒。这笔费用由祭田开销。祖宗们心计长，恐怕子孙不肖，上不起坟，叫他们变成饿鬼。因此特置几亩祭田，租给农民。轮到谁家主持上坟，由谁家收租。雇船办酒之外，费用总有余裕。因此大家高兴做主。而小孩子尤其高兴，因为可以整天在乡下游玩，在草地上吃午饭。船里烧出来的饭菜，滋味特别好。因为，据老人们说，家里有灶君菩萨，把饭菜的好滋味先尝了去，而船里没有灶君菩萨，所以船里烧出来的饭菜滋味特别好。孩子们还有一件乐事，是抢鸡蛋吃。每到一个坟上，除对祖宗的一桌祭品以外，必定还有一只小匾，内设小鱼、小肉、鸡蛋、酒和香烛，是请土神吃的，叫作拜坟墓土地。孩子们中，谁先向坟墓土地叩头，谁先抢得鸡蛋。我难得抢到，觉得这鸡蛋的确比平常的好吃。上了一天坟回来，晚上是吃上坟酒。酒有四五桌，因为出嫁姑娘也都来吃。吃酒时，长辈总要训斥小辈，被训斥的，主要是乐谦、乐生和月生。因为乐谦盗卖坟树，乐生、月生作恶为非，上坟往往不到而吃上坟酒必到。

第三天上私房坟。我家的私房坟，又称为旗杆坟。去上的就是我们一家人，父母和我们姐弟数人。吃了早中饭，雇一只客船，慢吞吞地荡去。水路五六里，不久就到。祭扫期间，附近三竺庵里的和尚来问讯，送我们些春笋。我们也到这庵里去玩，看见竹林很大，身入其中，

"船里烧出来的饭菜，滋味特别好。"文中对这一现象的解释，你认同吗？联系上下文说说你的看法。

结尾再提"乐事"，照应开头，收束全篇。对父亲的怜惜给清明乐事涂染了伤感色彩，将复杂的情愫传达得真切细腻。

不见天日。我们终年住在那市井尘嚣中的低小狭窄的百年老屋里，一朝来到乡村田野，感觉异常新鲜，心情特别快适，好似遨游五湖四海。因此我们把清明扫墓当作无上的乐事。我的父亲孜孜兀兀地在穷乡僻壤的蓬门败屋之中度送短促的一生，我想起了就感到无限的同情。

## 学习提示

丰子恺的散文常在婉曲的叙写中夹进议论，情理并重。他喜欢在作品中表现儿童生活，总是从极平常的生活中取材，用明白如话的文字，和蔼而又超脱的态度，将对象描摹得十分传神，行文简洁又不时有弦外之音，蕴含着或恬静或庄穆的情思。

学习本文时，要关注文中的叙述、描写、议论、抒情是如何自然融合的，感受真情，理解至理。还要揣摩品味丰子恺浅近、亲切又不失典雅的语言，领会其和蔼而又超脱的处事态度。

# *1.* 鲁迅翁杂忆

◎夏丏尊

我认识鲁迅翁，还在他没有鲁迅的笔名以前。我和他在杭州两级师范学校相识，晨夕相共者好几年，时候是前清宣统年间。那时他名叫周树人，字豫才，学校里大家叫他周先生。

那时两级师范学校有许多功课是聘用日本人为教师的，教师所编的讲义要人翻译一遍，上课的时候也要有人在旁边翻译。我和周先生在那里所担任的就是这翻译的职务。我担任教育学科方面的翻译，周先生担任生物学科方面的翻译。此时，他还兼任着几点钟的生理卫生的教课。

翻译的职务是劳苦而且难以表现自己的，除了用文字语言传达他人的意思以外，并无任何可以显出才能的地方。周先生在学校里却很受学生尊敬，他所译的讲义就很被人称赞。那时白话文尚未流行，古文的风气尚盛，周先生对于古文的造诣，在当时出版不久的《域外小说集》里已经显出。以那样的精美的文字来译动物植物的讲义，在现在看来似乎是浪费，可是在三十年前重视文章的时代，是很受欢迎的。

周先生教生理卫生，曾有一次答应了学生的要求，加讲生殖系统。这事在今日学校里似乎也成问题，何况在三十年以前的前清时代。全校师生们都为惊讶，他却坦然地去教了。他只对学生提出一个条件，就是在他讲的时候不许笑。他曾向我们说："在这些时候不许笑是个重要条件。因为讲的人的态度是严肃的，如果有人笑，严肃的空气就破坏了。"大家都佩服他的卓见。据说那回教授的情形果然很好。别班的学生因为没有听到，纷纷向他来讨油印讲义看，他指着剩余的油印讲义对他们说："恐防你们看不懂的，要么，就拿去。"原来他的讲义写得很简，而且还故意用着许多古语，在无文字学素养未曾亲听过讲的人看来，好比一部天书了。这是当时的一段珍闻。

周先生那时虽尚年轻，丰采和晚年所见者差不多。衣服是向不讲究的，一件廉价的羽纱——当年叫洋官纱——长衫，从端午前就着起，一直要着到重阳。一年之中，足足有半年看见他着洋官纱，这洋官纱在我记忆里很深。民国十五年（1926）初秋他从北京到厦门教书去，路过上海，上海的朋友们请他吃饭，他着的依旧是洋官纱。我对了这二十年不见的老朋友，握手以后，不禁提出"洋官纱"的话来。"依旧是洋官纱吗？"我笑说。"呃，还是洋官纱！"他苦笑着回答我。

周先生的吸卷烟是那时已有名的。据我所知，他平日吸的都是廉价卷烟，这几年来，我在内山书店时常碰到他，见他所吸的总是金牌、品海牌一类的卷烟。他在杭州的时候，所吸的记得是强盗牌。那时他晚上总睡得很迟，强盗牌香烟，条头糕，这两件是他每夜必需的粮。服侍他的斋夫叫陈福。陈福对于他的任务，有一件就是每晚摇寝铃以前替他买好强盗牌香烟和条头糕。我每夜到他那里去闲谈，到摇寝铃的时候，总见陈福拿进强盗牌和条头糕来，星期六的夜里备得更富足。

周先生每夜看书，是同事中最会熬夜的一个。他那时不做小说，文学书是喜欢读的。我那时初读小说，读的以日本人的东西为多，他赠了我一部《域外小说集》，使我眼界为之一广。我在二十岁以前也曾读过西洋小说的译本，如小仲马、狄更斯诸家的作品，都是从林琴南的译本读到过的。《域外小说集》里所收的是比较近代的作品，而且都是短篇，翻译的态度，文章的风格，都和我以前所读过的不同。这在我是一种新鲜味。自此以后，我于读日本人的东西以外，又搜罗了许多日本人所译的欧美作品来读，知道的方面比较多起来了。他从五四以来，在文字上、思想上，大大地尽过启蒙的努力。我可以说在三十年前就受他启蒙的一个人，至少在小说的阅读方面。

周先生曾学过医学。当时一般人对于医学的见解，还没有现在的明了，尤其关于尸体解剖等类的话，是很新奇的。闲谈的时候，常有人提到这尸体解剖的题目，请他讲讲"海外奇谈"。他都一一说给他们听。据他说，他曾经解剖过不少的尸体，有老年的，壮年的，男的，女的。依他的经验，最初也曾感到不安，后来就不觉得什么了，不过对于青年的妇人和小孩的尸体，当开始去破坏的时候，常会感到一种可怜不忍的心情。尤其是小孩的尸体，更觉得不好下手，非鼓起了勇气，拿不起解剖刀，我曾在这些谈话上领略到他的人间味。

周先生很严肃，平时是不大露笑容的，他的笑必在诙谐的时候。他对于官吏似乎特别憎恶，常模拟官场的习气，引人发笑。现在大家知道的"今天天气……哈哈"一类的模拟谐谑，那时从他口头已常听到。他在学校里是一个幽默者。

## 春联的起源（一）

春联也叫门对、春贴、对联、对子、桃符等，它以工整、对偶、简洁、精巧的文字描绘时代背景，抒发美好愿望，是我国特有的文学形式。

春联起源于"桃符"。桃符的出现可以追溯到古代的传说。

上古时期，有神荼、郁垒两兄弟，他们住在度朔山上。山上有一棵桃树，树冠如盖。每天早上，他们便在这树下检阅百鬼，如果有恶鬼为害人间，便将其绑了喂老虎。后来，老百姓为了驱鬼、压邪，便在大门左右各挂一块桃木，画上他们的神像（左为神荼，右为郁垒）用来镇邪。当时人们把这种桃木上的画称为"桃符"，这便是最早的春联。

# 2. 风会记得一朵花的香

⊙丁立梅

一

没事的时候，我喜欢伏在三楼的阳台上，往下看。

那儿，几间平房，坐西朝东，原先是某家单位做仓库用的。房很旧了，屋顶有几处破败得很，像一件破棉袄，露出里面的絮。"絮"是褐色的木片子，下雨的天，我总担心它会不会漏雨。

房子周围长了五棵紫薇。花开时节，我留意过，一树花白，两树花红，两树花紫。把几间平房，衬得水粉水粉的。常有一只野鹦鹉，在花树间跳来跳去，变换着嗓音唱歌。

房前，码着一堆的砖，不知做什么用的。砖堆上，很少有空落落的时候，上面或晒着鞋，或晾着衣物什么的。最常见的，是两双绒拖鞋，一双蓝，一双红，它们相偎在砖堆上，孵太阳。像夫与妇。

也真的是一对夫妇住着，男的是一家公司的门卫，女的是街道清洁工。他们早出晚归，从未与我照过面，但我听见过他们的说话声，在夜晚，喁喁的，像虫鸣。我从夜晚的阳台上望下去，望见屋子里的灯光，和在灯光里走动的两个人影。世界美好得让人心里长出水草来。

某天，我突然发现砖堆上空着，不见了蓝的拖鞋、红的拖鞋，砖堆一下子变得异常冷清与寂寥。他们外出了？还是生病了？我有些心神不宁。

重"见"他们，是在几天后的午后。我在阳台上晾衣裳，随意往楼下看了看，看到砖堆上，赫然躺着一蓝一红两双绒拖鞋，在太阳下，相偎着，仿佛它们从来不曾离开过。那一刻，我的心里腾出欢喜来：感谢天！他们还都好好地在着。

## 二

做宫廷桂花糕的老人，天天停在一条路边。他的背后，是一堵废弃的围墙，但这不妨碍桂花糕的香。他跟前的铁皮箱子上，叠放着五六个小蒸笼，什么时候见着，都有袅袅的香雾，在上面缠着绕着，那是蒸熟的桂花糕好闻的味道。

老人瘦小，永远一身藏青的衣，藏青的围裙。雪白的米粉，被他装进一个小小的木器具里，上面点缀桂花三两点，放进蒸笼里，不过眨眼间，一块桂花糕就成了。

停在他那儿，买了几块尝。热乎乎的甜，软乎乎的香，忍不住夸他，你做的桂花糕，真的很好吃。他笑得十分开心，他说，他做桂花糕，已好些年了。

我问，祖上就做吗？

他答，祖上就做的。

我提出要跟他学做，他一口答应，好。

于是我笑，他笑，都不当真。却喜欢这样的对话，轻松、愉快，人与人，不疏离。

再路过，我会冲着他的桂花糕摊子笑笑，他有时会看见，有时正忙，看不见。看见了，也只当我是陌生的，回我一个浅浅的笑。——来往顾客太多，他不记得我了。但我知道，我已忘不掉桂花糕的香，许多小城人，也都忘不掉。

现在，每每看到老人在那里，心里便很安然。像小时去亲戚家，拐过一个巷道，望见麻子师傅的烧饼炉，心就开始雀跃，哦，他在呢，他在呢。

麻子师傅的烧饼炉，是当年老街的一个标志。它和老街一起，成为一代人的记忆。


# 三


卖杂粮饼的女人，每到黄昏时，会把摊子摆到我们学校门口。两块钱的杂粮饼，现在涨到三块了，味道很好，有时我也会去买上一个。

时间久了，我们相熟了。遇到时，会微笑、点头，算作招呼。偶尔，也有简短的对话，她知道我是老师，会问一句，老师，下课了？我答应一声，问她，冷吗？她笑着回我，不冷。

我们的交往，也仅仅限于此。淡淡的，像路边随便相遇到的一段寻常。

我出去开笔会，一走半个多月。回来后，正常上班、下班，没觉得有什么不同。

女人的摊子，还摆在学校门口，上面撑起一个大雨篷，挡风的。学生们还未放学，女人便闲着，双手插在红围裙兜里，在看街景。当看到我时，女人的眼里跳出惊喜来，女人说，老师，好长时间没看到你了。

当下愣住，一个人的存在，到底对谁很重要？这世上，总有一些人记得你，就像风会记得一朵花的香。凡来尘往，莫不如此。

# 3. 看 戏

⊙叶君健

时间是晚上八点。太阳虽然早已经落下，但暑气并没有收敛。没有风。公园里那些屹立着的古树静静的。树叶也是静静的。露天的劳动剧场也是静静的。

但剧场里并不是没有人。相反地，人挤得非常满。每个角落里都是人，连走路的石阶上都坐着人：工人、店员、手艺人、干部、学生，甚至还有近郊来的农民。从前面一排向后面一望，这简直像一个人海。他们所发散出来的热力和空中的暑气凝结在一起，罩在这个人海上面，像一层烟雾。烟雾不散，海屏住了呼吸。

舞台上的幕布拉开了，音乐奏起来了。演员们踩着音乐的拍子，以庄重而有节奏的步法走到脚光①前面来了。灯光射在他们五颜六色的服装和头饰上，激起一片金碧辉煌的彩霞。这个迷蒙的海上顿时出现了一座蜃楼。那里面有歌，也有舞；有悲欢，也有离合；有忠诚，也有奸谗；有决心，也有疑惧；有大公的牺牲精神，也有自私

---

① 脚光：指脚灯，安装在舞台口底部的一排灯。

的个人打算。但主导这一切的却是一片忠心耿耿、为国为民的热情。这种热情集中地、具体地在穆桂英身上表现了出来。

当女主角穆桂英以轻盈而矫健的步子走出场来的时候，这个平静的海面陡然动荡起来了，它上面卷起了一阵暴风雨，观众像触了电似的对这位女英雄报以雷鸣般的掌声。她开始唱了。她圆润的歌喉在夜空中颤动，听起来辽远而又切近，柔和而又铿锵。戏词像珠子似的从她的一笑一颦中，从她优雅的"水袖"中，从她婀娜的身段中，一粒一粒地滚下来，滴在地上，溅到空中，落进每一个人的心里，引起一片深远的回音。这回音听不见，却淹没了刚才涌起的那一阵热烈的掌声。

观众像着了魔一样，忽然变得鸦雀无声。

他们看得入了神。他们的感情和舞台上女主角的感情融在了一起。随着剧情的发展，女主角的歌舞渐渐进入高潮。观众的情感也渐渐进入高潮。潮在涨，没有谁能控制住它。这个一度平静下来的人海又忽然动荡起来了。戏就在这时候要到达顶点。我们的女主角在这时候像一朵盛开的鲜花，观众想要把这朵鲜花捧在手里，不让它消逝。他们不约而同地从座位上立起来，像潮水一样，涌到我们这位艺术家的面前。舞台已经失去了界限，整个的剧场就是一个庞大的舞台。

我们的这位艺术家是谁呢？他就是梅兰芳同志。半个世纪的舞台生涯过去了，66岁的高龄，仍然能创造出这样富有朝气的美丽形象，表现出这样充沛的青春活力，这不能不说是一个奇迹。这奇迹的产生是必然的，因为我们拥有这样热情的观众和这样热情的艺术家。

# 4. 七夕看戏

⊙王　坦

七夕是一个很浪漫的节日。

小时候听大人们说："牛郎织女这一天要在鹊桥相会。据说在葡萄架下可以看到这一幕。但是，如果看见，眼睛会看不见东西的。"

那时候我们总想看到，却又怕小小年纪就失了明。后来才知道，那是大人们怕自己听来的故事不够传奇逼真，故意吓唬我们小孩子的。但在那时，对于这些从奶奶的奶奶那里听来的故事，我们是信以为真的。

城里的人过七夕常送花，村里的人有点儿稀罕事就唱大戏，七夕也不例外，只是唱的曲目大多与七夕的各种传说有关罢了。我们小孩子也不管台上唱的是什么，只是从前的时光似乎过得慢，过得一天是一天，平时也没什么稀罕事，总希望凑凑热闹，混个吃喝。

没有农活儿的时候，天一黑，村里人就早早睡下，爸妈白天累了，自然没有时间带我去看戏。我便央求大娘去看戏的时候带上我。于是，大晚上的，我就跟着人群去镇上看戏了。去看戏的人有骑自行车的，有徒步的，有骑三轮儿的，月光凉凉的，一路上还能听大人们讲各种神奇的传说故事。

那是我第一次晚上去看戏，上好的大弦子戏《天仙配》，听说讲的是董永和七仙女的故事。一路上，我一门心思想着见见这出戏的弦子到底有多大；想看看大槐树是怎样开口说话的；也想亲眼看看到底为什么一股白烟儿一冒，画里的七仙女就瞬间下凡了。

后来才知道原来"大弦子戏"的弦子也没那么大，这出戏里的乐器与别的戏里的乐器也并没有什么不同，只是调式不同罢了。至于七仙女下凡，是剧团的人为了达到"仙化"的舞台效果，及时撒的干冰。而我那时却以为真是看到"仙女下凡"了。

可是唯一的一点插曲让我感到可笑：一群胆大的熊孩子趁管理人员不备，早已偷偷地爬上戏台子。他们离舞台最前面的帕灯很近很近，以至于我这种乖孩子只有眼红的份儿。我眼巴巴地望着他们一点一点靠近舞台，离演员越来越近，离舞台周边纵横交错的电线也越来越近……

台上的董永渐入佳境，正含情脉脉地唱得起劲儿，不料却突然往前跨出一大步，变换成一口地道的濮阳方言，指着其中一个熊孩子说："大家都注意啦啊，都注意啦，这是谁家的孩子啊，快点儿领走，赶快领走啊，要是电死喽，俺可不管啊，俺可不管！"话音未落，一个穿着背心短裤的男人拎起一个熊孩子的耳朵就把他扯走了，随即台下一阵惊天动地的打骂孩子声。大人们也就这点本事，就会拿孩子出气，可能那时候的生活太累或者太无聊了。一会儿，台上又咿咿呀呀地唱起大戏来了。后来才知道，原来这叫"跳戏"！

小时候常听人提起《红楼梦》，说什么"看了《红楼梦》，好得相思病"。好像"相思"之类的字眼于我们女儿家是极不益的，好像只有表现出羞涩之意才配得上女儿身。我那时大概以为自己是个凛然正气的女中豪杰，与这种小女人情态很不沾边儿，便时常端出一副正儿八经的样子。最好的明证便是：一看《红楼梦》的电视剧，便倒头大睡，再没有一种催眠术比这更见效的了。但是对《天仙配》里的七仙女，却是从小就感兴趣的，我们以为七仙女就是邻居家的美丽姐姐，听大人一说起她的不幸遭遇，就会偷偷地哭一会儿。

直到后来，我读了王实甫的《西厢记》，读了汤显祖的《牡丹亭》，我的青春一下子觉醒了，女性意识空前高涨，以至于后来对《红楼梦》百看不厌。我也是从看了《天仙配》等悲欢离合的爱情故事，才更加真切地体会到：其实，千百年来，天下人都在做着同一篇文章，叫作"生离死别"。

自那以后，像那夜那样的好戏，我再也没有看过。

# 5. 吆 喝

⊙徐名印

　　小时家乡的吆喝不是很多，却句句喊在我的心坎上，让我至今不能忘怀。

　　我的家乡器乐性的吆喝不多，大多是声乐性的吆喝。

　　器乐性的吆喝就是算命先生打的小铜锣和小货郎摇的拨浪鼓。小铜锣十天半月走街串巷一次，而且大都是在下午。从事这一行当的也大都是盲人夫妇。丈夫走在前面，一只手拿着一根竹竿，试探着路，另一只手拿另一根竹竿拉着后边的妻子；妻子一只手拉住丈夫伸过来的竹竿，另一只手拎着与小锤一体的小铜锣，时不时敲一下。这是金属碰击的声音，不是木槌打锣的声响，就像闹钟的铃声，不是连击，是单敲，"铛——""铛——""铛——"响声清脆、悠远、空灵。

　　小货郎五冬六夏<sup>①</sup>来的时日不一样，却是婶子、大娘、媳妇、姑娘的最爱。小货郎用的拨浪鼓，是一根木棍上串上三个小鼓，中

―――――――――

① 五冬六夏：不论寒暑，不管什么时候。

间的大，两头的小，每个小鼓两面蒙上鼓皮，小鼓两边系上有木质鼓槌的小绳，攥住木棍左右一摇，拨浪鼓就发出"嘭嘭嘭""嘭嘭嘭"连续的响声。小货郎一来，拨浪鼓一响，大人小孩儿一围一大圈。婶子、大娘买针头、线脑，媳妇、姑娘买小镜、香粉、雪花膏，小孩儿缠着母亲买皮球、陀螺、泥哨、小弹弓，嘻嘻哈哈舒心的笑声在村庄的上空飘荡。

声乐性的吆喝就比较多了。一年四季，早晨常听到的吆喝就是卖豆腐和卖油条的。

卖豆腐的一来就是好几个，都是男人卖的，但各人的吆喝不一样：有的简洁明了，就"豆腐"两个字，但"豆"与"腐"声音拖长，音很高，"豆——腐"；有的为说明豆腐是刚出锅的，在"豆腐"前边加个"热"字，在吆喝时"热"与"腐"声调一致，"豆"的声音高上去，"热——豆——腐"；有的先把"热"的吆喝高八度地上去，"豆腐"却低八度地下来，"热——豆腐"。"热——豆腐"这种吆喝，吆喝的吃力，听的费神，心跟着一提一沉。"热豆腐"也不是哄人的。特别是冬天，盖豆腐的笼布一掀，真是热气腾腾，凉的确实很少。

卖油条的吆喝就单一得多了。油条是花生油炸的，为突出油条的香，在吆喝时故意说成香油炸的，两字一起，一高一低，喊成"香油——果子"。

家乡的早晨，伴着袅袅的炊烟，荡漾着此起彼伏的豆腐、油条的吆喝声，这可能是乡村独有的乐曲。

夏天独有的吆喝，就是卖凉粉的。现在还记得常来卖的是个中年妇女，她吆喝的声音不高不低、不紧不慢，就是简简单单"凉——粉"两个字，甜甜脆脆，给闷热的夏天带来了丝丝凉气。每当听到"凉——粉"的吆喝声，母亲就拿出一个小干瓢，舀上点豌豆，让我换点凉粉解解馋，那情景就像电视中"黑芝麻糊"的广告一样。

不分时节的吆喝要数磨刀、磨剪和巴盆、巴锅最常见。磨刀、磨剪的吆喝就像电影《红灯记》里地下党的吆喝一样，"磨——剪子嘞，抢——菜刀"，第一句高，第二句低，可见当时的编剧是深入了解了生活的。只不过电影里地下党扛着的是长凳子，现实生活中的磨刀人，是把磨刀、磨剪的磨石放在矮而短的凳上，用小胶轮车推着的。巴盆、巴锅的吆喝简洁些，也没有什么音节的变化，只是"巴盆——巴锅——"平平地喊着。喊得虽平平，但这一行当最实用。巴盆、巴锅的一来，乡亲们就把裂纹的饭碗、水缸、油缸、大小尿罐、大小菜盆、大小饭锅，拿来修补。这是一个技术活，用泥烧制的盆、罐好弄，最难修补的是瓷碗、瓷缸和饭锅，得用特制的钻头、特制的巴子、恰当的"火候"，不然会砸了自己的手艺和声誉。

吆喝是一种口头广告。但随着时代和经济的发展、生活水平的提高、广告媒体的发达，家乡街头巷尾的吆喝声没有了，有的吆喝所代表的行当也消失了。现在，在我的家乡，卖豆腐、油条、凉粉的还有，但实现了专业、特色发展，不用出门就能卖完；小铜锣、小货郎、磨刀磨剪、巴盆巴锅的吆喝声，人们只能在记忆中去寻找它们了。

# 单元学习任务

任务一

本单元的文章不仅让我们饱览了民俗风情，而且都是根据需要综合运用多种表达方式的典范。请阅读《风会记得一朵花的香》《看戏》《七夕看戏》三篇文章，选取文中综合运用多种表达方式的片段，用不同颜色的记号笔为运用不同表达方式的语句着色（如：叙述——蓝色；描写——绿色；议论——红色；抒情——黄色），并参考"范文阅读"中的旁批，将不同表达方式表情达意的作用批注在文中。

任务二

本单元文章的语言极富表现力，请尝试模仿下面示例中语段运用的表现手法，改写学生习作中平淡无奇的语段，让它们也变得富于表现力。

示例1：灯光射在他们五颜六色的服装和头饰上，激起一片金碧辉煌的彩霞。这个迷蒙的海上顿时出现了一座蜃楼。那里面有歌，也有舞；有悲欢，也有离合；有忠诚，也有奸谗；有决心，也有疑惧；有大公的牺牲精神，也有自私的个人打算。

——《看戏》

示例2：巴盆、巴锅的一来，乡亲们就把裂纹的饭碗、水缸、油缸、大小尿罐、大小菜盆、大小饭锅，拿来修补。

——《吆喝》

学生习作片段1：

校运会接力赛开始了，发令枪一响，观众席便沸腾了。各班的啦啦队热情洋溢，用不同的方式给本班的运动员加油助威，好不热闹！（请仿照示例1，把啦啦队呐喊助威的情状写得更具体细致些，让读者如临其境。）

改写：＿＿＿＿＿＿＿＿＿＿＿＿＿＿＿＿＿＿＿＿
＿＿＿＿＿＿＿＿＿＿＿＿＿＿＿＿＿＿＿＿＿＿＿
＿＿＿＿＿＿＿＿＿＿＿＿＿＿＿＿＿＿＿＿＿＿＿
＿＿＿＿＿＿＿＿＿＿＿＿＿＿＿＿＿＿＿＿＿＿＿

学生习作片段2：

新西兰游学一个月，终于回家了！一进家门，老妈就张罗开了，各色各样的饭菜摆满了餐桌。（请仿照示例2，把妈妈的复杂心情表现得更到位些。）

改写：＿＿＿＿＿＿＿＿＿＿＿＿＿＿＿＿＿＿＿＿
＿＿＿＿＿＿＿＿＿＿＿＿＿＿＿＿＿＿＿＿＿＿＿
＿＿＿＿＿＿＿＿＿＿＿＿＿＿＿＿＿＿＿＿＿＿＿
＿＿＿＿＿＿＿＿＿＿＿＿＿＿＿＿＿＿＿＿＿＿＿
＿＿＿＿＿＿＿＿＿＿＿＿＿＿＿＿＿＿＿＿＿＿＿

学生习作片段3：

班主任×老师实在是太严厉了，同学们都怕她。（请从本单元文章中任选你认为最具表现力的语句，模仿它的写法、语言，改写以上句子，使×老师的严厉之态跃然纸上。）

改写：_____

_____

_____

_____

**任务三**

　　请任选一篇自己上学期的习作，从以下两个角度进行评判：是否做到了根据需要综合运用多种表达方式，语言是否有较强的表现力。评判之后，借鉴本单元某几篇文章的写法，对自己最不满意的部分进行修改，改后在小组内交流修改的理由，并让同学们对修改前后的文章进行评价。

# 乡梦如烟

　　"故乡遥，何日去？"故乡是什么？故乡是祁念曾苦苦追寻的延安精神，故乡是刘绍棠笔下令他魂牵梦萦的榆钱饭，故乡是迟子建念念不忘的家常菜……岁月改变了我们的容颜，但故乡在我们的记忆深处却永葆青春。乡情是一支笛曲，悠远而深情；乡情是一个童话，真挚而动人；乡情是一坛老酒，清冽而醇厚；乡情是一缕炊烟，温暖而缠绵……

　　学习本单元文章，不仅要领会作者如何兼用直接抒情和间接抒情的方式来表达自己的浓浓乡情，还要体会不同作品的语言特色，选一些精彩的句段背诵积累。

# *1.* 延安，我把你追寻

⊙祁念曾

像翩翩归来的燕子，

在追寻昔日的春光；

像苗壮成长的小树，

在追寻雨露和太阳。

追寻你，延河叮咚的流水，

追寻你，枣园梨花的清香，

追寻你，南泥湾开荒的镢头，

追寻你，杨家岭讲话的会场。

一排排高楼大厦像雨后春笋，

一件件家用电器满目琳琅；

我们永远告别了破旧的茅屋，

却忘不了延安窑洞温热的土炕。

作者在追寻什么？通读全诗，用几个关键词概括作者在诗中表达的情思。

带有陕北风情的元素让作品语言充满地方特色，让有过陕北生活经历的人倍感亲切。

航天飞机探索宇宙的奥秘，

电子计算机奏出美妙的交响；

我们毫不犹豫丢掉了老牛破车，

却不能丢宝塔山顶天立地的脊梁。

延安精神到底
是什么？为什么会
让那么多诗人、作
家歌咏吟唱？

延安，你的精神灿烂辉煌！

如果一旦失去了你啊，

那就仿佛没有了灵魂，

怎能向美好的未来展翅飞翔？

概括每部分的
主要内容，说说作
者是按怎样的线索
来抒发自己情感的。

啊！延安，我把你追寻，

追寻信念，追寻金色的理想；

追寻温暖，追寻明媚的春光；

追寻光明，追寻火红的太阳！

## 学习提示

从1935年到1948年的13年间，一场改天换地的革命浪潮从延安席卷全国，自此延安被称为"革命圣地"，延河也被称为"中国革命母亲河"。王家坪、杨家岭、枣园、南泥湾……革命的足迹历历在目。看着这一切，作者怎能不豪情激荡？

朗读这首诗，感受作者对延安浓浓的深情，深入理解延安精神的内涵；还要注意观察、体会不同的诗歌形式呈现出的不同风格，提高审美鉴赏能力。

# 2. 桂林山水歌

⊙贺敬之

云中的神啊，雾中的仙，
神姿仙态桂林的山！

情一样深啊，梦一样美，
如情似梦漓江的水！

水几重啊，山几重？
水绕山环桂林城……

是山城啊，是水城？
都在青山绿水中……

啊！此山此水入胸怀，
此时此身何处来？

情有多深？梦有多美？此诗给读者无尽的想象空间，如神来之笔，用以虚写实的笔法写尽了桂林山水之神韵。

……黄河的浪涛塞外的风，

此来关山千万重。


马鞍上梦见沙盘上画：

"桂林山水甲天下"……


啊！是梦境啊，是仙境？

此时身在独秀峰！


心是醉啊，还是醒？

水迎山接入画屏！


画中画——漓江照我身千影，

歌中歌——山山应我响回声……


招手相问老人山，

云罩江山几万年？


——伏波山下还珠洞，

室珠久等叩门声……


鸡笼山一唱屏风开，

绿水白帆红旗来！

大地的愁容春雨洗，
请看穿山明镜里——

啊！桂林的山来漓江的水——
祖国的笑容这样美！

桂林山水入胸襟，
此景此情战士的心——

是诗情啊，是爱情？
都在漓江春水中！

三花酒兑一滴漓江水，
祖国啊，对你的爱情百年醉……

江山多娇人多情，
使我白发永不生！

对此江山人自豪，
使我青春永不老！

"桂林三宝"之一的"三花酒"与"漓江水"融合的滋味，不就是每一个中华儿女的家国情的味道吗？酒不醉人情醉人，一醉百年不复醒。

用极具地域特色的"物"与"景"，将"情"传达得独具韵致。

七星岩去赴神仙会，

招呼刘三姐啊打从天上回……


人间天上大路开，

要唱新歌随我来！


由赞桂林到赞祖国，自然流畅，意气萦怀。

三姐的山歌十万八千箩，

战士啊，指点江山唱祖国……


红旗万梭织锦绣，

海北天南一望收！


由战争年代马鞍上梦见桂林的心驰神往，到和平年代挥汗如雨将全中国建设成梦中桂林的实际行动，情景动人，穿越时空交相辉映。

塞外的风沙啊黄河的浪，

春光万里到故乡。


红旗下：少年英雄遍地生——

望不尽：千姿万态"独秀峰"！


——意满怀啊，情满胸，

恰似漓江春水浓！


结尾"桂林山水——满天下"与前文"桂林山水甲天下"形式对照，遥相呼应，如此凝练的诗句带给读者极大的震撼。

啊！汗雨挥洒彩笔画：

桂林山水——满天下！……

　　《桂林山水歌》充分展示了诗人提炼生活、调遣语言的才情。全诗情真意切，构思精巧，音律灵动和谐，语言清浅别致，是诗人诗歌创作艺术达到新高度的标志性作品。

　　学习时要反复朗读，感受其结构、声韵之美；此外，带有浓郁地域特色的词句和多种表达方式、多种修辞手法的综合运用为诗作带来的张力和表现力也值得我们细加品味。

# 1. 老虎鞋

⊙刘成章

望不尽似水流年，现在，我已经 40 多岁了。

但是，我的如同树皮一样粗糙的额头里边，常常闪现着我的一双花蕾般的小脚片子，和那小脚片子上穿的一双老虎鞋。

一切，都是母亲讲给我的。

那是 1937 年春天，像故乡延安的天空掉下一滴普通的雨星，像那山山洼洼冒出一棵寻常的草芽，鸡不叫，狗不咬，我，降生了。我的曾祖父是个泥水匠，祖父是个钉鞋匠，二叔为别人磨面；父亲在当时倒算是有点光亮的人物，当个小学校长，很早就暗地参加了革命，但也不过是一个普通的穷书生而已。我，就是降生在这样一个家庭里面。我躺在铺着破纱毡的炕上，像一颗刚从泥土里刨出来的洋芋蛋蛋。

转眼满了 30 天。家虽穷，按照当时的风俗，"满月"却是要过的。爸爸的工作忙，但在爷爷的催促下，还是请了一天假。在师范上学的三叔也回来了。年仅 20 岁的妈妈满怀喜悦，把我抱在怀里，拍着我的光屁股，一阵儿喂奶，一阵儿换尿布，亲不够，疼不够，爱不够。她特意用红纸为我扎了个大红火蛋儿，踮起脚跟，高挂在我仰面望着的上方。这是我眼中的第一颗太阳，妈妈捧给我的太阳。

一家人欢天喜地，锅瓢碰得叮当响，又炖羊肉又炸糕。从我家烟囱冒出去的淡蓝色的青烟，也带着缕缕香气。阵阵笑声浸泡在明丽的阳光里。外婆、外公、亲戚四邻，该请的都请了，该来的都来了。他们给我送来不少礼物：小锁锁、小镯镯、槟榔锤锤、花帽帽……他们争着把我从妈妈的怀里抢过去，搂在怀里，举在面前，啧着舌儿，说着话儿，逗我玩。

虽然在此刻，在我家的这个小天地里，我简直成了一颗小星星；但是放在延安城，放在整个陕北高原，我倒算个什么！我家虽然热闹，算起来，并没有多少人晓得。

然而，就在这一刻，一位妇女，一位一年多前刚刚给毛泽东主席做过鞋的妇女，风尘仆仆，走进门来，把她亲手做下的一双老虎鞋，给我穿在小脚片儿上。她还送给我一身红花绿叶的小衣衫。

她是谁呢？

你想想那首有名的"东也山，西也山"的陕北民歌吧！你想想那个被无数老革命都尊称为大嫂的人吧！

她，不是别人，而是刘志丹同志的夫人——同桂荣同志。我父亲曾在永宁山、在志丹伯伯手下工作过，和志丹伯伯，和她，有着亲密的友谊。我家的热炕头上，曾经多次回荡过志丹伯伯的笑语。我过满月的当儿，志丹伯伯刚牺牲不久，同妈妈忍着巨大的悲痛，伴着窗前暗淡的麻油灯，一针针，一线线，为我赶做了满月礼物。她本来有眼病，此刻，一双眼睛熬得布满了血丝，红红的。她抱起我，亲我的小脸蛋，任我把尿水撒在她的衣襟上，给我穿上老虎鞋。这金丝银线绣成的老虎鞋，这照亮我幼小生命的老虎鞋！

老虎鞋是一派保安民间风格，像窗花一样的风格，朴实、粗犷、传神。大红为主，配以金黄，间杂黑、白、紫，色彩热烈鲜明。老虎鞋上带着同妈妈的手温，带着革命母亲对下一代的希冀。

这老虎鞋穿在我的脚上，一屋婆姨女子全都围拢过来，这个摸摸，那个看看，全都惊羡不已。连正炸糕的姑父也挤进了人群。奶奶急了，忙喊："看你那油爪子！"姑父知道奶奶的脾性，不敢执拗，端来瓦盆忙洗手，洗了一遍又一遍，这样，才争得了摸一摸的权利。他的憨厚神态，逗得大伙儿都笑了。我的穷家破舍，因为这双老虎鞋，平添了无限喜气。

这老虎鞋穿在我的脚上，一身乳气的我，似乎也感到了，看见了，懂得了，滴溜溜地转着小眼珠，咿咿呀呀地说着什么，扑扑腾腾地蹬着小胖腿，向妈妈，向爸爸，向普天下，宣告着我的骄傲和幸福。因为这双老虎鞋，我一辈子都感到很满足了。

这老虎鞋穿在我的脚上，虎耳高竖，虎须颤动，虎牙闪光，挟带着永宁山的雄风，弘扬着永宁山的正气，仿佛只要长啸一声，就能掀起人们的衣襟。我这块只会哭叫的嫩肉疙瘩儿，仿佛立时长大了，威武了；我的一双嫩得像小萝卜一般的小脚片儿，仿佛立时变得能踢能咬了。

这双鞋，饱含着多少深情，给了我多么厚重的祝福啊！

这一刻，我想，不管人们留意没有，延河一定是在歌唱，百鸟一定是在欢舞；历史，应该记下这一笔。自然，这绝不是因为我，而是因为一位不平凡的妇女，因为同妈妈。

我自愧没出息，这辈子没有为人民做出多少贡献，无颜去拜见同妈妈。但我对志丹伯伯和同妈妈的心意，却是深挚的。我曾经以自己笨拙的笔，一而再，再而三地写了几首歌颂志丹伯伯的诗，就是为了表达这种心意。

我今天把这件事情写出来，还有一点想法，是为了自勉。我应该时时记起，我的一双脚，是穿过同妈妈亲手做下的老虎鞋的。那是我此生穿的第一双鞋，山高水长的老虎鞋。我应该在建设祖国的实践中，振作自己的精神，增添一些勇于革新、勇于进取的虎虎生气。

# 2. 记一辆纺车

⊙吴伯箫

我曾经使用过一辆纺车，离开延安的那年，把它跟一些书籍一起留在兰家坪了。后来常常想起它。想起它，就像想起旅途的旅伴、战场的战友，心里充满了深深的怀念。

那是一辆普通的纺车。说它普通，一来它的车架、轮叶、锭子，跟一般农村用的手摇纺车没有什么两样；二来它是延安成千上万辆纺车中的一辆。的确，那个时候在延安的人，无论是机关的干部、学校的教员和学员，也无论是部队的指挥员和战斗员，在工作、学习或者练兵的间隙里，谁没有使用过纺车呢？纺车跟战斗用的枪、耕田用的犁、学习用的书和笔一样，成为大家亲密的伙伴。

在延安，纺车是作为战斗的武器使用的。那是在抗日战争最艰苦的时候，国民党反动派发动反共高潮，配合日寇重重封锁陕甘宁边区，想困死抗日的领导力量。我们抗日军民热烈响应毛泽东同志的伟大号召——"自己动手，丰衣足食"，结果彻底粉碎了敌人围困的阴谋。在延安的人，在所有抗日根据地的人，不但吃得饱，而且穿得暖，坚持了抗战，争取到了抗战的最后胜利。开荒，种庄稼，种蔬菜，是保证足食的战线；纺羊毛，纺棉花，是保证丰衣的战线。

大家用纺的毛线织毛衣、织呢子，用纺的棉纱合线、织布。同志们穿的衣服鞋袜，有的就是自己纺线或者跟同志换工劳动做成的。开垦南泥湾的部队甚至能够在打仗、练兵和进行政治、文化学习而外，纺毛线给指战员发军装呢。同志们亲手纺线织布做的衣服，穿着格外舒适，也格外爱惜。那个时候，人们对一身灰布制服、一件本色的粗毛线衣，或者自己打的一副手套、一双草鞋，都很有感情。衣服旧了、破了，也"敝帚自珍"，不舍得丢弃。总是脏了洗洗，破了补补，穿一水又穿一水，穿一年又穿一年。衣服只要整齐干净，越朴素穿着越随心。西装革履、华丽的服饰，只有在演剧的时候做演员的服装，平时不要说穿，就是看看也觉得碍眼、隔路。美的概念里是更健康的内容，那就是整洁、朴素、自然。

纺线，劳动量并不太小，纺久了会胳膊疼腰酸；不过在刻苦学习和紧张工作的间隙里纺线，除了经济上对敌斗争的意义而外，也是一种很有兴趣的生活。在纺线的时候，眼看着匀净的毛线或者棉纱从拇指和食指中间的毛卷里或者棉条里抽出来，又细又长，连绵不断，简直会有一种艺术创作的快感。摇动的车轮，旋转的锭子，争着发出嗡嗡嘤嘤的声音，像演奏弦乐，像轻轻地唱歌。那有节奏的乐音和歌声是和谐的、优美的。

纺线也需要技术。车摇慢了，线抽快了，线会断头；车摇快了，线抽慢了，毛卷、棉条会拧成绳，线会打成结。摇车，抽线，配合恰当，成为熟练的技巧，可不简单，需要用很大的耐心和毅力下一番功夫。初学纺线，往往不知道劲往哪儿使。一会儿毛卷拧成绳了，一会儿棉纱打成结了，纺手急得满头大汗。性子躁一些的人甚至为断头接不好生纺车的气，摔摔打打，恨不得把纺车砸碎。可是那关纺车什么事呢？尽管人急得站起来，坐下去，一点也没有用，纺车总是安安稳稳地待在那里，像露出头角的蜗牛，像着陆停驶的飞机，一声不响，仿佛只是在等待，等待。一直等到使用纺车的人心平气和了，左右手动作协调，用力适当，快慢均匀了，左手拇指和食指间的毛线或者棉纱就会像魔术家帽子里的彩绸一样无穷无尽地抽出来。那仿佛不是用羊毛、棉花纺线，而是从毛卷里或者棉条里往外抽线。线是现成的，早就藏在毛卷里或者棉条里的。熟练的纺手，趁着一豆灯光或者朦胧的月光，也能摇车，抽线，上线，一切做得优游自如。线上在锭子上，线穗子就跟着一层层加大，直到沉甸甸的，像成熟了的肥桃。从锭子上取下穗子，也像从果树上摘下果实，劳动后收获的愉快，那是任何物质享受都不能比拟的。这个时候，就连起初想砸毁纺车的人也对纺车发生了感情。那种感情，是凯旋的骑士对战马的感情，是"仰手接飞猱，俯身散马蹄"的射手对良弓的感情。

纺线有几种姿势：可以坐着蒲团纺，可以坐着矮凳纺，也可以把纺车垫得高高的站着纺。站着纺线，步子有进有退，手臂尽量伸直，像"白鹤晾翅"，一抽线就能拉得很长很长。这样气势最开阔，肢体最舒展；兴致高的时候，很难说那是生产，是舞蹈，还是体育锻炼。

为了提高生产率，大家也进行技术改革，运用物理学上轮轴和摩擦传动的道理，在轮子和锭子中间安装加速轮，加快锭子旋转的速度，把手工生产的工具变成半机械化。大多数纺车是在纺羊毛、纺棉花的劳动实践中培养出来的木工做的；安装加速轮也是在劳动实践中大家摸索出来的创造发明。从劳动实践中还不断总结出一些新的经验。譬如，纺羊毛跟纺棉花常有不同的要求：羊毛要松一些、干一些，棉花要紧一些、潮一些，因此弹过的羊毛要卷成卷，棉花要搓成条，烘晒毛卷和阴润棉条都有一定的火候分寸。这些技术经验，不靠实践是一辈子也不知道里边的奥妙的。

为了交流经验，互相提高，纺线也展开竞赛。三五十辆或百几十辆纺车搬在一起，在同一个时间里比纺线的数量和质量。成绩好的有奖励，譬如奖一辆纺车，奖手巾、肥皂、笔记本之类。那是很光荣的。更光荣的是被称为纺毛突击手、纺纱突击手。竞赛，有的时候在礼堂，有的时候在窑洞前边，更有的时候在山根河边的坪坝上。在坪坝上竞赛的那种场面最壮阔，"沙场秋点兵"或者能有那种气派？不，阵容相近，热闹不够。那是盛大的节日里赛会的场面。只要想想：天地是厂房，深谷是车间，幕天席地，群山环拱，怕世界上还没有哪个地方哪一种轻工业生产有那样的规模哩。你看，整齐的纺车行列，精神饱满的纺手队伍，一声号令，百车齐鸣，别的不说，只那嗡嗡的响声就有点像飞机场上机群起飞，扬子江边船只拔锚。那哪是竞赛，那是万马奔腾，在共同完成一项战斗任务。因此竞赛结束时，无论是纺得多的还是纺得比较少的，得奖的还是没有得奖的，大家都感到胜利的快乐。

就这样，用劳动的双手，自力更生。纺线，不只在经济上保证了革命根据地的人有衣穿，使大家学会了一套生产劳动的本领，而且在思想上还教育了大家，使大家认识到"劳动为人生第一需要"的意义，自觉地克服了那种"认为劳动只是一种负担，凡是劳动都应当付给一定报酬的习惯"。劳动为集体，同时也为自己。在劳动的过程里，很少人为了个人的什么去锱铢计较，倒是为集体做了些什么有意义的事情，才感到是真正的幸福。

就因为这些，我常常想起那辆纺车。想起它像想起老朋友，心里充满了深深的怀念。围绕着这种怀念，也想起延安的种种生活。在党中央和毛泽东同志的周围工作、学习、劳动，同志的友谊，革命大家庭的温暖，把大家团结得像一个人。真是既团结、紧张，又严肃、活泼。那个时候，物质生活曾经是艰苦的、困难的吧，但是，比起无限丰富的精神生活来，那算得了什么！凭着崇高的理想、豪迈的气概、乐观的志趣，克服困难不也是一种享受吗？

跟困难做斗争，其乐无穷。

1961 年 2 月 15 日，春节

# 3. 故乡的野菜

⊙周作人

我的故乡不止一个，凡我住过的地方都是故乡。故乡对于我并没有什么特别的情分，只因钓于斯游于斯的关系，朝夕会面，遂成相识，正如乡村里的邻舍一样，虽然不是亲属，别后有时也要想念到他。我在浙东住过十几年，南京东京都住过六年，这都是我的故乡，现在住在北京，于是北京就成了我的家乡了。

日前我的妻往西单市场买菜回来，说起有荠菜在那里卖着，我便想起浙东的事来。荠菜是浙东人春天常吃的野菜，乡间不必说，就是城里只要有后园的人家都可以随时采食，妇女小儿各拿一把剪刀，一只"苗篮"，蹲在地上搜寻，是一种有趣味的游戏的工作。那时小孩们唱道："荠菜马兰头，姊姊嫁在后门头。"后来马兰头有乡人拿来进城售卖了，但荠菜还是一种野菜，须得自家去采。关于荠菜向来颇有风雅的传说，不过这似乎以吴地为主。《西湖游览志》云："三月三日男女皆戴荠菜花。谚云：三春戴荠花，桃李羞繁华。"顾禄的《清嘉录》上亦说："荠菜花俗呼野菜花，因谚有'三月三，蚂蚁上灶山'之语，三日人家皆以野菜花置灶陉上，以厌虫蚁。清晨村童叫卖不绝。或妇女簪髻上以祈清目，俗号眼亮花。"但浙东人却不很理会这些事情，只是挑来做菜或炒年糕吃罢了。

黄花麦果通称鼠曲草，系菊科植物，叶小微圆互生，表面有白毛，花黄色，簇生梢头。春天采嫩叶，捣烂去汁，和粉做糕，称黄花麦果糕。小孩们有歌赞美之云：

> 黄花麦果韧结结，
>
> 关得大门自要吃，
>
> 半块拿弗出，
>
> 一块自要吃。

清明前后扫墓时，有些人家——大约是保存古风的人家——用黄花麦果作供，但不做饼状，做成小颗如指顶大，或细条如小指，以五六个做一攒，名曰茧果，不知是什么意思，或因蚕上山时设祭，也用这种食品，故有是称，亦未可知。自从十二三岁时外出不参与外祖家扫墓以后，不复见过茧果，近来住在北京，也不再见黄花麦果的影子了。日本称作"御形"，与荠菜同为春天的七草之一，也采来做点心用，状如艾饺，名曰"草饼"，春分前后多食之，在北京也有，但是吃去总是日本风味，不复是儿时的黄花麦果糕了。

扫墓时候所常吃的还有一种野菜，俗名草紫，通称紫云英。农人在收获后，播种田内，用作肥料，是一种很被贱视的植物，但采取嫩茎瀹[1]食，味颇鲜美，似豌豆苗。花紫红色，数十亩接连不断，

---

① 瀹（yuè）：煮。

一片锦绣，如铺着华美的地毯，非常好看，而且花朵状若蝴蝶，又如鸡雏，尤为小孩所喜，间有白色的花，相传可以治痢，很是珍重，但不易得。日本《俳句大辞典》云："此草与蒲公英同是习见的东西，从幼年时代便已熟识。在女人里边，不曾采过紫云英的人，恐未必有罢。"中国古来没有花环，但紫云英的花球却是小孩常玩的东西，这一层我还替那些小人们欣幸的。浙东扫墓用鼓吹，所以少年们常随了乐音去看"上坟船里的姣姣"；没有钱的人家虽没有鼓吹，但是船头上篷窗下总露出些紫云英和杜鹃的花束，这也就是上坟船的确实的证据了。

# 4. 榆钱饭

⊙刘绍棠

我自幼常吃榆钱饭，现在却很难得了。

小时候，年年青黄不接春三月，榆钱儿就是穷苦人的救命粮。杨芽儿和柳叶儿也能吃，可是没有榆钱儿好吃，也当不了饭。

那时候，我六七岁，头上留个木梳背儿；常跟着比我大八九岁的丫姑，摘杨芽儿，采柳叶儿，捋榆钱儿。

杨芽儿和柳叶儿先露头。

杨芽儿摘嫩了，浸到开水锅里烫一烫会化成一锅黄汤绿水，吃不到嘴里；摘老了，又苦又涩，难以下咽。只有不老不嫩的才能吃，摘下一大篮子，清水洗净，开水锅里烫个翻身儿，笊篱捞上来挤干了水，拌上虾皮和生酱做馅儿，玉米面掺和榆皮面擀薄皮儿，包大馅儿团子吃。可这也省不了多少粮食。柳叶儿不能做馅儿，采下来也是洗净开水捞，拌上生酱小葱当菜吃，却又更费饽饽。

杨芽儿和柳叶儿刚过，榆钱儿又露面了。

村前村后，河滩坟圈子里，一棵棵老榆树耸入云霄，一串串榆钱儿挂满枝头，就像一串串霜凌冰挂，看花了人眼，馋得人淌口水。丫姑野性，胆子比人的个儿还大；她把黑油油的大辫子七缠八绕地盘在脖子上，雪白的牙齿咬着辫梢儿，扒光了脚丫子，双手合抱比她的腰还粗的树身，哧溜溜，哧溜溜，一直爬到树梢，叉开腿骑在树杈上。

我站在榆树下，是个小跟班，眯起眼睛仰着脸儿，身边一只大荆条筐。

榆钱儿生吃很甜，越嚼越香。丫姑折断几枝扔下来，边叫我的小名儿边说："先喂饱你！"我接住这几大串榆钱儿，盘膝坐在树下吃起来，丫姑在树上也大把大把地揉进嘴里。

我们捋满一大筐，背回家去，一顿饭就有着落了。

九成榆钱儿搅和一成玉米面，上屉锅里蒸，水一开花就算熟，只填一灶柴火就够火候儿。然后，盛进碗里，把切碎的碧绿白嫩的春葱，泡上隔年的老腌汤，拌在榆钱饭里；吃着很顺口，也能哄饱肚皮。

这都是我童年时代的故事。

但是，前些年，久别的榆钱饭又出现在家家户户的饭桌上。谁说草木无情？老榆树又来救命了。

有一段时期，粮食一年比一年减产。五尺多高的汉子，每年只得 320 斤到 360 斤毛粮，磨面脱皮，又减少十几斤。大口小口，每月三斗，一家人才算吃上饱饭；然而，"半大小子，吃穷老子"，比大人还能吃，口粮定量却比大人少。闲时吃稀，忙时吃干，数着米粒下锅；等到惊蛰——犁土的春播时节，十家已有八户亮了囤底，揭不开锅了。巧妇难为无米之炊，管家婆不能给孩子大人画饼充饥；她们就像"胡同捉驴——两头堵"，围、追、堵、截党支部书记和大队长，手提着口袋借粮。支部书记和大队长被逼得走投无路，恨不能钻进灶膛里，从烟囱里爬出去，逃到九霄云外。

吃粮靠集体，集体的仓库里颗粒无存，饿得死老鼠。靠谁呢？只盼老榆树多结榆钱儿吧！

丫姑已经年过半百，上树登高爬不动了，却有个女儿二妹子，做她的接班人。二妹子身背大筐捋榆钱儿，我这个已经人到四十天过午的人，又给她跑龙套。我沾她的光，她家的饭桌上有我一副碗筷，年年都能吃上榆钱饭，混个树饱。

我把这些亲历目睹的辛酸往事，也写进了我的小说里。

一九七九年春天，我回了城。但是，年年暮春时节，我都回乡长住。

不知是想忆苦思甜，还是想打一打油腻，我又向丫姑和二妹子念叨着吃一顿榆钱饭。丫姑上树爬不动了，二妹子爬得动也不愿爬了。越吃不上，我越想吃；可是磨破嘴皮子，却不能打动二妹子。

一九八一年回乡，正是榆钱成熟的时候，可是丫姑又盖新房，又给二妹子招了个女婿，双喜临门，我怎么能吵着要吃榆钱饭，给人家煞风景？忍一忍，等待来年吧！

（有删改）

# 5. 端午的鸭蛋

◎汪曾祺

家乡的端午，很多风俗和外地一样。系百索子。五色的丝线拧成小绳，系在手腕上。丝线是掉色的，洗脸时沾了水，手腕上就印得红一道绿一道的。做香角子。丝线缠成小粽子，里头装了香面，一个一个串起来，挂在帐钩上。贴五毒。红纸剪成五毒，贴在门槛上。贴符。这符是城隍庙送来的。城隍庙的老道士还是我的寄名干爹，他每年端午节前就派小道士送符来，还有两把小纸扇。符送来了，就贴在堂屋的门楣上。一尺来长的黄色、蓝色的纸条，上面用朱笔画些莫名其妙的道道，这就能避邪吗？喝雄黄酒。用酒和的雄黄在孩子的额头上画一个王字，这是很多地方都有的。有一个风俗不知别处有不：放黄烟子。黄烟子是大小如北方的麻雷子的炮仗，只是里面灌的不是硝药，而是雄黄。点着后不响，只是冒出一股黄烟，能冒好一会儿。把点着的黄烟子丢在橱柜下面，说是可以熏五毒。小孩子点了黄烟子，常把它的一头抵在板壁上写虎字。写黄烟虎字笔画不能断，所以我们那里的孩子都会写草书的"一笔虎"。还有一个风俗，是端午节的午饭要吃"十二红"，就是十二道红颜色的菜。

十二红里我只记得有炒红苋菜、油爆虾、咸鸭蛋，其余的都记不清、数不出了。也许十二红只是一个名目，不一定真凑足十二样。不过午饭的菜都是红的，这一点是我没有记错的，而且，苋菜、虾、鸭蛋，一定是有的。这三样，在我的家乡，都不贵，多数人家是吃得起的。

我的家乡是水乡，出鸭。高邮大麻鸭是著名的鸭种。鸭多，鸭蛋也多。高邮人也善于腌鸭蛋。高邮咸鸭蛋于是出了名。我在苏南、浙江，每逢有人问起我的籍贯，回答之后，对方就会肃然起敬："哦！你们那里出咸鸭蛋！"上海的卖腌腊的店铺里也卖咸鸭蛋，必用纸条特别标明："高邮咸蛋"。高邮还出双黄鸭蛋。别处鸭蛋也偶有双黄的，但不如高邮的多，可以成批输出。双黄鸭蛋味道其实无特别之处。还不就是个鸭蛋！只是切开之后，里面圆圆的两个黄，使人惊奇不已。我对异乡人称道高邮鸭蛋，是不大高兴的，好像我们那穷地方就出鸭蛋似的！不过高邮的咸鸭蛋，确实是好，我走的地方不少，所食鸭蛋多矣，但和我家乡的完全不能相比！曾经沧海难为水，他乡咸鸭蛋，我实在瞧不上。袁枚的《随园食单·小菜单》有"腌蛋"一条。袁子才这个人我不喜欢，他的《食单》好些菜的做法是听来的，他自己并不会做菜。但是《腌蛋》这一条我看后却觉得很亲切，而且"与有荣焉"。文不长，录如下：

> 腌蛋以高邮为佳，颜色细而油多，高文端公最喜食之。席间，先夹取以敬客，放盘中。总宜切开带壳，黄白兼用；不可存黄去白，使味不全，油亦走散。

高邮咸蛋的特点是质细而油多。蛋白柔嫩，不似别处的发干、发粉，入口如嚼石灰。油多尤为别处所不及。鸭蛋的吃法，如袁子才所说，带壳切开，是一种，那是席间待客的办法。平常食用，一般都是敲破"空头"用筷子挖着吃。筷子头一扎下去，吱——红油就冒出来了。高邮咸蛋的黄是通红的。苏北有一道名菜，叫作"朱砂豆腐"，就是用高邮鸭蛋黄炒的豆腐。我在北京吃的咸鸭蛋，蛋黄是浅黄色的，这叫什么咸鸭蛋呢！

端午节，我们那里的孩子兴挂"鸭蛋络子"。头一天，就由姑姑或姐姐用彩色丝线打好了络子。端午一早，鸭蛋煮熟了，由孩子自己去挑一个，鸭蛋有什么可挑的呢？有！一要挑淡青壳的。鸭蛋壳有白的和淡青的两种。二要挑形状好看的。别说鸭蛋都是一样的，细看却不同。有的样子蠢，有的秀气。挑好了，装在络子里，挂在大襟的纽扣上。这有什么好看呢？然而它是孩子心爱的饰物。鸭蛋络子挂了多半天，什么时候孩子一高兴，就把络子里的鸭蛋掏出来，吃了。端午的鸭蛋，新腌不久，只有一点淡淡的咸味，白嘴吃也可以。

孩子吃鸭蛋是很小心的。除了敲去空头，不把蛋壳碰破。蛋黄蛋白吃光了，用清水把鸭蛋壳里面洗净，晚上捉了萤火虫来，装在蛋壳里，空头的地方糊一层薄罗。萤火虫在鸭蛋壳里一闪一闪地亮，好看极了！

小时读囊萤映雪故事，觉得东晋的车胤用练囊盛了几十只萤火虫，照了读书，还不如用鸭蛋壳来装萤火虫。不过用萤火虫照亮来读书，而且一夜读到天亮，这能行吗？车胤读的是手写的卷子，字大，若是读现在的新五号字，大概是不行的。

# 6.故乡的吃食

◎迟子建

　　北方人好吃，但吃得不像南方人那么讲究和精致，菜品味重色暗，所以真正能上得了席面的很少。不过寻常百姓家也是不需要什么席面的，所以那些家常菜一直是我们的最爱。

　　如果不年不节的，平素大家吃得都很简单。由于故乡地处苦寒之地，冬季漫长，寸草不生，所以吃不到新鲜的绿色蔬菜。我们食用的，都是晚秋时储藏在地窖里的菜：土豆、萝卜、白菜、胡萝卜、大头菜、倭瓜，当然还有腌制的酸菜和夏季时晒的干菜，比如豆角干、西葫芦干、茄子干等。人们喜欢吃炖菜，冬天的菜尤其适合炖。将一大盆连汤带菜的热气腾腾的炖菜捧上桌，寒冷都被赶走了三分。人们喜欢把主食泡在炖菜中，比如玉米饼和高粱米饭，一经炖菜的浸润，有如酒经过了岁月的洗礼，滋味格外地醇厚。而到了夏季，炖菜就被蘸酱菜和炒菜代替了。园田中有各色碧绿的新鲜蔬菜，菠菜呀、黄瓜呀、青葱呀、生菜呀等，都适宜生着蘸酱吃；而芹菜、辣椒等则可爆炒，这个季节的主食就不像冬天似的以干的为主了，这时候人们喜欢喝粥，芸豆大楂子粥、高粱米粥以及小米绿豆粥是此时餐桌上的主宰。

家常便饭到了节日时，就像毛手毛脚的短工，被打发了，节日自有节日的吃食。先从春天说起吧。立春的那一天，家家都得烙春饼。春饼不能油大，要擀得薄如纸片，用慢火在锅里轻轻翻转，烙到白色的面饼上飞出一片片晚霞般的金黄的印记，饼就熟了。烙过春饼，再炒上一盘切得细若游丝的土豆丝，用春饼卷了吃，真的觉得春天温暖地回来了。除了吃春饼，这一天还要"啃春"，好像残冬是顽石一块，不动用牙齿啃噬它，春天的气息就飘不出来似的。我们啃春的对象就是萝卜，萝卜到了立春时，柴的比脆生的多，选啃春的萝卜既要看它的模样，又要看它是否丰腴、汁液是否饱满。很奇怪，啃过春后，嘴里就会荡漾着一股清香的气味，恰似春天草木复苏的气息。

立春一过，离清明就不远了。人们这一天会挎着篮子去山上给已故的亲人上坟。篮子里装着染成红色的熟鸡蛋，它们被上过供后，依然会被带回到生者的餐桌上，由大家分食，据说吃了这样的鸡蛋很吉利。而谁家要是生了孩子，主人也会煮了鸡蛋，把皮染红，送与亲戚和邻里分享。所以我觉得红皮鸡蛋走在两个极端上：出生和死亡。它们像一双无形的大手，一手把新生婴儿托到尘世上，一手又把一个衰朽的生命送回尘土里。所以清明节的鸡蛋，吃起来总觉得有股土腥味。

清明过后，天气越来越暖了，野花开了，草也长高了，这时端午节来了。家家户户提前把风干的粽叶泡好，将糯米也泡好，包粽子的工作就开始了。粽子一般都包成菱形，若是用五彩线捆粽叶的话，粽子看上去就像花荷包了。粽子里通常要夹馅的，爱吃甜的就夹上红枣和豆沙，爱吃咸的就夹上一块腌肉。粽子蒸熟后，要放到凉水中浸着，这样放个两天三天都不会坏。父亲那时爱跟我们讲端午节的来历，讲屈原，讲他投水的那条汨罗江，讲人们包了粽子投到水里是为了喂鱼，鱼吃了粽子，就不会吃屈原了。我那时一根筋，心想：你们凭什么认为鱼吃了粽子后就不会去吃人肉？我们一顿不是至少也得吃两道菜吗？吃粽子跟吃点心是一样的，完全可以拿着它们到门外去吃。门楣上插着拴着红葫芦的柳枝和艾蒿，一红一绿，看上去分外明丽，站在那儿吃粽子真的是无限风光。我那时对屈原的诗一无所知，但我想他一定是个了不起的诗人，因为世上的诗人很多，只有他才会给我们带来节日。

端午节之后的大节日，当数中秋节了。中秋节是一定要吃月饼的。那时商店卖的月饼只有一种，馅儿是用青红丝、花生仁、核桃仁以及白糖调和而成的，类似于现在的五仁月饼，非常甜腻。我小的时候虫牙多，所以记得有两次八月十五吃月饼时，吃得牙痛，大家赏月时，我却疼得呜呜直哭。爸爸会抱起我，让我从月亮里看那个偷吃了长生不老药而飞入月宫的嫦娥，可我那双蒙眬的泪眼看到的只是一团白花花的东西。月光和我的泪花融合在一起了。在这一天，小孩子们爱唱一首歌谣：

蛤蟆蛤蟆气臌①，气到八月十五，

---

① 臌（gǔ）：鼓胀。

杀猪、宰羊，气得蛤蟆直哭。

蛤蟆的哭声我没听到，倒是听见了自己因牙痛而发出的哭声。所以我觉得自己就是歌谣中那只可怜的蛤蟆，因牙痛而不敢碰中秋餐桌上丰盛的菜肴。

中秋一过，天就凉了，树叶黄了，秋风把黄叶吹得满天飞。雪来了。雪一来，腊月和春节也就跟着来了。都说腊七腊八冻掉下巴，所以到了腊八的时候，人们要煮腊八粥喝。腊八粥的内容非常丰富，粥中不仅有多种多样的米，如玉米、高粱米、小米、黑米、大米，还有一些豆类，如芸豆、绿豆、黑豆等。这些米和豆经过几个小时慢火的熬制，香软滑腻，喝上这样一碗香喷喷的粥，真的是不惧怕寒风和冰雪了。

一年中最大最隆重的节日莫过于春节了。我们那里一进腊月，女人们就开始忙年了。她们会每天发上一块大面团，花样翻新地蒸年干粮，什么馒头、豆包、糖三角、花卷、枣山，蒸好了就放到外面冻上，然后收到空面袋里，堆置在仓房，正月时随吃随取。除了蒸年干粮，腊月还要宰猪。宰猪就是男人们的事情了。谁家宰猪，那天就是谁家的节日。餐桌上少不了要有蒜泥血肠、大骨棒炖干豆角、酸菜白肉等令人胃口大开的菜。

人们一年的忙活，最终都聚集在除夕的那顿年夜饭上了。除了必须要包饺子之外，家家都要做上一桌的荤菜，少则六个，多则十二或十八个，看到盘子挨着盘子，碗挨着碗，灯影下大人们脸上的表情就是平和的了。他们很知足地看着我们，就像一只羊喂饱了它的羊羔，满面温存。我们争着吃饺子，有时会被大人们悄悄包到饺子里的硬币给硌了牙，当我们"当啷"一声将硬币吐到桌子上时，我们就长了一岁。

## 春联的起源（二）

桃符发展成春联，据说与两个皇帝有关。

公元 10 世纪，五代中的后蜀皇帝孟昶，有一年要求学士辛寅逊题桃符，但又觉得他做的词句欠佳，于是便亲自题"新年纳余庆，佳节号长春"于宫外。这就是传说中最早的一副春联。

不过，那时还称桃符而不叫春联，到了明朝，桃符才改称春联。据说这与明太祖朱元璋有关，据明朝陈云瞻《簪云楼杂话》载："春联之设，自明太祖始。"

朱元璋建都金陵（今江苏南京）后，曾令各家贴对联，并将门联改名为春联，一律用红纸书写。

由于历代大力提倡，春节贴春联便成为我国民间的一种风俗。而且，春联也成为我国特有的文学形式，长盛不衰。

## 单元学习任务

### 任务一

阅读《延安，我把你追寻》《老虎鞋》和《记一辆纺车》，准备一份以"延安精神的现实意义"为主题的交流材料（可以是文字材料，也可以用手抄报或PPT呈现），在小组里交流讨论。

### 任务二

阅读《故乡的野菜》《榆钱饭》《故乡的吃食》后，完成下面的表格。

| 作品 | 作者及语言风格 | 作品内容 | 表达的情思 | 值得借鉴的写法 |
|---|---|---|---|---|
| 故乡的野菜 | 周作人。平淡雅致的文字包含着浓浓的深情。 | 故乡的三种野菜及其带给"我"的回忆。 | 作者对儿时生活及故乡风土人情的眷恋。 | 欲扬先抑、引用、白描、抓住不同事物的不同特点来写。 |
| 榆钱饭 | | | | |
| 故乡的吃食 | | | | |

任务三

　　随着时代的发展，我们对于"故乡""老家"这样的字眼，或许已渐渐陌生了。你的故乡在何处？想起你的故乡，你会想到哪些物品或吃食？如果你对"故乡"的概念比较模糊，可以采访一下你的长辈们，请他们和你谈谈他们的"故乡情结"，并以某种物品为线索，写一篇文章或一首诗，表达你或长辈们的故园之思。注意在写作中运用几种我们在"任务二"中梳理的值得借鉴的写法。

第三单元

# 地域风情

中华大地，不同地域，各具风情。

陕北高原上扭动的秧歌是北方人生命激情的释放与呼喊；湘西水乡的赛龙舟、捉鸭子点燃了茶峒端午节的激情；都市里幽默的叫卖声蕴含着深厚的内涵与韵味；酒酽子的醇香是对美好童年的绵绵回忆……

学习本单元文章，要反复大声朗读，感受丰富多变的句式与其所营造的氛围之间的密切联系；学习文中的修辞手法，体会它们给作品语言带来的变化；还要在朗读中了解不同的地域风情，同时注意从结构、思想上把握文章内涵，领会作品情思，丰富情感体验。

# 1. 北平的零食小贩

⊙梁实秋

北平人馋。馋，据字典说是"贪食也"，其实不只是贪食，是贪食各种美味之食。美味当前，固然馋涎欲滴，即使闲来无事，馋虫亦在咽喉中抓挠，迫切地需要一点什么以膏馋吻。三餐时固然希望膏粱罗列，任我下箸，三餐以外的时间也一样地想馋嚼，以锻炼其咀嚼筋。看鹭鸶的长颈都有一点羡慕，因为颈长可能享受更多的徐徐下咽之感，此之谓馋，馋字在外国语中无适当的字可以代替，所以讲到馋，真"不足为外人道"。有人说北平人之所以特别馋，是由于当年的八旗子弟游手好闲的太多，闲就要生事，在吃上打主意自然也是可以理解的。所以各式各样的零食小贩便应运而生，自晨至夜逡巡于大街小巷之中。

北平小贩的吆喝声是很特殊的。我不知道这与平剧①有无关系，其抑扬顿挫，变化颇多，有的豪放如唱大花脸，有的沉闷如黑头，又有的清脆如生旦，在白昼给浩浩欲沸的市声平添不少情趣，在夜

---

① 平剧：京剧。

晚又给寂静的夜带来一些凄凉。细听小贩的呼声，则有直譬，有隐喻，有时竟像谜语一般的耐人寻味。而且他们的吆喝声，数十年如一日，不曾有过改变。我如今闭目沉思，北平零食小贩的呼声俨然在耳，一个个的如在目前。现在让我就记忆所及，细细数说。

首先让我提起"豆汁"。绿豆渣发酵后煮成稀汤，是为豆汁，淡草绿色而又微黄，味酸而又带一点霉味，稠稠的，浑浑的，热热的。佐以辣咸菜，即"棺材板"切细丝，加芹菜梗、辣椒丝或末。有时亦备较高级之酱菜如酱萝卜、酱黄瓜之类，但反不如辣咸菜之可口，午后啜三两碗，愈吃愈辣，愈辣愈喝，愈喝愈热，终至大汗淋漓，舌尖麻木而止。北平城里人没有不嗜豆汁者，但一出城则豆渣只有喂猪的份，乡下人没有喝豆汁的。外省人居住北平二三十年往往不能养成喝豆汁的习惯。能喝豆汁的人才算是真正的北平人。

其次是"灌肠"。后门桥头那一家的大灌肠，是真的猪肠做的，遐迩驰名，但嫌油腻。小贩的灌肠虽有肠之名实则并非是肠，仅具肠形，一条条的以芡粉为主所做成的橛子，切成不规则形的小片，放在平底大油锅上煎炸，炸得焦焦的，蘸蒜盐汁吃。据说那油不是普通油，是从作坊里从马肉等熬出来的油，所以有着一种怪味。单闻那种油味，能把人恶心死，但炸出来的灌肠，喷香！

从下午起有沿街叫卖"面筋哟"者，你喊他时须喊"卖熏鱼儿的"！他来到你门口打开他的背盒由你拣选时却主要的是猪头肉。除猪头肉的脸子、口条之外还有脑子、肝、肠、苦肠、心头、蹄筋等，外带着别有风味的干硬的火烧。刀口上手艺非凡，从夹板缝里抽出一把飞薄的刀，横着削切，把猪头肉切得薄如纸，塞在那火烧里食之，熏味扑鼻！这种卤味好像不能登大雅之堂，但是在煨煮熏制中有特殊的风味，离开北平便尝不到。

薄暮后有叫卖羊头肉者，刀板器皿刷洗得一尘不染，切羊脸子是他的拿手，切得真薄，从一只牛角里撒出一些特制的胡盐。北平的羊好，有浓厚的羊味，可又没有浓厚到膻的地步。

也有推着车子卖"烧羊脖子烧羊肉"的。烧羊肉是经过煮和炸两道手续的，除肉之外还有肚子和卤汤。在夏天佐以黄瓜大蒜是最好的下面之物。推车卖的不及街上羊肉铺所发售的，但慰情聊胜于无。

北平的"豆腐脑"，异于川湘的豆花，是哆里哆嗦的软嫩豆腐，上面浇一勺卤，再加蒜泥。

"老豆腐"另是一种东西，是把豆腐煮出了蜂窠，加芝麻酱、韭菜末、辣椒等作料，热乎乎的连吃带喝亦颇有味。

北平人做"烫面饺"不算一回事，真是举重若轻，叱咤立办，你喊三十饺子，不大的工夫就给你端上来了，一个个包得细长齐整，又俊又俏。

斜尖的炸豆腐，在花椒盐水里煮得泡泡的，有时再羼<sup>①</sup>进几个粉丝做的炸丸子，放进一点辣椒酱，也算是一味很普通的零食。

馄饨何处无之？北平挑担卖馄饨的却有他的特点，馄饨本身没有什么异样，由筷子头拨一点肉馅往三角皮子上一抹就是一个馄饨，

---

① 羼（chàn）：掺杂。

特殊的是那一锅肉骨头熬的汤别有滋味，谁家里也不会把那么多的烂骨头煮那么久。

一清早卖点心的很多，最普通的是烧饼油鬼。北平的烧饼主要有四种，芝麻酱烧饼、螺丝转儿、马蹄儿、驴蹄儿，各有千秋。芝麻酱烧饼，外省仿造者都不像样，不是太薄就是太厚，不是太大就是太小，总是不够标准。螺丝转儿最好是和"甜浆粥"一起用，要夹小圆圈油鬼。马蹄儿只有薄薄的两层皮，宜加圆泡的甜油鬼。驴蹄儿又小又厚，不要油鬼做伴。北平油鬼，不叫油条，因为根本不作长条状，主要的只有两种，四个圆泡连在一起的是甜油鬼，小圆圈的油鬼是咸的，炸得特焦，夹在烧饼里一按"咔嚓"一声。离开北平的人没有不想念那种油鬼的。外省的油条，虚泡囊肿，不够味，要求炸焦一点也不行。

"面茶"在别处没见过。真正的一锅糨糊，炒面熬的，盛在碗里之后，在上面用筷子蘸着芝麻酱撒满一层，唯恐撒得太多似的。味道好吗？至少是很怪。

卖"三角馒头"的永远是山东老乡。打开蒸笼布，热腾腾的各样蒸食，如糖三角、混糖馒头、豆沙包、蒸饼、红枣蒸饼、高庄馒头，听你拣选。

"杏仁茶"是北平的好，因为杏仁出在北方，提味的是那少数几颗苦杏仁。

豆类做出的吃食可多了，首先要提"豌豆糕"。小孩子一听打镗锣的声音很少不怦然心动的。卖豌豆糕的人有一把手艺，他会把一块豌豆泥捏成各式各样的东西，他可以听你的吩咐捏一把茶壶，壶盖壶把壶嘴俱全，中间灌上黑糖水，还可以一杯一杯地往外倒。规模大一点的是荷花盆，真有花有叶，盆里灌黑糖水。最简单的是用模型翻制小饼，用芝麻做馅。后来还有"仿膳"的伙计出来做这一行生意，善用豌豆泥制各式各样的点心，大八件、小八件，什么卷酥、喇嘛糕、枣泥饼、花糕，五颜六色，应有尽有，惟妙惟肖。

"豌豆黄"之下街卖者是粗的一种，制时未去皮，加红枣，切成三尖形矗立在案板上。实际上比铺子卖的较细的放在纸盒里的那种要有味得多。

"热芸豆"有红白二种，普通的吃法是用一块布挤成一个豆饼，可甜可咸。

"烂蚕豆"是俟①蚕豆发芽后加五香大料煮成的，烂到一挤即出。

"铁蚕豆"是把蚕豆炒熟，其干硬似铁。牙齿不牢者不敢轻试，但亦有酥皮者，较易嚼。

夏季雨后照例有小孩提着竹篮赤足蹚水而高呼"干香豌豆"，咸滋滋的也很好吃。

"豆腐丝"，粗糙如豆腐渣，但有人拌葱卷饼而食之。

"豆渣糕"是芸豆泥做的，作圆球形，蒸食，售者以竹筷插之，一插即是两颗，加糖及黑糖水食之。

"甑儿糕"，是米面填木碗中蒸之，哑哑作响，顷刻而熟。

"浆米藕"是老藕孔中填糯米，煮熟切片加糖而食之。挑子周

---

① 俟（sì）：等待。

围经常环绕着馋涎欲滴的小孩子。

北平的"酪"是一项特产，用牛奶凝冻而成，夏日用冰镇，凉香可口，讲究一点的酪在酪铺发售，沿街贩卖者亦不恶。

"白薯"（即南人所谓红薯），有三种吃法。初秋街上喊"栗子味儿的"者是干煮白薯，细细小小的一根根地放在车上卖。稍后喊"锅底儿热和"者为带汁的煮白薯，块头较大，亦较甜。此外是烤白薯。

"老玉米"（即玉蜀黍）初上市时也有煮熟了在街上卖的。对于城市中人这也是一种新鲜滋味。

沿街卖的"粽子"，包得又小又俏，有加枣的，有不加枣的，摆在盘子里齐整可爱。

北平没有汤圆，只有"元宵"，到了元宵季节街上有叫卖煮元宵的。袁世凯称帝时，曾一度禁称元宵，因与"袁消"二字音同，改称汤圆，可嗤也。

糯米团子加豆沙馅，名曰"艾窝"或"艾窝窝"。

黄米面做的"切糕"，有加红豆的，有加红枣的，卖时切成斜块，插以竹签。

菱角是小的好，所以北平小贩卖的是小菱角，有生有熟，用剪去刺，当中剪开。很少卖大的红菱者。

"老鸡头"即芡实。生者为刺囊状，内含芡实数十颗，熟者则为圆硬粒，须敲碎食其核仁。

供儿童以糖果的，从前是"打糖锣的"，后又有卖"梨糕"的，此外如"吹糖人的"，卖"糖杂面的"，都经常徘徊于街头巷尾。

"爬糕""凉粉"都是夏季平民食物，又酸又辣。

"驴肉"，听起来怪骇人的，其实切成大片瘦肉，也很好吃。是否有骆驼肉马肉混在其中，我不敢说。

担着大铜茶壶满街跑的是卖"茶汤"的，用开水一冲，即可调成一碗茶汤，和铺子里的八宝茶汤或牛髓茶固不能比，但亦颇有味。

"油炸花生仁"是用马油炸的，特别酥脆。

北平"酸梅汤"之所以特别好，是因为使用冰糖，并加玫瑰、木樨、桂花之类。信远斋的最合标准，沿街叫卖的便徒有其名了，而且加上天然冰亦颇有碍卫生。卖酸梅汤的普通兼带"玻璃粉"及小瓶用玻璃球做盖的汽水。"果子干"也是重要的一项副业，用杏干、柿饼、鲜藕煮成。"玫瑰枣"也很好吃。

冬天卖"糖葫芦"，裹麦芽糖或糖稀的不太好，蘸冰糖的才好吃。各种原料皆可制糖葫芦，唯以"山里红"为正宗。其他如海棠、山药、山药豆、杏干、核桃、荸荠、橘子、葡萄、金橘等均佳。

北地苦寒，冬夜特别寂静，令人难忘的是那卖"水萝卜"的声音，"萝卜——赛梨——辣了换！"那红绿萝卜，多汁而甘脆，切得又好，对于北方围在火炉旁边的人特别有沁人脾胃之效。这等萝卜，别处没有。

有一种内空而瘪小的花生，大概是拣选出来的不够标准的花生，炒焦了之后，其味特香，远在白胖的花生之上，名曰"抓空儿"，亦冬夜的一种点缀。

夜深时往往听到沉闷而迟缓的"硬面饽饽"声，有光头、凸盖、镯子等，亦可充饥。

水果类则四季不绝地应市，诸如：三白的大西瓜、蛤蟆酥、羊角蜜、老头儿乐、鸭儿梨、小白梨、肖梨、糖梨、烂酸梨、沙果、苹果、虎拉车、杏、桃、李、山里红、柿子、黑枣、嘎嘎枣、老虎眼大酸枣、荸荠、海棠、葡萄、莲蓬、藕、樱桃、桑葚、槟子……不可胜举，都在沿门求售。

以上约略举说，只就记忆所及，挂漏必多。而且数十年来，北平也正在变动，有些小贩由式微而没落，也有些新的应运而生，比我长一辈的人所见所闻可能比我要丰富些，比我年轻的人可能遇到一些较新鲜而失去北平特色的事物。总而言之，北平是在向新颖而庸俗方面变，在零食小贩上即可窥见一斑。如今呢，胡尘涨宇，面目全非，这些小贩，还能保存一二与否，恐怕在不可知之数了。但愿我的回忆不是永远地成为回忆！

# 2. 端午日①

◎沈从文

边城所在一年中最热闹的日子，是端午、中秋和过年。三个节日过去三五十年前，如何兴奋了这地方人，直到现在，还毫无什么变化，仍能成为那地方居民最有意义的几个日子。

端午日，当地妇女、小孩子，莫不穿了新衣，额角上用雄黄蘸酒画了个王字。任何人家到了这天必可以吃鱼吃肉。大约上午11点钟左右，全茶峒人就吃了午饭，把饭吃过后，在城里住家的，莫不倒锁了门，全家出城到河边看划船。河街有熟人的，可到河街吊脚楼门口边看，不然就站在税关门口与各个码头上看。河中龙船以长潭某处做起点，税关前做终点，做比赛竞争。因为这一天军官、税官以及当地有身份的人，莫不在税关前看热闹。划船的事各人在数天以前就早有了准备，分组分帮，各自选出了若干身体结实、手脚伶俐的小伙子，在潭中练习进退。船只的形式，与平常木船大不相同，形体一律又长又狭，两头高高翘起，船身绘着朱红颜色长线，

---

① 选自《边城》，题目为编者所加。

平常时节多搁在河边干燥洞穴里，要用它时，才拖下水去。每只船可坐十二个到十八个桨手，一个带头的，一个鼓手，一个锣手。桨手每人持一支短桨，随了鼓声缓促为节拍，把船向前划去。带头的坐在船头上，头上缠裹着红布包头，手上拿两支小令旗，左右挥动，指挥船只的进退。擂鼓打锣的，多坐在船只的中部，船一划动便即刻蓬蓬锵锵把锣鼓很单纯地敲打起来，为划桨水手调理下桨节拍。一船快慢既不得不靠鼓声，故每当两船竞赛到剧烈时，鼓声如雷鸣，加上两岸人呐喊助威，便使人想起小说故事上梁红玉老鹳河时水战擂鼓的种种情形。凡是把船划到前面一点的，必可在税关前领赏，一匹红布，一块小银牌，不拘缠挂到船上某一个人头上去，都显出这一船合作努力的光荣。好事的军人，当每次某一只船胜利时，必在水边放些表示胜利庆祝的五百响鞭炮。

赛船过后，城中的戍军长官，为了与民同乐，增加这个节日的愉快起见，便派兵士把三十只绿头长颈大雄鸭，颈脖上缚了红布条子，放入河中，尽善于泅水的军民人等，自由下水追赶鸭子。不拘谁把鸭子捉到，谁就成为这鸭子的主人。于是长潭换了新的花样，水面各处是鸭子，同时各处有追赶鸭子的人。

船与船的竞赛，人与鸭子的竞赛，直到天晚方能完事。

# 3. 家住太极城

⊙郭华丽

"北望秦岭不见头，神思悠悠到华州。村口白发慈母泪，问儿未归有几秋。"偶然翻见爸爸遗留下来的诗句，无法抑制地心疼，继而开始痛哭，在独守的这个阴暗而又安静的房间里，在这个微雨的陕南太极城的傍晚。

两年前，爸爸安静地走了。他是关中平原的一棵树，移栽到陕南山地来，并在这儿开花结果，最后又长眠在汉水之湄。

童年的时候，我因为名字的缘故，用泪水与爸爸抗争过，那时候以为爸爸不爱我，因为大姐、二姐的名字里都有一个"旬"字，而我不是。"乖娃，我娃是华县的。"爸爸是用自己的方式，来寄托他的一腔悠悠乡情。爸爸的故乡，对于我，只是一些模糊的、没有根的记忆。其实，我不符合爸爸的想象，我吼不出一声秦腔，也不具备八百里秦川女子的豪放。

爸爸，故乡不都是异乡吗？我们所谓的故乡，不过是我们祖先漂泊旅程中落脚的最后一站。爸爸，你把一生的最好时间都献给了旬阳这块土地，这儿已经是你永生永世的家了，是你落脚的最后一站……而我在太极城出生，这儿无疑就是我的家乡了。

我住在太极城，这是天命。我喜欢太极城，这儿有我太多的记忆。

旬河北绕，山水相依，阴阳回旋，形成的太极城，是大自然的造化之功。太极城，是一种自然景观，更是一种人文景观。

太极城被旬河、汉江环绕，分成阴阳两岛，状如二鱼首尾相逐。阳鱼岛位于旬河北，阴鱼岛位于旬河南，大部分属于老城。新城则位于阴鱼岛的鱼尾，鱼，破浪而出，展现出繁华、热闹、欣欣向荣的街市。我留恋新城的繁华，往返于各个服装店、鞋店，不厌其烦地试穿心仪的衣服、鞋子。

"女为悦己者容"，对着镜子，我不由得柔柔地笑了。卖衣服的女子轻声的一句"欢迎再来"对我产生一种莫名的诱惑，诱惑我再来，不过，肚子已经提出抗议了。别急，安抚肚子的饮食店随处都是，来一碗浆水面吧，吃着胃里熨帖，又不会浪费我太多的银子。

想舒展一下筋骨，就到祝尔康大道陕南第一景观街，或是流光溢彩的祝尔康广场吧，随意溜达或是看人们翩翩起舞，兴起时，让自己裙裾飞扬。快乐，也就是如此简单。

一个月，总是有那么几天要到老城去，漫步于西城门、河街、后城，感受时间的流逝，体味岁月的无情。一老者，坐在门墩上打瞌睡，一条老狗趴在身边，屋里传出电视剧的声响，所谓的安逸，也不过如此吧。站在文庙的院墙外，看，耸入云天、郁郁葱葱的松树，展现着勃勃的生机，庙中珍藏的文物，是太极城的生命之源吧？

历史的沧桑变迁，战争的刀光剑影，平民百姓的生活常态，都深藏在那些文物里。狭窄而悠长的古巷、平实而耐久的石台阶、淡泊而安静的生活……这天人合一的和谐，牵引着我的脚步。"白沙翠竹江村暮，相送柴门月色新。"心……安了。

我陶醉在这恬静而又平凡的世界里。

城市化、现代化会割裂我们原始的感觉，但如能让沉淀了深厚久远的汉水流域文化的太极城焕发出新的生机，那么太极城一定会成为陕南的一颗明珠。

（有删改）

## 爆竹贺春

放爆竹贺新春，在我国有两千多年的历史。那时的"爆竹"并不是纸做的，而是用真的竹子做的。当时的百姓于辞旧迎新之际，就在堂前阶下用火烧烤竹节，清脆的响声寄托了人们赶走恶鬼的愿望。

后来，我国发明了火药，有人便将火药用纸卷起来燃放，这就是鞭炮。在此后的除夕之夜，春节之昼，从皇宫到民间，从城市到乡村，都响彻着震耳欲聋的火药爆炸之声。

现在，为了减少环境污染，改善空气质量，这一民间习俗就渐渐远离人们的生活了。

# *4.* 陕北秧歌

◎张亚宁

忽听铿锵的锣鼓声从天而降，似千军阔步前行，有排山倒海之势；似众仙齐奏鼓乐，有醉人的天籁之音；又似万马奔腾，有激越大地之威。

惊叹是什么如此振奋人心。循声望去——蜚声海内外的陕北秧歌扭得正欢。

你瞧，七八个彪悍的陕北汉子打着红边牛皮鼓，拍着大小铜镲，敲着小铜锣……啊，中年伞头[1]手中的大花伞犹如旋转的螺旋桨，十字步扭得天旋地转。哦，一群英俊的后生和俊俏的姑娘踏着鼓点，个个生龙活虎，活灵活现……哦，已一把年纪的老大爷老大娘也不甘示弱，与年轻小伙年轻姑娘相媲美，摇着、扭着、跳着……咦，伶俐可爱的小朋友蹦跳着，微笑着，长长的红丝带犹如一条条蛟龙一样敏捷，一会儿朝前冲去，一会儿拔地而起，一会儿从天忽降……

仔细听，随着"咚咚锵、咚咚锵……"的鼓点，你扭头看去，

① 伞头：指陕北地区大秧歌舞中领舞领唱的演员。

乐队的汉子们忘乎所以，恨不得把那个红边鼓敲碎，巴不得把那把铜唢呐吹破，真想把那大小铜镲拍烂，一心想把那小铜锣击个窟窿……闭上眼睛，静心地听。时而粗犷奔放，能使河流为之激扬动荡；时而稳步柔美，能使无数人为之心醉；时而缓和细腻，能使大地为之倾倒。

仔细看，一群男女老少扭起来了。排是排，行是行。一会儿排成"龙摆尾"，一会儿犹如"梅花盛开"，一会儿好像"老虎扬尾"，一会儿胜似"大灯笼"，一会儿能比得过大姑娘的长辫子，一会儿好像一朵朵枣花……红与绿的扇子在姑娘们手中飞起来转起来，红与绿的丝带飘起来，观者不仅是眼花缭乱，而且是眼神跟着扇子起落，不知道最后的眼神落在何方。花折伞在后生们手中撑起来舞起来，撑起时，似乎要直穿云霄；舞起时，犹如飞轮旋转。手、脚、头，全部是活的，真是眼光不知道放在哪里，放在哪里都是恰到好处的。

一声惊吼，两只花巧的旱船上场了，像在水中一样，轻飘飘地游来游去。坐在船舱里俊俏的姑娘唱道："天下黄河几十几道湾，几十几道湾里几十几条船……"这边声音一落，那边的艄公接着唱道："天下黄河九十九道湾，九十九道湾里九十九条船……"酸酸的唱曲惹得人心里暖暖的，你瞧那些小孩子，架在父亲或者爷爷的肩膀上，笑着，鼓着掌。你看看，那群帅气的小伙子，捧腹大笑……

忽然，两只威风凛凛的雄狮不知从何方而出，摇着脑袋，摆着身子，张着血盆大口，或凭空后仰翻滚，或高台俯卧衔球，或单狮走桩，或双狮争戏，或扮鬼脸。起势、奋起、迎宾、施礼、惊跃、酣睡、道谢，将威武之狮的喜、怒、哀、乐之状舞得栩栩如生，惟妙惟肖。一时间，场内场外一双双眼睛齐聚在威武的狮子身边，整个场地里的空气凝固了一般。一个转身，狮子落地，场内场外齐声欢腾，掌声、喝彩声震荡着天空，老太太的两颗门牙差点儿飞落出来，歪着脖颈双手慌忙捂住。

忽然，两只蛟龙从天而降一般。锣鼓声起，龙首时低时昂，或腾，或闪，或翻。犹如波浪一般连绵起伏，忽上忽下，忽高忽低。舞龙者卖力地挥舞，敏捷地穿梭，迅速地奔跑，一会儿倾倒在西，一会儿又倾倒在东，一会儿猛然飞速前进，一会儿又腾飞高空。龙身甩动发出的啪啪响声、腰间的铃声、鼓声、呼喊声交织混合，激励的掌声，响彻云霄。

随即，一系列小节目开幕了。一群孩子戴着可爱的头盔，摇摇摆摆，可爱至极；一头头跑驴背上的姑娘们时不时做个鬼脸，让你笑弯腰；一首首酸曲、一折折小戏、一个个滑稽小品……男女老少目不暇接。

这就是独具特色的陕北秧歌。

陕北地区"闹秧歌"习俗由来已久。相传北宋已有陕北秧歌舞，原为阳歌。"言时较阳，春歌以乐。"《延安府志》记有"春闹社，俗名秧歌"，源于农事活动。在普普通通的日常劳动中，把劳动期间的吟唱、蹦跳、行走等动作结合起来，巧妙地糅合了陕北民间一些习俗、祭祀等活动及乐器，形成了最初的秧歌。为了喜庆丰收、送祝福祈平安，每到春节前夕，村里能歌善舞的人组织起本村的人或者前后村的人，集体排练，等到次年正月挨家挨户拜年演出。起初，受封建迷信束缚，妇女不得参加秧歌的演出，一群憨厚老实的陕北汉子扮演不同的角色。当一场"新秧歌运动"的春风温暖了陕北大地，陕北秧歌有了改头换面的变化。

陕北秧歌分为"大秧歌"和"踢场子"两大类。大秧歌，是一种在广场、过街、串巷道、拜院子等进行并伴有其他社火节目的动作矫健豪迈、情绪奔放欢悦的大型演出活动。"踢场子"也叫"扎场子"。主要就是表演小节目，由过去的跑"旱船"、踩"高跷"等发展到现在把陕北道情、双人舞蹈、地方小戏等巧妙地融合在一起。

陕北秧歌主要有三种角色，即伞头，文、武身子和丑角。逢年过节，城乡都组织秧歌队，村邻之间还扭起秧歌互相拜访，比歌赛舞，热闹非凡。随着社会的发展，妇女也加入了秧歌的队伍。妇女的加入，让陕北秧歌发生了翻天覆地的变化，男女搭配、老少结合的陕北秧歌，在黄土高原，在陕北这块黄土地上，成为一种不可缺少、闹新春及城乡群众休息娱乐的重要活动。春节期间的秧歌气势宏大，规模盛大，一般前有彩车，主要宣传一个县的风土人情、民俗文化、乡镇风情等，或者宣传一个单位、一个企业的工作成绩、工作理念等，同时，把安塞腰鼓、陕北唢呐、各类鼓等都列入陕北秧歌，排练成整整齐齐的方阵以及根据当年的情况装扮一些吉祥物、幸运物等，内容丰富，形式多样。

陕北秧歌从单一的"闹红火"发展到如今叱咤大舞台，走向全国各地以及海外，它已被列入第一批非物质文化遗产。生活在这块热土的男女老少都想看，都想扭。

陕北人爱看秧歌、爱闹秧歌，图的就是热闹、开心。男女老少一旦成为秧歌队的一员，所有的心事都放下，所有的生活先搁下，所有的忧愁销声匿迹，闹个不够不罢休。"咚咚锵、咚咚锵……"的锣鼓响起，男男女女、老老少少，撂下饭碗，停下手中的活儿，抛开眼前琐事，心与秧歌队伍一起沸腾，一起红火。秧歌队过街，街道两边水泄不通，肩膀上顶着孩子，手里牵着老人。秧歌在院子里，垴畔上、玉米架上、树杈上，人头攒动，密密麻麻。秧歌队在广场上，不分男女老少，人山人海，围成大圈，紧紧围住秧歌队，似乎担心秧歌刹那间消失在天边……

你听，鼓点又响起来了，那群男女老少早就迫不及待了。扭吧！疯了一般地扭，不要命了地扭，扭出陕北人的好心情，扭出一个人人红红火火的好日子。

# 5. 窗 花

⊙耿 翔

在大雪封山的日子里，是这些贴得红彤彤的窗花告诉我，在被雪埋得很深很深的山坡上，还有人家。

或许是命里有缘，每次到陕北，都能遇上一些让我动心的剪纸人，并且在回城后的很长时间里，都一心想着她们的面容。就是这次踏雪北上，在除了雪的白色几乎无别的色泽可寻的时候，也有一些生动极了的窗花，会突然从一个极不显眼的地方，亮在一条村道上。

说句真话，最初让我倾倒，并把窗花看得神物似的，是在好奇地抓住一位剪纸老人的双手的那一次。现在坐下来，坐在这一目了然的雪原上，用没有尘土的心想一想，我迎着风的脊背，也会冒出一层很热的汗来。那时，我就等在她的对面，看她像侍弄土地一样，在一块红纸上剪些什么。一剪一剪，随着一阵嚓嚓的剪刀声，红粉似的纸屑，落了一怀。她每动一次剪刀，我的心都会收缩一次。在陕北，能让心一次次收缩的东西太多了。细数一下，有一路冲刷出来的壶口瀑布，有震动整面山坡的安塞腰鼓，有躺在沙漠中的红石峡，有悬在黄河上的白云山，还有绥德的狮子，清涧的石板，以及从每一道沟里，甚或每一块庄稼地里，都会随时响起来的信天游。而唯一让我的心收缩得发疼的，是她为我剪一幅窗花的全过程。守在她安详的神态里，我最初的浮躁，也像多余的纸片，被一剪一剪地剪去了，剩下的，正如在她手上成形的窗花，完全是一种艺术化了的东西。我不想说破她剪给我的那一对窗花叫什么，但我要说，那里面一定藏着一个很美的传说。那是在陕北的山坡上，比荞麦花和苜蓿花还开得热烈的传说啊。那传说中的主角，正盘腿坐在一方土炕上，内心热烈如火，亦平淡如水地为我剪着她的故事……

看着窗花，我突然想起，陕北人在如此严实的窑洞里，为什么要安这么大的窗子这么大的门？在这么大的门窗上，为什么要贴这么多的窗花？应该这样说，他们守望的几孔窑洞，仅仅是家园的一部分，而更广大的，还有他们一生躬耕着的土地。他们住在窑洞里，土地上一年的收成，不能把他们送入梦乡。只有这些贴在窗户上、囊括各种风物的窗花，才会让他们觉出，日子在这片贫瘠之乡，还过得很瓷实。因此，再不讲究的人家，也不会忘记在贴得拥挤的窗棂上，再添些新窗花上去。

我不是地道的陕北人，无法说透这些剪纸艺术的真正奥妙。但我深刻地记得，许多剪纸艺人只要一握起剪刀，就进入一种半癫状态。有的剪到入神时，一两天不吃不喝。有的边剪边唱，嘴里尽是些无字句的歌。看着她们，你一定会想，真正的艺术在哪里？真正的大师又是谁？对于以食为天之民，剪刀的分量会比镰刀重吗？

在陕北，这些出现在剪刀下，一看就勾魂的俗物，能让人一眼望出一条吐纳百川的文化之河。由此，我在对这些窗花惊叹之余，最为看重的，就是创造这种艺术的工具：一把普通的剪刀。在这些婆姨们手上，一把剪刀，就是一个大千世界，它能真实或者夸张地剪出存在于陕北的所有物象。谁会相信，这些很抽象的窗花是出自一群普通的民间艺术家之手？有时，我更愿意这样说：窗花，是一种与人俱存的艺术。

当我冒着一天的雪花，要敲开一户人家的窑门时，我想，在紧挨着窗户的炕头上，应该坐着一位剪窗花的老人。她那不停的剪刀声，应该是在雪的覆盖下，唯一剩下来的一种超越感觉的响动。我应该在开口说话之前，先去摸一摸这双虽被剪刀磨僵，却能剪活陕北的手……

站在贴得红彤彤的窗花里，我敲门的手，好光亮啊。

# 6. 酒醅子飘香

⊙冯　波

时光飞逝，转眼又是一年端午节。

端午节吃粽子，历史悠久，妇孺皆知，历经千载，长盛不衰。但在我的家乡，每逢端午节，除了粽子外，还有一种美食，同粽子一样也具有悠久的历史，同样也备受人们的推崇和喜爱，因吃起来酒香浓郁，酸甜爽口，人们就给它起了一个形象而富有诗意的名字——酒醅子。

每年端午节前两天，家乡的人们就开始煮酒醅子，为庆祝这个承载着厚重意义的节日做准备。

记得小时候，由于家里穷，没钱买糯米、粽叶和蜂蜜，吃粽子就成了一种奢望，因此，由自产的莜麦做原材料且制作简单的酒醅子，就成了我们端午节必不可少的美食。每年端午节前夕，母亲就会选取几斤颗粒饱满的莜麦，细心挑拣出里面的燕麦、石子等杂质，然后放在清水里浸泡两到三个小时，等莜麦发胀变软后，捞出来控干水分，再用揉搓或捶打等方法，去掉莜麦表皮上的茸毛，然后放在清水中淘净，倒进盛满清水的锅里，在灶膛里填满柴火进行蒸煮，并用勺子不断搅动，以防粘锅。待莜麦蒸七八分熟后，从锅里捞出，摊开晾凉后，加入适量酒曲拌匀，最后将加了酒曲的熟莜麦装入瓦盆中，用塑料袋封住盆口，置于炕角，再用棉被覆盖严实。等发酵好以后，就可以尽情享用人间美味了。

等待往往是一件令人非常难挨的事情。从母亲把酒醅子盆放到炕角后，我和妹妹们就时刻关注着酒醅子的变化。一会儿我去摸摸盆身，看温度是不是升高了，一会儿她去闻闻气味，看是不是飘出酒香了，时间在等待中缓缓流淌。端午节一大早，我们就拿着碗围坐在酒醅子盆边，瞪大眼睛看着母亲揭开棉被，取掉塑料袋，一股浓浓的酒香就会扑鼻而来，顿时弥漫了整个屋子。母亲给我们每个人盛上半碗酒醅子，然后倒满准备好的凉开水，再用筷子把酒醅子和水搅匀，看着乳白色的浆汁在碗里旋转，嗅着沁人心脾的酒香，喝着酸中带甜的浆汁，嚼着软软柔柔的麦粒，一种舒爽惬意的满足感瞬间油然而生，感觉天下再也没有比这更好吃的美味了。

酒醅子虽然好吃，但是不能贪吃，因为它像酒一样也会醉人。记得有一年端午，我在外面疯玩了一上午，感觉口干舌燥，中午一回家就一口气吃了三碗酒醅子，不一会儿便觉得脸红心跳，脑袋发晕，走起路来头重脚轻，浑身感觉轻飘飘的。我以为自己生病了，就去告诉母亲，母亲听后哈哈大笑，说一定是吃酒醅子吃醉了，并让我去炕上睡一会儿。我一到炕上倒头便睡，昏昏沉沉地睡了一下午，到晚饭的时候还感觉头晕晕乎乎的。从那以后，每次吃酒醅子时，我总会想起那次醉酒的经历，就强忍着不敢贪吃了。

众所周知，端午节吃粽子的习俗，是为了纪念伟大的爱国诗人屈原。我想，吃粽子的习俗之所以流传几千年久盛不衰，一方面是对屈原一腔拳拳爱国之情的铭记，另一方面则是对后人的谆谆教化和忠告。端午节吃酒醅子究竟起源于何时，没有史料记载，也无从考证，是否也像吃粽子一样饱含着一段凄美的故事呢？我觉得这并不重要，重要的是用于煮酒醅子的原料——莜麦，富含淀粉、蛋白质、脂肪、维生素、氨基酸、钙、铁等多种营养成分，对人体十分有益。经精心蒸煮而成的酒醅子，具有醇香、清凉、甘甜的特点，夏天吃它能清心提神，去除倦意；冬天食用则能壮身暖胃，增加食欲，是体弱多病者和妇女、儿童强身健体的美味佳肴。

"酒醅子甜，老人娃娃口水咽，一碗两碗能开胃，三碗四碗顶顿饭。"端午节处于每年的盛夏时节，天气炎热，暑气逼人，农人们正忙着收割、打碾小麦，非常辛劳，稍有不慎便会中暑生病，酒醅子自然就成了人们消暑解乏的必备美食。劳作之余，吃一碗甘甜爽口的酒醅子，既能消暑解困，又能充饥解馋，这大抵就是酒醅子备受家乡人们喜爱、祖辈传承的缘由吧！

如今每年端午节，常会见到街头有酒醅子售卖，但其味涩中带苦，色泽灰暗，怎么也吃不出小时候的那种味道。我已经好多年没有吃过母亲煮的酒醅子了，但每逢端午节，那种深烙于灵魂深处的绵长醇厚的酒香，就会在不经意间飘散出来，弥漫在鼻翼间挥之不去，令我醉卧在儿时那些美好的记忆里，久久不愿醒来……

# 民俗寻趣

中华五千年民俗，趣味良多……

"爆竹声中一岁除，春风送暖入屠苏。千门万户曈曈日，总把新桃换旧符。"和暖的春风吹来了新年，由远而近映入我们眼中的是熟悉的年趣。"暮云收尽溢清寒，银汉无声转玉盘。"佳节又至，秋天在凉风中徐徐前行，牵引着我们深远绵长的牵挂与祝福……家乡的风俗，让每一个游子依恋温馨的家园。家乡的民俗风物召唤着游子，成为他们永恒的记忆。

学习本单元文章，要了解更多不同时代、不同地域的民风民俗，增加自己的民族文化积淀；体会优秀作品中综合运用多种表达方式的特点，品味、欣赏不同风格的语言，尝试结合语境说出具体词句赋予了作品什么样的表现力。

# *1.* 除夕情怀

⊙冯骥才

除夕是一年最后一天，最后一个夜晚，是一岁中剩余的一点短暂的时光。时光是留不住的，不管我们怎么珍惜它，它还是一天天在我们的身边烟消云散。古人不是说过"黄金易得，韶光难留"吗？所以在这一年最后的夜晚，要用"守岁"——也就是不睡觉，眼巴巴守着它，来对上天恩赐的岁月时光以及眼前这段珍贵的生命时间表示深切的留恋。

除夕是中国人最具生命情感的日子。所以此时此刻一定要和与自己有着血缘关系的亲人团聚一起。首先是生养自己的父母。陪伴老人过年，有如依偎着自己生命的根与源头，再有便是和同一血缘的一家人枝叶相拥，温习往昔，尽享亲情。记得有人说："过年不就是一顿鸡鸭鱼肉的年夜饭吗？现在天天鸡鸭鱼肉，年还用过吗？"其实过年并不是为了那一顿美餐，而是团圆。只不过先前中国人太穷，便把平时稀罕的美食当作一种幸福，加入这个人间难得的团聚中。现在鸡鸭鱼肉司空见惯了，团圆却依然是人们的愿望年的主题。腊月里到火车站或机场去看看声势浩大的春运吧。世界上哪个国家会有一亿人同时返乡，不都要在除夕那天赶到家去？他们到底为了吃年夜饭还是为了团圆？

此刻，我想起关于年夜饭的一段往事——

一年除夕，家里筹备年夜饭，妻子忽说："哎哟，还没有酒呢。"我说："我忙的都是什么呀，怎么把最要紧的东西忘了！"

酒是餐桌上的仙液。这一年一度的人间的盛宴哪能没有酒的助兴、没有醉意？我忙披上棉衣，围上围巾，蹬上自行车去买酒。家里人平时都不喝酒，一瓶葡萄酒——哪怕是果酒也行。

车行街上，天完全黑了，街两旁高高低低的窗子都亮着灯。一些人家开始吃年夜饭了，性急的孩子已经噼噼啪啪点响鞭炮。但是商店全上了门板，无处买到酒，我却不死心，无论如何也不能让这顿年夜饭没有酒。车子一路骑下去，一直骑到百货大楼后边那条小街上，忽见道边一扇小窗亮着灯，里边花花绿绿，分明是个家庭式的小杂货铺。我忙跳下车，过去扒窗一瞧，里边的小货架上天赐一般摆着几瓶红红的果酒，大概是玫瑰酒吧。踏破铁鞋终于找到它了！我赶紧敲窗玻璃，里边出现一张胖胖的老汉的脸，他不开窗，只朝我摇手；我继续敲窗，他隔窗朝我叫道："不卖了，过年了。"我一急，对他大叫："我就差一瓶酒了。"谁料他听罢，怔了一下，唰地拉开小小的窗子，里边热乎乎混着炒菜味道的热气扑面而来，跟着一瓶美丽的红酒梦幻般地摆在我的面前。

我付了钱，对他千恩万谢之后，把酒揣在怀里贴身的地方。我怕把酒摔了，然后飞快地一口气骑车到家。刚才把酒揣进怀里时酒瓶很凉，现在将酒从怀间抽出时，光溜溜的酒瓶竟被身体焐得很温暖。

当晚这瓶廉价的果酒把一家人扰得热乎乎的，我却还在感受着刚才那位老汉把酒"啪"地放在我面前的感觉。他怎么知道我那时为年夜饭缺一瓶酒时急切的心情？很简单——因为那是人们共有的年的情怀。

于是我又想起，一年的年根在火车站上。车厢里人满为患，连走道上也人贴着人地站着。从车门根本挤不上去，有人就从车窗往里爬。我看一个年轻人，半个身子已经爬进车窗，车里的熟人往里拉他，站台上工作人员往外拽他。双方都在使劲，这年轻人拼命地往车里挣扎。就在这时候，忽然站台上的人不拉了，反倒笑嘻嘻把他推上去。我想，要是在平时，站台的工作人员决不会把他推上去，但此时此刻为什么这样做？为了帮他回家过年。

年，真的是太美好的节日、太好的文化了。在这种文化氛围里，人人无须沟通，彼此心灵相应。正为此，除夕之夜千家万户燃起的烟花，才在寒冷的夜空中交相辉映，呈现出普天同庆的人间奇观。也正为此，那风中飘起的吊钱，大门上斗大的福字，晶莹的饺子，感恩于天地与先人的香烛，风雪沙沙吹打的灯笼和人人从心中外化出来的笑容，才是这除夕之夜最深切的记忆。

除夕是中国人用共同的生活理想创造出来——并以各自的努力实现的现实。

# 2. 新年怀旧

◎丰子恺

我似觉有二十多年不逢着"新年"了。因为近二十多年来，我所逢着的新年，大都不像"新年"。每逢年底，我未尝不热心地盼待"新年"的来到；但到了新年，往往大失所望，觉得这不是我所盼待的"新年"。我所盼待的"新年"似乎另外存在着，将来总有一天会来到的。再过半个月，新年又将来临。料想它又是不像"新年"的，也无心盼待了。且回想过去吧。

我所认为像"新年"的新年，只有二十多年前，我幼时所逢到的几个"新年"。近二十多年来，我每逢新年，全靠对它们的回忆，在心中勉强造出些"新年"似的情趣来，聊以自慰。回忆的力一年一年地薄弱起来。现在若不记录一些，恐怕将来的新年，连这点聊以自慰的空欢也没有了。

当阳历还被看作"洋历"，阴历独裁地支配着时间的时代，新年真是一个极盛大的欢乐时节！一切空气温暖而和平，一切人公然地嬉戏。没有一个人不穿新衣服，没有一个人不是新剃头。尤其是我，正当童年时代，不知众苦，但有一切乐。我的新年的欢乐，始于新年的 eve（前夕）。

大年夜的夜饭，我故意不吃饱，留些肚皮，用以享受夜间游乐中的小食、半夜里的暖锅，和后半夜的接灶圆子。吃过夜饭，夜里的柜台上就点着一对红蜡烛、一只风灯。红蜡烛是岁烛，风灯是供给往来的收账人看账目用的。从黄昏起，直至黎明，街上携着灯笼收账的人络绎不绝。来我们店里收账的人，最初上门来，约在黄昏时，谈了些寒暄，把账簿展开来看一看大约有多少。假如看见管账先生不拿出钱来，他们会很客气地说一声"等一会儿再算"，就告辞。第二次来，约在半夜时。这会儿拿过算盘来，确实地决算一下，打了一个折扣，再在算盘上摸脱了零头，得到一个该付的实数。倘我们的管账先生因为自己的店账没有收齐，回报他们说，"再等一会儿付款"，收账的人也会很客气地满口答允，提了灯笼又去了。第三次来时，约在后半夜。有的收清账款，有的反而把旧欠放弃不收，说道"带点老亲"。于是大家说着"开年会"，很客气地相别。我们的收账员，也提了灯笼，向别家去演同样的把戏，直到后半夜或黎明方才收清。这在我这样的孩子们看来，真是一年一度的难得的热闹。平日天一黑就关门，这一天通夜开放，灯火满街。我们但见一班灯笼进，一班灯笼出，店堂里充满着笑语和客气话，心中着实希望着账款不要立刻付清，因此延长一点夜的闹热。在前半夜，我常常跟了我们店里的收账员，向各店收账。每次不过是看一看数目，难得收到钱。但遍访各店，在我是一种趣味。他们有的在那里请年菩萨，有的在那里准备过新年。还有的已经把年夜当作新年，在那里掷骰子，欢呼声充满了店堂的里面。有的认识我是小老板，还要拿本店的本产货的食物送给我吃，表示亲善。

我吃饱了东西回到家里，里面别是一番热闹：堂前点着岁烛和保险灯，灶间里拥着大批人看放谷花。放的人一手把糯米谷撒进镬子里去，一手拿着一把稻草不绝地在镬子底下撩动。那些糯米谷得了热气，起初"啪，啪"地爆响，后来米脱出了谷皮，渐渐膨胀起来，终于放得像朵朵梅花一样。这些梅花在环视者的欢呼声中出了镬子，就被拿到厅上的桌子上去挑选。保险灯光下的八仙桌，中央堆了一大堆谷花，四周围着张开笑口的男女老幼许多人。你一堆，我一堆，大家竞把砻糠剔去，拣出纯白的谷花来，放在一只竹篮里，预备新年里泡糖茶请客人吃。我也参加在这人丛中，但我的任务不是拣而是吃。那白而肥的谷花又香又燥，比炒米更松，比蛋片更脆，又是一年中难得尝到的异味。等到拣好了谷花，端出暖锅来吃半夜饭的时候，我的肚子已经装饱，只为着吃后的"毛草纸揩嘴"的兴味，勉强凑在桌上。所谓"毛草纸揩嘴"，是每年年夜例行的一种习惯。吃过年夜饭，家里的母亲乘孩子们不备，拿出预先准备着的老毛草纸向孩子们口上揩抹。其意思是把嘴当作屁眼，这一年里即使有不吉利的话出口，也等于放屁，不会影响事实。但孩子们何尝懂得这番苦心？我们只是对于这种恶戏发生兴味，便模仿母亲，到茅厕间里去拿张草纸来，公然地向同辈甚至长辈的嘴上去乱擦。被擦者决不忿怒，只是掩口而笑，或者笑着逃走。于是我们擎起草纸，向后面追赶。不期正在追赶的时候，自己的嘴却被第三者用草纸揩过了。于是满堂哄起热闹的笑声。

夜半过后，在时序上已经是新年了，但在习惯上，这五六个小时还算是旧年。我们于后半夜结伴出门，各种商店统统开着，街上行人不绝，收账的还是提着灯笼幢幢来往。但在一方面，烧头香的善男信女，已经携着香烛向寺庙巡礼了。我们跟着收账的，跟着烧香的，向全镇乱跑，直到肚子跑饿，天将向晓，然后回到家里来吃了接灶圆子，怀着了明朝的大欢乐的希望而酣然就睡。

元旦[①]日，起身大家迟。吃过谷花糖茶，白日的乐事，是带了去年底预先积存着的零用钱、压岁钱，和客人们给的糕饼钱，约伴到街上去吃烧卖。我上街的本意不在吃烧卖，却在花纸儿和玩具上。我记得，似乎每年有几张新鲜的花纸儿给我到手。拿回家来摊在八仙桌上，引得老幼人人笑口皆开。晏晏地吃过了隔年烧好的菜和饭，下午的兴事是敲年锣鼓。镇上备有锣鼓的人家不很多，但是各坊都有一二处。我家也有一副，是我的欢喜及时行乐的祖母所置备的。平日深藏在后楼，每逢新年，拿到店堂里来供人演奏。元旦的下午，大街小巷，鼓乐之声遥遥相应。现在回想，这种鼓乐最宜用为太平盛世的点缀。丝竹管弦之音固然幽雅，但其性质宜于少数人的清赏，非大众的。最富有大众性的乐器，莫如打乐[②]。俗语云："锣鼓响，脚底痒。"因为这是最富有对大众的号召力的乐器。打乐之

---

① 元旦：指现在的"春节"。

② 打乐：指打击乐器。

中，除大锣鼓外，还有小锣、班鼓、檀板、大铙钹、小铙钹等，都是不能演奏旋律的乐器，因此奏法也很简单，只是同样的节奏的反复，不过在轻重缓急之中加以变化而已。像我，十来岁的孩子，略略受人指导也能自由地参加新年的鼓乐演奏。一切音乐学习，无如这种打乐之容易速成者。这大概也是完成其大众性的一种条件吧。这种浩荡的音节，都是暗示昂奋的、华丽的、盛大的。在近处听这种音节时，听者的心会忙着和它共鸣，无暇顾到他事。好静的人所以讨厌打乐，也是为此。从远处听这种音节，似觉远方举行着热闹的盛会，不由你的心不向往。好群的人所以要脚底痒者，也正是为此。试想：我们一个数百户的小镇同时响出好几处的浩荡的鼓乐来，云中的仙人听到了，也不得不羡慕我们这班盛世黎民的欢乐呢。

新年的晚上，我们又可从花炮享受种种的眼福。最好看的是放万花筒。这往往是大人们发起而孩子们热烈赞成的。大人们一到新年，似乎袋里有的都是闲钱。逸兴到时，斥两百文购大万花筒三个，摆在河岸一齐放将起来。河水反照着，映成六株开满银花的火树，这般光景真像美丽的梦境。东岸上放万花筒，西岸上的豪侠少年岂肯袖手旁观呢？势必响应，在对岸上也放起一套来。继续起来的就变花样。或者高高地放几十个流星到天空中，更引起远处的响应；或者放无数雪炮，隔河作战。闪光满目，欢呼之声盈耳，火药的香气弥漫在夜天的空气中。当这时候，全镇的男女老幼，大家一致兴奋地追求欢乐，似乎他们都是以游戏为职业的。独有爆竹业的人，工作特别多忙。一新年中，全镇上此项消费为数不小呢：送灶、过年、接灶、接财神、安灶……每次斋神，每家总要放四个斤炮、数百鞭炮。此外万花筒、流星、雪炮等观赏的消耗，更无限制。我的邻家是业爆竹的。我幼时对于爆竹店，比其余一切地方都亲近。自年关附近至新年完了，差不多每天要访问爆竹店一次。这原是孩子们的通好，不过我特别热心。我曾把鞭炮拆散来，改制成无数的小万花筒，其法将底下的泥挖出，将头上的引火线拔下来插入泥孔中，倒置在水槽边上燃放起来，宛如新年夜河岸上的光景。虽然简陋，但神游其中，不妨想象得比河岸上的光景更加壮丽。这种火的游戏只限于新年内举行，平日是不被许可的。因此火药气与新年，在我的感觉上有不可分离的关联。到现在，偶尔闻到火药气时，我还能立刻联想到新年及儿时的欢乐呢。

二十多年来，我或为负笈[①]，或为糊口，频频离开故乡。上述的种种新年的点缀，在这二十多年间无形无迹地渐渐消灭起来……我不希望开倒车回复二十多年前的儿时，但希望每年有个像"新年"的新年，以调剂一年来工作的辛苦，恢复一年来工作的疲劳。我想这像"新年"的新年一定存在着，将来总有一天会来到的。

---

① 负笈：游学外地。

# 3. 花 灯

◎萧 乾

　　节日往往最能集中地表现一个民族的习俗和欢乐。西方的圣诞、复活、感恩等节日，大多带有宗教色彩，有的也留着历史的遗迹。节日在每个人的童年回忆中，必然都占有极为特殊的位置。多么穷的家里，圣诞节也得有挂满五色小灯泡的小树。孩子们一夜醒来，袜子里总会有慈祥的北极老人送的什么礼物。圣诞凌晨，孩子们还可以到人家门前去唱歌，讨点零花。

　　我小时候，每年就一个节一个节地盼。五月吃上樱桃和粽子了，前额还给用雄黄画个"王"字，就是为了避五毒。纽扣上戴一串花花绿绿的玩意儿，有桑葚、有老虎什么的，都是用碎布缝的。当时还不知道那个节日同古代诗人屈原的关系。多么雅的一个节日呀！七月节就该放莲花灯了。八月节怎么穷也得吃上块月饼，兴许还弄个泥捏挂彩的兔儿爷供供。九月登高吃花糕。这个节日对漂流在外的游子最是伤感，也说明中国人的一个突出的民族特点：不忘老根儿。但最盼的，还是年下，就是现在的春节。

我小时候，大商家讲究"上板"（停业）一个月。平时不放假，交通没现在方便，放了店员也回不去家。那一个月里，家在外省的累了一年，大多回去探亲了，剩下掌柜和伙计们就关起门来使劲地敲锣打鼓。

　　正月里欢乐的高峰，无疑是上元佳节——也叫灯节。从初十起就热闹，一直到十五。花灯可是真正的艺术品。有圆的、方的、八角的，有谁都买得起的各色纸灯笼，也有绢的、纱的和玻璃的。有富丽堂皇的宫灯，也有仿各种动物的羊灯、狮子灯；羊灯通身糊着细白穗子，脑袋还会摇动。另外有一种官府使用的大型纸灯，名字取得别致，叫"气死风"。这种灯通身涂了桐油，糊得又特别严实，风怎么也吹不灭，所以能把风气死。

　　纽约第五街的霓虹灯倒也是五颜六色，有各种电子机关，变幻无穷。然而那只有商业上的宣传，没什么文化内容。北京的花灯上，就像颐和园长廊的雕梁画栋，有成套的《三国演义》《水浒传》或《红楼梦》。有些戏人儿还会耍刀耍枪。我小时最喜欢看的是走马灯。蜡烛一点，秫秸插的中轴就能转起来。守在灯旁的一个洞口往里望，它就像座旋转舞台：一下子是孙猴，转眼又出来八戒，沙和尚也跟在后边。至今我还记得一盏走马灯里出现的一个怕老婆的男人：他跪在地上，头顶蜡扦，旁边站着个梳了鬏髻①的小脚女人，手举木棒，一下一下地朝他头上打去。

　　灯，是店铺最有吸引力的广告。所以一到灯节，哪里铺子多，

──────────

① 鬏髻（zhuā ji）：梳在头顶两旁的髻。

哪里的花灯就更热闹。

20 世纪 60 年代初的一次春节，厂甸又开市了。而且正月十五，北海还举行了花灯晚会。当时我一边儿逛灯一边儿就想：是呀，过去那些乌七八糟的要去掉，可像这样季节性的游乐恢复起来，岂不大可丰富一下市民的生活。

## 压岁钱的由来（一）

"岁"是年的意思，所谓"压岁钱"，就是为压住由年引起的恐慌而送的祝福之钱。为什么年会引起恐慌呢？

在我国的传说中，年本是一种凶恶的怪兽，每隔 365 天后的夜晚，它就会出来伤害人畜，践踏庄稼。人们为了不让年为害人间，就在它出现的那一天敲响各种东西驱赶它。后来过年时敲锣打鼓放鞭炮便由此演变而来。

年这样一种怪兽来了，孩子们当然会惊恐害怕，于是大人们就在年来到的时候，做出好吃的给孩子们压惊，久而久之，压惊逐渐演变为压岁钱。

# 4. 千年糖葫芦　一串到如今

◎杨福久

大千世界里，作为一种食品能够被编词谱曲且广为传唱的可谓凤毛麟角。但中国一千多年前诞生的糖葫芦不仅获此殊荣，而且不止被一首歌曲传唱着！

"都说冰糖葫芦儿酸，酸里面它裹着甜；都说冰糖葫芦儿甜，可甜里面它透着那酸。糖葫芦好看它竹签儿穿，象征幸福和团圆。把幸福和团圆连成串，没有愁来没有烦……"

这首大家耳熟能详的歌曲，将我们带到了糖葫芦的故事里。关于冰糖葫芦的来历，还有不少有趣的传说呢。

唐朝末年，屡试不中的山东才子黄巢，在一个深秋时节，愤然写了首诗："飒飒西风满院栽，蕊寒香冷蝶难来。他年我若为青帝，报与桃花一处开。"后来，他便和王仙芝一起组织了农民起义。每打完一次仗，黄巢都对手下将领论功行赏。他奖赏的方法很简单也很特别：将领斩杀一员敌将，便奖一颗完整的核桃仁。得到的奖赏多了，便用竹签串起来，摆在庆功宴的桌子上。后来，赵匡胤的弟弟赵光义率领大军攻打南唐的金陵，在久攻不下的时候，他命人把庆功用的核桃仁蘸上糖（"糖"与"唐"同音），犒赏有功的士兵，以表示统一中国的决心。当时虽是秋天，可长江边上仍然燥热，北方士兵大都水土不服。军师想法弄了大批山楂给士兵吃，以解士兵的腹泻。当时赵光义嫌山楂太酸不愿吃。厨师借鉴核桃仁蘸糖的方法，把冰糖熬化，将山楂用竹签串上，蘸上糖，献给赵光义，谁知这串葫芦似的冰糖山楂还真好吃。后来赵光义就用山楂冰糖葫芦去犒赏有功之臣。

糖葫芦不仅可以作为奖品，还能治病呢！

宋朝时，光宗赵惇于1189年10月受孝宗内禅而继位，次年改年号为"绍熙"。赵惇最宠爱的妃子是黄贵妃，但是不知什么原因，黄贵妃常常食欲不振，面黄肌瘦。赵惇看在眼里，急在心上，忙命御医抓紧为黄贵妃医治。可是，御医绞尽脑汁，用了许多名贵药物，都没有收到什么疗效。赵惇见黄贵妃日益憔悴，也忧心忡忡，整日里愁眉不展。最后，他想到了一个办法：在皇城四处张榜求医。有位江湖郎中揭了皇榜，进了皇宫。他先为黄贵妃诊了脉，然后说道："贵妃之疾并无大碍，只要用冰糖和山楂一起煎熬，每顿饭前吃五到十枚，不出半月准见好。"冰糖和山楂都是很普通的东西，怎么能够医治贵妃的"重病"呢？所以，一开始许多人都很怀疑，特别是御医，他想，那么多名贵的药物都没有起到作用，这极其平常的两样东西就能够在十五天里见效？不可思议！但是，他们谁也没有良策。赵惇也将信将疑，但"病急乱投医"，便命人照着郎中说的去做。黄贵妃尝了这"药"，觉得挺合自己的口味，便服了下去。

果然，奇迹出现了，黄贵妃很快痊愈了。赵惇大喜过望，一展愁眉，奖赏了郎中。后来这一做法传到了民间，老百姓就把山楂串起来蘸上冰糖，冰糖葫芦就这样诞生了。

山楂是一种中药，其药用功效很多：消食积、散瘀血、驱绦虫、止痢疾……特别是助消化，自古为消食积之要药，尤长于消肉积。明代杰出的医药学家李时珍曾说过："煮老鸡硬肉，入山楂数颗即易烂，则其消肉积之功，盖可推矣。"

原来，为黄贵妃出此方的郎中是深谙中医药知识的。因为黄贵妃养尊处优，常食山珍海味，从而积了食，落下了病，用小小山楂对症医治，很快就药到病除了。

医学研究证明，山楂还有降低血脂、降低血清胆固醇等作用。如今，山楂食品花样翻新，品种繁多，但酸甜香脆的冰糖葫芦传承千年，仍是人们非常喜爱的美食。这不仅是因为糖葫芦好吃，更是因为它是一种有病治病、无病健身的好食品。

现在的糖葫芦大部分蘸的是白糖，不是冰糖。糖葫芦品种比古时候多了很多，除了山楂，山药豆、草莓、橘子瓣、小苹果、小西红柿等也串上串蘸上糖，插在糖葫芦架上，分外好看，吃起来也别有风味。

冰糖葫芦是中国传统美食，千百年来形成了糖葫芦文化。《燕京岁时记》记载："冰糖葫芦，乃用竹签，贯以山里红、海棠果、葡萄、麻山药、核桃仁、豆沙等，蘸以冰糖，甜脆而凉。"《京华春梦录》记载："岁朝之游，向集厂甸。""迨兴阑游倦，买步偕返，则必购相生纸花，及大串糖葫芦，插于车旁，疾驶过市，途人见之，咸知为厂甸游归也。"糖葫芦成为北京入岁时逛厂甸的标志，也成为北京人过春节的象征。糖葫芦还有很多别名，东北地区叫糖梨膏，天津地区叫糖墩儿，山东烟台地区叫糖球，等等。

糖葫芦的制作方法并不复杂。材料：山楂（草莓、苹果、葡萄等新鲜水果亦可）。辅料：白砂糖、冰糖、蜂蜜、水、竹签若干。步骤：（1）串果：将山楂拦腰切开，挖去果核，加入红豆沙、绿豆沙之类自己喜欢的馅料，也可不加。然后将两瓣合上，用竹签串起来，每串10个左右。（2）熬糖：按糖与水2∶1的比例倒入锅中，用猛火熬20分钟左右，其间可以搅拌一下，待糖冒出细小密集的泡沫，可用筷子蘸一下糖浆，如果能微微拉出丝来，那就表示已经好了。（3）蘸糖：将锅倾斜，将串好的山楂贴着熬好的热糖，在泛起的泡沫上轻轻转动，裹上薄薄一层即可。（4）冷却：将蘸好糖的山楂串放到水板上冷却两三分钟即可食用。水板就是光滑的木板，在清水里浸泡过较长时间，温度较低，因为木头具有吸水性，所以可帮助糖葫芦冷却定型。

需要注意的是：糖葫芦虽好，但不是谁都适合长期食用的。因其含糖，所以糖尿病患者要慎吃。另《本草备要》载："（山楂）多食令人嘈烦易饥，反伐脾胃生发之气。"故脾胃虚弱、泛酸烧心之人，不宜过多食用山楂糖葫芦。因山药养阴能助涩，故湿盛或中满及有积滞者不宜长期食用。而把山药和山楂搭配起来，一个消食，一个健脾，副作用就会大大减少。

如今，一到冬季，老北京的街巷里就会传来"糖葫芦，糖葫芦……"的叫卖声。春节前后更是冰糖葫芦大卖的时期。正月初一到十五，北京和平门外琉璃厂的厂甸庙会上人流如织，其间处处穿梭着糖葫芦的身影。厂甸庙会上的糖葫芦个头特别大，是用长长的荆条做芯，在山楂外刷上饴糖，通体呈白色，顶上还插有用红纸、绿纸做成的小三角旗。

亲爱的同学们，当你们吃着又酸又甜的糖葫芦，唱着"一串山楂挂层冰，冷风吹来亮晶晶，拿在手中咬一口，又酸又甜脆生生"时，你一定会感觉到自己的童年与糖葫芦是多么有缘吧！

## 压岁钱的由来（二）

据《宋史》记载，宋神宗时，王韶的小儿子南陔元宵观灯时，被贼人掳去，正巧碰上皇家车队，南陔呼救，官员们把南陔救出并送进皇宫，当时的皇帝宋神宗连忙慰问南陔，同时送南陔压惊金犀钱祝福。从此，馈赠"压岁钱"便流行下来。

早期的"压岁钱"是以彩绳穿钱，放在孩子床脚，待年过后方可花掉，明显有压惊和祝福双重含义。到了明、清时期，则把串起铜钱的彩线改用红线，更突出了驱凶辟邪和吉利祝福的愿望。

民国时期，流行用红纸包一百文铜圆，寓"长命百岁"之意。如今，大人们则喜爱选用新钞票，赠给孩子们作为春节的祝福。

# 5. 昆　曲

⊙叶圣陶

　　昆曲本是吴方言区域里的产物，现今还有人在那里传习。苏州地方，曲社有好几个。退休的官僚，现任的善堂董事，从课业练习簿的堆里溜出来的学校教员，专等冬季里开栈收租的中年田主少年田主，还有诸如此类的一些人，都是那几个曲社里的社员。北平并不属于吴方言区域，可是听说也有曲社，又有私家聘请了教师学习的，在太太们，能唱几句昆曲算是一种时髦。除了这些"爱美的"唱曲家偶尔登台串演以外，职业的"演唱家"只有一个班子，这是唯一的班子了，就是上海"大千世界"的"仙霓社"。逢到星期日，没有什么事来逼迫，我也偶尔跑去看他们演唱，消磨一个下午。

　　演唱昆曲是厅堂里的事。地上铺一方红地毯，就算是剧中的境界；唱的时候，笛子是主要的乐器，声音当然不会那么响，但是在一个厅堂里，也就各处听得见了。搬上旧式的戏台去，即使在一个并不宽广的戏院子里，就不及平剧那样容易叫全体观众听清。如果搬上新式的舞台去，那简直没法听，大概坐在第五六排的人就只看见演员拂袖按鬓了。我不曾做过考据功夫，不知道什么时候开始有演唱昆曲的戏园子。从一些零星的记载看来，似乎明朝时候只有绅富家里养着私家的戏班子。《桃花扇》里有陈定生一班文人向阮大铖借戏班子，要到鸡鸣埤上去吃酒，看他的《燕子笺》，也可以见得当时的戏不过是几十个人看看罢了。我十几岁的时候，苏州城外有演唱平剧的戏园子两三家，演唱昆曲的戏园子是不常有的，偶尔开设起来，开锣不久，往往因为生意清淡就停闭了。

昆曲彻头彻尾是士大夫阶级的娱乐品，宴饮的当儿，叫养着的戏班子出来演几出，自然是满惬意的。而那些戏本子虽然也有幽期密约，盗劫篡夺，但是总要归结到教忠教孝，劝贞劝节，神佛有灵，人力微薄，这就除了供给娱乐以外，对于士大夫阶级也尽了相当的使命。就文辞而言，据内行家说，多用辞藻故实①是不算稀奇的，要像元曲那样亦文亦话才是本色。但是，即使像了元曲，又何尝能够句句像口语一样听进耳朵就明白？再说，昆曲的调子有非常迂缓的，一个字延长到十几拍，那就无论如何讲究辨音，讲究发声跟收声，听的人总之难以听清楚那是什么字了。所以，听昆曲先得记熟曲文；自然，能够通晓曲文里的故实跟辞藻那就尤其有味。这又岂是士大夫阶级以外的人所能办到的？当初编撰戏本子的人原来不曾为大众设想，他们只就自己的天地里选一些材料，编成悲欢离合的故事，借此娱乐自己，教训同辈，或者发发牢骚。谁如果说昆曲太不顾到大众，谁就是认错了题目。

---

① 故实：以往的有历史意义的事实；典故。

昆曲的串演、歌舞并重。舞的部分就是身体的各种动作跟姿势，唱到哪个字，眼睛应该看哪里，手应该怎样，脚应该怎样，都由老师傅传授下来，世代遵守着。动作跟姿势大概重在对称，向左方做了这么一个舞态，接下来就向右方也做这么一个舞态，意思是使台下的看客得到同等的观赏。譬如《牡丹亭》里的"游园"一出，杜丽娘小姐跟春香丫头就是一对舞伴，从闺中晓妆起，直到游罢回家止，没有一刻不是带唱带舞的，而且没有一刻不是两人互相对称的。这一点似乎比平剧跟汉调来得高明。前年看见过一本《国剧身段谱》，详记平剧里各种角色的各种姿势，实在繁复非凡；可是我们去看平剧，就觉得演员很少有动作，如《李陵碑》里的杨老令公，直站在台上尽唱，两手插在袍甲里，偶尔伸出来挥动一下罢了。昆曲虽然注重动作跟姿势，也要演员能够体会才好，如果不知道所以然，只是死守着祖传来表演，那就跟木偶戏差不多。

昆曲跟平剧在本质上没有多大差别，然而后者比较适合于市民，而士大夫阶级已无法挽救他们的没落，昆曲恐将不免于淘汰。虽然有曲社里的人在那里传习，然而可怜得很，有些人连曲文都解不通，字音都念不准，自以为风雅，实际上却是薛蟠那样的哼哼，活受罪，等到一个时会①到来，他们再没有哼哼的余闲，昆曲岂不将就此"绝响"？这也没有什么可惜，昆曲原不过是士大夫阶级的娱乐品罢了。

有人说，还有大学文科里的"曲学"一门在。大学文科分门这样细，有了诗，还有词，有了词，还有曲，有了曲，还有散曲跟剧曲，

---

① 时会：时机，时候。

有了剧曲，还有元曲研究跟传奇研究，我只有钦佩赞叹，别无话说。如果真是研究，把曲这样东西看作文学史里的一宗材料，还它个本来面目，那自然是正当的事。但是人的癖性往往会因为亲近了某种东西，生出特别的爱好心情来，以为天下之道尽在于此。这样，就离开研究二字不止十里八里了。我又听说某一所大学里的"曲学"一门功课，教授先生在教室里简直就教唱昆曲，教台旁边坐着笛师，笛声嘘嘘地吹起来，教授先生跟学生就一同"嗳嗳嗳……"地唱起来。告诉我的那位先生说这太不成话了，言下颇有点愤慨。我说，那位教授先生大概还没有知道，"仙霓社"的台柱子，有名的巾生顾传玠，因为唱昆曲没前途，从前年起丢掉本行，进某大学当学生去了。

这一回又是望道先生出的题目。真是"漫谈"，对于昆曲一点儿也没有说出中肯的话。

1934 年 10 月

# 6. 宁国府除夕祭宗祠 ①

◎〔清〕曹雪芹


　　已到了腊月二十九了，各色齐备，两府中都换了门神、联对、挂牌，新油了桃符，焕然一新。宁国府从大门、仪门、大厅、暖阁、内厅、内三门、内仪门并内塞门，直到正堂，一路正门大开，两边阶下一色朱红大高烛，点的两条金龙一般。次日，由贾母有诰封者，皆按品级着朝服，先坐八人大轿，带领众人进宫朝贺，行礼领宴毕回来，便到宁国府暖阁下轿。诸子弟有未随入朝者，皆在宁府门前排班伺候，然后引入宗祠。

　　且说宝琴是初次进贾祠观看，一面细细留神打量这宗祠，原来宁府西边另一个院子，黑油栅栏内五间大门，上悬一块匾，写着是"贾氏宗祠"四个字，旁书"衍圣公孔继宗书"。两旁有一副长联，写道是：

　　　　肝脑涂地，兆姓赖保育之恩；

　　　　功名贯天，百代仰烝尝之盛。

---

① 节选自《红楼梦》第五十三回"宁国府除夕祭宗祠　荣国府元宵开夜宴"。

亦衍圣公所书。进入院中，白石甬路两边皆是苍松翠柏。月台上设着青绿古铜鼎彝等器。抱厦前面悬一九龙金匾，写道是"星辉辅弼"，乃先皇御笔。两边一副对联，写道是：

　　勋业有光昭日月，功名无间及儿孙。

亦是御笔。五间正殿前悬一闹龙填青匾，写道是"慎终追远"。旁边一副对联，写道是：

　　已后儿孙承福德，至今黎庶念荣宁。

俱是御笔。里边香烛辉煌，锦幛绣幕，虽列着神主，却看不真切。只见贾府人分昭穆排班立定：贾敬主祭，贾赦陪祭，贾珍献爵，贾琏、贾琮献帛，宝玉捧香，贾菖、贾菱展拜毯、守焚池。青衣乐奏，三献爵，兴拜毕，焚帛奠酒。礼毕，乐止，退出。

众人围随着贾母至正堂上，影前锦幔高挂，彩屏张护，香烛辉煌。上面正居中悬着宁荣二祖遗像，皆是披蟒腰玉；两边还有几轴列祖遗像。贾荇、贾芷等从内仪门挨次列站，直到正堂廊下。槛外方是贾敬、贾赦，槛内是各女眷。众家人小厮皆在仪门之外。

每一道菜至，传至仪门，贾荇、贾芷等便接了，按次传至阶上贾敬手中。贾蓉系长房长孙，独他随女眷在槛内。每贾敬捧菜至，传于贾蓉，贾蓉便传于他妻子，又传于凤姐、尤氏诸人，直传至供桌前，方传于王夫人。王夫人传于贾母，贾母方捧放在桌上。邢夫人在供桌之西，东向立，同贾母供放。直至将菜饭汤点酒茶传完，贾蓉方退出下阶，归入贾芹阶位之首。

凡从"文"旁之名者，贾敬为首；下则从"玉"者，贾珍为首；

再下从"草"头者，贾蓉为首；左昭右穆，男东女西。俟贾母拈香下拜，众人方一齐跪下，将五间大厅，三间抱厦，内外廊檐，阶上阶下两丹墀内，花团锦簇，塞的无一隙空地。鸦雀无闻，只听铿锵叮当，金铃玉佩微微摇曳之声，并起跪靴履飒沓之响。一时礼毕，贾敬、贾赦等便忙退出，至荣府专候与贾母行礼。

尤氏上房早已袭地铺满红毡，当地放着象鼻三足鳅沿鎏金珐琅大火盆，正面炕上铺新猩红毡，设着大红彩绣云龙捧寿的靠背引枕，外另有黑狐皮的袱子搭在上面，大白狐皮坐褥，请贾母上去坐了。两边又铺皮褥，让贾母一辈的两三个妯娌坐了。这边横头排插之后小炕上，也铺了皮褥，让邢夫人等坐了。地下两面相对十二张雕漆椅上，都是一色灰鼠椅搭小褥，每一张椅下一个大铜脚炉，让宝琴等姊妹坐了。尤氏用茶盘亲捧茶与贾母，蓉妻捧与众老祖母，然后尤氏又捧与邢夫人等，蓉妻又捧与众姊妹。凤姐、李纨等只在地下伺候。

茶毕，邢夫人等便先起身来侍贾母。贾母吃茶，与老妯娌闲话了两三句，便命看轿。凤姐忙上去挽起来。尤氏笑回说："已经预备下老太太的晚饭。每年都不肯赏些体面用过晚饭过去，果然我们就不及凤丫头不成？"凤姐挽着贾母笑道："老祖宗快走，咱们家去吃饭，别理她。"贾母笑道："你这里供着祖宗，忙的什么似的，那里搁得住我闹。况且每年我不吃，你们也要送去的。不如还送了去，我吃不了留着明儿再吃，岂不多吃些？"说得众人都笑了。又吩咐他："好生派妥当人夜里看香火，不是大意得的。"尤氏答应了。

一面走出来至暖阁前上了轿。尤氏等闪过屏风，小厮们才领轿夫，请了轿出大门。尤氏亦随邢夫人等同至荣府。

这里轿出大门，这一条街上，东一边合面设列着宁国公的仪仗执事乐器，西一边合面设列着荣国公的仪仗执事乐器，来往行人皆屏退不从此过。一时来至荣府，也是大门正厅直开到底。如今便不在暖阁下轿了，过了大厅，转弯向西，至贾母这边正厅上下轿。

众人围随同至贾母正室之中，亦是锦裀绣屏，焕然一新。当地火盆内焚着松柏香、百合草。贾母归了坐，老嬷嬷来回："老太太们来行礼。"贾母忙又起身要迎，只见两三个老妯娌已进来了。大家挽手，笑了一回，让了一回。吃茶去后，贾母只送至内仪门便回来，归了正坐。

贾敬、贾赦等领诸子弟进来。贾母笑道："一年价难为你们，不行礼了。"一面说着，一面男一起，女一起，俱行过了礼。左右两旁设下交椅，然后又按长幼挨次归坐受礼。两府男女小厮丫鬟亦按差役上中下行礼毕，散压岁钱、荷包、金银锞，摆上合欢宴来。男东女西归坐，献屠苏酒、合欢汤、吉祥果、如意糕毕。贾母起身进内间更衣，众人方各散出。

那晚各处佛堂灶王前焚香上供，王夫人正房院内设着天地纸马香供，大观园正门上也挑着大明角灯，两溜高照，各处皆有路灯。上下人等，皆打扮的花团锦簇，一夜人声嘈杂，语笑喧阗，爆竹起火，络绎不绝。

至次日五鼓，贾母等又按品大妆，摆全副执事进宫朝贺，兼祝元春千秋。领宴回来，又至宁府祭过列祖，方回来受礼毕，便换衣歇息。所有贺节来的亲友一概不会，只和薛姨妈、李婶二人说话取便，或者同宝玉、宝琴、钗、黛等姊妹赶围棋抹牌做戏。王夫人与凤姐是天天忙着请人吃年酒，那边厅上院内皆是戏酒，亲友络绎不绝，一连忙了七八日才完了。

### 春节贴门神（一）

根据史料记载，周代时就已出现了"祀门"的活动，上至天子，下到庶民，都要对门神加以礼敬。

门神，传说是上古时期能捉鬼的神荼、郁垒。然而，真正史书记载的门神，却是古代的一个叫成庆的勇士。班固《汉书·广川王传》中记载：广川王（去疾）的殿门上曾画有古勇士成庆的画像，短衣大裤长剑。到了唐代，门神的位置便被秦叔宝和尉迟敬德所取代。

# 7. 绝　唱①

⊙〔清〕刘鹗

次日六点钟起，先到南门内看了舜井，又出南门，到历山脚下，看看相传大舜昔日耕田的地方。及至店里，已有九点钟的光景，赶忙吃了饭，走到明湖居，才不过十点钟时候。那明湖居本是个大戏园子，戏台前有一百多张桌子。那知进了园门，园子里面已经坐的满满的了，只有中间七八张桌子还无人坐，桌子却都贴着"抚院定""学院定"等类红纸条儿。老残看了半天，无处落脚，只好袖子里送了看坐儿的二百个钱，才弄了一张短板凳，在人缝里坐下。看那戏台上，只摆了一张半桌，桌子上放了一面板鼓，鼓上放了两个铁片儿，心里知道这就是所谓梨花简了，旁边放了一个三弦子，半桌后面放了两张椅子，并无一个人在台上。偌大的个戏台，空空洞洞，别无他物，看了不觉有些好笑。园子里面，顶着篮子卖烧饼油条的有一二十个，都是为那不吃饭来的人买了充饥的。

---

① 节选自《老残游记》第二回"历山山下古帝遗踪　明湖湖边美人绝调"，题目为编者所加。

…………

到了十二点半钟，看那台上，从后台帘子里面，出来一个男人：穿了一件蓝布长衫，长长的脸儿，一脸疙瘩，仿佛风干福橘皮似的，甚为丑陋。但觉得那人气味倒还沉静，出得台来，并无一语，就往半桌后面左手一张椅子上坐下，慢慢的将三弦子取来，随便和了和弦，弹了一两个小调，人也不甚留神去听。后来弹了一枝大调，也不知道叫什么牌子。只是到后来，全用轮指，那抑扬顿挫，入耳动心，恍若有几十根弦，几百个指头，在那里弹似的。这时台下叫好的声音不绝于耳，却也压不下那弦子去。这曲弹罢，就歇了手，旁边有人送上茶来。

停了数分钟时，帘子里面出来一个姑娘，约有十六七岁，长长鸭蛋脸儿，梳了一个抓髻，戴了一副银耳环，穿了一件蓝布外褂儿，一条蓝布裤子，都是黑布镶滚的。虽是粗布衣裳，倒十分洁净。来到半桌后面右手椅子上坐下。那弹弦子的便取了弦子，铮铮鏦鏦弹起。这姑娘便立起身来，左手取了梨花简，夹在指头缝里，便丁丁当当地敲，与那弦子声音相应；右手持了鼓捶子，凝神听那弦子的节奏。忽羯鼓一声，歌喉遽发，字字清脆，声声宛转，如新莺出谷，乳燕归巢。每句七字，每段数十句，或缓或急，忽高忽低；其中转腔换调之处，百变不穷，觉一切歌曲腔调俱出其下，以为观止矣。

旁坐有两人，其一人低声问那人道："此想必是白妞了罢？"其一人道："不是。这人叫黑妞，是白妞的妹子。他的调门儿都是白妞教的，若比白妞，还不晓得差多远呢！他的好处人说得出，白妞的好处人说不出；他的好处人学得到，白妞的好处人学不到。你想，这几年来，好顽耍的谁不学他们的调儿呢？只是顶多有一两句到黑妞的地步，若白妞的好处，从没有一个人能及他十分里的一分的！"说着的时候，黑妞早唱完，后面去了。这时满园子里的人，谈心的谈心，说笑的说笑。卖瓜子、落花生、山里红、核桃仁的，高声喊叫着卖，满园子里听来都是人声。

正在热闹哄哄的时节，只见那后台里，又出来了一位姑娘，年纪约十八九岁，装束与前一个毫无分别，瓜子脸儿，白净面皮，相貌不过中人以上之姿，只觉得秀而不媚，清而不寒，半低着头出来，立在半桌后面，把梨花简丁当了几声，煞是奇怪：只是两片顽铁，到他手里，便有了五音十二律似的。又将鼓捶子轻轻的点了两下，方抬起头来，向台下一盼。那双眼睛，如秋水，如寒星，如宝珠，如白水银里头养着两丸黑水银，左右一顾一看，连那坐在远远墙角子里的人，都觉得王小玉看见我了；那坐得近的，更不必说。就这一眼，满园子里便鸦雀无声，比皇帝出来还要静悄得多呢，连一根针掉在地下都听得见响！

王小玉便启朱唇，发皓齿，唱了几句书儿。声音初不甚大，只觉入耳有说不出来的妙境：五脏六腑里，像熨斗熨过，无一处不伏贴；三万六千个毛孔，像吃了人参果，无一个毛孔不畅快。唱了十数句之后，渐渐的越唱越高，忽然拔了一个尖儿，像一线钢丝抛入天际，不禁暗暗叫绝。那知他于那极高的地方，尚能回环转折。几啭之后，又高一层，接连有三四叠，节节高起。恍如由傲来峰西面攀登泰山的景象：初看傲来峰削壁千仞，以为上与天通；及至翻到傲来峰顶，才见扇子崖更在傲来峰上；及至翻到扇子崖，又见南天门更在扇子崖上：愈翻愈险，愈险愈奇。

那王小玉唱到极高的三四叠后，陡然一落，又极力骋其千回百折的精神，如一条飞蛇在黄山三十六峰半中腰里盘旋穿插，顷刻之间，周匝数遍。从此以后，愈唱愈低，愈低愈细，那声音渐渐的就听不见了。满园子的人都屏气凝神，不敢少动。约有两三分钟之久，仿佛有一点声音从地底下发出。这一出之后，忽又扬起，像放那东洋烟火，一个弹子上天，随化作千百道五色火光，纵横散乱。这一声飞起，即有无限声音俱来并发。那弹弦子的亦全用轮指，忽大忽小，同他那声音相和相合，有如花坞春晓，好鸟乱鸣。耳朵忙不过来，不晓得听那一声的为是。正在撩乱之际，忽听霍然一声，人弦俱寂。这时台下叫好之声，轰然雷动。

停了一会，闹声稍定，只听那台下正座上，有一个少年人，不到三十岁光景，是湖南口音，说道："当年读书，见古人形容歌声的好处，有那'余音绕梁，三日不绝'的话，我总不懂。空中设想，余音怎样会得绕梁呢？又怎会三日不绝呢？及至听了小玉先生说书，才知古人措辞之妙。每次听他说书之后，总有好几天耳朵里无非都是他的书，无论做什么事，总不入神，反觉得'三日不绝'，这'三日'二字下得太少，还是孔子'三月不知肉味'，'三月'二字形容得透彻些！"旁边人都说道："梦湘先生论得透辟极了！'于我心有戚戚焉'！"

# 学习仿写

　　朱熹曾说过："模拟者，古人用功之法也。"刘知几在《史通》一文中，也提到效仿他人作品以取人之长、补己之短的重要性。仿写是提高作文水平的有效方法之一。学习仿写，要根据内容和表达的需要，从篇章结构、写作手法等方面选择和确定具体的仿写点。

　　阅读本单元文章，要仔细观察作者是怎么写的，思考作者为什么这么写，然后再想想自己怎样去仿写。可以从片段仿写开始，可以仿写一两种修辞，也可以仿写一段细致的描写，然后再试着模仿某段或全篇的结构。当仿写水平日渐提高之后，便可尝试模仿某篇文章的语言风格进行写作。

　　仿写只是写作入门的途径，要想写出真正的佳作，还要在学习仿写的基础上跳出窠臼，形成自己的写作风格。

## 片段集锦

【范例1】

　　陕北的春，先是从安塞腰鼓豪迈的捶打中开始的。

　　陕北的春，是从壶口坚冰开裂的响动中开始的。

　　陕北的春，是伴着塞上之北刮起的铺天盖地的老黄风到来的。

　　陕北的春，是从白于山区遍野盛开的山桃花开始的。

　　陕北的春，是在清明节黄帝陵的祭奠中隆重地走向了高潮。

（崔子美《陕北的春》）

【范例2】

　　卖豆腐的一来就是好几个，都是男人卖的，但各人的吆喝不一样：有的简洁明了，就"豆腐"两个字，但"豆"与"腐"声音拖长，音很高，"豆——腐"；有的为说明豆腐是刚出锅的，在"豆腐"前边加个"热"字，在吆喝时"热"与"腐"声调一致，"豆"的声音高上去，"热——豆——腐"；有的先把"热"的吆喝高八度地上去，"豆腐"却低八度地下来，"热——豆腐"。

（徐名印《吆喝》）

【范例3】

　　清明是一杯绿茶。不是银针，是毛尖类，浅尝便一股子清气，再深啜一口，有韵了，缓的长，人慢慢走着一般，走得久了就大了，老了，死了。所以，清明最能阅见人世，到这一日来看，都是清淡的有些余韵，或有回甘，或茶搁得多了略涩了些。要不干脆茶质糙些，无论何种水都经得住，倒更走得长久。

（王亚《清明》）

【范例4】

　　戏词像珠子似的从她的一笑一颦中，从她优雅的"水袖"中，从她婀娜的身段中，一粒一粒地滚下来，滴在地上，溅到空中，落进每一个人的心里，引起一片深远的回音。这回音听不见，却淹没了刚才涌起的那一阵热烈的掌声。

（叶君健《看戏》）

【范例5】

　　我深愧浅陋而且粗疏，脸上一热，同时脑里也制出了决不再问的定章，于是看小旦唱，看花旦唱，看老生唱，看不知什么角色唱，看一大班人乱打，看两三个人互打，从九点多到十点，从十点到十一点，从十一点到十一点半，从十一点半到十二点，——然而叫天竟还没有来。

（鲁迅《社戏》）

【范例6】

　　丫姑野性，胆子比人的个儿还大；她把黑油油的大辫子七缠八绕地盘在脖子上，雪白的牙齿咬着辫梢儿，扒光了脚丫子，双手合抱比她的腰还粗的树身，哧溜溜，哧溜溜，一直爬到树梢，又开腿骑在树杈上。

（刘绍棠《榆钱饭》）

【范例7】

　　孩子吃鸭蛋是很小心的。除了敲去空头，不把蛋壳碰破。蛋黄蛋白吃光了，用清水把鸭蛋壳里面洗净，晚上捉了萤火虫来，装在蛋壳里，空头的地方糊一层薄罗。萤火虫在鸭蛋壳里一闪一闪地亮，好看极了！

（汪曾祺《端午的鸭蛋》）

【范例8】

　　天空好像一盏乏了油的灯，红光渐渐地减弱。我把眼睛守定西天看了一会儿，看见那光一跳一跳地沉下去，非常微细，但又非常迅速而不可挽救。正在看得出神，似觉眼梢头另有一种微光，渐渐地在那里强起来。回头一看，原来月亮已在东天的竹叶中间放出她的清光。院子里的光景已由暖色变成寒色，由长音阶变成短音阶了。门口一个黑影出现，好像一只立起的青蛙，向我们跳将过来。来的是弟弟的同学华明。

　　"唉，你们惬意得很！这椅子给我坐的？"他不待我们回答，一屁股坐在藤椅上，剧烈地摇他的两脚。椅子背所靠的那根竹，跟了他的动作而发抖，上面的竹叶发出萧萧的声音来。这引起了三人的注意，大家仰起头来向天空看。月亮已经升得很高，隐在一丛竹叶中。竹叶的摇动把她切成许多不规则的小块，闪烁地映入我们的眼中。大家赞美了一番之后，我说："我们今晚干些什么呢？"弟弟说："我们谈天吧。我先有一个问题给你们猜，细看月亮光底下的人影，头上出烟气。这是什么道理？"我和华明都不相信，于是大家走出竹林外，蹲下来看水门汀上的人影。我看了好久，果然看见头上有一缕一缕的细烟，好像漫画里所描写的动怒的人。"是口里的热气吧？""是头上的汗水在那里蒸发吧？"大家蹲在地上争论了一会儿，没有解决。华明的注意力却转向了别处，他从身边摸出一支半寸长的铅笔来，在水门汀上热心地描写自己的影。描好了，立起来一看，真像一只青蛙，他自己看了也要笑。徘徊之间，我们同时发现了映在水门汀上的竹叶的影子，同声地叫起来："啊！好看啊！中国画！"华明就拿半寸长的铅笔去描。弟弟手痒起来，连忙跑进屋里去拿铅笔。我学他的口头禅喊他："对起，对起，给我也带一支来！"不久他拿了一把木炭来分送我们。华明就收藏了他那半寸长的法宝，改用木炭来描。大家蹲下去，用木炭在水门汀上参参差差地描出许多竹叶来。一面谈着："这一枝很像校长先生房间里的横幅呢！""这一丛很像我家堂前的立轴呢！""这是《芥子园画谱》里的！""这是吴昌硕的！"忽然一个大人的声音在我们头上慢慢地响出来："这是管夫人的！"大家吃了一惊，立起身来，看见爸爸反背着手立在水门汀旁的草地上看我们描竹，他明明是来得很久了。华明难为情似的站了起来，把拿木炭的手藏在背后，似乎害怕爸爸责备他弄脏了我家的水门汀。爸爸似乎很理解他的意思，立刻对着他说道："谁想出来的？这画法真好玩呢！我也来描几瓣看。"弟弟连忙拣木炭给他。爸爸也蹲在地上描竹叶了，这时候华明方才放心，我们也更加高兴，一边描，一边拿许多话问爸爸。

（丰子恺《竹影》）

# 1.陕北的春

⊙崔子美

段首句即本段中心句，且全篇段首句以排比形式呈现，层次分明。

陕北的春，先是从安塞腰鼓豪迈的捶打中开始的。正月里的铿锵锣鼓和嘹亮唢呐，叫山峁回唱，让河川响应，茂格腾腾的后生小子们挎上腰鼓，穿上皮褂，在向阳的高坡上生龙活虎地舞打起来，撼人心魂的踢腾搅起满地黄尘，仿佛是一群下山之虎、一伙嘶鸣马群、一片燃烧烈焰，火辣辣地扭过了场院，扭过了村口，在伞头喜格盈盈的带动下，犹如摇头摆尾的长龙，一边打鼓一边舞绸，沿着大路朝城市而去。你看，还有羊皮扇鼓从沟岔里涌出来了，还有胸鼓从黄河畔跳跃而来，还有鳌鼓从渭北塬上展堂堂地上来，还有猎鼓从林梢的深处漫了出来，把个延安城热闹成了人的海洋、欢腾的盛会，人人脸上洋溢着笑，裸露着亲。延河两岸的丛丛柳树，已经蓬勃起了崭新的褐黄之色，万象更新的明媚已然到来。

陕北的春，是从壶口坚冰开裂的响动中开始的。似乎为了迎合除夕那潮水一样的爆竹声，白花花的极其养眼的黄河冰滩上，不见行人的影子了，峡谷两岸的人家已经感受到了冰层之下的震颤冲决，隐隐如百万大军之行，不闻号令却已骇动四方。壶口下的十里龙槽，冰挂层叠，琼堆玉砌，当那些龙须一样的冰柱上开始滴水，仿佛是一夜之间，黄河哗啦啦地开了，大块大块的冰，从上游簇拥而下，隆成了山、拦起了坝、漫上了岸，仿佛无数巨龙在这里横冲直撞。经过几天的对决，冰块轰轰隆隆地又挤进龙槽，似千军万马踏翻了秦晋峡谷，所向披靡，奔逐而去。

陕北的春，是伴着塞上之北刮起的铺天盖地的老黄风到来的。携裹了沙尘的风，啸叫着、笼罩着、癫狂着，刮得满地发黄，紧接着一场淅淅沥沥的无声之雨，洗净了满天沙尘，苍穹重现湛蓝，大地变得酥软，结伴而行的治沙人，一伙又一伙，扛着树苗、背着草籽、负着铁锨，走进了沙地深处，将红柳栽下，把草籽撒出，

"蓬勃"为形容词活用作动词，"明媚"为形容词活用作名词，词性的变化有什么表达效果？试着把自己作品中的几个词也这样处理一下。

文章多处运用了比喻、拟人等修辞手法，你还能找到几处并模仿它们写几个句子吗？

用梭梭种成拦沙的网格。搭眼细看，过去种下的沙柳抽出了新枝，沙棘的硬刺之间鼓出了针尖一样的新芽。经过一年又一年的治沙，一代人又一代人的努力，绿洲正在潮涌般蔓延。

陕北的春，是从白于山区遍野盛开的山桃花开始的。一山又一山的山桃树，粉得漾漾地白，甜得楚楚地香。一峁又一峁开放的山桃花，恍若一疙瘩又一疙瘩粉色的云，将山里人家围裹缭绕。此时，杨树飞絮，马茹生绿，野兰花开，河滩泛起了淡淡的草色。山梁上犁牛遍地，春耕正忙，飘浮的信天游像燕雀一样飞，直把个天唱得云影洁白，直把个风唱得绵绵温热，让醒来的丝雨斜斜地追。之后，山野里的杏花、杜梨花、桃花、柠条花一批又一批轮番地盛开，热闹的花事将大地装扮得多彩迷人。尤其是洛河塬上的苹果花开得密密实实，笼罩着大地，似浮动的白雾，弥漫着甜馨的芬芳。于是更多的陕北人种植了苹果树，到处都可以看到如玉的花儿，灿烂着村庄，开放着别样的心愿。

"开放着别样的心愿"，看似不合理的动宾搭配，却能产生特殊的表达效果。你也尝试着用这种组合方式传达别样的情味吧。

陕北的春，是在清明节黄帝陵的祭奠中隆重地走向了高潮。汉武帝刘彻祭黄帝于桥山之后，历朝历代沿袭了祭祀传统，逐渐成为民族盛典。此时，满目翠柏映衬，仪式肃穆庄严，万众齐聚，鸣钟九响，祭文深情，乐舞翩跹。斯时，我心潮激荡，听到了南海螺号，藏地歌声，东港鱼汛，蒙古长调；我感受到了边防将士正在把春天守护，高速列车正在把春天载向四面八方，北国草场开始了返青，江南小镇早已繁花似锦。播种的声音、蓬勃的声音、建设的声音、读书的声音，此起彼伏，遥相呼应，许多梦想正在这个季节生根、发芽……

最后一句写了什么内容？省略号有什么作用？

# 2. 故乡的路

⊙谭　谈

妹妹从老家来，原本是打算多住些日子的。我们兄妹，都是年逾六旬的老者了。这次，我本来准备安排她多看几处城中美景，开阔开阔她这个山里女子的眼界。没想到，她到的第三天，接到电话，家里有急事，非要她回家不可。

"我送你吧！"看她急得不行，我这个六十多岁的新司机只好亲自出马了。

那天早上九点，天阴沉沉的，空中飞着毛毛雨。

穿过城区，很快我们就驶入了高速公路，到达老家的那座城市——娄底，才十点半。如果在几年前，从长沙到娄底是需要三四个小时的啊！如今，一个半小时就到了。

从娄底到我的老家，抄近路走山道，五十多里，只能靠步行，那是将近一天的路程。如果要驾车回去，则必须从涟源绕道，要开将近两个小时。我正驾着车往前驶着，坐在一旁的妹妹突然指着前面岔路口一条新修的水泥路，说："走这边，走这边！"

这个地方，叫石狗滩，早年有一所在这一带山乡颇有名气的完全小学。我十三岁时，就是在这石狗滩完小毕的业。这，就是我的最高学历。

"这里有公路了？"我一怔。

"有了，而且都修成了水泥路面呢！"妹妹说，"现在，山里人富裕些了，大家为了进山出山方便，每家每户出些钱，政府则每公里补贴十几万元。这样，一两年时间，四乡八寨，村村通了水泥路，不少人家里还买了汽车呢！"

一股热浪倏地涌上我的心头。我是一个山里娃，是在这大山里爬滚大的。我家屋前一座山，叫洪界山；屋后一道岭，叫花山岭。花山岭是一座石头山，长不出大树，也开不出鲜花，只长了漫山遍野的茅草。我们的老祖宗，为它取一个这样漂亮的名字，或许是寄托一种愿望，或许是宽慰自己的心。

两座大山间，有一条长长的峡谷。山谷里，坐落着一栋一栋高高矮矮的农舍，我的家，就是这些农舍中的一栋，房屋前面，一条青石板铺就的路，在山谷里延伸。往南走，可到达县城；往北走，则可到达省城。一代一代的山里人的脚板，把路面上一块一块的青石板，打磨得十分光滑，如铜镜般发亮。不少石板上还被山里人的脚板磨出一个个凹陷。一条条石板路，也串联着屋前的洪界山和屋后的花山岭。小时候，我经常上洪界山砍柴火，上花山岭扯猪草。到了十一二岁，还挑着小箩筐，翻过花山岭，到二十多里地以外的金鸡坑担炭回家。三四十斤的担子压在肩上，开始还不觉得很沉，步子也迈得飞快。走着走着，就感到肩上的担子愈来愈沉，脚步也迈不开了。快要到家时，偏偏又耸立出这座高高的花山岭。这时，肚子已饿得咕咕叫，两条腿也发软了。每登一步山路，都要喘几口粗气，滴一串汗水。每当这个时候，总有一个矮个子女人，从山上飞快地走下来，接过我肩上的担子，递给我一钵子米饭，饭上还压着一个荷包蛋。

这便是我的妈妈。

妈妈挑着我担回的煤炭担子，沿着山间的那条石板路回家了。我坐在山上的石块上吃着那一钵香甜的饭菜。这时候，我感到这是世间最美好的享受！

记得在我七八岁的时候，父亲出了一次远门，到了省城长沙。从我们的村寨到长沙，三百多里路，他穿着草鞋，走了四天。回来的时候，他用热水烫过脚后，一边叫妈妈用针为他挑着脚上的血泡，一边兴奋地对我说："伢子，这次我在长沙街上，看到一种小屋子样的东西，四个轮子，跑得风一样快，上面，还坐了人呢！别人告诉我，那叫汽车，什么时候，要是这汽车能开到我们这山窝窝里来就好了！"父亲说完，一声叹息。这一声叹息，寄托了山里人多么殷切的企盼啊！

七八年后，花山岭那边，真的修出了一条能走汽车的路。一天，我们几个小伙伴起了一个大早，翻过花山岭，到那边去看汽车。快到中午的时候，路的前边，真的出现了一栋"移动的房子"——那叫汽车的东西跑过来了。

长大了，我走出大山，到外面闯荡世界去了，每次回家，我都坐汽车到花山岭那边的山脚下，然后翻过花山岭回家。不过，那时路况不好，从长沙坐车到花山岭脚下，要六七个小时。当然，比起父亲那一代，起早贪黑走四天山路，还要磨一脚血泡，就不知好到哪里去了。

　　"往这边！往这边！"

　　妹妹又在我身边开口指路了。我按着妹妹的指点，往一座石山上驶去。这，就是我小时候挑炭不知爬过多少次的花山岭。如今，不见了山中石板路，却出现了一条威武的冲山而上的水泥公路。不时看到一些山民开着他们新购的汽车，或运着家里烧火做饭用的煤炭，或载着家里盖新房用的建材，往山上驶去。

　　一会儿，我的车就平稳地停到了妹妹屋前的平地上。妹妹家的瓦屋盖在高高的花山岭的顶上。这时，雨停了，天放晴了。我站在她家屋前，俯瞰山下一个一个的村寨，只见阳光下，一条一条光亮亮的水泥公路，像一条条长藤，串联着这一个个村寨，将山谷间一个个原本分散的屋场，联结成了一个整体。

　　这是一幅多美的山村图画！

# *3.* 生命的吆喝声

那声音既不是江河上纤夫雄浑的号子，也不是土地上响彻云霄的击壤之歌，那只是平凡生活中的一种吆喝声，苍茫岁月中的一种回音。但那种声音似乎总是伴随着我，在寂寞的时候，它仿佛就从我生命的深处悠然久远地响起，让我陡然一阵激动。

那是一种生命的吆喝声。

第一次被这种吆喝声感动，是在山城重庆的时候。因筹拍一部电视片，我一个人浪迹到了那里。走在街上，那"买花啵？卖花喽！"脆亮而甜润的吆喝声，淹没了嘈杂的市声，倏而如花香一般浓浓地裹住了我。循声望去，就看到三五成群活泼、俊俏的卖花姑娘，兜售着白玉兰或栀子花。她们将花用细铁丝串起，成排地挂在胸襟或是套在无名指上，花炫目得像是一支支碧玉簪。卖花的姑娘旁若无人地大声吆喝，清灵的声音灌注着生命的暖意，深深地打动着匆忙的行人，使人忍不住上前买上一朵，插在袋口，独领一份生活的情趣和花的芬芳。

在故乡的小城，我也渐渐地喜欢上我曾熟视无睹的吆喝声——卖早点的吆喝声。在黎明的时候，我所居住的院内就准时响起"卖豆腐脑咧！卖豆腐脑呐！"或是"吃米粑啵？吃米粑吧！"的叫唤声，那声音由远及近，隐隐传来，就如一支亲切、急促的生命的晨曲，翠鸟般滴落在我的枕边，催促着我从梦中醒来，不好意思不早起床。然后走到他们面前，舀上一碗豆腐脑或是买几个热气腾腾的米粑……慢慢地，那吆喝声就布满了我的整个早晨，以至要有几天早上没听到这种声音，心里整天就有一种失落落的感觉……逗留京都，我发觉这种小商小贩的吆喝声竟是无处不在，且在北国的旷风中显得别有情调。春天的樱桃、夏天的西瓜、秋天的糖炒栗子、冬天的烤白薯，还有开锅的馄饨、腥人的羊肉串……经过他们洪亮而圆润的嗓子，简直就是一首美妙的四季之歌。比如老北京人吆喝的"冰激凌，雪花酪；桂花糖，搁得多；又甜又凉又解渴。"干脆就是一首童谣了。而每天的下午，那"晚报喽！晚报喽！"的吆喝声响彻大街小巷，京腔京调的，更给这座古都增添了几分文明，给现代化的大都市注入了一股古老而富于人情味的生活意趣……有一段时间，我就独自坐在空屋里，聆听着窗外那阵阵的吆喝声，那声音隔着墙，隔着玻璃，悠然地传来，像是荒野中的一只风铃，悠悠地敲打着我的心灵，让我感到特别的惆怅和凄凉。

还有个寒风刺骨的傍晚，我匆匆走在回宿舍的路上，枯寂的胡同里，冷不丁响起"收啤酒瓶、废报纸呐！"的吆喝声，随着那坚硬而悦耳的声音，我看到一位中年汉子独自蹬着一辆堆满废物的三轮车，在呼啸的北风中艰难地前行着。用力地蹬一下车子，他便不失几分优雅地吆喝一声。听着，我心里陡然一阵激灵，竟长久地站在那里，望着他那强壮的身影渐渐消失在胡同的尽头。我被感动了，被他那真正的生命的吆喝……

随风而来，随风飘逝。我发觉，这生命的吆喝声像风一般灌注了整个胡同，也深深地灌注在我生命的体内……斑驳而苍茫。

## 春节贴门神（二）

相传，唐太宗李世民在玄武门事变后，心里总是疑神疑鬼，整夜不得安宁。为消除李世民心中的恐惧，秦叔宝和尉迟敬德二人披盔戴甲，连续几夜站在宫门外守护。李世民心里踏实了，得以安心入睡，于是称赞秦叔宝和尉迟敬德说："两位将军真是门神啊！"随后，李世民找来画师给他们画像，并把画像悬挂在宫门左右，认为这样做同样可以驱邪。于是，这一习俗开始在民间广为流传。

在民间，门神是正气和武力的象征。古人认为，相貌出奇的人往往具有神奇的禀性和不凡的本领。所以，民间的门神永远都怒目圆睁，手里拿着各种传统的武器，随时准备同敢于上门来的鬼魅战斗。由于我国民居的大门通常都是两扇对开，所以门神总是成双成对。

# *4.* 这里的除夕这样过

⊙林玉华

## 贴春联

除夕一大早，要贴春联。如果在外地过年或外出旅游，就在腊月二十四"送神上天"后贴好春联。

陆丰三甲地区的春联，多是印刷品，对联内容可用"喜、俗"二字概括，不外乎迎春接福、财丁兴旺、平安顺利、行好运之类。有自拟联句请人书写者，有请人拟联自己书写者，也有自拟自写者，这些在三甲地区占极少数，多的是现买者。一入腊月，街上有限的几间书店便挂满了各式对联和中国结、大福字等过年挂饰，从腊月二十开始，各条街巷忽然冒出大大小小的春联摊点，有临时移动式的，有在原来店铺另加货品的，到处是红红火火的过年气氛。

还有善书法者，在书画店代写春联，尺寸、联句可以由买家提供，价钱比买现成的印制春联贵三至十倍，依书写者的级别而定。

相比之下，碣石的春联大多是手写的，印刷的少，显出碣石在书法上的优良传统和文化底蕴。不过，春联无非寄托美好的祝福，内容雅俗，字体美丑，手写或印刷，都无所谓，只要是中国字、中国年就好啦！

## 祭拜祖宗

除夕，顾名思义，拜祖时间在傍晚，不过现在乡村里拜祖时间提前到中午了，这是因为离开乡里到城镇住的人越来越多，早点拜好，可以早点回家"围炉"、逛街、玩耍，所以，从上午开始就得准备拜祖宗的食物。三甲地区"祭如在"观念根深蒂固，传统力量强大，拜祖宗得像办宴席一样做出各式菜肴。少不了的是猪、鸡、鱼的各种制品；牛肉、羊肉极少出现，狗肉是绝对不能出现的。最传统和最有地方特色的一道菜是"猪脚墨斗鸡"。做好的熟菜盛在圆瓯里，瓯数必须是偶数，多少依这个家族的"房头"数而定，最少的拜两瓯，最多的拜八瓯。男丁少的家庭，如果要拜几处祖宗，就要准备二十多瓯。"瓯"是主菜，配以修成尖锥状的白米饭、酒角龟和油锥仔，还要配备筷子、香、锭、鞭炮，有的还要倒上几杯酒敬老祖宗。若是祖宗里有食斋的，要另做斋菜敬奉。总之，一切如在世一样，恭恭敬敬，一丝不苟，不敢马虎。

准备好拜祖的所有物品后，就以各种合适的方式去拜。从中午开始，从甲子镇通往四里八乡的各条道路上都有载着"篮饭"、穿得漂漂亮亮的人，住在城镇里的许多人老家在农村，祖宗都在乡下呢。那些破旧简陋的村巷迎来一年中最热闹的时光。来来往往都是拜祖宗的人，挑的、提的，都是祭祖的物品。祠堂、祖公厝里香烟弥漫，祭祖的食物和纸锭把八仙桌堆得满满当当。同宗的亲人，年轻一辈很多都不认识，趁此机会聚在一起互相认识，聊聊天，说说笑笑，有人还可以在这个场合找到朋友或商机。

小孩子们在空地上玩耍，不时发出嘻嘻哈哈的笑声。祠堂的建筑结构、木雕、石雕、灰雕、油漆、彩绘、对联、书法等都是民间艺术的生动课堂，有文化、有见识、有兴趣的家长会趁机引导孩子去认识、欣赏。有些祠堂前面有水井，井台或铺水泥，或铺石板，有的井沿还嵌砌着贝壳，已经被磨得灰白的贝壳默默地望着井边一架刀豆几丛芭蕉花。几只老母鸡悠闲地在菠菜和茼蒿间觅食。香烟弥漫，鞭炮噼噼啪啪炸响，人们跑到井边，探头一望，井水青黑，能看出倒影。大人连忙抱走探头探脑的小孩，佯装生气地警告他们不要到井边去。淘气的小孩就抓了石子瓦片抛到井里去，上了年纪的人就真生气了，板起脸呵斥他们："这口井，甜水井。要珍惜。"那是最朴素的教育。

除夕的拜祖仪式是最讲究的。全家老少依辈分高低排列，持香跪拜，家中主妇小声祷告，由长及幼，从身体安康到生意兴隆到工作顺利到添丁进财到儿孙考中理想的学校读书，面面俱到，滴水不漏，待祷告完毕，方可起身上香。上香也有规矩，要先敬门神，然后才是敬祖宗。一炷香不能让它烧完，要在烧剩下一小半时"献锭"，烧化纸锭，然后放鞭炮。现在市区禁放鞭炮，这个程序就简省了，不过在乡村里还大多保留着，这是属于我们的除夕味道，除了丰盛的食物香味，还有刺鼻但让人兴奋的硫黄硝烟味。

# 围炉守夜

"围炉"是一个让人不禁心生温暖的词。一家老小，团团圆圆，围坐在暖烘烘的炉边，在寒风呼啸的大年夜，吃啊，喝啊，笑啊，闹啊；酒香、菜香、炉火香、亲情香，浓浓地氤氲出盛世人情之美。当然，平常百姓家大多没有火炉，围着大圆桌吃团圆饭就是啦。俗话说，"勤俭五月节，富贵廿九夜"，年夜饭是一年里面最丰盛的，我们小时候最期盼的就是吃年夜饭了，平时很馋但吃不到的美食，这一顿尽可以放开大吃。而今生活水平提高了，老人们常说，日日像过年啊！天天有好东西吃，也很少会被什么食物馋到了，年夜饭在口腹之欲方面的吸引力大大降低，不过家人团聚的意义却是大大增加了。

除夕夜最后一个有意义的节目是守夜，守到放开门炮，迎春接财。

# 5. 清　明

⊙王　亚

　　清明是一杯绿茶。不是银针，是毛尖类，浅尝便一股子清气，再深啜一口，有韵了，缓的长，人慢慢走着一般，走得久了就大了，老了，死了。所以，清明最能阅见人世，到这一日来看，都是清淡的有些余韵，或有回甘，或茶搁得多了略涩了些。要不干脆茶质糙些，无论何种水都经得住，倒更走得长久。

　　多年前，三联出版社出版杨绛先生新书《我们仨》，我每天泡一杯绿茶慢慢读，竟在大夏天读出了清明味道。"我一个人思念我们仨"，先生一个人在家里行走七千步，寂寞也浅，思念也淡，天地也清阔，却能把你逼得心酸起来，一只手探入胸腔轻轻压挤似的，你的心滴滴答答成了湿毛巾。可你看她那面庞，终是笑的。这是杨绛先生的味道，亦是清明的味道，没有不可收拾的哀愁。

　　杨绛先生独自缓缓走了很久，经得了苦难，便活成了人瑞。

　　清明的味道是迂回而含蓄的，宜怀人。

　　祖父毕业于某师范学校，有着清癯的面容颀长的身材，一派温文尔雅，实在有些民国范儿。他年轻时穿长袍和中山装留着大分头的照片更像，如今来看有了隔世的恍惚。

祖父四十余岁便殁了三任妻子，也不再续弦，他老了以后笑说："命硬，就不祸害人了。"他开油坊，挑桐油下广州，为躲兵役以私塾底子考入师范，而后一辈子教书，一个人养活一家九口人。

自我有记忆起，祖父就已经老了，却一直到死仍旧是那副老样子。我像只小猫一样跟着他，白天跟他读书习字，夜里给他焐被窝。他的脚几乎盈尺长，睡觉时直挺挺抻着一动不动。手也是纤长的，一把抓住我的脚踝往被头那边扯。

"小孩子睡觉不要蜷着，挺直了，以后做人也这样。"

这是祖父在我不谙世事的心里种下的第一个因。

五岁那年跟祖父去太原伯父家，半路在郑州转车，他去买票，嘱我乖乖地在广场守行李。我便做着乖小孩，在旅行包上坐了，一等就是一个多小时。他买了票好不容易从人群中挤出来，我已经趴在包上睡着了。我揉着惺忪①的眼看他时，他一脸惊惧地紧紧抱着我，生怕我会从他怀里溜走似的。伯母很多年后还爱羞我，说我在太原向祖父发脾气，大冬天的把一只棉鞋都扔到水缸里了，我一直讪笑。无论我多执拗②顽劣，祖父从未生气过。

祖父自然也有呵责时。夏天的正午，小伙伴偷偷来唤，我趁他午睡，溜了出去顶着大太阳疯跑疯玩。往往过不了半个小时，他便

---

① 惺忪：形容因刚醒而眼睛模糊不清。

② 执拗（niù）：固执任性，不听从别人的意见。

用手半遮额头摇着蒲扇来了。

"女孩子不能做一个疯丫头，睡不着就回家读书！"嘴上虽诘责着，眼里却依旧温和。

不记得几岁开始发蒙，父亲为我做了一块小黑板，祖父从退休后兼职的学校拿回来粉笔，我的小课堂就开课了，每一个字、每一首诗词都是祖父教的，他还教我算术、绘画、书法，自然课则在野外进行。

祖父自己习的是褚遂良，却让我习柳公权。他说，褚体妍丽，软塌塌的，不如柳体挺秀，骨力遒劲。女孩子学柳体好，行止都端庄。只是我这个小孩总暗里要较劲，学过一阵之后便不肯再学，后来干脆改弦更张，颜、欧、赵都各个轮番练一阵。以至于终于四不像，也丢开不管了。行止端庄自然是丢不了，它是一种承袭，种进了我的神髓。

我摇头晃脑跟着祖父读书背诗。李白、杜甫、苏轼、李清照成了我儿时就熟知之人，刘姥姥进大观园唱"老刘食量大如牛"，唐敖食蹑空草朱草可负重、跃高，薛丁山娶了樊梨花……祖父像一个书袋子，每天掏出一些来给我慢慢咀嚼，反刍，再咀嚼，咽下。祖父教了一辈子书，我成了他的关门弟子，将他的衣钵悉数接过来。是的，我的确接了衣钵，承袭了祖辈父辈的职业与性情，淡然地做着教书先生。亦是一层因果。

"李杜"们也种在了心里，和阅读的习惯一起。后来我写李清照、纳兰容若、仓央嘉措，写茶，写酒，写汉字闲时光，哪一样不是那时种下的呢？可是，祖父终究去了，再也看不到他种下的因居然结了一些果。

我有时清明回去看他，想着，是不是拿些我的文字烧给他，让他在隔着阴阳的那一边也看看他最疼爱的孙女写出书了。我终究是羞怯的，如那年错愕地看他搂着我的神情，紧张惧怕，却不曾有半句言语。我的血脉里流着他的血，便有了家族式的内敛。

祖父一生迂回若此犹自清明，不染无边哀怨，无大喜亦不见大怒，不过事后淡淡一笑，到老脊背都挺直。

清明本该天清地明的淡然，何必牵惹出噬骨的痛？大约我薄情，清明诗里最不爱杜牧那句"清明时节雨纷纷，路上行人欲断魂"，一些凄风苦雨都经受不起，如何过得清明？

《逸周书》写"清明之日，桐始华"。想着一路桐花故人般来迎你，凄苦也可抛了。也喜欢《逸周书》这个"逸"字，似古人施施然而来。

还看清明——清明风至，音比中吕。这是《淮南子》里的话，古人真风雅，风里都可闻出乐声。古乐分十二律，阴阳各六，分别为黄钟、大吕、太簇、夹钟、姑洗、仲吕、蕤宾、林钟、南吕、夷则、无射、应钟。这仲吕便是中吕，居各音律之中，是清音。大约就如清明风至，你在风里，会听见谁的一声唤？

今日正清明，我这会儿泡了杯徽地绿茶，唤岳西翠兰，名字俗了些，茶味却好也经泡，一杯清明，算俗到了雅境。今年我没回乡，就以这茶遥祭祖父。其实，扫墓原起于寒食，我们把寒食丢了，捡了清明。

有桐花，有风至，你不慌不忙地走着。也好。

# 6. 齐鲁文化范儿

◉李傲嘉

"青州高城雄九州，城门天上飞琼楼。"在首个齐鲁文化消费季，我来到山东青州，真真切切感受到了这方热土文化的远古与未来，感受到了一种植根已久的文化底蕴所洋溢的精气神儿——齐鲁范儿。

## 一个呆萌的手势

"绝壁雕成龛窟洞，铭文荟萃魏碑林。"

在青州的驼山石窟，欣赏着从北周到唐朝的雄伟雕刻，我感叹古人的智慧与毅力。几座巨大的洞窟，几百座神态各异、栩栩如生的佛像，融入了齐鲁文化的深厚，融入了鬼斧神工的技艺，历经了一千多年岁月的磨砺，浸透着能工巧匠的汗水。

在三号洞窟，一尊有些"呆萌"的佛像吸引了我的目光。你看他正襟危坐，面带祥和，眼含笑意，右手却出人意料地摆出"剪刀手"的姿势。怀着极大的好奇心，我立刻询问了导游，原来这尊佛像的右手本是大拇指、食指、中指朝上的佛教手印，但由于在之前遭到了破坏，拇指断掉了一截，所以常常被解读成"剪刀手"。

这是通过呆萌的手势为游客带来一份轻松愉悦，还是警醒人们要保护文物呢？

## 中华菜系第一味

"诗咏珍馐鲁菜鲜，未曾入口已垂涎。"

踏进一家地道的青州鲁菜馆，糖醋鲤鱼、爆双脆、九转大肠、把子肉、石板烤肉、水煎包……无所不有。梁实秋先生曾说过："上天生人，在他嘴里安放一条舌，舌上还有无数的味蕾，教人焉得不馋？馋，基于生理的要求；也可以发展成为近于艺术的趣味。"鲁菜，绝对是殿堂级的艺术了。

单看那金黄油亮的把子肉，就勾起了我肚子里的馋虫。用草绳把肥瘦适中的五花肉拦腰一捆，加入各种香料，小火慢炖，直到肉烂汤香。肥肉不腻，瘦肉不柴，浇在热气腾腾的米饭上，连着汤水一同扒拉进嘴，独特的酱香袭上脑门，让人恨不得张开大嘴连碗一同吞进去。

有人说，一个人喜欢一个地方，就必须喜欢这里的色香味，才甘心于这里的柴米油盐，才愿意感受这里的酸甜苦辣。鲁菜本身所承载的饮食文化，流传至今不曾褪色，反而更加的耐人寻味。

## 黄河鼓韵动地来

在青州，我有幸欣赏到了一场文化的视觉盛宴——鼓子秧歌！

鼓手以鼓点的疏密指挥着舞蹈者的队形变化，动作粗犷，声若滚滚春雷，如脱缰的骏马腾空而来又绝尘而去。鼓槌上的艳丽彩绸，兀自在风中猎猎飞舞。领舞者大都举着红黄两色的花伞，洒脱、奔放，收放自如，霸气十足。还有一些丑角做出夸张的样子，举止滑稽，在秧歌队伍中自由穿梭，逗引得大家一阵阵喝彩。

其实早在明清时期，这种文化表演形式就在山东流行开来。"士女云集，途为之塞，自晨至暮，络绎不绝。"鼓子秧歌铿锵有力的节奏、刚健遒劲的舞姿、诙谐生动的扮相，把齐鲁文化演绎到了一种极致。

## 幽绝古刹居心所

"古木无人径，深山何处钟。"

徜徉在始建于北魏时期的青州龙兴寺，我感受到了深山古寺的文化意境，似乎全然忘记了时间的存在。

香火缭绕，钟鼓声声。伴随着寺庙弟子的阵阵操练声，我漫步在古色古香的龙兴寺。千年风云变幻，给它留下了独特的魅力。一座座楼阁宝殿端庄地静默在松柏周围，一尊尊观音弥勒安详地凝视着芸芸众生；大雄宝殿气宇轩昂地立在中央，绿、红、蓝交织出它古朴的外观，巍峨的挑顶轮廓在艳阳下勾勒出来。窗棂、栏杆、吊顶上都雕刻着精美的图案，栩栩如生……

快节奏的生活，常常让我们失去自我，忽视了生活本真的美好。在古寺中流连，缓慢而宁静，能让我们渐渐寻回最纯真的初心。

祈求平安喜乐生活的愿望，一直埋藏在齐鲁人的内心深处。抛却时间，找到自己，这或许就是齐鲁大地用它千年的文化浸润和时光漫溯所带给我们的。行走在齐鲁大地，我且行且思且回味。

（学生习作）

## 倒贴"福"字

倒贴"福"字的风俗，传说起源于清代的恭亲王府。一年春节的前夕，大管家为讨王爷欢心，写了几个大"福"字，叫人贴于库房和王府大门上。不巧有位家丁不识字，将大门上的"福"字贴倒了。恭亲王福晋看到后十分气恼，想要惩戒这个家丁。此时，能说会道的大管家忙下跪说："奴才常听人说，恭亲王寿高、福大、造化大，如今大福真的到（倒）了，乃吉庆之兆啊！"恭亲王福晋一听，倒也合乎情理，遂赏管家和贴"福"字的家丁各50两银子。

后来，倒贴"福"字的风俗由达官府第传入巷陌人家。过年时，把"福"字倒贴在门上，借"福倒了"的谐音"福到了"，表达对幸福生活的向往和对未来的美好祝愿。

# 傅雷家书

⊙傅 雷

## 阅读导航

同学们，你们写过信吗？收到过父母写给你们的信吗？如果你们的父母给你们写信，你们希望他们写些什么呢？也许你们会说，现在科技如此发达，谁还用写信这种"古老"的方式交流呢？即便如此，我们还是不得不说，作为一种传统的通信方式，书信尤其是家书留给人的期待、感触、意味，是生活在当下的我们更需要的心灵养分！

正因如此，有这样一本书信合集，多年来热度不减，畅销于世。有人说，所有的父亲都要读这本书，所有的母亲也要读这本书，所有的儿女更要读这本书。它被称为是一部"最好的艺术学徒修养读物，也是苦心孤诣的教子篇"，这就是《傅雷家书》。

傅雷是我国著名的翻译家、文艺评论家。傅雷与妻子朱梅馥育有二子：傅聪、傅敏。傅聪后来成为闻名于世的钢琴家，而傅敏则成为一位英文特级教师。《傅雷家书》是傅雷及妻子朱梅馥于1954—1966年间写给儿子傅聪的一百来封家信摘编，这本书延续了传统家书文化，既表达了傅雷的爱子之情，又传递了傅雷的教子之方。

同学们可能会有疑惑：为什么《傅雷家书》这样一部用书信进行交流的合集，在科技发达的今天还能让人如此追捧呢？因为这本书回答了我们生活中的很多问题，比如：青年人如何面对挫折？日常生活中我们要注意什么礼仪？我们应该怎样面对情感问题？不一而足，却引人深思。再读读下列这些摘录自书中的句子，你就更明白为何这本书值得我们推崇了，它们如同珍珠，散落在这本书的每一个角落：

"辛酸的眼泪是培养你心灵的酒浆。"

"得失成败尽量置之度外，只求竭尽所能，无愧于心。"

"太阳太强烈，会把五谷晒焦；雨水太猛，也会淹死庄稼。"

"人寿有限，精力也有限，要从长远着眼，马拉松赛跑才跑得好。"

……

这样的语言，是需要我们静下心来细细品味的。

## 精彩选篇

### 1954 年 1 月 30 日

亲爱的孩子，你走后第二天，就想写信，怕你嫌烦，也就罢了。可是没一天不想着你，每天清早六七点就醒，翻来覆去地睡不着，也说不出为什么。好像克利斯朵夫的母亲独自守在家里，想起孩子童年一幕幕的形象一样；我和你妈妈老是想着你二三岁到六七岁间的小故事。——这一类的话我们不知有多少可以和你说，可是不敢说，你这个年纪是一切向前往的，不愿意回顾的；我们啰里啰唆地抖出你尿布时代及一把鼻涕一把眼泪时代的往事，会引起你的憎厌。孩子，这些我都很懂得，妈妈也懂得。只是你的一切终身会印在我们脑海中，随时随地会浮起来，像一幅幅的小品图画，使我们又快乐又惆怅。

真的，你这次在家一个半月，是我们一生最愉快的时期；这幸福不知应当向谁感谢！我高兴的是我又多了一个朋友；儿子变了朋友，世界上有什么事可以和这种幸福相比的！尽管将来你我之间离多别少，但我精神上至少是温暖的，不孤独的。我相信我一定会做到不太落伍，不太冬烘，不至于惹你厌烦。也希望你不要以为我在高峰的顶尖上所想的，所见到的，比你们的不真实。年纪大的人总是往更远的前途看，许多事你们一时觉得我看得不对，日子久了，现实却给你证明我并没大错。

　　孩子，我从你身上得到的教训，恐怕不比你从我这得到的少。尤其是近三年来，你不知使我对人生多增了几许深刻的体验，我从与你相处的过程中学得了忍耐，学到了说话的技巧，学到了把感情升华！

　　你走后第二天，妈妈哭了，眼睛肿了两天：这叫作悲喜交集的眼泪。我们可以不用怕羞地这样告诉你，也可以不担心你憎厌而这样告诉你。人毕竟是感情的动物。偶然流露也不是可耻的事。何况母亲的眼泪永远是圣洁的、慈爱的！

## 1955 年 1 月 26 日（节选）

　　亲爱的孩子：元旦一手扶杖，一手搭在妈妈的肩上，试了半步，勉强可走，这两日也就半坐半卧。但和残废一样，事事要人服侍，单独还是一步行不得。大概再要养息一星期方能照常。

　　早预算新年中必可接到你的信，我们都当作等待什么礼物一般地等着。果然昨天早上收到你来信，而且是多少可喜的消息。孩子！要是我们在会场上，一定会禁不住涕泗横流的。世界上最高的最纯洁的欢乐，莫过于欣赏艺术，更莫过于欣赏自己的孩子的手和心传达出来的艺术！其次，我们也因为你替祖国增光而快乐！更因为你能借音乐而使多少人欢笑而快乐！想到你将来一定有更大的成就，没有止境的进步，为更多的人更广大的群众服务，鼓舞他们的心情，抚慰他们的创痛，我们真是心都要跳出来了！能够把不朽的大师的不朽的作品发扬光大，传布到地球上每一个角落去，真是多神圣、多光荣的使命！孩子，你太幸福了，天待你太厚了。我更高兴的更安慰的是：多少过分的谀辞与夸奖，都没有使你丧失自知之明，众人的掌声、拥抱，名流的赞美，都没有减少你对艺术的谦卑！总算我的教育没有白费，你二十年的折磨没有白受！你能坚强（不为胜利冲昏了头脑是坚强的最好的证据），只要你能坚强，我就一辈子放了心！成就的大小、高低，是不在我们掌握之内的，一半靠人力，一半靠天赋，但只要坚强，就不怕失败，不怕挫折，不怕打击——不管是人事上的，生活上的，技术上的，学习上的——打击。从此以后你可以孤军奋斗了。何况事实上有多少良师益友在周围帮助你，扶掖你。还加上古今的名著，时时刻刻给你精神上的养料！孩子，从今以后，你永远不会孤独的了，即使孤独也不怕的了！

"赤子之心"这句话，我也一直记住的。赤子便是不知道孤独的。赤子孤独了，会创造一个世界，创造许多心灵的朋友！永远保持赤子之心，到老也不会落伍，永远能够与普天下的赤子之心相接相契相抱！你那位朋友说得不错，艺术表现的动人，一定是从心灵的纯洁来的！不是纯洁到像明镜一般，怎能体会到前人的心灵？怎能打动听众的心灵？

斯曼齐安卡说的肖邦协奏曲的话，使我想起前二信你说 Richter（李赫特）弹柴可夫斯基的协奏曲的话。一切真实的成就，必有人真正地赏识。

音乐院院长说你的演奏像流水、像河，更令我想到克利斯朵夫的象征。天舅舅说你小时候常以克利斯朵夫自命，而你的个性居然和罗曼·罗兰的理想有些相像了。河，莱茵，江声浩荡……钟声复起，天已黎明……中国正到了"复旦"的黎明时期，但愿你做中国的——新中国的——钟声，响遍世界，响遍每个人的心！滔滔不竭的流水，流到每个人的心坎里去，把大家都带着，跟你一块到无边无岸的音响的海洋中去吧！名闻世界的扬子江与黄河，比莱茵的气势还要大呢！……黄河之水天上来，奔流到海不复回！……无边落木萧萧下，不尽长江滚滚来！……有这种诗人灵魂的传统的民族，应该有气冲斗牛的表现才对。

你说常在矛盾与快乐之中，但我相信艺术家没有矛盾不会进步，不会演变，不会深入。有矛盾正是生机蓬勃的明证。眼前你感到的还不过是技巧与理想的矛盾，将来你还有反复不已更大的矛盾呢：形式与内容的枘凿，自己内心的许许多多不可预料的矛盾，都在前途等着你。别担心，解决一个矛盾，便是前进一步！矛盾是解决不完的，所以艺术没有止境，没有 perfect（完美）的一天，人生也没有 perfect（完美）的一天！唯其如此，才需要我们日以继夜，终生地追求、苦练；要不然大家做了羲皇上人，垂手而天下治，做人也太腻了！

## 1955 年 5 月 8 日—9 日（节选）

说到"不答复"，我又有了很多感慨。我自问：长篇累牍的给你写信，不是空唠叨，不是莫名其妙的 gossip（说长道短），而是有好几种作用的。第一，我的确把你当作一个讨论艺术、讨论音乐的对手；第二，极想激出你一些青年人的感想，让我做父亲的得些新鲜养料，同时也可以间接传布给别的青年；第三，借通信训练你的——不但是文笔，而尤其是你的思想；第四，我想时时刻刻，随处给你做个警钟，做面"忠实的镜子"，不论在做人方面，在生活细节方面，在艺术修养方面，在演奏姿态方面。我做父亲的只想做你的影子，既要随时随地帮助你、保护你，又要不让你对这个影子觉得厌烦。但我这许多心愿，尽管我在过去的三十多封信中说了又说，你都似乎没有深刻的体会，因为你并没有适当的反应，就是说：尽量给我写信，"被动地"对我说的话或是表示赞成，或是表示异议，也很少"主动地"发表你的主张或感想——特别是从十二月以后。

你不是一个作家，从单纯的职业观点来看，固无须训练你的文笔。但除了多写之外，以你现在的环境，怎么能训练你的思想、你的理智、你的 intellect（才智）呢？而一个人思想、理智、intellect

（才智）的训练，总不能说不重要吧？多少读者来信，希望我多跟他们通信；可惜他们的程度与我相差太远，使我爱莫能助。你既然具备了足够的条件，可以和我谈各式各种的问题，也碰到我极热烈地渴望和你谈这些问题，而你偏偏很少利用！孩子，一个人往往对有在手头的东西（或是机会，或是环境，或是任何可贵的东西）不知珍惜，直到要失去了的时候再去后悔！这是人之常情，但我们不能因为是人之常情而宽恕我们自己的这种愚蠢，不想法去改正。

你不是抱着一腔热情，想为祖国、为人民服务吗？而为祖国、为人民服务是多方面的，并不限于在国外为祖国争光，也不限于用音乐去安慰人家——虽然这是你最主要的任务。我们的艺术家还需要把自己的感想、心得，时时刻刻传达给别人，让别人去作为参考的或者是批判的资料。你的将来，不光是一个演奏家，同时必须兼做教育家；所以你的思想，你的理智，更需要训练，需要长时期的训练。我这个可怜的父亲，就在处处替你做这方面的准备，而且与其说是为你做准备，还不如说为中国音乐界做准备更贴切。孩子，一个人空有爱同胞的热情是没用的，必须用事实来使别人受到我的实质的帮助。这才是真正的道德实践。别以为我们要求你多写信是为了父母感情上的自私，——其中自然也有一些，但决不是主要的。你很知道你一生受人家的帮助是应当用行动来报答的；而从多方面去锻炼自己就是为报答人家做基本准备。

## 阅读规划

　　傅雷学养深厚，教子情切，在这本书中有很多谈论艺术的内容，也有充满哲理的人生思考。因此对读者来说，阅读时可能充满挑战。我们要如何走进《傅雷家书》呢？同学们不妨用以下方法进行：

　　见字如面，大声朗读。书信文体的特点是能够带来面对面交流的效果，并且倾注了大量的情感，带有口语化和亲切感的特征非常适合朗诵，因此，一些篇目可以选择用朗诵的方法来阅读。

　　把它当小说阅读。所谓从小说角度阅读这本书，指的就是通过阅读书信去分析书信中的人物形象，透过书信的讲述去感受人物的特点。从书中，我们可以感受到傅雷的严谨、自省、爱子，也能从中读出傅聪的叛逆、率真、勤学。

　　选择性阅读。由于这本书内容丰富，涉及方方面面，我们可以选择自己感兴趣的话题进行阅读，对于一些不感兴趣的部分，则可以略过不读，比如谈论艺术的部分。还可以通过问题进行选择性阅读，比如我们想知道傅雷是如何教育孩子面对挫折的，可以带着这个问题选择一些篇章进行探讨。

　　同学们，打开这本书，静下心来品一品，一定会有收获。当你读完之后，推荐给你的父母也读一读，愿这本书能为你和父母架起更好的沟通桥梁。

　　建议用 2 ～ 3 周的时间阅读本书，并完成下面的表格。

　　1. 初读规划

| 书信日期 | 阅读时间 | 书信内容概述 | 书信专题归类 | 佳句摘抄 |
| --- | --- | --- | --- | --- |
| 1954 年 | | | | |
| 1955 年 | | | | |
| 1956 年 | | | | |
| 1957 年 | | | | |
| 1958 年 | | | | |

（续表）

| 书信日期 | 阅读时间 | 书信内容概述 | 书信专题归类 | 佳句摘抄 |
|---|---|---|---|---|
| 1959 年 | | | | |
| 1960 年 | | | | |
| 1961 年 | | | | |
| 1962 年 | | | | |
| 1963 年 | | | | |
| 1964 年 | | | | |
| 1965 年 | | | | |
| 1966 年 | | | | |

2. 选择性阅读规划

| 专题 | 阅读篇目 | 阅读收获 |
|---|---|---|
| 对弹琴技巧的指导 | | |
| 对艺术修养的指导 | | |
| 对思想情感的指导 | | |
| 对面对挫折的指导 | | |
| 对日常生活的关心 | | |
| …… | | |

## 交流平台

问题一：《傅雷家书》内容丰富，关于爱情、成长、学习等问题都有涉及，请你从书中摘抄关于不同话题的经典语句，写下你读后的思考与点评，与同学进行交流后参加班级举办的"《傅雷家书》箴言分享交流"活动。

问题二：读完《傅雷家书》后，有人认为傅雷对孩子的管教过于严苛，甚至有人提出了"我对傅雷十分尊敬，却不想也不敢成为他的儿子"的观点。对此，你有怎样的想法？请和同学进行交流，必要时可以进行一场辩论。

问题三：青春烂漫，但也有成长的烦恼，当你心中有烦恼时，你尝试过向父母倾诉吗？读完《傅雷家书》后，我们明白写家书是打开我们与父母心门的重要途径。请你提笔在信笺纸上写下你想对父母说的话，同时邀请你的家长进行书信往来，用家书的方式进行一次心灵的互动。

# 敬 启

为编好这本书，我们与收入本书的作品（含图片）作者进行了广泛联系，得到了各位作者的大力支持。在此，我们表示衷心的感谢。但是，由于个别作者地址不详，虽经多方努力，仍无法取得联系。敬请各位有著作权的作者尽快与我们联系，以便我们支付稿酬，并致谢忱！

我们还要感谢使用本书的师生们。希望你们在使用本书的过程中，能够及时把意见和建议反馈给我们，对此，我们深表谢意，并将给予一定奖励。让我们携起手来，共同完成本书的建设工作。

联 系 人：梁老师  刘老师

联系电话：010-58022100-6362

联系邮箱：ztxx2008@sina.com

网　　址：http://www.ywztxx.com

地　　址：北京市海淀区知春路7号致真大厦A座18层

## 图书在版编目（CIP）数据

自然物语 / 赵建霞主编. — 上海：上海教育出版社, 2021.12

ISBN 978-7-5720-0818-4

Ⅰ.①自… Ⅱ.①赵… Ⅲ.①阅读课—初中—教学参考资料 Ⅳ.①G634.333

中国版本图书馆CIP数据核字（2021）第260851号

本书部分文字作品的版权由中国文字著作权协会代理及转付稿酬，电话：010-65978917，传真：010-65978926，E-mail：wenzhuxie@126.com

责任编辑　李清奇
封面设计　陈丽娟　王艺霖
著作权人　北京华樾教育科技有限公司

**自然物语**

**赵建霞　主编**

出版发行　上海教育出版社有限公司
官　　网　www.seph.com.cn
地　　址　上海市闵行区号景路159弄C座
邮　　编　201101
印　　刷　肥城新华印刷有限公司
开　　本　720×1010　1/16　印张 66
字　　数　900千字
版　　次　2021年12月第1版
印　　次　2021年12月第1次印刷
书　　号　ISBN 978-7-5720-0818-4/G · 0634
定　　价　268.00元（全六册）

如发现质量问题，请向本社调换　　021-64373213

适合13至14岁

\ZIRAN WUYU\

# 自然物语

主编 赵建霞

②

上海教育出版社
SHANGHAI EDUCATIONAL
PUBLISHING HOUSE

# 编 委 会

　　亲爱的同学，当你打开这本书时，你就开启了一段惬意的旅程。从相遇、相知，到相伴前行，淡淡的书香将一直萦绕在你身边。

　　初中阶段，你已经读过许多名篇佳作，在充满智慧和温情的文字浸润中，语文素养自然会得到提升。但面对神秘奇幻的自然、日新月异的社会、渐趋丰盈的人生，仅仅是课堂上阅读的文章，恐怕很难再满足你的需求，你的阅读理应更广泛、更专业。如何让课内外读物有机融合成滋养你成长的沃土？如何让点滴的阅读收获汇聚成助推你遨游书海的动力？为此，我们邀请了全国各地的名师，精选文章，为你搭建大量阅读、高效阅读的平台。

　　于是，便有了摆在你面前的这本书。

　　这本书分为经典诵读、主题阅读、整本书阅读三个板块。

　　第一个板块是"经典诵读"，所选古诗词都具有经典阅读价值。针对诗词中可能会给你造成阅读障碍的生字难词，我们增加了读音和注释，且辅以专业诵读音频和鉴赏资料供你随时赏听或查阅。你可以利用每天的晨读或其他课余时间反复诵读，只要持之以恒地阅读，假以时日，定能厚积薄发。

　　第二个板块是"主题阅读"，我们精心挑选了几组文章，聚焦主题，帮助你进行专题探究。其中，"范文阅读"有批注和学习提示，方便你边阅读边思考，掌握这一类文章的阅读方法，并能进行拓展运用。"组文阅读"有单元学习任务，帮助你对一组文章进行整合阅读、比较鉴赏，从碎片化到结构化，在阅读中积累语言、拓展思维，提升核心素养。带有"自由阅读"标签的文章，你可以根据自己的需要、

兴趣自主选择阅读，多读、少读，深读、浅读皆可，如能养成边读边做批注的习惯，你会收获更多。带有"类文阅读"标签的是一组与写作要求相匹配的文章，旨在提供写作思路，激发你的创作灵感。这组文章的首篇附有旁批，为你的写作实践提供技巧点拨。

"整本书阅读"设计了"阅读导航""精彩选篇""阅读规划""交流平台"等助读工具，旨在激发你的阅读兴趣，帮助你掌握科学的阅读方法，从而有计划地开展整本书阅读。

愿这本书伴随你度过阅读的美好时光，与经典交流，与大师对话，帮助你积累知识，开阔视野，提升素养，成为睿智优雅、阳光自信的中国好少年！

# 目录

## 经典诵读

## 第一单元 物候密码

### 范文阅读

# 第二单元　探索之趣

# 第三单元　人与自然

### 自由阅读

# 第四单元　万象奥秘

### 自由阅读

# 第五单元　说明的顺序

## 类文阅读

## 整本书阅读

经典诵读

踏一条平平仄仄的幽径，咏一阕抑扬顿挫的辞章，让心灵开始一次雅韵悠长的旅程。从《诗经》到宋词，从田园到边塞，从婉约到豪放，从现实主义到浪漫主义……那些或率真质朴、或清幽缠绵、或慷慨刚健、或隽永蕴藉的诗句，寄托了中华儿女的家国情怀，传承着博大精深的中华文明。

有了诗词的濡染，我们的语文学习自当渐入佳境；有了经典的浸润，我们的语文生活定会异彩纷呈。

# *1.* 相见欢

扫码收听朗诵音频

⊙〔南唐〕李煜

无言独上西楼，月如钩。寂寞梧桐深院锁<sup>①</sup>清秋。

剪不断，理<sup>②</sup>还乱，是离愁<sup>③</sup>。别是<sup>④</sup>一般滋味在心头。

　　词的上阕写景，以"无言"起笔，先点出词人无人共语、孤寂无欢的愁苦之容，接着又用"独上"画出他步履沉重、心事重重的艰难之态。然后掉转笔头，用一个"锁"字，渲染出一派冷寂、萧瑟、悲凉、孤独的秋寒景象，既言登楼所见之景，又写词人的寂寥和悲愁，情与景达到了和谐的统一。词的下阕写离愁别恨。词人巧设喻体，将抽象无形的愁绪化作具体有形的可见的乱麻，使所要表达的愁情更鲜明深刻、生动传神。最后以"别是一般滋味在心头"煞尾，更使前句生辉，真挚感人。尤其"别是"二字，读来看似轻快，实则痛切沉挚，它写出了词人郁结在心中的离愁之深之广之厚，无人知晓，无人理解，也无从诉说，无法浇灭，给读者留下了广阔的想象空间。

① 锁：锁住，关闭。

② 理：梳理，整理。

③ 离愁：亡国之愁。

④ 别是：又是，另是。

扫码收听朗诵音频

# 2. 沈园①二首（其一）

⊙〔宋〕陆游

城上斜阳画角②哀，沈园非复旧池台。

伤心桥下春波绿，曾是惊鸿照影来③。

　　陆游和唐琬本是夫妇，后因陆母不喜欢唐氏而被迫分离。至绍兴二十五年（1155）春末，二人偶遇于沈园。陆游感伤之余，便在沈园壁上题了《钗头凤》一词。《沈园》诗共两首，作于庆元五年（1199），诗人已经七十四岁了，距离沈园邂逅也已经四十多年，可是诗人的深情却如桥下的一泓春水，永远在荡漾着。直到八十三岁、八十四岁时，他还曾在诗歌中感念此事。陈衍《宋诗精华录》评《沈园》云："无此绝等伤心之事，亦无此绝等伤心之诗。就百年论，谁愿有此事？就千秋论，不可无此诗。"意即人生不应有此事，但诗歌史上不可无此诗。

① 沈园：故址在今浙江省绍兴市禹迹寺南。陆游重游时已三易其主。

② 画角：一种吹奏乐器。

③ 曾是惊鸿照影来：指沈园相见一事，意谓唐琬曾到过这水边。惊鸿，受惊的鸿雁，这里比喻女子体态轻盈。

# 3. 沈园二首（其二）

扫码收听朗诵音频

⊙〔宋〕陆游

梦断香消①四十年②，沈园柳老不吹绵③。
此身行作稽山土，犹吊遗踪④一泫然⑤。

　　本诗写出了诗人对爱情的坚贞不渝。首句感叹唐琬去世已经有四十年了，这句充满了刻骨铭心之真情。次句写沈园即目之景：柳树已老，不再飞绵。此时诗人年逾古稀，正如园中老树，已无所作为，对个人生活更无追求。写"此身行作稽山土"的目的是反衬出尾句"犹吊遗踪一泫然"，即对唐氏坚贞不渝之情。一个"犹"字，使诗意得到升华：尽管自己将不久于人世，但对唐琬的眷念之情永不泯灭；尽管个人生活上已无所追求，但对唐琬之爱历久弥新，所以对沈园遗踪还要凭吊一番而泫然涕下。"泫然"二字饱含了诸多复杂的感情，其中有爱、有恨、有悔，诗人不点破，足供读者体味。

----

①香消：古时常用"香消玉殒"来形容女子之亡，这里指唐琬之死。

②四十年：诗人作此诗时，唐琬实际已离世四十余年，这里取用整数。

③柳老不吹绵：柳树已老，不再飞绵。这里是一种借以自喻的比兴。

④遗踪：遗留下的踪迹。

⑤泫（xuàn）然：伤感流泪的样子。

扫码收听朗诵音频

# 4. 和子由渑池怀旧 ①

◎〔宋〕苏轼

人生到处知何似？应似飞鸿②踏雪泥。

泥上偶然留指爪，鸿飞那复③计东西？

老僧④已死成新塔⑤，坏壁无由⑥见旧题。

往日崎岖还记否？路长人困蹇驴⑦嘶。

---

① 本诗是苏轼回给苏辙的和（hè）诗。和，依他人所作诗词而写成的酬答的作品，有时要用原作的韵脚。子由，即苏辙，字子由。

② 飞鸿：指鸿雁。此鸟年年随季节变化在南方过冬，北方生养。我国古代许多文人都以雁的这种习性比喻人的奔波辗转。

③ 复：还，再。

④ 老僧：指奉闲和尚。嘉祐元年（1056），苏轼、苏辙兄弟赴京应考，路过渑池，在县中寺庙内借宿，并在主持奉闲和尚居室的壁上题诗。

⑤ 新塔：僧人圆寂后，建塔埋葬火化后的骨灰。

⑥ 无由：无从。

⑦ 蹇（jiǎn）驴：指步履艰难的驴子。蹇，跛足。

赏析

　　苏轼与弟弟苏辙曾同时进士及第，苏辙在 19 岁那年被委任为渑池县主簿。宋仁宗嘉祐六年（1061），苏轼出任凤翔府（今属陕西）签判，弟弟苏辙送他到郑州，然后返回京城开封，寄给他一首诗，题为《怀渑池寄子瞻兄》，苏轼依照苏辙诗的原韵和了这首诗。本诗以议论开篇，正如苏轼的人格那样无须雕饰只求天然。作者和弟弟互相倾诉"官身不由己"的苦楚，手足情深，生命中承受的重量由两个人共同分担，而以诗文和答的方式互助共勉，非高雅志趣中人所不至也。苏轼、苏辙兄弟二人初入仕途便不断易地为官，奔波劳碌之苦在所难免，又加之久在异乡，兄弟不能相见，种种离愁别怨流荡于笔下，凝结成优美诗篇。

　　作者一开始就发出"人生到处知何似"的感叹，有发人深思的作用。接着用答语引出诗的主体部分"应似"三句。作者用雪泥、鸿爪作比，比一般叙事文字直叙人生漂泊不定的痛苦要形象、有味得多。"雪泥鸿爪"已经成为成语，一直流传至今。"老僧"两句写当年在渑池寄宿过的那座佛寺的情况。作者把自己内心那种无可奈何的惆怅和悲凉写得沁人肺腑。结尾两句作者是借回忆往事，委婉地抒发自己的不平和感慨。

　　作者善于把自己的人生际遇、悲愁感怀巧妙地融合到诗歌的形象中，揭示出人生渺小、短促的哲理，但并不颓废，我们依然能从中感到作者眷念人生的深情。

扫码收听朗诵音频

# 5. 正月二十日，与潘、郭二生出郊寻春，忽记去年是日同至女王城作诗，乃和前韵①

◎〔宋〕苏轼

东风②未肯入东门，走马还寻去岁村。

人似秋鸿来有信，事如春梦了无痕。

江城③白酒三杯酽④，野老苍颜一笑温。

已约年年为此会，故人不用赋《招魂》⑤。

---

① 这首诗作于苏轼贬谪黄州时期，是一首对往年游女王城所作诗的和诗。潘、郭二生，指苏轼在黄州新结识的朋友——潘丙、郭遘（gòu）。女王城，指黄州东十五里的永安城。

② 东风：春风。

③ 江城：指位于长江北岸的黄州。

④ 酽（yàn）：味浓。此指酒醇。

⑤ 赋《招魂》：指宋玉以屈原忠而见弃，作《招魂》讽谏怀王，希望他悔悟，召还屈原。苏轼在这里借指老朋友们为他的起复奔走。

赏析

　　诗的首联说春风还没入城，城里还没有春意，但渴望春意的诗人主动到郊外旧地去寻春了。按常理，接下来应该写寻春所获，而诗人却宕开一笔，写出"人似秋鸿来有信，事如春梦了无痕"的警句。这两句看似游离，但"人似秋鸿"接应首联，"事如春梦"照应下联，似乎把人生进取、政治抱负都看淡漠了，于是才有超然旷达、出郊寻春之举。颈联两句所写，既可具体指这次春游的欢聚畅饮，也可概指诗人在黄州的生活乐趣。山水与人情完全可以驱除烦恼，这就自然引出尾联所写。尾联是在告慰故人：你们不必为我担忧。

　　全诗表现了诗人身处逆境而能超然旷达并最终执着于现实人生的精神境界。元丰五年（1082）写这首诗时，苏轼来到黄州已两年多了，"乌台诗案"的骇浪已成往事，但他对起复还朝已失去信心。所以，这首诗的结尾两句，不是牢骚，不是反语，而是一种真情实感。

# 6. 鹧鸪天·博山寺[①]作

⊙〔宋〕辛弃疾

　　不向长安路上行。却教山寺厌逢迎。味无味处求吾乐，材不材间过此生。

　　宁作我[②]，岂其卿[③]。人间走遍却归耕。一松一竹真朋友，山鸟山花好弟兄。[④]

---

① 博山寺：在今江西省上饶市广丰区。

② 宁作我：宁作独立不阿的我，不屈志附人以求虚名。语出《世说新语·品藻》："桓公少与殷侯齐名，常有竞心。桓问殷：'卿何如我？'殷云：'我与我周旋久，宁作我。'"

③ 岂其卿：意谓不依附公卿。语出扬雄《法言》："谷口郑子真不屈其志，而耕乎岩石之下，名震于京师。岂其卿！岂其卿！"意思是说，郑子真以德有名，岂是依附公卿而得名的？

④ "一松"二句：句法出自杜甫《岳麓山道林二寺行》："一重一掩吾肺腑，山鸟山花吾友于。"友于，兄弟之代称。松竹为友，典出元结《丐论》："古人乡无君子，则与云山为友；里无君子，则与松竹为友；座无君子，则与琴酒为友。"

**赏析**

　　词的上阕，作者起句便说好多年"不向长安路上行"（不愿求取功名），而是频繁地出山入寺，以至于"山寺"都已经对自己"厌逢迎"了。后面又借《庄子》之典以显示自己超脱的态度。辛弃疾真的失去功名之心、进取之念了吗？当然不是，"材不材间过此生"已有怨愤之意，"有材"为自视，"无材"是朝廷及主和派之见，或对"有材"有意视而不见。"有材"而不用，错不在己，看似自嘲，实则忧愤。

　　下阕起句表明心志：保持自我，不依附公卿而求取声名。下一句说人生历尽世事，到头来还是要归于田园，躬耕田亩。最后两句作者意托于松竹花鸟，守君子之志的意向自不待言，其中或许也包含着对仕途人情的戒畏。松竹真朋友，花鸟好弟兄，只有它们不会让自己伤心失望。

# 7. 声声慢

⊙〔宋〕李清照

　　寻寻觅觅，冷冷清清，凄凄惨惨戚戚①。乍②暖还寒时候，最难将息③。三杯两盏淡酒，怎敌④他、晚来风急！雁过也，正伤心，却是旧时相识。⑤

　　满地黄花⑥堆积，憔悴损，如今有谁堪摘⑦？守着窗儿，独自怎生得黑⑧！梧桐更兼细雨，到黄昏、点点滴滴。这次第⑨，怎一个愁字了得！

---

① 戚戚：悲愁、哀伤的样子。

② 乍：刚刚。

③ 将息：调养，保养。

④ 敌：抵抗、对付。

⑤ "雁过"三句：古时有大雁传书带信的说法。作者早期寄丈夫赵明诚《一剪梅》词有云："云中谁寄锦书来，雁字回时，月满西楼。"所以这里称雁为旧相识。

⑥ 黄花：指菊花。

⑦ 有谁堪摘：指自己无心去摘。

⑧ 怎生得黑：怎样挨到天黑。怎生，怎么，怎样。

⑨ 次第：光景，状况。

　　这首词以十四叠字开篇，表现孤独而恍惚的凄凉心情；又接以晓风送寒、小饮遣愁、闻雁伤心、懒摘黄花、雨滴梧桐等富有感染力的意境，将这种心情层层加以渲染；终以"怎一个愁字了得"轻结，一反言愁则千斛万斛、如江如海的传统表现方式，化多为少，举重若轻，以"无垂不缩"之笔，蓄"欲说还休"之势，愈使人感知其愁绪之浓。诚如梁启超在《中国韵文里头所表现的情感》中说："这词是写从早到晚一天的实感，那种茕独凄惶的景况，非本人不能领略；所以一字一泪，都是咬着牙根咽下。"真堪称天壤间伤心人语矣。

　　最能反映作者创辟之功的，是双声叠字的大胆运用，及其所造成的音韵、节律与内容、情感的密切配合。十四叠字中，竟能有清晰的层次："寻寻觅觅"写若有所待、恍有所失的情状；"冷冷清清"是"寻寻觅觅"之所见，也是"寻寻觅觅"而无所得；"凄凄惨惨戚戚"则是由"寻寻觅觅"而"冷冷清清"产生的必然结果。此三句，已成一段伤心语。这种连用叠字写恍惚抑郁的创格对后人影响很大，元代著名的杂剧作家关汉卿和王实甫都在作品中有所借鉴。

扫码收听朗诵音频

# 8. 精 卫 ①

◎〔明末清初〕顾炎武

万事有不平，尔何空自苦②。

长将一寸身，衔木到终古？

我愿平东海，身沉心不改。

大海无平期，我心无绝时！

呜呼！君不见西山衔木众鸟多，

鹊来燕去自成窠。③

 **赏析**

　　"精卫填海"这则典故颂扬的是中华民族锲而不舍的可贵精神。顾炎武以精卫自况有两层深意：第一，作者二十六岁开始编纂《天下郡国利病书》和《肇域志》，这两部书皆为皇皇巨著，需穷尽一生之心力才有可能完成，因此顾炎武以精卫明志，誓要完成这两部著作；第二，作者以明代"遗老"自居，"反清复明"是他一生的夙愿，所以他以精卫自比，托物言志，欲锲而不舍地将复明大业坚持到底。

---

① 精卫：上古神话中的神鸟，又名"誓鸟""志鸟"等。《山海经·北山经》中载："是炎帝之少女，名曰女娃。女娃游于东海，溺而不返，故为精卫，常衔西山之木石，以堙于东海。"

② 自苦：宾语前置，即"苦自"，可以理解为"折磨自己"。

③ "鹊来"句：以鹊燕自成窠比喻屈仕清朝的人。

第一单元

# 物候密码

　　大自然蕴藏着蓬勃的生命力和创造力，是人类生命的源泉。一物一景都是科学知识的窗口，像神奇的万花筒一样吸引着人们的眼球，激发着人们强烈的好奇心和求知欲。大自然记载着万物的历史变迁，高岸为谷，深谷为陵，沧海桑田，所有的变化都在向人类讲解着自然的规则和奥秘。发现这些变化，人们便可以小见大、见微知著。

　　本单元所选的文章大多与物候知识有关，阅读时要理清说明顺序，筛选重要信息，继续学习各种说明方法，体会说明文语言的生动性和准确性。还要用心发现、思考、质疑、探究，培养求真、严谨的科学精神。

# *1.* 大自然的文字

⊙〔苏联〕伊林

你老早就认识了字，并且能毫不费力地读出街上随便哪一块招牌上的字。你不会跑到理发店里去买药，也不会跑到药房里去理发。

如果人们不陪你，你也会很容易地找到路，只要给你正确的地址。

文字真是好东西。认识了字，你就可以读完最厚的书，可以了解世界上的一切事情。

字母A——一切有学问的人都是从它出发走向奇异的科学世界的。

可是也有另外一套文字，这是每个想成为真正有学识的人都应该知道的。

这就是大自然的文字。它有成千上万个字母。天上的一颗颗星就是一个个字母，你脚下的一粒粒小石子也是一个个字母。

本文的题目与课文《大自然的语言》的题目异曲同工，都点出了文章的说明对象。读完全文后，给本文的说明对象下个明确的定义吧。

大自然的文字有好多种，除了文中提到的星、小石子之外，你还知道哪些？

对于不认识这一套文字的人来说，所有的星全是一样的东西；而认识这套文字的人却知道许多星的名字，并且可以说出这颗星跟那颗星有什么分别。

就像用字母可以组成书里的话一样，天上的星也组成了星座。

自古以来，当水手们需要在海上寻找道路的时候，他们就去看那由星星写成的书。你知道，在水面上，船只是不会留痕迹的，而且那里也没有什么写着"由此往北"的有箭头的指路牌。

水手们并不需要这样的指路牌。他们有上面带着磁针的罗盘，磁针永远指着北边。即使他们没有罗盘，他们也照样迷不了路。他们朝夜空望去，在许多星座当中找到了小熊星座，又在小熊座当中找到了北极星。有北极星的那边就是北方。

云，也是天空这本大书上的字母。它不但讲现在的事情，而且还讲将来的事情。在天气最好的日子，人们可以根据云的情况预测出雷雨或者淫雨。

那边，在蔚蓝的天空上，伸展着一片白色

"星星写成的书"与题目有何关联？这种说明方法和这样有趣的表达在文中随处可见，你可以找几处，写一写这样写的妙处。

"也"字在这里似乎没有多大用处，是否可以删去？说说你的看法。

的丝缕，好像有人把一缕白发投向了天空。

认得大自然的文字的人，可以立刻说出："这是卷云。"

有卷云就不会有好天气。从它们可以预测出，明天十成有九成是阴雨天。

在炎热的夏季，天空中有时候远远耸立着一座白色的云山，这座云山又向左右伸出两个尖头，于是，云山变得像铁匠铺里的铁砧了。

用打比方的说明方法，将云的特殊形态写得生动形象。除此之外，这句话在结构上还有什么作用？

飞行员知道，砧状云是雷雨的预兆，应该离它远一些才好。如果在它里面飞行，它会把飞机毁掉，那儿的风就是刮得这么有力。

天空的使者——鸟，也会教给那些留心观察它们的人许多知识。

假如燕子在空中飞得很高，看上去很小很小，那就会有好天气。

白嘴鸦飞来说，春天已经来到大门口了；而飞走的鹤不用日历就可以告诉人们，热天已经过去了。

太阳光还是很热的，又是个平静、晴朗的日子。这时候，从远方传来奇怪的、不安的声音，好像有人在高空互相呼喊着。声音越来越高，越来越近。终于，再凝视天空就可以勉强看到一张模糊的蜘蛛网，就像被风吹着似的向前飘。蜘蛛网飞近了，再抬起头来，已经能瞧出，这不是什么蜘蛛网，而是许多长脖子的鸟。它们排成整齐的"人"字形的队伍朝着阳光照耀着的森林飞行。

个别的鸟又重新分辨不出来了，鸟群看起来又像是张蜘蛛网了。一转眼的工夫，连蜘蛛网也无影无踪了，它好像融化在天空里一样。只有那声音还从远方传来，好像在说："再见！再见！明年春天见！"

阅读天空这本大书，可以了解许多新奇的东西。

连我们脚底下的土地，在会读它的人看来，也是一本很有趣的书。

现在，在建筑工地上，挖土工人的铁锹碰到了一块灰色的石头。在你看来，它不过是块普通的石头，可是在懂得大自然的文字的人看来，它并不是普通的石头，而是石灰石。石灰石是由碎贝壳形成的，你知道贝类是海洋里的居民。可见，在很久远的时代，这个现在是城市的地方曾经是一片汪洋大海。

有时候，你在森林里走，忽然看到树林当

"蜘蛛网""融化"，多么有画面感和动感的语言啊！

关联词"连……也……"使过渡自然流畅，也使文章思路清晰、条理分明。

你是否能从这个句子中找到体现说明文语言准确性的元素？

中放着一块很大的花岗岩石块，上面披着青苔，就像披着毛皮一般。

它是怎样到这儿来的呢？谁有这样大的力气把这么大块的石头搬到森林里来呢？而且，它又是怎样穿过茂密的森林的呢？

如果你认识大自然的文字，就会立刻说出，这叫作漂砾，它不是人搬来的，而是冰搬来的。这些冰块从寒冷的北方爬过来，沿路把岩石砸碎，并且把砸下来的碎石块一起带着走。这是好久以前的事了，当时这儿还根本没有森林。漂砾周围的森林是后来才形成的。

什么是"漂砾"？试着用简洁准确的语言给它下个定义。

要认识大自然的文字，应当从小就常常到森林里或者田野上去走走，注意观察一切东西。假如有什么不明白的地方，应当到书里去寻找，看那里边有没有解释。

除此之外还可以去请教有学识的人：这是什么石头？这是什么树？这只鸟叫什么名字？雪地上面是什么东西的足迹？

你现在已经能很仔细地去观察你所看到的一切东西了。等你将来做一个建筑工人，或者飞行员，或者水手，或者田地上的工程师——农艺师时，你看大自然这本书就一定会像看那些印在

走进大自然看看、想想，大自然这本书里还有哪些文字？

为什么说大自然这本书和印在纸上的书一样清楚、明白？

纸上的书一样清楚、明白了。

（沈念驹/译，有删节）

**学习提示**

依据说明对象和说明目的不同，说明文可分为事物说明文和事理说明文。事物说明文的说明对象是具体事物，通过对具体事物的形状、构造、性质、特点、用途等作客观而准确的说明，使读者了解、认识这个或这类事物；事理说明文的说明对象是某个抽象事理，将抽象事理的成因、关系、原理等说清楚，使读者知其然并知其所以然，明白这个事理"为什么是这样"。

不管是事物说明文还是事理说明文，都要求作者对说明内容进行客观、科学的介绍和逻辑严密的推理，使读者从中感受到严谨求实的科学精神。请认真阅读本文，理清说明顺序，筛选重要信息，在读懂事理的基础上思考、质疑。

# 2. 关于"水的职称"的说明书

◎张庆和

水也有职称，完全是一种自然形成状态，并非人为的评定或赐予。

水的职称基本可分为动态、静态和气态三大系列。在各自的系列中，又分为初级、中级、副高级和正高级四个档次。

先说动态系列。动态系列从低到高排序为：泉、溪、河、江。

泉是动态之水的童年期。它虽然天真幼稚，但其未来可长可短，可大可小，前途不可估量。人们对待它往往喜爱有加、庇护有加。在它面前，人们有时会产生一种发现新生的感觉。

溪是动态之水的少年期。此时的它清纯可爱，小鱼、小草、小水鸭是它最好的伙伴。它虽浅，却浅得透明；有时也爱拨弄个浪花什么

给水评定职称，可谓奇思妙想，让说明文异彩纷呈。

分类别与打比方巧妙结合，将抽象的科学知识讲得生动形象、通俗易懂且条理清晰。

的，但终不会形成大碍、大害。所以，人们对它都能善以待之。

河是动态之水的青年期。它富于想象，勇于创造。有时它是人类的朋友，能帮助人们做很多好事；有时它是人类的敌人，会咆哮，会肆意妄为，会给人们带来灾难。但只要人们掌握了它的脾性，使其多积善德，少行恶事，还是能够做得到的。

江是动态之水的老大，也是该职称系列的最高一档。它精力充沛，奔腾不息，从不间断自己的追求，具有动态之河所没有的那种力量。它的目标是大海，因为它知道，只有那里才是生命永存的最好选择。

其次是静态系列。静态系列当指塘、湖、海、洋四个职别。

塘是池塘，村村寨寨哪里都有。它离人们很近，因而给人们的生活提供了不少方便。塘是我在故乡成长的一片难忘的亲密和温柔。

湖是湖泊。想跨入这个职档并不容易。想想看，全中国乃至全世界也没有多少湖泊，至于那些名湖名泊就更是凤毛麟角了。

海是大海。它容纳百川，吞吸万物。人世

间的所有酸甜苦辣，还有浊流污水，它都能容之纳之，并以其自身所具有的强大功能，再化之合之。人们啊，当您来到这个世界后，也许什么都可以忘记，但千万不要忘了自己所制造的那么多垃圾，正是因为有了海的帮助，这世界才避免了那种难以消除的恶臭与肮脏。

洋是汪洋，它是静而不静之水。由于它远离人群，大多数人对它还比较陌生，见识它，了解它，真正地认识它，尚需时日。故不赘言。

至于气态系列，当推人们所熟悉的雾、云、虹、霓了，这也是动态和静态之水的一种升华。

这一系列，有如人的精神状态，它无时限，分布广，来去自如。当然，由于这一系列毕竟是以一种柔性形态呈现的，所以，人们常要把它视作景观，视作艺术，予以仰视之，想象之，寄托心情之。

气态水如人的精神状态，这个比喻贴切之至。始终将水与人关联在一起来写，怎能不引起读者的强烈共鸣？

总观这灵性的且赋有职称级别的水，它们不争不抢，不离不散，各司其职，精诚合作，实乃和谐有序。不像人世间的有些蹊跷，人为的因素太多太多：分明是一条小沟小溪，却非冠以大江大河之名衔；分明是一片云、一道虹，却非要把

23

人家往池里塞，往塘里按。也不像有些聪明人，凭借着自己所占据的有利地形，随意操控和糟践"规则平等"的原则。或者朝别人打冷枪，或者把手伸得老长老长，专扮摘枣子、摸桃子的角色。直闹得人世间失了序，乱了套，乌烟瘴气，几乎没有了好人的地盘。

结尾将人性与水性进行对比，赞美水的不争不抢、不离不散、和谐有序，升华了文章的主旨。

## 学习提示

初读事理类说明文，往往会感到知识纷至沓来，一时难以应付，所以阅读中筛选主要信息尤为重要。事理类说明文中的"主要信息"，是与推断环节最紧密的、构成科学假说基础和主要内容的信息。阅读中应该从"现象与理论"的联系入手来自主筛选主要信息；同时也要学会处理次要信息，懂得次要信息同样是科学说明的对象，包含在最终的科学解释中，便于读者更好地理解现象与理论之间的联系。

# 1. 采草药

⊙〔宋〕沈括

古法采草药多用二月、八月，此殊未当。但二月草已芽①，八月苗未枯，采掇者易辨识耳，在药则未为良时。大率②用根者，若有宿根，须取无茎叶时采，则津泽③皆归其根。欲验之，但取芦菔④、地黄辈观，无苗时采，则实而沉；有苗时采，则虚而浮。其无宿根者，即候苗成而未有花时采，则根生已足而又未衰。如今之紫草，未花时采，则根色鲜泽；花过而采，则根色黯恶⑤，此其效也。用叶者取叶初长足时，用芽者自从本说，用花者取花初敷⑥时，用实者成实时采。皆不可限以时月。缘土气⑦有早晚，天时有

① 芽：名词用作动词，发芽。
② 大率（shuài）：大致，大都。
③ 津泽：植物中含的液汁。
④ 芦菔（fú）：萝卜。
⑤ 黯恶（wù）：颜色灰暗。
⑥ 敷：铺开，引申为开放。
⑦ 土气：古今异义词，即地气、地温。

愆伏①。如平地三月花者，深山中则四月花。白乐天游大林寺诗云："人间四月芳菲尽，山寺桃花始盛开。"盖常理也。此地势高下之不同也。如筀竹②笋，有二月生者，有三四月生者，有五月方生者谓之晚筀；稻有七月熟者，有八九月熟者，有十月熟者谓之晚稻。一物同一畦之间，自有早晚。此物性之不同也。岭峤微草，凌冬不凋；并、汾乔木，望秋先陨；诸越则桃李冬实，朔漠则桃李夏荣③。此地气之不同也。一亩之稼，则粪溉者先芽；一丘之禾，则后种者晚实。此人力④之不同也。岂可一切拘⑤以定月哉？

---

① 愆（qiān）伏：原指天气冷暖失调，这里有变异无常的意思。

② 筀（guì）竹：竹的一种，多生于江浙一带。

③ 荣：开花。

④ 人力：指管理、栽种的做法。

⑤ 拘：限制。

# 2. 月的大小

◎丰子恺

"啊，今晚的月亮好大！"

"你看这月亮有多么大？"

"我看有饭碗大。"

"不止，我看有三号钵头大。"

"哪里？我看有脸盆大呢。"

"咦！人的眼睛怎的会这样不同？"

"听说看见月亮大的胆子大，看见月亮小的胆子小……"

楼窗下的弄里有一班人在那里看月亮，谈话。夜静更深，一句一字都清晰地送进楼窗来。这样的话我在月夜不知听到过多少次数了。但每次听到的时候，心中总是疑怪：月亮的大小，他们怎么会说得定？据我看，可大可小，没有一定。记得有一次月夜有人问我："你看见月亮怎样大？"我把月亮同近处的树叶子比量一下，回答说："像铜板大。"大家都笑了，说道："那是一颗星了！不信你看见的月亮这样小的！胡闹！"我其实并非胡闹，但也不分说了。后来又有一次被问，我想这回说得大些吧，便把月亮同远处的房屋的窗子一比较，回答说："我看同七石①缸大。"人家又笑煞，说道："这么大的月亮不要吓死了人？"也有人嘲笑我说："他是画家，画家的眼睛是特别的！"我心中叫冤，但是也无法辩白。

这个问题一直在我心中为悬案，我相信他们不会乱说，但我其实也不是胡闹，更不是要扮画家，其中必有一个道理。一向没有闲工夫去推究，这一晚更深人静，又有对象摆在眼前，我便决意考察它一个究竟。

我把手臂伸直，闭住一目，就用手里的香烟嘴去测量月亮，看见香烟嘴正好遮住月亮。这样看来，月亮不过像一颗围棋子大小。因为香烟嘴之阔大约等于围棋子的直径。我又从离我一二丈远的柳树梢上窥测月亮，看见一瓣柳叶正好撑住了月亮的圆周。这样看来，月亮有一块洋钱般大小（因为一张柳叶之长，大约等于洋钱的直径。以下同理）。我又用离我四五丈远的围墙上的瓦片来同月亮比较，看见瓦片的一边之长恰等于月亮的直径，这样看来，月亮有饭碗大小。我又用离我十来丈远的烟囱来同月亮比较，看见烟囱恰好装在月亮里。这样看来，月亮有脸盆大小。我又用离我数十丈远的人家的楼窗来同月亮比较，看见楼窗之长也等于月亮的直径。这样看来，月亮就有七石缸一般大了。我想，假如很远的地方有一个宝塔，宝塔一定可以纳入在月亮里，使月亮的直径与宝塔同长。又

① 石：容量单位，一石相当于十斗。

假如，这里是一片海，海上生明月的时候，远处的兵舰也可全部纳入在月亮里，那时的月亮就比兵舰更大了。

于是我想：世人看物的大小有两种看法。第一种是绝对的大小，第二种是比较的大小。绝对的大小就是实际的尺寸。例如"一川碎石大如斗"，便是说用尺去量起碎石来，都同斗大。又如说孙行者的金箍棒"碗来粗细"，便是说用尺去量起金箍棒来，直径等于碗的直径。比较的大小就是远近法的大小。譬如这条弄的彼端有一个母亲和一个孩子走来，假如孩子跑得快，比母亲上前了数丈，我们望去，便见母亲和孩子一样大；孩子若比母亲上前了十余丈，我们望去便见母亲反比孩子小了。即距离的远近与物的大小成反比例。古人诗云："秋色墙头数点山。"又云："窗含西岭千秋雪。"讲到实物，山比墙和窗大得不可言；但山距离远了，竟小得可以摆在墙头，甚至含入窗中。可知这两种看法，前者是固定的，后者则因距离而变化，没有一定。

看月亮，当然用第二种看法。因为月亮距人很远。虽然天文学者曾经测得它的直径大约是三千四百公里，但我们不能拿下月亮，用尺来量量看。况且我们这班看月亮的人，都没听到天文学者的报告，即使听到了也未必相信。故月亮是一种可望而不可即的悬空的形象，不比碎石或金箍棒可以测量实际的尺寸。故说"一川碎石大如斗""金箍棒碗来粗细"，都行；但说"月亮像脸盆大"，意义很不明了，须得指定脸盆对你的距离才行。因为脸盆离你近了，形象会大起来；离你远了，形象会小起来，仅说脸盆大岂可作为尺度？故用东西来比方月亮的大小，其意思应该是：月亮像离我二三尺远的围棋子大，或离我一二丈远的洋钱大，或离我四五丈远的饭碗大，或离我十来丈远的脸盆大，或离我数十丈远的七石缸大，或离我数里以上的宝塔或兵舰大。充其极端，把距离推广到三十八万公里以外的时候，月亮正是一片直径约三千四百公里的圆形，即月亮同实际的月亮大。反之，若拿一根火柴贴近在瞳孔前窥测，则火柴可以遮住月亮，即月亮只有菜籽般大小。可知月亮的大小，全是与各种距离的实物比较而言，并无一定。这可证明我的话不是胡闹，更不是要装作画家。

但他们的看法毕竟也是不错的。不过没有说出东西对自己的距离，所以使我疑怪。古诗人描写月亮，说像"白玉盘"，像"宝镜"。坊间所编印的小学国语教科书里说，"像个球，像个盘"。可知人们对于月亮的大小，所见略同。即大约像饭碗、钵头、球、镜、盘、脸盆等一类东西的大小。换言之，人们都是拿距离自己数丈乃至十数丈的东西来比较月亮的大小的。数丈乃至十数丈，是绘画的观察上最普通的距离。风景中最主要的前景，大都是这距离中的景物。可知人们对月，都能自然地应用绘画的观察法。

# 3. 夏至收获忙

⊙刘跃明

熟透了的杏儿真好吃！农场院子里的两棵大杏树的果子真是熟透了，一碰就噼里啪啦往下掉，我们摘了一大箱子，掉到地上的都懒得要了，太多了，太多了，吃也吃不完！

每到杏子成熟的时候，我就知道，要收麦子了！

以前，老人们把每年6月下旬叫作麦秋。今天，五六十岁的人也会这么说，有时还会在秋字后面加个儿化音。在北京，此时的确是一年当中一个小秋天呢。不仅麦子熟了，土豆、洋葱、蚕豆、杏子、西瓜、甜瓜也都熟了，看来又是一个丰收季。

这也是人们大快朵颐的季节。

不幸，我却要出门去城里两天！真是舍不得啊！对于田野，我总觉得一日不见，如隔三秋！在外面的这两天，总想着地里，想看看小树林里试种的草坪是否有了绿茵，看看宝贝西蓝花有几棵快要熟了，看看前天零星冒出来的香菜、空心菜是否齐刷刷长出来了，看看遭了白粉病的小甜瓜是否还好，还有朋友种的几棵葵花，是否发芽了……

好在只出去两天就回来了！没有错过麦秋田野里热烈的气氛！

田家少闲月，五月人倍忙。

夜来南风起，小麦覆陇黄。

随着气温不断升高，一夜长风过后，麦子就黄了。

夏至时节，田野里从早到晚响着大型收割机的隆隆声，还有麦穗碾碎后扬起的团团轻尘。空气中到处弥漫着秸秆的香气。收割后的麦茬金黄整齐，没有麦穗也一样美丽。乡间的小路上原本车辆很少，现在来往奔波的都是拉麦粒的卡车。一车车的麦粒从收割机的出粒口直接堆入卡车车斗里，一辆满了迅速拉走，下一辆紧跟上来。

最喜欢看这田野里繁忙的场景，看着这阳光、土地与穗粒，心里莫名地踏实！

与麦子一起到了收获期的还有土豆、洋葱，以及生长期较短的红栗南瓜。这劲头，比发薪水的日子还要欢畅几分。

土豆秧上只要开了小小的白花，下面就有了小土豆。待白花长成圆圆的青色小果子，地下的土豆就成熟了。但也不是所有土豆秧都会长小果子。土豆和西红柿一样，都是茄科的，土豆的小果子比蓝莓稍大，有点儿像西红柿。洋葱呢，则是在葱叶子逐渐由翠绿转为墨绿再转为白色直至枯萎，就表示洋葱头可以收获了。

我觉得刨土豆和挖洋葱是最有成就感的事。

种西瓜和收麦子，因为是一天天看着这些果实长起来的，西瓜大不大，麦穗多不多，早已了然，所以收获时没有惊喜。而从土里刨东西就不一样了，挖开松软的泥土，一把提上一串土豆，如果有个超大个儿的，就会不由自主地高兴！然后就带着希望一棵棵挖下去，因为你也不知哪棵底下有大土豆。

挖洋葱也是，不能说挖洋葱，简直就是寻觅洋葱。不用除草剂，我们的洋葱畦里到后期杂草总是很多，等洋葱彻底熟了，叶子都已经枯萎得剩个小鬏鬏。收获时就要扒开杂草一颗一颗地找。熟透的洋葱外面包着一层难看的干叶子，里面却是水分充足，我总觉得它们像宝石一样镶嵌在大地上。呵呵，大概只有我这种农民才敢把蔬菜和宝石相比吧？！真的，里面水灵灵的洋葱是镶在大地上的，有时候挖下来，地上还留下一个圆圆的小坑，很是可爱。

收获好的土豆要放到不能见光的地库，而南瓜和洋葱需要放在干爽透气的地方。我们先把它们放在小树林里吹吹风。

也有其他的蔬菜可以收获了。圆白菜、莴笋、西葫芦都等不及了。

西葫芦是让我很吃惊的东西，它们太能长了。明明前一天已经把能吃的果一个一个都摘走了，第二天早上一来，不是怀疑自己走错了地，就是怀疑是不是昨天做梦摘的果。怎么还有那么多大个西葫芦啊！赶紧拿筐来，再摘！

后来，常种西葫芦的菜农过来聊天我才知道，西葫芦就是这么疯狂。有的一夜能长三四两，如果种一棚西葫芦，水分足阳光好，就得早晚都观察着，连续摘，要不就老了。

订购了农场蔬菜的朋友们有口福了。有朋友兴奋地发微博：刚刚全家人分吃了地里成熟的西红柿，我们都特别激动，那是我小时候吃的西红柿的味道，酸中带甜，浓厚的回味。是呀，这是真正长在大地上、长在肥沃土壤里的西红柿，晒过星星、月亮和太阳，能不好吃吗？

这时候的田野，已经草木葱茏。我们的地头，第一朵萱草开花了！这个品种还不错，用了很便宜的价格从邻村买来的，当时他们家正嫌这草繁殖得太多了，正乐意我们挖走，于是我们挖了好多棵回来。

# *4.* 森林的春天

◎〔苏联〕普里什文

## 杜鹃的第一声啼鸣

一旦见到湖水开冻，水光潋滟，还有什么别的事可想呢？唯有赶紧沿着水边到森林中去，到森林深处的乌索利耶村去，造小艇的师傅们都在那里忙活。

我们的右边，紧靠着湖水，是一片参天的古木，传来哗哗的松涛声，左边是一片无法通行的野沼泽林，快要变为大片的沼泽地了。松林里越橘丛生的地方，阳光斑驳中，我们见到一些活动的影子，我抬起头来，猜想那是老鹰在松树间无声地飞来飞去。

"天还是有点冷，可昨天突然什么都开场了。"护林员对我说。

"天亮时候还是相当冷的。"我回答说。

"可就在今天早晨，鸟儿拼命地叫！"

正说着，传来一声鸟叫，我们好容易才听出是杜鹃的第一声啼鸣，那真是拼命地叫，和松涛混成一片。连苍头燕雀那样的小鸟，也不是吟唱，而是拼命叫。整片松林都在拼命叫，无声的是那些大猛禽，只凭越橘丛中斑驳阳光里的影子才能辨认出来，从一个树冠飞到另一个树冠。

## 第一次绿色的喧嚣

傍晚，西边阳光清艳，但是另一边乌云密布，雷声隆隆，天气十分闷热，很难猜测今夜会不会下雷阵雨。因为闷热，蓝色的狮嘴花盛开，森林里景天花和芳香的草藤花怒放。白桦树叶饱含着清馨的树脂，在晚照中熠熠发亮。遍地都有稠李的幽香，牧人和仙鹤鼓噪喧哗，鳊鱼和鲫鱼悠游追逐。

看到我们这一边映出一大片反光，我们心头一惊："莫不是我们这儿发生火灾了？"但这不是火灾。一个人生平往往是爱自问的，我们见到这番景象，识别不清，于是就自我反问道："既然不是火灾，这又能是什么呢？"等到一个大球的圆周终于清晰地显露出来以后，我们才明白过来：这是一轮满月。湖那边的长庚星久久地闪烁着。阔叶林中，微风吹过，初次听到了绿色的喧嚣。

## 第一只夜莺

在河水汇入湖里的地方，有一只大麻鳽在柳丛中忽然叫了一声，这只灰色巨鸟的叫声之大，真像一头至少有河马那样大的身躯的动物。叫声一停，湖里又复沉寂。水面很清洁 —— 轻风吹了一天，把它洗净了。水上稍有一点儿声音，老远就可以听到。

那大麻鳽喝水，能听得清清楚楚，接着它"咳"地大叫一声、两声、三声，打破了周围的寂静；停了十来分钟，它又"咳"地大叫起来；常常是叫三声、四声，没有听见过超过六声。

到了乌索利耶，听说一个渔人的独木舟被风浪打翻，他只好抱住朝天的船底在湖上漂。我听了不无害怕，就沿着岸边的阴影处划。我仿佛听到岸上有一只夜莺在啼鸣。远处什么地方，仙鹤昏昏沉沉地叫着。湖上极轻微的声音我们船上都能听得清：赤颈鸭咻咻地叫，潜鸭在打架，后来鸭科动物齐鸣。这儿那儿都常有潜鸟和晨凫把脖子露出水面，仿佛骗人的路标。一条小狗鱼的白肚子和另一条缠住它的大狗鱼的黑脑袋跃出水面，溅起粉红色的水花。

后来天空布满了云，我找不到一处可以停船的地方，一直往左划去，湖岸已昏蒙不清。每当大麻鸦叫，我们就数数，这声音真怪，我们总要猜它能叫几回，令人吃惊的是，离两俄里（1俄里约为1.0668千米）远还能听见这叫声，后来离三俄里远也能听见，甚至七俄里之遥，也始终能够传到我们耳里，同时却已清晰地听到哗山上无数夜莺的啼鸣了。

## 金龟子

稠李花还没有凋谢，早春柳树还没有撒尽种子，楸花却已盛开，苹果和锦鸡花也已绽蕾舒萼，彼此你追我赶，春天一到便竞相开放，争奇斗妍。

金龟子蜂拥而出了。

清晨湖面一片宁静，漂满了开花草木的种子。我划船出行，船迹久远不散，好像湖上一条路。野鸭所停之处，涟漪成圈，鱼儿把头浮出水面，形成一个小洞。

森林和湖水拥抱。

我来到湖岸上，欣赏饱含树脂的树叶的香气。地上横着一棵大松树，树身上的枝杈以及梢头都砍得精光，树枝就堆在旁边，它上面又堆着山杨和赤杨带枯叶的树枝，全部杂乱积聚在一起，这些树木的受损肢体，一面腐烂，一面发出十分好闻的香气，使过往动物无不奇怪，它们怎么还能活着，甚至死到临头还香气扑鼻。

# 大地的眼睛

傍晚时风停了，白桦树上的嫩叶纹丝不动。哗山下面的路上总有人或步行，或赶车，不知到哪儿去。旁边一条沙土小路上，我看见一个孩子小巧的脚印，可爱极了，要不是怕人见笑，我真会去吻一吻……

一帮人在山下路上赶车，说着闲话，他们的话声冲到静静的水面上，也总是清楚地传到哗山上，几乎每辆大车旁边都有一匹马驹跑着……

终于都安静下来了，从河流汇入湖里的地方，可以听清七俄里之外大麻鸽的叫声。

后来有一个村妇带着小男孩到湖边来洗衣服，那孩子撩起小衫，想往湖水里撒尿。这时，那女人在水边说的话就像在我们身边说的一样清楚。她对孩子说：

"你干什么，作孽啊，往母亲眼睛里……"

她是不是认为湖是大地母亲的眼睛呢？

每逢有这种事，我总要问别连杰耶芙娜如何看法。

"母亲当然是指大地，"她说道，"以后人家还会把这件事拉到人的身上，要是那女人日后眼睛疼，村里人就会说，大概是因为她的孩子往湖水里撒过尿。"

别连杰伊人的古代祭祀已不复存在，对于大地母亲的眼睛充满诗意的看法已转变为全人类的文化。

在这百花飘香的夜里，人难以入眠，大地母亲的眼睛一宿未合。

（潘安荣/译）

# 5. 冬天的书

⊙〔苏联〕维·比安基

整个大地铺上了一层又一层的皑皑白雪。

如今，田野和林间空地像一本摊开的大书的书页，平平展展的，没有一丝儿皱褶；光洁干净，没有一个字。要是有什么动物此时从上面走过，就会用脚印在上面写下"某某到此一游"。

白天下了一场雪。雪停了，写在雪地上的字就不见了，又重新变成一面洁白的书页。

清晨，你来看看这雪地，就会发现洁白的书页上印满了各种各样神秘的符号：有竖道儿的，有圆点儿的，有逗号，有省略号。这说明夜间有各种各样的林间居民来过这里，它们在这里走动、蹦跳，从中还看得出它们都干过些什么事。

是谁到过这里？它们干了些什么事？

要赶在还没有再次下雪前分辨出这些符号，解读出这些神秘的字符。不然，再来一场大雪，你眼前又会只是一面干净的大纸，仿佛是谁来把书翻过了一页。

## 谁怎么读

在这本冬天之书上，每一个林中居民都签上了自己的名字，各有各的笔迹，各有各的符号。人只能用自己的眼睛来分辨这些笔迹。不用眼睛，还能用什么呢？

然而，动物跟人不一样，它们能用鼻子读。就以狗为例吧，狗用鼻子闻闻冬天书页上的字，就会读到"这里有狼来过"，或者"刚才有一只兔子从这儿跑过"。

动物的鼻子学问可大了。它们绝不会读错的。

## 谁用什么写

大多数走兽是用脚写字的。

有的用5个脚趾写，有的用4个脚趾写，有的用蹄子写。有时候，也有用尾巴写的，用鼻子写的，用肚皮写的，反正各种不同的动物用不同的部位来写字。

鸟们用脚和尾巴来签名，也有用翅膀来签名的。

## 常体字和花体字

我们的通讯员多年来学会了读"冬"这本书。他们从这本冬书里读到了林中发生的各种大小事件。他们掌握这些科学知识并不容易，因为林中居民并不总是用正楷签字的，有的喜欢在签字时玩点新名堂。

松鼠的字迹很好认，也很容易记。它在雪地上玩跳背游戏，跳得很带劲。它跳的时候，短短的前腿撑住地，长长的后腿向前腿的方向伸出好大一截，同时宽宽地叉开。所以，前腿的脚印就小小的，并排印出两个小圆点儿；而后腿的印迹长长的，离得很开，好像两只小手掌，伸着纤细修长的手指头。

　　野鼠的字迹小是小，可非常简明，很容易辨认。它很有心计，从雪底下爬出来的时候，往往是先兜个圈子，然后再朝着它要去的方向快步跑去，或者回到自己的洞里。这样一来，雪地上就留下了一溜儿的冒号，冒号和冒号间的距离是均等的。

　　鸟们签下的字，比方说喜鹊的字迹吧，也很容易辨认。它的前脚趾印在雪地上，是"十"字形的，后面的第四个脚指头是一个短短的破折号；小"十"字形的两旁是翅膀羽毛划下的弧痕，好像手指划过雪地那样。有些地方，雪地上还留下了参差的尾羽尖扫过的痕迹。

　　这些签字笔迹都是工工整整的，不花哨，一眼就能看明白：这印迹是一只松鼠从树上爬下来，在雪地上蹦跳了一阵，又回到树上去了；这印迹是一只野鼠从雪底下钻出来，兜了几圈，重又回到雪底下去了；这印迹是喜鹊落下来，在硬实的积雪上跳了一阵子，尾巴在积雪上抹了一下，翅膀在积雪上扑了一下，随后就飞走了。

　　而狐狸和狼的笔迹，你倒是要花时间辨认辨认看！你要是没有在雪地上看字迹的经验，那你就立刻陷入一片谜团中。

# 小狗和狐狸，大狗和狼

狐狸的脚印很像小狗的脚印。它们的不同只在于，狐狸会把脚掌收作一团，几个脚指头紧紧并拢。狗的脚趾是舒展在雪地上，因此，它的脚印就浅一些，不太硬实。

狼的脚印则很像是大狗留在雪地上的脚印。它们的差别也只有这么一点：狼的脚掌由两边往里做些收缩，因此，狼脚印比狗脚印长一些，略微匀秀些；狼脚爪和狼掌上那几块小肉疙瘩，在雪地上压得深些。狼脚掌印的前爪印和后爪印之间的距离，比狗脚掌印的大一些。狼的前爪印，在雪地上往往拢成一团。狗脚印指头上的小肉疙瘩并在一起，紧紧合拢，而狐狸和狼的前脚趾都是分开的。

这是一本"看图识字"的读本。

一行行的狼脚印特别难读，因为狼总要把自己的足迹弄乱，留些谜团在雪地上。狐狸也是这样。

# 狼的狡智

狼在森林里走动或小跑的时候，它的右后脚总是准确地踩在左前脚踏出的脚印里，左后脚总是细心地踩在右前脚踏出的脚印里。因此，在泥地上、雪地上，狼的脚印是单行的，是一直线的，仿佛是一条绳子绷在地上，似乎它是顺着一长条绳子走动或小跑的。

当你看着这样的一行脚印，你可以这样解读："有一只壮壮实实的狼，打这里走过去了。"

果不其然，你错了。

对这行留在地面的脚印，你得这样读才对："有五只狼打这儿走过去了。"走在前头的是一只聪明的母狼，后面跟着一只老公狼，尾随的是三只小狼。

它们走的时候，后面一只狼的脚总是不偏不倚地踩在前面那只狼的脚印上，而且是非常准确而齐整的，让你看了决然不会想到这竟然会是大小五只狼的脚印。

一定得把你的眼力练得敏锐些，这样才能在雪地上辨别出狼的动向，从而在银砌的兽径上追踪它们。

# 树木越冬记

严寒会把树冻死吗？

当然会的。

如果一棵树整个儿冻透了，连树心都结上了冰，那树自然就冻死了。在我们国家，要是冬天特别冷，而且雪又下得少，那就会冻死不少树。自然，首先被冻死的是那些小树。

好在树有对付冬寒的招数，它们有办法使寒气穿透不了身体，让自己的树心保持温度。要不然，所有的树都会冻死，冻得一棵不剩。

吸取营养，生长发育，传宗接代，所有这些都得消耗大量的能量和热量。所以，树木整个夏天都在积蓄越冬需要的能和热，冬天一到，它们就不再吸取营养，不再生长发育，不再把能量消耗在繁衍后代的工作上。

它们停止活动，进入了睡眠状态。

树叶呼出大量的热。所以，树木一旦感觉冬天来临，就都很快抛掉树叶！树木抛掉树叶，毫不犹豫地放弃它们，就是为了把维持生命所不可或缺的热量保存在自己的身体里面。再说，树叶落到地上，就开始腐烂，腐烂的过程也会发热，对娇嫩的树根能起到保护作用，使之不被冻坏。

还有呢！树木越冬着实有它们的高招哩！每一棵树都有一副铠甲，以保护植物的肉质层不受寒冷的侵袭。每年，整个夏天，树木都在它树干和树枝的皮层下储存木栓组织，那是一种僵死的间层。木栓不透水，也不透空气。空气滞留在它的气孔中，使树木活动机体中的热不外泄，不散发掉。树的年龄越大，它的木栓层就越厚，因此，老树、粗树的抗寒能力就比干细枝嫩的小树强。

树木抵御寒冷不只有铠甲。如果严寒最终把这层铠甲也穿透了，那它会在植物的活机体中遇到一道严固的化学防御线。冬季到来前，树会在树液里积蓄起各种盐类和变成糖的淀粉。盐类和糖的溶液，具有很强的抗寒能力。

但树木最后的防护寒冷的设备，是松软的雪被。大家都见过，细心的园丁们把小果树弯到地面，用雪把它们埋起来，这样，小果树在雪被下就暖和多了。在多雪的冬天，白雪像一床硕大无朋的鸭绒被，把森林覆盖起来；树木只要有雪层护暖，就是再冷的天气，也不用害怕了。

不管严寒的冬天有多暴烈，它也摧毁不了咱们北方的森林——摧毁不了！

咱们森林里的林木，棵棵都是好样儿的，它们能抗住一切暴风雪的袭击。

## 积雪下的生机

四野一片白，雪积得很厚。

现在，地上除了积雪，什么都没有了。花凋谢了，草枯萎了，你不免会因此感到单调和荒凉。

有这种感觉是不奇怪的。"就这样。大自然安排下的冬天，就是这个样子的！"人们还会这样来安慰自己。

产生这种感觉，是因为我们对大自然还了解得太少。

（韦苇/译）

## 单元学习任务

**任务一**

阅读本组文章后，你破译了哪些和自然物候有关的密码？请你尝试用简洁的语言加以概括，并与同桌交流，展示你的阅读成果。

**任务二**

面对多姿多彩的大自然，你一定充满了好奇。请你利用收集和了解到的科学知识，或根据自己的观察、体验，为下面几篇文章各补充一个例证。

| 文章 | 例证 |
| --- | --- |
| 大自然的文字 | |
| 关于"水的职称"的说明书 | |
| 夏至收获忙 | |
| 森林的春天 | |
| 冬天的书 | |

说明文的语言准确、严密，但又不乏生动、典雅。请从本单元文章中选取两处生动、典雅的例句，并简要赏析。

文章

例句：_____

_____

_____

_____

赏析：_____

_____

_____

_____

_____

文章

例句：_____

_____

_____

_____

赏析：_____

_____

_____

_____

_____

# 探索之趣

　　自然界充满了趣味与神秘，人类从来没有停下探索自然的脚步。随着科学技术的进步，很多自然界中的不解之谜现在也能够依靠科学——解释，人们也越来越了解自然、亲近自然。

　　把自然界灵动而又神秘的万象深入浅出地用文字记录下来并介绍给人们是一门学问，恰当地运用说明顺序、说明方法和生动有趣的语言，把科学和文学结合起来是科普说明文最主要的特点。让我们走进科学小品文的天地，去领略科学与文学的交融之美吧。

# 1.当学荷叶会自洁

◎祁云枝

开篇设问，激发我们的阅读兴趣。

从生活中的常见现象出发，通过分析得出规律性的认识。你能梳理出作者说明事理的思路吗？

你凝望过雨中的荷叶吗？

无论多么猛烈的暴雨，打在荷叶上，只会"大珠小珠落玉盘"，一旦"玉盘"稍稍倾斜，便不见了雨水的影子。用手摸一下荷叶，除了低凹的中心，叶子表面竟然是干燥的，仿佛倾盆大雨根本就不曾降落在它的身上。

即使没有下雨，荷叶表面也永远纤尘不染。有人做过实验：在荷叶上滴几滴黏度很强的胶水，胶水也没能粘在叶面上，而是滚落下去并且不留痕迹。能够拥有如此"出淤泥而不染"的高尚品质，只因为，荷叶能够自洁！

按说，绿色、有机的荷叶，在大自然中是很容易吸附水分或沾染上污渍的，为什么荷叶能傲立尘世，始终守身如玉？为什么荷叶能

"出淤泥而不染"？

是荷叶表面太光滑了？光得让灰尘"站不住脚跟"吗？恰恰相反！荷叶自洁的原因，是它的表面是粗糙的——这，可能会颠覆我们日常对于洁净的认识。呵呵，大自然常常会矫正我们很多自以为是的狂妄和无知。

还是借助于超高分辨率的显微镜吧。在此显微镜下，可以清晰地看到荷叶的表面布满了许多微小的蜡质"乳突"，每个乳突的直径是8～10微米（1毫米=1000微米），高低略有不同，乳突间距为10～12微米。而每个乳突是由许许多多直径约为200纳米（1微米=1000纳米）的细小突起组成的。纳米有多小？打个比方，如果一根头发的直径是0.05毫米的话，咔、咔、咔，把它纵向分割成5万根，每根的直径大约就是1纳米，可见有多么细小。

前面对于蜡质乳突的说法似乎有点枯燥，换个形象的说法就是：荷叶的表面上有一个个隆起的"小山包"，在每个"小山包"上，又布满了绒毛状的小小"碉堡"。

由于"小山包"间的凹陷部分充溢着空气，这样就在紧贴叶面的地方形成了一层极薄

设问自答，饶有趣味。出人意料的回答，让我们读兴渐浓。

如闻其声，这样去展现肉眼看不到的微观世界，既有趣又直观。

的、只有纳米级厚度的空气层。当外形尺寸相对超大的雨水（水滴最小直径为1～2毫米），降落在叶面上后，不仅与叶面隔着一层极薄的空气，而且只能同叶面上"碉堡"处的凸顶形成点接触——此情此景，是不是有点类似于水珠站在了密密麻麻的针尖上？

空气和为数众多的"碉堡"，共同组建了荷叶表面的疏水层。在"碉堡"顶上"悬空而立"的雨点，由于自身表面张力的作用，形成了球形水珠，水珠在滚动的过程中会顺道吸附灰尘。因此，只要荷叶稍稍倾斜，水珠就会附带尘埃滚开。这，就是著名的"荷叶效应"——因为粗糙，所以干净——是不是颇具颠覆性？

自洁，不仅令荷叶美观，而且有利于防止大气中的有害细菌和真菌对植物的侵害。对荷花而言，这种结构还提高了叶面进行光合作用的效率。

荷叶的自洁效应，给了人类无限的启发。基于此，科学家把透明、疏油、疏水的纳米材料运用到汽车烤漆、建筑物外墙或是玻璃上，不但随时可以保持物体表面的清洁，也减少了洗涤剂对环境的污染，安全又省力；把这种物质应用到织物上面，不仅显示出卓越的疏水、疏油性能（包括蔬菜汁、墨水、酱油等），减轻了洗衣负担，而且不会改变织物的纤维强度、透气性、皮肤亲和性等原有性能，甚至还增加了杀菌、防辐射、防霉等特殊效果……

写到这里，我不禁想，倘若将荷叶的这种自洁本领置入每个人的心灵，世界将会变得多么美好啊！

由荷叶的自洁效应引发的发明创造，除了文中提及的，你还知道哪些？你还有基于此的新创意吗？跟同学们分享一下吧。

结尾发人深思，由荷叶自洁的本领联想到人，并且由个体推广至群体，发出呼吁，使文章立意高远。

## 学习提示

科学小品文，也称"科学小品""知识小品文""文艺性说明文"。它用小品文的笔调，即借助某些文学写作手法，将科学内容生动、形象地表达出来，融科学性、知识性、趣味性、娱乐性为一体。读者阅读时不仅能获得文学欣赏的愉悦感，还能获得科学知识。科学小品文一般短小精悍、通俗易懂、生动活泼、形式多样，多读这类文章能活跃思维、丰富知识、开阔视野。

# 2.恐龙灭绝之谜新解

⊙〔美国〕阿西莫夫

有人在十年前提出过这样一种理论：6500万年前恐龙（以及某些其他生物）灭绝的原因是当时有巨大陨星或彗星撞击了地球。科学界还有一些人认为是大量火山喷发和气候异常导致了恐龙的灭绝。目前看来，支持"撞击说"的人优势更明显，因为他们又找到了支撑自己观点的新证据。

加利福尼亚州拉霍亚的斯克里普斯海洋研究所的科学家杰弗里·L.巴达（Jeffrey L. Bada），在6500万年前形成的沉积物中找到了氨基酸。

氨基酸和恐龙灭绝有什么关系？

氨基酸是构成蛋白质的基本单位。每个蛋白质分子由一条或多条氨基酸链组成，每个氨基酸链则由几十到几百个氨基酸构成。总体来说，地球上只有生物组织能够生成氨基酸。

如果是这样的话，在6500万年前形成的沉积物中发现的氨基酸链应该说没有什么特别不寻常之处，因为当时生命已经非常繁盛，各种生物都会生成氨基酸。为什么我们不可以发现一些呢？

首先，从理论上讲，氨基酸的种类不计其数，但地球上的生物却只利用了其中的20种来形成蛋白质。其次，无论是病毒、栎树、海星、蛇还是人类，各种生命形式所利用的氨基酸都是这同样的20种，极少会出现例外情况。

没人能够解释生物只利用这20种氨基酸的原因，那些没有被利用的其他氨基酸究竟有什么问题，更是无人知晓。

1989年，巴达报道了在古老岩石中存在的氨基酸只有两种，它们分别是异缬氨基酸和 α-氨基异丁酸。这两种氨基酸在蛋白质中不可能出现，而且据目前所知，它们并非由生物形成。虽然有一种真菌确实可以形成一些异缬氨基酸，但这是异常罕见的现象。

其他地方是否也发现了氨基酸的存在呢？没错。有少量的碳水化合物在某些被称为"含碳球粒陨石"中现身了。一些氨基酸存在于碳水化合物中。事实上，异缬氨基酸和 α - 氨基异丁酸正是在少数陨石中所发现的氨基酸。因此，可以这样推测：当含有氨基酸的陨石或彗星撞击地球时，氨基酸被撒在了地球的表面。

我们先冷静下来，想想这种解释是否靠得住吧。首先，异缬氨基酸确实形成于那些极少的真菌。假设在6500万年以前，一些动物在产生了大量的这些氨基酸后最终灭绝。虽然这些氨基酸现在很稀少，但这并非当时的状况。

前文环环相扣的分析推理，至此被彻底推翻，作者到底想证明什么？你能用思维导图梳理出他的思维逻辑吗？

我们可以百分之百地断定，没有发生这种情况的可能。氨基酸与众多对生命至关重要的其他物质一样有不对称性分子，并以两种形式存在，即左型或右型（像手套和鞋一样）。左型氨基酸分子都是由生物酶形成的，这一点毋庸置疑。左型氨基酸容易结合在一起形成链，这种链非常有助于蛋白质分子的形成。左型和右型氨基酸缠绕在一起则无法形成链。当然，有助于蛋白质分子形成的链也可以全由右型氨基酸构成。35亿年前，当生命刚开始出现时，一些随机过程使左型氨基酸被优先选用，此后氨基酸便一直是左型，连那由极少数的真菌形成的异缬氨基酸也只含有左型异缬氨基酸。

通过一般的化学反应在化学家们的试管里形成的氨基酸，哪一种都没有优势。也就是说，如果氨基酸经人工或通过任意过程形成，产生左型和产生右型的概率一样。而陨石中的左型氨基酸和右型氨基酸却是等量的，这说明它们的形成与生物酶无关，是化学反应的结果。

在6500万年前形成的沉积物中所发现的氨基酸，是由陨星或彗星中的非生命过程形成的，与地球表面的生物无关。它们具有等量的左型和右型，这是一个有力的证据。

不过，科学家们对这一发现持怀疑态度。因为氨基酸不是一个牢固的分子，通常情况下，它无法抵御高温。那么，撞击生成的超高温为何没有使氨基酸毁灭呢？这个问题不能用一个简单的答案解释清楚。也许是这种氨基酸藏在撞击物体的内部，从而受到保护，得以躲避高温的摧毁。

还有一个更难解释的现象是，科学家并非恰好在6500万年前的沉积物界面上发现了那些来自地球以外的氨基酸，它们出现的位置离此界面还有一段距离，或靠上，或靠下。可能最

自我质疑，自我否定，科学探索之路永无止境。人类正是在发现问题、思考问题、解决问题的过程中进步和发展的。

初它们曾在此界面上栖身，但在后来的数千万年间，它们穿过岩层向上或向下迁移了吧。可这样的解释听起来实在难以令人信服。巴达正在通过调查其他地区的岩石来寻找更多支持这一解释的资料，或许会有新的发现。

（邹和君/译）

## 学习提示

科学小品文往往都贯彻了"不同科学领域之间是紧密相连的"这一认识原则，用一个领域的探究成果，去推进对另一个领域问题的认识，展现出科学思考方法的强大力量，富有理趣和思想之美。

阅读中，我们要感受这种"趣"和"美"，学习科学的思考方法，激发自主探索的兴趣。科学小品文中的分析与推理往往层层推进，逻辑链条严密，以讲"理"为主，注重逻辑性，阅读中应好好领会。

# 1.趣谈猪笼草

⊙杨福久

甲：哇！甲虫仁兄啊，近来又有大作了吧？

乙：啊！是瓢虫贤弟呀，大作倒是没有，不过我发现和研究了别人没有发现和研究的一个重要问题……

甲：什么重要问题？

乙：这属专利，应当是"无可奉告"啊。

甲：那咱俩谁和谁呢，不告诉别人，也得告诉我呀！

乙：可不是，你妈还是我和我媳妇的红娘呢。你又是我的师弟，不告诉你，真是不够意思！

甲：对嘛！

乙：那，我告诉你了—— 你可别害怕！

甲：我怕什么？蚜虫我都敢吃，还怕啥？

乙：我研究的东西能把你吃掉！

甲：能吃掉我，它是谁？

乙：它是一种草。

甲：草能吃东西，你搞"假大空"吧？

乙：真的！这种草叫猪笼草，人称食肉植物，有不少小昆虫被它吃掉。

甲：竟有此事？

乙：孤陋寡闻了吧？

甲：说话要有证据，请仁兄说说猪笼草是如何吃掉小昆虫的吧。

乙：贤弟，你听我说：猪笼草是多年生草本植物，主要分布于印度、澳大利亚等地，叶子大，茎部扁平，至顶端膨大成囊状体，像一个瓶子，可贮存雨水。叶子内缘的细胞会渗出像蜜一样甜的汁液，在这些细胞下面有一圈尖端朝下的硬毛，像一道封锁线，小昆虫掉下去就爬不出来了。而且，大多数囊状体能分泌出非常滑润的蜡液，小昆虫一旦落上去就会一直滑落到"瓶"底。

甲：那么，小昆虫就被瓶底中的雨水淹死了？

乙：正是，淹死后逐渐腐烂，其中柔软的那部分就化为养料，被猪笼草吸收。

甲：真是可怕啊！猪笼草能把昆虫吃掉！

乙：因此，我想写篇论文发表，让益虫哥们儿免受其害。

甲：知者为师，向仁兄学习！我代表益虫哥们儿谢谢你啦！

乙：过奖过奖，不谢不谢。其实不止猪笼草，还有其他食肉植物呢！

甲：不止一种？

乙：对啊，地球上的食肉植物有500种以上呢。

甲：这么多？

乙：孤陋寡闻了吧？

甲：嘿——又来了！

乙：我听说猪笼草还有个十分有趣的特点。

甲：什么特点？

乙：猪笼草囊状体中贮存的雨水上半部分是可以饮之解渴的。

甲：是吗？我又孤陋寡闻了。

乙：不过，饮这水可千万注意别跌进陷阱里。

甲：是呀！我想被猪笼草"吃"掉的哥们儿大概是不了解情况，或者疏忽大意了。

乙：还有，有的哥们儿是经不住猪笼草叶内蜜汁的诱惑，"虫为食亡"了。

甲：有道理。知者为师，智者为师，向仁兄学习！

乙：过奖过奖，互相学习。

甲：对，互相学习。

# 2. 蝴蝶的秘密

⊙张晓天

世界上的蝴蝶约有14000种，中国约有1300种。可见，蝴蝶的家族还不小呢！某些品种的蝴蝶十分漂亮，令历代文人墨客诗兴大发："穿花蛱蝶深深见，点水蜻蜓款款飞""留连戏蝶时时舞，自在娇莺恰恰啼"。可见，人们对蝴蝶十分喜爱。然而，在它的外表下，却隐藏着许多不为人知的秘密。

## 蝴蝶的一生

蝴蝶是完全变态昆虫，所谓的"完全变态"是说，它的完整的一生是以四种姿态出现的，即卵、幼虫、蛹、成虫，成虫就是我们所喜爱的蝴蝶。卵，是由成虫的雌蝶所产下的；卵发育成幼虫，它们以植物的叶子为食，这一阶段是害虫。好在成虫蝴蝶不仅非常漂亮、招人喜爱，而且也能为植物传授花粉，因此人们也就不再计较它们儿时的"过错"了。同学们大多养过蚕，蝴蝶和蚕都是完全变态昆虫，只不过蚕的成虫是蚕蛾，蚕蛹的外壳是非常有用的蚕丝。

我国古代人就认识到了蝴蝶的羽化过程："一朝破蛹翩翩舞，万里寻芳款款飞。"

## 会飞的"花朵"

在春季和夏季，只要阳光充足，我们就可以看到三三两两的蝴蝶，在花丛中飞舞。它们的翅膀五颜六色，在阳光的照射下，不住地闪烁着，十分漂亮。尤其是凤尾蝶，那优雅的造型，再加上那绚丽的色彩，更是迷人，因此，蝴蝶被人们誉为会飞的"花朵"。那么，蝴蝶的色彩为什么会"变幻"呢？如果你用放大镜观察，就会发现蝴蝶翅膀上并非一般的粉末，而是极规则的"鳞片"，上面有各种不同的刻纹和凹坑，表面还有五颜六色的色素颗粒。另外，蝴蝶的胸腹部，还有各种颜色的绒毛。由于在飞舞的过程中，蝴蝶身上的鳞片和绒毛会变换不同的角度，对着阳光会发生折射等光学现象，因此逆着阳光望去，就会感到其色彩变幻无穷。

## 出色的"气象员"

荨麻蛱蝶是蝴蝶中极为普通的一种，然而它对风雨反应极为敏感。当风雨到来的前几个小时，天空还没被乌云遮盖时，它就早已躲在干枝、树洞等僻静且安全的地方了。真是未雨绸缪！这样，它就不会因突然袭来的风雨而丧命。更让人惊奇的是，明明眼见风雨已过，可是它仍躲在原处不肯出来，因为它心里有数，风雨还没有完全过去。果不其然，不久之后风雨再度来临。荨麻蛱蝶这种预知风雨的能力，是它后天实践的结果还是它们的本能？这还是未解之谜。

## 仿生蝴蝶避轰炸

"儿童急走追黄蝶，飞入菜花无处寻。"不难看出，古人就已经认识到蝴蝶具备利用自身色彩隐身的能力。在第二次世界大战中，德国空军对苏联首都莫斯科派出大量轰炸机狂轰滥炸，使苏军遭受到很大的损失。为了有效地保护自己的军事设施和重要部门，昆虫学家施万维奇受蝴蝶的启发，向统帅部提出了自己的建议——给重要的军事设施穿上蝴蝶那样的"天然迷彩服"。统帅部首脑采纳了施万维奇的提议，令部下给军事设施穿上了有蝴蝶身上的那种条纹的外衣。当德军再次来轰炸的时候，他们再也找不到准确的目标，狂轰滥炸一番就撤退了，因此苏军重要的军事设施没有受到损失，这不能不归功于蝴蝶。

## 蝶翅引出的发明

人造地球卫星在太空遨游时，会受到太阳光强烈的辐射，向着太阳的一面温度可高达200℃，而背着太阳的一面温度低至零下200℃，温差如此悬殊，极易造成精密仪器的损坏。这使航天科学家大伤脑筋。后来，科学家发现，有一种珍珠蝴蝶能在晴朗的天气里，把体温控制在34℃左右，这太神奇啦！经过研究发现：这种蝴蝶的蝶翅上的鳞片就像反光镜，它的张合有调节自身体温的作用。

当太阳直射使身体温度过高时，它的鳞片便会自动张开并转换一下角度，减少阳光的辐射，降低体温；而当外界气温下降时，它的鳞片就会自动合上，紧贴体表，使阳光直射到鳞片上，以便吸收更多的热能，并减少体温的散失，从而抵御寒冷。蝶翅上的鳞片就像是天然防护衣，把珍珠蝴蝶的体温控制在一个正常的范围内。科学家据此为人造地球卫星披上了一件"外衣"——自动调温控制系统，从而延长了卫星的使用寿命。

## 拟态的"杰作"

拟态，就是某种生物装扮成其他生物的形态来生存，这对其保护自身相当有效，是动物界常见的生存大法，蝴蝶自然也不例外。在东南亚的森林里，常常可以看到一种特别的蝴蝶，当它停留在枝干上的时候，远远看过去，很像一片枯叶。枯叶蝶身长3厘米左右，翅膀展开后长约6厘米。它的翅膀两面色彩不一样，正面的底色为蓝黑色，闪闪发光，上面点缀着白色的小斑点，边缘有黄褐色的波纹。而背面大部分为黄褐色，上面有深褐色的条纹贯穿着，就像枯叶的叶脉。它这番打扮，能骗过天敌的眼睛。

## 迁徙习性与"导航仪"

在澳大利亚生活着一种黑褐色的蝴蝶，别名叫作"皇帝"。这种蝴蝶具有迁徙习性，每年它们从澳大利亚出发，乘着西风，飞越宽约2000千米的塔斯曼海。

美洲的"彩蝶王"是一种体色呈橙褐色的大型蝴蝶，能够随着季节的变化而进行迁徙活动，就像我们所熟悉的家燕春天从南方飞回北方，深秋之时便从北方飞向南方一样。不过，"彩蝶王"的迁徙路程比燕子还要远得多。每年的春天，它们总是成群结队地从中美洲的墨西哥出发，一直飞到加拿大；到了秋天，"彩蝶王"又会沿着来路飞回墨西哥。千百万只彩蝶飞行在碧空里，流金溢彩，景象非常壮观。它们的越冬地在墨西哥海拔3000米的谷地之中，它们在这里栖息繁殖。气温低时，越冬地的温度只有几摄氏度，因此这时它们不活动也不进食，进入休眠状态。然而，一到春天，它们便苏醒过来，继续踏上北上的征途，目的地是加拿大。

　　黑脉金斑蝶是迁徙性蝶类，每年秋季集群从加拿大迁飞到墨西哥，行程超过4000千米，却从不迷失方向。科研人员研究发现，太阳光中的紫外线波段使该种蝴蝶产生方向感。模拟实验证实，黑脉金斑蝶是利用紫外线导航的。进一步的研究显示，黑脉金斑蝶眼睛中的探测光线的导航传感器与它们大脑的生物钟存在一条重要的连线，引导着它们准确地飞向目的地。

　　在蝴蝶身上还有哪些未解之谜？希望你也能参与揭秘。

# 3. 化石——存在的证明

⊙廖俊棋

对于那些已经灭绝的生物，我们仅能探寻它们过往留下的痕迹，也就是"化石"。"化石"这个词，很容易让人误以为一定都是石头，其实只要埋藏超过一万年的动植物等生命体的残骸或是它们所产生的痕迹，都能叫作"化石"。虽然如此，多数的化石的确还是受到各种物理、化学作用影响，而变得像石头。

那这种化石是怎么产生的呢？其实原理就像制作咸鸭蛋一样，将鸭蛋放入盐水之中，盐就会慢慢渗透进入鸭蛋和里面的物质进行交换。化石也一样，在长期掩埋的过程中，其中的结构逐渐被矿物质所取代，就变成了现在我们看到的坚硬石头。

听起来虽然很简单，但真正化石的形成还牵涉许多非常复杂的过程，加上科学家们也不可能花个几万年制作一个化石的实验看看，因此详细的演变机制至今还是个谜。

除了矿物质的替换以外，化石的形成还要满足天时、地利甚至人和等许多条件。

先来看天时，要形成化石的话，这个生物在死后不会立即被毁灭，最好是可以快速被掩埋，这样尸体才不会被其他动物吃掉，或因为风吹、日晒、雨淋而损坏。

地利就要看这个地层的环境，如果包含太多细菌或是土壤呈酸性等，都可能分解或腐蚀尸体，这样也对化石的形成造成干扰。其次，埋藏下去开始代换之后，如果发生地震、火山等地质运动，也可能破坏化石。

最后是人和的部分，虽然形成化石跟人类没什么关系，但想要研究的话，化石因为一些意外事件而露出地表，向人们招手也是很重要的。

古生物学家想要发掘化石自然不是拿着铲子、锤子看到地方就挖，看到岩石就敲，大多时候都要先有化石的出露，经过评估后才大规模开挖。

而这些最初化石的发现，多半都有着不同的机缘巧合，例如马车被卡住、走路被绊倒、在垃圾堆中看到光点、施工现场意外发掘等等。当然，由于人们都具有爱听故事的天性，这些意外往往被越传越玄，增添许多不可思议的杜撰成分。

例如"寒武纪生命大爆发"的证据在加拿大的页岩中，最初的发现就被传说是"在别的地方发掘一无所获败兴而归时，马儿的脚突然被岩石卡住，敲开一看……"；又或者第一颗禽龙牙齿的发现据说是"命名者的老婆在逛街时，突然发现施工废弃的土堆中有东西在闪烁，觉得新奇而带回家"；等等。虽然都令人们津津乐道、乐此不疲，但杜撰的成分居多，大多都没有找到相应的证据。

# 4. 令人感动的动物互助

◎张晓天

人类以"团结互助"为荣。有意思的是，在动物世界里，也不乏团结互助的"佳话"。

## 鱼与螃蟹

在地中海里，生活着一种名叫海鹦鹉的鱼，它们的团结互助精神实在令人感动。如果它们中间有哪个伙伴被钩索钩住了，其他同伴见了，就会冲上前去，不顾自己的生命危险，咬断钩索救下同伴。

螃蟹在脱壳时，常常成群结队地趴在一起，凡是不脱壳的，或者是已长好硬壳的，就主动担当起哨兵的职责，在洞外放哨，保护同伴免受天敌的伤害。

## 蚂　蚁

蚂蚁具有"助人为乐"的精神，在同类中非常友善，且习惯于把食物送给饥饿的伙伴吃。每一只蚂蚁的体内都有一个前胃，当其他同伴需要食物时，它会毫不吝啬地将前胃中储存的食物奉献给对方。有时甚至自己腹中已空，也毫无怨言。

酿蜜蚁的工蚁中的较小型者为储蜜蚁。天气好时，早晨采蜜蚁便全部出动去采花蜜。傍晚归巢后，便把蜜从自己的嘴里吐到储蜜蚁的嘴里。一只储蜜蚁被装满蜜以后，就不再活动，生怕消耗过多的蜜。当到了没有花蜜可采的季节，蚁王、幼蚁和采蜜蚁均靠吮吸"活蜜罐"里的蜜维持生命。"蜜罐"会因此而变得越来越干瘪，直到蜜尽死去。储蜜蚁的献身精神是何等感人！

一群蚂蚁突然遇到了泼来的水。不大一会儿，水便没有了，有几只蚂蚁在湿漉漉的泥土上又恢复了正常活动，但有两只蚂蚁仍然被埋住半个身子，尽管努力挣扎也爬不出来。这时，便有几只行动自由的蚂蚁前去救助。它们费力地救出两只被困的同伴后，仍不肯离开，在救助现场，啃咬着泥土，忙碌着什么。这是因为它们的嗅觉灵敏，发现还有被泥土完全埋住的同伴。不一会儿，被埋住的同伴就露出了触角。行动自由的蚂蚁们会一直寻找，直到把同伴完全救出。

## 鸟　类

在非洲热带森林中有一种鹦鹉十分好客。它们不仅在同类中相亲相爱，而且关心别的种类的鸟雀。当它们在林中聚餐时，如果看到其他鹦鹉和别的鸟类飞临上空，就会热情地高唱"迎宾曲"，邀请"客人"光临，共进美餐。

一位动物学家在考察时看到：一只鲣鸟飞落下来，接着又飞来一只，嘴里衔着食物，降落在那只鸟的身边。先到的那只鸟连忙转过头来，接受了送进嘴里的食物。现在并非哺育雏鸟的时期，怎么会出现这种反常现象呢？他用望远镜一瞧，真相大白：原来，接受食物的那只鸟的下喙几乎齐根断去，无法觅食，同类是来救助它的。

动物学家有幸目睹到鸟儿互相救助的动人场面：一只山雀在飞翔时不慎撞上树枝，跌落到地上。同伴们见状，纷纷飞落到它的身旁进行抢救：有的拍打翅膀，有的用喙尖摩擦……经过一番急救，那只昏迷过去的山雀慢慢苏醒过来。又过了几分钟，那只受伤的山雀就和伙伴们一起飞走了。

大雁在飞行时，排成"人"字形队列，打头的一只最费力气，因此它们飞行一两个小时后，第二只就会主动顶上去，将头雁换下来。雁阵尾部的两个位置最为轻松，强壮的大雁就让年幼、病弱以及衰老的大雁占据这些省力的位置。雁阵不停地鸣叫，这是强壮的大雁在鼓励落后的同伴。即使哪只大雁因为过度疲劳或因生病而掉队，雁群也不会遗弃它，头雁会委派一只健壮的伙伴，陪伴掉队的同伴落在地上，一直等到它能继续飞行。

## 海洋哺乳动物

一头抹香鲸被捕鲸炮击中了，群鲸不但没有逃走保命，反而快速游向受伤的伙伴，开始用力去顶它，从一旁靠住它，尽力地将它抬出水面，好让它能呼吸到空气，即使没有力气，也不至于呛水而死。这时，可以看到许多头抹香鲸挤在捕鲸船附近，似乎在向人类抗议。

海豚喜欢群居，经常是几只或几十只生活在一起，互相有个照应。如果哪只海豚受了伤，便会有两只海豚前去救助，一左一右地扶持着它，使它不致沉入水中淹死。另外，当小海豚出生时，如果离开母体后没有立即浮出水面，这时就会有其他成年海豚过来帮忙，一起将小海豚推到水面上，以免其窒息而死。

## 陆地哺乳动物

1997年的一天，大约60只黑猩猩连续两天在午夜时分大闹喀麦隆的欧拉姆泽村，寻找被抓走的同类。原因是当地猎人捕捉了一只小猩猩并把它转移。于是，这群大猩猩不停地敲击村民住所的门窗，搅得全村鸡犬不宁。见到这种情况，猎人只好释放了小猩猩。小猩猩一回到猩猩群里，大猩猩们立即欢呼着回到森林里。

老鼠虽然糟蹋粮食、咬坏衣物，令人痛恨，但它们的团结互助精神实在令人感动。曾有两个人在宿舍里抓到一只老鼠，用细铁丝将它拴在门外"示众"。夜里，门外老鼠吱吱声不断。两人打开房门一看，原来是十几只老鼠围在那只被抓的老鼠旁边，还为它弄来了麦穗和馒头等"慰问品"。

老鼠在搬家时，即使遇到险情，也不肯抛下那些瞎眼和瘸腿的同伴，而是让瞎鼠衔着另一只健壮老鼠的尾巴，带着它转移；对于瘸鼠，则是让它衔着前面的老鼠的尾巴，后面的一只老鼠则衔着它的尾巴抬着它走。

动物间的互助真是神奇呀！

# 5. 阿西莫夫：把科普写成艺术

⊙尹传红

2020年4月6日是享誉全球的美国科普巨匠和科幻小说大师艾萨克·阿西莫夫（Isaac Asimov）逝世28周年纪念日，2020年1月2日又是阿西莫夫100周年诞辰纪念日。这位传奇式人物对中国科普事业的发展产生了十分重要的影响，他值得我们缅怀和纪念，在科普创作上更是树立在我们面前的一个了不起的标杆。

## "我们这个时代伟大的讲解员"

在中国，至少有一两代人享受过阿西莫夫的科学恩惠，他是20世纪70年代以后最为中国读者所熟悉和热爱的外国科普作家。40多年前，当阿西莫夫的作品由林自新先生等有识之士率先翻译介绍过来的当口，正值中国的文化发展的特殊时期。第一批读者，包括后来在改革开放中发挥过重要作用的人物，他们对现代科学基本知识及其最新进展的了解，可以说大都出于阿西莫夫的笔端。

在科学领域，阿西莫夫几乎成了科普和科幻的代名词，并且拥有众多的读者和崇拜者。时至今日，阿西莫夫对中国读者的影响并没有随着时间的推移而减弱。他的生命力源于他那非凡的阐释能力，以及他所撰写的那些题材广泛、行文流畅的杰作。

阿西莫夫一生著书400多部，可谓"著作超身"。我国翻译阿西莫夫作品最多的译者卞毓麟先生形象地说过，阿西莫夫的全部科普作品构成了一个阵容可观的"梯队"：科学总论类有《阿西莫夫科学指南》《古今科技名人辞典》《阿西莫夫科学编年史》《科技名词探源》《终极抉择——威胁人类的灾难》等；科学总论类之下的"第二梯队"，是各大学科的分论，比如《通晓物理学》《化学简史》等；"第三梯队"则是论述某一小专题的读物，诸如《遗传密码》《数的世界》《爆发中恒星：超新星的秘密》等，其题材之广堪称空前，无怪乎卡尔·萨根称他是"我们这个时代伟大的讲解员"。

是的，阿西莫夫对科学有着精深的理解，对科学的本质有着深邃的洞察力。他不仅通晓现代科学的许多前沿课题，而且也非常熟悉科学研究的思维方法和科学技术的发展历程，因而他的作品思想深刻，讲究逻辑推理，但他从来也没有忽视其作品的通俗性。他的文字似乎具有一种天然迷人的魅力，再深奥的科学知识，一经他的妙笔点缀，读来便毫无生硬之感。

请看在科幻小说《台球》中他对于极其抽象的物理学上的所谓"两场论"的描述：

请把宇宙想象为一块又平又薄、柔韧性极强、不会碎裂的橡胶板。如果我们把质量这个概念同地球表面上的重量概念联系起来，就可以想到质量会使橡胶板形成凹陷。质量越大，凹陷越深。

再请看他在《无穷之路》一书中对"黑洞"的精彩描绘：

阿西莫夫的体重是74.8千克，假如阿西莫夫被压缩成一个黑洞，那么他的直径就只有$2.22 \times 10^{-25}$米。

"背景广阔，主线鲜明；布局得体，结构严整；推理缜密，叙述生动；史料详尽，立足前沿；新意迭出，深蕴哲理"，这是跟阿西莫夫有过直接交往的卞毓麟先生对阿西莫夫科普作品特色的概括。

## "能够用简单的句子绝对不用复杂的句子"

自然科学与人文科学不断地走向交汇和融合，是现代社会发展的一个趋势。新时期的科普创作，呼唤更多的能够将文思、哲理和知识融为一体的作品问世。在这方面，阿西莫夫的科普作品同样也能给我们许多有益的启示。

除了有系统地编撰各类科普图书之外，阿西莫夫还在报刊上发表了数千篇题材广泛的科学随笔（Science Essay）。这些作品大多从当代社会现象着眼，诠释与生活息息相关的各种事件，背后呈现的则是广阔的人文视野。他不只是在普及科学，而且还努力让读者去思考科学、理解科学乃至欣赏科学。也就是说，在普及科学知识的同时，他还促使人们去考虑人类与科技、历史等各方面的联系，考虑人类与整个社会的协调发展，进而启迪人们扩大视野，创造性地思索未来，向未知的领域延伸、拓展。

我国出版的一部阿西莫夫科学随笔集的封底，印有这样几行字：从阿西莫夫身上，我们学到以乐观开放的心态来面对日新月异的社会发展。

在国外，更有学者把阿西莫夫看作当代最杰出的科学教育家，甚至是有史以来最杰出的科学教育家。阿西莫夫的科学著作深入浅出，直截了当，与时俱进（跟上科学的迅速进展），引人入胜。特别是他的著作不同于一般的教科书，他经常是通过历史，通过为科学献身的人物，通过科学观念怎样发展，如何在前人的基础上一代又一代地不断前进，使人们获得科学知识，受到科学思想、科学方法、科学家高尚品质，以及如何正确而不是错误地应用科学技术等方面的熏陶。

"简洁"是"阿西莫夫文体"的一个突出特点。

他曾在一篇名为《写作写作再写作》的短文中提到他写作的几个信条，其中之一便是：能够用简单的句子绝对不用复杂的句子，能够用字数少的单词绝对不用字数多的单词。

他还颇为自得地提出了一个有关写作的"镶嵌玻璃和平板玻璃理论"。他说，有的作品就像你在有色玻璃橱窗里见到的镶嵌玻璃。这种玻璃橱窗本身很美丽，在光照下色彩斑斓，但却无法看透它。至于说平板玻璃，它本身并不美丽。理想的平板玻璃，你根本看不见它，但却可以透过它看见外面发生的事。这相当于直白朴素、不加修饰的作品。理想的状况是，阅读这种作品甚至不觉得是在阅读，理念和事件似乎只是从作者的心头流淌到读者的心田，中间全无遮拦。

在阿西莫夫的作品中，很难见到华丽辞藻的堆砌和语句的刻意雕琢。他的写作风格如此与众不同还在于，他始终注意营造一种跟读者的亲近感。读他的作品，你感觉到他仿佛是在跟你聊天，而不是对你说教，正如《终极抉择——威胁人类的灾难》一书的译者王鸣阳先生所言：与其说他是在告诉你"有什么"，还不如说他是在引导你"分析什么"。于是你在阅读中不知不觉地就"参与"进去，同作者（更严格些说是同科学家）一起进行分析和推理，讨论种种可能性，去得出自己的结论。

阿西莫夫把科普视为一门艺术，期望人们在通过科普读物来欣赏一门科学的进展时，可以像欣赏莎士比亚的戏剧和贝多芬的交响曲一样得到美的享受和洗礼。

在他笔下，文字有味，科学真美！

## 单元学习任务

**任务一**

请你仿照示例，用抓关键词的方法浏览《趣谈猪笼草》《蝴蝶的秘密》《化石——存在的证明》《令人感动的动物互助》这几篇说明文，说说你从中分别获取了哪些知识。

| 文章 | "我"的收获 |
| --- | --- |
| 当学荷叶会自洁 | 知道了荷叶表面纤尘不染的原因竟然是它上面布满了微小的蜡质"乳突"。 |
| 趣谈猪笼草 | |
| 蝴蝶的秘密 | |
| 化石——存在的证明 | |
| 令人感动的动物互助 | |

**任务二**

同是说明文，用不同风格的语言来表达，会让读者有不同的感受。比较下面两段介绍蝴蝶的文字，体会其不同的表达效果，把自己的阅读感受与同学交流一下。再从本单元文章中任选一篇你喜欢的文章，模仿它的语言风格写一段介绍蝴蝶的文字。

（1）在春季和夏季，只要阳光充足，我们就可以看到三三两两的蝴蝶，在花丛中飞舞。它们的翅膀五颜六色，在阳光的照射下，不住地闪烁着，十分漂亮……因此，蝴蝶被人们誉为会飞的"花朵"。（选自《蝴蝶的秘密》）

（2）蝴蝶一般色彩鲜艳，身上有好多条纹，翅膀和身体其他部位有各种花斑，最大的蝴蝶展翅可达24厘米，最小的只有1.6厘米。（选自《我来说蝴蝶》）

第三单元

# 人与自然

　　大自然是生命赖以生存繁衍的家园。一直以来，它给予人类最大限度的包容和宽宥，却无法阻止人类肆无忌惮的侵扰和掠夺。因此，越来越多的有识之士用他们贮蓄了环保意识和人文精神的作品告诫我们：人类不是大自然的主人，如再这样肆意妄为，不懂敬畏，就无异于自掘坟墓。正如歌德所说："大自然是不会犯错误的，错误永远是人犯下的。"

　　阅读本单元的文章，要读懂文章阐述的事理，体会作者对自然的尊重，对自然界一切生灵命运的关注和对人与自然关系的深切思考。

# *1.* 像山那样思考

⊙〔美国〕奥尔多·利奥波德

一声深沉的、骄傲的嗥叫，从一个山崖回响到另一个山崖，荡漾在山谷中，渐渐地消失在漆黑的夜色里。这是一种不驯服的、对抗性的悲哀，和对世界上一切苦难的蔑视情感的迸发。

每一种活着的东西（大概还有很多死了的东西），都会留意这声呼唤。对鹿来说，它是死亡的警告；对松林来说，它是半夜里在雪地上混战和流血的预言；对郊狼来说，是就要来临的拾遗的允诺；对牧牛人来说，是银行里赤字的坏兆头；对猎人来说，是狼牙抵制弹丸的挑战。然而，在这些明显的、直接的希望和恐惧之后，还隐藏着更加深刻的含义，这个含义只有这座山自己才知道。只有这座山长久地存在着，从而能够客观地去听取一只狼的嗥叫。

不过，那些不能辨别其隐藏的含义的人也都知道这声呼唤的存在，因为在所有有狼的地区都能感到它，而且，正是它把有狼的地方与其他地方区别开来的。它使那些在夜里听到狼叫，白天去察看狼的足迹的人毛骨悚然。即使看不到狼的踪迹，也听不到它的声音，它也是暗含在许多小小的事件中的：深夜里一匹驮马的嘶鸣，滚动的岩石的嘎啦声，逃跑的鹿的砰砰声，云杉下道路的阴影。只有不堪教育的初学者才感觉不到狼是否存在，和认识不到山对狼有一种秘密的看法这一事实。

我自己对这一点的认识，是自我看见一只狼死去的那一天开始的。当时我们正在一个高高的峭壁上吃午饭。峭壁下面，一条湍急的河蜿蜒流过。我们看见一只雌鹿——当时我们是这样认为——正在涉过这条急流，它的胸部淹没在白色的水中。当它爬上岸朝向我们，并摇晃着它的尾巴时，我们才发觉我们错了：这是一只狼。另外还有六只显然是正在发育的小狼，也从柳树丛中跑了出来，它们喜气洋洋地摇着尾巴，嬉戏着搅在一起。它们确确实实是一群就在我们的峭壁之下的空地上蠕动和互相碰撞着的狼。

在那些年代里，我们还从未听说过会放过打死一只狼的机会那种事。在一秒钟之内，我们就把枪弹上了膛，而且兴奋的程度高于准确：怎样往一个陡峭的山坡下瞄准，总是不大清楚的。当我们的来复枪膛空了时，那只狼已经倒了下来，一只小狼正拖着一条腿，进入到那无动于衷的静静的岩石中去。

当我们到达那只老狼的所在时，正好看见在它眼中闪烁着的、令人难受的、垂死时的绿光。这时，我察觉到，而且以后一直是这样想，在这双眼睛里，有某种对我来说是新的东西，是某种只有它和这座山才了解的东西。当时我很年轻，而且正是不动扳机就感到手痒的时期。那时，我总是认为，狼越少，鹿就越多，因此，没有狼的地方就意味着是猎人的天堂。但是，在看到这垂死时的绿光时，我感到，无论是狼，或是山，都不会同意这种观点。

自那以后，我亲眼看见一个州接一个州地消灭了它们所有的狼。我看见过许多刚刚失去了狼的山的样子，看见南面的山坡由于新出现的弯弯曲曲的鹿径而变得皱皱巴巴。我看见所有可吃的灌木和树苗都被吃掉，先变成无用的东西，然后死去。我看见每一棵可吃的、失去了叶子的树只有鞍角那么高。这样一座山看起来就好像什么人给了上苍一把大剪刀，并禁止了所有其他的活动。结果，那原来渴望着食物的鹿群的饿殍，和死去的艾蒿丛一起变成了白色，或者就在高出鹿头的部分还留有叶子的刺柏下腐烂掉。这些鹿是因其数目太多而死去的。

我现在想，正是因为鹿群在对狼的极度恐惧中生活着，那一座山就要在对它的鹿的极度恐惧中生活。而且，大概就比较充分的理由来说，当一只被狼拖去的公鹿在两年或三年就可得到补替时，一片被太多的鹿拖疲惫了的草原，可能在几十年里都得不到复原。

牛群也是如此，清除了牧场上的狼的牧牛人并未意识到，他取代了狼用以调整牛群的数目以适应其牧场的工作。他不知道像山那样来思考。正因为如此，我们才有了尘暴，河水把未来冲刷到了大海。

我们大家都在为安全、繁荣、舒适、长寿和平静而奋斗着。鹿用轻快的四肢奋斗着，牧牛人用套圈和毒药奋斗着，政治家用笔，而我们大家则用机器、选票和钱。所有这一切带来的都是同一种东西：我们这一时代的和平。用这一点去衡量成就，全部是很好的，而且大概也是客观的思考所不可缺少的，不过，太多的安全似乎产生的仅仅是长远的危险。也许，这也就是梭罗的名言潜在的含义：这个世界的启示在野性中。大概，这也是狼的嗥叫中隐藏的内涵，它已被群山所理解，却还极少为人类所领悟。

（侯文蕙/译）

### 日、月、年和阴历、阳历

古人经常观察到的天象是太阳的出没和月亮的盈亏，所以以昼夜交替的周期为"日"，月相变化的周期为"月"（现代叫作朔望月）。"年"的概念和农业有关。《说文》中关于"年"是这样解释的："年，熟谷也。"谷物的成熟周期意味着寒来暑往的周期，也就是地球绕太阳一周的时间，现代叫作太阳年。以朔望月为单位的历法是阴历，以太阳年为单位的历法是阳历。我国古代的历法不是纯阴历，而是阴阳合历。

# 2. 蝉与纺织娘

⊙郑振铎

你如果有福气独自坐在窗内，静悄悄的没一个人来打扰你，一点钟、两点钟地过去，那么在这静境之内，你便可以听到那墙角阶前的鸣虫的奏乐。

那鸣虫的作响，真不是凡响；如果你曾听见过曼杜令的低奏，你曾听见过一支洞箫在月下湖上独吹着，你曾听见过红楼的重幔中透漏出的弦管声，你曾听见过流水淙淙的由溪石间流过，或你曾倚在山阁上听着飒飒的松风在足下拂过，那么，你便可以把那如何清幽的鸣虫之叫声想象到一二了。

虫之乐队，因季候的关系而颇有不同，夏天与秋令的虫声，便是截然的两样。蝉之声是高旷的，享乐的，带着自己满足之意的；它高高地栖在梧桐树或竹枝上，迎风而唱，那是生之歌，生之盛年之歌，那是结婚曲，那是中世纪武士美人的大宴时的行吟诗人之歌。无论听了那"叽——叽——"的曼长声，或"叽格——叽格——"的较短声，都可同样地受到一种轻快的美感。秋虫的鸣声最复杂。但无论纺织娘的叽嘎、蟋蟀的唧唧、金铃子之丁零，还有无数无数不可名状的秋虫之鸣声，其声调之凄抑却都是一样的；它们唱的是秋之歌，是暮年之歌，是薤露之曲。它们的歌声，是如秋风之扫落叶，怨妇之奏琵琶，孤峭而幽奇，清远而凄迷，低回而愁肠百结。你如果是一个孤客，独宿于荒郊逆旅，一盏荧荧的油灯，对着一张板床、一张木桌、一二张硬板凳，再一听见四壁唧唧吱吱的虫声间作，那你今夜便不用再想稳稳地安睡了，什么愁情、乡思，以及人生之悲感，都会一串串地从根儿勾引起来，在你心上翻来覆去，如白老鼠在戏笼中走轮盘一般，一上去便不用想下来憩息。如果你不是一个客人，你有家庭，你有很好的太太，你并没有什么闲愁胡想，那么，在你太太已睡之后，你想在书房中静静地写些东西时，这唧唧的秋虫之声却也会无端地窜入你的心里，翻掘起你向来不曾有过的一种凄感呢。如果那一夜是一个月夜，天井里统是银白色，枯秃的树影，一根一条地很清朗地印在地上，那么你的感触将更深了。那也许就是所谓悲秋。

秋虫之声，大都在蝉之夏曲已告终之后出现，那正与气候之寒暖相应。但我却有一次奇异的经验：在无数的纺织娘之鸣声已来了之后，却又听得满耳的蝉声。我想我们的读者中有这种经验的人是必不多的。

我在山中，每天听见的只有蝉声，鸟声还比不上。那时天气是很热，即在山上，也觉得并不凉爽。正午的时候，躺在廊前的藤榻上，要求一点的凉风，却见满山的竹树梢头，一动也不动，看看足底下的花草，也都静静地站着。风扇之类既得不到，只好不断地用手巾来拭汗，不断地在摇挥那纸扇了。在这时候，往往有几缕的蝉声在槛外鸣奏着。闭了目，静静地听了它们在忽高忽低，忽断忽续，此唱彼和，仿佛是一大阵绝清幽的乐队在那里奏着绝清幽的曲子，炎热似乎也减少了，然后，蒙眬地蒙眬地睡去了，什么都不觉得。良久，良久，清梦醒来时，却又是满耳的蝉声。山中的蝉真多！绝早的清晨，老妈子们和小孩子们常去抱着竹竿乱摇一阵，而一只两只的蝉便要跟随了朝露而落到地上了。每一个早晨，在我们滴翠轩的左近，至少是百只以上之蝉是这样的被捉。但蝉声并不减少。

常常地，一只蝉两只蝉，叽的一声，飞入房内，如平时我们所见的青油虫及灯蛾之飞入一样。这也是必定被人所捉的。有一天，见有什么东西在槛外倒水的铅斗中咯笃咯笃地作响，俯身到槛外一看，却又是一只蝉，这当然又是一个俘虏了。还有好几次，在山脊上走时，忽见矮林丛中有什么东西在动，拨开林丛一看，却也是一只蝉。它是被竹枝竹叶挡阻住了不能飞去。我把它拾在手中。同行的心南先生说："这有什么稀奇，放走了它吧。要多少还怕没有！"我便顺手把它向风中一送，它悠悠扬扬地飞去很远很远，渐渐地不见了。我想不到这只蝉就是刚才在地上拾了来的那一只！

初到时，颇想把它们捉几个寄到上海去送人。有一次，便托了老妈子去捉。她在第二天一早，果然捉了五六只来放在一个大香烟纸盒中，不料给依真一见，她却吵着，带强迫的要去。我又托那个老妈子去捉。第二天，又捉了四五只来，侬真的纸盒中却只剩下两只活的，其余的都死了。到了晚上，我的几只，也死了一半。因此，寄到上海的计划遂根本地打消了。从此以后，便也不再托人去捉，自己偶然捉来的，也都随手地放去了。那样不经久的东西，留下了它干什么用！不过孩子们却还热心地去捉。侬真每天要捉至少三只以上，用细绳子缚在铁杆上。有一次，曾有一只蝉居然带了红绳子逃去了；很长的一根红绳子，拖在它后面，在风中飘荡着，很有趣味。

半个月过去了；有的时候，似乎蝉声略少，第二天却又多了起来。虽然是"叽——叽——"地不息地鸣着，却并不觉喧扰；所以大家都不讨厌它们。我却特别地爱听它们的歌唱，那样的高旷清远的调子，在什么音乐会中可以听得到！所以我每以蝉声将绝为虑，时时地干涉孩子们的捕捉。

到了一夜，狂风大作，雨点如从水龙头上喷出似的，向槛内廊上倾倒。第二天还不放晴。再过一天，晴了，天气却很凉，蝉声乃不再听见了！全山上在鸣唱着的却换了一种"叽嘎——叽嘎——"的急促而凄楚的调子，那是纺织娘。

"秋天到了。"我这样地说着，颇动了归心。

再一天，纺织娘还是叽嘎叽嘎地唱着。

然而，第三天早晨，当太阳晒得满山时，蝉声却又听见了！且很不少。我初听不信；"叽——叽——叽格——叽格——"那确是蝉声！纺织娘之声却又潜踪了。

蝉回来了，跟它回来的是炎夏。从箱中取出的棉衣又复放入箱中。下山之计遂又打消了。

谁曾于听了纺织娘歌声之后再听见蝉的夏曲呢？这是我的一个有趣的经验。

### 何谓"置闰"

农历的平年有12个月，有6个大月各30天，6个小月各29天，全年总共354天。但是这个天数少于一个回归年。实际上，地球绕太阳一周的准确时间是365天5小时48分46秒，这比农历平年的总天数要多11天左右，每积3年就要相差一个月以上。为了解决这一矛盾，古人想出了一个设置闰月的办法，可使历年的平均长度大约等于一个回归年长度，并和自然季节大致吻合。

# 3. 吴城观鸟

⊙罗张琴

起个大早，去吴城看鸟。

冬季水枯。那条著名的水上公路就这样沿着芦苇荡直直地铺陈前方。前方遥遥无尽，给人后会无期的沧桑感。"最是平生会心事，芦花千顷月明中。"芦花，动荡在历史烟云里的浩渺长风，此刻正化身贪心的金匠，将太阳的光芒悉数"盘剥"，用来装点自己的美。那种美让人忍不住冲下车，野着性子在辽阔天地间拍起照来。

没有风，数以万计的候鸟用它们美丽的翅膀召唤芦苇，整个湿地瞬间荡漾起金色的浪波。浅滩草泽绵延，穷尽目力，依然望不到边，让人想起西北草原的广袤来。但西北草原的地是干的，草又枯疏，而吴城的湿地草原有水，有紫红的蓼子花，有绿色的薹草，有鱼虾河蚌和无数候鸟，充满勃勃生机，平添许多灵气。

候鸟飞得累了，一只只便漫不经心地聚集在湿地中央，闲谈或者冥想。它们只那么轻轻一站、潦草一排，便成就了"中国第二长城"的奇观。

候鸟筑起的"长城"，是一个王国。谁在发号施令？又或者，它们各自为政、谁也不管谁，也不划分领域、不圈占地盘，将自由种群的天涯浪子精神进行到底？它们怎样繁殖、怎样睡觉、怎样到来又怎样离开？同一种类鸟，模样有细微之别吗？天籁般的和鸣里，能听出不同的声线吗？……

三只鸟结伴，大着胆儿向人群飞来。白羽，喙赭色，眼周及额部裸露着砖红色的皮肤，头颈呈黄色，胫与趾的颜色一样，是浅红色，衬得黄白色的虹膜及背腹斑纹更娇嫩。人群向它们招手，它们却调皮离开，边飞边鸣，发出"咪——咪——"的柔和声响。升高两三百米后，回转到逆风的方向徐徐滑翔至湿地中央鸟族所在地。

着地很是耐人寻味：当中一只鸟先降，双腿下垂，稍向前，头颈下探，双翼扇动向前急跑两三步，然后收拢展开的翅膀，稍事观望才落地；接着，另一只抬头掀翅与之互相鸣叫数声，似乎是获得"安全"的信息后再降落；体积最小的一只最后降落，地点在两只鸟中间。之后，它们仨开始低头用长喙掘泥觅食。

同行的水利专家，也是一级鸟痴，他告诉我，前为雄、中为雌、后为幼，这是属于白鹤的一家子。哦，原来这就是白鹤。雄鸟保护雌鸟，雌鸟庇佑幼鸟，当中的脉脉温情和人类多么相似。

候鸟从来不是湿地的"常住居民"，会不断为自己选择环境良好、安全无忧的栖息地。吴城是鄱阳湖、赣江和修河的交汇处，辖大小湖泊九个，有丰富的鱼蚌虫虾及茂密的植物草茎，是天赐的候鸟越冬地。自20世纪80年代成为国家级候鸟保护区的核心区以来，为让候鸟有一个更好的生存环境，湖区人民收网上岸，退耕还湖。年轻人外出打工谋生活，年纪大的便守着所剩不多的几亩薄田过日子。怕污染环境，他们宁愿减少产量也绝不向农田喷打农药，尽量少施化肥。劳作之余，许多村民还自发义务巡湖、救助伤鸟。荷溪村有个老叶，多年义务承担好几万亩水面的候鸟监测工作，获得世界自然保护基金会颁发的"生命湖泊最佳保护实践奖"，是目前获得这个奖项的唯一一位中国农民。

不只湖区人民，人人都像爱生命一样爱环境。政府统筹山水林田湖草系统综合治理，春季禁渔，冬季禁湖，常年禁采，封洲禁牧，畜禽退养，严惩猎杀，"关停并转"，强力治污……有鄱阳湖一湖清水，才有这万鸟齐飞的美好画卷吧。

来鄱阳湖越冬的候鸟一年比一年多，目前种类已达310多种，其中国家一级濒危的有13种。想来，聪明的候鸟们一直都在用自己的翅膀给好生态点赞呢。

在吴城，我不停遇见来自全国甚至世界各地的候鸟发烧友。他们带着专业观鸟设备，不时惊呼，白鹤、黑鹳、鸿雁、绿头鸭……

生灵共存，人水共生。美丽的中国梦，应该就是这样子的。

# 4. 和草木在一起

⊙周华诚

　　和草木在一起待久了，语言会变得多余。面对草木的时候，你不需要演讲和夸夸其谈。春天到来，牛牵引着犁铧走向遍布阿拉伯婆婆纳和节节草的野地，那里正盛开着一个喧闹的春天。在犁尖插进微热的土地，把新鲜的泥巴翻转过来之前，二者不需要什么山盟海誓或蜜语甜言。它们一见钟情，水到渠成。

　　穿蓑衣戴斗笠的农人来到田间，微雨细风之中，他扶锄而立，将要开始播种，要把丝瓜种子、黄瓜种子、南瓜种子和毛豆、玉米都播撒进清明的土地。此时此刻，他内心涌动着一些激情，但很明显，他无须发表一场施政演说。土地和草木不需要口号、承诺以及对称与排比句。他就那么站了一会儿，在手掌上吐了一口唾沫，两掌搓一搓，然后用力挥动尖嘴锄，就把种子们一一点进了泥巴之间。微细的雨滴继而铺陈下来，润湿大地。很快，嫩黄色的细芽将穿透种壳，在土地上彰显力量。如果你蹲下身来，与嫩芽们对视，你用目光抚摸它的茎叶，看清它茎秆上细细的白色的绒毛，这就够了。这样的目光的抚摸，将会让它们更加茁壮地成长。

和草木在一起待久了，一个人的语速会变得缓慢。一生操持农事之人，语言能力退化，渐渐拙于人事。你怎么对待庄稼，庄稼一定会怎么回报给你。你投之以汗水，它报之以硕果。农人与庄稼之间不会发生争执，他们只肯握手言欢，不会面红耳赤。我的外公一辈子在山里劳作，在山上田间与飞禽走兽、木石流泉为伍，夏天种得几畦辣椒，拣出最大最红的辣椒装上一担，走十几里路挑到城里去卖。城里人在辣椒面前挑拣，说这个不好，那个不好，外公嗫嚅半天，说不出话，最后一拎扁担不卖了，又挑了辣椒走十几里路回家。外公不知道的是，在城里接受挑拣，那不只是辣椒的命运，即便是黄瓜、苹果、香蕉，还有人，也照样被挑拣，因那只是城市的一种行事习惯而已，如同行路，两条腿要让路于两个轮，两个轮要让路于四个轮一样。

和草木在一起待久了，会慢慢变成一个行动缓慢之人。在大地上，草木都依照四时节气过日子。春日里开花，夏天舒枝长叶，到了秋天结出累累果实，冬天开始落叶，脱去一身繁华。父亲在田间种水稻，他告诉我，水稻的生长过程也是严格遵循四时节气。往年粮食不够吃，人多种两季；现在农人背井离乡，进城打工，田地大多荒芜，依然在种的也只是种一季了。我回到家乡，与父亲一起下田。谷雨之后，立夏之前，父亲将要浸种，三日后谷子出芽，五日后谷种播到秧田，三十日后秧苗青青，可以移栽，至多不超过四十日；插秧之后，五至七日，秧苗可以返青，之后将旺盛生长。之后，水稻们拔节、开花、灌浆、结实，直至立秋，谷子成熟，向着大地弯下腰身，等待一场盛大的收割。

中国人的智慧里，有光阴与节气。节气这件事存在的意义，正是让人不要走得太快，走得太急。很多事你急也急不来。现在的人，大多心急，可是只要返回一百年、两百年看一看，返回一千年、两千年看一看，你就知道，并没有什么可急的。时间并不会因为你的着急而停滞下来。相反地，你走得越急，时间的齿轮也转得越快，一下子就过去，你抓也抓不住它。古往今来的人，他们是怎么生活的？他们是跟草木在一起过日子。立春的时候赶牛下地，打它两鞭子，吃两个春团；到了惊蛰，听到几声响雷，去竹林里掘几株笋，用咸肉煮着吃；清明的时候，思念一下远去的亲人，看梨花在屋角绽放；小满的时候，谷物在田地里抽穗拔节；到了芒种，那就挥汗如雨，把大半年的辛劳都扛在肩上。

节气就是规矩，草木与人，都要遵循这些规矩。父亲守着四时，一年里种一季两季稻，一辈子不过收获几十次、百余次稻谷，已无法再多。光阴不会给你更多的可能。可是你看吧，现在的人什么都要超前，幼儿园的娃娃要教识字，小学一年级要去学奥数，小小的孩子一脸大人的疲劳。草木不是这样的。跟草木在一起久了，你就慢慢变得不那么着急了，你知道急是没有用的，你知道它们会在什么时候开花，然后在什么时候结出果实。没有经受烈日暴晒的瓜果不甜，同时只有经过霜降的青菜才会更加甘糯。如果要享受自然的果实，你唯一需要的就是耐心，然后陪着它们在光阴里缓慢成熟。

　　和草木在一起待久了，你的脸上也就慢慢有了植物的神情。什么是植物的神情？我可以举一个例子。我认识一位水稻科学家，他是一位博士，一年之中，他的大多数时间都在浙江、海南以及印度尼西亚的稻田里。刚被农业大学录取的时候，他哭了。"妈妈呀，我已经努力读书了，为什么还是要去种田！"后来他分配到了水稻研究所，一辈子种田。我观察他，发现他的脸上有着几个特点：第一个特点是黑，被太阳晒黑的；第二个特点是粗糙，他从来不抹七七八八的化妆品；第三个特点是似乎渐渐地与这个社会的流行脱节。整个社会都在快速发展，他还是站在稻田里，手掌抚过一株一株水稻。所以，现在你知道了，草木的神情是一种什么样的神情。他们从草木中间来，风啊，水啊，小桥啊，这是他们熟悉的。他们知道一辈子是多长，从盛到衰要走多远的路，周而复始是什么含义，欣欣向荣又是什么景致。

　　是的，就是景致。草木在大地上，大地是静的，草木是动的；草木生长，随风摇摆，而大地静止，亘古沉默。这一动与一静，构成大地上的景致。

　　人也是大地上的草木。人有脚，可以至四方。草木无脚，我们以为它无法远距离行走，但只要时机成熟，它其实会比有脚的野兽走得更远。借助风、鸟以及其他交通工具，它们可以到达更辽阔的疆域，深远的程度超出人的想象。一粒种子，可以走到三千年以后，给它雨水、空气、阳光，它就可以穿破种壳，长出一片嫩芽。

好了，现在你已经知道，草木其实比人有更多的自信。这样说吧，人和草木在一起待久了，他走到阳光下，他就拥有了一脸的自信与淡然。

## "二十四节气"的来历

二十四节气是我国旧历特有的重要组成部分。古人在长期的生产实践中逐步认识到季节更替和气候变化的规律，把一年平分为二十四个节气，以反映四季、气温、降雨、物候等方面的变化，这是我国古代劳动人民掌握农事季节的经验总结，对农业生产的发展贡献很大。

# 5. 遥远的自然（节选）

◎韩少功

城市是人造品的巨量堆积，是一些钢铁、水泥和塑料的构造。标准的城市生活是一种昼夜被电灯操纵、季节被空调机控制、山水正在进入画框和阳台盆景的生活，也就是说，是一种越来越远离自然的生活。这大概是城市人越来越怀念自然的原因。

城市人对自然的怀念让人感动。他们中的一些人，愿意以付出相当大的代价和不胜其烦的劳累来饲养宠物。他们中的一些人，不可忍受外人的片刻打扰，却愿意花整天整天的时间来侍候家里的一棵树或者一块小小的草坪。他们遥望屋檐下的天空，用笔墨或电脑写出了赞颂田园的诗歌和哲学，如果还没有在郊区或乡间盖一间木头房子，至少也能穿上休闲服，带上食品和地图，隔那么一段时间（比方几个月或者几年），就把亲爱的大自然定期热爱一次。有成千上万的旅游公司正在激烈竞争，为这种定期热爱介绍着目标和对象并提供周到的服务。

他们到大自然中去寻找什么呢？寻找氧气？负离子？叶绿

素？紫外线？万变的色彩？无边的幽静？人体的运动和心态的闲适？……事实上，人造的文明同样可以提供这一切，甚至可以提供得更多和更好，也更加及时和方便。氧吧和医院里的输氧管可以随时送来森林里的清新。健身器上也可以随时得到登山时大汗淋漓的感觉。而世界上任何山光水色的美景，都可以在电视屏幕上得到声色并茂的再现。但是，如果这一切还不足以取消人们对自然的投奔冲动，如果文明人的一个个假日仍然意味着自然的召唤和自然的预约，那么可以肯定，人造品完全替代自然的日子还远远没有到来。而且还可以肯定：人们到大自然中去寻找的，是氧气这一类东西以外的什么。

也许，人们不过是在寻找个体差异。作为自然的造化，个体差异意味着世界上没有两片叶子是完全相同的，没有两个生命的个体是完全相同的。这种状况对于都市中的文明人来说，当然正在变得越来越稀罕。他们面对着千篇一律的公寓楼，面对着千篇一律的电视机、快餐食品以及作息时间表，不得不习惯着自己周围的个体差异逐渐消失。连最应该各个相异的艺术品，在文化工业的复制技术下，也正在变得面目相似，无论是肥皂剧还是连环画，彼此莫辨和新旧莫辨都为人们所容忍。现代工业品一般来自批量生产的流水线，甚至不能接受手工匠人的偶发性随意。不管它们出于怎样巧妙的设计，它们之间的差别只是类型之间的差别，而不是个体差异之间的差别。它们的品种数量总是有限，一个型号下的产品总是严格雷同和大量重复。而这正是生产者们梦寐以求的目标：严格雷同就是技术高精度的标志，大量重复就是规模经济的最重要特征。第1000个甲型电话机必定还是甲型，第1万辆乙型汽车必定还是乙型，它们在本质上以个体差异为大忌，整齐划一地在你的眼前哗哗哗地流过，代表着相同的功能和相同的价格，不可能成为人们的什么惊讶发现。它们只有在成为稀有古董以后，以同类产品的大面积废弃为代价，才会成为某种怀旧符号，与人们的审美兴趣勉强相接。它们永远没法呈现出自然的神奇和丰富——毫无疑问，正是那种造化无穷的自然原态才是人的生命起点，才是人们一次次校正人生的人性尺标。

也许，人们还在寻找永恒。一般来说，人造品的存在期都太短促了，连最为坚固的钢铁，一旦生长出锈痕，简直也成了速朽之物，与泥土和河流的万古长存无法相比。它甚至没有遗传的机能，较之于动物的生死和植物的枯荣，缺乏生生不息的恒向和恒力。一棵路边的野草，可以展示来自数千年乃至数万年前的容貌，而可怜的电话机或者汽车却身前身后两茫茫，哪怕是最新品牌，也只有近乎昙花一现的生命。时至今日，现代工业产品在更新换代的催逼之下，甚至习惯着一次性使用的转瞬即逝，纸杯、易拉罐，还有毛巾和袜子，人们用过即扔。这种消费方式既然是商家的利润所在，于是也很快在宣传造势中成为普遍的大众时尚。

从这个意义上讲，现代工业正在加速一切人造品进入垃圾堆的进程，正在进一步削弱人们与人造品之间稳定的情感联系。人们的永恒的感觉，或者说相对恒久的感觉，越来越难与人造品相随。激情满怀一诺千金之时，人们可以对天地盟誓，但怎么可以想象有人面对一条领带或者一只沙发盟誓？牵肠挂肚离乡背井之时，人们可以抓一把故乡的泥土入怀，但怎么可以想象有人取一只老家的电器零件入怀？在全人类各民族所共有的心理逻辑之下，除了不老的青山、不废的江河、不灭的太阳，还有什么东西更能构建一种与不朽精神相对应的物质形式？还有什么美学形象更能承担一种信念的永恒品格？

如果细心体会一下，自然能使人们为之心动的，也许更在于它所蕴含着的共和理想。在人们身陷其中的世俗生活中，文明意味着财富的创造，也意味着财富的秩序和规则。人造品总是被权利关系分割和网捕。所有的人造品都是产品，既是产品，就有产权，就与所有权和支配权结下了不解之缘。不论是个人占有还是集团占有，任何楼宇、机器、衣装、食品从一开始就是物各有主，冷冷地阻止着权限之外的人僭用，还有精神上的亲近和进入。正因为如此，人们很难怀念外人的东西，比如怀念邻家的钟表或者大衣柜。人们对故国和家园的感怀，通常都只是指向权利关系之外的自然——太阳、星光、云彩、风雨、草原、河流、群山、森林以及海洋，这么多色彩和音响，尽管也会受到世俗权利的染指，比如局部地沦为庄园或者笼鸟，但这种染指毕竟极其有限；大自然无比高远和辽阔的主体，至少到目前为止还无法被任何人专享和收藏，只可能处于人类公有和共享的状态。在大自然面前，私权只是某种文明炎症的一点点局部感染。世俗权利给任何人所带来的贫贱感或富贵感、卑贱感或优越感、虚弱感或强盛感，都可能在大山大水面前轻而易举地瓦解和消散。任何世俗的得失在自然面前都微不足道。古人已经体会到这一点，才有"山水无常属，闲者是主人"一说，才有"山可镇俗，水可涤妄"一说。这些朴素的心理经验，无非是指大自然对所有人一视同仁的慷慨接纳，几乎就是齐物论的哲学课，引导着人们对世俗的超越，最容易在人们心中轰然洞开一片万物与我一体的阔大生命境界。

当然，这一切并不是自然的全部。人们在自然中可以寻找到的，至少还有残酷。台风、洪水、沙暴、雷电、地震，无一不显露出凶暴可畏的面目——人们只有依靠文明才得以避其灾难。自然界的生物链存在方式则意味着，自然的本质不过是千万张欲望的嘴，无情相食，你死我活。敦厚如老牛也好，卑微如小草也好，每一种生物其实都没有含糊的时候，都以无情食杀其他生命作为自己存在的前提。即便在万籁俱寂的草地之下，也永远进行着这种轰轰烈烈的战争。文明进程之外的原始初民，同样是食物链中完全被动的一环。山林部落之间血腥的屠杀，也许只是一种取法自然并且大体上合乎自然的方式，只能算作野生动物那里生存斗争的寻常事例。他们还缺乏文明人的同类相悯和同类相尊，还缺乏减少流血的理性手段——虽然这种理性的道德和法律也可以在世界大战一类事故中荡然无存，并不总是特别地牢靠。

由此看来，文明人所热爱的自然，其实只是文明人所选择、所感受、所构想的自然。与其说他们在热爱自然，毋宁说他们在热爱文明人对自然的一种理解；与其说他们在投奔自然，毋宁说他们在投奔自然所呈现的一种文明意义。他们为之激情满怀的大漠孤烟或者林中明月，不过是自然这面镜子里社会现实处境的倒影，是他们用来批判文明缺陷的替代品。他们的激情，不能证明别的什么，恰恰确证了自己文明化的高度。换一句话说，他们对待自然的态度，常常不过是对现存文明品质的某种测试：他们正是敏锐感觉到文明的隐疾，正是敏锐感觉到现实社会中的类型原则正在危及个体差异，现时原则正在危及永恒，权利原则正在泯灭人类的共和理想，才把自然变成了一种越来越重要的文明符号，借以支撑自己对文明的自我反省、自我批判以及自我改进。他们对自然的某种绿色崇拜，不仅仅是补救自己的生存环境，更重要的是补救自己的精神内伤。

### 二十四节气系统的逐步完备

二十四节气系统是逐步完备起来的。古人很早就掌握了"二分""二至"这四个重要节气。《尚书·尧典》中把春分叫作"日中"，把秋分叫作"宵中"，把夏至叫作"日永"，把冬至叫作"日短"。《左传·僖公五年》说："凡分、至、启、闭，必书云物。"分指春分、秋分，至指夏至、冬至，启指立春、立夏，闭指立秋、立冬。《吕氏春秋》则明确提到立春、立夏、立秋、立冬四个节气。到《淮南子》中，二十四节气就已完备，且名称与次序和今天的通行说法没有什么区别。

# 6. 报 秋

◎宗 璞

似乎刚过完春节，什么都还来不及干呢，已是长夏天气，让人懒洋洋得像只猫。一家人夏衣尚未打点好，猛然却见玉簪花那雪白的圆鼓鼓的棒槌，从拥挤着的宽大的绿叶中探出头来。我先是一惊，随即怅然。这花一开，没几天便是立秋。以后便是处暑，便是白露，便是秋分，便是寒露，过了霜降，便立冬了。真真的怎么得了！

一朵花苞钻出来，一个柄上的好几朵都跟上。花苞很有精神，越长越长，成为玉簪模样。开放都在晚间，一朵持续约一昼夜。六片清雅修长的花瓣围着花蕊，当中的一株顶着一点儿嫩黄，颤颤地望着自己雪白的小窝。

这花的生命力极强，随便种种，总会活的。不挑地方，不拣土壤，而且特别喜欢背阴处，把阳光让给别人，很是谦让。据说花瓣可以入药。还有人来讨那叶子，要捣烂了治脚气。我说它是生活上向下比，工作上向上比，算得一种玉簪花精神吧。

我喜欢花，却没有侍弄花的闲情。因有自知之明，不敢邀名花居留，只有时要点草花种种。有一种太阳花又名死不了，开时五色缤纷，杂在草间很好看。种了几次，都不成功。"连死不了都种死了。"我们常这样自嘲。

玉簪花却不同，从不要人照料，只管自己蓬勃生长。往后院月洞门小径的两旁，随便移栽了几个嫩芽，次年便有绿叶白花，点缀着夏末秋初的景致。我的房门外有一小块地，原有两行花，现已形成一片，绿油油的，完全遮住了地面。在晨光熹微或暮色朦胧中，一柄柄白花擎起，隐约如绿波上的白帆，不知驶向何方。有些植物的繁茂枝叶中，会藏着一些小活物，吓人一跳。玉簪花下却总是干净的。可能因气味的缘故，不容虫豸近身。

花开有十几朵，满院便飘散着芳香。不是丁香的幽香，不是桂花的甜香，也不是荷花的那种清香。它的香比较强，似乎有点醒脑的作用。采几朵放在养石子的水盆中，房间里便也飘散着香气，让人减少几分懒洋洋，让人心里警惕着：秋来了。

秋是收获的季节，我却是两手空空。一年、两年过去了，总是在不安和焦虑中。怪谁呢，很难回答。

久居异乡的兄长，业余喜好诗词。前天寄来自译的朱敦儒的那首《西江月》。原文是：

日日深杯酒满，朝朝小圃花开。自歌自舞自开怀，且喜无拘无碍。

青史几番春梦，黄泉多少奇才。不须计较与安排，领取而今现在。

若照他译的英文再译回来，最后一句是认命的意思。这意思有，但似不够完全，我把"领取而今现在"一句反复吟哦，觉得这是一种悠然自得的境界。其实不必深杯酒满，不必小圃花开，只在心中领取，便得逍遥。

领取自己那一份，也有品味、把玩、获得的意思。那么，领取秋，领取冬，领取四季，领取生活吧。

那第一朵花出现已一周，凋谢了。可是别的一朵一朵在接上来。圆鼓鼓的花苞，盛开了的花朵，由一个个柄擎着，在绿波上漂浮。

1990年8月10日

# 7. 青草，青草饭

◎林玉华

农历三月三，青草生嫩芽。

已模糊的童年的乡野，已消逝的原始的渴望，已迟钝的味蕾神经，在三月三这碗母亲亲手做的青草饭里，统统被激活了。

于是，你闻到了掺和着虫鸣的苦楝花浅紫色的香味，你看到了老黄牛领着小牛犊踏着炊烟缓缓而来，你听到了水田边秧苗与轻风、与小水沟里潺潺流水的窃窃私语……

你已经有多久不曾行走在酝着青草香的田埂上，辨认一株药草？你已经有多久没有停下你匆匆的脚步，细细地欣赏一朵"金杯银盏"了？

哦，金杯银盏，多么高贵的名字，可是它可以说是乡野最触目可见的青草了。你看，路边坡坎、田头地角、壁脚废墟，都可以看到它成群结队笑嘻嘻的样子。它的生命力是那么强，不挑剔不娇气。

注意到它，源于多年前，某个三月三，母亲带着我去采摘做青草饭的原料。她指着叶形酷似苦楝树叶的一株青草说："这个叫作

'四方枝苦楝'，你看，它的枝是四方形的，摘它的嫩叶心。"我摸了一下，果真是有棱的四方枝。看着娇弱的嫩芽，我犯愁了："妈，摘了它的心，它不就死了吗？""不会。摘了这个心，它会另外生一个，你看，这一株就是这样的。"哦，还真是，旁边有一株四方枝苦楝，草心被摘掉了，它从几个旁枝里又长出几个草心来。我揉了一下它的嫩叶，凑到鼻尖闻闻，"不香！"我随手把它丢掉了。"傻孩子，不是所有有用的东西都有香味的。它是没什么味道，可是作用大着呢！清凉解毒，治积伤，做感冒茶，都好。"是的，后来我发现，每到秋季，就会有农工模样的人来家乡割四方枝苦楝，大捆大捆地装到大卡车里载走了。听说四方枝苦楝是制作凉茶和感冒冲剂的原料。

四方枝苦楝，每一年我家的青草饭里，都有它的影子。

不过，四方枝苦楝并不是青草饭的主角，我们的青草饭必不可少的是"鸡屎藤"。第一次听到这个名字，是我七八岁的时候。也是三月三，我帮母亲摘洗做青草饭的原料。艾草香，我最喜欢摘；枸杞叶、腊李叶、白石榴叶、苦刺心、四方枝苦楝都没有什么特殊的味道，淡淡的青草的香味或腥味，都可以让我心情愉悦。可是，青草里最多的却是这种藤蔓状的东西，叶子鲜鲜嫩嫩的，绿绿的，软软的，很可爱。可摘下来，它竟散发出非常难闻的味道。我嫌弃地把它丢到一边，怕它破坏了青草饭的味道。母亲发现了，说："生的鸡屎藤是有点难闻，剁碎炒熟就变香了，青草饭吃起来甘甘的，也是它起的作用。怎么能丢掉呢？没有鸡屎藤，还叫青草饭吗？"

啊？这么难闻的草，有这么恶心的名字的草叶，竟然是青草饭的主角！母亲告诉我，别看它名字难听味道怪，它可以祛风除湿、解毒消肿、消食化积，和在米饭里，跟其他青草搭配，正是穷人家春季保养身体最好的食物。

鸡屎藤，我记住你了。但我想，为什么不给它取个好听的名字呢？或许是因为我们这里的人没文化。等我会认字了，我要查资料，找到它的学名，我相信它应该有个好听的名字。可是，后来我查证它的正名竟然就是"鸡屎藤"！而且确实是一种神通广大的中药草。

以后，每年的三月三，我就主动跟母亲到野外辨认它寻找它，用它制作青翠甘香的青草饭。

青草，在家乡俗话里的意思就是"草药"，青草饭，就是药草饭，由此，我想起我家青草饭里偶尔客串的一种药草——臭草！加几个嫩臭草心，增加了药草香，增强了药效，是不错的。但乡里的臭草太"卑贱"，所以它是很难进入青草饭的行列的。但有青草先生说，加一点臭草，祛风治积伤功效更好。渐渐地，才有人去摘来吃。当然，现在要找一株长得茂盛的臭草，竟难了。臭草，那种特殊的香味，竟多年没有闻到了。它开的花很热烈很鲜艳，有一个高雅的学名，叫"五色梅"。在某个城市的公园里，我看到改良后的臭草，枝细了点，叶子大了薄了点，刺稀疏而软了，花更多色更鲜美了。牌子上写着"五色梅"，很多人在它旁边拍照，看来它很受欢迎呢。我看着它，就像看着一个童年的小伙伴到了大城市，从乡下土丫头蜕变成都市靓女郎。似曾相识，却又陌生。于是我突然思念家乡三月初三家家户户都要自己制作的青草饭了！

不过，我却从来未曾独立做过青草饭，不是不会，而是无须。出嫁前自然是母亲主理我们辅助；出嫁后，因为离娘家近，每年三月初二，母亲就会打电话来："明天过来吃青草饭啊！"然后我和我的先生，后来还有孩子，都能在三月初三这一天吃上味道独特的青草饭。每当我们夸赞妈妈做的青草饭好吃时，她的脸上总会露出美丽的笑容。当她在田园山野细心挑选那些嫩绿的青草，当她估摸着每一样青草的分量，当她择洗、剁碎、炒熟、配料……这些时刻，她的心里充盈着的，必是孩子们的口味和禁忌。不然，为什么它能如此可口呢？

今年，本来我想亲手做青草饭给妈妈和我的孩子吃，可是，我打消了这个念头，因为，妈妈会有失落感。在她，这是表达母爱的一种方式啊！其实，这又何尝不是所有母亲心照不宣的秘密呢？

青草，药草；青草饭，药草饭。聪明的家乡人，应时节而取材，创造出这种朴素的低成本的食疗方式，而且作为一种民俗传承下来，真好。

一年一年，一代一代，家乡的青草饭，在西餐都可以网购送货上门的信息化时代，它竟然还存在着，很好地表现了青草的本色——野火烧不尽，春风吹又生。而不尽不灭的，更是蕴藏在青草饭里的亲情、乡情吧！

# 万象奥秘

　　探索自然界的神奇与奥妙是人类发展的持久驱动力，人们在不懈地发现、探索、追问、反思的过程中，破解了难以计数的谜团。很多从事科学工作的有识之士希望能让更多的人感受到科学探索带来的惊喜和震撼，于是大量优秀科普作品应运而生。

　　本单元的说明文将自然万象及其背后的奥秘向读者进行了深入浅出的讲解。文中既有静态观察，又有动态分析；既有历史思考，又有现实认识。阅读时要关注文章辩证的观点、清晰的脉络、富有表现力的语言，还要学会发现、思考、质疑，培养求真、严谨的科学精神。

# 1. 没有不"烂"的石头

◎陶世龙

　　"海枯石烂志不移"常用来表示坚定的决心。在人们的心目中，海是不会干的，石头腐烂也不可能。的确，石头不会像有机物那样腐烂，但它实际上也是每时每刻都有变化，终究有崩解消亡的时候。

　　1843年，两座世界闻名的石像，被人们从埃及运到了圣彼得堡。人头狮身，据说是一个大神的形象，还是在古埃及法老的时代造成的。它们在埃及住了几千年，身体仍然相当结实，可是迁到圣彼得堡之后，仅仅过了100年，人们就发现它们的身体明显地变得脆弱起来，再不设法挽救，就有崩溃的危险。这是什么原因呢？经过"诊断"得出的结论，原来是"水土不服"。

　　在埃及，气候很干燥，一年中很少下雨，而圣彼得堡却很潮湿。潮湿的空气中有许多水分，这些水分向石像进行"袭击"，石头中的某些成分和水起了化学变化，生成了新的物质，让雨雪溶解带走了。空气中的氧气、碳酸气也来"火上浇油"，配合着水进行破坏。

石头中还有些成分不用发生化学变化就能被水溶走。在埃及，不仅石头可以避免受到这种破坏，生物死后，也因迅速风干而不易腐败，所以古埃及人将人的尸体用药品处理并妥善包裹以后，竟能经过几千年一直保存到现在。这种尸体就是著名的"木乃伊"。

石像在圣彼得堡还有一种不适应，就是天气太冷了，每年都要冻冰，不像埃及那样暖和。到冻冰的时候，渗入石像身上裂缝中的水，也变成了冰，水变成冰时体积要增大十一分之一，能使每平方厘米的面积上，受到成百乃至上千千克的压力。这比我们用斧头去劈木柴的力量大得多，所以在北方到了冬天，就要将露天的水管用草扎起来，否则就会因冻冰而胀裂。水管经不起冻冰，石像也是一样。

石像"生病"的原因找到了，于是人们给它涂上了一层油脂，使它和空气、水分隔绝，这才防止了更大的破坏。我们不可能随便给什么石头都涂上油脂，这样也会使石头"烂"掉的。不过，在气候干燥的地方，石头是不是就安全了呢？不，留在埃及的石像也在受到破坏，和石像并列的金字塔在一百年中，有减低了大约5米的记录。

破坏的快慢可以有所不同，但是在地球上没有石头不受破坏的地方。只要有冷热的变化，石头就会受到破坏。石头是传热很慢的东西，不像铜、铁，烧这头时那头马上就热。白天，太阳把石头的表面晒热了，石头里面却还是冷的；等到热传进了石头内部，太阳下山了，空气变冷，石头表面的热量便向空中散失，也变冷了，然而石头内部的热一下传不出来，里面还很暖和。

石头的内外，冷热总是不能一致，而石头是要热胀冷缩的，各处冷热不均，有的地方膨胀，有的地方收缩，就像几匹马拉着车子，由于方向不同，最后把车子扯得四分五裂，石头终于碎裂了。

当然，石头不会一经冷热变化便马上碎裂，因为每次胀缩的程度都很小，碎裂是长年累月变化的结果。但是如果在一天之中骤冷骤热，温度高低相差很大，胀缩程度变得剧烈，石头受破坏的速度也就加速。拿起一块石头来看，可以发现它是由许多细小颗粒组成的。这些颗粒的性质常常不一样，因而受热膨胀的程度也就不同，这也会促成石头的受损。

石头还受到生物的进攻，看起来非常顽强的石头却斗不过一粒树籽。种子掉进石头的裂缝里，在那里发芽生长，石头眼睁睁地无法制止。你不要小看那正在生长的新苗，当它的根一天天长大的时候，对周围的石头施加了强大的压力，每平方厘米上可以达到十几千克，等于用铁锤向裂缝中敲进了一个楔子。许多动物也是石头的破坏者，它们有的在石头中打洞，有的在石头上生活。生物在死后也没有放过石头，它们的尸体分泌出有机酸，与石头中的物质起化学变化，将石头分解。有的植物——如苔藓之类，在活着的时候也分泌出有机酸。

上面这许多破坏石头的作用，常常不是孤立发生的，石头既受冷热变化的影响，又被水溶解，还被生物破坏。这些作用总起来叫风化作用。在风化作用的影响下，没有不"烂"的石头。也幸亏石头会"烂"，提供了形成土壤的材料，它给庄稼以生长的基础。

# 2. 旅鼠之谜

⊙位梦华

有一天，我独自一人在巴罗附近的爱斯基摩人[1]村落遗址上徘徊，希望能找到一块值得保存的文物作纪念，转了半天却一无所获。突然从草丛里跑出一只老鼠来，它一看苗头不对，知道出来的不是时候，便仓皇逃窜。我很想看看这北极老鼠到底是个什么样子，便在后面紧追不舍。它跑了半天，找不到一个洞口可钻。我急中生智，摘下帽子把它扣住了。当我小心翼翼地把它从帽子里取出时，突然过来一个高个子的白人，他饶有兴趣地看着我，笑眯眯地问道："你捉到了什么好东西？"

"是一只老鼠。"我说，接着补充了一句，"也许是一只田鼠。"

"不。"他蹲下来，看着那只老鼠，摇摇头说，"这是一只旅鼠。"

---

①爱斯基摩人：又称因纽特人，北极地区原住民。有12万多人（2001年统计），主要分布在北美沿北极圈一带。

"真的？"我惊叫起来，"这就是北极旅鼠？除了颜色深一点儿之外，它看上去与我们家乡的田鼠没有什么明显的区别。"我仔细地端详着它那黑色的绒毛和尖尖的嘴巴，近乎自言自语地说。

　　"是的，这就是神秘莫测的北极旅鼠，人们研究了好几个世纪，却始终解不开它们的奥秘。"说着，他递给我一张名片，并自我介绍说，"我是丹尼斯，从纽约来的。"

　　丹尼斯·马洛拉斯先生是纽约动物协会的成员。

　　他坐到草地上，抓起那只旅鼠，很内行地让它张开了口，露出了尖利的牙齿："它们虽然是哺乳动物，却可能是繁殖能力最强的动物之一。也许只有细菌分裂才能和它们相媲美。它们一年能生七八胎，每胎可生12个幼崽。更加有趣的是，只需20多天，幼崽即可成熟，并且开始生育。你知道这意味着什么吗？"他直直地望着我。

　　"意味着它们繁殖得很快呗。"我半开玩笑地回答说。

　　"繁殖得有多快呢？"他追问道。

　　"这……"我无言以对了。

　　"让我们算笔账，你就知道了。"他把旅鼠放进一个纸袋里，从背包中取出了本子和铅笔，"一对旅鼠从3月份开始生育，假使它们一年中生了7窝，每窝12只，一共84只，这是它们的第二代，也就是儿子和女儿。再假设每胎都是6公6母，则为6对。20天后，第一胎的6对开始生育，每胎12只，一下子就可生出72只，一共可以生6胎，则为432只。40天后，第二胎的6对也投入了生育大军，它们一共可以生5胎，若每胎12只，则为360只。以此类推，那么，它们的孙子和孙女能有多少呢？你看看，从3月份的2只，到8月底9月初就会变成160多万只的庞大队伍！就是由于气候、疾病和天敌的消耗等原因中途死掉一半，也还有80多万只！天哪，这简直是一个天文数字！"他把推算的结果摆在我的面前，用手指着那些数字说。

我迟疑地接过他的本子，看着那密密麻麻的数字，内心深表怀疑。于是自己动手，重新推算了一遍，所得的结果竟然和他的完全一致。"是的，"我喃喃地说，"这实在是一个可怕的数字。"

"正因为如此，所以，在如此广阔的北极草原上，有时候，它们的密度竟能达到每公顷有250只之多！这还只是旅鼠的第一大奥秘。"看着我惊讶的表情，他显得有点得意。

"幸好它们只是一些小老鼠，如果再大一点儿，例如是兔子或者山羊之类，还不把地球上所有的草都吃光了？"我深深地吸了一口气。

"不会的，大自然是要进行干预的。"他把本子收了起来，望了一眼那个放旅鼠的纸袋子，"实际上，旅鼠并非每年都大量繁殖，而是有节制的，并且有丰年和歉年之分，大约四年一个周期。在平常年份，旅鼠只进行少量繁殖，使其数量稍有增长。而在歉年或叫作小年当中，它们的计划生育很严，甚至可以使其数量基本上保持不变。只有到了丰年，当气候适宜和食物富足时，它们就像听到什么命令一样，齐心合力地大量繁殖起来，使整个种群的数量急剧膨胀。一旦达到一定的密度，例如一公顷有几百只，奇怪的现象就发生了：这时候，几乎所有的旅鼠一下子都变得焦躁不安起来，它们东跑西颠，吵吵嚷嚷，永无休止，停止进食，似乎大难临头，世界末日就要到来似的。这时的旅鼠不再是胆小怕事、见人就跑，而是恰恰相反，在任何天敌面前，它们都显得勇敢异常、无所畏惧，具有明显的挑衅性，有时甚至会主动进攻，真有点天不怕地不怕的样子。更加难以解释的是，这时候，连它们的毛色也会发生明显的变化，由灰黑变成鲜艳的橘红，使其目标变得特别突出。所有这些奇怪的现象加在一起，唯一可能而且合理的解释是，它们千方百计地去吸引像猫头鹰、贼鸥、灰黑色海鸥、粗腿秃鹰、北极狐狸甚至北极熊等天敌的注意，以便多多地来吞食它们。这与自杀没有什么区别，就像第二次世界大战中日本的敢死队差不多。"说到这里，他忍不住哈哈大笑起来。

我却怎么也笑不出来，陷入了迷惘的沉思。在这个星球上，一切生物都在为了生存而竞争，而那些可怜的旅鼠怎么会想方设法去自杀呢？早知如此，何必当初！不去大量繁殖，不就可以避免这种悲剧了吗？！

丹尼斯大约猜透了我的心思，收敛了笑容，认真地说："这就是旅鼠的第二个难解之谜。但是，无论怎样暴露自己，因为它们的数量实在太多，而天敌的数量却总是有限的，要靠这种方法来减少数量，收效甚微。因此，它们似乎是一计不成又生一计，显示出一种非常强烈的迁移意识，纷纷聚集在一起，渐渐地形成大群，开始时似乎没有什么明确的方向和目标，到处乱窜，就像出发之前的乱忙，正在做着各种准备似的。但到后来，不知是谁一声令下，也不知道是由谁带头，它们忽然朝着同一个方向，浩浩荡荡地出发了。而且往往是白天休整进食，晚上摸黑前进。沿途不断有老鼠加入，队伍愈来愈大，常常达数百万只。它们逢山过山，遇水涉水，前赴后继，沿着一条笔直的路线奋勇前进，决不绕道，更不停止，一直奔到大海，仍然毫无惧色，纷纷跳下去，被汹涌澎湃的波涛吞没，直到全军覆没为止。这就是所谓'旅鼠死亡大迁移'。"说到这里，丹尼斯似乎也感慨起来，两眼眺望着远处的天边，仿佛是在自言自语："真是滑稽可笑！真是不可思议！这就是旅鼠的第三大难解之谜。"

"它们这种大迁移是不是因为发生了大饥荒，而试图去寻找一块水草丰美的新领地而误入歧途呢？"

"不像。"丹尼斯摇了摇头，"旅鼠是一种啮齿类动物，主要以草根、草茎和苔藓之类的植物为食。这些植物遍布北极草原，即使达到每公顷250只的密度也还是地广鼠稀，不可能发生严重的饥荒。而且，它们不是偶然的来一次大逃亡，而是周期性的，每隔几年就来一次，而且沿着一定的路线，所以不大可能是因为饥饿所致。更具有说服力的是，它们在迁徙途中即使遇到食物丰美的地区也不停留。由此可见，导致它们大迁徙的原因绝不是饥荒，而是另有他图。"

"我还是觉得难以置信，也许它们只是聚在一起，到处乱跑，而把大海当成它们经常穿越的小河沟也说不定。因为它们的视力很差，鼠目寸光，看不到远处的东西，所以很难把大海和小河沟区别开来。"

"不！不！"他坚定地摇摇头，"有人专门研究了各地旅鼠迁移的方向，结果发现，它们最终的目的都是奔向大海。例如，瑞典和挪威中部的旅鼠是往西奔向大西洋，而挪威北部的旅鼠则是往北奔向巴伦支海。奇怪的是，还没有发现哪个地方的旅鼠是往南迁移的，其实只要它们稍微往南走一点，就可以找到食物丰富且气候温和的天堂。由此可见，它们似乎是按照某种严格的指令行事，明白无误地都把大海看作自己最终的归宿。"

"还有一个问题，"我急不可耐地打断了他的话，"如果所有的旅鼠都这样匆匆忙忙地跳进大海去自杀了，那么它们不是早该断子绝孙了吗？"

"这一点你就放心好了，它们还不至于傻到那种地步。"他笑了笑，似乎早就料到我会提出这样的问题，"当它们要进行大迁移时，总是忘不了留下少量的伙伴看家，并担负起传宗接代的神圣任务。这看上去真是天意。"

"那么，旅鼠为什么会有如此超强的繁殖能力而过一段时间又要来一次集体大自杀呢？"我终于提出了这一问题。

"不知道。"他耸了耸肩膀，"这是动物学中，特别是有关动物行为的研究中一大难解之谜。"

"有什么假说吗？"我仍不甘心。

"没有。"他摇了摇头，"因为这些行为如此稀奇古怪，以致人们连可能的假说也提不出来。"说着，他站起身来，拍了拍沾在身上的草叶和尘土，"许多动物学家和动物行为专家对北极的旅鼠进行了详细的观察和研究，总想解开其中的奥秘，但是都失败了。因此，我虽然没有对旅鼠进行过专门研究，所知道的这些只不过是道听途说，但我总是觉得，过去的事实似乎表明，用通常的研究方法和思维方式是难以解开旅鼠之谜的。"

我们边走边谈，慢慢地往海边走去。刚刚走到悬崖的边缘，他却突然大叫一声，纵身就要跳下去，着实把我吓了一大跳，我一把揪住了他的背包带。这回轮到他哈哈大笑了，他笑得弯下腰去，顺手拍了拍我的肩膀说："你真认为我会像旅鼠那样不顾一切地跳下去吗？决不会的。在旅鼠的奥秘还没有弄清楚之前，我自己却先跳到海里去自杀，岂不是比旅鼠还要荒唐滑稽？"笑了一阵，他忽然若有所思地说："不过，人类也许应该从旅鼠身上学到点什么。"

# 3. 天空为什么是蓝的

⊙〔墨西哥〕马里奥·乔斯·莫利纳

雪白，草绿，柠檬黄……一提起某些事物，我们就会清晰地联想到某种颜色，以至于我们干脆以它们来给这些颜色命名。乌（鸦般）黑，灰绿，天红……停止，这不对了吧？这自然是叫天蓝啦！因为我们认为天空理所当然是蓝色的。就像煤是黑色、血是红色一样。但是天空为什么是蓝的，至少在白天是蓝的，而不是绿的或红的呢？你越是对此进行思索，越是有很多问题出现：天空怎么会有一种颜色呢？它只是由空气组成的吗？空气有一种颜色吗？或者是阳光里有颜色？什么是阳光？阳光在穿透空气的过程中发生了什么变化？所有这些，我都要向你进行解释，像我们化学家和物理学家今天所设想的那样，向你进行解释。

很久以前，人类就已经思考过天空和它的颜色了。有些人认为，天空是蓝的，因为大海映照着天空。也有一些人认为，它充满了飘浮在空气中的微小的蓝色粒子。两千多年前古希腊哲学家亚里士多德猜想，只有在光中才有颜色，而黑暗则是无色的。这个睿智的古希腊人是对的：我们周围的事物之所以显现出颜色来，仅仅是因为阳光照射着它们。虽然阳光看上去是白色的，但是所有的颜色在阳光里都存在：红色、橙色、黄色、绿色、蓝色和紫色——有些人说：紫丁香花色。如果阳光穿过雨水，在天空中变出一条彩虹，你就会看到这些颜色，因为许许多多的小雨滴阻断了光线的去路，迫使光线改变它的方向。这时，这些小雨滴就把阳光里的所有颜色或多或少地挤出了它的轨道：红色被折射得最少，橙色就稍多些，其次是黄色、绿色和蓝色，而紫色则距离它原来的轨道最远。所以，每一条彩虹的颜色，总是有着同样的顺序排列：先是红色，然后是橙色、黄色、绿色、蓝色，最后是紫色。

但是为什么光线遇到阻碍，就会改变它的行进道路呢？如果你把光线设想为波浪，你就会猜破这个谜了。这个想法在300多年前，荷兰物理学家克里斯蒂安·惠更斯就已经有了。今天我们的自然科学家仍然相信，光像一个波浪那样运动。你可以设想一滴雨落在一个水洼里的情景。当这滴水落到水面上时，就会产生小波浪，波浪一起一伏地变成更大的圈儿，向着四面八方扩展开去。如果这些波浪碰上一块小石子或一个别的什么障碍物，它们就会被反弹回来，改变波浪的方向。光波在穿过空气的过程中，遇到了一滴雨或另一个障碍物，它们的情形与之相似。这时光就会偏离它原来的直线轨道。

就像有大的和小的波浪，在大海里和在水洼里，光波的波长也都是不同的。这主要取决于我们称之为"波长"的两个波峰之间的距离。用肉眼你是看不出光的波浪之间的距离的，因为它们小得难以想象，即其厚度只有一根头发的百分之一。然而，用很灵敏的测量仪表，可以很精确地测出光的波长。研究表明，每一种色彩都有它自己的、不可更改的波长：紫色和蓝色波长很短，而红色则波长较长。

这些不同波长的光（不同的颜色）遇到障碍时，折射的情形是不一样的。如果你又想到水洼里的小石子的话，你就能够很好地想象出来。一滴雨水在水面上泛起的涟漪碰到像一块石头这样的大障碍物时，水面便被搞得混乱不堪。如果是一个"巨浪"，像你用手在水洼边掀起的那种"巨浪"，那么这块石头便是一个小小的障碍；这个"巨浪"干脆从石头上漫过去，并畅通无阻地到达水洼的对面边缘。不同波长的颜色的情形与这相似：阳光中波长短的蓝色受到空气中障碍物的干扰比波长长的红色更加强烈。现在你应该知道了，为什么一滴水能够将白色的阳光分裂成那些众多的颜色，这就是我们所看到的彩虹。你马上就会懂得，天空为什么是蓝的。

如果阳光从天空照射下来，它就会连续不断地碰到某些障碍——即使没有下雨。因为光所必须穿透的空气并不是空的，它由很多很多微小的微粒组成。其中的大多数，百分之九十九不是氮气便是氧气，其余则是别的气体微粒和微小的飘浮微粒，它们来源于汽车的废气、工厂的烟雾、森林火灾或者火山爆发出来的岩灰。虽然氧气和氮气微粒仅是一滴雨水大小的百万分之一，但是它们也照样能阻挡阳光的去路。光线从这些众多的小"绊脚石"上弹回，并改变自己的方向：光线被散射出去，这是我们的化学家和物理学家们的说法。波长短的蓝色光和紫色光比波长长的橙色光和红色光散射得多。所以散射的光中，紫光比红光几乎多10倍，而蓝光则几乎比红光多6倍。绿色的、黄色的和橙色的光线，敌不过占优势的蓝色光线和紫色光线，所以我们觉得这些散射的光是蓝色的——天蓝色的。发现这一切的，是英国物理学家和诺贝尔奖获得者瑞利勋爵。他在130年前就已经发现了：当光线透过空气偏离了它原来的直线方向时，光的波长不同，偏离的距离不同。后来人们为了向他表示敬意，便把这个散射过程叫作瑞利散射。如果你向天空看去，你主要看见的是阳光中被散射的蓝色的光，而不是未经散射的阳光。这本来是白色的。如果要看见这种白色的、未经散射的光，这种笔直向你落下来的光，你就得直接朝着太阳看去。但是，你千万别这样做！因为直接照射的阳光很强烈，也很危险，它会在瞬间严重灼伤你的眼睛；如果你看久了，它会使你双目失明。

现在你知道了，白色的光能够分成彩虹的各种颜色。反过来也完全一样。这种情形你会在一个有阳光的日子里体验到。有时在地平线，这是天地相接的地方，天空看上去是白色的，无论如何，比直接在你头顶上方的蓝光要苍白一些。之所以会这样，是因为阳光从地平线到你这个地方，比起它直接从空中落下来所需在空气中走的路程要远得多——即在一路上它所擦过的微粒子要多得多。这些大量的微粒子就这样多次散射阳光，所以天空显得白中透着淡蓝。也是由于同样的原因，使得牛奶的颜色呈现出白色。你拿一杯水，把它放在一个黑暗的背景里，放进一滴牛奶，再拿一只手电筒照射杯子的一端，并靠近它，手电筒的光在水中即会显现出淡蓝色。这样，你就理解瑞利散射了。但是，如果你往水里放的牛奶越多，水就越白，因为光一再地受到这些众多的牛奶微粒的散射，结果就是白色的，跟在地平线上空呈现的颜色一样。

阳光从地平线通过地球大气层照射到你这个地方，经过漫长的道路。大气层不仅使白天你头顶上方的天空明亮，也使得太阳落山时的傍晚的天空不显现蓝色而显现红色。由于傍晚的光在照射到你这个地方的路上所遇到的众多的微粒，使得阳光中的紫色和蓝色的部分往四面八方散射开去，仅留下一点点使你的肉眼看得见的光。为什么我们还会看见日落的橙红色光线，现在你大概想知道吧？因为波长短的蓝色和紫色的光被散射出去，所以到达你这里的，仅仅是波长长的橙红颜色。你观察一下日落吧，你就会看见从空中径直到你这个地方的光线——这些光线，主要是黄色的、橙色的和红色的。白天你主要看见太阳经过散射的光，天空是蓝色的；在日落时，你看见了未经散射的光，天空就显现出红色。

所以正在下落的太阳的红色可以跟白日天空的蓝色一样得到解释。不过，天穹在落日后也还会在一段时间内呈现深蓝色。这是一件怪事，因为在已经沉没的太阳到达大气层最外沿的不多的光线中，不但含有蓝色的散射光，而且也含有一些别的颜色。几个物理学家在50年前就揭开了这个谜：导致黄昏时天空呈现蓝色的是一种特别的物质。这种特别的物质在离地球表面20千米到30千米的高空处，聚集成厚厚的一个层面，即臭氧层。这种气体对正在下落的太阳光，起到像颜色过滤器那样的作用：它截获太阳光中的黄色和橙色的部分，却几乎无阻拦地让蓝色的部分通过。当最后的少许光消失时，所有的颜色才消失在黑暗的夜色中。

臭氧不仅导致黄昏的蓝色天空。除了阳光的红色和黄色的部分以外，臭氧还吞下一种你无法看见的特殊的光线：紫外线的光，或称紫外线。你一定曾经听说过，紫外线对所有的生物——包括你有多么危险。如果它在你裸露的皮肤上照射得太久，你就会有晒斑。地球上到处都有足够厚度的臭氧层，能截获尽可能多的紫外线：这对于我们这个星球上的全体生命来说，是极其重要的。

可惜这个生命攸关的保护层在许多地方都已经变薄了，在南极上空已经形成了一个大的空洞。某些物质对臭氧洞扩大负有责任，它们破坏了臭氧层。此类物质就是所谓的氟利昂，它们被人们用来制作护发剂或制冷。这是一种对臭氧层特别有害的物质，我的同事和我曾彻底研究过，并且我们已经发现，它是如何破坏臭氧的。从此以后，这种"臭氧杀手"在许多国家不再被使用。这使我产生了希望：臭氧层得以复原，并能在将来完成它的重要任务——保护我们地球上的生命，使其免受致命的紫外线的伤害。此外，是生物自身创造了地球的臭氧层：细菌、藻类和其他植物发明了光合作用。你在这里只需知道：通过光合作用，大气层里充满了氧气微粒，同时也产生了臭氧，因为臭氧是氧气的一种形态。氮气和"正常的"氧气使天空白天呈现出蓝色，而臭氧将黄昏染成蓝色。

覆盖我们地球三分之二面积的海水也发蓝光。其间的各大洲虽然呈现出像土地那样的褐色或像森林那样的绿色，然而上空却总是蓝色的——不仅从地面上看去，甚至从宇宙中看来，地球也是裹着一块轻柔的蓝色面纱。天空的蓝色在大气层中闪亮，从大气层外观察过地球的天文学家们曾报道过这一情况。所以地球被称作"蓝色星球"是完全正确的。它那独特的蓝色就是生命的颜色。

（张荣昌/译）

## 二十四节气歌

古人最初把二十四节气细分为节气和中气两种。例如立春是正月节，雨水是正月中；惊蛰是二月节，春分是二月中。节气和中气相间，其余由此顺推。我国古代劳动人民为了方便记忆，总结出了各种各样的"二十四节气歌"，但是下面这首流传较广：春雨惊春清谷天，夏满芒夏暑相连。秋处露秋寒霜降，冬雪雪冬小大寒。每月两节不变更，最多相差一两天。上半年来六廿一，下半年来八廿三。

# *4.* 宇宙里有些什么

◎郑文光

让我们把目光投向无穷无尽的宇宙。

无数颗星星在茫无涯际的宇宙中运动着。我们看得见的星星，绝大多数是恒星。看上去它们好像是冷的，但实际上每颗恒星都是一个火热的太阳。汹涌的热浪不断地从这些大火球中吐出来，射向广袤的宇宙空间。它们的热度非常高，表面温度至少有3000摄氏度。即使是最坚硬的金属，一接触它们的表面就会熔解，甚至化为气体。可是，当你看到静静的夜空中闪烁着寒光的小星星的时候，说不定还会把它们当作萤火虫呢。

许多红色的星星很大很大，有的可以装得下80万万个太阳。这些星星是由非常稀薄的气体状态的物质组成的。最稀薄的，密度只有地球上空气的几万分之一，比我们用抽气机造成的"真空"还要稀薄得多。

也有一些恒星非常小，有的比地球还小。可是这种星星的物质，密度特别大，火柴头那么大的一点点就抵得上十多个成年人的重量。用白金造成同样大的一个球，重量才抵得上它的二百万分之一。人到了这种星星上面休想站得起来，因为它的引力是那样大，人的骨骼早就被自己的体重压碎了。这样的小星星发出强烈的炫目的白光，它的表面温度高达30000到50000摄氏度。

还有数量众多的中等的恒星，这些恒星像太阳一样，体积不太大，密度不太小（太阳的密度是水的1.4倍），表面温度也不十分高，只有几千摄氏度。

恒星有各种各样的，但是全都是灼热的庞大的气体球，全都是发光发热的。

这些星星里，想来会有不少不发光的行星绕着它们转的吧。固然，今天凭地球上最大的望远镜，还不能直接看见别的恒星世界的行星，但是有什么理由能说太阳系的构成是宇宙中独一无二的呢？太阳可以有行星，为什么别的恒星就不能有呢？

从这颗星星到那颗星星的距离，每秒钟能飞16.7千米的宇宙飞船得走几万年。

得走几万年，多么辽阔的宇宙空间啊！尽管恒星都很大，差不多每一颗都能装下几百万个地球（只有极少数比地球小），可是在辽阔的宇宙空间里，这些恒星不过像大海里的水滴，也许还要小。

还有难于计算的由尘埃和气体组成的星云，浮游在星星和星星之间，浮游在宇宙空间里，阻碍星光的通过。这些星云有的厚到几万亿千米，本身并不发光，如果在附近有恒星，它就反射出光亮，叫作亮星云。否则它就是暗黑的，叫作暗星云。

这样就可以知道，宇宙里有发光的星星，还有亮星云、暗星云等。

大约1000万万颗以上的恒星组成一个铁饼形状的东西，我们把它叫作银河系，太阳也在其中。从地球上望出去，银河就像一个环，套在地球周围。这是一个美丽的环，当它一半没在地平线下，另一半横过天空的时候，人们就说，这是一条天河，它把多情的织女和牛郎隔开了。

哪里知道，这条天河淹没了1000万万颗以上的星星啊！1000万万，你一口气数下去，得数1000多年！

这就是整个宇宙吗？不，这还只是构成宇宙的一个微不足道的小点点。

宇宙里有千千万万个像银河系一样的恒星系，这些恒星系大都有1000万万颗以上的恒星。

我们肉眼能看到仙女座里的一个恒星系。每当初冬晚上八九点钟的时候，差不多在天空正中有一个纺锤形的小光斑，就是这个恒星系。它距离我们那样远，光线从它那里到地球上得走220万年。在每一个恒星系里，光线从这一头到那一头也得走几万以至十几万年。不要忘记，光线是宇宙中最快的使者，若是宇宙飞船，不知道要走多少万万年呢。

我们已经发现数以亿计的恒星系。可是不要以为我们已经看透整个宇宙了。要知道数以亿计的恒星系仍然只是茫茫宇宙的一个极小部分。随着望远镜制造技术的不断提高，新的仪器的不断发明，我们将会看到更远的世界。

所有的星星和恒星系都在飞快地运动着。太阳也带着地球和其他行星以每秒19千米的速度飞奔。同时，太阳系也参加银河系的自转运动。在这运动中，太阳系每秒要走250千米。

整个宇宙都在运动，在发展。

宇宙是无穷无尽的，它的运动也是无穷无尽的。

人类在"足不出户"的时代就能够测算出，遥远的星星体积有多大，温度有多高，有些什么元素，在怎样运动。今天，载人的宇宙飞船已经成功地实现了登上月球的飞行，将来一定会揭示更多的宇宙秘密。

## 二十四候花信风

二十四候花信风，又称"二十四风"，简称"花信风"，是应花期而来的风。二十四候花信风以梅花为首，楝花为末，自小寒至谷雨共八气，一百二十日，每五日为一候，计二十四候，每候对应一种花信：

小寒：一候梅花，二候山茶，三候水仙；大寒：一候瑞香，二候兰花，三候山矾；立春：一候迎春，二候樱桃，三候望春；雨水：一候菜花，二候杏花，三候李花；惊蛰：一候桃花，二候棣棠，三候蔷薇；春分：一候海棠，二候梨花，三候木兰；清明：一候桐花，二候麦花，三候柳花；谷雨：一候牡丹，二候荼蘼，三候楝花。

# 5. 金属也有"记忆力"

◎代晓琴

记忆，是神经系统存储过往经验的能力，代表着一个人对过去活动、感受、经验的印象累积。金属是元素周期表中具有金属光泽、可塑性、导电性及导热性良好的化学元素。自古以来，人们总认为，只有人和某些高等动物才有记忆能力，而非生物是不可能具有这种能力的。

金属在自然界中绝大多数以化合态存在，所以一说起金属，我们就会联想到冷冰冰、硬邦邦等词语。但就在这群"不食人间烟火"的"硬汉"中，却有一些"成员"具有"记忆力"。

20世纪60年代初，美国海军研究所一个研究小组，在领到一批乱如丝麻的镍钛合金丝后，花了不少精力将它们弄直，可是当他们将这些金属丝放在近火的地方时，发现它们又重新变弯了。这个偶然的发现立即引起了人们的兴趣。经过一番研究，大家在合金大家庭中又找到了金镉合金、铜锌合金等一类具有记忆形状功能的合金。

记忆合金在不同温度下会发生形状的变化。譬如，同样一段镍钛合金丝在冷水中和热水中，其形状就会不同。我们先将一段笔直的镍钛合金丝在冷水中弄弯，然后将它放在热水中，它又会变直。这样反复改变合金丝的温度，它的形状也会随之发生变化。所以，记忆合金"记忆"的关键是温度。

温度是导致记忆合金形状改变的基本条件。这是因为这类合金存在一对可逆转变的晶体结构。如含有镍和钛各为50%的记忆合金，有两种晶体结构，它们是不同的形状，一种是菱形的，另一种是立方体的，但是它们相互转变的温度却是一定的。高于这一温度，它会由菱形结构转变为立方体结构；低于这一温度，它又由立方体结构转变为菱形结构。晶体结构类型改变了，它的形状也就随之改变，故而，它在冷水中和热水中的形状各异。

由于记忆合金具有记忆这种"特异功能"，因此在很多重要的地方显示出了它非凡的本领。凭着这本领，记忆合金正在各领域大显身手。

大街上，车水马龙，一旦发生交通事故，我们的车辆就难免"遍体鳞伤"。遇到这样的情况，即使把车送到修理厂，修理工也会耗费大量时间使汽车恢复原状。但是，如果汽车车身改用形状记忆合金，那么，修理工作就变得极其简单。撞变形的汽车不用再送修理厂，只需要往上面浇注适宜温度的热水，汽车就会恢复原状，既省钱又省力，很方便。

众所周知，通过缩小体积来节省建造飞船费用的方法十分重要，科学家把记忆合金的特性应用于航空领域，让一些可能缩小的物件变得更小，方便携带。例如，美国曾利用记忆合金的特性，将由镍钛合金做成的发射和接收天线通过宇宙飞船带到月球上。这种直径为254毫米的半球形天线被折叠成50毫米大小的一团并传送到月球上，吸收太阳光的热量后又自动恢复为原来的半球形。

此外，记忆合金的生物相容性较好，利用其形状记忆特性和超弹性的医学实例相当多。譬如人造骨骼、各类腔内支架、栓塞器、接骨板、髓内针、心脏修复元件等。

目前，记忆合金已经发展了诸如记忆合金无声脉动电机、形状记忆合金温控器、医用高强度记忆合金矫形棒等数十种产品，造福人类，发展前景十分广阔。

## 农历十二个月的别名

一月：正月、征月、端月、孟春；二月：如月、杏月、仲春；三月：桃月、暮春、季春；四月：余月、清和月、槐月、孟夏；五月：皋月、榴月、蒲月、仲夏；六月：且月、荷月、伏月、季夏；七月：相月、巧月、孟秋；八月：壮月、桂月、仲秋；九月：玄月、菊月、季秋；十月：阳月、小阳春、孟冬；十一月：辜月、葭月、仲冬；十二月：涂月、腊月、嘉平月、季冬。

# 6. 自然笔记

◎杨文丰

## 蓝地球

宇航员在苍凉的太空，可俯瞰到一片景象：我们亲爱的地球母亲，笼罩在一片祥和、辽阔、艳丽的蔚蓝色中。

任何现象的发生，都如英雄横空出世，有难以取代的机缘。空间和人类社会，从来就没有仿如梦幻和童话意境的蓝空气；地球村，更没有长久的蓝色和平。笼罩地球的一片蓝，是阳光与空气精心协作的"魔术"。

温泉般汩动、往地球泼泻的阳光，总要与拥抱、呵护地球的空气邂逅。空气茫茫，没有芳草连天、梨花千里的纯洁。不同波长的、特定的七色光波汇聚成阳光。波长较短的紫、蓝、靛等色光，在地球大气圈上层，一旦"遭遇"空气中的尘埃、冰晶和水滴等微型物质，必将"共时性"地发生类似于故居檐下雨水滴石、水花四溅式的散射、漫射，这现象，在宇航员眼里，便成了笼罩地球的奇特的蓝。

我们一直喘息在苍茫、绵厚的空气之底。暴风雨霁，我们的头颅之上，总能高悬一片穹庐似的、蔚蓝色的天空。这天穹，像安谧的能给人以无限怅惘的湖。光天化日里，无论何人，都希冀能平等地生活于和平宁静、碧蓝如洗的天穹之下。在联袂环绕地球、长带飘飘于寒界的仙人们看来，我们的家园，就果真是一个蓝地球了……

## "晨昏线" 寓言

全人类和其他生物所依恋、拥抱的地球，总是同时承受着白天和黑夜，以太阳为中心，自西而东旋转，风雨兼程。地球，是一个具有农民式现实、谦和、质朴及忍耐精神的球体。白天与黑夜在地球表面上的交界线，气象学上称为"晨昏线"。晨昏线，忠实地做着与地球反向、同速的运动。民谚曾揭示规律："三十年河东，三十年河西。"晨昏线过处，无非是白绸缎刚刚飘然过去，黑披风就急急拂脸而来。沧海桑田，云去云飞。黑夜和白天，对自己体下的江山万物，施行着循环式的恩泽与压迫。

寓意尤深的是，地球并不是一只裸球，地球穿着一袭绵厚、无色且流动的空气霓裳。高级动物和其他生物，日日夜夜，全出没在宛若虚幻的空气里。阳光打在空气上，难免发生漫射、散射，因而，在毗邻晨昏线光暗交界的区域，光亮，总是毫不留情地占领一些本属黑暗的疆域。尽管这个疆域一如善恶交汇，明暗模糊，却总显现着蕴藉和幽远。晨昏线，表明光暗的分庭抗礼自始就不是平分秋色。况且，在晨昏线一侧，在阳光与地球的"切线"上方，亦是黑暗、辽阔、厚实的光亮和辉煌。

"晨昏线现象"够得上是宇宙背景上的一篇"大散文"。晨昏线所呈现的大境界，确是小小寰球上任何人文和自然境界都无法比肩的。在晨昏线现象面前，人类自鸣得意的一切，不过是杯水风波式的"小女人散文"。晨昏线现象大白于宇宙的社会意义更在于：太阳的光辉顶多只照得半个多地球。"光中也有暗，暗中也有光。"光明的下底是半个光明圆弧面，黑暗的底界则是半个黑暗圆弧面。光亮是抚摸、拥挤着地球前进的，黑暗也不是高兴、失重式窜逃的。光明（黑暗）在地球的这一面，黑暗（光明）在地球的另一面。光明（黑暗）在此处若是败退的，黑暗（光明）在彼处就是凯旋的。但是，只要地球的生命之树常绿，只要地球还有能力自转，光明就会永恒地大于黑暗。

# 包容一切的空气

她很诗化，抽象得像光，缥缈得如雾，漂泊得似水。她深远、宽阔、无色、无味、单纯、空灵。她的脚步，虚幻飘忽，无影无踪。你看不见她，尽管她有重量，更有形体，本非虚无。你用手抓她，先一握，再一拧，满以为抓住了，而你的手中，却依然虚空。

她和你密不可分：她中有你，你中有她。

她成了地球飘拂的帐幕，包围、密拥着整个地球。

她是古老的，远胜于陶罐、甲骨文。当星尘凝成的地球，还是一团疏松时，她就里里外外地存在、开放、更新和发展了。她感受着时序的运转和变化，品味着尘寰的沧桑与凉热……

她同时又是年轻的，年轻得像一只方蠕出蛹壳、飞入苍穹的蝴蝶。她因流荡而朝气蓬勃，生命得以永恒；她以吐纳而生机旺盛，襟怀永驻春天。

她永远是那么勤劳，勤劳得像云水间的园丁。她乃众多气体的家园。她吸收、散射、漫射和屏障了大量的宇宙射线，送下界以一片祥和的蔚蓝。她储存海上的甘霖，输给苦旱的陆地。她将赤道的热浪，吹进冰雪的两极。她的先锋队——风，舒展空茫中的旗帜，吹白十里梨花，芳馨春燕的双翼；她拂过希望的田野，将秋天震颤得金黄。柔软的湖水，因她而泛起梦似的涟漪；蒲公英种子，因她而摇荡在流光的天空；她是生命的仓库，给万物以无尽的滋养。没有她，飞鸟不能展翅盘旋；离开她，白云无法悠悠飘行。她教新生活的画家蘸起太阳般燃烧的色彩；她让辛勤的舞蹈家有了比风更轻的追求。白云、虹霓、佛光①、海市、春雷、冬雪、夏雨、秋声、飞船、海河、原野、飞鸟、蜜蜂、胚芽、叶绿素、落叶、艺术和梦，都是她怀中或虚或实的创造。天空和大地，因她而充满了生命的轰响和辉煌。

或许，她是永恒的流浪者，她才如此地热爱我们共同的绿色家园——地球。没有她，生命将停止呼吸，火将停止燃烧，物质将不会氧化……我们的地球，将会是一片荒凉和死寂……烈日里，地球升温成火球；月光下，地球降温为冰蛋。没有空气，一切都将是虚

---

①佛光：山区的一种自然景象，在与太阳相对方向的云层或雾层上呈现围绕人影的彩色光环，由光线通过云雾区的小水滴经衍射作用而形成。

无。好在她无孔不入，无处不在，善解物意，随物赋形①。

她的胸襟早就不止于包容一切，她"统一了黑暗和光明，统一了寒冷和温暖，统一了阴电和阳电"（高士其《天的进行曲》）。

她的一切，都来自自身的平凡。在她的领地，最美好、最基本的品格还是平凡。她平凡到了极致！

微尘的极致是土地。河流的极致是海洋。星辰的极致是星系。——平凡的极致是伟大！她是平平凡凡的伟大，伟伟大大的平凡。

她是平凡而伟大的象征……

# 蒲福风级

风的级别，可用海陆之自然景物的"表现"予以表达：

海平如镜、"大漠孤烟直"时，谓无风，抑或0级风。

海船轻摇，炊烟刚刚可表示空气动向，为1级风。

乘2级轻风，海船可每小时随风移行1至2海里，陆地树叶儿轻摇。

海船微显簸动，树欲止而枝动摇，刮的是3级微风。微风，即文采未随风而逝的散文家苇岸在《一九九八：廿四节气》中写的"能够展开旗帜的风"。

和风（4级）起兮船涨满帆，行船非左倾则右倾，地面飞尘走纸。

5级风亦名清劲风，虽清劲，帆却得下半杆，内陆湖面水波荡漾。

----

① 随物赋形：指针对客观事物本身不同的形态给予形象生动的描绘。

强风浩荡，"秦皇岛外打鱼船，一片汪洋都不见"，缘于为减少受风面积，风帆已被艄公下放。看苍茫大地，细树摇晃，电线呜呜，人在雨中行而撑伞维艰，此时乃6级强风焉。至若沧海茫茫，白浪滔滔，世人迎风行而不便，树木根不动而全身摇，此时已是"知劲草"之疾风（7级）也。8级风就是大风焉。有中度大浪，所有近海渔船都要靠港，停留不出，风可折毁小枝，迎风步行感觉阻力很大。

烈风（9级）来时，屋瓦挪移，汽船航行维艰。万一10级狂风呼啸，汽船行动便有危险矣，树皮撕裂，农舍倒塌。至若暴风（11级）来时，汽船航行便愈加危险，幸好陆上暴风骤雨尚少，否则人寰楼宇损毁大焉。

风进入12级，就成了飓风。多年前，读过一帧油画叫《九级浪》，画中那竖壁般的巨浪，描摹的就是飓风情景。飓风起兮白浪滔天，海上船只倾覆，人或成鱼鳖。好在泱泱大陆，罕见飓风。

将风力分作12个等级，是英国海军大将蒲福的伟大创造，这已是发生在公元1805年的事。"蒲福风级"具有模糊性。近代以降，随着气象仪器的出现，气象学家遂想将仪器所测风速与蒲福风级配套，几番风中行动，才编出一套将现代性与传统性相结合的蒲福风级表。根据风况，还将蒲福风级增延了5级。

人类社会原是一个等级森严的社会。人类社会一直风声不断，而且，新的级别依然在流动产生。人们界定人类社会和自然风物的级别，无非是出于功利。科学在本质上就是最大的功利。科学的历程，就是人类深一脚踩上"理想"、浅一脚陷入"泥淖"的过程。

第五单元

# 说明的顺序

　　说明文在介绍事物或阐明事理时，要根据说明对象或读者的特点合理安排说明顺序。读者不同，写作目的不同，关注角度不同，采用的说明顺序也不尽相同。通常情况下，一篇说明文不会通篇只采用一种顺序，往往是以一种顺序为主，兼用其他顺序。

　　本单元所选说明文，有名家经典，亦有学生习作，它们都根据需要选用了适合说明内容的说明顺序：有逻辑顺序，有时间顺序，有空间顺序。多种顺序综合使用，灵活搭配，取得了很好的表达效果。学习借鉴这些文章的写法，让自己的说明文也呈现出井然有序的面貌吧。

# *1.*晋　祠

⊙梁　衡

　　出太原西南行五十里，有一座山名悬瓮。山上原有巨石，如瓮倒悬。山脚有泉水涌出，就是有名的晋水。在这山下水旁，参天古木中林立着百余座殿、堂、楼、阁，亭、台、桥、榭。绿水碧波绕回廊而鸣奏，红墙黄瓦随树影而闪烁，<u>悠久的历史文物与优美的自然风景，浑然一体</u>，这就是古晋名胜晋祠。

　　西周时，年幼的成王姬诵即位，一日与其弟姬虞在院中玩耍，随手拾起一片落地的桐叶，剪成玉圭形，说："把这个圭给你，封你为唐国诸侯。"天子无戏言，于是其弟长大后便来到当时的唐国，即现在的山西做了诸侯。《史记》称此为"剪桐封弟"。姬虞后来兴修水利，唐国人民安居乐业。后其子继位，因境

一句话概括了晋祠总的特点。

内有晋水，便改唐国为晋国。人们缅怀姬虞的功绩，便在这悬瓮山下修一所祠堂来祀奉他，后人称为晋祠。

晋祠之美，在山美、树美、水美。

这里的山，巍巍的如一道屏障，长长的又如伸开的两臂，将这处秀丽的古迹拥在怀中。春日黄花满山，径幽而香远；秋来草木郁郁，天高而水清。无论何时拾级登山，探古洞，访亭阁，都情悦神爽。古祠设在这绵绵的苍山中，恰如淑女半遮琵琶，娇羞迷人。

这里的树，以古老苍劲见长。有两棵老树，一曰周柏，一曰唐槐。那周柏，树干劲直，树皮皴裂，冠顶挑着几根青青的疏枝，偃卧于石阶旁，宛如老者说古；那唐槐，腰粗三围，苍枝屈虬，老干上却发出一簇簇柔条，绿叶如盖，微风拂动，一派鹤发童颜的仙人风度。其余水边殿外的松、柏、槐、柳，无不显出沧桑几经的风骨，人游其间，总有一种缅古思昔的肃然之情。也有造型奇特的，如圣母殿前的左扭柏，拔地而起，直冲云霄。它的树皮却一齐向左边拧去，一圈一圈，丝纹不乱，像地下旋起了一股烟，又似天上垂下了一根绳。

联系下文，你能从这句话中看出全文的说明顺序是什么吗？

一个"旋"字形象地写出了左扭柏"一齐向左边拧去，一圈一圈"的特点。

其余有的偃如老妪负水，有的挺如壮士托天，不一而足。祠在古木的荫护下，显得分外幽静、典雅。

这里的水，多、清、静、柔。在园内信步，那里一泓深潭，这里一条小渠。桥下有河，亭中有井，路边有溪，石间有细流脉脉，如线如缕；林中有碧波闪闪，如锦如缎。这么多的水，又不知是从哪里冒出的，叮叮咚咚，只闻佩环齐鸣，却找不到一处泉眼，原来不是藏在殿下，就是隐于亭后。更可爱的是水清得让人叫绝。无论多深的渠、潭、井，只要光线好，游鱼、碎石，丝纹可见。而水势又不大，清清的波，将长长的草蔓拉成一缕缕的丝，铺在河底，挂在岸边，合着那些金鱼、青苔、玉栏倒影，织成了一条条的大飘带，穿亭绕榭，冉冉不绝。当年李白至此，曾赞叹道："晋祠流水如碧玉，百尺清潭泻翠娥。"你沿着水去赏那亭台楼阁，时常会发出这样的自问：怕这几百间建筑都是在水上漂着的吧！

然而，最美的还是祖先留给我们的文化遗产。这里保存着我国古建筑的"三绝"。

一是圣母殿。这是全祠的主殿，是为虞侯的

本文的表达方式主要是说明，但也有大量生动的描写，还有抒情和议论。

写圣母殿采用的是空间顺序，按照由外到内的顺序说明。

母亲邑姜所修的。建于宋天圣年间，重修于宋崇宁元年（1102）。殿外有一周围廊，是我国古建筑中现在能找到的最早实例。殿内宽七间、深六间，极宽敞，却无一根柱子，原来屋架全靠墙外回廊上的木柱支撑。廊柱略向内倾，四角高挑，形成飞檐。屋顶黄绿琉璃瓦相扣，远看飞阁流丹，气势雄伟。殿堂内宋代泥塑的圣母及四十二尊侍女，是我国现存宋塑中的珍品。她们或梳妆、洒扫，或奏乐、歌舞，形态各异。人物形体丰满俊俏，面貌清秀圆润，眼神专注，衣纹流畅，匠心之巧，绝非一般。

二是殿前柱上的木雕盘龙。这是我国现存最早的盘龙殿柱，雕于宋元祐二年（1087）。八条龙各抱定一根大柱，怒目利爪，周身风从云生，一派生气。距今虽近千年，仍鳞片层层，须髯根根，不能不叫人叹服木质之好与工艺之精。

三是殿前的鱼沼飞梁。这是一个方形的荷花鱼沼，却在沼上架了一个十字形的飞梁，下由三十四根八角形的石柱支撑，桥面东西宽阔，南北翼如。桥边栏杆、望柱都形制奇特，人行桥上，随意左右，如泛舟水面，再加上鱼跃清波，荷红映日，真乐而忘归。这种突破一字桥形的十字飞梁，在我国现存的古建筑中是仅有的一例。

以圣母殿为主的建筑群还包括献殿、牌坊、钟鼓楼、金人台、水镜台等，都造型古朴优美，用工精巧。全祠除这组建筑之外，还有朝阳洞、三台阁、关帝庙、文昌宫、胜瀛楼、景清门等，都依山傍水，因势砌屋，或架于碧波之上，或藏于浓荫之中，糅造化与人工一体。就是园中的许多小品，也极具匠心。比如这假山上本有一挂细泉垂下，而山下却立了一个汉白玉的石雕小和尚，光光的脑门，笑眯眯的眼神，双手齐肩，托着一个石碗，那水正注在碗中，又溅到脚下的潭里，却总不能满碗。和尚就这样，一天一天，傻呵呵地站着。还有清清的小溪旁，突然跑来一只石雕大虎，两只前爪抓着水边的石块，引颈探腰，嘴唇刚好埋入水面，那气势好像要一吸百川。你顺着山脚，傍着水滨去寻吧。真让你访不胜访，虽几游而不能尽兴。历代文人墨客都看中了这个好地方，至今山径石壁、廊前石碑上，还留着不少名人题咏。有些词工句丽，书法精湛，更为

写园中小品采用逻辑顺序，由概括到具体。

湖光山色平添了许多风韵。

这晋祠从周唐叔虞到任立国后自然又演过许多典故。当年李世民就从这里起兵反隋，得了天下。宋太宗赵光义，曾于太平兴国四年（979）在这里消灭了北汉政权，从而结束了中国历史上五代十国的分裂局面。一九五九年陈毅同志游晋祠时兴叹道："周柏唐槐宋献殿，金元明清题咏遍。世民立碑颂统一，光义于此灭北汉。"

以一句由衷的赞叹收束全文，首尾呼应。

晋祠就是这样，以她优美的身躯来护着这些珍贵的历史文化。她，真不愧为我国锦绣河山中一颗璀璨的明珠。

# *2.* 狮子头

◎梁实秋

狮子头，扬州名菜。大概是取其形似，而又相当大，故名。北方饭庄称之为四喜丸子，因为一盘四个。北方做法不及扬州狮子头远甚。

语言文白交融，体现了言约意丰的语言风格。

我的同学王化成先生，扬州人，幼失怙，赖姑氏扶养成人，姑善烹调，化成耳濡目染，亦通调和鼎鼐之道。化成官外交部多年，后外放葡萄牙公使历时甚久，终于任上。他公余之暇，常亲操刀俎，以娱嘉宾。狮子头为其拿手杰作之一，曾以制作方法见告。

句式奇偶互见，骈散相宜，使行文活泼，舒卷自如。

狮子头人人会做，巧妙各有不同。化成教我的方法是这样的——

首先取材要精。细嫩肉一大块，七分瘦三分肥，不可有些许筋络纠结于其间。切割之际最要注意，不可切得七歪八斜，亦不可剁成碎泥，其秘诀是"多切少斩"。挨着刀切成碎丁，越碎越好，然后略为斩剁。

次一步骤也很重要。肉里不羼荠粉，容易碎散；加了荠粉，黏糊糊的不是味道。所以调好荠粉要抹在两个手掌上，然后捏搓肉末成四个丸子，这样丸子外表便自然糊上了一层荠粉，而里面没有。把丸子微微按扁，下油锅炸，以丸子表面紧绷微黄为度。

再下一步是蒸。碗里先放一层转刀块冬笋垫底，再不然就横切黄芽白作墩形数个也好。把炸过的丸子轻轻放在碗里，大火蒸一个钟头以上。揭开锅盖一看，浮着满碗的油，用大匙把油撇去，或用大吸管吸去，使碗里不见一滴油。

这三段介绍狮子头的制作方法。"首先""次一步骤""再下一步"这三个步骤，提示读者文章是按照制作流程来写的，采用的是时间顺序。

这样的狮子头，不能用筷子夹，要用羹匙舀，其嫩有如豆腐。肉里要加葱汁、姜汁、盐。愿意加海参、虾仁、荸荠、香蕈，各随其便，不过也要切碎。

狮子头是雅舍食谱中重要的一色。最能欣赏的是当年在北碚的编译馆同仁萧毅武先生，他初学英语，称之为"莱阳海带"，见之辄眉飞色舞。化成客死异乡，墓木早拱矣，思之怃然！

委婉、细腻的文字中，作者深深的感叹蕴含其中。

# 3. 沈阳故宫

⊙贺敬敬

　　沈阳故宫又称盛京宫阙，始建于1625年，按建筑布局可分为中路、东路和西路三个部分。

　　东路为努尔哈赤时期建造的大政殿与十王亭，中路有大清门、崇政殿、凤凰楼、清宁宫等，西路则包括戏台、嘉荫堂、文溯阁和仰熙斋等。初次拜访时，我选的是东路路线，参观了八角金殿大政殿以及亭内有火炕、炕桌的十王亭。而这次，我径直往中路走去。

　　进入大清门，顺御道拾级而上，便见皇太极时期的大内宫阙——崇政殿。此殿为皇太极接受朝贺和处理政务的地方，后金改国号为清的大典正是在此举行的。走近观之，整座大殿全是木质结构，面阔五间，进深三间。其殿顶铺黄琉璃瓦，镶绿剪边；正脊饰五彩琉璃龙纹及火焰珠，看上去金碧辉煌。殿前月台两角，东立日晷，西设嘉量。殿身廊柱为方形，望柱下有吐水的螭首，造型浑厚古朴。殿内"彻上明造"饰以彩绘，内陈金龙宝座和贴金雕龙扇面大屏风；两侧有熏炉、香亭、烛台等。殿柱则为圆形，两柱间用一条雕刻的整龙连接。龙头探出檐外，龙尾直入殿中，将实用与装饰完美地结合起来，帝王气魄于此体现得淋漓尽致。

凤凰楼、清宁宫也都排列在同一条中轴线上，设计颇为精美巧妙。凤凰楼建造在4米高的青砖台基上。24级台阶象征24个节气，寓意年年顺利、岁岁平安。其顶同样铺黄琉璃瓦，镶绿剪边，典雅大气。正门上的金字横匾"紫气东来"乃乾隆皇帝御笔亲题，寓意红运从东方来，大清帝国初始于盛京。该建筑是整个宫殿建筑群的制高点，也是皇帝策划军政大事和大摆宴筵之所。"凤楼观塔""凤楼晓日"乃沈阳著名的"盛京八景"之一，令人叹为观止。

清宁宫是皇太极和皇后居住的"中宫"。室门开于东次间，屋内西侧形成"筒子房"格局。宽大的支摘窗式样朴素，棂条皆以"一码三箭"式相交。该殿前后皆为方形檐柱，柱头饰兽面，檩枋饰彩绘等。如此吸收汉、藏民族建筑艺术之精华，着实精致生动。

再往北去，可见风光旖旎的后花园小桥流水，花木扶疏，长廊假山，琳琅满目。有如此花园相衬，这座古朴的建筑顿时妙趣横生，大放异彩。徜徉其中，游者更是心旷神怡，都说"到北京故宫看文物，到沈阳故宫看建筑"。

两度拜访沈阳故宫，其雄伟精美的建筑群，我的确发自内心地赞赏。

# *4.* 我的小天地

⊙杜宇轩

有句话说得好："心若没有栖息的地方，到哪儿都是流浪。"其实，每个人都希望拥有一个属于自己的小天地。也许它并不像城堡宫殿那般富丽堂皇，也不像亭台楼阁那般玲珑别致，它可能简陋、普通、陈旧，但我相信它对每个人而言都是独一无二的。

我的小天地便是我的房间，那是一个无人打扰的寂静空间，专属于我的地方，像松鼠的树洞，狭小却温馨。

推开房门，首先映入眼帘的是我的床。它靠墙摆放，大约有3平方米大小，舒适而简朴。床的风格是暖色系，床头摆着一只白色的大熊，这只熊伴我从幼年一路走来，亲历我一个个成长的烦恼和美妙而多彩的梦。

床头上方的墙壁上，贴满了照片，那都是我童年美好的回忆。其中有幅大照片比较显眼，照片上的我十分稚气，抬头仰望天空，仿佛憧憬着美好的未来。往前走，床尾摆放着一个简约的衣柜，里面挂满了我的衣服。在衣柜的右边是房间的窗户，每当太阳升起，

153

总会有几缕阳光透过窗户照进我的小天地里，温暖而又舒适。

窗户的旁边则是书桌——我每天学习的地方。桌角摆放着一个闹钟，每天不知疲倦地嘀嗒嘀嗒走个不停，按时叫我起床。左侧放着一盏台灯，每当夜幕降临时，台灯便发出暖暖的光，告诫我别偷懒，也见证着我的努力。

书桌的右边倚靠着一个书柜，它的"大肚子"里装着许多书籍。书柜共分为四层，最下面一层放着辅导资料。书柜的第二层，放着我喜欢的课外书和杂志，我从中收获了许多知识，不知不觉间，我在书籍的世界里忘记时间，忘记烦恼。第三层放着我最喜爱的名著，有《骆驼祥子》《红岩》《简·爱》……在书中，我能与祥子互相倾诉；在书中，我被革命先辈不畏牺牲的精神鼓舞；在书中，我为简·爱的独立、敢于抗争而赞叹。最上面一层，摆放着各种手工作品，有京剧脸谱、用鸡蛋壳自制的不倒翁、自制贺卡等，这些东西为我的小天地营造出一种温馨的氛围。

这就是我的小天地，每当我回到小天地，便如鱼得水。"山不在高，有仙则名。水不在深，有龙则灵。斯是陋室，惟吾德馨。"何陋之有呢？我的小天地只需一窗、一桌、一床、一人，足矣。

（学生习作）

# 5. 我的小天地

⊙张甜甜

在人生的舞台上，无论我们扮演着什么角色，无论是否有人愿意为我们鼓掌，我们总有一个可以让自己心灵栖息的地方，总有属于我们自己的小天地。

对我来说，学习的小天地在教室里、在练习室里、在操场上……那里记录着我成长的脚印，那里有我努力拼搏的印记；生活的小天地在我的房间里，那里记录了我儿时的记忆，承载了我的喜怒哀乐。

我最爱的地方就是我的15平方米的小房间了。它不大，但也足够我住了。再加上我个性化的布局，堪称完美。

打开房门，左手边是一个书柜，它一共有三层，每一层的内容都是不一样的。第一层放的是现在复习用的学习资料、辅导书，还有一些中考题，这些都是随手就可以拿到的，方便我学习；第二层是我最爱看的书，有绘本、漫画，有童话、小说等，这些书的封面特别漂亮，五彩缤纷，像糖果的世界；第三层是一些报纸和杂志，还有一些已经读完的书。

再往里，是我的书桌，它长约1米、宽约0.5米，铺着一层抹茶绿的方格桌布，上面还有几支我最喜欢的笔和几个好看的日记本。桌上是一盏白色的小猫咪造型的小台灯，它已陪我度过很多学习时光。每天晚上它都会亮着暖暖的光，默默无闻地陪我写完各科作业。在桌子的斜前方，有一本中考倒计时的日历。随着一页页日历被翻到后面，就意味着距离中考的时间一天天减少。此刻，我会百感交集，但更多的还是下定决心要努力学习，希望最后取得一个好成绩。

桌子对面是一个两扇的1.5米高的窗户，上面挂着浅绿色的窗帘，样子简简单单，不加任何华丽的装饰，给人一种迷蒙、清新的感觉。在窗户的旁边还有些盆栽，如吊兰、绿萝、文竹等。每当一抹阳光斜射入窗户，植物就变得更绿了，为这平淡无奇的房间增添了许多亮色。

书桌的旁边是我的衣橱，它高约1米，里面挂着我常穿的衣服。

房门的对面是我那软绵绵的床，它长1.8米，宽1.5米，再铺上天蓝色且镶嵌着白色小圆球的被褥，躺在床上，就像驾着祥云一般，舒服极了。每天晚上睡觉的时候，还有布偶玩具小熊、小兔子陪着我。有了它们，夜晚再黑，我也能安静地入眠。床头有一个粉红色的闹钟，它负责每天叫我起床。

小床对面的墙是我的"荣誉墙"，上面挂满了我的奖状，那是我从小学到初中的所有荣誉，它是我自信的源泉。奖状的下面，还贴着我写的一些便条，是我摘录的一些名言："要知道，每一颗钻石在被发现前，都要经受埋藏尘埃的寂寞时光。""不是每一次努力都会有收获，但是每一次收获都必须努力，这是一个不公平的不可逆转的命题。"这些文字一直激励着我坚持不懈。

门上有两个挂钩，它们的用处可大着呢！当我放学回来时，我可以把书包挂在上面，还可以挂几条毛巾，特别方便。

黄昏时，我可以躺在床边的摇椅上，哼着几句简单的歌，吹吹小风扇。落日的时候，阳光总是把房间填得暖暖的，让人感觉很惬意。

我的小天地别有一番风味，它简单又不失美好，在我疲惫不堪时，接纳我、包容我、温暖我，让我安心、快乐。如今我把它分享给你，希望你也喜欢。

（学生习作）

# 整本书阅读

# 沙乡年鉴

⊙〔美国〕奥尔多·利奥波德

## 阅读导航

一月，他会在雪融时追踪一只冬眠乍醒跑出洞穴去探险的臭鼬；二月，他劈开一根有八十多岁、被雷击倒的橡木，生火取暖；三月，他会在沼泽地边看大雁如何在水洼和草地上空穿行；四月，他在每一个晚上到树林空地上观赏丘鹬的空中求偶舞蹈；五月，他聆听从阿根廷归来的高地鸻鸟的飞行之歌；六月，他到深潭游泳，在溪边钓鳟鱼；七月，他会注意草原上普遍为人所忽视而自生自灭的所有野花的生日；八月，他经常随兴到沙洲上看河流作画……大家知道这个人是谁吗？

他就是美国生态学家奥尔多·利奥波德，这是他在观察笔记《沙乡年鉴》中记录的日常生活的一部分。《沙乡年鉴》是一部自然随笔和哲学论文集，是一部比肩梭罗的《瓦尔登湖》的作品。作者在书中描述了自己在远离现代生活的简陋乡舍中的所见所闻以及他在美国大陆各地的游历经历，试图重新唤起人们对自然应葆有的爱与尊重，令人深思。让我们开启阅读之旅，一起走进利奥波德的沙乡岁月。

## 家 园

居住在我农场上的野生动物不大情愿地——却是非常确切地——告诉我，在我的这个区域内，有多大范围包括在它们日夜不停的巡行路线中。我对这一点感到好奇，因为它在它们的和我的空间规模之间，提供了一个比例，所以也就很容易地提出这样一个更重要的问题：谁更彻底地了解这个它们生活于其中的世界？

和人们一样，我的动物们常常用它们的行动泄露了它们拒绝用语言泄露的机密。很难预言何时，或如何会使这些泄露出来的秘密公开化。

狗，因为没有拿斧子的手，所以在我们其他人砍树时，它自由自在地搜索着。一阵突来的汪汪声引起了我们的注意，一只野兔从它草中的床上蹦了起来，急急忙忙地不择方向地跑着。它笔直地奔向一个四分之一英里远的木堆，钻进两捆木头之间，这是一个超过追踪者的射程的安全的所在。狗在一棵坚固的橡树上留下了几个象征性的牙印之后，就不再追它，而重新去搜寻某只不大精明的棉尾兔，我们也重新砍起树来。

这段小小的插曲告诉我，这只野兔对所有在它的草地上的窝和木堆之下的防空洞之间的地面，都是很熟悉的。而且还知道怎么能笔直地跑到目的地。这只野兔的家园至少有四分之一英里方圆。

光顾过我们的放食点的黑头山雀，每年都要被逮住，并被戴上环志。我们的某些邻居也给黑头山雀喂食，但没人给它们戴环志。

我们注意了距离我的喂食器最远的，可以看见黑头山雀的地方，从而得知，我们的鸟群在冬天的家园有半英里之遥，而且只是在可防风的区域以内。

夏天，当这群鸟散开去求偶的时候，戴着环志的鸟在很远的地方都能被看到，并且常常和没有环志的鸟搅在一起。在这个季节，黑头山雀不在乎风，经常能发现它们待在空旷而有风的地方。

三只鹿的脚印非常清晰地印在昨天下的雪上，它们穿过了我们的树林。我逆着这些脚印的方向向后走去，发现了在一起的三个窝，在雪的映照下显得很清楚，它们在沙滩上的一个很大的柳树丛里。

我又顺着这些脚印往前走，它们一直通向我的邻居的玉米地，在那里，鹿从雪中刨出残留下的玉米，还把一个柴火堆弄得乱糟糟的。脚印从这里折回沙滩，不过是另一条路线。在回沙滩的途中，这些鹿刨过某些草丛，用鼻子在其中寻找嫩的绿芽，它们还到一个泉边饮过水。我的夜间行军图完成了：从鹿窝到早饭地点的全部距离是一英里。

我们的树林总是藏有松鸡，但在去年冬天的某一天，在一场又深又轻柔的雪之后，我却未能发现一只松鸡，也未能发现任何它的足迹。我已经大致上断言，我的鸟搬走了。就在这时候，我的狗停到了一个猎点上，这个猎点在一棵去年夏天被风吹倒的布满叶子的橡树梢上。三只松鸡惊飞出来，一只接着一只。

无论在那棵倒下的树梢下，或者周围附近的地方，都没有任何踪迹。很明显，这些鸟曾经是飞进去的，但是来自何方？松鸡必须吃食，特别是在冰点的天气里，于是，我检查着那些掉在地下的东西，以便发现一条线索。我发现了鳞苞，还有结了冻的龙葵的粗糙的果皮。

我曾经注意到，夏天，在一片幼小的枫树丛里，那里长着很多龙葵。我到了那儿，经过一番搜索，在一根圆木上发现了松鸡的足迹。这些鸟不曾在柔软的雪上跋涉，却曾走过这些圆木，并在它们到达的地区里啄食着散布在这儿或那儿的突出来的浆果。从这里到那棵倒下的橡树的东面，共有四分之一英里。

那天晚上，在日落时，我看见一只松鸡在西面四分之一英里的杨树丛中露了出来。但在那儿也没有它们的足迹。故事就在这里结束了。这些鸟，在雪层很柔软的日子里，是用翅膀掠过它们的家园的，而不是用脚走，这个家园是在半英里的范围之内。

科学对这种家园的了解极少，几乎不知道在各种不同的季节里它有多大，在它的疆界内必须包括怎样的食物和住所，它在什么时候和怎样抵制侵犯者，它的拥有权是属于个人的、家庭的，还是群体的。在那里有着动物经济学，或者说是生态学的基本原则。每个农场都是一本动物生态学的教科书，熟知森林的人的知识是这本书的说明。


## 沙 乡

各种职业都保留着一小组美称，因此需要有一个地方来表现其特征。于是，经济学家们一定要为他们所偏爱的贬义词来发现一个有所用场的地方，诸如边际利润啦，退化啦，以及制度僵化之类。在广阔的沙乡，这些带有责备意味的词得到了非常有益的实践，找到了一个自由自在的，不受那些讨厌的人的批评辩驳，和运用自如的地方。

再说，如果没有沙乡，土壤专家们的日子将会不大好过。他们的灰化土、潜育化和厌氧微生物之类，还能到哪儿找到生存之处？

近些年来，社会规划者们为了一种不同的——尽管也有点类似——目的来使用沙乡。这个多沙的地区可以作为一个无人居住的空白区域来使用，它有着让人满意的外表和规模，在它的布满圆点花纹的地图上，每个圆点都标明有十个澡盆，或者五个女性辅助工作人员，或一英里沥青路面，或一份带血的鹿肉。这种地图如果一律点画出来，将会变得千篇一律。

总之，沙乡是贫瘠的。

还在三十年代，当那些用字母排列的社会福利活动像四十名骑手越过大沼泽一样高涨起来时，疲惫不堪的沙乡农民们却纷纷迁往别处，甚至就在联邦土地银行提供百分之三利率贷款的时候。实际上，这些善良的人们本来并不想走。我开始想知道为什么。于是，为了找出答案，我终于为自己买了一块沙乡的农场。

有时在六月份，当我看见挂在每一株白羽扇豆的露珠所给予的分外恩惠时，我就怀疑，沙乡是否真是贫困的。在一个获取利润的农场的土地上，是连白羽扇豆也长不出来的，更不用提什么搜集那每天都会有的五彩缤纷的露珠了。它们一旦长出来，清除杂草的官员们——他们是很少看到带着露珠的黎明的，就会毫不迟疑地坚持，必须把它们清除掉。那么，经济学家们是否知道白羽扇豆呢？

大概那些不想迁出沙乡的农民，也有着某种使他们情愿留下来的来源已久的深刻原因。我想起每年四月，当白头翁花在每个布满砾石的山岭上开放的那个时候。白头翁花并没有多说什么，但我猜想，它们的这种选择要追溯到冰川时代，是冰川把砾石放到了那儿。砾石的山冈是那样贫瘠，它只能为白头翁花提供一个充分享有四月阳光的地方。白头翁花只是为了独自享有开花的特权而忍受着冰雪、冷雨和凛冽的寒风。

还有另外一些植物，它们似乎向这个世界要求的并不是富饶，而是空间。如那种小小的蚤缀草，在白羽扇豆向它们炫耀其蓝色以前，它们就已经给最贫瘠的山头上投下了一顶带有白边的帽子。蚤缀草完全拒绝在良好的农场里生长，哪怕是一个很好的，有着完整的假山花园和秋海棠的农场。还有那小小的柳穿鱼草，它是那么小，那么纤细，而且是那么低沉，以致它就在你脚下时，你还看不见它。除了在沙地上，谁还见过一株柳穿鱼草？

最后还有蓴荙，和它比起来，柳穿鱼草也成了高大而粗壮的了。我还从未见过一个知道蓴荙的经济学家。不过，如果我是一个经济学家，我就要把我全部的经济学上的思考对准这些沙子，还有就在鼻子下面的蓴荙。

有一些鸟也只能在沙乡发现，对其原因，有时很容易猜测，有时则很困难。那儿有泥色雀，原因很清楚，那是因为它倾心于短叶松，即沙地上的短叶松。那儿还有沙丘鹤，原因也很明白，因为它喜欢僻静，这在别处是再也找不到的。但是，为什么丘鹬也喜欢在这个沙区筑巢呢？它们的选择并不在于需要食物这一类普遍的原因，因为在较好的土壤中蚯蚓要多得多。经过多年的研究，现在我想我是知道原因了。雄丘鹬，在它拉开它的"嘭嘟"空中舞蹈的序幕时，就像是一位穿着高跟鞋的矮小的女士；它不会在有着纠缠在一起的稠密的覆盖物的地面上来显示它的优点。但是在沙乡，在最贫瘠的牧场或草地上的最荒凉的沙地上，至少在四月，是没有任何地面覆盖物的，除了苔藓、葶苈、碎米芥、小酸模以及蝶须，这些障碍对于一只短腿鸟来说，是无关紧要的。因此，雄丘鹬可以在这里趾高气扬、昂首阔步和装腔作势，不仅没有任何障碍和阻挡，而且完全可以被它的观众所看到。这是一个真正的、理想的所在。这个小小的事实，仅仅是在一天中的一小时，或一年中的一个月，而且只是对两性中的一方才具有的重要性，当然是与生存的经济标准全无相干的，但它却决定了丘鹬对象的选择。

经济学家尚未试图让丘鹬迁居。

（侯文蕙/译）

## 阅读规划

### 《沙乡年鉴》阅读规划表

| 阅读时间 | 阅读时长 | 阅读篇目 | 提要摘记 | 阅读心印<br>（可从文章主题、人物、语言等方面呈现你的发现与收获） |
| --- | --- | --- | --- | --- |
|  |  |  |  |  |
|  |  |  |  |  |
|  |  |  |  |  |
|  |  |  |  |  |
|  |  |  |  |  |
|  |  |  |  |  |
|  |  |  |  |  |
|  |  |  |  |  |

## 交流平台

1.班级开展"名著阅读推荐会"活动,请你为本次推荐的名著《沙乡年鉴》写一段100字左右的推荐语,包括作者、主要内容、社会评价等。

2.到书店或通过网络搜索查找《沙乡年鉴》的不同封面,拍照或截图后做成课件在班内展示,说说自己最喜欢哪个封面设计,并结合文本中的具体章节内容或语句阐述自己喜欢的理由。

3.小标题是对若干个围绕中心选用的、典型的、能显示作者独特视角及立意的材料的概括。请你仿照示例的标题特点,给其他章节拟写小标题。

示例:一月　冰融———一只臭鼬的罗曼蒂克之旅

　　　二月　好橡树———年轮上的沙乡百年

　　　三月　大雁归来———一首从阴郁天空撒向三月泥泞大地的野性诗歌

4.追逐融雪中动物的足迹、阅读橡木年轮的历史、倾听大雁迁徙的长鸣……在这部作品中,奥尔多·利奥波德描述了自己在远离现代生活的简陋乡舍中的所见所闻。在此过程中,他也持续思索着人类与赖以生存的大地之间的关系,试图重新唤起人们对自然应葆有的爱与尊重。阅读本书后,你如何评价作者的生活态度与他的思考?

# 敬 启

  为编好这本书，我们与收入本书的作品（含图片）作者进行了广泛联系，得到了各位作者的大力支持。在此，我们表示衷心的感谢。但是，由于个别作者地址不详，虽经多方努力，仍无法取得联系。敬请各位有著作权的作者尽快与我们联系，以便我们支付稿酬，并致谢忱！

  我们还要感谢使用本书的师生们。希望你们在使用本书的过程中，能够及时把意见和建议反馈给我们，对此，我们深表谢意，并将给予一定奖励。让我们携起手来，共同完成本书的建设工作。

联 系 人：梁老师　刘老师

联系电话：010-58022100-6362

联系邮箱：ztxx2008@sina.com

网　　址：http://www.ywztxx.com

地　　址：北京市海淀区知春路7号致真大厦A座18层

**图书在版编目（CIP）数据**

自然物语 / 赵建霞主编. — 上海：上海教育出版
社, 2021.12
ISBN 978-7-5720-0818-4

Ⅰ. ①自… Ⅱ. ①赵… Ⅲ. ①阅读课—初中—教学参
考资料 Ⅳ. ①G634.333

中国版本图书馆CIP数据核字（2021）第260851号

本书部分文字作品的版权由中国文字著作权协会代理及转付稿酬，
电话：010-65978917，传真：010-65978926，E-mail：wenzhuxie@126.com

责任编辑　李清奇
封面设计　陈丽娟　王艺霖
著作权人　北京华樾教育科技有限公司

**自然物语**

**赵建霞　主编**

出版发行　上海教育出版社有限公司
官　　网　www.seph.com.cn
地　　址　上海市闵行区号景路159弄C座
邮　　编　201101
印　　刷　肥城新华印刷有限公司
开　　本　720×1010　1/16　印张 66
字　　数　900千字
版　　次　2021年12月第1版
印　　次　2021年12月第1次印刷
书　　号　ISBN 978-7-5720-0818-4/G·0634
定　　价　268.00元（全六册）

如发现质量问题，请向本社调换　　021-64373213

适合13至14岁

\ZIRAN WUYU\

# 自然物语

主编 赵建霞

③

上海教育出版社
SHANGHAI EDUCATIONAL
PUBLISHING HOUSE

# 编 委 会

编者的话

　　亲爱的同学，当你打开这本书时，你就开启了一段惬意的旅程。从相遇、相知，到相伴前行，淡淡的书香将一直萦绕在你身边。

　　初中阶段，你已经读过许多名篇佳作，在充满智慧和温情的文字浸润中，语文素养自然会得到提升。但面对神秘奇幻的自然、日新月异的社会、渐趋丰盈的人生，仅仅是课堂上阅读的文章，恐怕很难再满足你的需求，你的阅读理应更广泛、更专业。如何让课内外读物有机融合成滋养你成长的沃土？如何让点滴的阅读收获汇聚成助推你遨游书海的动力？为此，我们邀请了全国各地的名师，精选文章，为你搭建大量阅读、高效阅读的平台。

　　于是，便有了摆在你面前的这本书。

　　这本书分为经典诵读、主题阅读、整本书阅读三个板块。

　　第一个板块是"经典诵读"，所选古诗词都具有经典阅读价值。针对诗词中可能会给你造成阅读障碍的生字难词，我们增加了读音和注释，且辅以专业诵读音频和鉴赏资料供你随时赏听或查阅。你可以利用每天的晨读或其他课余时间反复诵读，只要持之以恒地阅读，假以时日，定能厚积薄发。

　　第二个板块是"主题阅读"，我们精心挑选了几组文章，聚焦主题，帮助你进行专题探究。其中，"范文阅读"有批注和学习提示，方便你边阅读边思考，掌握这一类文章的阅读方法，并能进行拓展运用。"组文阅读"有单元学习任务，帮助你对一组文章进行整合阅读、比较鉴赏，从碎片化到结构化，在阅读中积累语言、拓展思维，提升核心素养。带有"自由阅读"标签的文章，你可以根据自己的需要、

兴趣自主选择阅读，多读、少读，深读、浅读皆可，如能养成边读边做批注的习惯，你会收获更多。带有"类文阅读"标签的是一组与写作要求相匹配的文章，旨在提供写作思路，激发你的创作灵感。这组文章的首篇附有旁批，为你的写作实践提供技巧点拨。

"整本书阅读"设计了"阅读导航""精彩选篇""阅读规划""交流平台"等助读工具，旨在激发你的阅读兴趣，帮助你掌握科学的阅读方法，从而有计划地开展整本书阅读。

愿这本书伴随你度过阅读的美好时光，与经典交流，与大师对话，帮助你积累知识，开阔视野，提升素养，成为睿智优雅、阳光自信的中国好少年！

# 目录

## 经典诵读

## 第一单元　田园情怀

### 范文阅读

### 组文阅读

# 第二单元　探山访水

## 范文阅读

## 组文阅读

# 第三单元　匠心神韵

# 第四单元　古风古韵

# 第五单元　观书有感

## 类文阅读

# 整本书阅读

经典
诵读

踏一条平平仄仄的幽径，咏一阕抑扬顿挫的辞章，让心灵开始一次雅韵悠长的旅程。从《诗经》到宋词，从田园到边塞，从婉约到豪放，从现实主义到浪漫主义……那些或率真质朴、或清幽缠绵、或慷慨刚健、或隽永蕴藉的诗句，寄托了中华儿女的家国情怀，传承着博大精深的中华文明。

有了诗词的濡染，我们的语文学习自当渐入佳境；有了经典的浸润，我们的语文生活定会异彩纷呈。

扫码收听朗诵音频

# 1. 蒿里行

◎〔汉〕曹操

关东①有义士②，兴兵讨群凶③。初期会孟津④，乃心在咸阳。
军合力不齐，踌躇而雁行。势利使人争，嗣还自相戕。
淮南弟称号，刻玺于北方⑤。铠甲生虮虱，万姓以死亡。
白骨露于野，千里无鸡鸣。生民百遗一，念之断人肠。

　　全诗采用简洁明了的白描手法，无意于词句的雕凿粉饰，而以明快有力的语言出之，如"关东有义士，兴兵讨群凶。初期会孟津，乃心在咸阳"四句，明白如话，一气直下，将关东之师初起时的声势与正义刻画殆尽，自己的爱憎也于此鲜明地表现出来。至于诗人感情的强烈，也完全由明畅的语言冲口而出，如写白骨蔽野、千里无人，都以直陈其事的方式说出，最后说"生民百遗一，念之断人肠"，直抒胸臆，无一丝造作之意，可视为诗人心声的自然表露。

---

① 关东：函谷关（位于今河南省灵宝市）以东地区。

② 义士：指起兵讨伐董卓的诸州郡将领。

③ 讨群凶：指讨伐董卓及其党羽。

④ 孟津：黄河古渡口名，在今河南孟津东、孟州市西南。相传周武王伐纣时曾在此大会八百诸侯。

⑤ 刻玺于北方：指初平二年（191）袁绍谋废献帝，想立刘虞为皇帝，并刻制印玺一事。玺，印，秦以后专指皇帝用的印章。

扫码收听朗诵音频

# 2. 永王东巡歌
## 十一首（其二）

◎〔唐〕李白

三川①北虏②乱如麻③，四海南奔似永嘉④。
但用东山谢安石⑤，为君谈笑静⑥胡沙⑦。

---

① 三川：即黄河、洛河、伊河，这里指三水流经的河南郡（在今河南荥阳、洛阳一带）。

② 北虏：指安禄山叛军。

③ 乱如麻：比喻叛军既多且乱。叛军到处烧杀抢掠，造成广大三川地区人烟断绝，千里萧条。

④ 似永嘉：历史惊人的相似，使诗人回想起了晋怀帝永嘉五年（311）时，刘聪派刘曜攻陷晋都洛阳，把人民推入水深火热之中。在诗人眼里，他们同为胡人，同起于北方，同样造成了天下大乱。

⑤ 谢安石：东晋谢安，字安石。史载，前秦苻坚进攻东晋，领兵百万，声势浩大。谢安被孝武帝任为征讨大都督，破苻坚于淝水，创造了历史上以少胜多的著名战例。诗人自比"东山再起"的谢安，抒发自己出匡庐以佐王师之情。

⑥ 静：平定。

⑦ 胡沙：比喻叛军。叛军之来，有如妖魔，飞沙走石，席卷大地，遮天蔽日，所以诗人用"胡沙"来比喻叛军。

天宝十四载（755），安禄山在范阳起兵反唐，于第二年打下洛阳，攻入潼关。唐玄宗仓皇出逃，直奔四川，命令他的第十六个儿子永王李璘为江陵郡大都督，任山南东路、岭南、黔中、江南西路四道节度使。七月，太子李亨在灵武称帝，改元至德。永王李璘见状，想控制长江中下游一带的富庶地区，伺机与肃宗一争高下。当时李白正在庐山隐居，永王李璘途经九江时，看重李白的才气和名声，一再邀他出山，李白不知永王的真实用心，以为是为了打击安史叛军，便欣然接受了邀请，加入了永王李璘的幕府。随军途中，李白写下了《永王东巡歌十一首》以及一系列与这次东征直接有关的诗歌。

诗的前两句写安史叛军（北虏）攻陷洛阳，吏民南奔。"乱如麻"写出敌人之猖狂、局势之纷乱。诗的后两句以假设之词，说自己如被重用就能像谢安一样谈笑间克敌平乱，抒发了作者一腔建功立业的抱负。短短四句诗，诗人将叛军的猖獗、百姓的离乱、自己的抱负一一形诸笔端，展示了时代的风云图卷。

# *3.* 房兵曹<sup>①</sup>胡马

⊙〔唐〕杜甫

扫码收听朗诵音频

胡<sup>②</sup>马大宛名<sup>③</sup>，锋棱<sup>④</sup>瘦骨成。

竹批<sup>⑤</sup>双耳峻<sup>⑥</sup>，风入四蹄轻。

所向无空阔，真堪<sup>⑦</sup>托死生<sup>⑧</sup>。

骁腾<sup>⑨</sup>有如此，万里可横行。

---

① 兵曹：兵曹参军的省称，是唐代州府中掌管军防、驿传等事的小官。房兵曹为何人不详。

② 胡：此指西域。

③ 大宛（yuān）名：大宛的名马。大宛，古西域国名，在今费尔干纳盆地，盛产良马。

④ 锋棱：锋利的棱角。形容马的神骏健悍之状。

⑤ 竹批：形容马耳尖如竹尖。

⑥ 双耳峻：马双耳直立，十分精神。这是良马的特征之一。

⑦ 堪：可以，能够。

⑧ 托死生：把性命托付给它，形容马值得信赖。

⑨ 骁（xiāo）腾：健步奔驰。

**赏析**

　　这是一首咏物言志诗。诗的风格超迈遒劲，凛凛有生气，反映了青年杜甫锐意进取的精神。

　　诗分前后两部分。前面四句正面写马，是实写。诗人恰似一位丹青妙手，用传神之笔为我们描画了一匹神清骨峻的胡马。它来自大宛，自然非凡马可比。接着，对马做了形象的刻画。杜甫写马的骨相：嶙峋耸峙，状如锋棱，勾勒出神骏的轮廓。接着写马耳如刀削斧劈一般锐利劲挺，这也是良马的一个特征。至此，骏马的形象已跃然纸上了，我们似见其咴儿咴儿喷气、跃跃欲试的情状，下面顺势写其四蹄腾空、凌厉奔驰的雄姿就十分自然。"批"和"入"两个动词极其传神。前者写双耳直竖，有一种挺拔的力度，后者不写四蹄生风，而写风入四蹄，别具神韵。

　　诗的后四句转写马的品格，用虚写手法，由咏物转入了抒情。颈联承上奔马而来，写它纵横驰骋，有着无穷广阔的活动天地。它能逾越一切险阻的能力就足以使人信赖。这里看似写马，实是写人，这难道不是一个忠实的朋友、勇敢的将士、侠义的豪杰的形象吗？尾联先用"骁腾有如此"总括上文，对马作概括，最后宕开一句"万里可横行"，包含着无尽的期望和抱负，将意境开拓得非常深远。这一联收得拢也放得开，它既是写马驰骋万里，也是期望房兵曹为国立功，更是诗人自己志向的写照。

扫码收听朗诵音频

# 4. 花下醉

◎〔唐〕李商隐

寻芳①不觉醉流霞②，倚树沉眠日已斜③。

客散酒醒深夜后，更持红烛赏残花。

**赏析**

　　这是一首抒发对花的陶醉流连的小诗。首句"寻芳不觉醉流霞"，写出从"寻"到"醉"的过程。这里"醉流霞"，一语双关，既明指为甘美的酒所醉，又暗喻为艳丽的花所醉。"不觉"二字，正传神地描绘出目眩神迷、身心俱醉而不自知其所以然的情态。次句"倚树沉眠日已斜"进一步写"醉"字。因迷花醉酒而不觉倚树，由倚树而不觉沉眠，由沉眠而不觉日已西斜。三、四两句忽又柳暗花明，转出新境。在倚树沉眠中，时间不知不觉由日斜到了深夜，客人已经四处离去，酒也已经醒了，四周是一片夜的朦胧与沉寂。当他想到白天盛开的花朵，到了次日也许就将落英缤纷、残红遍地时，一种对美好事物的深刻流连之情便油然而生。于是便有了"更持红烛赏残花"这一幕。在夜色朦胧中，在红烛的映照下，这些即将凋零的花儿在生命的最后瞬间仿佛呈现出一种奇异的光彩，美丽得像一个五彩缤纷而又隐约朦胧的梦境。诗人也就在持烛赏残花的过程中得到了新的也是最后的陶醉。

---

① 芳：花。

② 流霞：神话传说中的一种仙酒。《论衡》上说，项曼都好道学仙，离家三年而返，

　自言："欲饮食，仙人辄饮我以流霞。每饮一杯，数日不饥。"

③ 日已斜：意为夕阳斜挂，天色已晚。

扫码收听朗诵音频

# 5. 破阵子

⊙〔南唐〕李煜

　　四十年来家国①，三千里地山河②。凤阁龙楼③连霄汉，玉树琼枝④作烟萝⑤。几曾识干戈⑥？

　　一旦归为臣虏，沈腰⑦潘鬓⑧消磨。最是仓皇辞庙⑨日，教坊⑩犹奏别离歌。垂泪对宫娥。

---

① 四十年来家国：南唐自先主李昪（biàn）于公元937年建国至975年后主亡国，计三十八年，作此词时距离南唐立国近四十年。

② 三千里地山河：南唐最盛时版图共有三十五州，方圆三千里，当时堪称大国。

③ 凤阁龙楼：雕龙饰凤的台阁。

④ 玉树琼枝：泛指奇花异草。

⑤ 烟萝：草木丛生、烟聚萝缠的景象。

⑥ 干戈：泛指兵器，此处指战争。

⑦ 沈腰：《梁书·沈约传》中说，沈约在与徐勉的信中称自己老病，"百日数旬，革带常应移孔，以手握臂，率计月小半分。"后人因以"沈腰"指腰肢消瘦。

⑧ 潘鬓：潘岳《秋兴赋》中"斑鬓彭以承弁（帽）兮"，后人以"潘鬓"作鬓发斑白的代称。

⑨ 辞庙：表示拜别祖先，离开故园。庙，指太庙，古代帝王供奉祖先之处。

⑩ 教坊：掌管宫廷音乐的官署，此处指宫廷乐伎。

赏析

　　李煜从他做南唐国君的第一天起，就一直在北方强大的赵宋政权的威慑下过着朝不虑夕的日子，随时都有灭国被虏的危险，这在南唐君臣的心中投下了很深的暗影。大臣徐锴临终时就说："吾今乃免为俘虏矣！"庆幸自己逃过了做亡国之俘的下场。然而亡国的一天终于来了，宋太祖开宝八年（975）金陵为宋兵占领，李煜肉袒出降。作为俘虏，他与子弟四十五人被宋兵押往北方，从此开始了他忍辱含垢的生活。三年之后，宋太宗终于容不下这个亡国之君，将他毒死在汴京，时年仅四十二岁。

　　本词写于他生命中的最后几年，全词的语言明白如话，而感情却深曲郁结。上片极写当年江南之豪华，气魄沉雄，实开宋人豪放一派。下片写被虏后之凄凉与憔悴。今昔对照，警动异常。"最是"三句，忽忆当年临别时最惨痛之事。当年江南陷落之际，后主哭庙，宫娥哭主，哀乐声、悲歌声、哭声合成一片，直上云霄。后主于此事，印象最深，故归汴以后，一念及之，辄为肠断。后主聪明仁恕，不独笃于父子昆弟夫妇之情，即臣民宫娥，亦无不一体爱护。故江南人闻后主死，皆巷哭失声，设斋祭奠。

# 6. 病起<sup>①</sup>书怀

⊙〔宋〕陆游

病骨<sup>②</sup>支离<sup>③</sup>纱帽宽，孤臣<sup>④</sup>万里客江干<sup>⑤</sup>。
位卑未敢忘忧国，事定犹须待阖棺<sup>⑥</sup>。
天地神灵扶庙社<sup>⑦</sup>，京华<sup>⑧</sup>父老望和銮<sup>⑨</sup>。
出师一表<sup>⑩</sup>通今古，夜半挑灯<sup>⑪</sup>更细看。

---

① 病起：病愈初起。

② 病骨：指多病瘦损的身躯。

③ 支离：憔悴，衰疲。

④ 孤臣：孤立无助或不受重用的远臣。

⑤ 江干：江边，江岸。

⑥ 阖（hé）棺：指死亡，这里指盖棺定论。

⑦ 庙社：宗庙和社稷，比喻国家。

⑧ 京华：京城之美称。因京城是文化、人才汇集之地，故称。

⑨ 和銮（luán）：同"和鸾"。古代车马上的铃铛。挂在车前横木上的称"和"，
   挂在轭首或车架上的称"銮"。诗中代指"君主御驾亲征，收复祖国河山"的
   美好景象。

⑩ 出师一表：指三国时期诸葛亮所作《出师表》。

⑪ 挑灯：拨动灯火，点灯。亦指在灯下。

赏析

　　首联"纱帽宽"，一语双关，既言其病后瘦损，感到帽檐宽松，也暗寓被贬之意，纵有满腔报国之志，也只能身处江湖之远，客居江边，无力回天，心中的痛苦与烦恼可见一斑。

　　颔联"位卑未敢忘忧国，事定犹须待阖棺"为全篇的主旨所在，其中"位卑未敢忘忧国"同顾炎武的"天下兴亡，匹夫有责"意思相近，主旨就是热爱祖国。这两句使我们看到诗人高尚的人格和一颗爱国的赤子之心。正因为诗人光明磊落、心地坦荡，所以他对暂时遭遇的挫折并不介意。

　　颈联"天地神灵扶庙社，京华父老望和銮"宕开一笔，抒写了对国家政局的忧虑，同时呼吁朝廷北伐，重返故都，以慰京华父老之望。在这里，诗人寄托了殷切的期望：但愿天地神灵扶持国家，使民众脱离战火，安乐昌盛。

　　尾联"出师一表通今古，夜半挑灯更细看"，借典故抒发诗人的爱国情怀。可是收复河山近于奢望，只能独自一人挑灯细看诸葛亮的传世之作，希望皇帝能早日悟出"出师一表通今古"的道理。

# 7. 水龙吟·次韵①<br>章质夫杨花词

⊙〔宋〕苏轼

　　似花还似非花，也无人惜从教坠。抛家傍路，思量却是，无情有思②。萦损柔肠③，困酣娇眼④，欲开还闭。梦随风万里，寻郎去处，又还被、莺呼起。

　　不恨此花飞尽，恨西园、落红难缀。晓来雨过，遗踪何在，一池萍碎。春色三分，二分尘土，一分流水。细看来，不是杨花，点点是离人泪。

### 赏析

　　苏词向以豪放著称，但也有婉约之作，这首《水龙吟》即为其中之一。它借暮春之际"抛家傍路"的杨花，化"无情"之花为"有思"之人，"直是言情，非复赋物"（沈谦《填词杂说》），幽怨缠绵而又空灵飞动地抒写了带有普遍性的离愁。篇末"细看来，不是杨花，点点是离人泪"，实为显志之笔，千百年来为人们反复吟诵、玩味，堪称神来之笔。

① 次韵：用原作之韵，并按照原作用韵次序进行创作，称为次韵。

② 无情有思：言杨花看似无情，却自有它的愁思。思，心绪，情思。

③ 柔肠：柳枝细长柔软，故以"柔肠"为喻。

④ 娇眼：美人娇媚的眼睛，这里指柳叶。古人诗赋中常称初生的柳叶为柳眼。

# 8. 临江仙①

◎〔明〕杨慎

　　滚滚长江东逝水，浪花淘尽英雄。是非成败转头②空，青山依旧在，几度夕阳红。

　　白发渔樵③江渚④上，惯看秋月春风。一壶浊酒喜相逢，古今多少事，都付⑤笑谈中。

----

① 此词是杨慎《廿一史弹词·说秦汉》的开场词。清初毛宗岗在评改《三国演义》时，将此词作为楔子，加在了开头。

② 转头：形容时间过得很快。

③ 渔樵：渔夫和樵夫。

④ 渚（zhǔ）：水中的小洲。

⑤ 付：交。

赏析

　　滔滔江水是最能引发人们哲学思考的事物之一。"逝者如斯夫"，这是孔子所代表的中国文化对江水的最初感悟。江水的永恒，人生的短暂，人与自然的对立与统一，这是中国文化对人与宇宙关系的原初体认。这一认识也奠定了中国人的一种人生观与宇宙观的基础。这首诗可以看作这种文化哲学观念的一种体现。作者对宇宙永恒与人生瞬变的深刻思考，表达出对世事人情、功名利禄的超脱体悟。

　　江水滚滚向东流，历史上无数叱咤风云的英雄人物，全被它那滔天的巨浪淹没了。作者由此顿生一种人生感悟：人事的渺小，宇宙的浩大，人违背宇宙规律去生存，是可悲的。这是词的上片的思想。面对这个困境，人应该如何去应对？作者没有明答，只是给出了一幅画面，一位荷（hè）柴而归的樵叟，来到洒满落日余晖的江渚，与白发飘然的渔翁相会。二人促膝而坐，推杯换盏，纵谈古今，谈笑风生，何等惬（qiè）意！在这里，一切英雄人物都成了他们谈笑的对象，而他们自己则成了超然于纷纭的人世之外的另一种英雄。这是下片的深意。

　　有人认为此词表达的是一种消极避世的态度。其实从文化传统和哲学视角来看，此词反映出作者对人世与自然之间关系的深刻思考，力求达成一种生命与宇宙的和谐。这不是消极的逃避，而是对真正家园的积极寻找。

# 田园情怀

崇山峻岭间，氤氲的山岚自然飘逸；熹微晨光中，晶莹的露珠纯真洒脱；南山东篱下，高洁的菊花摇曳生姿。"不戚戚于贫贱，不汲汲于富贵"，淡泊名利的陶渊明，如出笼的羁鸟、归渊的池鱼、依山的游云，吟唱着田园的宁静、生活的恬适……

同陶渊明一样，后世的许多文人墨客都对山水田园充满了渴望与追求。正是嫩绿的草色、清新的花香、摇曳的禾苗、凝重的土地和晶莹的汗水，孕育了他们的灵气和才华，也塑造了他们高洁的情怀和高尚的人格。

阅读本单元文章，要借助注释和工具书读懂大意，积累常用文言词语；在疏通文意的基础上，想象文中情景，用自己的语言叙述故事；面对观点不同的文章时，要学会从多个角度思考问题，领会作品丰富的内涵，并细细品味精美的语言，提升审美鉴赏能力。

# *1.* 再游花源记<sup>①</sup>（节选）

⊙〔明〕袁中道

　　明日<sup>②</sup>过桃源县，至绿萝山下，诸峰累累，极为瘦削。至白马雪涛<sup>③</sup>处，上有怪石，登舟皆踞坐<sup>④</sup>。泊水溪，与诸公步入花源，至桃花洞口，桃可<sup>⑤</sup>千余树，夹道如锦幄<sup>⑥</sup>，花蕊藉<sup>⑦</sup>地寸余，流泉汩汩<sup>⑧</sup>。溯源而上，屡陟弥高<sup>⑨</sup>，石为泉水啮<sup>⑩</sup>，皆若灵壁将乐。

---

① 有的版本也作"再游桃花源"或"再游桃花源记"。

② 明日：第二天。

③ 白马雪涛：景点名，桃源八景之一。

④ 踞坐：蹲坐。

⑤ 可：大约。

⑥ 锦幄：锦制的帷帐。

⑦ 藉（jí）：交错杂乱的样子。

⑧ 汩（gǔ）汩：水流声。

⑨ 屡陟（zhì）弥高：越攀登越高。陟，登高。弥，更加。

⑩ 啮（niè）：咬，这里指侵蚀。

## 译 文

　　第二天经过桃源县，到了绿萝山下，山峰接连不断，极为陡峭。船到了白马雪涛前，上面有怪石，（大家）上船后都蹲坐在船中。（船）停泊在溪水边，（我）和大家步行进入桃花源，到了桃花源洞口，那里大约有上千棵桃树，道路两边如同铺设锦帐，地上交错杂乱的落花有一寸多厚，泉水流淌，发出汩汩的声响。逆流而上，寻找源头，则越攀登越高，石头被泉水侵蚀，都像灵壁的磬石一样将要奏出乐曲。

### 学习提示

　　袁中道再游桃花源，看到了怎样的美景？请发挥联想和想象，描绘其中的画面。然后与陶渊明的《桃花源记》进行比较，说说本文表达的思想感情有什么不同。

　　文中的"幄""陟""啮"等字的读音和意思你知道吗？努力记住它们。再观察一下，文中有没有古今异义和一词多义的现象？如有，请在文中标注。

# 2. 和陶渊明桃花源诗序（节选）

⊙〔宋〕苏轼

　　世传桃源事，多过其实。考渊明所记，止①言先世避秦乱来此，则渔人所见，似是其子孙，非秦人不死者也。又云杀鸡作食，岂有仙而杀者乎？

　　旧说南阳有菊水，水甘而芳，民居三十余家，饮其水，皆寿②，或③至百二三十岁。蜀青城山老人村，有见五世孙者。道极险远，生不识盐醢④，而溪中多枸杞，根如龙蛇，饮其水，故寿。近岁道稍通，渐能致五味，而寿益衰，桃源盖此比也欤⑤。使武陵太守得而至焉⑥，则已化为争夺之场久矣。尝意天壤间，若此者甚众，不独桃源。

————————

①止：同"只"，只有。

②寿：长寿。

③或：有的（人）。

④醢（hǎi）：酱。

⑤桃源盖此比也欤：桃源人的寿命大概就和外面的人差不多了吧。

⑥焉：于此。

## 译 文

　　世上所传的桃花源这件事，很多都是夸大其词。考察陶渊明所记载的，只说是先祖逃避秦朝的战乱来到这里，那么渔人所见的似乎都是避乱人的子孙，并非说避乱的秦朝人是不死之身。又说杀鸡作为食物，哪里有仙人杀生的？

　　以前说南阳有菊水，水质甘甜而芳香，附近三十几户人家，喝那里的水都长寿，有的活到了一百二三十岁。四川青城山那里有个老人村，据说有五世同堂的家庭。那里道路极其危险遥远，人们活着的时候不知道盐和酱，而且溪水中有很多枸杞，其根弯弯曲曲的像龙和蛇一样，喝了那里的水就会长寿。近些年道路逐渐通畅，那里的人逐渐能够接触到日常的调味品，寿命却更短了，桃源人的寿命大概就和外面的人差不多了吧。当武陵太守得知到了那里的时候，那里早就已经成为很多人争夺的地方。一般来说，天下像这样的地方很多，不是只有桃花源一处。

### 学习提示

　　《桃花源记》一文中写多人再寻桃花源都没成功，"后遂无问津者"，从此，桃花源被蒙上了一层神秘的面纱。阅读文章后，谈一谈苏轼对此有什么看法。力求观点清晰，有理有据。还可以积累一些你认为有价值的文言词语。

# 1. 桃花源诗

⊙〔晋〕陶渊明

赢氏①乱天纪，贤者避其世。

黄绮之商山，伊人②亦云逝。

往迹③浸复湮④，来径遂芜废。

相命⑤肆⑥农耕，日入从所憩⑦。

桑竹垂余荫，菽稷随时艺。

春蚕收长丝，秋熟靡⑧王税。

---

① 赢（yíng）氏：这里指秦始皇赢政。

② 伊人：指桃花源中人。

③ 往迹：人或车马行进所留下的踪迹。

④ 湮（yān）：埋没。

⑤ 相命：互相传令，此指互相打招呼。

⑥ 肆：致力。

⑦ 所憩（qì）：休息的处所。

⑧ 靡（mǐ）：没有。

荒路暖<sup>①</sup>交通，鸡犬互鸣吠。

俎豆<sup>②</sup>犹古法，衣裳<sup>③</sup>无新制。

童孺纵行歌，斑白欢游诣<sup>④</sup>。

草荣识节和，木衰知风厉。

虽无纪历志，四时自成岁。

怡然有余乐，于何劳智慧。

奇踪隐五百，一朝敞神界。

淳薄既异源，旋复还幽蔽。

借问游方士，焉测尘嚣外。

愿言蹑<sup>⑤</sup>轻风，高举寻吾契<sup>⑥</sup>。

---

① 暖（ài）：遮蔽。

② 俎（zǔ）豆：俎和豆，两种古代祭祀宴饮用的礼器。亦泛指各种礼器。

③ 衣裳（cháng）：古时衣指上衣，裳指下裙。后泛指衣服。

④ 游诣（yì）：游玩。

⑤ 蹑（niè）：踩。

⑥ 契（qì）：契合，指志同道合的人。

# 2. 雪窦游志（节选）

⊙〔宋〕邓牧

水益涩①，曳舟②不得进，陆行六七里，止药师寺。寺负③紫芝山，僧多读书，不类城府④。

越信⑤宿，遂缘小溪，益出山左。涉溪水，四山回环，遥望白蛇蜿蜒下赴大壑，盖涧水尔。桑畦麦陇，高下联络⑥，田家隐翳⑦竹树，樵童牧竖相征逐⑧，真行画图中！欲问地所历名，则

---

① 水益涩：水在潮落时更浅。益，更加。涩，不滑润，这里指水浅。

② 曳舟：拉船。

③ 负：背靠着。

④ 不类城府：不像出入于城里官署的寺僧。

⑤ 信：连住两夜。

⑥ 高下联络：高低相连。联络，连接。

⑦ 隐翳（yì）：隐蔽。

⑧ 樵童牧竖相征逐：打柴和放牧的孩子互相招呼、追逐。牧竖，牧童。征逐，追逐。

舆夫朴野<sup>①</sup>，不深解吴语<sup>②</sup>，或强然诺<sup>③</sup>，或不应<sup>④</sup>所问，率<sup>⑤</sup>十问仅得二三。

## 译文

水在潮落时更浅，（人）拉着船也不能前行，在陆地上行走六七里路，便停留在药师寺（住宿）。药师寺背靠着紫芝山，（这里的）僧人大多喜欢读书，不像出入于城市官署的僧人。

过了两夜，我就沿着小溪，从山的东侧出来。蹚过溪水，这里四面被大山环绕，远远望去，如同一条白蛇蜿蜒前行，向下奔流到山谷中的，大概就是山涧中的水流吧。桑田麦垄，高低相连，农家隐藏在竹树之间，打柴和放牧的孩子互相招呼、追逐，真像行走在画图里。想要问问所经过的地方的名称，而轿夫很质朴，不太懂得吴地的方言，有的勉强答应，有的答非所问，大抵问了十句才能够懂得两三句。

① 舆（yú）夫朴野：轿夫很质朴。舆夫，轿夫。

② 吴语：江浙一带的方言。

③ 强然诺：勉强地答应。

④ 不应：不符合。

⑤ 率：大抵，一般。

# 3.《桃花源记》主题另解

⊙史　峰

　　《桃花源记》一文，历来都是一篇"重点课文"。《桃花源记》传统主题揭示的结论都是"课文描绘了一个没有阶级、没有剥削、自食其力、人人自得其乐的社会。文章是作者对其政治理想的寄托"。笔者却认为《桃花源记》并不是陶渊明理想的寄托，而是对其政治理想的一种绝望与放弃。

## 一、困苦经历打碎了陶渊明虚幻的理想

　　陶渊明起初并不是弃世之人，而是一个积极的入世者，想努力挤进仕途。经"努力"，果然谋得官职，官虽然做得不高，但一直在做。直到41岁左右时，陶渊明因个人性情和对社会现实的厌恶，才弃官不做，归隐山林。我们可以把陶渊明的41岁看作他的人生分水岭。41岁之前的陶渊明置身世俗，41岁之后，他开始体验"世外桃源"的生活。但是"桃源"的田耕生活并非想象中那么悠然，而是非常艰辛的。陶渊明的"桃源生活"仅仅过了三年，家中就遭遇

大火，烧了个精光。从此，身处"桃源之境"的陶渊明渐渐困苦起来，生活陷入绝境，吃饱都成了问题。义熙十三年，即公元417年，极度困苦的陶渊明举笔写下《桃花源记》一文。陶渊明写《桃花源记》，是梦碎之文，与其空梦"桃源"，不如觉醒面世。他写《桃花源记》意在梳理一下自己曾经的痴想，然后"打包"丢弃，决不是想在文章中寄托不切实际的理想。

## 二、文中最后一句话透露出放弃是其真实的想法

《桃花源记》中记载了几个寻"桃花源"的人物，按照他们出场的先后次序分别是：武陵人、太守、刘子骥、后来人。这些人可以象征不同时期的陶渊明。武陵人偶然而入桃花源，象征年轻时的陶渊明。年轻的陶渊明心怀追寻桃花源的"梦想"，武陵人就是这种梦想的代言者——代言陶渊明曾经梦入桃花源。第二个人物是太守，可以象征为官时期的陶渊明。此时的陶渊明身处官位，有着营造"桃源"的政治理想，可是文章中偏偏是太守寻桃花源而不得，借此象征陶渊明的政治理想无法实现。接下来寻桃花源的刘子骥，此人可象征归隐后的陶渊明。归隐后的陶渊明虽然继续追求桃源生活，却没有得到桃源之乐，相反却是困苦不堪，从精神上和生活上都陷入绝境。刘子骥这位"高尚士"寻桃花源不得，暗示陶渊明已经认识到桃源生活并非想象中那么悠然。课文中的最后一句话"后遂无问津者"，这后来者，其实就是"觉醒"了的陶渊明，道出了陶渊明最后的心思：世上无桃源，万不可再问津。这句话含有梦想

破灭后的无奈，也有放弃痴梦后的释然。"后遂无问津者"，说明陶渊明已经从心底放弃了桃源梦想，也就无须在文章中"寄托"理想了。

## 三、"世外桃源"就有曲指"放弃"的含义

陶渊明写《桃花源记》，后人据此创造了一个成语叫"世外桃源"，它有三层含义：原指与现实社会隔绝、生活安乐的理想境界，后指环境幽静、生活安逸的地方，最后借指一种空想的脱离现实斗争的地方。这三层含义也代表了陶渊明思想和政治理想的三个阶段。首先，陶渊明是带着为民营造美好生活环境的政治理想出仕的，所以他的脑海里在最初阶段有改造现实、营造桃源的政治理想。之后，陶渊明做官失败，归隐山野，他认为找到了一处环境幽静、生活安逸的地方，于是想享受短暂的安逸，这是"世外桃源"的第二层意思。最终，现实给了陶渊明沉重的打击，让他看到了"世外桃源"是不可实现的虚幻。为了"嘲讽"自己的空想，他写下《桃花源记》，也带出第三层意思，就是"世外桃源是一种空想，是脱离现实无法实现的缥缈幻觉"。陶渊明在劝说自己放弃空想的同时，也想给后人留下不要空想的警示——不要迷恋"世外桃源"，"世外桃源"只能是个"传说"，写《桃花源记》不是寄托，而是觉醒后的放弃。

# 4. 重峦叠嶂间的田园（节选）

⊙余秋雨

对于以陶渊明为代表的安然自立型的文化人格，中国民众不像对魏晋名士那样陌生，也不像对三国群雄那样热络，处在一种似远似近、若即若离的状态之中。

这就需要多说几句了。

现在有不少历史学家把陶渊明也归入魏晋名士一类，可能有点粗糙。陶渊明比曹操晚了二百多年。他出生的时候，阮籍、嵇康也已经去世一百多年。他与这两代人，都有明显区别。他对三国群雄争斗权谋的无果和无聊看得很透，这一点与魏晋名士是基本一致的。但如果把他与魏晋名士细加对比，他会觉得魏晋名士虽然喜欢老庄却还不够自然，在行为上有点故意，有点表演，有点"我偏要这样"的做作，这就与道家的自然观念有距离了。他还会觉得，魏晋名士身上残留着太多都邑贵族子弟的气息，清谈中过于互相依赖，过于在乎他人的视线，而真正彻底的放达应该进一步回归自然个体，回归僻静的田园。

于是，我们眼前出现了非常重要的三段跳跃：从漫长的古代史到三国群雄，中国的文化人格基本上是与军事人格和政治人格密不可分的；魏晋名士用极端的方式把它解救出来，让它回归个体，悲壮而奇丽地当众燃烧；陶渊明则更进一步，不要悲壮，不要奇丽，更不要当众，也未必燃烧，只在都邑的视线之外过自己的生活。

　　安静，是一种哲学。在陶渊明看来，魏晋名士的独立如果达不到安静，也就无法长时间保持，要么凄凄然当众而死，要么惶惶然重返仕途。中国历史上出现过大量立誓找回自我，并确实做出了奋斗的人物，但他们没有为找回来的自我安排合适的去处，因此，找回不久又走失了，或者被绑架了。陶渊明说了，这个合适的去处只有一个，那就是安静。

　　在陶渊明之前，屈原和司马迁也得到过被迫的安静，但他们的全部心态已与朝廷兴衰割舍不开，因此即使身在安静处也无时无刻不惦念着那些不安静的所在。陶渊明正好相反，虽然在三四十岁之间也外出断断续续做点小官，但所见所闻使他越来越殷切地惦念着田园。回去吧，再不回去，田园荒芜了。他天天自催。

　　照理，这样一个陶渊明，应该更使民众感到陌生。尽管他的言辞非常通俗，绝无魏晋名士的艰涩，但民众的接受从来不在乎通俗，而在乎轰动，而陶渊明恰恰拒绝轰动。民众还在乎故事，而陶渊明又恰恰没有故事。

　　因此，陶渊明理所当然地处于民众的关注之外。同时，也处于文坛的关注之外，因为几乎所有的文人都学不了他的安静，他们不敢正眼看他。他们的很多诗文其实已经受了他的影响，却还是很少提他。

到了唐代，陶渊明还是没有产生应有的反响。好评有一些，比较零碎。直到宋代，尤其是苏东坡，才真正发现陶渊明的光彩。苏东坡是热闹中人，由他来激赞一种几百年前的安静，容易让人信任。细细一读，果然是好。于是，陶渊明成了热门。

由此可见，文化上真正的高峰是可能被云雾遮盖数百年之久的，这种云雾主要是朦胧在民众心间。大家只喜欢在一座座土坡前爬上爬下，狂呼乱喊，却完全没有注意那一脉与天相连的隐隐青褐色，很可能是一座惊世高峰。

陶渊明这座高峰，以自然为魂魄。他信仰自然，追慕自然，投身自然，耕作自然，再以最自然的文笔描写自然。

请看：

> 结庐在人境，而无车马喧。
>
> 问君何能尔？心远地自偏。
>
> 采菊东篱下，悠然见南山。
>
> 山气日夕佳，飞鸟相与还。
>
> 此中有真意，欲辨已忘言。

这首诗非常著名。普遍认为，其中"采菊东篱下，悠然见南山"两句表现了一种无与伦比的自然生态意境，可以看成陶渊明整体风范的概括。但是，王安石最推崇的却是前面四句，认为"奇绝不可及""有诗人以来，无此句也"。王安石作出这种超常的评价，是因为这几句诗用最平实的语言道出了人生哲理。那就是：在热闹的"人境"也完全能够营造偏静之境，其间关键就在于"心远"。

正是高远的心怀，有可能主动地对自己做边缘化处理。而且，即便处在边缘，也还是充满意味。什么意味？只可感受，不能细辨，更不能言状。因此，最后他要说："此中有真意，欲辨已忘言。"

从这里，我们不难看出哲理玄言诗的痕迹。陶渊明让哲理入境，让玄言具象，让概念模糊，因此大大地超越了魏晋名士。但是，魏晋名士对人生的高层次思考方位却被他保持住了，而且保持得那么平静、优雅。

他终于写出了自己的归结性思考：

纵浪大化中，不喜亦不惧。

应尽便须尽，无复独多虑。

一切依顺自然，因此，所有的喜悦、恐惧、顾虑都被洗涤得干干净净，顺便把文字也洗干净了。

"大化"——一种无从阻遏也无从更改的自然巨变，一种既造就了人类，又不理会人类的生灭过程，一种丝毫未曾留意任何辉煌、低劣、咆哮、哀叹的无情天规，一种足以裹卷一切、收罗一切的飓风和烈焰，一种抚摩一切又放弃一切的从容和冷漠——成了陶渊明的思维起点。陶渊明认为我们既然已经跳入其间，那么，就要确认自己的渺小和无奈。而且，一旦确认，我们也就彻底自如了。彻底自如的物态象征，就是田园。

# 5. 篱笆青青

⊙宋长征

　　篱笆青青，来自乡村的深处，青绿着，蜿蜒着，逶迤着，像一条绿色的丝带，拴住乡村的暖，拴住庄户人家的脚步，拴住千里万里之外游子的心房。你见过山的险峻，见过海的宽广，不一定就见过一围小小的篱笆，纤细，温柔，一如母亲慈爱的眼神。等你走得近了，等你放下手中的行囊，你禁不住要停下来，在这小小的篱笆旁，借着篱笆青青的思绪，想起了远方的亲人。

　　一丛篱笆，可能是一段小小的竹林。青青的叶子，细细的竹节，繁密或稀疏的枝条，透过去，能看见鸡的逡巡，鸭的悠闲，或者还有一条狗戒备的眼神。忽而，篱笆深处闪过一张朴实的面孔，和蔼的女主人会用浓浓的方言问你：渴了，还是累了，要歇歇脚？庄户人家的日子散乱，不过水是甜甜的。没错，甜津津，凉丝丝。你不要介意隔着竹篱递过来的青瓷大碗，新汲的凉水混着竹的清新沁人心脾。

　　竹篱内外，陌生也变得如此温馨。

　　一丛篱笆可能是一棵棵紧密相连的花椒树。尖尖的针刺均匀分布在相互交错的枝丫间，不挡风，不挡雨，却可以忠实守护好自家的小院。院子里的枣树挂满了果儿，红的青的真好看，馋煞了几个调皮的乡下小子，商商量量围着花椒树篱笆转了好几圈儿，就是没找到一个可以下手的地方。这些，树篱都看见了，只是不想说，但等八月十五的当口，卸枣果儿，主人自会提了满满一篮子，东家西家，左邻右舍，哪个乡下的捣蛋鬼都能咀嚼上甜丝丝脆生生的大红枣。

花椒树上已然挂满了一嘟噜一嘟噜的小花椒，红红的，在秋风里飘着麻酥酥的香味儿。

一丛篱笆可能是一串长长的豆角丝瓜架。父亲随便插了一圈小木棍，母亲在春天点上了种子。单等着春风吹，单等着夏雨下，长长的木篱笆上开满了花。有吊瓜花，有丝瓜花，有紫红如梅朵的梅豆花。要不人说乡下的母亲辛苦呢——见缝插针地打扮了一下，就给小小的农家院牵来一篱笆美丽的花。蜜蜂嗡嗡飞，蝴蝶对对舞，偶尔有一只小虫子躲在花篱的深处，弹奏起柔柔的丝弦。

繁花锦簇的木篱笆是母性乡村优雅的蕾丝花边，花枝掩映间，羞怯不语。

一声鸡啼啄破了黎明，红红的朝阳升起来了，霎时乡村沐浴着七彩云霞，鸟儿们在篱笆上唱起了歌，歌声婉转，流淌着多情的音符。我自散发着谷物香醇的梦里醒来，绕着青青的篱笆看了又看，像读一首诗，像欣赏一幅画，像听到一曲古典的乡情乡韵。每一片叶子都是清新的，每一个花朵都飘散着清香。就连晶莹的露珠，一旦亲近上青青的篱笆，也会很久不舍得离去。露珠自高处滑落，落在低处的叶面上，又跌落在篱笆下青青的草丛里。或许被几只早起的蚂蚁匆匆抢了去，分享着自然母亲赐予的芳醇。

花墙，当我想起这个词时，青青的篱笆就把我包围在幸福的记忆中央。我知道，乡村是贫穷的，但乡村又是那样的质朴，每一个村庄都有每一个村庄的气息，每一个村庄都会有几条青青柔柔的篱笆墙。在春天，推开料峭的春寒，跟墙角的爬山虎较着劲儿，和田野里的庄稼打个赌——一定要把乡村打扮成如花的儿女。在秋天，你怎能拒绝篱笆上面青青红红的果实，长长的丝瓜，爬一路结一路，点缀其间；紫红的梅豆，站在最高处，像一枚枚飘扬在风中的旗帜。母亲呢，正忙着招呼路过篱笆门前的大娘婶子："多摘点儿，多摘点儿，你看这篱笆要压塌了呢！"

平原的乡下，不见山不见水，唯独随处可见青青的篱笆。土墙呢，嫌太厚，嫌太重，让人感觉不到一丝轻松；砖墙呢，嫌太高，嫌太冷，有点不近人情。只有篱笆墙的影子，青青细细，柔柔长长，像那青葱的岁月。我从乡下走来，深深懂得篱笆墙的平和：不与人争辩，也不自惭形秽，只要心中永驻春天，生命的青绿便会一直蔓延。

轻轻地，当我的眼神再次抚摸青青的篱笆，刚好暮色渐浓。一弯新月升起在村庄的上空，皎洁的月光洒在屋檐上，流泻在安静的庭院中，穿过岁月那围篱笆青青，投影在我安静的思绪里。这一生，希望我也会拥有自己的篱笆墙，一丛青青的竹，或一排密密的小树，抑或一面开满春天的花墙，清与浊，真与假，善与恶，都不会轻易逾越，只愿与一面清寂的篱笆，与乡村，相守到老。

# 6. 绿树村边合

⊙洪忠佩

香樟与枫香，不像香柏和红豆杉那样苍劲与高古，却雍容、峭拔，它们一起站在村庄水口，抑或后山，自然生成绿树荫荫的景象。那郁郁葱葱的背后，竟然藏着一个个粉墙黛瓦的村庄。蓝冠噪鹛、白腿小隼、黄腹角雉，早年是到婺源乡村的神秘访客，现在已经定居下来，它们或穿梭于密林，或栖息于高枝，那灵动的身影，自在而悠闲。

在层层叠起的绿意里，我常常沿着蜿蜒的古道，去追寻婺源乡村在乡土中国版图上的色调与背景——一抹绿色随山峦迤逦，村舍是水墨的黑白色调，隐隐的，一旦进入却别有意境。在聚族而居的村庄里，植树定村成了生发的象征。想必村庄的先祖在栽下第一棵树起，也种下了村庄的诗意与祈愿。1200多年前，一位唐代的归隐长史——洪延寿，从安徽篁墩沿着五龙山脉，走进了大鄣山深处，在轮溪边的黄荆墩上植树定村。在天马山脚下，在他的内心深处，开始生发香樟的诗意与家园的梦境。而900年前，余道潜辗转到篁村，是以栽下一棵倒插的罗汉松做标记的，他骨子里是文人的境界，村庄名字取文房四宝的意象，笔墨韵味油然而生。在许多类似的村庄，我看到一棵棵古树，不禁会想到那遥远的春天，村庄先祖挥锄植树的身影。

树影婆娑，摇曳生姿。树的年轮与叶脉里，储存着婺源人"树养人丁水养财"的传统意识。往往，他们在村庄的水口都要栽植大片的树木。在婺源，"水口林"是进入村庄最好的辨识标志。下晓起村在段莘水与村溪汇合处地带，种有樟、楮、槐等十多个品种的树，以护牢村基。石城水口栽的树种更多，有枫香、白玉兰、山樱花、银杏、香榧、红豆杉、三角杉、楠木、槐树、青栲、糙树等，形成了一条长长的树廊。春天玉兰花开，秋天枫叶飘红，村庄四季飘逸的都是树木的香气。

一个村庄的建构过程，很大程度上是人与树以及时间确立的。时间似流水，村庄的树生长繁茂，而未曾改变的是乡村一代代人植树、爱树、护树的情怀。在武溪源头，溪头村先人为建设水口，不仅栽树，还以一万石粮食的巨资，在村口人工堆成一个舟状土石洲阜，宛如山冈，后人称作"万石冈"，以至在水口形成了山回水转的"罗星"景观。而考水村特意将樊水河改直变曲，形成来水不见源流、去水不见出口的"之"字形，在水口栽树的同时，筑堤建桥，廊亭与文昌阁点缀其中。

山环水绕，树荫遮蔽，隐隐约约中，那水口参天的古树俨如村庄的一种补白。其实在每一个婺源人心中，都有一片绿色。在民间遗存的风俗中，无论筑屋、建村，还是出生、成年，或是死亡、扫墓，都有植树纪念的做法。官坑村口的向山，每一棵树都是村民因添丁而种下的树，山自然就叫添丁山。那一山的葱郁，满面的苍翠，直接彰显着官坑村千百年人丁的兴旺。山村人家筑屋，要用房梁、椽子，必须先向村里提出申请，才能去山中选伐。房子落成了，房前房后再栽上几棵纪念树，既庆祝了乔迁之喜，又补种了树木。于是，村庄的房前屋后，都是树的浓荫。

而儒学集大成者朱熹，则称得上是婺源栽植人工林的代表人物。他在南宋孝宗淳熙三年，也就是 1176 年，从侨寓的八闽大地回到老家婺源，上九老芙蓉山为第四世祖朱惟甫妻扫墓，他按照"封前植树"的习俗，亲手在墓周按八卦形栽植了二十四棵杉木，以"载祀久远"。伫立在罕见的古杉群下，我遥想着一个返回故里的老乡在清明雨中植树时内心沉浸的那片绿色。然而，这参天之绿，却比他内心的那片绿色更葱郁、更持久……

隐匿在沱川白山山腰的金岗岭村，宛若红豆杉、香樟组成的秘境。当我在村庄水口见到那集结的二十一棵红豆杉时，仿佛读到了一部远古与自然的传奇——树龄最高的在 1100 年以上。显然，村民的植树与保护意识，要比我想象的久远与持久得多。那矗立在村口的一块块禁碑，人们口口相传的村规民约，以及民间遗存的契约文书，都是每一棵古树名木的最好叙事。

进出浙源乡，虹关村是我一眼就能认出的村庄。我记住虹关，并不因为它是"吴楚锁钥无双地，徽饶古道第一关"，而是村口高耸的千年古樟。罩地三亩的古樟，"下根磅礴达九渊，上枝摇荡凌云烟"，它的浓荫下，应集结着虹关村过往的全部内容。一棵古樟，既是一部诗集的封面，亦是吟咏家乡的集体抒情。民国时，村里人詹佩弦汇集诗词五十多首，为这棵古樟编了《古樟吟集》。翻开一页，就是百年。虹关村人能够与这样的古樟栖居一起，何尝不是一种诗意与福分呢？

春天里，我和友人用航拍器俯瞰与虹关村唇齿相依的察关水口，那古树、溪流、拱桥，山水掩映，错落有致，还有路亭与村庄相连，缓缓延展。而油菜花的烈焰在奔跑，一如古意的画境里迎来了新春。

"古树高低屋，斜阳远近山。林梢烟似带，村外水如环。"常常，我在南方婺源循着这样的诗意去行走，迷醉其中。有时，我走到未曾到过的村庄，那村口的古树就一下子拉近了我们的距离，每一棵古树都散发着村庄迷人的气息，引着人们走上通往村庄历史的路径。然而更多的时候，我只是远远地对古树遮蔽的村庄进行怀想。

（有删改）

<h1 align="center">单元学习任务</h1>

## 任务一

请从本单元的古诗文中，选择 5~8 个自己以前没有接触过的或有特殊语言现象的文言词语，参照示例，制作文言词语积累表。

| 序号 | 词语 | 意义及用法 | 原文例句 | 出处 |
|---|---|---|---|---|
| 示例 | 可 | 大约 | 桃可千余树 | 《再游花源记（节选）》 |
| ① | | | | |
| ② | | | | |
| ③ | | | | |
| ④ | | | | |
| ⑤ | | | | |
| ⑥ | | | | |
| ⑦ | | | | |
| ⑧ | | | | |

## 任务二

读了《桃花源记》以及本单元的文章，说说你心中的"世外桃源"生活是怎样的图景。请用三个关键词进行概括。然后将小组内同学们选定的关键词进行汇总统计，完成下面的"'世外桃源'关键词热度排行榜"，并说说这些高频关键词勾勒出的具体生活图景是怎样的，可用 PPT 展示一组图片，辅以生动的语言加以描绘。

## "世外桃源"关键词热度排行榜

| 排行榜 | 关键词 | 热力指数 |
|---|---|---|
| 1: | | ☆☆☆☆☆ |
| 2: | | ☆☆☆☆☆ |
| 3: | | ☆☆☆☆☆ |

**任务三**

经典之作往往能让读者常读常新,引发读者思考。我们在读书时要多问几个为什么,要有自己的独立思考和独特见解,这样才能提升思辨能力。读完本单元文章,你对《桃花源记》一文的内容是否有所质疑,对文章的主题又有了哪些不同的理解呢?请参考下面的思路构思、写作一篇短文(字数不限),发表你的观点,要做到有理有据,条理清晰。

精读原文—泛读类文—分析整合—提出假设—推理验证—得出结论—阐明观点

第二单元

# 探山访水

　　文人雅士多爱探山访水，徜徉于水光山色中，临丘壑发悠悠情怀，倚亭榭寄殷殷意绪。此情此意经由妙笔凝成了千古文章，文字间流淌的清韵带我们领略着寻常山水间不寻常的风景，向我们传达着或执着坚守或超然通脱的人生态度。我们也偶有走出尘世喧嚣的渴望，也想如古人一般在自然山水中寻找迷失的自己。流连佳境，感受会因境遇和境界的不同而迥异；涵泳美文，体验会因共情和共鸣的生发而丰盈。探山访水有真意，秀水青山无妄言。

　　学习本单元的文章，要在疏通文意的基础上熟读成诵，边积累典雅优美的语言，边想象文中描摹的画面、情境；要理清游览线索，体会、理解作者在景物描写中蕴蓄的微妙的变化着的情感；还要在多篇山水游记的比较阅读中，品味、欣赏不同时代作者各具特色的语言。

# 1. 始得西山宴游记

◎〔唐〕柳宗元

　　自余为僇人①，居是州，恒惴栗②。其隙③也，则施施而行④，漫漫⑤而游。日与其徒上高山，入深林，穷⑥回溪，幽泉怪石，无远不到。到则披草而坐，倾壶而醉；醉则更相枕以卧，卧而梦，意有所极⑦，梦亦同趣。觉而起，起而归。以为凡是州之山水有异态者，皆我有也，而未始知西山之怪特。

　　今年九月二十八日，因坐法华⑧西亭，望西山，始指异之⑨。遂

----

① 僇（lù）人：罪人，受过刑辱的人。僇，耻辱。

② 恒惴栗：常常恐惧不安。恒，常常。惴，恐惧。

③ 其隙：空闲。

④ 施施而行：慢慢地行走。施施，慢步缓行的样子。

⑤ 漫漫：随意地，无目的地。

⑥ 穷：穷尽。

⑦ 所极：所向往的境界。

⑧ 法华：指法华寺。

⑨ 指异之：指点着觉得它奇特。

命仆人过湘江，缘染溪，斫榛莽①，焚茅茷②，穷山之高而止。攀援而登，箕踞③而遨，则凡数州之土壤，皆在衽席④之下。其高下之势，岈然洼然⑤，若垤⑥若穴。尺寸千里⑦，攒蹙⑧累积，莫得遁隐。萦青缭白⑨，外与天际，四望如一⑩。然后知是山之特立，不与培塿⑪为类。悠悠乎与灏气⑫俱⑬，而莫得其涯⑭；洋洋乎⑮与造物者⑯游，而不知其所穷。引觞满酌⑰，颓然就醉⑱，不知日之入。苍然暮色，自

---

① 斫（zhuó）榛莽：砍伐丛生的荆棘。斫，砍。

② 茅茷（fá）：指繁密的野草。

③ 箕踞：两脚张开，两膝微曲地坐着，形状像箕。这里形容作者坐姿的随意散漫。

④ 衽（rèn）席：坐垫，席子。

⑤ 岈然洼然：高山深邃，深谷低洼。

⑥ 垤（dié）：蚁封，即蚂蚁洞边的小土堆。

⑦ 尺寸千里：望去只有尺寸之远，实则有千里之遥。

⑧ 攒蹙：聚集、紧缩在一起。攒，聚。蹙，缩。

⑨ 萦青缭白：青山萦回，白水缭绕。

⑩ 四望如一：四面望去都像一样的。

⑪ 培塿（lǒu）：小土堆。

⑫ 灏气：浩然之气。

⑬ 俱：在一起。

⑭ 涯：边际。

⑮ 洋洋乎：悠然自得的样子。

⑯ 造物者：指大自然。

⑰ 引觞满酌：端起酒杯斟满酒。

⑱ 颓然就醉：东倒西歪地快醉倒了。颓然，形容醉醺醺的样子。就，接近。

远而至，至无所见，而犹不欲归。心凝形释<sup>①</sup>，与万化冥合<sup>②</sup>。然后知吾向之未始游，游于是乎始。故为之文以志<sup>③</sup>。

是岁，元和四年也。

## 译 文

自从我成为有罪的人，居住在永州，就常常恐惧不安。如有空闲时间，就会慢慢行走，随意地游玩。天天和同游的人上高山，入深林，走到曲折溪流的尽头，幽僻的泉水，奇异的山石，没有一处偏远的地方不曾到过。到了目的地就拨开草坐下，倾尽壶中酒，一醉方休；醉了就互相枕着躺下休息，一躺下就做梦，心里有向往的美好境界，梦里也就有相同的乐趣。睡醒就起来，起来了就回家。我以为凡是永州的山稍微奇特些的，我都游过了，可我却未曾知道西山的奇异特别。

今年九月二十八日，我坐在法华寺西亭，眺望西山，才指点着觉得它奇特。于是命令仆人渡过湘江，沿着染溪，砍伐荆棘，焚烧杂草，一直到山顶才停下。我们随后攀爬登顶，随意坐下观赏，附近几个州的土地，就全在我们的坐垫之下了。这几个州的地势高低不平，高处是深山，低处是洼地，像蚁封，像洞穴。望去只有尺寸之远，实际上有千里之遥，这些景物聚集、紧缩、堆积在眼下，一览无余，无可隐蔽。青山萦回，白水缭绕，外与天边相接，向四面望去都是一样的景象。登顶后才知道这座山的特别，与小土丘不一样。辽阔浩渺啊，与天地间的浩然之气合而为一，不能探求它的边际；悠然自得啊，和大自然交游，而不知它的尽头。我们端起酒杯斟满美酒，喝得东倒西歪地进入醉态，不知太阳下了山。苍茫暮色，由远而至，直到什么都看不见了，我们还不想返回。我不再想任何事情，忘记了自己的存在，与自然界万物不知不觉地融为一

---

① 心凝形释：不再想任何事情，忘记了自己的存在。心凝，思想停止，指不再想事情。形释，形体消散，指忘掉了自己的存在。

② 万化冥合：自然界万物不知不觉融合为一体。冥合，因默契而融合。

③ 志：记载。

体了。游过西山后才知我以前不曾真正游赏过，真正的游赏是从这里开始的。所以我把这次西山之游写成文章记载了下来。

这一年是元和四年。

**学习提示**

1. 反复朗读文章，结合注释，利用工具书解决不理解的字词，在文中空白处记下阅读中的感悟与疑问。建议使用不同符号进行标注，并进行分类整理。

2. 孟子有云："颂其诗，读其书，不知其人可乎？是以论其世也。"后人从中总结出一个读书的方法——知人论世，即在读书时应该了解作者的思想以及写作背景。本单元选取了3篇柳宗元的游记，请查阅相关书籍或者通过网络搜索，了解柳宗元的生平以及《永州八记》的写作背景，以加深对文章的理解。

# 2. 满井游记

⊙〔明〕袁宏道

燕①地寒，花朝节②后，余寒犹厉。冻风时作③，作则飞沙走砾，局促④一室之内，欲出不得。每冒风驰行，未百步辄返。

廿二日，天稍和⑤，偕数友出东直⑥，至满井。高柳夹堤，土膏⑦微润，一望空阔，若脱笼之鹄⑧。于时冰皮始解，波色乍明⑨，

---

① 燕（yān）：周朝国名，在今河北北部、辽宁西部、北京一带。

② 花朝（zhāo）节：旧俗以夏历二月十五日为花朝节，据说这一天是百花生日。

③ 冻风时作：冷风时常刮起来。作，起。

④ 局促：形容受束缚而不得舒展。

⑤ 和：暖和。

⑥ 东直：北京东直门，在旧城东北角。满井在东直门北三四里处。

⑦ 土膏：肥沃的土地。膏，肥沃。

⑧ 脱笼之鹄：从笼中飞出去的天鹅。

⑨ 波色乍明：水波开始发出亮光。乍，初、始。

鳞浪①层层，清澈见底，晶晶然如镜之新开②，而泠光之乍出于匣③也。山峦为晴雪所洗④，娟然⑤如拭，鲜妍明媚，如倩女之靧面而髻鬟之始掠也⑥。柳条将舒未舒，柔梢披风⑦，麦田浅鬣寸许⑧。游人虽未盛，泉而茗者，罍而歌者，红装而蹇者⑨，亦时时有。风力虽尚劲⑩，然徒步则汗出浃⑪背。凡曝沙之鸟，呷浪之鳞⑫，悠然自得，毛羽鳞鬣⑬之间，皆有喜气。始知郊田之外，未始无春，而城居者未

---

① 鳞浪：像鱼鳞似的细浪纹。

② 新开：新打开。

③ 匣：指镜匣。

④ 山峦为晴雪所洗：山峦被融化的雪水洗干净。晴雪，晴空之下的积雪。

⑤ 娟然：美好的样子。

⑥ 如倩女之靧（huì）面而髻（jì）鬟（huán）之始掠也：像美丽的少女刚洗好了脸、梳好髻鬟一样。倩女，美丽的女子。靧，洗脸。掠，梳理。

⑦ 披风：在风中散开。披，开、分散。

⑧ 麦田浅鬣（liè）寸许：意思是麦苗高一寸左右。鬣，马颈上的长毛，这里形容不高的麦苗。

⑨ 泉而茗者，罍（léi）而歌者，红装而蹇（jiǎn）者：汲泉水煮茶喝的人，端着酒杯唱歌的人，穿着艳装骑驴的人。泉、茗、罍、蹇都是名词作动词用。泉，用泉水煮。茗，煮茶。罍，端着酒杯。蹇，骑驴。

⑩ 劲：猛，强有力。

⑪ 浃（jiā）：湿透。

⑫ 曝沙之鸟，呷（xiā）浪之鳞：在沙滩上晒太阳的鸟，浮到水面戏水的鱼。呷，吸饮，这里用其引申义。鳞，代指鱼。

⑬ 毛羽鳞鬣：泛指飞鸟、游鱼、走兽。毛，指虎狼等兽类。羽，指鸟类。鳞，指鱼类和爬行动物。鬣，指马一类动物。

之知也。

　　夫不能以游堕事[①]，而潇然于山石草木之间者，惟此官也。而此地适与余近，余之游将自此始，恶能[②]无纪？己亥之二月也。

## 译 文

　　燕地一带天气寒冷，每年花朝节过后，冬天剩下的寒气还很厉害。冷风时常刮起，一刮起就会飞沙走石，人拘束在房间之内，想要出去也不可能。每每冒着风快步走出去，不到百步就只能返回。

　　二十二日那天天气稍稍暖和，（我）和几个朋友出了东直门，到了满井。高大的柳树分立在堤旁，肥沃的土地微微润湿，一眼望去，空旷开阔，感觉自己像从笼子里飞出来的天鹅。此时河上的冰面开始消融，水波开始发出亮光，鱼鳞似的波纹一层一层，水清澈见底，亮晶晶的好像镜子刚刚打开，清冷的光突然从镜匣中射出来一样。山峦被晴天融化的积雪所洗，美好的样子好像刚擦拭过，娇艳明亮，好像美丽的少女刚洗完脸、梳好发髻一样。柳条将要舒展却还没有舒展，柔软的梢头在风中散开，麦苗高约一寸，像短的马鬃一样。游人虽然还不多，但是用泉水煮茶的，端着酒杯歌唱的，穿着艳丽的衣服骑驴的，也时时能看到。风力虽还强劲，但是徒步行走就会汗流浃背。凡是在沙滩上晒太阳的鸟，浮到水面上戏水的鱼，都是一副悠然自得的样子，一切动物都流露出喜悦的气息。（我这）才知道郊外未必没有春天，只是居住在城里的人不知道而已。

　　不会因为游玩而耽误了公事，能在山石草木之间无拘无束潇洒地游玩的，怕是只有我了。而满井这地方正好离我近，我的游玩将从这里开始，怎能不记录下来呢？己亥年二月记。

---

① 堕（huī）事：耽误公事。堕，毁坏、耽误。

② 恶（wū）能：怎能。恶，怎么。

　　这篇游记写初春景象，抓住了乍暖还寒、万物复苏的特点。如"柳条将舒未舒，柔梢披风"，写出了柳枝初展的神韵。熟读课文，试找出几处这样的景物描写，体会本文写景的特点和语言运用的精妙，想一想，作者在这样的描写中渗透了怎样的感情？

## 《永州八记》（一）

　　《永州八记》是唐代文学家柳宗元被贬为永州司马时，借写山水游记书写胸中愤郁的一组散文作品。由于八记所写山水都在永州城郊，历代文人寻胜较多，故称《永州八记》。这组散文是柳宗元山水游记的代表作，包括：《始得西山宴游记》《钴鉧潭记》《钴鉧潭西小丘记》《至小丘西小石潭记》《袁家渴记》《石渠记》《石涧记》和《小石城山记》。在柳宗元之前，永州山水并不为世人所知，但这些偏居荒芜的山水景致在柳宗元的笔下，却表现出别有洞天的审美特征，极富艺术生命力。

# 1. 钴鉧潭西小丘记

⊙〔唐〕柳宗元

得西山后八日，寻①山口西北道②二百步，又得钴鉧潭。潭西二十五步，当湍而浚③者为鱼梁④。梁之上有丘焉，生竹树。其石之突怒⑤偃蹇⑥、负土而出、争为奇状者，殆⑦不可数。其嵚然⑧相累⑨而下者，若牛马之饮于溪；其冲然⑩角列⑪而上者，若熊罴⑫之登

---

① 寻：同"循"，沿着。

② 道：名词作动词，行走。

③ 浚（jùn）：水深。

④ 鱼梁：筑堰拦水捕鱼的一种设施，这里指为捕鱼而建的堰坝。

⑤ 突怒：形容石头突出隆起的样子。

⑥ 偃蹇（yǎn jiǎn）：高耸的样子。

⑦ 殆：几乎。

⑧ 嵚（qīn）然：山势高峻的样子。

⑨ 相累：互相重叠。

⑩ 冲然：直上的样子。

⑪ 角列：像兽角那样排列。

⑫ 罴（pí）：兽名，熊的一种。

于山。

　　丘之小不能①一亩，可以笼而有之。问其主，曰："唐氏之弃地，货②而不售③。"问其价，曰："止四百。"余怜④而售之。李深源、元克己时同游，皆大喜，出自意外。即更⑤取器用，铲刈秽草⑥，伐去恶木，烈火而焚之。嘉木立，美竹露，奇石显。由其中以望，则山之高，云之浮，溪之流，鸟兽之遨游，举⑦熙熙然⑧回巧⑨献技，以效⑩兹丘之下。枕席而卧，则清泠⑪之状与目谋⑫，瀯瀯⑬之声与耳谋，悠然而虚者与神谋，渊然而静者与心谋。不匝旬⑭而得异地者二，虽古好事之士，或未能至焉。

————————

① 不能：不满，不足。

② 货：动词，卖。

③ 不售：卖不出去，下文"怜而售之"的"售"则译为买。

④ 怜：爱惜。

⑤ 更：轮番。

⑥ 铲刈（yì）秽草：铲除、割掉杂草。

⑦ 举：全。

⑧ 熙熙然：和悦的样子。

⑨ 回巧：呈现出各种技巧。

⑩ 效：效力。

⑪ 清泠（líng）：形容景色清丽爽朗。

⑫ 谋：这里是接触的意思。

⑬ 瀯（yíng）瀯：拟声词，流水声。

⑭ 匝（zā）旬：满十天。旬，十天。

噫！以兹丘之胜，致之沣、镐、鄠、杜<sup>①</sup>，则贵游之士争买者，日增千金而愈不可得。今弃是州也，农夫渔父过而陋<sup>②</sup>之，贾四百<sup>③</sup>，连岁<sup>④</sup>不能售。而我与深源、克己独喜得之，是其果有遭<sup>⑤</sup>乎！书于石，所以<sup>⑥</sup>贺兹丘之遭也。

## 译 文

（我）寻得西山后的第八天，沿着山口向西北走二百步，又发现了钴鉧潭。钴鉧潭西面二十五步远的地方，在水流急而深处是一道作为鱼梁的堰坝。坝顶上有一座小丘，上面生长着竹子和树木。小丘上的石头或突出隆起，或错综盘踞，破土而出，争奇斗怪，几乎多得数不清。那些高峻叠加、向下俯冲的石头，好像是在小溪里俯身喝水的牛马；而那些高耸突出、像兽角那样排列的石头，则像在山上攀登的熊罴。

小丘很小，不足一亩，几乎可以把它装到一个小笼子里。（我）问小丘的主人是谁，有人回答说："这是唐家不要的地方，想卖却卖不出去。"问及它的价钱，有人说："只要四百文钱。"我很爱这个地方，于是买了下来。李深源、元克己当时和我一起游览，都很高兴，感到喜出望外。（我们）立刻轮流拿起工具，铲割杂草，砍伐杂树，点燃大火把它们烧掉。美丽的树木挺拔起来了，秀美的竹子露出来了，奇特的石头显露出来了。（我们）站在小丘中间向外望去，就看见山峰高峻，云彩飘浮，溪水飞流，飞鸟走兽自由自在地游玩，

① 致之沣（fēng）、镐（hào）、鄠（hù）、杜：放置在沣、镐、鄠、杜等繁华之地。
沣、镐、鄠、杜，均为地名，在唐代长安城附近。

② 陋：轻视，认为鄙陋。

③ 贾（gǔ）四百：售价仅四百文。

④ 连岁：连续几年。

⑤ 遭：际遇。

⑥ 所以：用来……的。

全都欢快地呈献出美好的姿态，来为这个小丘的美献出一己之力。我们枕着石头席地而卧，眼睛看到的是清丽明朗的景色，耳朵听到的是淙淙潺潺的水声，精神感受到的是悠远空旷的浩然之气，心灵感受到的是恬静幽深的境界。不到十天，我就得到了两处风景胜地，即使古代爱好山水的人士，也未必有这样的幸运啊！

　　唉！如果把这小丘优美的景色放到沣、镐、鄠、杜等京都附近的繁华之地，那么喜欢游赏、争相购买的人即使每天加价一千文钱，恐怕也很难买得到。如今小丘被弃置在永州，连农民、渔夫走过也看不起它，仅售四百文钱却几年都卖不出去，唯独我和李深源、元克己因为得到了它而高兴，难道确实有所谓遭际遇合吗？我因此把这篇文章写在石碑上，以此祝贺和小丘相遇的好运气。

# 2. 石涧记

○〔唐〕柳宗元

　　石渠之事既穷①，上由桥西北下土山之阴②，民又桥③焉。其水之大，倍④石渠三之一。亘石⑤为底，达于两涯⑥，若床若堂，若陈筵席，若限⑦阃奥⑧。水平布其上，流若织文⑨，响若操琴。揭跣⑩而往，折竹扫陈叶，排腐木，可罗胡床⑪十八九居之。交络⑫之流，

①穷：毕，完成。

②土山之阴：土山的北坡。古称山南水北为阳，山北水南为阴。

③桥：架桥。

④倍：倍数。

⑤亘（gèn）石：接连不断的石头。亘，横贯。

⑥两涯：两岸。涯，水边。

⑦限：门槛，这里作动词用，指用门槛把正屋与内室隔开。

⑧阃（kǔn）奥：室内深邃之处，引申为隐微深奥的境界。

⑨文：同"纹"，花纹。

⑩揭跣（xiǎn）：把衣服拎起来，光着脚。

⑪胡床：一种可以折叠的轻便坐具。

⑫交络：交织，形容水波像交织的纹理。

触激<sup>①</sup>之音，皆在床下<sup>②</sup>；翠羽之木<sup>③</sup>，龙鳞之石<sup>④</sup>，均荫<sup>⑤</sup>其上。古之人其有乐乎此耶？后之来者有能追予之践履<sup>⑥</sup>耶？得意之日，与石渠同。<sup>⑦</sup>

由渴<sup>⑧</sup>而来者，先石渠，后石涧。由百家濑<sup>⑨</sup>上而来者，先石涧，后石渠。涧之可穷者，皆出石城村东南，其间可乐者数焉<sup>⑩</sup>。其上深山幽林逾峭险，道狭不可穷也。

# 译 文

　　游览、整修石渠的事情已经结束，从石渠的桥上向西北走，一直走到土山的北坡，百姓又架了一座桥。这儿的水，是石渠水量的三倍。接连不断的石头横在水底，从这岸连到那岸，石头有的像床，有的像门堂的基石，有的像摆满菜肴的筵席，有的像用门槛隔开的内外屋。水平铺在这些石头之上，水流像纺织物的花纹，泉水叮咚宛如琴声。拎着衣服赤脚蹚过去，折竹箭，扫陈叶，排腐木，清理出一块可罗列十八九张交椅的空地。交织的流水，撞击的水声，

---

① 触激：撞击，碰撞。

② 皆在床下：都发生在座椅下面。

③ 翠羽之木：像翠鸟羽毛一样苍翠的树木。翠羽，翠鸟的羽毛。

④ 龙鳞之石：像龙鳞一样的石头。

⑤ 荫：遮蔽。

⑥ 践履：本为足踏地之意，此指足迹。

⑦ 得意之日，与石渠同：找到石涧的这一天，和发现石渠是同一天。

⑧ 渴（hè）：即袁家渴，水名，在永州城南十里处。

⑨ 百家濑（lài）：水名，在永州城南二里处。

⑩ 数焉：有几处。数，很多。

皆在椅下；像翠鸟羽毛般苍翠的树木，像龙鳞般的石块，都遮蔽在椅上。古时候的人有谁曾在这里找到这种快乐？以后的人，有谁能追随我的足迹来到这里？找到石涧的这一天，和发现石渠是同一天。

从袁家渴来的人，先到石渠后到石涧。从百家濑上山到这里的人，先到石涧后到石渠。石涧的源头，在石城村的东南，路上可以游览的地方还有好几处。上游的深山老林更加险峻，道路狭窄，不能走到尽头。

## 《永州八记》（二）

《永州八记》的艺术魅力历久弥新。《旧唐书·柳宗元传》说，柳宗元"下笔构思，与古为侔。精裁密致，璨若珠贝"。八篇游记，整体构思，一脉贯通。以西山为起点，向西出游，接连出现了三处胜景，令人目不暇接。作者巧妙组合，一气呵成，毫无间隔之弊。

柳宗元刻画永州山水的形象美、色彩美和动态美，不是纯客观地描摹自然，而是以山水自喻，赋予永州山水以血肉、灵魂和性格。永州山水之美就是柳宗元人格美的艺术写照，物我交融，和谐自然，汇成一曲动人心弦的交响华章。

# 3. 峡江寺飞泉亭记

⊙〔清〕袁枚

余年来观瀑屡①矣，至峡江寺而意难决舍②，则飞泉一亭为之也。

凡人之情，其目悦，其体不适，势不能久留。天台之瀑③，离寺百步，雁荡瀑旁无寺。他若匡庐，若罗浮，若青田之石门，瀑未尝不奇，而游者皆暴日中④，踞危崖⑤，不得从容以观⑥，如倾盖⑦交，虽欢易别。

---

① 屡：多次。

② 意难决舍：心中难以舍弃。决舍，舍弃。

③ 天台之瀑：天台山的瀑布。下文"雁荡""匡庐""罗浮""石门"都是以瀑布享誉的名山。

④ 暴日中：暴晒在日光之下。

⑤ 踞（jù）危崖：倚靠在高高的山崖边。

⑥ 从容以观：悠闲舒缓地进行观赏。从容，悠闲舒缓。

⑦ 倾盖：行车相遇，停车而语，车盖靠在一起，常用以形容初交相得，一见如故。

惟粤东峡山，高不过里许，而磴级纡曲<sup>①</sup>，古松张覆<sup>②</sup>，骄阳不炙<sup>③</sup>。过石桥，有三奇树鼎足立，忽至半空，凝结<sup>④</sup>为一。凡树皆根合而枝分，此独根分而枝合，奇已。

登山大半，飞瀑雷震<sup>⑤</sup>，从空而下。瀑旁有室，即飞泉亭也。纵横<sup>⑥</sup>丈余，八窗明净，闭窗瀑闻，开窗瀑至。人可坐可卧，可箕踞，可偃仰<sup>⑦</sup>，可放笔砚<sup>⑧</sup>，可瀹茗<sup>⑨</sup>置饮，以人之逸，待水之劳，取九天银河<sup>⑩</sup>，置几席间作玩。当时建此亭者，其仙乎！

僧澄波善弈<sup>⑪</sup>，余命霞裳<sup>⑫</sup>与之对枰。于是水声、棋声、松声、鸟声，参错并奏<sup>⑬</sup>。顷之，又有曳杖<sup>⑭</sup>声从云中来者，则老僧怀远抱

---

① 纡（yū）曲：盘盘曲曲。

② 张覆：枝叶伸张遮蔽。

③ 炙：烤，这里指晒。

④ 凝结：交织到一起。

⑤ 雷震：形容瀑布声响如雷。

⑥ 纵横：这里指飞泉亭的长和宽。

⑦ 偃（yǎn）仰：仰卧。

⑧ 笔砚：笔墨纸砚。

⑨ 瀹（yuè）茗：烹茶。瀹，煮。

⑩ 九天银河：比喻瀑布。

⑪ 弈：下棋。

⑫ 霞裳（cháng）：袁枚的学生。

⑬ 参错并奏：杂乱不齐地一起奏起乐来。参错，杂乱不齐。

⑭ 曳杖：拖着拐杖。曳，拖，牵引。

诗集尺许，来索余序。于是吟咏之声又复大作。天籁[①]人籁，合同而化[②]。不图[③]观瀑之娱，一至于斯，亭之功大矣！

坐久，日落，不得已下山，宿带玉堂。正对南山，云树蓊郁，中隔长江，风帆往来，妙[④]无一人肯泊岸来此寺者。僧告余曰："峡江寺俗名飞来寺。"余笑曰："寺何能飞？惟他日余之魂梦或飞来耳！"僧曰："无征不信[⑤]。公爱之，何不记之？"余曰："诺。"已遂述数行，一以自存，一以与僧。

## 译文

我近年来观赏的瀑布多了，来到峡江寺而心中难以舍弃，那是因为飞泉亭所致。

大凡人之常情，如果眼睛感到愉悦，而身体感到不适，势必不能久留。天台山的瀑布离寺庙有百步远，雁荡山的瀑布附近没有寺庙。其他像庐山、罗浮山、青田的石门山，那里的瀑布也并非不奇特，但游人都在烈日下暴晒，倚靠着极高的山崖，无法从容地观赏，就像中途偶然结识友人，虽然愉快却不得不很快分开。

只有粤东的峡山，高不过一里左右，山上石阶弯曲盘旋，古松伸张遮蔽，骄阳晒不到游客。过石桥，有三棵奇树，像三足鼎立一样站着，长到半空又忽然合拢在一起。树木一般都是根部相合而枝干分离，这三棵树偏是根部分开而枝叶合拢，真是奇特啊！

---

① 天籁：指自然界的音响。

② 合同而化：汇合而融为一体。合同，汇合。

③ 不图：不料。

④ 妙：有趣。

⑤ 无征不信：没有证明，没有实据。征，证明。

登山到一半，瀑布像雷鸣一样轰响，从空中一泻而下。瀑布旁边有一座建筑，这就是飞泉亭。亭子长宽各一丈有余，八扇窗子明亮洁净，关窗可以听到瀑布的响声，开窗瀑布就扑面而来。人在亭子里可以坐，可以躺，可以放松手脚，可以仰卧休息，还可以放笔墨纸砚，可以煮茶饮酒，以人的安逸，等待水的奔腾，就像把九天之上的银河放在书桌卧榻前赏玩。当时造这亭子的人，恐怕是位神仙吧！

僧人澄波善于下棋，我叫学生霞裳跟他对弈。于是水声、棋子声、松涛声、鸟鸣声错落着响成一片。过了一会儿，又听到手杖拖地的声音像从云中传来，原来是老和尚怀远抱着一尺多厚的诗集，来向我索要序言。于是吟诵诗文的声音又响起来。大自然的声音，人的声音，汇合而融为一体。不料，观赏瀑布的乐趣竟然到了这般境界，这亭子的功劳实在是大啊！

坐久了，太阳落山了，我们只好下山，在带玉堂住宿。（带玉堂）正对着南山，云气缭绕，树木浓密葱郁，中间隔着长长的峡江，江中船帆来来往往，奇妙的是没有一个人愿意停船靠岸来到这座寺庙。僧人告诉我说："峡江寺俗称飞来寺。"我笑着说："寺庙哪能飞？只是日后我的梦魂或许会飞来吧！"僧人说："没有证据，别人就无法相信，您既然喜爱这地方，为什么不写一篇文章记下来呢？"我说："好啊！"于是就写了这几行文字，一份留给自己保存，一份送给了僧人。

# *4.* 地泉之灵

◎林　子

十月。一场秋雨。

天空像是打了蜡，蔚蓝而明亮。在群山环抱之中的广西兴安，更加明朗开阔了。这惹人的秋之魔季啊，悄悄用秋风的水袖把许多的浮华、喧嚣、缀饰静静抛弃。山舒缓，似清淡的水墨画卷中的留白；水吟唱，像秋日醉人的醇酒；云柔软，还原为儿时记忆中的手绢。是的，从钢筋水泥筑就的城市，到达山水之间的时候，心，也实现了一次飘然的出走。放下所有的牵绊，如同赴一场约会，读一册山，念一卷云，随风飘然，与云嬉戏。秋天，我们真该遗忘一回，站在山水之侧，尝试舒展开目光的翅膀，去品味秋天的空旷、寂寥、神秘。

来到山裙水袂之间的兴安灵渠，突然有恍然如梦的感觉，突然生出乡愁的幽渺。想着清澈美丽的漓江水，是从灵渠流淌过来，再看享有"世界奇观"美称的灵渠之水，怎么看都像一部百读不厌的素书，绵延而凝重，巧思而奇绝，蕴含诸多世间奥义。她婉约，曼转，不骄不躁，不温不火，不愠不喜，用柳暗花明的故事，引你进入一种百转千回的境界。听任着心灵被水中的绿草牵系，在绿草萋萋的水湄着陆。突然想起白居易"米泉之精"的诗句，"米泉"，指的是酒。用"米泉"称酒，该是多么性感而陶醉！而酒不醉人人自醉。看到灵渠，心底突然冒出两个字：地泉！在历史的土壤和积淀中，万斛泉源，潺潺流淌。这是多么厚重而飘逸的精灵啊！

回首过往，灵渠曾引导过诸多千帆望尽的舟船，也曾有过千百度众人追寻的风光；它滋养土地，济世济人达两千多年。今天，它安详得就像一位见惯世道兴衰而不惊不喜、安然避世于山野的隐者，从容淡泊于海阳山下，悠然独饮时光泡制的清清泉茗。更像一只大隐于市的鹤。是的，我也突然聊发白日狂，梦见一只千年白鹤，梦见一道激越灵巧的白翅凌空。这就是灵渠的魂魄啊！她连着地气，张望天空，一步步盈盈而蹈于泉脉和地脉之上，惹人惊叹而静思。这也是生活的诗，每一字每一句都从土里冒出来，弥漫开来，荡漾而去，导引着你一起去体认着那一份份宽阔、坦荡、从容和深邃。

地泉之灵，使我感到股股泉眼在心底静静开凿，深深被这无与伦比的设计和灵思感动。开凿灵渠，古人先在湘江中用石堤筑成分水铧嘴和大小天平，把湘江隔断。在铧嘴前开南北两条水渠，北渠仍通湘江，南渠就是灵渠，和漓江相通。湘江上游，海阳河流来的水被铧嘴一分为二，分别流入南渠和北渠，这样就连接了湘江和漓江。铧嘴类似都江堰的鱼嘴，当海阳河流来的水大时，灵渠可以通过大小天平把洪水排泄到湘江故道，保证运河的安全。灵渠选择在湘江和漓江相距很近的地段，这里水位相差不大，水势平缓，便于行船。于是，便有了美丽的相约与离别，有了亘古的传奇和现实。灵渠，婀娜蜿蜒于起伏的青山碧水，联姻湘江、漓江，沟通长江水系与珠江水系，滋养出一代又一代流光溢彩的繁华。

灵渠的不朽，在于非常之"灵"。其中的每一块石料，每一道石缝，每一个细节，都是天衣无缝地配合与交结，才使枢纽的每一个环节都通灵般地经得起长期风雨的侵袭、流水的冲击，成为屹立两千多年的"神灵"。当然，灵渠能够保存到现在，除了它自身的坚固之外，显然还与一代代人对它的精心保护分不开。灵渠的"灵"，也是人与自然和谐相处的魂灵。现代的灵渠，用依然不变的灵气和谐演绎着时光的走向、历史的延伸。面对灵渠，面对挥手指点江山的铧嘴，你可能会感慨，强大与弱小是没有绝对的界限的，堵与疏，急与缓，往往就是挥手之间的力量。很多的事，拐个弯或许就海阔天空、万里无云。很多时候，或许绕一下路，前方就豁然开朗。此时，灵渠像明亮的眼，凝视着我们，教导着我们：把内心放在水中，慢慢清洗。淘洗多余的存储，让尘世的灵光照亮内心的圣洁和单纯。然后，再让心与心靠近，让心灵相通。我想，这也正是地泉千年不变的灵魂所系吧。

# 5.溪 水

◉李汉荣

一条大河有确切的源头，一条小溪是找不到源头的，你看见某块石头下面在渗水，你以为这就是溪的源头，而在近处和稍远处，有许多石头下面、树丛下面也在渗水，你就找那最先渗水的地方，认它就是源头，可是那最先渗水的地方只是潜流乍现，不知道在距它多远的地方，又有哪块石头下面或哪丛野薄荷附近，也眨动着亮晶晶的眸子。于是，你不再寻找溪的源头了。你认定每一颗露珠都是源头，如果你此刻莫名其妙流下几滴忧伤或喜悦的泪水，那你的眼睛、你的心，也是源头之一了。尤其是在一场雨后，天刚放晴，每一片草叶、每一片树叶、每一朵花上，都滴着雨水，这晶莹、细密的源头，谁能数得清呢？

溪水是很会走路的，哪里直走，哪里转弯，哪里急行，哪里迂回，哪里挂一道小瀑，哪里漾一个小潭，乍看潦草随意，细察都有章法。我曾试着为一条小溪改道，不仅破坏了美感，而且要么流得太快，水上气不接下气似在逃命，要么滞塞不畅，好像对前路失去了信心。

只好让它复走原路，果然又听见纯真喜悦的足音。

别小看这小溪，它比我更有智慧，它遵循的就是自然的智慧，是大智慧。它走的路就是它该走的路，它不会错走一步路；它说的话就是它该说的话，它不会多说一句话。你见过小溪吗？你见过令你讨厌的小溪吗？比起我，小溪可能不识字，没有文化，也没学过美学，在字之外、文化之外、美学之外，溪水流淌着多么清澈的情感和思想，创造了多么生动的美感啊！我很可能有令人讨厌的丑陋，但溪水总是美好的、令人喜爱的，从古至今，所有的溪水都是如此的可爱，它令我们想起生命中最美好纯真的那些品性。

林中的溪水有着特别丰富的经历。我跟着溪水蜿蜒徐行，穿花绕树，跳涧越石，我才发现，做一条单纯的溪流是多么幸福啊！你看，老树掉一片叶子，算是对它的叮咛；那枝野百合投来妩媚的笑影，又是怎样的邂逅呢？野水仙果然得水成仙，守着水就再不远离一步了；盘古时代的那些岩石，老迈愚顽得不知道让路，就横卧在那里，温顺的溪水就嬉笑着绕道而行，在顽石附近漾一个潭，正好，鱼儿就有了合适的家，到夜晚，一小段天河也向这里流泻、汇聚，潭水就变得深不可测；兔子一个箭步跨过去，溪水就抢拍了那惊慌的尾巴；一只小鸟赶来喝水，好几只小鸟赶来喝水，溪水正担心会被它们喝完，担心自己被它们的小嘴衔到天上去；不远处，一股泉水从草丛里笑着走过来，溪水就笑着接受了它们的笑……

我羡慕这溪水，如果人活着，能停止一会儿，暂不做人，而去做一会儿别的，然后再返回来继续做人，在这"停止做人的一会儿里"，我选择做什么呢？就让我做一会儿溪水吧，让我从林子里流过，穿花绕树，跳涧越石，内心清澈成一面镜子，经历相遇的一切，心仪而不占有，欣赏然后交出，我从一切中走过，一切都从我获得记忆。你们只看见我的清亮，而不知道我清亮里的无限丰富……

## 姚鼐和《登泰山记》

泰山以其雄伟的山势和壮丽的风景吸引着历代文人骚客。每至春秋佳日，联袂登山、吟哦题咏者络绎不绝，他们登临绝顶后，便有诸多优秀的记游文章相继问世。

姚鼐的《登泰山记》是这类作品中的佼佼者，因其记述的是寒冬中的游历，也就更具特色。此文作于乾隆三十九年（1774），此前，姚鼐曾参加纂修《四库全书》，后以养亲为名，告归田里，途经泰安，与挚友同上泰山观日，写下了这篇游记。全文仅四五百字，却有强烈的艺术感染力。游程记述有条不紊，循序渐进；游赏活动剪裁得当，有主有从；结构严谨，一线贯穿，引人入胜；语言明快生动，简练峭劲。

# 6. 趵突泉的欣赏

⊙老　舍

千佛山、大明湖和趵突泉，是济南的三大名胜。现在单讲趵突泉。

在西门外的桥上，便看见一溪活水，清浅，鲜洁，由南向北地流着。这就是由趵突泉流出来的。设若没有这泉，济南定会丢失了一半的美。但是泉的所在地并不是我们理想中的一个美景。这块地方已经成了个市场。南门外是一片喊声，几阵臭气，从卖大碗面条与肉包子的棚子里出来。进了门有个小院，差不多是四方的。这里，"一毛钱四块"和"两毛钱一双"的喊声，与外面的"吃来"连成一片。一座假山，奇丑；穿过山洞，接连不断的棚子与地摊，东洋布、东洋瓷、东洋玩具、东洋……这里很不易走过去，乡下人一群跟着一群地来，把路塞住。他们没有例外地全买一件东西还三次价，走开又回来摸索四五次。小脚妇女更了不得，你往左躲，她往左扭；你往右躲，她往右扭，反正不许你痛快地过去。

到了池边，北岸上一座神殿，南西东三面全是唱鼓书的茶棚，唱的多半是梨花大鼓，一声"哟"要拉长几分钟，猛听颇像产科医院的病室。除了茶棚还是日货摊子，说点别的吧！

泉太好了。泉池差不多见方，三个泉口偏西，北边便是条小溪流向西门去。看那三个大泉，一年四季，昼夜不停，老那么翻滚。你立定呆呆地看三分钟，你便觉出自然的伟大，使你不敢再正眼去看。永远那么纯洁，永远那么活泼，永远那么鲜明，冒，冒，冒，永不疲乏，永不退缩，只有自然有这样的力量！冬天更好，泉上起了一片热气，白而轻软，在深绿的长的水藻上飘荡着，使你不由得想起一种似乎神秘的境界。

池边还有小泉呢：有的像大鱼吐水，极轻快地上来一串小泡；有的像一串明珠，走到中途又歪下去，真像一串珍珠在水里斜放着；有的半天才上来一个泡，大，扁一点，慢慢地，有姿态地，摇动上来；碎了；看，又来了一个！有的好几串小碎珠一齐挤上来，像一朵攒整齐的珠花，雪白。有的……这比那大泉还更有味。

新近为增加河水的水量，又下了六根铁管，做成六个泉眼，水流得也很旺，但是我还是爱那原来的三个。

看完了泉，再往北走，经过一些货摊，便出了北门。

（有删节）

# 7. 西北三绿

⊙梁 衡

古曲有《阳关三叠》，如怨如诉，叙西北之荒凉，写旅人之悲怆。今天，当我也作西北之行时，却感到别有一番生机，即兴所记，而成西北三绿。

## 刘家峡绿波

当我乘交通艇，一进入黄河上游的刘家峡水库时，便立即倾倒于她的绿了。这里的景色和我此时的心情，是在西北各处和黄河中下游各段从来没有过的。

一条大坝拦腰一截，黄河便膨胀了，宽了，深了，而且性格也变得沉静了。那本是夹泥带沙，色灰且黄的河水；那本是在山间湍流，或在塬上漫溢的河床，这时却突然变成了一汪百多平方公里的碧波。我立即想起朱自清写梅雨潭的那篇《绿》来。他说："那醉人的绿呀，仿佛一张极大极大的荷叶铺着……"我真没有想到，这以"黄"而闻名于世的大河，也会变成一张绿荷叶。水面是极广的。

向前，看不到她的源头，向后，望不尽她的去处。我挺身船头，真不知该作怎样的遐想。朱自清说，西湖的绿波太明，秦淮河的绿波太暗，梅雨潭的特点是她的鲜润。而这刘家峡呢？我说她绿得深沉，绿得固执。沉沉的，看不到河底，而且几尺深以下就都看不进去，反正下面都是绿。我们平时看惯了纸上、墙上的绿色，那是薄薄的一层，只有一笔或一刷的功底。我们看惯了树木的绿色，那也只不过是一叶、一团或一片的绿意。而这是深深的一库啊，这偌多的绿，可供多少笔来蘸抹呢？她飞化开来，不知会把世界打扮成什么样子。大湖是极静的，整个水面只有些微的波，像一面正在晃动的镜子，又像一块正在抖动的绿绸，没有浪的花、涛的声。船头上那白色的浪点刚被激起，便又倏地落入水中，融进绿波；船尾那条深深的水沟，刚被犁开，随即又悄然拢合，平滑无痕。好固执的绿啊。我疑这水确是与别处不同的，好像更稠些，分子结构更紧些，要不怎会有这样的性格？

这个大湖是长的，约有六十五公里，但却不算宽，一般处只有二三公里吧，总还不脱河的原貌。一路走着，我俯身在船舷，平视着这如镜的湖面，看着湖中山的倒影，一种美的享受涌上心头。山是拔水而出的，更确切点，是水漫到半山的。因此，那些石山，像柱，像笋，像屏，插列两岸，有的地方陡立的石壁，直是竖在水中的一堵高墙。因为水的深绿，那倒影也不像在别处那样单薄与轻飘，而是一溜庄重的轮廓，使人想起夕阳中的古城。在这样的地方，这样的时刻，即使游人也不敢像在一般风景区那样轻慢，那样嬉戏，那样喊叫。人们俯在舷边，伫望两岸或凝视湖面。这新奇的绿景，最易惹人在享受之外思考。我知道，这水面的高度竟是海拔一千七百多米。李白诗云"黄河之水天上来"，那么，这个库就是一个人们在半空中接住天水而造的湖，也就是说，我们现时正作着半空水上游呢。我国幅员辽阔，人工的库、湖何止万千，刘家峡水库无论从高度、从规模，都是首屈一指的。当年郭沫若游此曾赋词叹道："成绩辉煌，叹人力，真真伟大。回忆处，新安鸭绿，都成次亚。"那黄河本是在西北高原上横行惯了的，她从天上飞来，一下子被锁在这里。她只有等待，在等待中渐渐驯顺，她沉落了身上的泥沙，积蓄着力量，磨炼着性格，增加着修养，而贮就了这汪沉沉的绿。她是河，但是被人们锁起来的河；她是海，但是人工的海。她再没有河流那样的轻俏，也没有大海那样的放荡。她已是人化了的水泊，满贮着人的意志，寄托着人们改造自然的理想。她已不是一般的山洼绿水，而是一池生命的乳浆，所以才这样固执，这样深沉，才有这样的性格。

船在库内航行，不时见两边的山坡上探下一根根的粗管子，像巨龙吸水，头一直埋在湖里，那是正修着的扬水工程。不久，这绿水将越过高山，去灌溉戈壁，去滋润沙漠。当我弃舟登岸、立身坝顶时，库外却是另一种景象。一排有九层楼高的电厂厂房，倚着大坝横骑在水头上。那本是静如处女的绿水，从这厂房里出来后，瞬即成为一股急喷狂涌的雪浪，冲着、撞着向山下奔去，她被解放了，她完成任务了，她刚才在那厂房里已将自己内含的力转化为电。大坝外，铁塔上的高压线正向山那边穿去，像许多一齐射出的箭。它带着热能，东至关中平原，西到青海高原，北至腾格里沙漠，南到陇南。这里的工作人员说，他们每年要发五十七亿度电，只往天水方向就要送去十六亿度，相当于节煤一百二十万吨呢。我环视四周，发现大坝两岸山上的新树已经吐出一层茸茸的绿意，无数喷水龙头正在左右旋转着将水雾洒向它们。是水发出了电，电又提起水来滋润这些绿色生命。这沉沉的绿水啊，在半空中做着长久的聚积，原来是为了孕育这一瞬的转化，是为了获得这爆发的力。现在刘家峡的上游又要建十一个这样大的水库了，将要再出现十一层绿色的阶梯。黄河啊，你快绿了，你将会"碧波绿水从天来，奔流到海不复回"。刘家峡啊，你这一湖绿色会染绿西北、染绿全国的。我默默地祝贺着你。

## 天池绿雪

雪，自然不会是绿的，但是它却能幻化出无穷的绿。我一到天池，便得了这个诗意。

在新疆广袤的大地上旅行，随处可以看见终年积雪的天山高峰。到天池去，便向着那个白色的极顶。车子溯沟而上，未见池，先见池中流下来的水，成一条河。因山极高，又峰回沟转，这河早成了一条缠绵无绝的白练，纷纷扬扬，时而垂下绝壁，时而绕过绿树。山是石山，沟里无半点泥沙，水落下来摔在石板上跌得粉碎，河床又不平，水流过七棱八角的尖石，激起团团的沫。所以河里常是一团白雾、千堆白雪。我知道这水从雪山上来，先在上面贮成一池绿水，又飞流而下的。雪水到底是雪水，她有自己的性格、姿态和魅力。当她一飞动起来时，便要还原成雪的原貌。她在回忆自己的童年，她在流连自己的本性。她本来是这样白，这样纯，这样柔，这样飘飘扬扬的。她那飞着的沫，向上溅着，射着，飘着，好像当初从天上下来时舒舒慢慢的样子。她急慌慌地将自己撞碎，成星星点点，成烟，成雾，是为了再乘风飘去。我还未到天池边，就想，这就是天池里的水吗？

等到上了山，天池是在群山环抱之中。一汪绿水，却是一种冷绿。绿得发青、发蓝。雪峰倒映在其中，更增加了她的静寒。水面不似一般湖水那样柔和，而别含着一种细密、坚实的美感，我疑她会随时变成一面大冰的。一只游艇从水面划过，也没有翻起多少浪波，轻快得像冰上驶过一架爬犁。我想，要是用一小块石片贴水漂去，也许会一直漂滑到对岸。刘家峡的绿水是一种能量的积聚，而这天池呢？则是一种能量的凝固。她将白雪化为水，汇入池中，又将绿色作了最大的压缩，压成青蓝色，存在群山的怀中。

池周的山上满是树，松、杉、柏，全是常青的针叶，近看一株一株，如塔如矗，远望则是一海墨绿。绿树，我当然已不知见过多少，但还从未见过能绿成这个样子的。首先是她的浓，每一根针叶，不像是绿色所染，倒像是绿汁所凝。一座山，郁郁的，绿的气势，绿的风云。再有，就是她的纯。别处的山林在这个季节，也许会夹着些五色的花、萎黄的叶，而在这里却一根一根，叶子像刚刚抽发出来；一树一树，像用水刚刚洗过，空气也好像经过了过滤。你站在池边，天蓝，水绿，山碧，连自身也觉通体透明。我知道，这全因了山上下来的雪水。只有纯白的雪，才能滋润出纯绿的树。雪纯得白上加白，这树也就浓得绿上加绿了。

我在池边走着、想着，看着那池中的雪山倒影，我突然明白了，那绿色的生命原来都冷凝在这晶莹的躯体里。是天池将她揽在怀中，慢慢地融化、复苏，送下山去，送给干渴的戈壁。好一个绿色的怀抱雪山的天池啊，这正是你的伟大，你的美丽。

## 丰收岭绿岛

从戈壁新城石河子出发，汽车像船在海上一样颠簸了三个小时后，我登上了一个叫丰收岭的地方。这已经到了有名的古尔班通古特大沙漠的边缘。举目望去，沙丘一个接着一个，黄浪滚滚，一直涌向天边。没有一点绿色，没有一点声音，不见一个生命。我想起瑞典著名探险家斯文·海定在我国新疆沙漠里说过的一句话："这里只差一块墓碑了。"好一个死寂的海。再往前跨一步，大约就要进入另一个世界。一刹那，我突然感到生命的宝贵，感到我们这个世界的可爱。我不由回过身来。

只见沙枣、杨、榆、柳，筑起莽莽的林带。透过绿墙的缝隙，后面是方格的农田，红的高粱，黄的玉米，白的棉花，正扬着笑脸准备登场。这大概就是丰收岭名字的由来。起风了，风从沙漠那边来，那苍劲的沙枣，挺起古铜色的躯干，挥动厚重的叶片；那伟岸的白杨，拔地而起，在云空里傲视着远处的尘烟；那繁茂的榆柳拥在白杨身下，提起她们的裙裾，笑迎着扑面的风沙。绿浪澎湃，涛声滚滚，绿色就在我的身后，我不觉胆壮起来。这绿色在史前原始森林里叫人恐怖；在无边的大海上，让人寂寞；在茫茫的草原上，使人孤独。而现在，沙海边的这一点绿色啊，使人振奋，给人安慰，给人勇气，只有在此时此地，我才真正懂得，绿色就是生命。现在，这许多的绿树，连同她们的根须所紧抱着的泥沙，泥沙上覆盖着的荆棘、小草，已勇敢地深入到沙海中来，形成一个尖圆形的半岛。我沿半岛的边缘走着，想到最前面去看看那绿色和黄沙的搏斗。前面杨、榆、柳那类将帅之木已经没有，只派这些与风沙勇敢肉搏着的尖兵。她们是红柳、梭梭树、沙拐枣、沙打旺等灌木，一簇簇，一行行。要论个人容貌，她们并不秀气，也不水灵，干发红，叶发灰，而且稀疏的枝叶也不能尽遮脚下的黄沙。但这是一个伟大的群体，方圆几百亩，你抬头望去，一片朦胧的新绿，正是"沙间绿意薄如雾，树色遥看近却无"。这绿雾虽是那样的淡、那样的薄、那样的柔，但却是一张神奇的网，她罩住了发狂的沙浪，冲破了这沉沉的死寂。我沿着人工栽植的灌木林走着，只见一排排的沙土已经跪伏在她们的脚下，看来这些沙子已被俘获多时，沙粒已经开始黏结，上面也有了稀疏的草，有了鸟和兔子的粪，已有了生命的踪迹。治沙站的同志告诉我，前两三年这脚下是流动的沙丘，他们引进这些沙生植物后，沙也就驯服多了。梭梭林前涌起的沙梁，虽将头身探起老高，像一匹嘶鸣的烈马，但还是跃不过树丛。那树踩着它的身子往上长，将绿的枝去抽它的背，用绿的叶去遮它的眼，连小草也敢"草假树威"，到它的头上去落籽生根。它终于认输了，气馁了，浑身被染绿了。治沙站的同志又转过身子，指着远处那些高大的防风绿墙说："七八年前，连那些地方也是流沙肆虐之地。"我停下脚来重新打量着这个绿岛，它由南而北，尖尖地伸进沙漠中来，像一支绿色的箭，带着生命世界的信息，带着人们征服荒原的意志，来向这块土地下战表了。漠风吹过来，这个绿岛上涛声滚滚，潮起潮落，像一股冲进荒漠里的绿流，正浸润着黄沙，慢慢地向内渗移。我联想到，千百年来流水剥去了大地的绿衣，黄河毁了多少田园，挟带着泥沙冲进碧波滔滔的大海。黄色在海口渐渐蔓延、渐渐推移，于是我们的海域内竟出现了一座黄海。这是大自然的创造。而现在，人们却让沙海边出现了一座绿岛。这是人的创造。

我在这座人工绿岛上散步，细想着，这里的绿不同于黄河上碧绿的水库，也不同于天山上冷绿的天池，那些绿的水，是生命的乳汁，是生命的抽象，是未来的理想，而这里的绿，就是生命自己，是生命力的胜利，是伟大的现实。

丰收岭的绿岛啊，就从这里出发，我们会收获整个世界。

# 8. 林中小溪

⊙〔苏联〕普里什文

　　如果你想了解森林的心灵，那你就去找一条林中小溪，顺着它的岸边往上游或者下游走一走吧。刚开春的时候，我就在我那条可爱的小溪的岸边走过。下面就是我在那儿的所见、所闻和所想。

　　我看见，流水在浅的地方遇到云杉树根的障碍，于是冲着树根潺潺鸣响，冒出气泡来。这些气泡一冒出来，就迅速地漂走，不久即破灭，但大部分会漂到新的障碍那儿，挤成白花花的一团，老远就可以望见。

　　水遇到一个又一个障碍，却毫不在乎，它只是聚集为一股股水流，仿佛在避免不了的一场搏斗中收紧肌肉一样。水在颤动。阳光把颤动的水影投射到云杉树上和青草上，那水影就在树干和青草上忽闪。水在颤动中发出淙淙声，青草仿佛在这乐声中生长，水影是显得那么调和。

　　流过一段又浅又阔的地方，水急急注入狭窄的深水道，因为流得急而无声，就好像在收紧肌肉，而太阳不甘寂寞，让那水流的紧张的影子在树干和青草上不住地忽闪。

　　如果遇上大的障碍物，水就嘟嘟哝哝地仿佛表示不满，这嘟哝声和从障碍上飞溅过去的声音，老远就可听见。然而这不是示弱，不是诉怨，也不是绝望，这些人类的感情，水是毫无所知的。每一条小溪都深信自己会达到自由的水域，即使遇上像厄尔布鲁士峰一样的山，也会将它劈开，早晚会到达……

太阳所反映的水上涟漪的影子，像轻烟似的总在树上和青草上晃动着。在小溪的淙淙声中，饱含树脂的幼芽在开放，水下的草长出水面，岸上青草越发繁茂。

这儿是一个静静的深水潭，其中有一棵倒树，有几只亮闪闪的小甲虫在平静的水面上打转，惹起了粼粼涟漪。

水流在克制的嘟哝声中稳稳地流淌着，它们兴奋得不能不互相呼唤：许多支有力的水都流到了一起，汇合成了一股大的水流，彼此间又说话又呼唤——这是所有来到一起又要分开的水流在打招呼呢。

水惹动着新结的黄色花蕾，花蕾反又在水面漾起波纹。小溪的生活中，就这样一会儿泡沫频起，一会儿在花和晃动的影子间发出兴奋的招呼声。

有一棵树早已横堵在小溪上，春天一到竟还长出了新绿，但是小溪在树下找到了出路，匆匆地奔流着，晃着颤动的水影，发出潺潺的声音。

有些草早已从水下钻出来了，现在立在溪流中频频点头，算是既对自己影子的颤动又对小溪的奔流的回答。

就让路途当中出现阻塞吧，让它出现好了！有障碍，才有生活：要是没有的话，水便会毫无生气地立刻流入大洋了，就像不明不白的生命离开毫无生气的机体一样。

途中有一片宽阔的洼地。小溪毫不吝啬地将它灌满水，并继续前行，而留下那水塘过它自己的日子。

有一棵大灌木被冬雪压弯了，现在有许多枝条垂挂到小溪中，煞像一只大蜘蛛，灰蒙蒙的，趴在水面上，轻轻摇晃着所有细长的腿。

云杉和白杨的种子在漂浮着。

小溪流经树林的全程，是一条充满持续搏斗的道路，时间就由此而被创造出来。搏斗持续不断，生活和我的意识就在这持续不断中形成。

是的，要是每一步都没有这些障碍，水就会立刻流走了，也就根本不会有生活和时间了……

小溪在搏斗中竭尽力量，溪中一股股水流像肌肉似的扭动着，但是毫无疑问的是，小溪早晚会流入大洋的自由的水中，而这"早晚"正是时间，正是生活。

一股股水流在两岸紧挟中奋力前进，彼此呼唤，说着"早晚"二字。这"早晚"之声整天整夜地响个不断。当最后一滴水还没有流完，当春天的小溪还没有干涸的时候，水总是不倦地反复说着："我们早晚会流入大洋。"

流净了冰的岸边，有一个圆形的水湾。一条在发大水时留下的小狗鱼，被困在这水湾的春水中。

你顺着小溪会突然来到一个宁静的地方。你会听见，一只灰雀的低鸣和一只苍头燕雀惹动枯叶的簌簌声竟会响遍整个树林。

有时一些强大的水流，或者有两股水的小溪，呈斜角形汇合起来，全力冲击着被百年云杉的许多粗壮树根所加固的陡岸。

真惬意啊！我坐在树根上，一边休息，一边听陡岸下面强大的水流不急不忙地彼此呼唤，听它们满怀"早晚"必到大洋的信心互打招呼。

流经小白杨树林时，溪水浩浩荡荡像一个湖，然后集中流向一个角落，从一米高的悬崖上落下来，老远就可听见哗哗声。这边一片哗哗声，那小湖上却悄悄地泛着涟漪，密集的小白杨树被冲歪在水下，像一条条蛇似的一个劲儿想顺流而去，却又被自己的根拖住。

小溪使我流连，我老舍不得离它而去，因此反倒觉得乏味起来。

我走到林中一条路上，这儿现在长着极低的青草，绿得简直刺眼，路两边有两道车辙，里边满是水。

在最年轻的白桦树上，幼芽正在舒青，芽上芳香的树脂闪闪有光，但是树林还没有穿上新装。在这还是光秃秃的林中，今年曾飞来一只杜鹃：杜鹃飞到秃林子来，那是不吉利的。

在春天还没有装扮，开花的只有草莓、白头翁和报春花的时候，我就早早地到这个采伐迹地来寻胜，如今已是第十二个年头了。这儿的灌木丛、树木，甚至树墩子我都十分熟悉，这片荒凉的采伐迹地对我说来是一个花园：每一棵灌木，每一棵小松树、小云杉，我都抚爱过，它们都变成了我的，就像是我亲手种的一样，这是我自己的花园。

我从自己的"花园"回到小溪边上，看到一件了不得的林中事件：一棵巨大的百年云杉，被小溪冲刷了树根，带着全部新、老球果倒了下来，繁茂的枝条全都压在小溪上，水流此刻正冲击着每一根枝条，还一边流一边不断地互相说着："早晚……"

小溪从密林里流到旷地上，水面在艳阳朗照下开阔了起来。这儿水中蹿出了第一朵小黄花，还有像蜂房似的一片青蛙卵，已经相当成熟了，从一颗颗透明体里可以看到黑黑的蝌蚪。也在这儿的水上，有许多几乎同跳蚤那样小的浅蓝色的苍蝇，贴着水面飞，一会儿就落在水中。它们不知从哪儿飞出来，落在这儿的水中，它们的短促生命，就好像这样一飞一落。有一只水生小甲虫，像铜一样亮闪闪，在平静的水上打转。一只姬蜂往四面八方乱蹿，水面却纹丝不动。一只黑星黄粉蝶，又大又鲜艳，在平静的水上翩翩飞舞。这水湾周围的小水洼里长满了花草，早春柳树的枝条也已开花，茸茸的像黄毛小鸡。

　　小溪怎么样了呢？一半溪水另觅路径流向一边，另一半溪水流向另一边。也许是在为自己的"早晚"这一信念而进行的搏斗中，溪水分道扬镳了：一部分水说，这一条路会早一点到达目的地，另一部分水则认为另一边是近路。于是它们分开来了，绕了一个大弯子，彼此之间形成了一个大孤岛，然后又重新兴奋地汇合到一起，终于明白：对于水来说，没有不同的道路，所有道路早晚都一定会把它带到大洋。

　　我的眼睛得到了愉悦，耳朵里"早晚"之声不绝，杨树和白桦幼芽的树脂的混合香味扑鼻而来。此情此景我觉得再好也没有了，我再不必匆匆赶到哪儿去了。我在树根之间坐了下去，紧靠在树干上，举目望那和煦的太阳，于是，我梦魂萦绕的时刻翩然而至，停了下来，原是大地上最后一名的我，最先进入了百花争艳的世界。

　　我的小溪到达了大洋。

（潘安荣／译）

# 单元学习任务

任务一

从本单元的文言文中，找出三组一词多义的词语（实词或虚词），参照下表中的例子，制作一词多义现象汇总表。

| 序号 | 字词 | 句子 | 词义 | 出处 |
|---|---|---|---|---|
| 示例 | 以 | 以为凡是州之山水有异态者 | 认为 | 《始得西山宴游记》 |
| | | 举熙熙然回巧献技，以效兹丘之下 | 来 | 《钴鉧潭西小丘记》 |
| ① | | | | |
| | | | | |
| ② | | | | |
| | | | | |
| ③ | | | | |
| | | | | |

任务二

学习语言贵在积累，本单元文章语言精美，请选择你最喜欢的几个段落进行背诵，做到准确流畅。再配上与文中情境相匹配的音乐，在小组内展示经典美文诵读吧。

　　本单元所选文章大多是游记，阅读这类美文就如同跟随作者游历、观览，请针对其中一篇文章的内容写一篇导游词，把作者笔下的美景介绍给朋友吧。

　　小贴士：

　　1. 条理清晰，交代清楚游踪。

　　2. 发挥联想和想象，用生动的语言介绍美景。

　　3. 注意表达要得体，使用礼貌用语。

# 匠心神韵

中国古代艺术跨越千年的人类文明，流淌于你我身边，散发出蓬勃的气息，展示出古色古香的魅力。精妙绝伦的技艺，可以是桃坠玲珑细巧的雕琢，也可以是口技惊心动魄的演绎；可以是活字印刷文明的见证，也可以是说书人令人神往的讲述，匠心独运，尽显神奇。今天就让我们心存敬意地走近它们，去感受那匠心神韵。

阅读本单元文章，要学习欣赏层次分明、重点突出、别具匠心的结构安排，了解在古代汉语和现代汉语中，表达数量的不同方式；品味简洁、严密、生动的语言。

# 1. 核工记

⊙〔清〕宋起凤

季弟获桃坠①一枚，长五分许，横广四分。

全核向背皆山。山坳插一城，雉②历历可数。城巅具层楼，楼门洞敞，中有人，类司更卒③，执枹④鼓，若寒冻不胜者。

枕山麓一寺，老松隐蔽三章⑤。松下凿双户，可开阖。户内一僧，侧首倾听；户虚掩，如应门；洞开，如延纳状，左右度之无不宜。松下东来一衲，负卷帙踉跄行，若为佛事夜归者。对林一小陀，似闻足音仆仆⑥前。

核侧出浮屠⑦七级，距滩半黍。近滩维一小舟。篷窗短舷间，有

---

① 桃坠：桃核做的坠子。

② 雉：城墙垛子。

③ 司更卒：打更的兵卒。

④ 枹：鼓槌。

⑤ 章：量词，这里相当于棵。

⑥ 仆仆：走路的声音。

⑦ 浮屠：这里指佛塔。

客凭几假寐，形若渐寤然。舟尾一小童，拥炉嘘火[1]，盖供客茗饮也。舣[2]舟处当寺阴，高阜钟阁踞焉，叩钟者貌爽爽自得，睡足徐兴乃尔。

山顶月晦半规，杂疏星数点。下则波纹涨起，作潮来候。取诗"姑苏城外寒山寺，夜半钟声到客船"之句。

计人凡七：僧四，客一，童一，卒一。宫室器具凡九：城一，楼一，招提[3]一，浮屠一，舟一，阁一，炉灶一，钟鼓各一。景凡七：山、水、林木、滩石四，星、月、灯火三。而人事如传更，报晓，候门，夜归，隐几，煎茶，统为六，各殊致[4]殊意，且并其愁苦、寒惧、疑思诸态，俱一一肖之。

语云："纳须弥[5]于芥子。"殆谓是欤[6]！

## 译文

我最小的弟弟得到了一枚桃核坠子，它长五分左右，横宽四分。

整个桃核正面和背面全是山。在山的低洼处有一座城，城墙垛子分明，可以计算数目。城顶有高楼，楼门大开，其中有人，像是打更的兵卒，拿着鼓槌，好像不能忍受这寒冷的天气一样。

---

[1] 嘘火：吹火。

[2] 舣：停船靠岸。

[3] 招提：寺院的别称。

[4] 殊致：不同的景致。

[5] 须弥：佛经里的高山。

[6] 殆谓是欤：大概说的就是这种情形吧。殆，恐怕，大概。

靠近山脚有一座寺院，隐蔽着三棵古老的松树。松树下面开了两扇门，可以打开和闭合。门里面有一个和尚，侧着耳朵专心致志地听着外面的声音；门半掩着，好像是等着谁应声开门；把门大开，好像在请谁进去的样子，以上两种情况，反复揣测没有不合适的。松树下有个从东面走来的和尚，背着佛经匆忙地前行，好像是刚参加完佛事晚归的人。对面的树林里有一个小和尚，好像听到了脚步声急急忙忙地上前。

桃核侧面露出七级宝塔，距离河滩有半分远。靠近河滩系着一条小船。在靠船沿的篷窗里，有一个船客靠着茶几在休憩，样子好像快要睡醒了。船尾有一个小童，抱着炉子在吹火，大概是烧水给客人泡茶喝吧。船靠岸的地方正对着寺院的背面，高处的土山上有一座敲钟的阁楼，敲钟的人神色飞扬，怡然自得，只有那种睡足了刚醒来的人才是这样的啊。

山顶月亮昏暗呈半圆形，夹杂着稀疏的几点星星。山下面则是波纹涨起来了，显示出大潮要来的征兆。整个桃坠的创意取自于唐朝张继的"姑苏城外寒山寺，夜半钟声到客船"的诗句。

计算整个桃坠，总共有七个人：四个和尚、一个船客、一个小童、一个兵卒。宫殿房屋器物用具共有九个：一座城，一座楼，一座寺院，一座宝塔，一条小舟，一个阁楼，一个炉灶，钟和鼓各一个。景致共有七处，分别是：山、水、林木、四块河滩石头，星星、月亮、三盏灯火。而人的活动例如传递更次，报知天亮，候门等人，夜晚归来，靠着茶几，烧制茶水，总共有六样，各自神情态度都不相同，并且具有愁眉苦脸、畏惧严寒、犹疑思考等各种神态，都刻画得逼真形象。

俗话说："把高山放在芥子里。"大概说的就是这种情形吧！

**学习提示**

熟读课文，在理解文意的基础上想象桃坠的样子，理清文章的说明顺序，试着通过绘画的方式还原桃坠的样子，对同学们讲一讲这样画的原因。想一想，雕刻者高超的技艺主要表现在哪些方面？

# 2. 口　技

⊙〔清〕林嗣环

　　京中有善口技者。会<sup>①</sup>宾客大宴，于厅事之东北角，施<sup>②</sup>八尺屏障，口技人坐屏障中，一桌、一椅、一扇、一抚尺而已。众宾团坐。少顷<sup>③</sup>，但闻屏障中抚尺一下，满坐<sup>④</sup>寂然，无敢哗者。

　　遥闻深巷中犬吠，便有妇人惊觉欠伸<sup>⑤</sup>，其夫呓语<sup>⑥</sup>。既而儿醒，大啼。夫亦醒。妇抚儿乳<sup>⑦</sup>，儿含乳啼，妇拍而呜<sup>⑧</sup>之。又一大儿醒，絮絮<sup>⑨</sup>不止。当是时，妇手拍儿声，口中呜声，儿含乳啼声，大儿初

---

① 会：适逢，正赶上。

② 施：设置，安放。

③ 少顷：一会儿。

④ 坐：同"座"，座位。

⑤ 欠伸：打呵欠，伸懒腰。

⑥ 呓（yì）语：说梦话。

⑦ 乳：喂奶。

⑧ 呜：指轻声哼唱着哄小孩入睡。

⑨ 絮絮：连续不断地说话。

醒声，夫叱大儿声，一时齐发，众妙毕备。满坐宾客无不伸颈，侧目<sup>①</sup>，微笑，默叹，以为妙绝。

未几，夫齁声起，妇拍儿亦渐拍渐止。微闻有鼠作作索索<sup>②</sup>，盆器倾侧，妇梦中咳嗽。宾客意少舒<sup>③</sup>，稍稍正坐。

忽一人大呼"火起"，夫起大呼，妇亦起大呼。两儿齐哭。俄而百千人大呼，百千儿哭，百千犬吠。中间力拉崩倒<sup>④</sup>之声，火爆声，呼呼风声，百千齐作；又夹百千求救声，曳屋许许声<sup>⑤</sup>，抢夺声，泼水声。凡所应有，无所不有。虽人有百手，手有百指，不能指其一端；人有百口，口有百舌，不能名<sup>⑥</sup>其一处也。于是宾客无不变色离席，奋袖出臂<sup>⑦</sup>，两股战战<sup>⑧</sup>，几欲先走。

忽然抚尺一下，群响毕绝。撤屏视之，一人、一桌、一椅、一扇、一抚尺而已。

---

① 侧目：偏着头看，形容听得入神。

② 作作索索：拟声词，老鼠活动的声音。

③ 意少舒：心情稍微放松了些。少，稍微。舒，伸展、松弛。

④ 力拉崩倒：噼里啪啦，房屋倒塌。

⑤ 曳（yè）屋许（hǔ）许声：（众人）拉塌（燃烧着的）房屋时一齐用力的呼喊声。曳，拉。许许，拟声词。

⑥ 名：说出。

⑦ 奋袖出臂：扬起袖子，露出手臂。奋，扬起、举起。

⑧ 战战：打哆嗦，打战。

## 译 文

京城中有擅长口技表演的人。正赶上有户人家大摆宴席，于是在厅堂的东北角设置了八尺高的帷帐，表演口技的人坐在帷帐中，只有一张桌子、一把椅子、一把扇子、一块醒木而已。众位宾客环绕而坐。过了一会儿，只听见帷帐里面醒木拍了一下，全场静悄悄的，没有敢大声喧哗的。

远远地听到深巷中传来狗叫声，接着便有一个妇人惊醒，打呵欠、伸懒腰，她的丈夫说着梦话。不久小孩醒了，大声啼哭。丈夫也醒了。妇人抚摸着小孩喂奶，小孩含着乳头啼哭，妇人拍着小孩轻声哼唱着哄他睡觉。大儿子也醒了，连续不断地小声说话。就在这个时候，妇人用手轻拍孩子的声音，嘴里发出轻声哼唱哄小孩入睡的声音，孩子含着奶头的哭声，大儿子刚醒来的声音，丈夫叱骂大儿子的声音，一齐发出来，各种妙处都具备。全场的宾客没有一个不伸长脖子，歪着头看，微微笑着，默默赞叹，认为实在妙极了。

不久，丈夫打鼾的声音响起来了，妇人拍孩子的声音也渐拍渐停。微微听到有老鼠作作索索的声音，盆器倾斜，妇人在梦中发出了咳嗽声。宾客们的心情稍微松弛，渐渐地坐直。

忽然听到一人大声叫"着火了"，丈夫起来大声呼喊，妇人也起来大声呼喊。两个孩子一齐哭。一会儿，成百上千的人大声喊叫，成百上千个小孩哭喊，成百上千只狗狂叫。其中还夹杂着噼里啪啦、房屋倒塌的声音，燃烧爆炸的声音，风呼呼吹着的声音，许多种声音一齐响起；又夹杂着成百上千的人呼唤救命的声音、众人拉塌燃烧着的房屋时一齐用力发出的呼喊声、抢夺财物的声音、泼水的声音。凡是应该有的声音，没有不具备的。即使一个人有一百只手，每只手有一百个手指，也不能指出其中的一种声音；即使一个人有一百张嘴，每张嘴有一百个舌头，也不能说出其中一个地方。于是宾客没有一个不变了脸色，离开座位，扬起袖子，露出手臂，两腿打哆嗦，几乎想要先逃跑的。

忽然醒木一拍，各种声音全都消失了。撤去帷帐看，只有一个人、一张桌子、一把椅子、一把扇子、一块醒木罢了。

　　1.辨析下列表示时间的词语,将它们分别填在横线上。然后以这些词语为线索,背诵全文。

　　少顷　既而　是时　一时　未几　忽　俄而　忽然

　　①表示突然发生:＿＿＿＿＿＿＿＿＿＿＿＿＿＿＿＿

　　②表示同时发生:＿＿＿＿＿＿＿＿＿＿＿＿＿＿＿＿

　　③表示相继发生:＿＿＿＿＿＿＿＿＿＿＿＿＿＿＿＿

　　④表示在特定的时间内发生:＿＿＿＿＿＿＿＿＿＿＿

　　⑤表示过了很短时间就发生:＿＿＿＿＿＿＿＿＿＿

　　2.联系课文内容,回答下列问题。

　　①文中多次描述听众的反应,这些描述有什么效果?

　　②文中前后两次把极简单的道具交代得清清楚楚,这对文章的结构和表现口技表演者的技艺有什么作用?

# 3. 活 板

⊙〔宋〕沈括

　　板印①书籍，唐人尚未盛为之②。自冯瀛王始印五经，已后③典籍皆为板本。庆历④中，有布衣⑤毕昇，又为活板。其法：用胶泥刻字，薄如钱唇⑥，每字为一印，火烧令坚。先设一铁板，其上以松脂、腊和⑦纸灰之类冒⑧之。欲印，则以一铁范⑨置铁板上，乃密布字印，

---

① 板印：用雕版印刷。

② 盛为之：大规模地做这种事。

③ 已后：以后。已，同"以"。

④ 庆历：宋仁宗年号（1041—1048）。

⑤ 布衣：平民。这里指没有做官的读书人。

⑥ 钱唇：铜钱的边缘。

⑦ 和（huò）：混合。

⑧ 冒：蒙、盖。

⑨ 铁范：铁框。

满铁范为一板，持就火炀①之；药②稍镕，则以一平板按其面，则字平如砥③。若止印三二本，未为简易；若印数十百千本，则极为神速。常作二铁板，一板印刷，一板已自布字，此印者才毕，则第二板已具④，更互用之，瞬息可就⑤。每一字皆有数印，如"之""也"等字，每字有二十余印，以备一板内有重复者。不用，则以纸贴之，每韵为一贴，木格贮之。有奇字⑥素无备者，旋刻之，以草火烧，瞬息可成。不以木为之者，木理有疏密，沾水则高下不平，兼⑦与药相粘，不可取；不若燔土⑧，用讫⑨再火令药镕，以手拂⑩之，其印自落，殊不沾污。昇死，其印为余群从⑪所得，至今宝藏。

---

① 炀：烤。

② 药：指上文所说的松脂、蜡、纸灰等物。

③ 字平如砥（dǐ）：字印像磨刀石那样平。

④ 具：准备好。

⑤ 就：完成。

⑥ 奇字：写法特殊，或生僻、不常用的字。

⑦ 兼：又。

⑧ 燔（fán）土：指用火烧过的黏土字印。

⑨ 讫（qì）：终了，完毕。

⑩ 拂：擦拭，掸去。

⑪ 群从：堂兄弟及侄子辈。

## 译 文

　　用雕版印刷书籍，唐朝人还没有大规模地做这种事。自从五代冯道开始用雕版印"五经"，此后，典籍都是版印的本子。庆历年间，平民出身的毕昇又创造了活字印刷。他的办法是：用胶泥来刻字印，字印薄得跟铜钱的边一样，每个字刻一个印，然后用火烤来让它变得坚硬。先放置一块铁板，上面用松脂、蜡和纸灰之类的东西覆盖。要印书时，就把一个铁框放在铁板上，密集地排上字印，排满铁框就算一板，拿到火上去烤；等到覆盖的药料逐渐熔化，就用一块平板按字面，这样字印就会平得像磨刀石一样。如果只印两三本，还不算简便容易；如果印几十、几百、几千本，那就极其神速了。经常是备好两块铁板，一块在印刷，另一块已经在排字，第一块才印完，第二块已经准备好，这样交替使用，一会儿就完成。每一个字都有几个字印，像"之""也"等字，每一个字都有二十多个字印，以准备好在同一版内重复出现时使用。不用时，就拿纸条做标记贴上，每一个韵部的字分为一类，用木格子贮存。有些生僻字平时没有准备，那就立即雕刻，用草火烘烤，一会儿就完成了。字印不用木料来刻的原因是木的纹理有疏有密，一沾水就会变得高低不平，并且跟药料等粘在一起，拿不下来；不像胶泥字印，用完再用火烘烤，使药料等熔化，用手一抹，字印自然掉落，一点也不会弄脏。毕昇死后，他的字印被我的堂兄弟和侄子辈得到了，到现在仍珍藏着。

# 4. 明湖居听书

⊙〔清〕刘鹗

到了十二点半钟，看那台上，从后台帘子里面，出来一个男人，穿了一件蓝布长衫，长长的脸儿，一脸疙瘩，仿佛风干福橘皮似的，甚为丑陋。但觉得那人气味倒还沉静。出得台来，并无一语，就往半桌后面左手一张椅子上坐下，慢慢的将三弦子取来，随便和了和弦，弹了一两个小调，人也不甚留神去听。后来弹了一枝大调，也不知道叫什么牌子。只是到后来，全用轮指，那抑扬顿挫，入耳动心，恍若有几十根弦，几百个指头在那里弹似的。这时台下叫好的声音不绝于耳，却也压不下那弦子去。这曲弹罢，就歇了手，旁边有人送上茶来。

停了数分钟时，帘子里面出来一个姑娘，约有十六七岁，长长鸭蛋脸儿，梳了一个抓髻，戴了一副银耳环，穿了一件蓝布外褂儿，一条蓝布裤子，都是黑布镶滚的。虽是粗布衣裳，倒十分洁净。来到半桌后面右手椅子上坐下。那弹弦子的便取了弦子，铮铮钪钪弹起。这姑娘便立起身来，左手取了梨花简，夹在指头缝里，便丁丁当当的敲，与那弦子声音相应；右手持了鼓槌子，凝神听那弦子的节奏。忽羯鼓一声，歌喉遽发，字字清脆，声声婉转，如新莺出谷，乳燕归巢。每句七字，每段数十句，或缓或急，忽高忽低。其中转腔换调之处，百变不穷，觉一切歌曲腔调俱出其下，以为观止矣。

旁坐有两人，其一人低声问那人道："此想必是白妞了罢？"其一人道："不是。这人叫黑妞，是白妞的妹子。她的调门儿都是白妞教的，若比白妞，还不晓得差多远呢！她的好处人说得出，白妞的好处，人说不出；她的好处人学得到，白妞的好处人学不到。你想，这几年来好顽耍的谁不学她们的调儿呢？人人都学，只是顶多有一两句到黑妞的地步。若白妞的好处，从没有一个人能及她十分里的一分的。"说着的时候，黑妞早唱完，后面去了。这时满园子里的人，谈心的谈心，说笑的说笑。卖瓜子、落花生、山里红、核桃仁的，高声喊叫着卖，满园子里听来都是人声。

正在热闹哄哄的时节，只见那后台里，又出来了一位姑娘，年纪约十八九岁，装束与前一个毫无分别，瓜子脸儿，白净面皮，相貌不过中人以上之姿，只觉得秀而不媚，清而不寒，半低着头出来，立在半桌后面，把梨花简丁当了几声，煞是奇怪！只是两片顽铁，到她手里，便有了五音十二律①似的。又将鼓槌子轻轻的点了两下，方抬起头来，向台下一盼。那双眼睛，如秋水，如寒星，如宝珠，如白水银里头养着两丸黑水银，左右一顾一看，连那坐在远远墙角子里的人，都觉得王小玉看见我了。那坐得近的，更不必说。就这

---

① 五音十二律：指我国古代高低不同的各种音阶。

一眼，满园子里便鸦雀无声，比皇帝出来还要静悄得多呢，连一根针掉在地下都听得见响！

王小玉便启朱唇，发皓齿，唱了几句书儿。声音初不甚大，只觉入耳有说不出来的妙境，五脏六腑里，像熨斗熨过，无一处不伏贴；三万六千个毛孔，像吃了人参果，无一个毛孔不畅快。唱了十数句之后，渐渐的越唱越高，忽然拔了一个尖儿，像一线钢丝抛入天际，不禁暗暗叫绝。那知她于那极高的地方，尚能回环转折。几啭之后，又高一层，接连有三四叠，节节高起，恍如由傲来峰西面攀登泰山的景象：初看傲来峰削壁千仞，以为上与天通；及至翻到傲来峰顶，才见扇子崖更在傲来峰上；及至翻到扇子崖，又见南天门更在扇子崖上：愈翻愈险，愈险愈奇。

那王小玉唱到极高的三四叠后，陡然一落，又极力骋其千回百折的精神，如一条飞蛇在黄山三十六峰半中腰里盘旋穿插，顷刻之间，周匝数遍。从此以后，愈唱愈低，愈低愈细，那声音渐渐的就听不见了。满园子的人都屏气凝神，不敢少动。约有两三分钟之久，仿佛有一点声音，从地底下发出。这一出之后，忽又扬起，像放那东洋烟火，一个弹子上天，随化作千百道五色火光，纵横散乱。这一声飞起，即有无限声音俱来并发。那弹弦子的，亦全用轮指，忽大忽小，同她那声音相和相合，有如花坞春晓，好鸟乱鸣。耳朵忙不过来，不晓得听那一声的为是。正在撩乱之际，忽听霍然一声，人弦俱寂。这时台下叫好之声，轰然雷动。

停了一会，闹声稍定，只听那台下正座上，有一个少年人，不到三十岁光景，是湖南口音，说道："当年读书，见古人形容歌声的好处，有那'余音绕梁，三日不绝①'的话，我总不懂。空中设想，余音怎样会得绕梁呢？又怎会三日不绝呢？及至听了小玉先生说书，才知古人措辞之妙。每次听她说书之后，总有好几天耳朵里无非都是她的书，无论做什么事，总不入神，反觉得'三日不绝'这'三日'二字下得太少，还是孔子'三月不知肉味②''三月'二字形容得透彻些！"旁边人都说道："梦湘先生论得透辟极了！'于我心有戚戚焉③'！"

①《列子·汤问》称赞善歌者韩娥唱歌"余音绕梁，三日不绝"，意思是歌声悦耳动听，使人经久不忘。

②《论语·述而》云："子在齐闻《韶》，三月不知肉味。"形容音乐极其美好，有使人忘记一切的魅力。

③语出《孟子·梁惠王上》，意思是我有同感。戚戚，心动的样子。

# 5. 秦俑漫笔

◎和　谷

　　依傍雾岚氤氲的骊山，岿然屹立于临潼县<sup>①</sup>东约十里处的山丘，便是秦始皇陵。据都穆《骊山记》载，"陵内城周五里，旧有门四，外城周十二里"，可以想见始皇陵园恢宏的规模。今春三月，我们陪同北京几位作家驱车至此，只见陵上桃花嫣红，登临远眺，烟树中可以看见渭水蜿蜒东去。

　　其实，我们是冲着名闻遐迩的秦俑来的。1974 年在秦陵东侧发现的规模巨大的兵马俑坑，是研究中国古代政治、文化、军事、艺术及秦代历史的最真实的资料，弥足珍贵。秦俑的发掘，是 20 世纪最壮观的考古发现，它震撼了世界。

　　驱车至始皇陵东约三里处，便是建筑宏伟的秦始皇兵马俑博物馆。记得几年前，我夹杂在"先睹为快"的人群中，踏着荒草，到过发掘场，那时这里是一片开满野花的柿树林子。可是此时扑入眼帘的，竟是巍然的现代化钢结构展厅和仿古的楼阁庭院，接纳着成

---

① 临潼县：今陕西省西安市临潼区。

千上万不同肤色的游客。

步入展厅，伫立在东端的土台上，可以纵览兵马俑坑的全貌。不必说大部分的坑道尚待发掘，仅眼前清理出的数千件兵马俑，已经足够使人叹为观止了。

据说，这些兵马俑象征着秦始皇生前驻扎在城外的宿卫军，它完全按照当时临战队形布置。站在它面前，不由使人联想起当年秦国兵强马壮、横扫六合、海内为一的威武景状。俯视庞大的军阵：作为前锋的武士俑都向东站立，左右两侧翼各面向南北，后卫面向西；中间的主体战车与步兵则相间排列，队形整肃，组织严密。武士俑穿战袍，披铠甲，手执青铜兵器；战马则昂首嘶鸣，蹭蹄欲行。武士俑的造型，粗犷中有细腻，形象极为逼真。每个俑身高 1.8 米以上，体形、容貌、姿态、表情各异，透露出性格、心理特征及职责的差别。且看，他们有的肃然劲立，目视前方，发辫短须飘逸着昂然的意气；有的凝神沉思，横眉怒目，威风凛凛。射士，右膝跪地，左膝弯曲，双手在右侧作持弓状，身稍侧转，直观前方；骑士，身穿窄袖战袍，齐腰短甲，头戴皮帽，足蹬长靴，右手牵马，左手提弓，机警地挺立于马侧，似乎只待一声令下，便可跨上战骑，奔驰疆场，血溅烟尘……我国古代艺术匠师们把自己的生命都注入了这些雕塑艺术精品，使它们一个个栩栩如生，成为中国艺术宝库之明珠，世界艺术史上壮丽的一页。

欣赏这些已经出土的兵马俑固然是一种艺术享受，而观看正在挖掘中的“初露头角”的陶俑，更是令人驰思不已。俑坑原是一座地下的木结构建筑，底部铺有青砖，上有粗大的梁柱构成屋架。俑坑可能曾为项羽所焚而塌陷，严重火灾留下的残灰布满坑内。陶俑有的倒伏，有的仰卧；断臂的，少腿的，破头的，胸部开裂的，形态不同；愤然的，忧悒的，壮烈的，神情各异；其支离破碎之状，使人心灵为之震颤。此刻，春日的艳阳透过高处透明的屋顶，正穿织在空旷的展厅内，投抹在这块"古战场"废墟上，使人顿生苍凉悲壮之慨。我们伫立良久，简直有些不愿离去了。

随着簇拥的人流步出展馆，不禁频频回首。秦俑雕塑之美，使人难以忘怀。据说，法国前总统希拉克参观后，称秦俑为"世界第八奇观"，美国前国务卿基辛格赞叹秦俑的神奇，说它是"世界上独一无二的"，对这些赞美，秦俑确实是当之无愧的。

# 6. 单簧管　双簧管

⊙肖复兴

听单簧管，一定要听莫扎特；听双簧管，一定要听巴赫。真的，百听不厌。他们将单簧管和双簧管的能量发挥到极致，或者说单簧管和双簧管就是专门为他们而设，莫扎特、巴赫与单簧管、双簧管天造地设，剑鞘相合。

莫扎特的《A大调单簧管协奏曲》，是为当时维也纳宫廷乐队的单簧管演奏大师斯塔德勒而作，因此又叫作《斯塔德勒协奏曲》。这支协奏曲第一乐章的轻快，一定会让你觉得像是赤脚蹚在清凉的溪水里，淙淙的水声里跳跃着扑朔迷离的树影和明亮闪耀的阳光，所有的声音和光影都是夏季绿色的韵味。

第二乐章最甜美不过，美得直让人想落泪，似乎有拂拭不去的忧郁，让你想起许多往事，尤其是那些令你心动或伤感的往事——是在黄昏时分，晚霞柔和，湿雾迷蒙，远处飘来袅袅的炊烟，归巢的鸟儿在你的头顶轻轻地缭绕，那些往事如雾一样弥漫在你的心头。莫扎特在这一乐章中，不仅将单簧管本来所具有的高音区域的特点信手拈来，演奏得优美动人（乐章开始时单簧管的反复咏叹，乐队弦乐的配合，可以说天衣无缝，单簧管的高音运用得如同天上高蹈的云朵，透明而浩渺）；而且将单簧管的低音发挥得淋漓尽致，那些由单簧管中发出的低音，并非仅仅是呜咽，而是像水滴那样渗透进地底下，湿润在别人看不见的大树的树根，揪着你的心随它的旋律做海底潜行，观看一般肉眼难得看到的珊瑚礁和沉船的断桅残桅。然后恢复的高音，单簧管的几声独奏，音调凄厉，如鹤高飞云端，再不是刚才的样子，像是一个小姑娘转瞬之间长成了大人——不是少女，也不是老太太，是一个略显得沧桑的中年妇女，站在你的面前，用一双曾经熟悉而动人的眼睛望着你，多少让你觉得有些面目皆非的伤感和惘然。

第三乐章单簧管的装饰音和琶音，如狂风吹皱了一池碧波，撩拨得你心绪不宁。莫扎特随心所欲地让单簧管从高音区跌落到低音区，月光泻地，一泻千里。也许，这里有莫扎特的心情跌宕，也有我们每个人的心潮起伏。但是，明快的主题，莫扎特还是不愿意放弃的。单簧管到底还是莫扎特让它长出的一棵春天的树，开满鲜艳的花朵，只不过是在春雨飘来的时候，落英缤纷，撒满一地。

我听巴赫的双簧管，是听他的 F 大调、D 小调和 A 大调三支协奏曲。

巴赫的双簧管不是他种出的开满花朵的树，而是他放牧的白羊，而且是一群小白羊羔，轻柔地徜徉在河边的青草滩上，阳光和煦，天高云淡。

如果说莫扎特的单簧管充满更多的灵性，巴赫的双簧管充满的则是更多的温情和人性。我可以想象得出莫扎特按动在单簧管上的手是白皙的、青春的、跳跃的，而巴赫按动在双簧管上的手背上则是有青筋如蚯蚓般隐隐在动，而手指却是沉稳地随着双簧管的按键在起伏，即使在音域升高或节奏加速时，也没有明显的变化。我甚至可以想象得出，莫扎特在演奏完他的单簧管之后，会伸出他的臂膀，高兴得冲你叫，而巴赫则在演奏完他的双簧管之后，依然坐在椅子上，一动不动地望着你，并不说什么，只是微微地笑着，柔和的眼光静如秋水。

尤其是巴赫的 A 大调，用的是柔音双簧管。这种柔音双簧管在当今的乐队里很少用，但是很细腻动听。巴赫在这支协奏曲中将这种柔音双簧管运用得出神入化，这种双簧管吹出的每一个音调都好似放出的一条条小鱼游进水里一般，在乐队中自由自在地游动，振鳍掉尾，在略微翻起的水波中，轻快地划出一道道漂亮的弧线。那双簧管的尾音袅袅不散，那弧线便闪着光亮，也久久不散，让你想起"细雨鱼儿出，微风燕子斜"的水墨画。

莫扎特的单簧管让我感到的是美好和美好后产生的怅惘和忧郁。

巴赫的双簧管让我感到的则是沉稳和平和。

# 7. 戴车匠

⊙汪曾祺

戴车匠是东街一景。

车匠是一种很古老的行业了。中国什么时候开始有车匠，无可考。想来这是很久远的事了。所谓车匠，就是在木制的车床上用旋刀车旋小件圆形木器的那种人。从我记事的时候，全城似只有这一个车匠，一家车匠店。

车匠店离草巷口不远，坐南朝北。左邻是侯家银匠店，右邻是杨家香店。戴家车匠店夹在两家之间。门面很小，只有一间。地势却颇高。跨进门槛，得上五层台阶。因此，车匠店有点像个小戏台（戴车匠就好像在台上演戏）。店里正面是一堵板壁。板壁上有一副一尺多长、四寸来宽的小小的朱红对子，写的是：

室雅何须大，花香不在多

不知这是哪位读书人的手笔。但是看来戴车匠很喜欢这副对子。板壁后面，是住家。前面，是作坊。作坊靠西墙，放着两张车床。这所谓车床和现代的铁制车床是完全不同的。就像一张狭长的小床，木制的，有一个四框，当中有一个车轴，轴上安小块木料，轴下有皮条，皮条钉在踏板上，双脚上下踏动踏板，皮条牵动车轴，木料来回转动，车匠坐在坐板上，两手执定旋刀，车旋成器，这就是中国的古式的车床，——其原理倒是和铁制车床是一样的。这东西用语言是说不清楚的。《天工开物》之类的书上也许有车床的图，我没有查过。

靠里的车床是一张大的，那还是戴车匠的父亲留下的。老一辈人打东西不怕费料，总是超过需要的粗壮。这张老车床用了两代人，坐板已经磨得很光润，所有的榫头都还是牢牢实实的，没有一点活动。戴车匠嫌它过于笨重，就自己另打了一张新的。除了做特别沉重的东西，一般都使用外边较小的这一张。

戴车匠起得很早。在别家店铺才卸下铺板的时候，戴车匠已经吃了早饭，选好了材料，看看图样，坐到车床的坐板上了。一个人走进他的工作，是叫人感动的。他这就和这张床子成了一体，一刻不停地做起活来了。看到戴车匠坐在床子上，让人想起古人说的："百工居于肆，以成其器。"中国的工匠，都是很勤快的，好吃懒做的工匠，大概没有，——很少。

车匠做的活都是圆的。常言说："砍的没有旋的圆。"较粗的活是量米的升子，烧饼槌子。——我们那里擀烧饼不用擀杖，用一种特制的烧饼槌子，一段圆木头，车光了，状如一个小碌碡，当中掏出圆洞，捅进一个木杆。较细的活是布掸子的把，——末端车成一个滴溜圆的小球或甘露形状；擀烧卖皮用的细擀杖，——我们那里擀烧卖皮用两根小擀杖同时擀，擀杖长五寸，粗如指，极光滑，两根擀杖须分量相等。最细致的活是装围棋子的槟榔木的小圆罐，——罐盖须严丝合缝，木理花纹不错分毫。戴车匠做得最多的是大小不等的滑车：这是三桅大帆船上用的。布帆升降，离不开滑车。做得了的东西，都悬挂在西边墙上，真是琳琅满目，细巧玲珑。

车匠用的木料都是坚实细致的，檀木——白檀，紫檀，红木，黄杨，枣木，梨木，最次的也是榆木的。戴车匠踩动踏板，执刀就料，旋刀轻轻地吟叫着，吐出细细的木花。木花如书带草，如韭菜叶，如番瓜瓤，有白的、浅黄的、粉红的、淡紫的，落在地面上，落在戴车匠的脚上，很好看。住在这条街上的孩子多爱上戴车匠家看戴车匠做活，一个一个，小傻子似的，聚精会神，一看看半天。

孩子们愿意上戴车匠家来，还因为他养着一窝洋老鼠——白耗子，装在一个一面有玻璃的长方木箱里，挂在东面的墙上。洋老鼠在里面踩车、推磨、上楼、下楼，整天不闲着，——无事忙。戴车匠这么大的人了，对洋老鼠并无多大兴趣，养来是给他的独儿子玩的。

一到快过清明节了，大街小巷的孩子就都惦记起戴车匠来。

这里的风俗，清明那天吃螺蛳，家家如此，说是清明吃螺蛳，可以明目。买几斤螺蛳，入盐，少放一点五香大料，煮出一大盆，可供孩子吃一天。孩子们除了吃，还可以玩，——用螺蛳弓把螺蛳壳射出去，螺蛳弓是竹制的小弓，有一支小弓箭，附在双股麻线拧成的弓弦上。竹箭从竹片窝成的弓背当中的一个窟窿里穿过去。孩子们用竹箭的尖端把螺蛳掏出来吃了，用螺蛳壳套在竹箭上，一拉弓弦，弓背弯成满月，一撒手，哒的一声，螺蛳壳便射了出去。射得相当高，相当远。在平地上，射上屋顶是没有问题的。——竹箭被弓背挡住，是射不出去的。家家孩子吃螺蛳，放螺蛳弓，因此每年夏天瓦匠捡漏时，总要从瓦楞里扫下好些螺蛳壳来。不知道为什么，这种螺蛳弓都是车匠做，——其实这东西不用上床子旋，只要用破竹的作刀即能做成，应该由竹器店供应才对。清明前半个月，戴车匠就把别的活都停下来，整天地做螺蛳弓。孩子们从戴车匠门前过，就都兴奋起来。到了接近清明，戴车匠家就都是孩子。螺蛳弓分大、中、小三号，弹力有差，射程远近不同，价钱也不一样。孩子们眼睛发亮，挑选着，比较着，挨挨挤挤，叽叽喳喳，好不热闹。到清明那天，听吧，到处是拉弓放箭的声音："哒——哒！"

戴车匠每年照例要给他的儿子做一张特号的大弓。所有的孩子看了都羡慕。

戴车匠眯缝着眼睛看着他的儿子坐在门槛上吃螺蛳，把螺蛳壳用力地射到对面一家倒闭了的钱庄的屋顶上，若有所思。

他在想什么呢？

他的儿子已经八岁了。他该不会是想：这孩子将来干什么？是让他也学车匠，还是另学一门手艺？世事变化很快，他隐隐约约觉得，车匠这一行恐怕不能永远延续下去。

一九八一年，我回乡了一次（我去乡已四十余年）。东街已经完全变样，戴家车匠店已经没有痕迹了。——侯家银匠店，杨家香店，也都没有了。

也许这是最后一个车匠了。

（有删节）

# *8.* 景泰蓝的制作

⊙叶圣陶

　　一天下午，我们去参观北京市手工业公司实验工厂，粗略地看了景泰蓝的制作过程。景泰蓝是多数人喜爱的手工艺品，现在把它的制作过程说一说。

　　景泰蓝拿红铜做胎，为的红铜富于延展性，容易把它打成预先设计的形式，要接合的地方又容易接合。一个圆盘子是一张红铜片打成的，把红铜片放在铁砧上尽打尽打，盘底就洼了下去。一个比较大的花瓶的胎分作几截，大概瓶口、瓶颈的部分一截，瓶腹鼓出的部分一截，瓶腹以下又是一截。每一截原来都是一张红铜片。把红铜片圈起来，两边重叠，用铁锤尽打，两边就接合起来了。要圆筒的哪一部分扩大，就打哪一部分，直到符合设计的意图为止。于是让三截接合起来，成为整个的花瓶。瓶底可以焊上去，也可以把瓶腹以下的一截打成盘子的形状，那就有了底，不用另外焊了。瓶底下面的座子，瓶口上的宽边，全是焊上去的。至于方形或是长方形的东西，像果盒、烟卷盒之类，盒身和盖子都用一张红铜片折成，只要把该接合的转角接合一下就是，也不用细说了。

制胎的工作其实就是铜器作<sup>①</sup>的工作，各处城市大都有这种铜器作，重庆还有一条街叫打铜街。不过铜器作打成一件器物就完事，在景泰蓝的作场里，这只是个开头，还有好多繁复的工作在后头呢。

第二步工作叫掐丝，就是拿扁铜丝（横断面是长方形的）粘在铜胎表面上。这是一种非常精细的工作。掐丝工人心里有谱，不用在铜胎上打稿，就能自由自在地粘成图画。譬如粘一棵柳树吧，干和枝的每条线条该多长，该怎么弯曲，他们能把铜丝恰如其分地剪好曲好，然后用钳子夹着，在极稠的白芨浆里蘸一下，粘到铜胎上去。柳树的每个枝子上长着好些叶子，每片叶子两笔，像一个左括号和一个右括号，那太细小了，可是他们也要细磨细琢地粘上去。他们简直是在刺绣，不过是绣在铜胎上而不是绣在缎子上，用的是铜丝而不是丝线、绒线。

他们能自由地在铜胎上粘成山水、花鸟、人物种种图画，当然也能按照美术家的设计图样工作。反正他们对于铜丝好像画家对于笔下的线条，可以随意驱遣，到处合适。美术家和掐丝工人的合作，使景泰蓝器物推陈出新，博得多方面人士的爱好。

粘在铜胎上的图画全是线条画，而且一般是繁笔，没有疏疏朗朗只用少数几笔的。这里头有道理可说。景泰蓝要涂上色料，铜丝粘在上面，涂色料就有了界限。譬如，柳条上的每片叶子由两条铜丝构成，绿色料就可以填在两条铜丝中间，不至于溢出来。其次，

---

① 铜器作（zuō）：做铜器的作坊。

景泰蓝内里是铜胎，表面是涂上的色料，铜胎和色料，膨胀率不相同。要是色料的面积占得宽，烧过以后冷却的时候就会裂。还有，一件器物的表面要经过几道打磨的手续，打磨的时候着力重，容易使色料剥落。现在在表面粘上繁笔的铜丝图画，实际上就是把表面分成无数小块，小块面积小，无论热胀冷缩都比较细微，又比较禁得起外力，因而就不至于破裂、剥落。通常谈文艺有一句话，叫内容决定形式。咱们在这儿套用一下，是制作方法和物理决定了景泰蓝掐丝的形式。咱们看见有些景泰蓝上面的图案画，在图案画以外，或是红地，或是蓝地，只要占的面积相当宽，那里就嵌几条曲成图案形的铜丝。为什么一色中间还要嵌铜丝呢？无非使较宽的表面分成小块罢了。

粘满了铜丝的铜胎是一件值得惊奇的东西。且不说自在画怎么生动美妙，图案画怎么工整细致，单想想那么多密密麻麻的铜丝没有一条不是专心一志粘上去的，粘上去以前还得费尽心思把它曲成最适当的笔画，那是多么大的工夫！一个二尺半高的花瓶，掐丝就要花四五十个工。咱们的手工艺品往往费大工夫——刺绣、缂丝、象牙雕刻，全都在细密上显能耐。掐丝跟这些工作比起来，可以说不相上下，半斤八两。

刚才说铜丝是蘸了白芨浆粘在铜胎上的，白芨浆虽然稠，却经不住烧，用火一烧就成了灰，铜丝就全都落下来了，所以还得焊。先在粘满了铜丝的铜胎上喷水，然后拿银粉、铜粉、硼砂三种东西拌和，均匀地筛在上边，放到火里一烧，白芨浆成了灰，铜丝就牢牢地焊在铜胎上了。

随后就是放到稀硫酸里煮一下，再用清水洗。洗过以后，表面的氧化物和其他脏东西都去掉了，涂上的色料才可以紧贴着红铜，制成品才可以结实。

于是轮到涂色料的工作了，他们管这个工作叫点蓝。涂上的色料有好些种，不只是一种蓝色料，为什么单叫点蓝呢？原来这种制作方法开头的时候多用蓝色料，当时叫点蓝，就此叫开了（我们苏州管银器上涂色料叫发蓝，大概是同样的理由）。这种制品从明朝景泰年间（15世纪中叶）开始流行，因而总名叫景泰蓝。

用的色料就是制颜色玻璃的原料，跟涂在瓷器表面的釉料相类。我们在作场里看见的是一块块不整齐的硬片，从山东博山运来的。这里头基本质料是硼砂、硝石和碱，因所含的金属矿质不同，颜色也就各异，大概含铁的作褐色，含铀的作黄色，含铬的作绿色，含锌的作白色，含铜的作蓝色，含金含硒的作红色……

他们把那些硬片放在铁臼里捣碎研细，筛成细末应用。细末里头不免掺和着铁臼上磨下来的铁屑，他们利用吸铁石除掉它。要是吸得不干净，就会影响制成品的光彩。看来研磨色料的方法得讲求改良。

各种色料的细末都盛在碟子里，和着水，像画家的画桌上一样，五颜六色的碟子一大堆。点蓝工人用挖耳勺似的家伙舀着色料，填到铜丝界成的各种形式的小格子里。大概是熟极了的缘故，不用看什么图样，自然知道哪个格子里该填哪种色料。湿的色料填在格子里，比铜丝高一些。整个表面填满了，等它干燥以后，就拿去烧。一烧就低了下去，于是再填，原来红色的地方还是填红色料，原来绿色的地方还是填绿色料。要填到第三回，烧过以后，色料才跟铜丝差不多高低。

现在该说烧的工作了。涂色料的工作既然叫点蓝，不用说，烧的工作当然叫烧蓝。一个烧得挺旺的炉子，燃料用煤，炉膛比较深，周围不至于碰着等着烧的铜胎。烧蓝工人把涂好色料的铜胎放在铁架子上，拿着铁架子的弯柄，小心地把它送到炉膛里去。只要几分钟工夫，提起铁架子来，就看见铜胎全体通红，红得发亮，像烧得正旺的煤。可是不大工夫红亮就退了，涂上的色料渐渐显出它的本色，红是红绿是绿的。

涂了三回烧了三回以后，就是打磨的工作了。先用金刚砂石水磨，目的在使成品的表面平整。所谓平整，一是铜丝跟涂上的色料一样高低，二是色料本身也不许有一点儿高高洼洼。磨过以后又烧一回，再用磨刀石水磨。最后用椴木炭水磨，目的在使成品的表面光润。椴木木质匀净，用它的炭来水磨，成品的表面不起丝毫纹路，越磨越显得鲜明光滑。旁的木炭都不成。

椴木炭磨过，看来晶莹灿烂，没有一点儿缺憾，成一件精制品了，可是全部工作还没完，还得镀金。金镀在全部铜丝上，方法用电镀。镀了金，铜丝就不会生锈了。

全部工作是手工，只有待打磨的成品套在转轮上，转轮由马达带动的皮带转动，算是借一点儿机械力。可是拿着蘸水的木炭、磨刀石挨着转动的成品，跟它摩擦，还得靠打磨工人的两只手。起瓜楞①的花瓶就不能套在转轮上打磨，因为表面有高有低，洼下去的地方磨不着，那非纯用手工打磨不可。

## 景泰蓝的历史渊源

景泰蓝，亦称"铜胎掐丝珐琅"。中国传统金属工艺品。主要产于北京。一般认为源于波斯，13世纪末从阿拉伯地区传入。以铜作胎，根据图案将金属丝粘焊在表面，再填以各色珐琅釉，烧制而成。工艺精细复杂，纹饰繁缛饱满，线条细腻流畅，色彩晶莹华丽。故宫博物院最早的存品系创于明宣德年间。署有景泰年制款者工艺精湛，以蓝釉为最出色，故名。至清康熙、雍正、乾隆三朝达于鼎盛，并远销国外。品种有瓶、碗、盘、罐、炉、盒等。

---

① 瓜楞：指物品上有条状的突起。

第四单元

# 古风古韵

　　穿越三千年的历史风烟，我们仍能真切地望见古老文明的光芒。最淡远的闲情，莫如轻轻拂去几案上的尘埃，于朦胧的灯烛下，翻阅那早已泛黄的经典；最清雅的逸致，莫如挥散尘世间的纷扰，在氤氲的书香里，吟唱那一曲曲远古的歌谣。

　　学习本单元的诗文，要在反复诵读中感受诗的韵律，了解《诗经》的语言特点，体会重章叠句的形式营造出的回环往复的音乐美和齐整兼有错落的结构美；要涵泳品味比兴手法赋予诗歌的丰富意蕴，领会诗中流淌着的真挚美好的情感；还要读一些名家对《诗经》的鉴赏作品和现代诗歌，借以提升自己的审美品位，感受、理解《诗经》对中国文学乃至中华文化的深远影响。

# 1. 木 瓜①

⊙《诗经》

投我以木瓜，报之以琼琚②。匪③报也，永以为好也！

投我以木桃，报之以琼瑶。匪报也，永以为好也！

投我以木李，报之以琼玖。匪报也，永以为好也！

## 译 文

你将木瓜赠送给我，我拿琼琚作为回报。不是为了答谢你，珍重情意永相好！

你将木桃赠送给我，我拿琼瑶作为回报。不是为了答谢你，珍重情意永相好！

你将木李赠送给我，我拿琼玖作为回报。不是为了答谢你，珍重情意永相好！

---

① 木瓜：落叶灌木，果实椭圆，可入药。

② 琼琚（jū）：美玉，与下面"琼瑶""琼玖"同。

③ 匪：同"非"。

　　重章叠句是《诗经》中反复使用的形式，一唱三叹，回环往复，能够增强诗歌的节奏感与音乐美。大声朗读诗歌，感受诗歌的节奏与韵律，结合诗句说说比、兴手法产生了怎样的表达效果。

## 《诗经》名称的由来

　　《诗经》原来只称《诗》或"诗三百"，如《论语·季氏》云："不学诗，无以言。"《论语·为政》云："诗三百，一言以蔽之，曰：'思无邪。'"汉武帝建元五年（前136）置"五经博士"，将《诗》与《易》《书》《礼》《春秋》并列，是官方确认《诗》为"经"的开始。这一礼遇体现了对它的尊崇，且这种尊崇一直沿袭下来。可见《诗经》早已被人们视为中华传统文化最重要的经典之一。

# 2. 君子于役 ①

⊙《诗经》

君子于役，不知其期②，曷③至哉？鸡栖于埘④，日之夕矣，羊牛下来。君子于役，如之何勿思？

君子于役，不日不月⑤，曷其有⑥佸⑦？鸡栖于桀⑧，日之夕矣，羊牛下括⑨。君子于役，苟⑩无饥渴！

---

① 役：服徭役或兵役。

② 期：时间，期限。

③ 曷（hé）：何时。

④ 埘（shí）：墙壁上挖洞做成的鸡窝。

⑤ 不日不月：没法用日月来计算时间，指没有归期。

⑥ 有：同"又"，再一次。

⑦ 佸（huó）：相聚。

⑧ 桀：鸡窝中供鸡栖息的横木。

⑨ 括：来。

⑩ 苟：句首语气词，表示希望、但愿。

## 译 文

　　丈夫前去服役，不知何时是归期，什么时候能回来啊？鸡儿进窝了，太阳西沉了，羊牛成群回圈了。丈夫前去服役，怎能让我不思念？

　　丈夫前去服役，不知归来是何日，什么时候回家里？鸡儿栖息在横木上，太阳西沉了，羊牛成群回圈了。丈夫前去服役，愿他不受饥和渴！

**学习提示**

　　《诗经》是我国诗歌的生命起点，它描写现实，反映现实，成为现实主义诗歌流派的源头。一首诗歌往往源于一个真实的故事，请充分发挥联想和想象，把《君子于役》扩展成一个故事，与同学一起交流吧。

# 1. 月 出

⊙《诗经》

月出皎兮，佼①人僚②兮，舒窈纠③兮，劳心悄④兮。

月出皓兮，佼人懰⑤兮，舒懮受⑥兮，劳心慅⑦兮。

月出照兮，佼人燎兮，舒夭绍⑧兮，劳心惨兮。

## 译文

月亮出来多明亮，美人仪容真漂亮，身姿窈窕步轻盈，让我思念心烦忧。
月亮出来多洁白，美人仪容真姣好，身姿窈窕步舒缓，让我思念心忧愁。
月亮出来光普照，美人仪容真美好，身姿窈窕步优美，让我思念心烦躁。

---

① 佼（jiǎo）：美好。

② 僚：娇美的样子。

③ 窈纠：形容女子轻盈柔美的姿态。

④ 悄：忧愁的样子。

⑤ 懰：美好。

⑥ 懮（yǒu）受：步履轻盈，体态优美的样子。

⑦ 慅（cǎo）：忧愁不安的样子。

⑧ 夭绍：轻盈多姿的样子。

# 2. 伯① 兮

⊙《诗经》

伯兮朅②兮，邦之桀③兮。伯也执殳④，为王前驱。

自伯之东，首如飞蓬。岂无膏⑤沐？谁适⑥为容！

其雨其雨，杲杲⑦出日。愿言思伯，甘心首疾。

焉得谖草⑧？言树之背。愿言思伯，使我心痗⑨。

---

① 伯：周代妇女对丈夫的尊称。

② 朅（qiè）：威武壮健的样子。

③ 桀：才能出众的人。

④ 殳（shū）：古兵器，有棱无刃，长一丈二尺。

⑤ 膏：润发的油。

⑥ 适：悦，喜欢。

⑦ 杲杲：明亮的样子。

⑧ 谖草：又名萱草，古人认为此草可以使人忘忧，又叫忘忧草。

⑨ 痗（mèi）：忧思成病。

## 译 文

我的丈夫真威猛，才智出众屈指数。我的丈夫执长殳，做了君王的前锋。
自从丈夫东行后，头发散乱像飞蓬。膏脂哪样还缺少？为谁修饰我颜容！
盼那大雨下一场，却出太阳亮灿灿。天天把我夫君盼，想得头痛也心甘。
哪儿去找忘忧草？把它种在屋北面。天天把我夫君想，使我伤心病恹恹。

### 《诗经》对后世的影响及传承

孔子曾将"诗三百"作为政治教化、美育和言语教育的教材，他说："小子何莫学夫诗？诗，可以兴，可以观，可以群，可以怨。迩之事父，远之事君；多识于鸟兽草木之名。"（《论语·阳货》）这些话对后世影响很大。

汉代传授《诗经》的有鲁、齐、韩、毛四家，后来鲁、齐、韩三家诗先后亡佚，只有毛诗流传至今。毛诗中的序分为小序和大序：小序解释各篇的大意；大序是《诗经》全书的总序，其中的"上以风化下，下以风刺上，主文而谲谏，言之者无罪，闻之者足以戒"等对我国诗学有重大的影响。

# 3. 击 鼓

⊙《诗经》

击鼓其镗<sup>①</sup>，踊跃<sup>②</sup>用兵。土国城漕<sup>③</sup>，我独南行。

从孙子仲，平<sup>④</sup>陈与宋。不我以归<sup>⑤</sup>，忧心有忡。

爰<sup>⑥</sup>居<sup>⑦</sup>爰处<sup>⑧</sup>？爰丧其马？于以<sup>⑨</sup>求之？于林之下。

死生契阔<sup>⑩</sup>，与子成说<sup>⑪</sup>。执子之手，与子偕老。

---

① 镗（tāng）：击鼓的声音，象声词。

② 踊跃：跳跃刺杀的样子。

③ 漕：古邑名，在今河南滑县东南。

④ 平：调和。

⑤ 不我以归："不以我归"的倒装，不让我回家的意思。以，跟，同。

⑥ 爰：哪里。

⑦ 居：停留。

⑧ 处：住宿。

⑨ 于以：于何，在哪里的意思，表疑问。

⑩ 契阔：聚散、离合的意思。契，聚合；阔，离散。

⑪ 成说：订立誓约。

于嗟①阔兮，不我活②兮！于嗟洵③兮，不我信④兮！

## 译 文

敲鼓声音响镗镗，鼓舞士兵上战场。人留国内筑漕城，唯独我却奔南方。
跟从将军孙子仲，要去调停陈和宋。长期不许我回家，使人愁苦心忡忡。
何处居啊何处住？战马丢失在何处？叫我何处去寻找？原来马在树林下。
无论聚散与死活，我曾发誓对你说。拉着你手紧紧握，白头到老与你过。
叹息与你久离别，再难与你来会面。叹息相隔太遥远，不能实现那誓约。

---

① 于嗟：叹词，表示慨叹、悲叹等。

② 不我活：不和我相聚。活，同"佸"，相聚。

③ 洵：远，遥远。

④ 信：守约。

# 4.诗 经

⊙朱自清

诗的源头是歌谣。上古时候，没有文字，只有唱的歌谣，没有写的诗。一个人高兴的时候或悲哀的时候，常愿意将自己的心情诉说出来，给别人或自己听。日常的言语不够劲儿，便用歌唱；一唱三叹得叫别人回肠荡气。唱叹再不够的话，便手也舞起来了，脚也蹈起来了，反正要将劲儿使到了家。碰到节日，大家聚在一起酬神作乐，唱歌的机会更多。或一唱众和，或彼此竞胜。传说葛天氏的乐八章，三个人唱，拿着牛尾，踏着脚，似乎就是描写这种光景的。歌谣越唱越多，虽没有书，却存在人的记忆里。有了现成的歌儿，就可借他人酒杯，浇自己块垒；随时拣一支合式的唱唱，也足可消愁解闷。若没有完全合式的，尽可删一些、改一些，到称意为止。流行的歌谣中往往不同的词句并行不悖，就是为此。可也有经过众人修饰，成为定本的。歌谣真可说是"一人的机锋，多人的智慧"了。

歌谣可分为徒歌和乐歌。徒歌是随口唱，乐歌是随着乐器唱。

徒歌也有节奏，手舞脚蹈便是帮助节奏的；可是乐歌的节奏更规律化些。乐器在中国似乎早就有了，《礼记》里说的土鼓土槌儿、芦管儿，也许是我们乐器的老祖宗。到了《诗经》时代，有了琴瑟钟鼓，已是洋洋大观了。歌谣的节奏，最主要的靠重叠或叫复沓；本来歌谣以表情为主，只要翻来覆去将情表到了家就成，用不着费话。重叠可以说原是歌谣的生命，节奏也便建立在这上头。字数的均齐，韵脚的调协，似乎是后来发展出来的。有了这些，重叠才在诗歌里失去主要的地位。

有了文字以后，才有人将那些歌谣记录下来，便是最初的写的诗了。但记录的人似乎并不是因为欣赏的缘故，更不是因为研究的缘故。他们大概是些乐工，乐工的职务是奏乐和唱歌；唱歌得有词儿，一面是口头传授，一面也就有了唱本儿。歌谣便是这么写下来的。我们知道春秋时的乐工就和后世阔人家的戏班子一样，老板叫作太师。那时各国都养着一班乐工，各国使臣来往，宴会时都得奏乐唱歌。太师们不但得搜集本国乐歌，还得搜集别国乐歌。不但搜集乐词，还得搜集乐谱。那时的社会有贵族与平民两级。太师们是伺候贵族的，所搜集的歌儿自然得合贵族们的口味；平民的作品是不会入选的。他们搜得的歌谣，有些是乐歌，有些是徒歌。徒歌得合乐才好用。合乐的时候，往往得增加重叠的字句或章节，便不能保存歌词的原来样子。除了这种搜集的歌谣以外，太师们所保存的还有贵族们为了特种事情，如祭祖、宴客、房屋落成、出兵、打猎等等作的诗。这些可以说是典礼的诗。又有讽谏、颂美等的献诗；献诗是臣下作了献给君上，准备让乐工唱给君上听的，可以说是政治的诗。太师们保存下这些唱本儿，带着乐谱；唱词儿共有三百多篇，当时通称作"诗三百"。到了战国时代，贵族渐渐衰落，平民渐渐抬头，新乐代替了古乐，职业的乐工纷纷散走。乐谱就此亡失，但是还有三百来篇唱词儿流传下来，便是后来的《诗经》了。

"诗言志"是一句古话；"诗"这个字就是"言""志"两个字合成的。但古代所谓"言志"和现在所谓"抒情"并不一样；那"志"总是关联着政治或教化的。春秋时通行赋诗。在外交的宴会里，各国使臣往往得点一篇诗或几篇诗叫乐工唱。这很像现在的请客点戏，不同处是所点的诗句必加上政治的意味。这可以表示这国对那国或这人对那人的愿望、感谢、责难等，都从诗篇里断章取义。断章取义是不管上下文的意义，只将一章中一两句拉出来，就当前的环境，作政治的暗示。如《左传》襄公二十七年，郑伯宴晋使赵孟于垂陇，赵孟请大家赋诗，他想看看大家的"志"。子太叔赋的是《野有蔓草》。原诗首章云："野有蔓草，零露漙兮。有美一人，清扬婉兮。邂逅相遇，适我愿兮。"子太叔只取末两句，借以表示郑国欢迎赵孟的意思，上文他就不管。全诗原是男女私情之作，他更不管了。可是这样办正是"诗言志"；在那回宴会里，赵孟就和子太叔说了"诗以言志"这句话。

到了孔子时代，赋诗的事已经不行了，孔子却采取了断章取义的办法，用诗来讨论做学问，做人的道理。"如切如磋，如琢如磨"，本来说的是治玉，他却将玉比人，用来教训学生做学问的工夫。"巧笑倩兮，美目盼兮，素以为绚兮"，本来说的是美人，所谓天生丽质，他却拉出末句来比方作画，说先有白底子，才会有画，是一步步进展的；作画还是比方，他说的是文化，人先是朴野的，后来才进展了文化——文化必须修养而得，并不是与生俱来的。他如此解诗，所以说"思无邪"一句话可以包括"诗三百"的道理；又说诗可以鼓舞人，联合人，增加阅历，发泄牢骚，事父事君的道理都在里面。孔子以后，"诗三百"成为儒家的六经之一，《庄子》和《荀子》里都说到"诗言志"，那个"志"便指教化而言。

但春秋时列国的赋诗只是用诗，并非解诗；那时诗的主要作用还在乐歌，因乐歌而加以借用，不过是一种方便罢了。至于诗篇本来的意义，那时原很明白，用不着讨论。到了孔子时代，诗已经不常歌唱了，诗篇本来的意义，经过了多年的借用，也渐渐含糊了。他就按着借用的办法，根据他教授学生的需要，断章取义地来解释那些诗篇。后来解释《诗经》的儒生都跟着他的脚步走。最有权威的毛氏《诗传》和郑玄《诗笺》差不多全是断章取义，甚至断句取义——断句取义是在一句、两句里拉出一个两个字来发挥，比起断章取义，真是变本加厉了。

毛氏有两个人：一个毛亨，汉时鲁国人，人称为大毛公；一个毛苌，赵国人，人称为小毛公。是大毛公创始《诗经》的注解，传给小毛公，在小毛公手里完成的。郑玄是东汉人，他是专给毛《传》作《笺》的。有时也采取别家的解说；不过别家的解说在原则上也还和毛氏一鼻孔出气，他们都是以史证诗。他们接受了孔子"无邪"

的见解，又摘取了孟子的"知人论世"的见解，以为用孔子的诗的哲学，别裁古代的史说，拿来证明那些诗篇是什么时代作的，为什么事作的，便是孟子所谓"以意逆志"。其实孟子所谓"以意逆志"倒是说要看全篇大意，不可拘泥在字句上，与他们不同。他们这样猜出来的作诗人的"志"，自然不会与作诗人相合；但那种"志"倒是关联着政治教化而与"诗言志"一语相合的。这样的以史证诗的思想，最先具体地表现在《诗序》里。

《诗序》有《大序》《小序》。《大序》好像总论，托名子夏，说不定是谁作的。《小序》每篇一条，大约是大、小毛公作的。以史证诗，似乎是《小序》的专门任务；传里虽也偶然提及，却总以训诂为主，不过所选取的字义，意在助成序说，无形中有个一定方向罢了。可是《小序》也还是泛说的多，确指的少。到了郑玄，才更详密地发展了这个条理。他按着《诗经》中的国别和篇次，系统地附合史料，编成了《诗谱》，差不多给每篇诗确定了时代；《笺》中也更多地发挥了作为各篇诗的背景的历史。以史证诗，在他手里算是集大成了。

《大序》说明诗的教化作用；这种作用似乎建立在风、雅、颂、赋、比、兴所谓"六义"上。《大序》只解释了风、雅、颂。说风是风化（感化）、讽刺的意思，雅是正的意思，颂是形容盛德的意思。这都是按着教化作用解释的。照近人的研究，这三个字大概都从音乐得名。风是各地方的乐调，《国风》便是各国土乐的意思。雅就是"乌"字，似乎描写这种乐的呜呜之音。雅也就是"夏"字，古代乐章叫作"夏"的很多，也许原是地名或族名。雅又分《大雅》《小雅》，大约也是乐调不同的缘故。颂就是"容"字，容就是"样子"；这种乐连歌带舞，舞就有种种样子了。风、雅、颂之外，其实还该有个"南"。南是南音或南调，《诗经》中《周南》《召南》的诗，原是相当于现在河南、湖北一带地方的歌谣。《国风》旧有十五，分出二南，还剩十三；而其中邶、鄘两国的诗，现经考定，都是卫诗，那么只有十一《国风》了。颂有《周颂》《鲁颂》《商颂》，《商颂》经考定实是《宋颂》。至于搜集的歌谣，大概是在二南、《国风》和《小雅》里。

赋、比、兴的意义，说数最多。大约这三个名字原都含有政治和教化的意味。赋本是唱诗给人听，但在《大序》里，也许是"直铺陈今之政教善恶"的意思。比、兴都是《大序》所谓"主文而谲谏"；不直陈而用譬喻叫"主文"，委婉讽刺叫"谲谏"。说的人无罪，听的人却可警诫自己。《诗经》里许多譬喻就在比兴的看法下，断章断句地硬派作政教的意义了。比、兴都是政教的譬喻，但在诗篇发端的叫作兴。《毛传》只在有兴的地方标出，不标赋、比；想来赋义是易见的，比、兴虽都是曲折成义，但兴在发端，往往关系全诗，比较更重要些，所以便特别标出了。《毛传》标出的兴诗，共一百十六篇，《国风》中最多，《小雅》第二；按现在说，这两部分搜集的歌谣多，所以譬喻的句子也便多了。

# 5. 美丽的《诗经》

⊙鲍鹏山

《诗经》对我们而言，是一个谜，它有着太多的秘密没有被我们揭开。可是，它实在是太美了，使我们在殚精竭虑不胜疲惫地解谜失败之后，仍然对它恋恋不舍。《诗经》是我们民族最美丽最缥缈的传说，可它离我们那么近，"诗云"与"子曰"并称，在相当长的历史时期内左右着我们的思维与判断，甚至我们表情达意的方式都蒙它赐予——所谓"赋诗言志"。但它又总是与我们保持着距离——"此曲只应天上有，人间能得几回闻？"我们已经把"子曰"完全历史化，孔子其人其事已经凿凿可信，铭刻在历史之柱上，而作为"诗云"的《诗经》，却一直不肯降为历史——虽然我们也曾认定它与其他经典一样，是史，但那只是我们的一厢情愿。它本来就不是描述"事实"而是表达"愿望"，如果说它是我们的心灵史，那倒很准确。其实，文学史就是心灵史。它确是反映了周代广阔的社会生活，堪称周代社会的一面镜子，我们也因此为它冠以"现实主义"之名，但它真正的价值是它表达了那个时代的痛与爱、愤怒与柔情、遗憾与追求……直到今天，我们仍然在"痛苦着他们的痛苦，追求着他们的追求"。它永远是鲜活的生活之树，而不是灰色的理论与道德教条。虽然，从孔子及其门徒开始，我们就在竭力把它道德化；至少从汉代开始，我们就一直在把它学术化，但它永远是诗，是艺术，是感性的、美丽的，是作用于我们的心灵与情感并一直在感动我们而不是教训我们的。是的，它应该是，也一直是大众的至爱，是我们心灵的寄托与表达。

《诗经》与我们的距离主要体现在我们对它的无知上。事实上，我们无论对《诗经》本身及其中具体诗篇的解释，还是对《诗经》的搜集编辑成书、分类标准和意图，以及它所呈现出的艺术独特风采，都莫衷一是。莫衷一是的事实表明我们都只是在臆测，在推断，而不是在证明与发现。是的，我可以稍微武断一点地说，有关《诗经》的现有"学术成果"，大多数是出于推断与猜测。对《诗经》中的很多问题我们都各持不同见解而互不相让。即便有些问题看起来已经被"公认"，但那也正是全体的无能为力。我举几个例子。

正如大凡神圣人物总有一个神秘出身一样，《诗经》的出身也颇扑朔迷离。关于《诗经》的搜集、编辑，《诗经》既是辑录从西周初年至春秋中叶五百年左右的诗歌，至少其中的十五国风产生的空间范围又大得惊人：黄河流域、江汉流域及汝水一带全在其中，那么，如此漫长的时间和如此辽阔的空间，是什么人，用什么样的方式把这些不同时间、不同地点产生的诗歌收集到一起的？为了解答这个问题，便有了"采诗说"和"献诗说"。班固的《汉书·食货志》和何休的《公羊传》注，都有"采诗"之说，且都说得极有诗意：

> 孟春之月，群居者将散，行人振木铎徇于路以采诗。献之太师，比其音律，以闻于天子。（《汉书·食货志》）

> 五谷毕入，民皆居宅……男女同巷，相从夜绩……从十月尽正月止，男女有所怨恨，相从而歌，饥者歌其食，劳者歌其事。男年六十女年五十无子者，官衣食之。使之民间求诗，乡移于邑，邑移于国，国以闻于天子。故王者不出牖户，尽知天下所苦，不下堂而知四方。（《公羊传》何休注）

但仔细推敲他们的说法，却并无任何历史根据。司马迁就没有这种说法，《左传》中也无这种说法。但我们却又无力驳斥班固和何休，因为他们的说法虽然只是一个缺乏证据的推断，却是一个合理的推断。在那样一个前提之下——时间五百多年，空间辽阔浩渺——那么，《诗经》之结集，必有这么一个过程。更重要的是，否定了这个说法之后，我们并不能提供一个更合理的说法。

与国风来自"采诗"的说法相配合的，便是大、小雅的来自"公卿至于列士"的"献诗"。这种说法也只是《国语·周语》"召公谏厉王"一段中的一个孤证，且这"公卿至于列士献诗"之"诗"，是否公卿列士们的自作，也成问题。况且，就《诗经》中大、小雅部分来看，一些尖锐的讽刺之作，像《小雅·十月之交》中对皇父等七个用事大臣点名揭批，大约也不是"献诗"的好材料。更有一些诗，据说是写于周厉王时候，如《大雅·板》《大雅·荡》《大雅·桑柔》，在周厉王以杀人来弭谤的时候，这样的诗，大约也不好献上去。

《诗经》的搜集固然是一个问题，然而集中起来的诗，要把它按一定的规则编排成书，也需要有这么一个人——哪怕这个工作历经多人之手，那又是哪些人？最后毕其功的人物是谁？司马迁说此人是孔子，这当然是最好的人选，但司马迁并没说明他这么说的证据。这个说法也受到后人的质疑。

　　就《诗经》本身看，它的作者到底是些什么样的人，是一个更大的问题，但学术界已不把它当作问题，大家一致得过且过了。但这确实是一个没有解决的问题。抗战之前，朱东润先生在武汉大学的《文哲季刊》上发表《国风出于民间论质疑》等四篇文章，对"国风是民歌"的说法提出理据充分的质疑，却不见有什么反响。1981年，朱先生又把这四篇文章和写于1946年的另一篇文章结集重新印发，以《诗三百篇探故》的书名由上海古籍出版社出版，但仍没见什么回应。我私下认为朱先生一定颇寂寞，他提出了一个问题，却没有人来与他讨论，他扔出了白手套，却没有人拾起来。换一个时地，他再扔一次，仍然没有人应战。这种尴尬其实很好理解：大家都不愿再惹事，得过且过。因为这事惹不起，大家一齐都躲起来了。

　　上述种种学术上的疑问并不影响我们对《诗经》的欣赏和喜爱。正如一位绝世佳人，她吸引我们的，是她的美丽和风韵，而不是她的身份和背景。事实上，正如苏格拉底早就警告过的，"学术"在"美"这样的问题上是无能为力的。纯洁的爱情是没有背景的，真正的文学欣赏也可能正是没有学术性的，我们是否被感动、被感染，是文学欣赏是否发生的唯一标准，而我们是否还能被感动或被感染，正是我们是否具有欣赏能力的重要标志。正如一个人对他所追求的绝世佳人身世背景的过分关注，会让我们怀疑他的真正用心一样，过分学术化的文学研究，也让我们怀疑他是否有"爱"文学的能力，甚至是否真的爱文学，还是仅仅因为这种"学术研究"能给他带来世俗的好处。

据《世说新语·文学》的记载，东晋名相谢安曾问谢家的子弟们：《诗经》中何句最佳？他的侄子，后来淝水之战的主帅谢玄答道："昔我往矣，杨柳依依。今我来思，雨雪霏霏。" 这是《小雅·采薇》末章的几句。这几句确实很美，但如果谢太傅问我，《诗经》中哪一篇最美？我一定回答说是《陈风·月出》：

> 月出皎兮，佼人僚兮，舒窈纠兮，劳心悄兮。
>
> 月出皓兮，佼人懰兮，舒懮受兮，劳心慅兮。
>
> 月出照兮，佼人燎兮，舒夭绍兮，劳心惨兮。

（月亮出来明晃晃啊，那个美人真漂亮啊，步履款款身苗条啊，我的心儿扑扑跳啊。）

我们可能只是无意中向窗外的月夜一瞥，却看见了如此美丽的一幕。美是一种没有峭壁的高度，她不压迫我们，但仍让我们仰望；她温暖、柔和，并不刺戳我们，但我们仍然受伤。她如此接近我们，却又如此远离我们；如此垂顾我们，却又如此弃绝我们。这个美丽的女子，她只是月夜的一部分，或者说，月夜是她的一部分，她与月已经构成了圆满，我们已无缘参与其间，但她如皎月泻辉般辐射出来的美，还是灼伤了我们的心。对这澄澈圆融的境界，我们能介入其中的，不，能奉献与之的，也只是这颗怦然而动的心……

明月、美人和我们的心，是这首诗的三个主要意象。一首诗，竟有如此的大圆满。

《诗经》三百零五首，美丽的诗篇触目皆是，我只是举了个例子。《诗经》毕竟是"诗"，我们要把它当"诗"来读。只有这样，才能挽救被学术化弄得面目可憎的古代诗歌的清誉。

## "六义"和"四始"

《诗经》的"六义"是指风、雅、颂三种体式和赋、比、兴三种表现手法。"四始"一说指"风""小雅""大雅""颂"各自的第一篇，即《关雎》《鹿鸣》《文王》《清庙》。《关雎》感情既饱满炽烈，又"和乐平正"，"乐而不淫"，体现了先民婚恋观的真率和纯洁。把《关雎》放在《诗经》的第一篇，有将婚恋视为"人伦之始"的意思。《小雅》的首篇《鹿鸣》描写周人宴飨宾客的场面、过程，营造和谐氛围，使主宾身心愉悦便是宴饮最重要的社会意义。《大雅》的首篇《文王》在对周文王充满敬意的回忆与歌颂中，也对周王朝自身的发展做出清醒的思考。《周颂》的第一篇《清庙》写的是周人祭祀周文王的情景，意在表明统治者希望通过宗庙祭祀的形式追本溯源，不忘本初，凝聚人心，光大祖先的王德和基业。

# 6. 荷韵（组章）

## 荷　塘

荷塘不大，一半的月光就将它灌满了。

荷叶轻轻铺开，微风走过，露珠滚动，

那是月光的眼睛。

青蛙在荷叶上跳探戈，把睡着的荷花扰醒了，她们半羞着面，

从深处一朵朵开过来。

那个捣衣女，托着下巴，多想把那朵最美的荷花采下来，送给谁。

在水之岸，如果我是只小船就好了。

## 荷

塘水落下去，碧荷一蓬蓬升上来。

荷叶摊开绿身，一只白鹭在上面跳来跳去，给谁跳芭蕾？

白鹭打开翅膀的一瞬，天蓝得像块宝石，砸在水面。

姑娘划着船来了，荷花像她粉红的脸蛋，她采下一朵。

一场雨不期而至。白鹭惊起，晶莹的雨珠蹦跳着，一双双多情的眼睛，眨巴着将她望羞。

## 荷　叶

雨在后半夜下了起来，我跑了出去。

蹦蹦跳跳的雨珠。荷叶被雨沙沙地敲醒了。

没有星星和月亮的夜晚，它们照样闪出光芒，黑夜的光芒。

蝉和青蛙，一下子被拉到了一起。

它们都停止了说唱，把夏天的火气降下了八度。

它们偷听到了什么？荷叶与池塘的交谈，荷叶与鱼儿的表白？

荷在黎明前开出了第一朵粉白的花。

# 单元学习任务

任务一

《诗经》是一座博大精深的文学艺术宝库，有很多成语出自这部经典。请阅读《诗经》，并查阅相关资料，搜集并整理出自《诗经》的成语。

| 成语 | 释义 | 出处 | 造句 |
|------|------|------|------|
|      |      |      |      |
|      |      |      |      |
|      |      |      |      |
|      |      |      |      |
|      |      |      |      |

任务二

一首诗就是一首乐曲、一段舞蹈、一个故事、一幅图画……诗歌可以用这些形式表现出来。这个单元学习结束后，班级准备开展"丰富多彩展《诗经》"活动，请从《诗经》中任选一首诗歌，选择恰当的表现形式，表现诗歌的内容。

任务三

《诗经》的内容丰富多彩，有描写爱情和婚姻的，有记录古代人民劳动和生活的，还有一些神话传说和部族史诗等，是了解古代社会的珍贵资料。请按照题材内容对《诗经》中的诗歌进行分类辑录，为特定对象编写一本诗集。

阶梯式活动路径：

1. 阅读《诗经》，确定专题，选择古诗；

2. 注释评点，撰写简要的赏析文字；

3. 编辑成集，合作命名，书名示例——《赠给×××的远古歌谣》；

4. 设计版式、插图、封面，撰写"前言"或"编后记"；

5. 交流分享，互相传阅，评价反思。

# 观书有感

　　一个人的良好修养很大程度上来自持续不断的阅读，然而真正的阅读内化，需要追问灵魂，思考生命。博观而约取，厚积而薄发，当我们将阅读的思考过程外化为真知灼见时，阅读才会更有品质，高品质的阅读会让我们的心灵更加明澈，更加富足。莫提默·J.艾德勒在《如何阅读一本书》中写道：要真正完全拥有一本书，必须把这本书变成你自己的一部分才行，而要让你成为书的一部分最好的方法——书成为你的一部分和你成为书的一部分是同一件事——就是要去写下来。所以，写读后感是提升阅读品质的重要途径。

　　阅读本单元的文章，意义在于通过借鉴作者所写的读后感，了解读后感的写作特点，掌握读后感引述内容、表达感受、联系生活三位一体的写作手法。

# 1. 知识，最值得敬畏的力量

## ——读《万物简史》有感

◎孙浩翔

人们往往是在对未知的恐惧中进步。因未知而恐惧，为战胜恐惧而求知，在求知中进步，这是一个多么令人欣喜的过程啊！

《万物简史》是我阅读的第一本自然科学书籍，自然科学的任务在于根据自然界发生的现象探求现象背后的实质，进而寻找自然界的规律。比尔·布莱森用清晰明了、幽默风趣的语言，将人类文明发展进程中所发生的妙趣横生的故事一一收入笔下。通过阅读，我了解了科学史上很多伟大而奇妙的时刻：宇宙原来起源于一个要用显微镜才能看得见的奇点；全球气候变暖可能会使北美洲和欧洲北部地区变得更加寒冷；一次火山喷发喷涌而出的熔岩以及相伴而来的海啸竟然夺走了 10 万人的生命；美

写读后感时，可以采用正、副标题相结合的方法，把自己要表达的观点或者感受拟成正标题，以《读〈×××〉有感》为副标题。

读后感应适当引述原文，交代"感"从何来。可以直接引述部分原文，也可以对原文进行间接引述，或者两者兼用。本文先交代《万物简史》是一本什么样的书，再间接引述书中典型事件，让读者对此书有大致了解。

国黄石国家公园是"世界上最大的活火山"……

翻开《万物简史》，跟随先驱的脚步，我在书中探知万物的历程。每当沉浸其中，我便感到自己正站在巨人的肩头，全景观看万物的起源与生命的奥秘，知识的洪流穿过身躯，力量与勇气随之而生。在书中，我读到了生命的一次次转折，真切地认识到，科学知识是最值得敬畏的力量。

人们常常给予黑暗种种令人不快的象征，其根源大概在于人们对黑暗中事物的不确定性。正如在黑暗中的孩童看到模糊的影子或听到轻微的声音时，就会认为有妖怪和恶魔一样。上古时期的人们正是在一次次战胜恐惧的过程中，获得知识，这让我想到了火。火曾经让先人多么恐惧，它来势凶猛，不可控制，甚至能毁灭一切。慢慢地，人类认识并驯服了火，火可以用来烧烤食物，可以用来围猎和防御野兽，可以照明，可以取暖等等，人类的生存能力得以大大提高。恩格斯指出："摩擦生火第一次使人支配了一种自然力，从而最终把人同动物界分开。"火的发现和利用，对于人类和社会的发展有着巨大意义。

《万物简史》还告诉我们，科学发现离不

开一代代痴迷执着的人。天文学家帕西瓦尔·罗威尔确信存在一颗未被发现的第九大行星，花费了他生命中最后的岁月来寻找那颗气态的巨星"行星×"；达尔文居然为蚯蚓弹起了钢琴；富兰克林不顾生命危险在大雷雨里放风筝；卡文迪许在自己身上做电击强度实验，竟然到了使自己失去知觉的地步……读到这些，我被科学家们严谨治学、勇于创新、敬畏知识并为科学献身的精神深深震撼，正是有了这些科学家，才能使知识不断被发现总结、被传承发扬，社会才能不断向前发展。在从未知到已知的过程中，人们的知识构架愈发健硕。已知的越多，未知的也越多，人们探究的欲望就更强。而有了知识做坚强的后盾，人们在探究的路上才走得坚定有力、斗志昂扬，社会才能飞速发展。

在当今时代，科学技术就是第一生产力，是不是世界强国取决于这个国家是否具备尖端科技的自主权。如书中所言，人们一直在探索宇宙的奥秘，乔治·勒梅特提出了"宇宙大爆炸"的假说，阿诺·彭齐亚斯在实验中希望尽力排除的干扰，正是普林斯顿大学罗伯特·迪克团队所寻找的……人类对地球以外的地方永

对知识的探索离不开科学家们的科学精神。论述思路清晰，步步深入，让读者有代入感和认同感。

远充满好奇心，而我们想要的答案，永远也没有完整的一天。中国也不例外，中国一代又一代科学家一直在追梦的路上。在此仅举一例，从 2000 年至今 20 年来，中国先后将 4 颗北斗实验卫星，55 颗"北斗二号""北斗三号"组网卫星送入太空，完成世界联网，为世界贡献全球卫星导航的"中国方案"。"北斗三号"全球卫星导航系统的开通不仅令中国人骄傲和自豪，而且全世界都为中国点赞，这就是科学知识的力量！

写读后感，不能就事论事，要展开联想，用自己的阅读积累和生活经验，来佐证自己的感受，从而丰富文章的内容。

《论语·季氏》中写道："君子有三畏：畏天命，畏大人，畏圣人之言。"在我看来，"畏天命"之后，应该是"畏浩知"，知识绝对值得人们去敬畏，因为只有敬畏科学知识，你才能学会去战胜恐惧，才能敬畏历史的发展。弗朗西斯·培根曾说："人的威严蕴藏在知识之中，因此，人有许多君主的金银无法买到、君主的武力不可征服的内在的东西。"正是科学知识赋予了人生存的根本，高尔基还将知识的沉淀看作人愈臻完善的良药，人类宝贵的经验被记录在一本本经典之中，所以让阅读成为人生中恒久的习惯，去挖掘那些埋藏知识的土

作者引用培根的名句，进一步论述知识的重要作用，有力地佐证了自己的观点，有很强的说服力。

地吧。

假如生活如大雾一般迷茫，科学知识便似利剑一般的光束，引你走向光明。只要你心中存在对科学知识的敬畏，便会产生对《万物简史》无限探索的执着，愿亲爱的你千万次开启此书，发现书中深藏的奥秘，获得科学知识的力量。

（学生习作）

总结全文，进一步强调自己的观点和看法，并向读者发出倡议，语言生动，富有感染力。

## 《万物简史》

这是一部有关现代科学发展史的书，科学史上很多伟大而奇妙的时刻，被作者比尔·布莱森用清晰明了、幽默风趣的笔法呈现在读者眼前。书中引用了近年来发现的最新科学史料，让人们得以了解大千世界的无穷奥妙，掌握万事万物的发展脉络。

在呈现科学的奇迹与成就的同时，《万物简史》中还浸润着浓郁的人文关怀。它从科学发展史的角度对"我们从哪里来""我们是谁""我们到哪里去"这一系列问题做出的精当阐释，足令每位读者掩卷深思。

# 2. 逆境中成长的太阳花
## ——读《安妮日记》有感

◎李渊源

"纸比人有耐心"，这是我读完《安妮日记》这本书后印象最深的一句话，在《安妮日记》里，年仅十四五岁的德籍少女安妮·弗兰克写下这句话之后，开始了她两年的日记写作。

日记里记录了她的生活环境以及她的爱情和亲情，这本书几乎收录了她所有的喜怒哀乐。她给她的日记本起名叫基蒂，把它当作最亲密的伙伴，无所不说、无所不谈。在那个兵荒马乱的年代里，人们居无定所，而安妮，选择把她的所见所闻、所思所想都一一地记录下来，就如同一朵在逆境中成长的太阳花，灿烂动人。

她喜爱写作，希望有一天能够成为新闻记者或者是作家，她不想像母亲或者是范·丹太太以及所有妇女那样平庸地活着。她一直朝着期望的目标努力，在那样艰苦的条件下，坚持不懈地写日记，读历史，学文学，学法语和英语，做速记。

像鸟儿在广阔的天空中自由翱翔，她对写作的热爱就像对自由的渴望，哪怕未来的日子很遥远，但她凭着一腔热血努力奋斗，希望有一天梦想会实现。在这个过程中，最大的动力就是她想写、爱写，她一提起笔，忧郁就消失了，勇气随之而来。

安妮希望："我死后仍能继续活着。"

如今，她的梦想实现了，出版了书籍《安妮日记》，成了一名作家， 如她所愿，她在死后继续活着，活在她的文字里，活在每个读者的心里。

安妮是个幽默的孩子，虽然生活窘迫，为了躲避德国法西斯对犹太人的种族迫害，全家和另外的四个人在密室中度过了两年多藏匿生活，但是安妮依然微笑地善待每一天，她写的每篇日记都给人带来轻松自在的阅读感受。她从不曾绝望、消沉，她始终乐观勇敢地面对生活，善待苦难，怀抱理想，坚信所想要的安稳、平静的生活在未来的某一天会到来。

隐匿生活充满着不安和恐惧，灾难随时会来，生命犹如一只待宰的羔羊，一切只能听天由命。在藏匿期间，安妮一家和住客之间难免有冲突矛盾，然而，它们在安妮活泼诙谐的笔下却生动有趣，常常让人忍俊不禁，她总能观察到生活的另一面，发现希望。她经常用正话反说的语言记录那些看似悲哀的事情，她说："如今我们已经过了最美好的阶段，因为现在我们再也得不到新鲜的蔬菜了。"

安妮深感幸运，和那些没有藏起来的犹太人相比，这里没有恐惧，能够和家人在一起，她别无所求。

在藏匿的密室里，安妮在不断地自我反思，她非常善于观察，在生活的点滴中思考人生，后来她慢慢改掉了粗暴的坏脾气、任性的性格。在一次写日记的过程中，她突然间意识到自己与母亲的相处方式不太妥当，她经常揪住母亲的缺点不放，和母亲发生争执，她深深地自责，并且发誓转变和母亲的相处方式，缓和紧张尴尬的局面。慢慢地，她把责备变成了温馨的阳光，照耀在每一个人的身上。

安妮明白，外在的财富有朝一日会全部失去，但是心灵的幸福、亲人的呵护却能永远相伴左右——这是精神的依靠。后来，在安妮喜欢上彼得之后，她更加明白，唯有情感是人世间最珍贵的财富。因此，安妮爱逗乐儿，情绪高昂，甚至有时她整个下午都扮演轻浮的小丑，逗人高兴，她试图感染每一个人，让日子过得快些，让大家的心里不至于太过压抑。彼得曾感动地说安妮总是"用她的快乐在帮助他"。

安妮这朵太阳花，用大爱在那段时间给大家带来心灵上的抚慰，在鼓励大家的同时其实也在激励着自己，让自己在艰难困苦中发现希望，发现对未来的憧憬和向往。

虽然安妮最终未能幸免于难，但是《安妮日记》见证了法西斯的罪恶，带给后人鼓舞人心的力量，让他们懂得爱和善良，珍惜和平，明白人生的意义。

（学生习作）

# *3.* 苦水里的一朵玫瑰
## ——读彭明艳散文集《苦水玫瑰》

⊙徐　迅

　　《苦水玫瑰》是一本散文集，有一朵殷红的玫瑰开在封面上。但我猜想不透作者为什么取名叫"苦水玫瑰"，是什么意思呢？我那时学识浅薄，只知道有红玫瑰、白玫瑰，没见过的就是苦水里的玫瑰。

　　幸好作者有段话："甘肃临洮苦水，水涩。这个地方盛产一种极美的玫瑰，但是这种玫瑰离开苦水，就不能活。我想到了中国人，中国的读书人，我父亲，我自己。"作者说她乡村的经历就是一种苦难的历程。她似乎在苦水里深深浸泡过。实际上，她的经历差不多也是我们六十年代出生的这一代人的经历。比如，霞与小风歧视我们，比如铁旦被"革命"……村庄的人和事，土地和农民的命运与呻吟，作者用着良好的感觉，纤细、细腻地描写着，夹杂着一种说不出的味道。手法上尽管有着传统的白描，却不陈腐。她没有写得大义凛然，充满哲思，文风也不像当年红火一时的"小女人"散文。她是知性和朴素的。乡村生活的背景，加上她后来学到的很好的精致的文化感，使她对乡土的记忆与描摹盈盈实实，清晰得如一幅乡村版画。

这样，我们就会看到夏天里"盘髻的母亲跪在河边或蹲在河边……右手将棒槌高高地扬起来又落下去，于是一声一声哪哪的声音就接连不断地传出来。"（《棒槌》）；还是在美丽的夏日，她看见奶奶和爷爷相遇在山地："八旬的爷爷正摘着早熟的爬豆，他的高高的微微弯曲的身材，在慢慢地移动……我把他指给奶奶。而奶奶浑浊的盈满泪水的眼睛茫然地往前看了看，平淡的语气像是说不相干的人"（《美丽的夏日》）；她写村子里的井宽"挑着粪箕，一摇一摇地走在前面。腋下夹着长把的粪勺，用齉齉的声音……""曾有一个很老很老的女人，靠着井宽家门口的石墙，说了一句歌谣，吓得我们四散奔逃。"（《井宽》）……这样的文字平淡，甚至有些浅白，但却有着一股淡淡的哀伤和忧愁。也正是在这种哀伤里，她一点一滴地参悟着人生的道理："推碾子不一样，一圈圈地转着的，是同样的路，永远也不能走完。那是最绝望的事情"（《碾子》），"天底下的老百姓就像灰灰菜，种，长；不种，也长"（《遍地的灰灰菜》）。

我们的记忆大都顺水流走，或者被水淹没了，但她不。我想，这可能是"苦水"的原因，试想，湿淋淋地从苦水里绽放出来的玫瑰能够放肆地妖艳吗？说实在的，她的这些文字，笔触浅显，却是凝重的，她的"苦水玫瑰"系列是可以当作一个村史或一个家族史来读的。尽管有些篇章写得还不是很到位，有些轻飘，但文字的品质却兀自地摆在那里。读到这里，才让人想起作者是个女子。而在这以前，我一直认为她是一个调皮的男孩呢，尽管作者的名字里面有一个"艳"什么的。

一朵苦水玫瑰，一朵野玫瑰——后来，我有一次偶然的机会走到了甘肃，即作者所说的那个盛产苦水玫瑰的地方。但我还是没有亲眼看到"苦水玫瑰"。不过，我相信这玫瑰肯定是有的。我没有看见，一来可能是我去的时候节候不对；其二，是因为这种玫瑰可能只生长在作者的心坎里面。人们对事物的印象殊深，但向来也有着别人能够感觉得到，思想却达不到的地方。

1996 年 5 月 26 日，北京市东城区和平里

# 4. 三个单词品《朝花夕拾》

◎付　裕

清晨薄雾未散时，挂着露珠的娇嫩小花轻轻摇摆，但是却在夕阳傍山的余晖中被慢慢地拾起。这就是读《朝花夕拾》给我的最初的感觉。

清晨与傍晚是不同的，不同在于对那朵花的认识和理解。

## Interesting!

的确，小时候与伙伴吃冰、打旋子……这些游戏都很有趣味，笑不尽，玩不尽。童年时代，鲁迅先生认识了一个人——衍太太。这个迫使鲁迅在父亲病危时大喊爸爸的邻居，这个精通礼仪的妇人，似乎没有什么特别，但是她其实很有趣。年幼的鲁迅与我们小时是很相似的，贪玩、无知、天真，早晨跑出来开开心心地吃冰，衍太太看到了是绝不去告诉妈妈的，鲁迅觉得她真好；而且衍太太对小孩子们绝不会像对她的孩子那么严厉，鲁迅觉得她真慈善；还有，衍太太看见你头上碰肿、碰伤了，她绝不埋怨，而是立刻给你涂药，鲁迅觉得她很乐于助人。举了这么多例子，衍太太趣在哪里？我认为趣在这三个"绝不"。它可以体现出衍太太的为人特点，但所谓的好与慈善，只是"清晨"时的认知罢了。其中的两个"绝不"有"傍晚"时的体会，对自己的孩子严厉，也许说明衍太太自私，没有做到"老吾老以及人之老，幼吾幼以及人之幼"。对待小孩子吃冰的坏习惯，衍太太对别人的孩子表现出很宽容的一面，作为一个成年人，明知吃冰对身体不好，却还在鼓励幼小的鲁迅与同伴们吃冰，"绝不"二词表达了鲁迅对衍太太伪善的厌恶。不过，鲁迅先生似乎还要感激衍太太，没有这个 S 城的缩影，没有 S 城人性的气息，鲁迅先生似乎就不会出去求学，不会有"世界这么大，我想去看看"的想法。求学之路虽然坎坷，但是真的很有趣，在矿路学堂，鲁迅先生与《天演论》成为"同窗好友"，《天演论》让鲁迅先生的求知欲更加强烈，更让他感受到了学习的快乐。

"趣"体现在多处，有救养小隐鼠的趣，有获得《山海经》的趣，有《二十四孝图》中孝道的趣，有期盼迎神赛会的趣，有喜爱活无常的趣，有百草园泥墙根的趣，有与"名医"周旋的趣，等等，太多不计其数的"趣"，给鲁迅的童年带来了无限的快乐，还给晚年的鲁迅带来了无限的回忆。

## Teacher!

对，老师。在鲁迅的生活中，以及在我们的生活中，都有很多老师。在《朝花夕拾》中，最典型的老师就是寿镜吾老先生了。这是一位高而瘦的老人，须发都已经花白了，这位老师给鲁迅的感觉是严厉、和蔼、方正、质朴、博学、热爱读书，而这时的鲁迅给我的感觉是好学懂礼。对于三味书屋，有人说它束缚了儿童爱玩的天性，有人说它给予了儿童知识，但我觉得鲁迅先生对书塾生活很满意，对寿镜吾先生很尊敬，表达了对老师的感激之情。

当然，藤野先生、阿长和活无常、父亲、范爱农，还有《山海经》《二十四孝图》《天演论》和百草园的泥墙根一带都是幼年以及青年鲁迅的老师，使他的生活多姿多彩。

## Love!

爱，是一种力量，也是一种心灵之间的交流，比如长妈妈对鲁迅的爱，伟大而无私，谋死隐鼠和在床上摆一个"大"字不是故意的吧，有麻烦的礼节也许都不算什么，因为她给鲁迅买到了"三哼经"，做了别人不肯做或不能做的事。鲁迅惊异她有伟大的神力，感受到了她对自己深深的爱，这使他无比感激与怀念："仁厚黑暗的地母呵，愿在你怀里永安她的魂灵！"

《朝花夕拾》，一本让人忍不住一读再读的书。

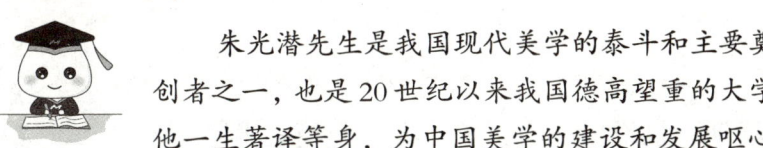

# 给青年的十二封信

◎朱光潜

## 阅读导航

朱光潜先生是我国现代美学的泰斗和主要奠基者、开创者之一，也是20世纪以来我国德高望重的大学者之一。

他一生著译等身，为中国美学的建设和发展呕心沥血，竭尽全力，正如中华美学学会第二任会长王朝闻先生所说，朱先生对中国美学事业做到了"春蚕到死丝方尽"。朱先生自1925年起出国留学八年，他到英国不久，就开始为开明书店的刊物《一般》（面向中学生和一般青年）撰稿。他以书信方式，结合文艺、美学、哲学、道德、政治等，给青年谈论修养，指点迷津，深受青年欢迎。到1929年，这一组十二封信就结集出版，这就是《给青年的十二封信》。

这本书成为畅销书，一版再版，一方面由于所谈问题十分贴近当时国内学生、青年探寻人生道路时的种种迷茫、彷徨、苦闷心情，直击青年们的心灵，更重要的是朱先生能以亲切、平等的对话方式，以对青年学生的理解、同情和将心比心的态度，与读者谈文说艺，纵论人生。朱先生视青年学子为朋友，同他们促膝谈心，尊重他人的态度，有一颗对读者理解爱护、以诚相待的赤子之心。

这本书主要谈人生修养，更重哲理，但是写得富有情趣。朱先生说："发现思想这件东西与其说是由脑里来的，还不如说是由心里来的，较为精当（至少在我是如此）。我所要说的话，都是由体验我自己的生活，先感到（feel）而后想到（think）的。换句话说，我的理都是由我的情产生出来的，我的思想是从心出发而后再经过脑加以整理的。"相信你读到这些信时，不仅为书中所讲之理所折服，更为字里行间流淌的真情所打动。

亲爱的读者，打开这本书慢慢读、用心体会吧！

**精彩选篇**

### 谈　静

朋友：

前信谈动，只说出一面真理。人生乐趣一半得之于活动，也还有一半得之于感受。所谓"感受"是被动的，是容许自然界事物感动我的感官和心灵。这两个字含义极广。眼见颜色，耳闻声音，是感受；见颜色而知其美，闻声音而知其和，也是感受。同一美颜，同一和声，而各个人所见到的美与和的程度又随天资境遇而不同。比方路边有一棵苍松，你看见它只觉得可以砍来造船；我见到它可以让人纳凉；旁人也许说它很宜于入画，或者说它是高风亮节的象征。再比方街上有一个乞丐，我只能见到他的蓬头垢面，觉得他很讨厌；你见他便发慈悲心，给他一个铜子儿；旁人见到他也许立刻发下宏愿，要打翻社会制度。这几个人反应不同，都由于感受力有强有弱。

世间天才之所以为天才，固然由于具有伟大的创造力，而他的感受力也分外比一般人强烈。比方诗人和美术家，你见不到的东西他能见到，你闻不到的东西他能闻到。麻木不仁的人就不然，你就请伯牙向他弹琴，他也只联想到棉匠弹棉花。感受也可以说是"领略"，不过领略只是感受的一方面。世界上最快活的人不仅是最活动的人，也是最能领略的人。所谓领略，就是能在生活中寻出趣味。好比喝茶，渴汉只管满口吞咽，会喝茶的人却一口一口地细啜，能领略其中风味。

能处处领略到趣味的人绝不至于岑寂，也绝不至于烦闷。朱子有一首诗说："半亩方塘一鉴开，天光云影共徘徊。问渠那得清如许？为有源头活水来。"这是一种绝美的境界。你姑且闭目一思索，把这幅图画印在脑里，然后假想这半亩方塘便是你自己的心，你看这首诗比拟人生苦乐多么惬当！一般人的生活干燥，只是因为他们的"半亩方塘"中没有天光云影，没有源头活水来，这源头活水便是领略得的趣味。

领略趣味的能力固然一半由于天资，一半也由于修养。大约静中比较容易见出趣味。物理上有一条定律说：两物不能同时并存于同一空间。这个定律在心理方面也可以说得通。一般人不能感受趣味，大半因为心地太忙，不空所以不灵。我所谓"静"，便是指心界的空灵，不是指物界的沉寂，物界永远不沉寂的。你的心境愈空灵，你愈不觉得物界沉寂，或者我还可以进一步说，你的心界愈空灵，你也愈不觉得物界喧嘈。所以习静并不必定要逃空谷，也不必定学佛家静坐参禅。静与闲也不同。许多闲人不必都能领略静中趣味，而能领略静中趣味的人，也不必定要闲。在百忙中，在尘世喧嚷中，你偶然间丢开一切，悠然遐想，你心中便蓦然似有一道灵光闪烁，无穷妙悟便源源而来。这就是忙中静趣。

我这番话都是替两句人人知道的诗下注脚。这两句诗就是"万物静观皆自得，四时佳兴与人同"。大约诗人的领略力比一般人都要大。

近来看周启孟的《雨天的书》引日本人小林一茶的一首俳句："不要打哪，苍蝇搓他的手，搓他的脚呢。"觉得这种情境真是幽美。你懂得这一句诗就懂得我所谓静趣。中国诗人到这种境界的也很多。现在姑且就一时所想到的写几句给你看：

鱼戏莲叶东，鱼戏莲叶西，鱼戏莲叶南，鱼戏莲叶北。

——古诗，作者姓名佚

山涤余霭，宇暧微霄。有风自南，翼彼新苗。

——陶渊明《时运》

采菊东篱下，悠然见南山。山气日夕佳，飞鸟相与还。

——陶渊明《饮酒》

目送飘鸿，手挥五弦。俯仰自得，游心太玄。

——嵇叔夜《送秀才从军》

倚杖柴门外，临风听暮蝉。渡头余落日，墟里上孤烟。

——王摩诘《赠裴迪》

像这一类描写静趣的诗，唐人五言绝句中最多。你只要仔细玩味，你便可以见到这个宇宙又有一种景象，为你平时所未见到的。

梁任公的《饮冰室文集》里有一篇谈"烟士披里纯"，詹姆斯的《与教员学生谈话》里面有三篇谈人生观，关于静趣都说得很透辟。可惜此时这两部书都不在手边，不能录几段出来给你看。你最好自己到图书馆里去查阅。詹姆斯的《与教员学生谈话》那三篇文章（最后三篇）尤其值得一读，记得我从前读这三篇文章，很受他感动。

静的修养不仅是可以使你领略趣味，对于求学处事都有极大帮助。古今许多伟大人物常能在仓皇扰乱中雍容应付事变，丝毫不觉张皇，就因为能镇静。现代生活忙碌，而青年人又多浮躁。你站在这潮流里，自然也难免跟着旁人乱嚷。不过忙里偶然偷闲，闹中偶然觅静，于身于心，都有极大裨益。你多在静中领略些趣味，不特你自己受用，就是你的朋友们看着你也快慰些。我生平不怕呆人，也不怕聪明过度的人，只是对着没有趣味的人，要勉强同他说应酬话，真是觉得苦也。你对着有趣味的人，你并不必多谈话，只是默然相对，心领神会，便可觉得朋友中间的无上至乐。你有时大概也发生同样感想吧？

眠食诸希珍重！

你的朋友　孟实

谈读书

朋友：

中学课程很多，你自然没有许多时间去读课外书。但是你试抚心自问：你每天真抽不出一点钟或半点钟的工夫吗？如果你每天能抽出半点钟，你每天至少可以读三四页，每月可以读一百页，到了一年也就可以读四五本书了。何况你在假期中每天断不会只能读三四页呢？你能否在课外读书，不是你有没有时间的问题，是你有没有决心的问题。

世间有许多人比你忙得多。许多人的学问都在忙中做成的。美国有一位文学家、科学家和革命家富兰克林，幼时在印刷局里做小工，他的书都是在做工时抽暇读的。不必远说，你应该还记得孙中山先生，难道你比那一位奔走革命席不暇暖的老人家还要忙些吗？他生平无论忙到什么地步，没有一天不偷暇读几页书。你只要看他的《建国方略》和《孙文学说》，你便知道他不仅是一个政治家，而且还是一个学者。不读书讲革命，不知道"光"的所在，只是窜头乱撞，终难成功。这个道理，孙先生懂得最清楚的，所以他的学说特别重"知"。

人类学问逐天进步不止，你不努力跟着跑，便落伍退后，这固不消说。尤其要紧的是养成读书的习惯，是在学问中寻出一种兴趣。你如果没有一种正常嗜好，没有一种在闲暇时可以寄托你的心神的东西，将来离开学校去做事，说不定要被恶习惯引诱。但是你如果在读书中寻出一种趣味，你将来抵抗引诱的能力比别人定要大些。这种兴趣你现在不能寻出，将来永不会寻出的。凡人都越老越麻木，你现在已比不上三五岁的小孩子那样好奇、那样兴味淋漓了。你长大一岁，你感觉兴味的锐敏力便须迟钝一分。达尔文在自传里曾经说过，他幼时颇好文学和音乐，壮时因为研究生物学，把文学和音乐都丢开了，到老来他再想拿诗歌来消遣，便寻不出趣味来了。兴味要在青年时设法培养，过了正常时节，便会萎谢。比方打网球，你在中学时欢喜打，你到老都欢喜打。假如你在中学时代错过机会，后来要发愿去学，比登天还要难十倍。养成读书习惯也是这样。

你也许说，你在学校里终日念讲义看课本就是读书吗？讲义课本着意在平均发展基本知识，固亦不可不读。但是你如果以为念讲义看课本，便尽读书之能事，就是大错特错。第一，学校功课门类虽多，而范围究极窄狭。你的天才也许与学校所有功课都不相近，自己在课外研究，去发见自己性之所近的学问。再比方你对于某种功课不感兴趣，这也许并非由于性不相近，只是规定课本不合你的口胃。你如果能自己在课外发见好书籍，你对于那种功课的兴趣也许就因而浓厚起来了。第二，念讲义看课本，免不掉若干拘束，想借此培养兴趣，颇是难事。比方有一本小说，平时自由拿来消遣，觉得多么有趣，一旦把它拿来当课本读，用预备考试的方法去读，便不免索然寡味了。兴趣要逍遥自在地不受拘束地发展，所以为培养读书兴趣起见，应该从读课外书入手。

书是读不尽的，就读尽也是无用，许多书没有一读的价值。你多读一本没有价值的书，便丧失可读一本有价值的书的时间和精力；所以你须慎加选择。你自己自然不会选择，须去就教于批评家和专门学者。我不能告诉你必读的书，我能告诉你不必读的书。许多人曾抱定宗旨不读现代出版的新书。因为许多流行的新书只是迎合一时社会心理，实在毫无价值，经过时代淘汰而巍然独存的书才有永久性，才值得读一遍两遍以至于无数遍。我不敢劝你完全不读新书，我却希望你特别注意这一点，因为现代青年颇有非新书不读的风气。别的事都可以学时髦，唯有读书做学问不能学时髦。我所指不必读的书，不是新书，是谈书的书，是值不得读第二遍的书。走进一个图书馆，你尽管看见千卷万卷的纸本子，其中真正能够称为"书"的恐怕难上十卷百卷。你应该读的只是这十卷百卷的书。在这些书中间，你不但可以得较真确的知识，而且可以于无形中吸收大学者治学的精神和方法。这些书才能撼动你的心灵，激动你的思考。其他像"文学大纲""科学大纲"以及杂志报章上的书评，实在都不能供你受用。你与其读千卷万卷的诗集，不如读一部《国风》或《古诗十九首》，你与其读千卷万卷谈希腊哲学的书籍，不如读一部柏拉图的《理想国》。

你也许要问我像我们中学生究竟应该读些什么书呢？这个问题可是不易回答。你大约还记得北平《京报副刊》曾征求"青年必读书十种"，结果有些人所举十种尽是几何代数，有些人所举十种尽是《史记》《汉书》。这在旁人看起来似近于滑稽，而应征的人却各抱有一番大道理。本来这种征求的本意，求以一个人的标准做一切人的标准，好像我只喜欢吃面，你就不能吃米，完全是一种错误见解。各人的天资、兴趣、环境、职业不同，你怎么能定出万应灵丹似的十种书，供天下无量数青年读之都能感觉同样趣味、发生同样效力？

我为了写这封信给你，特地去调查了几个英国公共图书馆。他们的青年读物部最流行的书可以分为四类：（一）冒险小说和游记，（二）神话和寓言，（三）生物故事，（四）名人传记和爱国小说。就中代表的书籍是凡尔纳的《八十天环游地球》（Jules Verne：*Around the World in Eighty Days*）和《海底两万里》（*Twenty Thousand Leagues Under the Sea*），笛福的《鲁滨孙漂流记》（Defoe：*Robinson Crusoe*），大仲马的《三剑客》（A. Dumas：*Three Musketeers*），霍桑的《奇书》和《丹谷闲话》（Hawthorne：*Wonder Book* and *Tangle Wood Tales*），金斯利的《希腊英雄传》（Kingsley：*Heroes*），法布尔的《鸟兽故事》（Fabre：*Story Book of Birds and Beasts*），安徒生的《童话》（Andersen：*Fairy Tales*），骚塞的《纳尔逊传》（Southey：*Life of Nelson*），房龙的《人类的故事》（Van Loon：*The Story of Mankind*）之类。这些书在国外虽流行，给中国青年读，却不十分相宜。中国学生们大半是少年老成，在中学时代就欢喜像煞有介事的谈一点学理。他们——你和我自然都在内——不仅欢喜谈谈文学，还要研究社会问题，甚至于哲学问题。这既是一种自然倾向，也就不能漠视，我个人的见解也不妨提起和你商量商量。十五六岁以后的教育宜注重发达理解，十五六岁以前的教育宜注重发达想象。所以初中的学生们宜多读想象的文字，高中的学生才应该读含有学理的文字。

谈到这里，我还没有答复应读何书的问题。老实说，我没有能力答复，我自己便没曾读过几本"青年必读书"，老早就读些壮年必读书。比方在中国书里，我最欢喜《国风》、《庄子》、《楚辞》、《史记》、《古诗源》、《文选》中的书笺、《世说新语》、《陶渊明集》、《李太白集》、《花间集》、张惠言《词选》、《红楼梦》等等。在外国书里，我最欢喜济慈（Keats）、雪莱（Shelley）、柯尔律治（Coleridge）、布朗宁（Browning）诸人的诗集，索福克勒斯（Sophocles）的七悲剧，莎士比亚的《哈姆雷特》（Shakespeare：*Hamlet*）、《李尔王》（*King Lear*）和《奥瑟罗》（*Othello*），歌德的《浮士德》（Goethe：*Faust*），易卜生（Ibsen）的戏剧集，屠格涅夫的《处女地》（Turgenev：*Virgin Soil*）和《父与子》（*Fathers and Children*），陀思妥耶夫斯基的《罪与罚》（Dostoyevsky：*Crime and Punishment*），福楼拜的《包法利夫人》（Flaubert：*Madame Bovary*），莫泊桑（Maupassant）的小说集，小泉八云（Lafcadio Hearn）关于日本的著作，等等。如果我应北平《京报副刊》的征求，也许把这些古董洋货捧上，凑成"青年必读书十种"。但是我知道这是荒谬绝伦，所以我现在不敢答复你应读何书的问题。你如果要知道，你应该去请教你所知的专门学者，请他们各就自己所学范围以内指定三两种青年可读的书。你如果请一个人替你面面俱到的设想，比方他是学文学的人，他也许明知青年必读书应含有社会问题科学常识等等，而自己又没甚把握，姑且就他所知的一两种拉来凑数，你就像问道于盲了。同时，你要知道读书好比探险，也不能全靠别人指导，你自己也须得费些工夫去搜求。我从来没有听见有人按照别人替他定的"青年必读书十种"或"世界名著百种"读下去，便成就一个学者。别人只能介绍，抉择还要靠你自己。

关于读书方法。我不能多说，只有两点须在此约略提起。第一，凡值得读的书至少须读两遍。第一遍须快读，着眼在醒豁全篇大旨与特色。第二遍须慢读，须以批评态度衡量书的内容。第二，读过一本书，须笔记纲要和精彩的地方和你自己的意见。记笔记不特可以帮助你记忆，而且可以逼得你仔细，刺激你思考。记着这两点，其他琐细方法便用不着说。各人天资习惯不同，你用哪种方法收效较大，我用哪种方法收效较大，不是一概论的。你自己终究会找出你自己的方法，别人决不能给你一个方单，使你可以"依法炮制"。

你嫌这封信太冗长了吧？下次谈别的问题，我当力求简短。再会！

你的朋友　孟实

## 阅读规划

朱光潜先生在《谈读书》中这样写道："第一，凡值得读的书至少须读两遍。第一遍须快读，着眼在醒豁全篇大旨与特色。第二遍须慢读，须以批评态度衡量书的内容。第二，读过一本书，须笔记纲要和精彩的地方和你自己的意见。记笔记不特可以帮助你记忆，而且可以逼得你仔细，刺激你思考。"请同学们在读此书时，提取纲要，记录笔记，一定有更多的收获。

建议同学们用三周时间读完这本书，请将你的阅读规划和阅读情况记录下来。

| 内容 | 起止时间 | 纲要笔记 | 自我评价 |
| --- | --- | --- | --- |
| 一 |  |  |  |
| 二 |  |  |  |
| 三 |  |  |  |

| 内容 | 起止时间 | 纲要笔记 | 自我评价 |
|---|---|---|---|
| 四 | | | |
| 五 | | | |
| 六 | | | |
| 七 | | | |
| 八 | | | |
| 九 | | | |
| 十 | | | |
| 十一 | | | |
| 十二 | | | |

## 交流平台

1.教材第三单元的"名著导读"中介绍了"选择性阅读"这种读书方法，如可以根据不同兴趣、问题、目的、读书方法等方面进行选择性阅读。建议同学们在阅读本书时也采用这种读书方法，并与同学交流你选择的方式是什么，有什么收获。

2.朱光潜用书信的形式为成长中的我们指点迷津，分享人生智慧，读完全书后，作者的哪个观点最能引起你的共鸣呢？或者在哪个方面你有不同的见解呢？请给你的朋友写一封书信，表达你的观点和看法吧。

# 敬 启

为编好这本书，我们与收入本书的作品（含图片）作者进行了广泛联系，得到了各位作者的大力支持。在此，我们表示衷心的感谢。但是，由于个别作者地址不详，虽经多方努力，仍无法取得联系。敬请各位有著作权的作者尽快与我们联系，以便我们支付稿酬，并致谢忱！

我们还要感谢使用本书的师生们。希望你们在使用本书的过程中，能够及时把意见和建议反馈给我们，对此，我们深表谢意，并将给予一定奖励。让我们携起手来，共同完成本书的建设工作。

联 系 人：梁老师　刘老师

联系电话：010-58022100-6362

联系邮箱：ztxx2008@sina.com

网　　址：http://www.ywztxx.com

地　　址：北京市海淀区知春路7号致真大厦A座18层

## 图书在版编目（CIP）数据

自然物语 / 赵建霞主编. — 上海：上海教育出版
社, 2021.12

ISBN 978-7-5720-0818-4

Ⅰ.①自… Ⅱ.①赵… Ⅲ.①阅读课—初中—教学参
考资料 Ⅳ.①G634.333

中国版本图书馆CIP数据核字（2021）第260851号

本书部分文字作品的版权由中国文字著作权协会代理及转付稿酬，
电话：010-65978917，传真：010-65978926，E-mail：wenzhuxie@126.com

责任编辑　李清奇
封面设计　陈丽娟　王艺霖
著作权人　北京华樾教育科技有限公司

**自然物语**

**赵建霞　主编**

出版发行　上海教育出版社有限公司
官　　网　www.seph.com.cn
地　　址　上海市闵行区号景路159弄C座
邮　　编　201101
印　　刷　肥城新华印刷有限公司
开　　本　720×1010　1/16　印张 66
字　　数　900千字
版　　次　2021年12月第1版
印　　次　2021年12月第1次印刷
书　　号　ISBN 978-7-5720-0818-4/G·0634
定　　价　268.00元（全六册）

如发现质量问题，请向本社调换　　021-64373213

适合13至14岁

\ZIRAN WUYU\

# 自然物语

主编 赵建霞

4

上海教育出版社
SHANGHAI EDUCATIONAL
PUBLISHING HOUSE

# 编 委 会

　　亲爱的同学，当你打开这本书时，你就开启了一段惬意的旅程。从相遇、相知，到相伴前行，淡淡的书香将一直萦绕在你身边。

　　初中阶段，你已经读过许多名篇佳作，在充满智慧和温情的文字浸润中，语文素养自然会得到提升。但面对神秘奇幻的自然、日新月异的社会、渐趋丰盈的人生，仅仅是课堂上阅读的文章，恐怕很难再满足你的成长需求，你的阅读理应更广泛、更专业。如何让课内外读物有机融合成滋养你成长的沃土？如何让点滴的阅读收获汇聚成助推你遨游书海的动力？为此，我们邀请了全国各地的名师，精选文章，为你搭建大量阅读、高效阅读的平台。

　　于是，便有了摆在你面前的这本书。

　　这本书分为经典诵读、活动探究、整本书阅读三个板块。

　　第一个板块是"经典诵读"，所选古诗词都具有经典阅读价值。针对诗词中可能会给你造成阅读障碍的生字难词，我们增加了读音和注释，且辅以专业诵读音频和鉴赏资料供你随时赏听或查阅。你可以利用每天的晨读或其他课余时间反复诵读，只要持之以恒地阅读，假以时日，定能厚积薄发。

　　第二个板块是"活动探究"，为了帮助你全面把握演讲词的特点，了解演讲稿的撰写方法，熟悉演讲比赛的过程，我们为你精心挑选了四组风格各异的演讲词，并搭建了一个"阅读—探究—实践"的平台：通过大量阅读，把握演讲词的特点，仿照优秀演讲词进行演讲稿撰写实践，与同学合作组织演讲比赛。这个板块分为"学习演讲词""撰写演讲稿""举办演讲比赛"三个部分。

"学习演讲词"部分由"激情演说""言之有理""人生选择""大师之言"四个单元构成。所选演讲词的作者既有作家、学者，也有中学生。这些演讲词主题明确，富有激情，感染力强，演讲者或旁征博引，或幽默风趣，或娓娓道来。学习这些演讲词，不仅能让你在字里行间感受到大师们的崇高人格和爱国情怀，以及对青年人的期望，还能引导你理性地进行人生选择。

　　"撰写演讲稿"部分我们特意选取了名家讲解如何进行演讲稿写作的文章，为你自主完成演讲稿撰写实践提供参考。

　　"举办演讲比赛"部分以某中学的演讲比赛方案为案例，全方位呈现了组织演讲比赛的全过程，帮助你在撰写演讲稿的基础上，与同学合作组织并亲身参与班级演讲比赛。

　　第三个板块是"整本书阅读"，我们设计了"阅读导航""精彩选篇""阅读规划""交流平台"等助读工具，旨在激发你的阅读兴趣，帮助你掌握科学的阅读方法，从而有计划地开展整本书阅读。

　　愿这本书伴随你度过阅读的美好时光，与经典交流，与大师对话，帮助你积累知识，开阔视野，提升素养，成为睿智优雅、阳光自信的中国好少年！

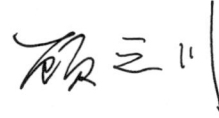

## 经典诵读

# 第七单元　举办演讲比赛

# 整本书阅读

经典诵读

踏一条平平仄仄的幽径，咏一阕抑扬顿挫的辞章，让心灵开始一次雅韵悠长的旅程。从《诗经》到宋词，从田园到边塞，从婉约到豪放，从现实主义到浪漫主义……那些或率真质朴、或清幽缠绵、或慷慨刚健、或隽永蕴藉的诗句，寄托了中华儿女的家国情怀，传承着博大精深的中华文明。

有了诗词的濡染，我们的语文学习自当渐入佳境；有了经典的浸润，我们的语文生活定会异彩纷呈。

# *1.* 竹枝词九首（其七）

扫码收听朗诵音频

◎〔唐〕刘禹锡

瞿塘①嘈嘈②十二滩③，人言④道路古来难。

长恨人心不如水，等闲⑤平地起波澜。

赏析

　　刘禹锡参加"永贞改革"失败以后，屡遭权贵打击、小人诬陷，两次被放逐，达二十三年之久。不幸的遭遇，使他倍感世路艰险，人心难测，故发此愤世嫉俗之慨。瞿塘峡之所以险，是因为水湍流急，石险礁密，而人间世道的"等闲平地"却也会"起波澜"，令人防不胜防，不就是因为险恶的小人之心比急流暗礁更凶险吗？诗以瞿塘之险喻人心之恶，在"人之言"与"我之恨"之间过渡，寓意深刻，比喻精妙，使抽象的道理具体化，给人以独到的启示。

---

① 瞿塘：指瞿塘峡，在今重庆市，长江三峡之一，两岸连山，水流湍急，形势最为险要，古有"瞿塘天下险"之称。

② 嘈嘈：流水下滩发出的嘈杂声。

③ 十二滩：并非确数，犹言险滩之多。

④ 人言：人说。一说"此中"。

⑤ 等闲：寻常，普通。这里指无端。

扫码收听朗诵音频

# 2. 赠　婢①

⊙〔唐〕崔郊

公子王孙逐后尘，绿珠②垂泪滴罗巾。
侯门③一入深如海，从此萧郎④是路人。

---

① 唐末范摅（shū）所撰笔记《云溪友议》中记载了这样一个故事：元和年间秀才
　崔郊的姑母有一婢女，生得姿容秀丽，与崔郊互相爱恋，后却被卖给显贵于頔。
　崔郊念念不忘，思慕不已。一次寒食，婢女偶尔外出与崔郊邂逅，崔郊百感交集，
　写下了这首《赠婢》。后来于頔读到此诗，便让崔郊把婢女领去，传为诗坛佳话。
② 绿珠：原是西晋富豪石崇的宠妾，传说她"美而艳，善吹笛"。赵王伦专权时，
　他手下的孙秀倚仗权势，指名向石崇索取，遭到石崇拒绝。石崇因此被收下狱，
　绿珠也坠楼身死。
③ 侯门：指王公贵族、权豪势要之家。
④ 萧郎：诗词中习惯用语，泛指女子所爱恋的男子，此处是作者自谓。

赏析

　　这首诗的内容写的是自己所爱者被劫夺的悲哀。但由于诗人的高度概括，便使它突破了个人悲欢离合的局限，反映了封建社会里由于门第悬殊所造成的爱情悲剧。诗的寓意颇深，表现手法却含而不露，怨而不怒，委婉曲折。

　　"公子王孙逐后尘，绿珠垂泪滴罗巾"这两句中，上句用侧面烘托的手法，即通过对"公子王孙"争相追求的描写突出女子的美貌；下句以"垂泪滴罗巾"的细节表现出女子深沉的痛苦。公子王孙的行为正是造成女子不幸的根源，然而这一点诗人却没有明白说出，而是通过对"绿珠"一典的运用来曲折表达的。用此典故，一方面形容女子具有绿珠那样美丽的容貌，另一方面以绿珠的悲惨遭遇暗示女子被劫夺的不幸命运。

　　"侯门一入深如海，从此萧郎是路人。"这两句没有将矛头明显指向造成他们分离隔绝的"侯门"，倒好像是说女子一进侯门便视自己为陌路之人了。但有了前两句的铺垫，诗人真正的讽意当然不难明白。之所以要这样写，是因为切合"赠婢"的口吻，便于表达诗人哀怨痛苦的心情，更可以使全诗风格保持和谐一致，突出含蓄蕴藉的特点。诗人从侯门"深如海"的形象比喻以及"一入""从此"两个关联词语所表达的语气中透露出来的深沉绝望，比那种直露的抒情更能感动人，也更能激起读者的同情。

扫码收听朗诵音频

# 3. 述国亡诗

⊙〔唐〕花蕊夫人

君王<sup>①</sup>城上竖降旗<sup>②</sup>，妾在深宫那得知？
十四万人齐解甲<sup>③</sup>，更无一个是男儿<sup>④</sup>！

 赏析

　　这是一首抒写亡国之恨的诗。由于后蜀主孟昶沉迷于享乐，不理朝政，当宋太祖发兵攻蜀时，蜀军不堪一击，纷纷投降，花蕊夫人被掳入宋。赵匡胤闻其诗名，召她赋诗。她就写了此诗，陈述"国亡"之由。

　　诗的第一句即破题直述国亡之事，一个"竖"字，写出了君王乖乖投降的丑态，表明蜀主已完全丧失斗志，没有任何抵抗能力和举动。第二句与第一句比照，卑亢分明，在"述"中抒发了诗人既羞辱又愤激的感情。第三句写蜀军纷纷投降的场面，"齐"字含有莫大的讽刺意味，也蕴含着无比痛切之情。至此，诗人的羞愤痛切之情已酝酿充分，于是逼出末句，对蜀兵予以无情的贬斥："更无一个是男儿"。"更"字下得极有分量，将斥责、蔑视、痛恨等多种复杂感情凝聚在一起，强烈地喷发出来，真可谓一字千钧。

　　本诗的艺术特点在于"述"中藏"抒"，看似述说后蜀国亡的经过，实则是抒发国亡的羞愤、沉痛之情。

---

① 君王：指后蜀主孟昶。

② 竖降旗：指宋乾德三年（965）宋兵入成都，孟昶投降。

③ 解甲：脱下盔甲战衣，这里指军队投降。

④ 男儿：指男子的丈夫气概。

# 4. 题菊花

○〔唐〕黄巢

飒飒①西风满院栽，蕊寒香冷蝶难来。
他年②我若为青帝③，报④与桃花一处开。

**赏析**

　　吟咏菊花是传统的诗歌题材，诗人往往借以表达孤芳自赏、失意落寞的情怀，黄巢的咏菊诗却别开生面，通过咏菊，抒发了要求改变社会现状的豪迈气概。

　　诗的前两句描写了在秋风飒飒、百花凋零的时节，满院的菊花迎风傲霜、纷纷开放的景象，表现了菊花生存的恶劣环境和旺盛的生命力。簇簇菊花与秋风秋霜抗争，虽然它不像春花那样浓香竞发，蜂争蝶闹，没有彩蝶飞来采掇幽芳，但它忍耐着寂寞，表现出刚强的气节。诗的后两句唱出了向命运挑战的最强音。同样是鲜花，菊花与暖蕊浓香的春花境遇截然不同。在诗人看来，要改变这种不平等的现状，只是为菊花开不逢时而惋惜，为它们悲惨的命运而愤激不平是不够的，只是洁身自好、消极躲避更是无济于事，只有靠自身不懈的努力、不断的抗争，才能彻底改变命运。这两句充满了浪漫主义的激情和大胆的想象，表现出对世道不公的强烈不满和对未来的美好憧憬，具有振奋人心的鼓舞力量。

---

① 飒（sà）飒：形容风吹动树木枝叶等的声音。

② 他年：将来。

③ 青帝：神话传说中掌管春天的神。

④ 报：宣令、传令。

扫码收听朗诵音频

# 5. 饮中八仙歌

○〔唐〕杜甫

　　知章①骑马似乘船，眼花落井水底眠。汝阳②三斗始朝天，道逢曲车③口流涎，恨不移封向酒泉。左相④日兴费万钱，饮如长鲸吸百川，衔杯乐圣称避贤。宗之⑤潇洒美少年，举觞白眼⑥望青天，皎如玉树临风⑦前。苏晋⑧长斋绣佛前，醉中往往爱逃禅。李白一斗诗百篇，长安市上酒家眠。天子呼来不上船，自称臣是酒中仙。张旭⑨三杯草圣传，脱帽露顶王公前，挥毫落纸如云烟。焦遂⑩五斗方卓然，高谈雄辩惊四筵。

---

① 知章：贺知章，越州永兴（今浙江杭州萧山区）人，官至秘书监。好饮酒，性狂放，自号"四明狂客"。

② 汝阳：汝阳王李琎，是唐玄宗哥哥李宪的长子。

③ 曲车：酒车。

④ 左相：李适之，曾任左相，因与权臣李林甫不和，被罢相。

⑤ 宗之：崔宗之，唐代诗人、文学家，曾任侍御史，常与李白交往，诗酒唱和。

⑥ 白眼：晋阮籍能作青白眼，见庸俗小人便用白眼，对意气相投者用青眼。这里写崔宗之豪饮时，高举酒杯，用白眼仰望青天，睥睨一切，旁若无人。

⑦ 玉树临风：形容醉态的摇曳。崔宗之风姿秀美，故以玉树为喻。

⑧ 苏晋：唐代文学家，开元进士，历任户部、吏部侍郎。

⑨ 张旭：唐代著名书法家，因善草书，被人们称为"草圣"。

⑩ 焦遂：平民，以嗜酒闻名。

　　《饮中八仙歌》是一首别具一格、富有特色的"肖像诗"。八人中，苏晋死于开元二十二年（734），贺知章、李白于天宝三载（744）已经离开长安，可见他们虽都在长安待过，但并不是同时都在长安，是杜甫把他们结合起来，因此本诗是追叙。这首诗在体裁上也是一个创格。看起来好像很乱，其实别具匠心，八人中，贺知章资格最老，所以放在第一位。其他便按官爵，从王侯宰相一直说到布衣。写李白独多一句，并不是为了私人的交谊，而是因为这八人当中，李白的诗歌成就最高，故有意把他作为重点。结构上，每个人物自成一章，八个人物主次分明，每个人物的性格特点，同中有异，异中有同，多样而又统一，构成一个整体，彼此衬托映照，有如一座群体圆雕，艺术上确有独创性。这首诗的情调幽默谐谑，色彩明丽，旋律轻快，情绪欢乐。在音韵上，一韵到底，一气呵成，是一首严密完整的诗歌。

# 6. 寄 兴①

扫码收听朗诵音频

⊙〔宋〕戴复古

黄金无足色②，白璧有微瑕③。
求人不求备④，妾愿老⑤君家。

这是一首寄怀深远的寓意诗，核心是讲识才、用才之道，对象是执掌权柄的人。这里的"君家"乃一语双关，表面上是指夫家，实际上讲的是君王之家。旧时的士子奉行的都是"学成文武艺，售与帝王家"的致身尧舜以经国济民之道。现在我们也常用此诗来说要宽厚待人，理解别人的缺点和不足。

① 寄兴：寄托某种感慨。诗题共二首，这是第二首。

② 足色：十足的成色。

③ 微瑕：细小的斑点。瑕，玉上的斑点。

④ 备：完备、完美。

⑤ 老：终老。

扫码收听朗诵音频

# 7. 山园小梅

◎〔宋〕林逋

众芳摇落①独暄妍②，占尽风情③向小园。
疏影④横斜水清浅，暗香⑤浮动月黄昏。
霜禽⑥欲下先偷眼，粉蝶如知合⑦断魂⑧。
幸有微吟⑨可相狎⑩，不须檀板⑪共金樽。

---

① 摇落：凋落，零落。

② 暄妍：本指天气和煦，景物明媚。这里形容梅花颜色鲜丽夺目。

③ 风情：风采，情韵。

④ 疏影：指梅枝的影子。

⑤ 暗香：梅花散发的幽香。

⑥ 霜禽：羽毛洁白的鸟，或谓寒鸟。

⑦ 合：应该。

⑧ 断魂：销魂、神往。

⑨ 微吟：低声吟咏。

⑩ 狎〔xiá〕：玩赏，亲近。

⑪ 檀板：檀木制成的拍板，演奏音乐时用以打拍子。这里泛指乐器。

　　林逋的这首咏梅诗,是历来咏梅之名作。诗借吟咏梅花之幽独超逸,寄寓隐逸之幽趣。诗的前三联着力从三个角度表现梅花之幽独超逸。首先,以"众芳摇落"反衬梅之"独暄妍",进而强调它"占尽风情"。"独"字既有梅花"凌寒独自开"之意,更体现出梅品之拔俗。其次,借对梅的形神之描绘,表现梅之神清骨秀。"疏影"句从视觉角度写梅之色,着力表现清水映衬下,梅疏淡横斜之幽姿。"暗香"句则又从味觉角度写月色映照下梅细腻如缕之幽香。而二句对举,又以枝上明月与枝下清溪同梅树构成一幅意境清幽淡远的月溪梅影图。再次,借"霜禽偷眼"与"粉蝶断魂"来表现梅之幽独高洁。尾联旨在以梅寓情,表现隐逸幽趣。梅幽独超逸,故诗人可以与之"相狎"。一个"狎"字,既写出了诗人的幽隐之趣,又有借梅之幽独高洁来表现自己幽逸如梅之品格的意思。

　　这首诗虚实相间,正面描绘与侧面烘托相结合,鲜明地表现出梅花的气质风韵,使之形神兼备,生动传神。故而此诗历来深受推许,尤其是描写梅之形神的"疏影""暗香"二句,更成咏梅之绝唱。

# 8. 画堂春

○〔清〕纳兰性德

一生一代一双人，争教两处销魂。①相思相望不相亲，天为谁春？

浆向蓝桥②易乞，药成碧海难奔③。若容相访饮牛津④，相对忘贫。

---

① "一生"两句：语出唐骆宾王《代女道士王灵妃赠道士李荣》："相怜相念倍相亲，一生一代一双人。"争教，怎教。

② 蓝桥：桥名，在今陕西省蓝田县东南蓝溪上。传说此处有仙窟，相传为唐代秀才裴航遇仙女云英处。此处用这一典故是表明自己的"蓝桥之遇"曾经有过，且并不难得。

③ "药成"句：引自《淮南子·览冥训》："羿请不死之药于西王母，姮娥窃之，奔月宫。"这里借用此典是说，纵有不死之灵药，但却难像嫦娥那样飞入月宫去。意思是纵有深情却难以相见。

④ 牛津：银河侧有牛郎星，传说牛郎饮牛于银河，故以牛津称银河。

　　这是一首悼亡词。康熙十六年（1677）作者的妻子去世，年仅二十一岁。

　　词上阕劈头便是"一生一代一双人，争教两处销魂"，明白如话，更无丝毫的装点；素面朝天，为有天姿的底蕴。这样的句子，并不曾经过眉间心上的构思、语为惊人的推敲、诗囊行吟的揣摩，不过是脱口而出，再无其他道理。

　　下阕转折，接连用典。用典很讲究，无堆砌之感。这两个典故又是截然相反的意思，用在一起不冲突，反而有互相推动的艺术效果。

　　结句则采用了中国诗词用典中暗示的力量。作者有意让词意由"饮牛津"过渡到"牛衣对泣"。作者乃权相之子，本不贫，现在用"相对忘贫"之语，无非说如果我能同她相见，一个像牛郎，一个像织女，便也可以相对忘贫了。

第一单元

# 学习演讲词·激情演说

　　在公共场合，你是否能够旁征博引地阐述自己的观点？你是否能够酣畅淋漓地表达自己的情感？你是否能够用睿思妙语征服听众？

　　不一样的演讲，带给听众不一样的体验。一篇激情四射的演讲词，能使演讲者因慷慨之词而瞬间牢牢吸引住听众，亦能使演讲者凭凛然之气受到赞许甚至仰慕……

　　本单元所选的五篇演讲词，前三篇的作者是民主战士、作家和学者，最后两篇的作者是中学生。虽然作者身份不同，但演讲词却同样富有激情和感染力。大家在阅读时可以通过朗读模拟演讲情境，让自己深入感受激情演说的魅力，同时感受不同身份的人演讲的不同风格。

# 1. 组织民众与保卫大西南
## ——民国三十三年昆明各界双十节纪念大会演讲词

⊙闻一多

诸位！我们抗战了七年多，到今天所得的是什么？眼看见盟国都在反攻，我们还在溃退，人家在收复失地，我们还在继续失地。虽然如此，我们还不警惕，还不悔过，反而涎着脸皮跟盟友说："谁叫你们早不帮我们，弄到今天这地步！"那意思仿佛是说："现在是轮着你要胜利了，我偏败给你瞧瞧！"这种无赖的流氓意识的表现，究竟是给谁开玩笑！溃退和失地是真不能避免的吗？不是有几十万吃得顶饱、斗志顶旺的大军，被另外几十万喂得也顶好，装备得顶精的大军监视着吗？这监视和被监视的力量，为什么让他们冻结在那里？不拿来保卫国土，抵抗敌人？原来打了七年仗，牺牲了几千万人民的生命，数万万人民的财产，只是陪着你们少数人闹意气的？又是给谁开的

注意演讲者的语气语调，感受演讲者强烈的爱憎情感。

玩笑！几个月的工夫，郑州失了，洛阳失了，长沙失了，衡阳失了。现在桂林又危在旦夕，柳州也将不保，整个抗战最后的根据地——大西南受着威胁，如今谁又能保证敌人早晚不进攻贵阳、昆明，甚至重庆？到那时，我们的军队怎样？还是监视的监视，被监视的被监视吗？到那时我们的人民又将怎样，准备乖乖地当顺民吗？还是撒开腿逃？逃又逃到哪里去？逃出去了又怎么办？诸位啊！想想，这都是你们自己的事啊！国家是人人自己的国家，身家性命是人人自己的身家性命，自己的事为什么要让旁人摆布，自己还装聋作哑！谁敢掐住你们的脖子！谁有资格不许你们讲话！用人民的血汗养的军队，为什么不拿出来为人民抵抗敌人？以人民的子弟组成的队伍，为什么不放他们来保卫人民自己的家乡？我们要抗议！我们要叫喊！我们要愤怒！我们的第一个呼声是：拿出国家的实力来保卫大西南，这抗战的最后根据地的大西南！

但是，今天站在人民的立场，我们一方面固然应当向政府及全国呼吁，另一方面我们也得认清我们人民自身的责任与力量。对于保卫大西南，老实说，政府的决心是一回事，他的

作者在演讲中揭露什么，反对什么，提倡什么，旗帜鲜明；语言短促犀利，强烈的爱憎情感，具有极大的震撼力和战斗力。

能力又是一回事，郑州、洛阳、长沙、衡阳的往事太叫我们痛心了，保卫国土最后的力量恐怕还在我们人民自己的身上。一切都有靠不住的时候，最可靠的还是我们人民自己。而我们自己的力量，你晓得吗？如果善于发挥，善于利用，是不可想象的强大呀！今天每一个中国人，以他人民的身份，对于他自己所在的一块国土，都应尽其保卫的责任，也尽有保卫的方法。我们这些在昆明的人无论本省的或外来的，对于我们此刻所在的这块国土——昆明市，在万一他遭受进攻时，自然也应善用我们自己的方法来尽我们自己的责任。诸位，昆明在抗战中的重要性，不用我讲，保卫昆明即所以保卫云南，保卫云南即所以保卫大西南，保卫大西南即所以保卫中国，不是吗？

在今天的局势下，关于昆明的前途，大概有三种看法，每种看法代表一种可能性。第一种是敌人不来，第二种是来了被我们打退，第三种是不幸我们败了，退出昆明。第一种，客观上即会有多少可能性，我们也不应该做那打算，果然那样，老实说，那你就太没有出息了！我们应该用奋发的心情准备迎接敌人的进攻，

让语言结成束、集成团地表达是这篇演讲词的特色，其中闻一多的语言总是连续不断的，以语流的形式涌出来，从而形成强大的语势，增强了表达的力量。

并且立志把他打退，万一不能，也要逼他付出相当代价，再做有计划的、有秩序的荣誉的退却。然后走到敌后，展开游击战争，给敌人以经常的扰乱与破坏，一方面发动并组织民众，使他成为坚强的自卫力量，以便配合着游击军。等盟国发动反攻时，我们便以地下军的姿态，卷土重来，协同他们作战以至赶走敌人，完成我们的最后胜利。我们得准备前面所说的第二种，甚至干脆的就是第三种可能的局面，我们得准备迎接一个最黑暗的时期，然后从黑暗中，用我们自发的力量创造出光明来！这是一个梦，一个美梦。可是你如果不愿意实现这个梦，另外一个梦便在等着你，那是一个噩梦。噩梦中有两条路，一条是留在这里当顺民，准备受无穷的耻辱。一条是逃，但在还没有逃出昆明城郊时，就被水泄不通的混乱的人群车马群挤死，踏死，碾死，即使逃出了城郊，恐怕走不到十里二十里就被盗匪戳死，打死，要不然十天半月内也要在途中病死饿死。……衡阳和桂林撤退的惨痛故事，我们听够了，但昆明如有撤退的一天，那惨痛的程度，不知道还要几十倍几百倍于衡阳桂林！诸位，你能担保那惨痛的命运不落到你自己头上来吗？噩梦中的两条路，一条是苟全性命来当顺民，那样可以说是一种"不自由的生"，另一条是因不当顺民就当难民，那样又可说是一种"自由的死"。但是，诸位试想为什么必得是：要不死便不得自由，要自由就得死？自由和生难道是宿命的仇敌吗？为什么我们不能有"自由的生"！是呀！到"自由的生"的路就是我方才讲的那个美梦啊！敌人可能给我们选择的是不自由和死，假如我们偏要自由和生，我们便得到了自由的生，这便叫作"置之死地而后生"。

诸位，记住我们人民始终是要抗战到底的，万一敌人进攻，万一少数人为争夺权利闹意气而不肯把实力拿出来抵抗敌人，我们也有我们的办法。不要害怕，不管人家怎样，我们人民自始至终是有决心的，而有决心自然会有办法的。还要记住昆明在国际间"民主堡垒"的美誉，我们从今更要努力发扬民主自由的精神。哪一天我们的美梦完成了，我们从黑暗中造出光明来了，到那时中国才真不愧四强之一。强在哪里？强在我们人民，强在我们人民呀！今天政府不给人民自由，是他不要人民，等到那一天，

"民主堡垒"加了引号，表现了昆明当时处在什么样的地位？表达了演讲者当时怎样的情感？

我们人民能以自力更生的方式强起来了，他自然会要我们的。那时我们可以骄傲地对他说："我们可以不靠你，你是要靠我们的呀！"那便是真正的民主！我们今天要争民主，我们便当赶紧组织起来，按照实现那个美梦的目标组织起来，因为这组织工作的本身便是民主，有了这个基础，我们便更有资格、更有力量来争取更普遍的、完整的和永久的民主政治。

演讲末尾，演讲者满怀深情，吹响了号召青年起来斗争的战斗号角，让人民看清了斗争的前途，从而增添了继续斗争的勇气和力量。

**学习提示**

富有感染力、说服力的演讲词都有以下几个共同特点，本文也不例外。

1. 演讲，首先要了解听众，针对听众的特点、兴趣点和关注点设计演讲内容和方式，能有效吸引听众。

2. 一篇演讲稿要有一个集中、鲜明的主题，全篇内容围绕主题展开，让听众印象深刻。

3. 好的演讲稿，应将抒情、议论有机结合，既有感性的热情鼓动，又有理性的冷静分析；动之以情，晓之以理。

4. 语言准确精练、生动形象、通俗易懂，多用口语，深入浅出。

想象自己就是闻一多，面对昆明各界人士慷慨陈词，大声疾呼团结一致保家卫国。用最饱满的情绪与组内同学合作完成模拟演讲吧！

# 2. 读书与革命

⊙鲁　迅

现在我因为职务上的关系，不能不说几句话，可是有许多好的话，以前几位先生已经讲完了，我再没有什么话可讲了。

我想中山大学，并不是今天开学的日子才起始的，三十年前已经有了。中山先生一生致力革命，宣传，运动，失败了又起来，失败了又起来，这就是他的讲义。他用这样的讲义教给学生，后来大家发表的成绩，即是现在的中华民国。中山先生给后人的遗嘱上说："革命尚未成功，同志仍须努力。"这中山大学就是"努力"的一部分。为要贯彻他的精神，在大学里，就得如那标语所说："读书不忘革命，革命不忘读书。"因为大学是叫青年来读书的。

本来青年原应该都是革命的。因为在科学

鲁迅的演讲，一如他的为人，质朴而率直。演讲一开始，鲁迅就指出，他之所以要在台上"说几句话"，是因为"职务上的关系"。这一下子就拉近了他和听讲的学生的距离。

上已经证明：人类是进步的。以前有猿人，或者在五十万年以前吧——这是地质学上的事，我不大清楚，好在我们有地质学家（指朱家骅先生）在这里，问一问便知道，——后来才有了原人。虽然慢得很，但可见人本来是进化的前进的。前进即革命，故青年人原来尤应该是革命的。但后来变做不革命了，这是反乎本性的堕落，倘用了宗教家的话来说，就是：受了魔鬼的诱惑！因此，要回复他的本性，便又另要教育，训练，学习的工夫了。

中山大学不但要把不革命反革命的脾气去掉，还要想法子，引导人回复本性，向前进行到革命的地方。

说革命是要有经验的，所以要读书。但这可很难说了。念书固可以念得革命，使他有清晰的，二十世纪的新见解。但，也可以念成不革命，念成反革命，因为所念的多属于这一类的东西，尤其是在中国念古书的特别多。

中山大学在广东革命政府之下，广东是革命青年最好的修养的地方，这不用多说了，至于中山大学同人应共同负的使命，我想，是在中山大学的名目之下，本着同一的目标，引导

直面人生、直面社会、直面自我，是鲁迅行文、为人的特点。

许多青年往前进，格外努力。

然而有一层，又很困难。这实在是中国青年最吃力的地方了，就是，一方要读书，一方又要革命。

有许多早应该做的，古人没有动手做，便放下了，于是都压在后人的肩膀上，后人要负担几千年积下来的责任。这重大的事，一时做不成，或者要分几代来做。

因此青年们要读书不忘革命，的确是很吃苦，很吃力的了，但，在现在社会状况之下又不能不这样。

青年应该放责任在自己身上，向前走，把革命的伟力扩大！

要改革的地方很多：现在地方上的一切还是旧的，人们的思想还是旧的。这些都尚没有动手改革。我们看，对于军阀，已有黄埔军官学校同学去攻击他，打倒他了。但对于一切旧制度，宗法社会的旧习惯，封建社会的旧思想，还没有人向他们开火！

中山大学的青年学生，应该以从读书得来的东西为武器，向他们进攻——这是中大青年的责任。我希望大家一同担负起这个责任来。

鲁迅的演讲，既体现了一个循循善诱的师长的关怀期望，又体现出与青年肝胆相照的同道者的真诚执着。他冷静的外表下常常充满压抑不住的激情。有时，为了更直接地表达思想，他的言辞"犀角烛怪"，痛快淋漓。

# 3.1931 年 11 月 19 日在协和小礼堂的演讲（节选）

⊙林徽因

　　女士们，先生们！建筑是全世界的语言，当你踏上一块陌生的国土的时候，也许首先和你对话的，是这块土地上的建筑。它会以一个民族所特有的风格，向你讲述这个民族的历史，讲述这个国家所特有的美的精神，它比写在史书上的形象更真实，更具有文化内涵，带着爱的情感，走进你的心灵。漫长的人类文明历程，多少悲壮的历史情景，梦幻一般远逝，而在自然与社会的时空演变中，建筑文化却顽强地挽住了历史的精神气质和意蕴，它那统一的空间组合、比例尺度、色彩和质感的美的形态，透视出时代、社会、国家和民族的政治、哲学、伦理、民俗等意识形态的内涵，我们不妨先看北平的宫室建筑。

　　北平城几乎完全是根据《周书》《考工记》中"匠人营国，方九里，旁三门，国中九经九纬，经途九轨，左祖右社，面朝后市"的规划思想建设起来的。北平城从地图上看，是个整齐的"凸"字形，紫禁城是它的中心。除了城墙的西北角略退进一个小角外，全城布局基本是左右对称的。它自北而南，存在着纵贯全城的中轴线。北起钟鼓楼，过景山，穿神武门直达紫禁城的中心三大殿。然后出午门、天安门、正阳门直至永定门，全长8000米。这种全城布局上的整体感和稳定感，引起了西方建筑家和学者的无限赞叹，称之为世界奇观之一。

中国的封建社会，与西方有着明显的不同。中国的封建概念，基本上是中央集权，分层次的完整统一着。在这样的封建社会结构中，它的社会特征必然在文化上反映出来。其一是以"礼"立纲，建立封建统一的秩序，这是文化上的伦理性；其二是以"雄健"为艺术特征，反映出封建大国的风度，试想诸位先生、女士站在故宫的午门前，会有什么感受呢？也许是咄咄逼人的崇高吧！从惊惧到惊叹，再到崇高，这是宫殿建筑形象的感受心理。"左祖右社"是对皇宫而言，"左祖"指的是左边的太庙，"右社"指的是右边的社稷坛。"旁三门"是指东、西、北面各两座城门。日坛和月坛分列在城东和城西，南面是天坛，北面是地坛。"九经九纬"是指城内南北向与东西向各有九条主要街道。而南北的主要街道同时能并列九辆车马即"经途九轨"，北京的街道原来是宽的，清末以来逐渐被民房侵占，越来越窄了。所以你可以想象当年马可·波罗到了北平，就跟乡巴佬进城一样吓懵了，欧洲人哪里见过这么伟大气魄的城市！

吸引了马可·波罗的是中国建筑中所表现出的人和天地自然无比亲近的关系。中国传统的建筑群体，显示了明晰的理性精神，最能反映这一点的，莫过于方、正、组、圆的建筑形态。方，就是刚才我讲过的方九里，旁三门的方形城市，以及方形建筑、方形布局；正，是整齐，有序，中轴，对称；组，是有简单的个体，沿水平方向，铺展出复杂丰富的群体；圆，则代表天体、宇宙，日月星辰如天坛、地坛、日坛、月坛。不过中国的建筑艺术又始终贯彻着人为万物之灵的人本意识，追求人间现实的生活理想和艺术情趣，正是中国的建筑所创造的"天人合一"，及"我以天地为栋宇"的融合境界，感动了马可·波罗。"面朝后市"也是对皇宫而言，皇宫前面是朝廷的行政机构，所以皇帝面对朝廷。"市"是指商业区，封建社会轻视工商业，因此商业区放在皇宫的后面。现在的王府井大街，是民国以后才繁荣起来的。过去地安门大街、鼓楼大街是北平为贵族服务的最繁华的商业区。前门外的商业区原来是在北平城的西南，元朝的大都建在今天北平城的位置，当然与金旧都有联系。

这种左祖右社、面朝后市的棋盘式格局，城市总体构图整齐划一，而中南海、景山、北海这三组自然环境的嵌入，又活跃了城市气氛，增添了城市景观的生动感。这是运用规划美和自然美的结合，取得多样统一，正如古罗马角斗场的墙壁，随着椭圆形平等轨迹而连续延伸，建筑的圆形体，显得完整而统一，但正面效果上，因为各开间采用券柱式构图，形成了直线与弧线、水平与垂直、虚面与实面的强烈对比。这是运用几何手段，求得建筑美的多样统一。但这种美不是形象的，而是结构的。它的艺术魅力因顿悟而产生，其结果却是伦理的，这也是中国古代文化和艺术中的一个重要特征。

# 4. 强我国防，兴我中华

敬爱的老师，亲爱的同学们：

大家好！今天我演讲的题目是："强我国防，兴我中华"。

"一玉口中国，一瓦顶成家，都说国很大，其实一个家。一心装满国，一手撑起家。"从认识字开始，"中国"这两个大字就深深刻印在我心中，报效祖国的梦想，就像一粒小小的种子在心田悄悄发芽。

每当我铿锵有力地朗诵起"少年强则中国强"，我就不禁热泪盈眶；每当我唱起"五星红旗迎风飘扬"，爱国豪情就在心中激荡。

"国无防不立，民无兵不安！"回望历史，从1840年的鸦片战争，到抗日战争的胜利，不少帝国主义国家都曾把魔爪伸向中国，让我中华四分五裂，民不聊生：英法联军入侵北京，烧杀抢夺，留下了圆明园的断壁残垣；日本帝国主义的铁蹄踏进南京，制造了惨绝人寰的南京大屠杀……想我中华曾经遭受了怎样的奇耻大辱！1949年10月1日，天安门的开国大典，向世界宣告伟大的中华人民共和国的诞生！1960 年 11 月 5 日，我国第一枚导弹腾空而起、直插长空；中华人民共和国成立 70 周年时，人民军队威严的阵容、精良的装备又向世界彰显了我国国防科技和武器装备的强劲实力！"神舟"系列飞船的成功发射，让世界进一步见证了中国的航天事业的快速发展！

在"和平与发展"这个主题下，世界局部冲突不断，某些国家妄图威胁我国主权，不断挑起事端，间谍飞机频频骚扰我领空……一幕幕惊心动魄的事件接连发生，为我们敲响了巩固国防的警钟。增强国防意识，树立国防观念，开展全民的国防教育，势在必行！

"兢兢以强，诎诎乃亡。"只有致力于解放和发展社会生产力，不断增强综合国力，国家才能长治久安。现代竞争是科技的竞争、人才的竞争。同学们只有立志报国，认真学习，使自己成为复合型高素质人才，才能更好地报效祖国，我们才能共同完成中华民族复兴大业！

去年 4 月，我们在山青世界拓展训练的情景仿佛就在昨天。同学们发扬不怕吃苦、顽强拼搏、团结奋进的精神，以优异的成绩向学校和社会交上了一份满意的答卷；我大胆突破自己，竞选担任二连连长，并带领全班同学获得了"优秀连队"的光荣称号。

"天下兴亡，匹夫有责。"作为新时代的中学生，今天，我面对鲜艳的五星红旗，庄严宣誓：

牢记国耻，心忧天下，奋发图强，报效祖国，兴我中华！

我的演讲完毕，谢谢大家！

# 5. 少年，永远向前

⊙马梓硕

各位评委老师，同学们：

大家好！今天我演讲的主题是："少年，永远向前"。

现在站在你们面前的我，就是个不够高不够帅，偶尔还会一根筋的小个子。曾经，我这天生多病的身体，常常让我烦恼不已：每次体检我都会因"鸡立鹤群"的身高备受嘲笑；体育课上，我也总是"吊车尾"的那个；甚至因为我身体太弱，连同学间基本的游戏活动都无法参加……于是，我只能满脸羡慕地看着那些嘻嘻哈哈打闹着的同学……我曾一度认为自己没有未来，仿佛被排挤在世界之外，就连日出日落都与我无关……

但现在的我，早已遗忘了那不自信的过去，正在一条全新的道路上奔跑，奔向那光辉灿烂的未来。这条新路由何而来呢？

记得六年级时，语文老师常常给我们开读书分享会，每个小组推荐同学上台交流。当然，这种活动，我从来是不会被推荐上场的，我只能眼巴巴地看着讲台上分享的同学，他们就像星星一样闪闪发光，而我，只是那块暗淡的陨石碎片。后来，老师取消了推荐模式，要求每个人都要写稿、上场。这可把我难住了。回家后，因为缺乏自信，我愣是半个小时写不出一个字来。"反正明天不管怎样都要丢脸，还不如拼一把。"这个要强的想法风一般地闪进了我的脑海。不知为何，我突然充满了希望。窗外一片漆黑，楼下不时传来扰人的汽车鸣笛声，但这些都无法阻止我的思如泉涌。在分享会上，许多跟我一样从未上过台的同学基本上都是"上去两腿发抖，下来满面通红"的状态。轮到我上台，我流利地念完了稿子，台下响起了雷鸣般的掌声，班长甚至说："好了，不用比了，你们赢了。"

那一瞬间，我热泪盈眶：只要努力去做，我也能赢；只要有信念，我也能被关注！

我也是从那时开始意识到了自己的能量。虽然挫折和困难还是会不断涌来，但我会在这些挫折中审视自己、改善自己，当然，当我鼓起勇气走出心灵的牢笼时，我发现身边有这么多人给我温暖和力量。在我对自己的班干部工作失望时，班主任冯老师的鼓励让我重新找回了信心；在我考试失利时，妈妈也会用她温柔的话语安慰我……现在，我已不再惧怕别人对我身高的嘲笑，偶尔还会自黑一下。请大家看看我：这么一个精神抖擞、目光炯炯有神的小伙子站在你们面前，你们还会相信他曾经是个失落、自卑，甚至认为自己没有未来的人吗？

我一定会成为一个对这个社会有用的人。我想做一个心理医生，让所有像我一样因为身体原因而自卑的孩子们绽放出自信的笑容。同学们，你们相信我会实现我的愿望吗？梦想总是要有的，万一实现了呢？

有句话说得好："只要每个中国人强大了，中国就强大了。"我坚信，我们这些新一代的青少年，一定会在不久的将来，创造属于我们自己的奇迹！

谢谢大家。我的演讲到此结束。

## 如何缓解上台演讲前的紧张状态

首先，要有坚定的信念。要坚信口才不出众的人经过不懈的练习，也完全可以成为优秀的演讲者；要坚信你的听众都希望你成功，他们坐在台下就是希望能听到有趣、有意义、能提升他们思想境界的演讲；要坚信上台演讲、表演时，紧张是极普遍的现象，只要正确对待并学习一些缓解紧张的技巧就能克服。

其次，要做充分的准备。随身携带演讲稿，利用碎片时间反复温习，熟读成诵；反复演练，请亲人或朋友作为听众，听讲后给出反馈意见；也可以面对镜子或你的宠物进行练习，尽量想象自己就站在听众面前；录音或录像也可以帮助你发现问题，及时修正。

## 单元学习任务

### 任务一

阅读《组织民众与保卫大西南——民国三十三年昆明各界双十节纪念大会演讲词》《读书与革命》《1931年11月19日在协和小礼堂的演讲（节选）》三篇演讲词，将其中最富有激情的句子摘抄在表格相应位置，并写出这些句子带给你怎样的感悟，引发你怎样的思考。

| 演讲词 | 语句摘抄 | 感悟思考 |
| --- | --- | --- |
| 组织民众与保卫大西南——民国三十三年昆明各界双十节纪念大会演讲词 | | |
| 读书与革命 | | |
| 1931年11月19日在协和小礼堂的演讲（节选） | | |

### 任务二

请模仿《强我国防，兴我中华》《少年，永远向前》两篇文章，写一篇简短的（300字左右）充满激情的演讲词，演讲主题由小组同学自己拟定。写好后，在小组内进行一次模拟演讲，充分展现出自己的激情和风采。

# 学习演讲词·言之有理

　　本单元所选的演讲词都重在说理。演讲的目的就是引发听众的强烈共鸣，使听众由衷地认同、信服演讲者的观点，从改变听众的态度到激起他们的行动再到推动人类社会向理想境界迈进。而听众是无数个体的集合，由于他们的年龄、性别、文化程度、兴趣、职业等不同，听演讲的目的也各不相同。一篇成功的演讲词必须关注听众共同的兴趣、诉求和思维模式，才能用让绝大多数听众乐于接受的方式讲出使他们由衷信服的道理。

　　学习本单元，首先要明确演讲者所讲的道理，其次要梳理讲道理的思路，思考演讲词中用来佐证观点的事例、道理是否能获得多数人的认同，还要学会运用一些语言技巧来增强演讲的感染力、说服力。

# *1.* 胡适毕业赠言两篇

⊙胡　适

## 中国公学十八年级毕业赠言

你们现在要离开母校了，我没有什么礼物送给你们，只好送你们一句话吧。

这一句话是："不要抛弃学问。" 以前的功课也许有一大部分是为了这张毕业文凭，不得已而做的。从今以后，你们可以依自己的心愿去自由研究了。趁现在年富力强的时候，努力做一种专门学问。少年是一去不复返的，等到精力衰疲时，要做学问也来不及了。即为吃饭计，学问绝不会辜负人的。吃饭而不求学问，三年五年之后，你们都要被后进少年淘汰掉的。到那时再想做点学问来补救，恐怕已太晚了。

有人说："出去做事之后，生活问题急需解决，哪有工夫去读书？即使要做学问，既没

胡适先生开宗明义，在毕业生典礼上送出一句话："不要抛弃学问。"这种演讲开场方式直接抹去了毕业季淡淡的忧伤，把学生们的思绪引到要谈的话题上来。

有图书馆，又没有实验室，哪能做学问？"

我要对你们说：凡是要等到有了图书馆方才读书的，有了图书馆也不肯读书。凡是要等到有了实验室方才做研究的，有了实验室也不肯做研究。你有了决心要研究一个问题，自然会撙衣节食① 去买书，自然会想出法子来设置仪器。

至于时间，更不成问题。达尔文一生多病，不能多做工，每天只能做一点钟的工作。你们看他的成绩！每天花一点钟看十页有用的书，每年可看三千六百多页书，三十年可读十一万页书。

诸位，十一万页书可以使你成为一个学者了。可是，每天看三种小报也得费你一点钟的工夫；四圈麻将也得费你一点半钟的光阴。看小报呢，还是打麻将呢，还是努力做一个学者呢？全靠你们自己的选择！

易卜生说："你的最大责任是把你这块材料铸造成器。"

学问便是铸器的工具。抛弃了学问便是毁了你自己。

再会了，你们的母校眼睁睁地要看你们十年之后成什么器。

针对当前大多数人以没工夫做学问为借口的现实状况提出了建议。

① 撙（zǔn）衣节食：形容生活节俭。

# 赠予今年的大学毕业生

这一两个星期里，各地的大学都有毕业的班次，都有很多的毕业生离开学校去开始他们的成人事业。学生的生活是一种享有特殊优待的生活，不妨幼稚一点，不妨吵吵闹闹，社会都能纵容他们，不肯严格地要他们负行为的责任。现在他们要撑起自己的肩膀来挑他们自己的担子了。在这个国难最紧急的年头，他们的担子真不轻！我们祝他们成功，同时也不忍不依据我们自己的经验，赠予他们几句送行的赠言——虽未必是救命毫毛，也许做个防身的锦囊吧！

你们毕业之后，可走的路不出这几条：绝少数的人还可以在国内或国外的研究院继续做学术研究；少数的人可以寻着相当的职业；此外还有做官、办党、革命三条路；此外就是在家享福或者失业闲居了。第一条继续求学之路，我们可以不讨论。走其余几条路的人，都不能没有堕落的危险。堕落的方式很多，总括起来，约有这两大类：

第一是容易抛弃学生时代的求知识的欲望。

你们到了实际社会里，往往所用非所学，往往所学全无用处，往往可以完全用不着学问，而一样可以胡乱混饭吃，混官做。在这种环境里，即使向来抱有求知识学问的决心的人，也不免心灰意懒，把求知的欲望渐渐冷淡下去。况且学问是要有相当的设备的；书籍，实验室，师友的切磋指导，闲暇的工夫，都不是一个平常要糊口养家的人所能容易办到的。没有做学问的环境，又谁能怪我们抛弃学问呢？

第二是容易抛弃学生时代的理想的人生的追求。少年人初次与冷酷的社会接触，容易感觉理想与事实相去太远，容易发生悲观和失望。多年怀抱的人生理想，改造的热诚，奋斗的勇气，到此时候，好像全不是那么一回事。渺小的个人在那强烈的社会炉火里，往往经不起长时期的烤炼就熔化了，一点高尚的理想不久就幻灭了。抱着改造社会的梦想而来，往往是弃甲曳兵而走，或者做了恶势力的俘虏。你在那俘虏牢狱里，回想那少年气壮时代的种种理想主义，好像都成了自误误人的迷梦！从此以后，你就甘心放弃理想人生的追求，甘心做现成社会的顺民了。

此段讲毕业后理想容易幻灭，人便甘心为现实奴役。

37

"防身的药方"
和前面"防身的锦
囊"相照应。"学
贵有疑",只有疑
惑才能产生新学说,
启迪新发明。

要防御这两方面的堕落,一面要保持我们求知识的欲望,一面要保持我们对于理想人生的追求。有什么好法子呢?依我个人的观察和经验,有三种防身的药方是值得一试的。

第一个方子只有一句话:"总得时时寻一两个值得研究的问题!"

问题是知识学问的老祖宗;古往今来一切知识的产生与积聚,都是因为要解答问题——要解答实用上的困难或理论上的疑难。所以梁漱溟先生自认是"问题中人"而非"学术中人"。所谓"为知识而求知识",其实也只是一种好奇心追求某种问题的解答,不过因为那种问题的性质不必是直接应用的,人们就觉得这是"无所为"的求知识了。

我们出学校之后,离开了做学问的环境,如果没有一个两个值得解答的疑难问题在脑子里盘旋,就很难继续保持追求学问的热心。可惜当时青年人最大的问题是养家糊口,生存都是难题,遑论①其他?可是,如果你有了一个真有趣的问题天天逗你去想他,天天引诱你去解决他,天天对你挑衅笑你无可奈何他——这时

用拟人、排比
等修辞手法介绍了
"防身的药方"之
一:"总得时时寻
一两个值得研究的
问题!"

① 遑(huáng)论:不必论及;谈不上。

候，你就会坐也坐不下，睡也睡不安。没有书，你自会变卖家私去买书；没有仪器，你自会典押衣服去置办仪器；没有师友，你自会不远千里去寻师访友。你只要能时时有疑难问题来逼你用脑子，你自然会保持发展你对学问的兴趣，即使在最贫乏的智识环境中，你也会慢慢地聚起一个小图书馆来，或者设置起一所小实验室来。所以我说：第一要寻问题。脑子里没有问题之日，就是你的智识生活寿终正寝之时！古人说："待文王而兴者，凡民也。若夫豪杰之士，虽无文王犹兴。"试想伽利略和牛顿有多少藏书？有多少仪器？他们不过是有问题而已。有了问题而后，他们自会造出仪器来解答他们的问题。没有问题的人们，关在图书馆里也不会用书，锁在实验室里也不会有什么发现。

第二个方子也只有一句话："总得多发展一点非职业的兴趣。"

离开学校之后，大家总得寻个吃饭的职业。可是你寻得的职业未必就是你所学的，或者未必是你所心喜的，或者是你所学而实在和你的性情不相近的。在这种状况之下，工作就往往成了苦工，就不感觉兴趣了。为糊口而做那种非"性之所近而力之所能勉"的工作，就很难保持求知的兴趣和生活的理想主义。最好的救济方法只有多多发展职业以外的正当兴趣与活动。

读到这里，请联系你自己的生活，想一想：你的闲暇时间都用来做什么呢？

一个人应该有他的职业，又应该有他的非职业的玩意儿，可以叫作业余活动。凡一个人用他的闲暇来做的事业，都是他的业余活动。往往他的业余活动比他的职业还更重要，因为一个人的前程往往全靠他怎样用他的闲暇时间。他用他的闲暇来打麻将，他就成个赌徒；你用你的闲暇来做社会服务，你也许成个社会改革者；或者你用你的闲暇去研究历史，你也许成个史学家。你的闲暇往往定你的终身。英国 19 世纪的两个哲人，弥儿（J. S. Mill）终身做东印度公司的秘书，然而他的业余工作使他在哲学上、经济学上、政治思想史上都占一个很高的位置；斯宾塞（Spencer）是一个测量工程师，然而他的业余工作使他成为前世纪晚期世界思想界的一个重镇。古来成大学问的人，几乎没有一个不是善用他的闲暇时间的。特别在这个社会，职业不容易适合我们性情，我们要想生活不苦痛或不堕落，只有多方发展业余的兴趣，使我们的精神有所寄托，使我们的剩余精力有所施展。有了这种心爱的玩意儿，你就做六个钟头的抹桌子工夫也不会感觉烦闷了，因为你知道，抹了六点钟的桌子之后，你可以回家去做你的化学研究，或画完你的大幅山水，或写你的小说戏曲，或继续你的历史考据，或做你的社会改革事业。你有了这种称心如意的活动，生活就不枯寂了，精神也就不会烦闷了。

第三个方子也只有一句话："你总得有一点信心。"

我们生当这个不幸的时代，眼中所见，耳中所闻，无非是叫我们悲观失望的。特别是在这个年头毕业的你们，眼见自己的国家民族沉沦到这步田地，眼看世界只是强权的世界，望极天边好像看不见一线的光明，怎么还能够希望保持一点内心的镇定和理想的信任呢？我要对你们说：这时候正是我们要培养我们的信心的时候！只要我们有信心，我们还有救。古人说："信心可以移山。"又说："只要功夫深，生铁磨成绣花针。"你不信吗？当拿破仑的军队征服普鲁士占据柏林的时候，有一位穷教授叫作费希特（Fichte）的，天天在讲堂上劝他的

用对比、排比等修辞手法介绍了"防身的药方"之二："总得多发展一点非职业的兴趣。"并结合弥儿和斯宾塞的事例来说明利用闲暇时间的重要性。

用反问、引用等修辞手法介绍了"防身的药方"之三："你总得有一点信心。"并结合实例点明有信心的重要性。

国人要有信心，要信仰他们的民族是有世界的特殊使命的，是必定要复兴的。费希特死的时候，谁也不能预料德意志统一帝国何时可以实现。然而不满五十年，新的统一的德意志帝国居然实现了。

一个国家的强弱盛衰，都不是偶然的，都不能逃出因果的铁律的。我们今日所受的苦痛和耻辱，都只是过去种种恶因种下的恶果。我们要收将来的善果，必须努力种现在的新因。一粒一粒的种，必有满仓满屋的收，这是我们今日应该有的信心。

一分耕耘，一分收获，这是初涉人世的青年都有的想法，但现实往往是劳而无获，因此理想也就丧失，心灵也就麻木了。

我们要深信：今日的失败，都由于过去的不努力。

我们要深信：今日的努力，必定有将来的大收成。

有一句话叫"福不唐捐"。唐捐就是白白地丢了。我们也应该说："功不唐捐！"没有一点努力是会白白地丢了的。在我们看不见想不到的时候，在我们看不见想不到的方向，你瞧！你下的种子早已生根发叶开花结果了！

你不信吗？法国被普鲁士打败之后，割了两省地，赔了五十万万法郎的赔款。这时候有一位刻苦的科学家巴斯德（Pasteur）终日埋头在他的实验室里做他的化学实验和微菌学研究。他是一个最爱国的人，然而他深信只有科学可以救国。他用一生的精力证明了三个科学问题：（一）每一种发酵作用都是由于一种微菌的发展；（二）每一种传染病都是由于一种微菌在生物体中的发展；（三）传染病的微菌，在特殊的培养之下，可以减轻毒力，使它从病菌变成防病的药苗。——这三个问题，在表面上似乎都和救国大事业没有多大的关系。然而从第一个问题的证明，巴斯德定出做醋酿酒的新法，使全国的酒醋业每年减除极大的损失。从第二个问题的证明，巴斯德教全国的蚕丝业怎样选种防病，教全国的畜牧农家怎样防止牛羊瘟疫，又教全世界的医学界怎样注重消毒以减除外科手术的死亡率。从第三个问题的证明，巴斯德发明了牲畜的脾热瘟的疗治药苗，每年替法国农家减除了二千万法郎的大损失；又发明了疯狗咬毒的治疗法，救济了无数的生命。所以英

巴斯德用一生的精力证明了三个科学问题，这和第一个"防身的药方"有什么关系？

国的科学家赫胥黎（Huxley）在皇家学会里称颂巴斯德的功绩道："法国给了德国五十万万法郎的赔款，巴斯德先生一个人研究科学的成绩足够还清这一笔赔款了。"

巴斯德对于科学有绝大的信心，所以他在国家蒙奇辱大难的时候，终不肯抛弃他的显微镜与实验室。他绝不想他的显微镜底下能偿还五十万万法郎的赔款，然而在他看不见想不到的时候，他已收获了科学救国的奇迹了。

朋友们，在你最悲观最失望的时候，那正是你必须鼓起坚强的信心的时候。你要深信：天下没有白费的努力。成功不必在我，而功力必不唐捐。

作者用巴斯德科学救国的事迹告诉大家，不管面对多大的困难，都不要放弃"做学问"。

收束全文，发出呼吁：天下没有白费的努力。"朋友们"这一称呼拉近了与听众的心理距离。

## 学习提示

演讲词须具备"五有"——言之有物、言之有理、言之有情、言之有序、言之有趣。

言之有理，即演讲者所讲道理要有事实根据或理论支撑。要做到言之有理，首先，演讲词的内容必须合乎常识和情理；其次，必须有事实依据，即真实可信的实例；再次，必须逻辑严密，无懈可击；最后，必须融入真实丰富的感情。这样才能在晓之以理的同时动之以情，达到使听众乐于接受的目的。

# 2. 论生命

⊙溢　楷

什么是生命？生命是叶绍翁笔下的"春色满园关不住，一枝红杏出墙来"；生命是杨万里眼中的"接天莲叶无穷碧，映日荷花别样红"；生命是杜牧游玩时说的"停车坐爱枫林晚，霜叶红于二月花"；生命是陆游心中的"零落成泥碾作尘，只有香如故"。

小时候，奶奶养了许多植物，那些植物总是向着阳光强烈的地方生长，攀爬缠绕着栏杆。奶奶总是笑着摸我的头说："乖孙啊，生命真是神奇啊！你看这些植物，多么富有生机啊！"那时年幼的我只是懵懂地点点头，并不理解其中的深意。随着年龄的增长，我对"生命"这个词才有了一些领悟。

生命在大自然面前，是弱小的。一部叫

首段先用设问的修辞手法，紧扣文题，引发对生命的思考；再用排比、引用的修辞手法，铺排自己对生命的理解，文采斐然。

《2012》的电影就十分生动地诠释了这句话。电影中，火山喷发，地壳破裂，海啸频发，种种自然灾难对生命进行了一场场大屠杀。滚烫的岩浆吞噬着森林中的动物，翻滚的海浪把轮船掀翻，人们被倒下的建筑物压住，或是掉入深不见底的地缝。生命，变得不堪一击。

但在危难来临的时刻，我们往往能看到令人敬畏的精神，看到生命的伟大。曾经有一个真实的事例：一艘轮船即将沉没于汪洋大海里，船长面对着一群争先恐后地想挤上救生艇的人，发出了指令：先让妇女、儿童上船。最后，当救生艇装满人时，船长把自己的救生衣给了最后一名在船上的游客，而自己与轮船长眠于深海中。这名船长的行为是高尚的，是无私的！这是生命所能达到的崇高境界，它有着一种力量，让人们感到尊崇，它能驱散心中的阴暗，它是那缕永不熄灭的光，这是生命的伟大。

画线句子运用了什么论证方法？有什么作用？

生命是顽强的。当种子顶破头顶的硬土长出绿芽，当蝴蝶挣破茧壳展翅飞翔，当蚂蚁搬起比自身重几倍的石头时，我们可以由衷地感受到那种始终向上、永不放弃的精神。我家楼下有棵老树，在一次雷雨中被雷劈成了两截，人们认为这树铁定活不成了。但是，不久之后，有人却在树干上发现了几株刚长出的绿芽。这让我想起了汪国真先生的诗句——"只要热爱生命，一切，都在意料之中。"

生命之间是不同的，生命的种类多种多样，但生命之间是平等的。生命是大自然的恩赐，生命的有序运转，要遵循大自然的规定。人类与其他生命是平等的，只有敬畏自然，尊重生命，才能使生命得到更好的延续。

生命的脚步是一刻都不会停歇的。当我正提笔写这篇文章时，世界上有着无数个婴儿出生，也有数不清衰弱的身体带着一声叹息离开了人世。生命无处不在，每个生命都是勇敢的，它们善待每一天，努力唱响生命的赞歌。

生命是一条源远流长的大河，每个人都如同河里的水滴，成长，奔涌，消散……它的周围笼罩着迷雾，我们只能感受到它的壮观。 我想，当我们拨开迷雾时，也就是我们领悟了生命的真谛之时，那时，我们心中应该如同卷起千层浪，大声呐喊道：生命！生命！

如何理解这句话的含意？

# 3. 什么是幽默

⊙老　舍

幽默是一个外国字的译音，正像"摩托"和"德谟克拉西"等等都是外国字的译音那样。

为什么只译音，不译意呢？因为不好译——我们不易找到一个非常合适的字，完全能够表现原意。假若我们一定要去找，大概只有"滑稽"还相当接近原字。但是，"滑稽"不完全相等于"幽默"。"幽默"比"滑稽"的含义更广一些，也更高超一些。"滑稽"可以只是开玩笑，而"幽默"有更高的企图。凡是只为逗人哈哈一笑，没有更深的意义的，都可以算作"滑稽"，而"幽默"则须有思想性与艺术性。

原来的那个外国字有好几个不同的意思，不必在这里一一介绍。我们只说一说现在我们怎么用这个字。

英国的狄更斯、美国的马克·吐温和俄国的果戈理等伟大作家都一向被称为幽默作家。他们的作品和别的伟大作品一样地憎恶虚伪、狡诈等恶德，同情弱者、被压迫者和受苦的人。但是，他们的爱与憎都是用幽默的笔墨写出来的——这就是说，他们写得招笑，有风趣。

我们的相声就是幽默文章的一种。它讽刺，讽刺是与幽默分不开的，因为假若正颜厉色地教训人便失去了讽刺的意味，它必须幽默地去奇袭侧击，使人先笑几声，而后细一咂摸，脸就红起来。以前通行的相声段子，有许多只是打趣逗哏的"滑稽"，语言很庸俗，内容很空洞，只图招人一笑，没有多少教育意义和文艺味道。新中国成立后新编的段子就不同了，它在语言上有了含蓄，在思想上多少尽到讽刺的责任，使人听了要发笑，也要去反省。这大致地也可以说明"滑稽"和"幽默"的不同。

幽默文字不是老老实实的文字，它运用智慧、聪明，与种种招笑的技巧，使人读了发笑、惊异，或啼笑皆非，受到教育。我们读一读狄更斯、马克·吐温和果戈理的作品，便能够明白这个道理。听一段好的相声，也能明白些这个道理。

幽默的作家必是极会掌握语言文学的作家，他必须写得俏皮、泼辣、警辟。幽默的作家也必须有极强的观察力与想象力。因为观察力极强，所以他能把生活中一切可笑的事、互相矛盾的事，都看出来，具体地加以描画和批评。因为想象力极强，所以他能把观察到的加以夸张，使人一看就笑起来，而且永远不忘。

不论是作家与否，都可以有幽默感。所谓幽默感就是看出事物的可笑之处，而用可笑的话来解释它，或用幽默的办法解决问题。比如说，一个小孩见到一个生人，长着很大的鼻子；小孩子是不会客气的，马上叫出来："大鼻子！"假若这位生人没有幽默感呢，也许就会不高兴，而孩子的父母也许感到难为情。假若他有幽默感呢，他会笑着对小孩说："就叫鼻子叔叔吧！"这不就大家一笑而解决了问题吗？

幽默的作家当然会有幽默感。这倒不是说他永远以"一笑了之"的态度应付一切。不是，他是有极强的正义感的，决不饶恕坏人坏事。不过，他也看出社会上有些心地狭隘的人，动不动就发脾气，闹情绪，其实那都是三言两语就可以解决的，用不着闹得天翻地覆。所以，幽默作家的幽默感使他既不饶恕坏人坏事，同时他的心地是宽大爽朗、会体谅人的。假若他自己有短处，他也会幽默地说出来，决不偏袒自己。

人的才能不一样，有的人会幽默，有的人不会。不会幽默的人最好不必勉强要俏，去写幽默文章。清清楚楚、老老实实的文章也能是好文章。勉强耍几个字眼，企图取笑，反倒会弄巧成拙。更须注意：我们讥笑坏的品质和坏的行为，我们可绝对不许讥笑本该同情的某些缺陷。我们应该同情盲人，同情聋哑人，绝对不许讥笑他们。

# 4. 谈"慢"

◎刘海云

孩提时学走路，母亲在身边不住提醒："慢慢走，别摔着！"上学要迟到了，吃饭狼吞虎咽，母亲又说："慢点吃，别噎着！"长大了学开车，一踩油门时，耳边又传来一句："开慢点！"但语速赶不上车速，我已驰远……

因为高速发展的时代、快节奏的生活，让我们已经养成快的习惯：快速吃饭、快速赶路、快速工作；快速美白、快速瘦身；行业排名快速上升、GDP 快速增长……记不清从何时起，我们已经慢不下来了！

但是快也让我们吃了很多苦头。

因为速度的增长总是以质量的降低为代价的。吃饭求快，食品快餐造成我们身体营养失衡；读书求快，文化快餐让我们精神领域营养不良；赶路求快，当我们将油门一踩到底风驰电掣的时候……有时候太快的结果，甚至是以生命为代价的。还有体育竞争项目中为了追求更快而屡屡曝光的兴奋剂事件，城市建设中为赶工期而频频出问题的豆腐渣工程，还有为求 GDP 增长而迅速崛起的高污染项目，更是不胜枚举。一味求快，其实是做人做事的大忌。

慢，才是生命最本质的特征。慢，也是长寿的秘诀。生长速度太快的朽烂得也快，比如蘑菇。运转速度太快的易逝，比如流星。绽放速度太快的衰落得也快，比如昙花。生命节奏太快的命短，比如鼹鼠。据动物学家研究发现：大象行动缓慢，一分钟心脏跳动 25 次，它的寿命可以达到 70 多年；而鼹鼠活动频率很快，一生都在急切地不停地寻找食物，它的心跳高达每分钟 120 多次，但是它的寿命只有短短几年。这个研究表明：过高的行动频率和过快的生命节奏，会让生物过度紧张，压力陡增，元气耗损，会使生命之钟提前运转完。

人也一样，不能张弛有度、劳逸结合，往往会使人生更早终结，这样虽然暂时节省了时间，却减少了整体的寿命。数学天才陈景润的早逝就是一个例子。如果他能慢一点儿，懂得适时休息，寿命也许能更长一点儿，那他对数学领域所做的贡献一定会更大。

慢，还能让我们有思考人生很多重要课题的时间和空间，能让我们感受到平常忽略的、淡漠的、遗失的、阔别久远的另一番景致与另一种心境，甚至可以感觉到茫茫夜空中星星的诗意细语、遥远地平线的缓慢移动、无形的时间从指缝中悄然流逝。那或许是一份浪漫、一份沧桑、一种怅惘……但我们可以在此间细细感知生命的价值与意义，品味生活的滋味与真谛。

很多时候，我们都自我辩解说：是时代发展太快了，慢半拍就会落后一大截，就会被飞速发展的社会所抛弃，我们被裹挟在社会整体形势的大潮中身不由己地飞奔，不得不快。

但是，真正像大河决堤、心脏病突发、房屋着火此类紧急情况要求我们必须以最快的速度行动的，生活中遇到这种极端事件和特殊案例的概率有多少呢？而且，慢并不等于无故拖延、故意推迟呀！也并不与我们追求上进、实现理想背道而驰。它只不过耗时相对长一些罢了。可正因为耗时相对长一些，却可以慢工出细活。南京的云锦织造、西藏的唐卡、黑龙江的冰雕艺术，无不证明着慢是细腻精致的前提，是达到高质量最老实、最稳妥的办法。各行各业的发展，不也是由原来的以"快"为主转为以"好"为主了吗？快的结果是多，却不一定是好。

慢慢品茶，耐心等待，让茶叶慢慢绽开，茶香全部释放，闻，啜，抿一小口……绿茶与花茶之别、新茶与陈茶之分、半发酵的与原叶的不同、清香还是醇厚，全在于细品慢饮之间，猛啜急灌、一气牛饮是很难辨出个中滋味的。

慢慢写作。曹雪芹"披阅十载，增删五次"著就绝世经典《红楼梦》；路遥六年呕心沥血创作《平凡的世界》；余秋雨用脚步丈量华夏大地的《文化苦旅》和他蜗居香港沙田山上两年有余才写出的包括十一篇文章的《山居笔记》，这都是因为慢慢酝酿、字斟句酌、精益求精，才使这些作品成为不朽的经典。

还有，印度瑜伽慢，可以调气凝神、修身养性。中国太极拳慢，是老少皆宜、强身健体的好运动。

慢，不是邋遢松散、得过且过的懒惰，而是处变不惊、临危不乱的沉着气度，水到渠成、顺其自然的旷达，先人后己、与世无争的超然境界。

慢，还是"龟兔赛跑"的持之以恒，"笨鸟先飞"的谦虚勤奋，"十年磨一剑"的耐心坚韧；是马寅初老先生"宠辱不惊，闲看庭前花开花落；去留无意，漫观天外云卷云舒"的从容淡定；是老拳王阿里用抽搐颤抖的手臂将奥运火炬高高地举过头顶，那缓慢滞重的动作带给人的感动和震撼，丝毫不亚于他用蝴蝶舞步和数记重拳将对手击倒的迅疾威猛。

慢，是不强迫自己非要达到既定目标的轻松上阵，是注重过程和细节的认真态度，是对人生百味和岁月变迁的细心品咂。

慢慢熬汤，持久弥香；慢慢读书，感悟更深；慢慢听音乐，余音绕梁；慢慢开车，平安相随……让我们像小树一样慢慢长大，像大象一样慢慢变老，慢慢去品味生命，感受生活。

现在，你是不是觉得脉跳舒缓、呼吸匀畅、全身放松、心境平和了些呢？还没有？

别着急，慢慢来！

# 5. 论诚意

◎朱自清

诚伪是品性，却又是态度。从前论人的诚伪，大概就品性而言。诚实，诚笃，至诚，都是君子之德；不诚便是诈伪的小人。品性一半是生成，一半是教养；品性的表现出于自然，是整个儿的为人。说一个人是诚实的君子或诈伪的小人，是就他的行迹总算账。君子大概总是君子，小人大概总是小人。虽然说气质可以变化，盖了棺才能论定人，那只是些特例。不过一个社会里，这种定型的君子和小人并不太多，一般常人都浮沉在这两界之间。所谓浮沉，是说这些人自己不能把握住自己，不免有诈伪的时候。这也是出于自然。还有一层，这些人对人对事有时候自觉地加减他们的诚意，去适应那局势。这就是态度。态度不一定反映出品性来；一个诚实的朋友到了不得已的时候，也会撒个谎什么的。态度出于必要，出于处世的或社交的必要，常人是免不了这种必要的。这是"世故人情"的一个项目。有时可以原谅，有时甚至可以容许。态度的变化多，在现代多变的社会里也许更会使人感兴趣些。我们嘴里常说的，笔下常写的"诚恳""诚意"和"虚伪"等词，大概都是就态度说的。

但是一般人用这几个词似乎太严格了一些。照他们的看法，不诚恳无诚意的人就未免太多。而年轻人看社会上的人和事，除了他们自己以外差不多尽是虚伪的。这样用"虚伪"那个词，又似乎太宽泛了一些。这些跟老先生们开口闭口说"人心不古，世风日下"同样犯了笼统的毛病。一般人似乎将品性和态度混为一谈，年轻人也如此，却又加上了"天真""纯洁"种种幻想。诚实的品性确是不可多得，但人孰无过，不论哪方面，完人或圣贤总是很少的。我们恐怕只能宽大些，卑之无甚高论，从态度上着眼。不然无谓的烦恼和纠纷就太多了。至于天真纯洁，似乎只是儿童的本分——老气横秋的儿童实在不顺眼。可是一个人若总是那么天真纯洁下去，他自己也许还没有什么，给别人的麻烦却就太多。有人赞美"童心""孩子气"，那也只限于无关大体的小节目，取其可以调剂调剂平板的氛围气。若是重要关头也如此，那时天真恐怕只是任性，纯洁恐怕只是无知罢了。幸而不诚恳，无诚意，虚伪等等已经成了口头禅，一般人只是跟着大家信口说着，至多皱皱眉，冷笑笑，表示无可奈何的样子就过去了。自然也短不了认真的，那却苦了自己，甚至于苦了别人。年轻人容易认真，容易不满意，他们的不满意往往是社会改革的动力。可是他们也得留心，若是在诚伪的分别上认真得过了分，也许会成为虚无主义者。

人与人事与事之间各有分际，言行最难得恰如其分。诚意是少不得的，但是分际不同，无妨斟酌加减点儿。种种礼数或过场就是从这里来的。有人说礼是生活的艺术，礼的本意应该如此。日常生活里所谓客气，也是一种礼数或过场。有些人觉得客气太拘形迹，不见真心，不是诚恳的态度。这些人主张率性自然。率性自然未尝不可，但是得看人去。若是一见生人就如此这般，就有点野了。即使熟人，毫无节制的率性自然也不成。夫妇算是熟透了的，有时还得"相敬如宾"，别人可想而知。总之，在不同的局势下，率性自然可以表示诚意，客气也可以表示诚意，不过诚意的程度不一样罢了。客气要大方，合身份，不然就是诚意太多；诚意太多，诚意就太贱了。

看人，请客，送礼，也都是些过场。有人说这些只是虚伪的俗套，无聊的玩意儿。但是这些其实也是表示诚意的。总得心里有这个人，才会去看他，请他，送他礼，这就有诚意了。至于看望的次数，时间的长短，请作主客或陪客，送礼的情形，只是诚意多少的分别，不是有无的分别。看人又有回看，请客有回请，送礼有回礼，也只是回答诚意。古语说得好，"来而不往非礼也"，无论古今，人情总是一样的。有一个人送年礼，转来转去，自己送出去的礼物，有一件竟又回到自己手里。他觉得虚伪无聊，当作笑谈。笑谈确乎是的，但是诚意还是有的。又一个人路上遇见一个本不大熟的朋友向他说："我要来看你。"这个人告诉别人说："他用不着来看我，我也知道他不会来看我，你瞧这句话才没意思哪！"那个朋友的诚意似乎是太多了。凌叔华女士写过一个短篇小说，叫作《外国规矩》，说一位青年留学生陪着一位旧家小姐上公园，尽招呼她这样那样的。她以为让他爱上了，哪里知道他行的只是"外国规矩"！这喜剧由于那位旧家小姐不明白新礼数，新过场，多估量了那位留学生的诚意。可见诚意确是有分量的。

人为自己活着，也为别人活着。在不伤害自己身份的条件下顾全别人的情感，都得算是诚恳，有诚意。这样宽大的看法也许可以使一些人活得更有兴趣些。西方有句话，"人生是做戏"。做戏也无妨，只要有心往好里做就成。客气等等一定有人觉得是做戏，可是只要为了大家好，这种戏也值得做的。另一方面，诚恳，诚意也未必不是戏。现在人常说，"我很诚恳地告诉你""我是很有诚意的"，自己标榜自己的诚恳，诚意，大有卖瓜的说瓜甜的神气，诚实的君子大概不会如此。不过一般人也已习惯自然，知道这只是为了增加诚意的分量，强调自己的态度，跟买卖人的吆喝到底不是一回事儿。常人到底是常人，得跟着局势斟酌加减他们的诚意，变化他们的态度；这就不免沾上了些戏味。西方还有句话，"诚实是最好的政策"，"诚实"也只是态度；这似乎也是一句戏词儿。

# 单元学习任务

## 任务一

阅读《胡适毕业赠言两篇》《论生命》，概括演讲者表达的观点并梳理其思路。

| 演讲词 | 观点 | 思路 |
|---|---|---|
| 胡适毕业赠言两篇 | | |
| 论生命 | | |

## 任务二

为了更加清晰地表达自己的观点，增强演讲的感染力、说服力，演讲者往往会借助一些语言技巧。结合以上两篇演讲词中几个最具感染力、说服力的句段，说说作者借助了哪些技巧来吸引听众，增强表达效果，在小组里与同学们交流。

## 任务三

《什么是幽默》《谈"慢"》《论诚意》三篇文章都有明确的观点、清晰的思路和较强的针对性，请在阅读后从中任选一篇改写成演讲词，尝试使用几种自己在完成任务二的过程中学到的语言技巧来增强文章的感染力和说服力。

第三单元

# 学习演讲词·人生选择

　　本单元所选演讲词的共同主题是"选择"。在这个世界上，通往不同终点、以不同形式延伸的人生之路何止千万，站在岔路口，每个人都必须做出理性的选择。有什么样的选择，就有什么样的人生。学会选择，人生才有渐趋明朗的主题；学会选择，人生的坎坷才会被双脚踏平；学会选择，人生才能冲破世俗的樊篱；学会选择，人生才能谱写出生命的华章。

　　阅读本单元的演讲词和与人生选择相关的文章，要关注这些文章是为哪些人写的，这一人群具有哪些共同特征，作者又是运用怎样的方法和策略激起这些听众的共鸣，引领他们进步的。

# 1. 梦想，让人生绽放光芒

## ——在 2016 届本科生毕业典礼上的演讲

⊙张　杰

亲爱的毕业生同学们：

大家好！

四年前，我在这里迎接同学们的到来，并为大家上了第一堂课，期待你们"闻道、问道、悟道"，在交大度过充实而有意义的大学时光。对当时的你们而言，大学四年是很长的时间，于是你们开玩笑说你们将在猴年马月毕业。当时的你们还不知交大有梦想成真的神奇，当时的你们还想象不到你们的玩笑话竟然会真兑现。今天，公元 2016 年 7 月 3 日，正是农历丙申年，你们竟然真的在猴年马月这个日子毕业了！让我们永远牢记这个专属于你们的毕业纪念日，让我们一起为你们走过的这段求学之路，为新的人生起点而喝彩鼓掌！

从称呼我们可以知道，演讲的受众是即将毕业的大学生。因此作为演讲者，必须把握毕业生的心理需求，演讲才会真正打动人心。你觉得即将毕业的大学生们有哪些渴望呢？哪些话题能够激发他们的兴趣呢？

对于毕业生而言，告别学校，是当时他们情感里最大的波澜，演讲者妙用成语"猴年马月"，既不失幽默，同时也巧妙地用时光易逝的感慨引发毕业生的共鸣。

同学们，经历了毕业典礼这最后一堂课，你们就要离开交大，开启自己人生的新境界。此时此刻，作为你们的师长和朝夕相处的"杰哥"，我最关心的是，怎样才能使你们在未来生活得更加快乐、坚强而有成。我想是梦想，只有梦想才能让人生绽放光芒，乐在其中，坚不可摧，终有所成。

先说快乐。快乐是心灵的愉悦，精神上的振奋与满足。这是我最希望的大家今后的生活状态。快乐看似容易，但是随着年龄越增长，却似乎越难获得。只有不停地追逐梦想的人才会收获人生中最大的快乐。这是两天前在交大致远学院的毕业典礼上，2012届毕业生谈安迪告诉我们的。在过去的四年时间里，他们一直在四川锦屏山中2400多米深的地下实验室里，夜以继日地追寻暗物质直接探测的梦想。很多人都钦佩他们，夸奖说："你们真了不起，一年365天中，300多天待在山里，没有周末，没有假期，经常几个月都见不到太阳，因为早上进实验室的时候太阳还在东边的大山背后，半夜出实验室时，太阳已在地球的另一边。"对于这样的赞叹，谈安迪开玩笑地说："夸得还不够，让赞美来得更加猛烈一些吧！"

因为，别人只看到了他们的艰辛，却无法感受到他们的快乐——那种源于热爱、源于梦想、发自内心的快乐！高强度的生活状态从未让他们感到身心疲惫，相反，却让他们时常感到无比亢奋。他告诉我说，当他躺在床上闭上眼睛，回想起他们设计的探测器中氙-127电子俘获的整个衰变过程时，他的理解与实验的观测都符合，都能对上时，他感觉自己真正洞见了这个宇宙的某些运行机理！还有什么能比这样的生活方式更快乐呢？每一次实验背后都可能隐藏着大自然的奥秘和规律。每一个数据、每一次进展，都会给他带来在点滴中日益接近梦想的快乐。这是一种无与伦比的感觉，甚至可以说深刻而永恒的感觉。对于学者来说，这种感觉就是最大的快乐，因为它源于内心深处的需要，源于对人生梦想的追求。谈安迪说："每天都能体会到被梦想叫醒的幸福，这就是人生最大的快乐！"

再论坚强。虽然快乐的人生令人向往，但未来并不总是一片坦途。一旦期待化为泡影，现实把你深深地刺伤，拿什么来支撑你的坚强？

师长的劝诫和祝福往往是从成功说起，但是本文却从人最直观的感受，也最贴近人生活的快乐说起，很容易拉近演讲者和毕业生之间的距离，因为站在上面的不是只会说教的师长，而是关心人心理需求的循循善诱的长者。而且这里将快乐和梦想巧妙结合，将人生追求引领到更高的层次，才是为人师者能给学生最好的教育和引领。

是梦想，敢于梦想的人始终坚强。在这里，我想推荐大家看一部电影，名字叫《我的诗篇》，去年荣获上海国际电影节金爵奖最佳纪录片，片子的导演是交大媒体与设计学院 2003 届毕业生吴飞跃。影片讲述了这样一群工人，他们是叉车工、充绒工、爆破工、洗衣工、制衣工，同时他们还是一群特殊的诗人。他们在地心幽暗处工作，终日难见阳光；他们与炸药打交道，时时面对生死考验；他们日夜奔走，只为一份养家糊口的生计。然而无论生活为他们套上多么沉重的枷锁，无论前途有多少荆棘，看似"无用"的诗歌，却始终是他们内心朴实的梦想。

于是，在空旷寂寥的荒山，在潮湿闷热的厂房，诗歌与每一个怀揣梦想的心灵相遇，让他们在艰苦磨难中变得坚强。1984 年出生的制衣女工邬霞，年龄上只能算你们的大姐，但她从四川农村到深圳打工已经整整 19 年。在这 19 年里，贫穷和艰辛一直跟随着她，却从来没有将她打倒。上班时，她在车间一干就是 10 个小时，裁剪、缝纫、熨烫、折叠……车间里总是弥漫着湿漉漉的蒸汽和劳作的汗味。少女时代洁白光润的双手早已在日复一日的辛勤劳作

以简洁的语言描述了邬霞生活的艰辛。

中变得粗糙难看。下了班，回到不足 10 平方米的小屋，她还要照顾年幼的女儿，精打细算为重病的父亲治病。然而，即使是挣扎着生活，邬霞也从来没有忘记她的梦想，她读诗写诗，在 10 多年的时间里，创作了 300 多首诗歌，字字浸润着对美好生活的向往和热爱。终于有一天，她穿着从地摊上花 70 元钱买来的吊带裙，从容优雅地走上了上海电影节的红地毯，向整个世界诉说着她诗歌中蕴藏的美好理想。

她在电影中的一句话让我深感震撼："就算是有块石头压着我，我也一定要倔强地推开那块石头，昂起脑袋，向着阳光生长。"人之所以身处逆境而不屈，面对困难而坚强，不是因为期盼眼前的利益，而是因为人们心中拥有梦想。正如马丁·路德·金所说："如果你的梦想仍然站立，那就没有谁能让你倒下。"

三看有成。人类因梦想而伟大。人生总是期待梦想有成。所谓梦想有成，不论小有所成，还是终成大器，总是充满了阳光和色彩，无一例外地会使人生充盈，境界升华。这些年来，我有幸接触过不少真正梦想有成的校友，比如年届九旬的卢燕学长，就是其中的集大成者。

坚强这个话题本来是老生常谈，但这位校长却没有选那些大家耳熟能详的伟人的例子，而是选了一位大家并不熟悉，非常接地气的普通人的事例，"非独贤者有是心也，人皆有之"的道理不言而喻。

请思考：为什么在这里要选择卢燕的事例呢？

她为人亲和，业内都亲切地称她"大姐"。她坚忍执着，在舞台和银幕上诠释人生是她的梦想和一生的挚爱。卢燕学长 1945 年就读于上海交通大学财务管理系，在校读书时，她就钟情于表演，出演话剧《雷雨》获得巨大成功，让她心中的演艺梦想生根发芽。1947 年赴美，由于形势变化，求学梦碎，为了生计，她不断地在图书馆管理员、报馆记者、教师等各种角色间切换，后在檀香山最大的医院找到了一份出纳的工作。此后，凭借在交大读书时打下的专业基础，四年时间便升任医院的财务总监。那时的她已过而立之年，养育了三个儿女，日子过得富足、平淡而充实，但是在她内心深处儿时即植根的演艺梦想却不可遏制地迸发出来力量。当然，转行意味着面对一切尽属未知的前途，但更意味着一个不辜负平生的交代。于是，经历了刻苦钻研，她迅速成长为巴莎迪娜戏剧学院最优等生，担纲毕业大戏主演。她去各个剧组应征，不放弃任何可以提升演技的小角色，赢得了"one take lisa（一条过）"的美誉，开创了华人演员在好莱坞的新时代。在那个东西方文化隔阂很深的年代，卢燕不屈从程式化表演，常为华人形象的客观塑造据理力争。为了获得更多的出演机会，卢燕走进华语电影，她主演了《董夫人》《倾国倾城》《十四女英豪》等影片，赢得三座金马奖。

她在表演艺术上的成就和东西方文化交流上的贡献，使她在国际电影界获得了崇高的声誉和地位，但她却说，梦想最闪亮的地方不是因为成功，而是坚持一直在场。杖朝之年的她，依然活跃在影片中、舞台上，大牌导演们纷纷向她邀约，这是向殿堂级演员致敬的一种表达。就在几个月前，在九十高龄之际，卢燕学长又一次登上舞台，在时长八个小时的话剧《如梦之梦》中扮演重要角色，让人们在时光穿越中，又一次感受到了艺术的传奇和美的永恒。她在荣获"世界华人榜终身成就奖"的典礼上说道："我希望可以一直演下去，因为舞台才是我的归宿。"不屈从于生计，不趋附于世俗，不向年龄认输，这就是梦想的力量，这就是梦想有成！卢燕曾说，如果我们追逐一份自己爱好并给自己带来乐趣的工作，这样的人生必定是快乐的。在这里，快乐成为梦想有成的标志。卢燕的执着、卢燕的快乐、卢燕的梦想有成，让

什么才是真正的成功？不同的人有不同的解释，但是作为学长，该给后来的学生们指明一个更高的选择，这也是成功，而且是每个人都可以达成且需要的成功。

我们更深地理解了梦想之于人生的伟大意义。同学们，希望大家也能像卢燕学长那样，始终珍视自己内心深处的梦想，勇敢地追求真正的快乐，收获内心的富足与充盈！

快乐、坚强、有成，其实都是再朴素不过的人生追求。它们之所以珍贵，就在于被梦想联系在了一起。我们珍惜梦想、追求梦想，是因为它关乎人的价值，关乎国家前途和人类的命运。

人要坚持梦想，大学也是一样。大学诞生于人类的梦想，以培养人、造就人为己任，尊重和发扬光大人类的梦想。大学又以真理的光芒照亮了人类的未来，给人类以梦想和希望。正是在这里，你们找到了交大人的追求，发现了交大人独立思考、追求真理、坚持梦想的力量。无论你们未来奔赴何方，无论未来的岁月如何千帆过尽，我都希望你们在心灵的最深处为梦想保留一个宁静的角落，永怀梦想，全力以赴，让人生像焰火绽放最璀璨的光芒！

同学们，相聚的时光总是还不够长。这四年大学生涯，相比百廿年交大不过沧海一粟，却定格了你们的青春。你们总说受够了宿舍旁

*殷殷期盼，谆谆教诲，长者的情怀令人动容。*

边的石楠花，却没发现那种你们熟悉的"校花"气味已悄悄变成了月桂的飘香；你们说进城的路途总是那么遥远，但在你们毕业之际，这个城市最繁华的街区——外滩为你们点亮；你们还在校园里迎来了全国高校第一条赛艇道，在离开之前亦可赛艇；你们经常说的一句话赋予了"吃在交大"的传说新的内容，"一言不合就开吃"——元旦的加餐券，私人订制的端午粽子，麻辣牛肉味的校徽月饼，这一点一滴都是让你们一生幸福的味蕾在发芽。

你们说："时光能把我们从交大带走，但带不走的是我们在这里的专属记忆。"撷英园中春华落，思源湖畔夏草长。你们把人生最美好的一段年华留给了母校，把那些青春的梦想和炽热的誓言镌刻在这里的一草一木之上。当此别离之时，母校要用最宽广的胸怀，最厚重的温暖，为你们启程点亮世界，为你们的未来衷心祝福！同学们，扬帆远航，去追逐梦想吧。梦想一定会让你们的人生绽放光芒！

对偶句的巧妙运用，既紧扣交大标志性的景物，又暗喻学生们的成长过程，引发现场毕业生们的美好回忆。

**学习提示**

  张杰校长的演讲词说透了人生快乐、坚强、有成的朴素追求与大学的本质精神、国家和人类使命的协同统一："快乐、坚强、有成，其实都是再朴素不过的人生追求。它们之所以珍贵，就在于跟梦想联系在了一起。我们珍惜梦想、追求梦想，是因为它关乎人的价值，关乎国家前途和人类的命运。"

  学习这篇演讲词时，一定要关注它独特的受众群体——即将毕业的大学生。请反复品读，梳理演讲者引发听众情感共鸣的方法，这能让即将成为演讲者的你受益匪浅。

# 2. 君子之养成

## ——1914 年 11 月 5 日在清华学校演说词

⊙梁启超

"君子"二字，其意甚广，欲为之诠注，颇难得其确解。唯英人所称"劲德尔门"（gentleman）包罗众义，与我国君子之意差相吻合。证之古史，君子每与小人对待，学善则为君子，学不善则为小人。君子小人之分，似无定衡。顾习尚沿传类以君子为人格之标准。望治者，每以人人有士君子之心相勖。《论语》云："君子人与？君子人也！"明乎君子品高，未易几及也。

英美教育精神，以养成国民之人格为宗旨。国家犹机器也，国民犹轮轴也。转移盘旋，端在国民，必使人人得发展其本能，人人得勉为"劲德尔门"，即我国所谓君子者。莽莽神州，需用君子人，于今益极，本英美教育大意而更张之。国民之人格，骎骎日上乎。

君子之义，既鲜确诂，欲得其具体的条件，亦非易言。《鲁论》所述，多圣贤学养之渐，君子立品之方，连篇累牍势难胪举。《周易》六十四卦，言君子者凡五十三。乾坤二卦所云尤为提要钩元。《乾·象》曰："天行健，君子以自强不息。"《坤·象》曰："地势坤，君子以厚德载物。"推本乎此，君子之条件庶几近之矣。

《乾·象》言君子自励，犹天之运行不息，不得有一曝十寒之弊。才智如董子，犹云勉强学问，《中庸》亦曰："或勉强而行之。"人非上圣，其求学之道，非勉强不得入于自然。且学者立志，尤须坚忍强毅，虽遇颠沛流离，不屈不挠，若或见利而进，知难而退，非大有为者之事，何足取焉？人之生世，犹舟之航于海。顺风逆风，因时而异，如必风顺而后扬帆，登岸无日矣。

且夫自胜则为强，乍见孺子入水，急欲援手，情之真也。继而思之，往援则己危，趋而避之，私欲之念起，不克自胜故也。孔子曰："克己复礼为仁。"王阳明曰："治山中贼易，治心中贼难。"古来忠臣孝子愤时忧国，奋不欲生，然或念及妻儿，辄有难于一死，不能自克者。若能摈私欲，尚果毅，自强不息，则自励之功与天同德，犹英之"劲德尔门"；见义勇为，不避艰险，非吾辈所谓君子其人哉！

《坤·象》言君子接物，度量宽厚，犹大地之博，无所不载。君子责己甚厚，责人甚轻。孔子曰："躬自厚而薄责于人。"盖唯有容人之量，处世接物坦焉无所芥蒂，然后得以膺重任，非如小有才者，轻佻狂薄，毫无度量，不然小不忍必乱大谋，君子不为也。当其名高任重，气度雍容，望之俨然，即之温然，此其所以为厚也，此其所以为君子也。

纵观四万万同胞，得安居乐业，教养其子若弟者几何人？读书子弟能得良师益友之熏陶者几何人？清华学子，荟中西之鸿儒，集四方之俊秀，为师为友，相蹉相磨，他年遨游海外，吸收新文明，改良我社会，促进我政治，所谓君子人者，非清华学子，行将焉属？虽然，君子之德风，小人之德草，今日之清华学子，将来即为社会之表率，语、默、作、止，皆为国民所仿效。设或不慎，坏习惯之传行急如暴雨，则大事偾矣。深愿及此时机，崇德修学，勉为真君子，异日出膺大任，足以挽既倒之狂澜，作中流之砥柱，则民国幸甚矣。

## 如何应对演讲时的突发状况

忘词。如果讲到一半忘了演讲词，一定不要紧张，直接跳到下面的题目，很可能根本没有人注意到你的失误。

停顿。停顿不是问题，不要总是想发声以填满每一秒钟。最优秀的演讲者会利用间隔的停顿来把他（她）的重点更清晰地表达出来。

发抖。如果你无法控制住发抖的身体，手里就不要拿纸张，因为手中的纸张会放大你发抖的程度。把手紧握成拳，或扶着讲台演讲，可以有效地控制颤抖。

不敢看听众。如果看听众的眼睛会让你紧张，那就看他们的头顶（听众不会发现的）。

# *3.* 每天四问（节选）

⊙陶行知

现在我提出四个问题，叫作"每天四问"：

第一问：我的身体有没有进步？

第二问：我的学问有没有进步？

第三问：我的工作有没有进步？

第四问：我的道德有没有进步？

**第一问："我的身体有没有进步？"**

首先，我们每天应该要问的，是"自己的身体有没有进步？有，进步了多少？"为什么要这样问？因为"健康第一"。没有了身体，一切都完了！我们必须继续建立"健康堡垒"。要建立健康堡垒，必须注意几点：

（一）"科学的观察与诊断。"科学是教我们仔细观察与分析，必要拿出科学上铁一般的证据来，才不致有错误的诊断，而损害了身体。所以提高科学的警觉性，是保卫生命的起码条件。最重要还是要用科学的卫生方法，好好地调节自己的身体，不使生病！科学能教我们好好地生活、生存！我们今后应该多提高科学的知能，向着科学努力，努力建立科学的健康堡垒，以保证我们大家的健康和生命。

（二）"饮食的调节与改进。"我这次去重庆，因事到南岸，会到杨耿光（杰）先生，杨先生提到德国对于儿童和青年的营养问题，是无微不至的。德国有一位大学教授，对于自己儿子的营养，说过这样一段话："我为什么有这样好的身体，可以担任这样繁重的事情？就是我的父母把我从小起的营养就调节配备得好，所以身体建筑得像钢骨水泥做的一样。身体建筑最好的材料是牛肉，所以我决定每天要给我的儿子吃半斤牛肉，一直到 25 岁，就能够把他的身体建筑成为钢骨水泥做成的一样，可以和我一样担任繁重的大事了。"纳粹德国政府，对于全国儿童及青年身体健康的营养，是无微不至，我们今天关于营养的问题提到德国，并不是要像纳粹德国一样，把儿童和青年的身体培养得坚实强健，然后逼送他们到前线上去当侵略者的炮灰！但是，这种注意新生一代的儿童和青年营养问题的办法，是值得注意的。苏联是社会主义的国家，对于儿童和青年的营养问题，也是无微不至的，所以它在一切建设上，在抵抗侵略上，到处都表现着活跃的民族青春的活力。其他许多国家政令中，亦多注意到儿童和青年的营养问题。我们在今天提出营养问题来，就是为着现在和将来人人能够出任艰巨。悬此为的，以备改进我们的膳食，为国家民族而珍重着每一个人的身体的健康。

（三）"预防疲劳的休息。""饱食终日，无所用心"，固然不对，但是过分的用功，过分的紧张劳苦工作，也于一个人身体的健康有妨害。妨害着脑力的贫弱，妨害着体力的匮乏，甚至于大病，不但耽误了学习和工作，而且减损及于全生命的期限！所以我在去年早已提出"预防疲劳的休息"问题，今天重新提出，希望大家时时提示警觉，预防疲劳，不致使身体过分疲劳。天天能在兴致勃勃中工作学习，健康必然在愉快中进步了。至于已经有人过分疲劳了，要快快作"恢复疲劳的休息"。适当的休息，是健身的主要秘诀之一，万不可忽略。忽略健康的人，就是等于在与自己的生命开玩笑。

（四）"用卫生教育代替医生。"卫生的首要任务在预防疾病。卫生教育就在于教人预防疾病，减少疾病。卫生教育做得好，虽不能说可以做到百分之百不生病的效果，但至少是可以减少百分之九十的病痛。其余在预防意料之外而发生的只有百分之十的病痛，可是已经是占着很少成分，足以见出卫生教育效力之大了。在建立"科学的健康堡垒"上多尽一份力量，便是在卫生教育施行上多一份力量，卫生教育胜利上多一份保证。大家都成为建立"科学的健康堡垒"的主要成员之一、健将之一，共同来保证"健康第一"的胜利。

第二问："我的学问有没有进步？"

其次，我们每天应该问的，是"自己的学问有没有进步？有，进步了多少？"为什么要这样问？因为"学问是一切前进的活力的源泉"。学问怎样能够进步？重要在有方法的研究。现在我想到有五个字，可以帮助我们学问易于进步。哪五个字呢？

第一个，是"一"字。"一"是"专一"的"一"。荀子说："好一则博。"这句话是很有精义的。因为有了一个专一的问题做中心，从事研究，便可旁搜广引，自然而然的广博起来了。我看世界名人学者对于治学的解释，尚少如此精约的，治学必须"专一"的"一"，这是天经地义的了。"专一"在英文为 Concentration，我们对于一件事物能够专心一意地研究下去，必然能够有一旦豁然贯通之时。所以我希望有能力研究的先生和同学，必须择定一个题目从事研究，即使是一个很小的问题，也可以研究出很深刻很渊博的大道理来，于人于己都可得到切实的益处，而且可能有大的贡献。

第二个，是"集"字。"集"是"搜集"的"集"。"集"照篆字的写法，好像许多钩钩一样。我们研究学问有了中心题目，便要多多搜集材料。我们便像"集"的篆写一样，用许多钩钩到处去钩，上下古今、左右中外地钩，前前后后、四面八方地钩，钩集在一起来，好细细研究。"集"字在英文为 Collection，我们有了丰富的材料，便可以原原本本地彻头彻尾地来研究它一个明明白白，才能够真正理解这个问题的症结所在，才能够"迎刃而解"，才能够收得"水到渠成"的效力。所以我希望大家对于每一个问题，都必须多多搜集材料，以便精深地精益求精地研究。在研究上发生力量，在研究上加强创造力量，集体创造，共同创造，在创造上建立起我们事业的新生命，树立起我们事业的新生机，稳定我们事业的新基础。

第三个，是"钻"字。"钻"是"钻进去"的"钻"，就是深入的意思。钻是要费很大的力量，才能够钻得进去，深入到里面去，看得清清楚楚，取得了最宝贵的宝贝。做学问虽不能像钻东西那么钻，但是能够用最好的方法，也可以很快钻进去。我在某国，参观一个金矿，他们开采的机器，是运用大气的压力来发生动力的。我见到他们开采的速度，是比现代所称的"电化"的电力，还不知要增加若干倍咧。我们做学问也是一样，如果我们能够在学术气氛中的大气压力下，发生动力去钻，一定能够深入到里面去，探获学问的根源奥妙与诀窍，而必有很好的收获。"钻"字在英文为Penetration，所以我希望大家对于一个问题拿定了，便要尽力向里面钻，钻出一大套道理来，使我们学术气氛有着飞跃的进步。

第四个，是"剖"字。"剖"是"解剖"的"剖"，就是"分析"的意思。有些材料钻进去还不够，必须解剖出来看它的真伪，是有用的还是有毒素的？以便取舍，消化运用。"剖"字在英文为Analyzation，所以我希望大家对于每一个问题搜集得来的材料，除了钻进深入之外，必须更加着意做一番解剖的功夫，分析入微，如同在解剖刀下，在显微镜下。看得明明白白，分析得清清楚楚，真的有用的没有毒素的就拿来运用；如果是假的有毒素的就舍去抛掉不用。如此，鉴别材料，慎选材料，自然因应适宜了。

第五个，是"韧"字。"韧"是"坚韧"，即是鲁迅先生所主张的"韧性战斗"的"韧"。做学问是一种长期的战斗工作，所以必须有韧性战斗的精神，才能够在长期战斗中，战胜许许多多困难，化除种种障碍，开辟出一条新的道路，走入新的境界。"韧"字在英文中尚难找得一个适当的字来翻译，勉强可以译为Toughness，所以我希望大家在做学问上，要用韧性战斗的精神，历久不衰地，始终不懈地坚持下去，终可达到"柳暗花明又一村"的境界。

我想我们每一个人能把"一""集""钻""剖""韧"五个字做到了，在做学问上一定有豁然贯通之日，于己于人于社会都有贡献。

**第三问："我的工作有没有进步？"**

再次，我们每天要问，是"自己担任的工作有没有进步？有，进步了多少？"为什么要这样问？因为工作的好坏影响我们的生活、学习都是很大的。我对于工作也提出几点意见，以供大家参考。

第一点最要紧的，是要"站岗位"。各人所负的责任不同，各人有各人的岗位，各人应该站在各人自己的岗位上，守牢自己的岗位，在本岗位上努力，把本岗位的职务做得好，这是尽责任的第一步。我最近在想，人人应该有"站岗位"的教育。站牢在自己的工作岗位上，教育自己知责任，明责任，负责任——教育着自己进步。

第二点最要紧的，是要"敏捷正确"。人常说，做事要"敏捷"，这是对的。但我觉得做事只是做到敏捷还不够，敏捷是敏捷了，因敏捷而做错了怎么办？所以敏捷之下必须加上"正确"二字，工作敏捷而正确才有效力。一件工作在别人做起来需要四小时，你只要二小时或三小时就做好了，而且做得很正确，这才算是工作的效力。工作怎样能够做得敏捷正确呢？这就要靠熟练与精细。粗心大意，是最易弄错弄坏事情的。做事要像做算术的演算一样，要演得快演得正确。

第三点最要紧的，是要"做好为止"。有些人做事，有起头无煞尾，做东丢西，做西丢东，忙过不了，不是一事无成，就是半途而废。我们做事要按照计划，依限完成，就必须毅力坚持，一直到做好为止。

第四问："我的道德有没有进步？"

最后，我们每天要问的，是"自己的道德有没有进步？有，进步了多少？"为什么要这样问？因为道德是做人的根本。根本一坏，纵然使你有一些学问和本领，也无甚用处。否则，没有道德的人，学问和本领愈大，就能为非作恶愈大，所以我在不久以前，就提出"人格防"来，要我们大家"建筑人格长城"。建筑人格长城的基础，就是道德。现在分"公德"和"私德"两方面来说。

先说"公德"。一个集体能不能稳固，是否可以兴盛起来，就要看每一个集体的组成分子，能不能顾到公德，卫护公德，来衡量它。如果一个集体的组成分子，人人以公德为前提，注意着每一个行动，则这一个集体，必然是日益稳固、日益兴盛起来。否则，多数人只顾个人私利，不顾集体利益，则这个集体的基础必然动摇，并且一定是要衰败下去！要不然，就只有把这些不顾公德的分子清除出这个集体，这个集体才有转向新生机的希望。所以我们在每一个行动上，都要问一问是否妨碍了公德，是否有助于公德。妨碍公德的，没有做的即打定决心不做，已经开始做的，立刻停止不做。若是有助于公德的，大家齐心全力来助他成功。

再说"私德"。私德不讲究的人，每每就是成为妨害公德的人，所以一个人私德更是要紧，私德更是公德的根本，私德最重要的是"廉洁"，一切坏心术坏行为，都由不廉洁而起。由私德的健全，而扩大公德的效用，来为集体谋利益，则我们的学校必然地到了四周年，是有一种高贵的品德成绩表现出来。

我今天所讲的"每天四问"，提供大家作为进德修业的参考。如果灵活运用地行到做到，必然可以见出每一个人身体健康上有着大的进步，学问进修上有着大的进步，工作效能上有着大的进步，道德品格上有着大的进步，显出"水到渠成"的进步，而有着大大的进步。

### 演讲与朗诵的区别

范畴不同。演讲属精神实用艺术，侧重于宣传；朗诵属表演艺术，侧重于使人欣赏。

选材不同。演讲的内容有很强的现实性、时代性；朗诵的材料往往超越现实，跨越时代。

语言风格不同。演讲讲究激情，语言多偏重于口语化，是生活化了的舞台语言、舞台化了的生活语言，且一定要有激情点（高潮）；朗诵追求意境，其语言属于舞台表演的语言。

表现方式不同。演讲者要注重控制情绪，最好的演讲者是他（她）的眼泪在眼眶里，而听众的眼泪在脸上；朗诵者则应沉浸在朗诵情境中，用自己饱满的情绪感染听众，引发共鸣。

# 4. 腹有诗书气自华（节选）

◎刘迪生

同学们：

大家下午好！

在这个收获的季节，首先祝贺同学们一路披荆斩棘，挥别备战高考的压力，踏上人生新的征程。

广州以它秀丽的自然风景、深厚的人文底蕴欢迎你们的到来，欢迎你们来到岭南占地面积最广的学府、全国重点学府华南农业大学。

今天的你们意气风发，令人骄傲。诸位接下来的四年乃至更多的时光将在这诗情画意的环境中进行系统的汉语言文学专业的学习。在博大精深的语言与文学世界中遨游，实在是一件令人羡慕的事。

不论是何种目的、何种选择、何种机缘让我们今天相聚于此，相信有一点是毋庸置疑的，那就是你们对汉语言文学世界的兴趣，我相信，这也将是你们携手共进的基础。

文学修养是个人涵养的底蕴，特别是中国文学包罗万象，集音乐性、审美性、艺术性于一体。"人生如果没有一点儿文学修养的境界，是很痛苦的"（南怀瑾），在文学这座宝库中，诸位可以获得的，绝不仅止于四年后亮眼的成绩或是出口成章、引经据典的才情，更是我们人生路途中的心安之处和精神家园。在座诸位来自五湖四海，不同的乡音、不同的生活习惯、不同的追求和理想丰富了大学的校园，共同的气场和向往坚实了你们追寻的脚步。

岭南这片土地，从远古图腾到近代商业文明的肇始之地，它是海上丝绸之路的起点，山林孕育了客家人内敛深沉，阔海赋予潮汕人以开拓进取，濒临港澳的地理优势让十三行商人叱咤于近代史，得风气之先，开时代之蒙。它在"南蛮边地"高执文明开化的火把，为前行的中国照亮了道路。先哲圣贤沿着历史的卷轴向我们走来，康有为、梁启超、孙中山等先哲的思想永远闪烁；韩愈、苏东坡等古贤更为这种光亮铺就了人文的底蕴。虎门销烟的轰鸣声震醒了东方睡梦中的雄狮，使其在世界民族之林发出了不屈的怒吼。岭南文化的先进性、责任感和包容性，造就了一批时代先锋。

我们这个时代，面对生命，人类既在科学上又在精神上处于十字路口。在这片非凡的热土上，有许多非凡的故事，也等待你们在未来的学习中去认识和发掘。而此刻，你们一张张年轻的、充满朝气的脸上写满了好奇与希望，让我更加坚信：后生可畏、未来可期，你们一定会在这片热土上写下属于自己的新的篇章。

# 一、阅读，扩大阅读半径

腹有诗书气自华，读书如润物细无声。学习是点滴积累的过程，而广泛的阅读、独立深刻的思考是我们在这一积累过程中所要建立起来的最根本的能力。读书是一件"润物细无声"的惬意之事，读书又是一件非常个人的事情。它弥补了现实生活对于人们内心的销蚀，使我们无论做什么事情，都能保持人格的独立与内心的自由。它使我们保持一个阔达的视野，不至于在蝇营狗苟的琐碎生活中遗忘了生活的本质，让我们在内心之中永远为"诗和远方"空出一片田地，那是我们精神的抚慰、心灵的港湾。因为阅读，我们拥有了一双更加真挚真诚的眼睛去观察世界。

我们在阅读和写作中常常提到一个词——"灵感"。什么是灵感呢？灵感"妙手偶得之"，然而这种偶然，离不开长期、广泛的阅读与独立的思考。站在人生新的起点之上，你们的未来充满了可能与未知，广泛的阅读能帮助我们找到兴趣所在与方向。"学而不思则罔，思而不学则殆"，独立的思考则是将我们由读书而得来的知识、未来的方向与可能转化为应对社会的能力，是"我"之所以成为"我"的重要标识。相信在座诸位的脑海中，都会对一本书印象深刻，而且对自己影响深刻，这背后，也定会有一个属于每个人的阅读故事。读过古今经典，就是站在了古贤今哲的肩上，肯定高人一头。自古"文无第一、武无第二"。即使是同一本书、同一个人阅读，也会因境遇、心态、时间等诸多因素而有不同的况味。我更不能将个人的阅读体验普适化，只是借今天这样一个机会、借这样一个阅读心得，跟大家交流一下。

我有一位老师特别推崇《聊斋》。我很小的时候就读到了蒲松龄先生的《聊斋》，书里的鬼怪狐妖的故事无不渗透着作者对人性、对世界的理解。《聊斋》对我一生的影响是：它让我体认到了人生的底色——良知、美好与温暖。我也非常感恩我很敬重的一位老师在我进入文学之前对我的鼓励：要升华自己的艺术造诣，通读、精读《聊斋》不失为一个很好的方法，并且先后给我分享了《聊斋》的两个版本。

一入《聊斋》那狐妖鬼魅、花木精怪的世界，我就被其可爱与至情至性所吸引：红玉、小翠、小谢、莲香、婴宁、宦娘、神女、青凤、娇娜、连琐、黄英、巧娘、书痴、陆判、乐仲、叶生、贾奉雉、白于玉……人物之美，人情之暖，人性之美，美不胜收，妙不可言，美到极致！

文学首先是为人的艺术。一部文学作品的艺术标高，不过是它的美学（情怀）追求罢了。无论其主题的宏大与细微，抑或后现代碎片化的书写，人文关怀始终是文学得以历久弥新、保持鲜活生命力的关键所在。文字的想象成分与其合理性及其带给读者的阅读与审美体验，是衡量一部作品的重要因素。它或是韩愈虽处贬地不改初心的坚守，或是东坡居士一路走低的人生境遇中的慰藉，是李白文人与侠士精神的统一，是杜甫家愁国恨的挥写，是鲁迅身处"黑暗之屋"中的焦虑，是失意士子的情感表达。而《聊斋》，是蒲松龄先生在那个讲究门当户对、鼓吹"女子无才便是德"的年代，借狐鬼故事，高扬起爱的大纛，为我们描绘了一大批烂漫可爱、至情至性的女性，仿佛让我看到了一个斗士，挥舞着大刀，在封建社会对女性压抑的战场上杀伐决断，给阴霾千年的东方一抹璀璨的朝霞，惊心动魄。我想，文学对人性的表达是无边界的，西方文艺复兴，不就是对人性、生活与爱情的赞歌吗？生于明末，长于清初，偃塞于禁锢与压抑的蒙昧之中，先生却秉笔而书，《鬼隶》《韩方》《林氏》《鬼哭》《野狗》《张氏妇》……以退为进，借狐妖仙怪精灵鬼魂，为自己打开了一个自由且广阔的书写空间，给后人留下的民族之痛和精神之光，若今天的我们不能从这些幻化出的虚幻真假的作品中体悟先生之良苦用心，实在是东方士林文化的陆沉与悲哀。

新文化运动提倡白话文，"书""话"同体的意义与作用堪比秦皇"三同"（书同文、车同轨、衡同度）之功。如果从这个层面来谈文字、文学的话，以我的古典文学阅读经历，窃以为蒲翁以灵巧生花之笔，将汉语言的博大精深与写意的魅力，巨臂抟沙般地演绎得酣畅淋漓。描鬼画妖，不离人性，可比书法艺术之"篆籀之笔"；情节跌宕与细腻表达，不失趣味；文白相宜，惟妙惟肖，凝练雅洁之中深藏平易清新之美。而叙事白描文字的简洁与典雅，准确与凝练，厚重与张力……古典小说的文学语言，在先生这里可谓字字珠玑，读来满齿芳华。

读书并不仅仅是"多多益善"，还在于如何将作家的表达通过独立思考吸收、融入自己的认知体系之中，从而形成自我看待事物的逻辑体系。"学而不思则罔"，而且如果不加选择地"泛"读，可能就会有不好的影响。你们已经是满腹经纶的大学生，不能没有自己的思考。

从王国维先生 "凡一代有一代之文学……皆所谓一代之文学，而后世莫能继焉者也"到胡适先生"一时代有一时代之文学"，我们在学习、阅读的过程中，也要抱着这样一种文学史观，这并非是说我们要否认历史，而是以一种发展、动态的视野来理解文学的发展，要有区分文学的时代性与普适性的自觉。

知识能够改变一个人的精神面貌，塑造一个人的性格。对此，我的理解是，书本本身并不具有这样的力量，否则我们的教育停留在"灌输式"就可以了，但当它被我们转化为自己的能力之后，它便具有了这样的价值。

知识可以提高一个人在品德、眼界、认知、修养、审美等方面的水平。我建议大家多读纸质的书。电子书方便、涵盖面广，但相信大家都有这样的经验：看完之后，能够记住的并不多。电子书更适合碎片化、即时性的阅读。

多读中外名著。并非由于我对名著的偏爱，而是大家目力所及的范围内，名著经过了时间的检验与筛选，更具有我前面所说的普适性。正如理想，它往往是稍高于我们当下能力的，这样才有探索的空间。经典之所以成为经典，在于它们具有见证时代而历久弥新的生命力。当然，网络阅读并非一无是处，它有其资料、范围、容量的优势，但并不能解决人类本质上的空虚和焦虑，而阅读是一生的，"吾生也有涯而知也无涯"，在阅读中与智者相遇、对话，是人类得以不断向前的永恒动力。

我们无法决定自己的人生起点，但因为学习，我们可以改变自己人生所能达到的高度。后天的努力靠的是个人的勤勉和专注，靠我们认真学习，专心读书。

## 二、文学创造新的世界

从古希腊神话到如今各种各样的现代艺术，从《山海经》到莫言等作家的现代写作，文学作为一种精神产物，都是一种极具个人化的自由创作活动，为人类提供一种真与善、丑与恶的评判和认知坐标。如果没有文学，人类将无法意识到《巴黎圣母院》中卡西莫多丑陋外表下的善良，亦无法从道貌岸然的克罗德神父身上审视自我。如果没有文学，我们的生活将无法通过福尔摩斯这一虚构的侦探人物感受裹藏在表象下的真实世界的复杂……

文学创造新的世界，还在于它推动着人类在不断地精神内审、内省中，提高对外部世界的认知，从而以一个个文明推动整个社会的发展。同时，文学又以它极具个性化的创作使一个个国家、民族独立于他者，从而构成了多彩缤纷的世界，为后来的人们提供更大、更宽阔的探索与思考空间。

文学是人学、生命之学。不管是蒲松龄先生笔下的狐鬼，还是莎士比亚剧中的爱情故事，都是生命的颂歌与绝唱；一切藐视生命、歌颂死亡的文字，不管其多么催人泪下，窃以为都是宗教教化，与文学毫无关系。未来的创作者，面对着更加复杂的国际环境与纷繁变化的"时代主题"，在这种社会语境下的创作，对创作者选择何种姿态进行创作提出了更高的要求，写什么、怎么写都是值得我们深思的问题。文艺创作虽无框架束缚，但作为创作者却一定要有表达的底线，如果丧失了这一点，网络暴力、语言暴力将会使文学的创作成为一把利剑刺向人类自身。正如法国化学家巴斯德所说，"科学没有国界，但科学家却有自己的祖国"，艺术家的创作与选择，也要靠他们的这种人文关怀与家国担当。先贤的文学创作已经为我们点亮了未来的路，我们当努力前行；艺术家当以创作承担起文明的创造，对真、善、美的追求。

我的生命与文学创作，因岭南这片热土的给养而充满了惊喜，让我一次次在文学的世界中与真、善、美相逢，也给了我继续创作的动力与信心。而今天的你们所面临的，是它对你们的无限期待，为你们提供的无限可能。愿这四年的青春时光，能够成为你们未来路途上疲倦时的港湾、焦虑时的慰藉、动摇时的支持，望你们相互帮扶，不负韶华。

一个人的生命价值与容量，与岁月的长短无关。在时间的行囊里，充满着白驹过隙和地久天长的悖论，如何使其丰满、立体，希望你们在大学中能够找到答案。

每个人的成长轨迹都是一个时代的缩影与见证。人无法独立于社会、国家之外而生存，无论何时，希望你们谨记：

一是不能忘记母亲和故乡，因为母亲和故乡赐予我们生命；

二是不能忘记母校和老师，因为母校和老师滋养我们的心灵；

三是不能忘记祖国和民族，因为祖国和民族带给我们尊严。

# 5. 说说做人

⊙谭　谈

人生在世，最难做好的是做人。

人生在世，最应该做好的是做人。

当你以一声啼哭向这个世界报到，你便开始做人了。从此，你的一切活动，一切行为，一切思维，一切社会交往，概括起来，就叫作做人。一句话，从生到死，生命的分分秒秒，都是在做人。

做人难，难做人。每朝每代，多少人曾发出过这样的感叹！

从猿过渡到人后，我们的先祖就开始了这一个课题：做人。一代一代的人繁衍生息；一代一代人总结了他们做人的经验。于是，就有了我们这个伟大民族的优良传统。助人为乐，成人之美，诚以待人，严以律己，刚正不阿，疾恶如仇，虚怀若谷……这一切前人的人生美德，是我们做好人的最重要的养料。我们一定要认真学习，积极汲取。

社会，是人活动的广阔舞台。人，在这个舞台上，扮演着各种各样的角色。家庭是社会的细胞，做人，首先是从家庭这个小舞台开始。在父母面前，做一个好孩子；在孩子面前，做一个好父母；在妻子面前，做一个好丈夫；在丈夫面前，做一个好妻子；在弟妹面前，做一个好兄姐；在兄姐面前，做一个好弟妹……家庭，仅仅是做人的一个小侧面，做人的广阔天地是社会，要认真扮演好社会赋予你的各种角色。

也许你是普通职工，也许你是领导干部，也许你是革命军人，也许……然而，你是不是扮演好了这些社会角色？在上级面前，是不是一个好下级？在下级面前，是不是一个好上级？在同事面前，是不是一个好同事？如果你把人生各个阶段、各个场合的各种各样的角色都扮演好了，你大概就把人做好了。

做好人，当然要克己。人是有私欲的，要随时随地向自己可能冒出的私心恶念开战。

任何社会，都积极倡导做好人。社会制度为人们规范了许多行为准则，制定了许多法律条文，树立了许多做人的榜样。作为一个社会人，一定要遵守社会的法律法规。守法，是做好人的重要条件。

人，一定要有信仰，要有理想。理想是人生的风帆，是做人的灵魂。

在外国人面前，不要有媚态，不要丢中国人的丑，要有国格。在上级面前，不要唯唯诺诺，溜须拍马，要有人格。在下属面前，不要耍威风，要不耻下问。对强者要硬，要有骨气。对弱者要帮，要富于爱心……作为领导，要求群众做到的，自己先做到；自己想得到的，让群众先得到。

要做好人，但不能做老好人。老好人是败坏社会风气的。对丑恶的社会现象，要敢于挺身而出。对恶人，不能心慈手软。我们的祖先，给我们留下了一个东郭先生的故事，那是我们做人的另一面镜子。

做人难，难做人。正因为如此，祖先才给我们留下了另一句话："人无完人。"我认为，这主要是教导我们用宽容的态度看待别人。对人不要求全责备。而我们自己，不能因为有"人无完人"之说，就原谅自己，而不去争取做好人。前人又说："说起来容易，做起来难。"做事是这样，做人更是如此。让我们一点一滴地做，尽可能地把人做得好一点吧！

# 单元学习任务

## 任务一

阅读下面三篇演讲词，分别归纳总结出演讲者希望听众做出怎样的选择。

| 演讲词 | 选择 |
| --- | --- |
| 梦想，让人生绽放光芒——在2016届本科生毕业典礼上的演讲 | |
| 每天四问（节选） | |
| 腹有诗书气自华（节选） | |

## 任务二

演讲稿之所以能震撼人心，是因为其中有让人印象深刻、起到振聋发聩作用的句子。请从本单元四篇演讲词中选择最能打动你的两个句子，并从形式和内容上分析这两个句子能震撼你的原因。

第四单元

# 学习演讲词·大师之言

　　回望历史的长廊，大师们的形象熠熠生辉；聆听历史的声音，大师们的箴言振聋发聩。本单元所选演讲词的作者都是彪炳史册的大师，他们身上所体现出的崇高人格和爱国情怀，激励着无数的热血青年奋勇向前。现在，就让我们回溯百年，感受那一个个光辉的形象，聆听他们的肺腑之言吧！

　　阅读本单元的演讲词，要特别关注演讲者是如何围绕主题来构思、组织内容的，还要仔细品味不同演讲词的语言特点，学习演讲者是如何增强演讲的感染力和说服力的。

# 1. 在厦门大学送别会上的讲演

◎鲁　迅

今天你们特地为我开了这个盛大的送别会，使我感激，也使我惭愧。因为我在这里，一学期以来，都没有什么好的贡献，而且懒惰，工作不认真，对同学不够热情，真是抱歉之至。尤其刚才听了主席代表同学对我褒奖的话，更加使我汗颜。我不但没有刚才同学代表说的那种美德，而且过去在北京，那些"正人君子"，早就给我起一些"学棍""土匪""暴徒"等等的尊号了。今后，我实在也不能担保人们，不会再加我以"小偷"的罪名。

同学们，同事们：要过好的生活，就必须斗争。去年在北京，我过的生活，有女师大风潮的斗争，有五卅惨案的斗争，有段祺瑞惨杀爱国学生的斗争。我在斗争中失败了，逃到厦

开场白，开门见山，直奔主题。

这里讲述自己的经历，更具有感染力和说服力。

门来，躲在这里，一学期过去了，我觉得自己的斗争对象没有了，常常感到空虚，无聊，甚至于有莫名其妙的哀愁。我吃了饭就编讲义，编讲义就又吃饭。吃饭编讲义，都是对的，必要的，但是这样生活，也就够无聊了。我想换个地方，到广州去，与那里的创造社，建立联合战线，再向旧社会挑战，再与那些"正人君子"们周旋到底。

你们在这平静的厦门，也并非无事可做。旧习惯如不讲究卫生，旧风俗如迷信拜菩萨，旧思想如崇拜金钱，都需要你们去破除，去革命，去建设。革命建设，要看到全面。你们应该记得吧，前些日子，厦门海军的飞机，在演武场的高空，盘旋了好久。那时，我抬头一看，碧蓝的天空有飞机在翱翔，演武场的南面有耸入云际的无线电台，北面有厦门大学的一整排巍峨的花岗石洋楼，构成一幅美丽悦人的图画。但是你们若走到市区水仙宫一带去看，就会看到那污浊惊人的街道，你们若走到镇南关附近一带去看，就会看到蒿目伤心的荒冢，和我们这里演武场天空所看到的正成相反的对照。可知"选集"不能代表全部著作，一小块美丽的天空，不能代表整个地方的整齐清洁。你们要时时关心，看到社会的全面，不要只看它的片面。要提倡公共卫生，提倡整顿市容，对于一切不良现象，要给以匡正，给以改革，尽了国民的天职，做到可以称为有活跃生命的革命人。

这里以小见大，从环境的对比推进到社会的全貌。

你们要注意社会世事，也要关心国家大事。我们的国家，自从辛亥革命推翻清统治以来，已经十多年，还是百孔千疮，换汤不换药。我亲眼看过辛亥革命，看过二次革命，看过袁世凯称帝，看过张勋复辟，看得厌了，看得悲观消极起来。但是我们幸而有孙中山先生，他站出世间来就是革命，他革命失败了还是革命。他要把革命的工作，进行到完全的成功，实现大同世界的理想。他主张"联俄、联共、扶助农工"三大政策。他痛恨辛亥革命的失败，告诉我们："十月革命是全人类的救星，十月革命的成功为全人类生出了很大的希望。"现在全中国的人民正在实行孙中山先生的教导，为救祖国，救全人类，与北洋军阀作殊死战，进行伟大的革命。革命必定成功，曙光就在眼前。

我们的国家是有古文化的国家，我们中国的人民是勇敢勤劳的人民。我们中国人民，受封建统治的压迫，受"吃人"礼教的毒害，已有几千年。内忧未已，外患又来。帝国主义者，明吞暗剥，侵犯我们的领土主权。它的走狗们，又引狼入室，为虎作伥，残害自己的同胞。灭自己志气，长他人威风，那些凶恶的军阀干得出，那些无耻的"正人君子"做得出，可是他们的末日已经到来了。你们青年学生是爱国的，是有为的，是热血的革命者。你们在拿枪杆子葬送这些凶恶无耻的败类之后，还要拿起斧头和锄头，从事祖国伟大的建设，实现孙中山先生"三大政策"的革命志愿。

1927 年 1 月 4 日

想象鲁迅先生的表情、语气，你能感受到他对青年学生的热切期望吗？

# 2. 在萧红墓前的五分钟讲演

◎郭沫若

年轻的朋友们：

讲演对于我倒不是件难事，然而要不多不少恰好"五分钟"，却使我感到困难。而主席又只要我作"五分钟"的滩头讲演，让你们好早点跳下海去，作你们的青春之舞泳。

我想，本来我可以这么开始我的讲演："各位先生，各位女士，请大家沉默五分钟！"于是当大家沉默到五分钟的时候，我便说："沉默毕，我的讲演完了。"

大家假如要反诘我："你向我们作五分钟的讲演，为什么叫我们沉默五分钟呢？"我可以理直气壮地回答："朋友，人们不是说'沉默胜于雄辩'吗？"

本来我可以这么开始我的讲演的，但是当我听了前面一位先生两分钟的讲演，太漂亮了！他说："人民的作家萧红女士一生为人民解放事业奔走，到头来死在这南国的海边，伙伴们把她埋在这浅水湾上，今天，围绕在她周围的都是年轻人，今后的日子里，不知有多少年轻人来围绕着她。朋友们！我们是年轻人，我们没有悲伤，我们没有感慨，请大家向萧红女士鼓掌。"太好了，我的五分钟讲演只好改变计划了，让我把年轻人引申来说一下吧。

年轻人之所以为年轻人，并不是单靠着年纪轻，假如是单靠年纪轻，我们倒看见有好些年纪轻轻的人，却已经成了老腐败，老顽固，甚至活的木乃伊——虽然还活着，但早已死了，而且死了几千年。

反过来我们在历史上也看见有好些年纪老的人，精神并不老，甚至有的人死了几千年，而一直都还像活着的年轻人一样。所以一个人的年轻不年轻，并不是专靠着生理上的年龄，而主要的还是看精神上的年龄。便是"年轻精神"充分的，虽老而不死；"年轻精神"丧失的，年虽轻而人已死了。

那么，什么是年轻精神的品质呢？

第一，是真理的追求者。他是一张白纸，毫无成见地去接受客观真理；他如饥似渴地请人指教，虚心坦怀地受人指教；他肯向一切学习，以养成他的智慧。这是年轻精神的第一特征。

第二，是博爱的实践者。他大公无私，好打抱不平，决不或很少为自己打算，实切实地有着人饥己饥、人溺己溺①的怀抱，而为他人服务。这是年轻精神的第二特征。

第三，是勇敢的战士。他不怕任何艰难困苦，他富于弹性，倒

---

① 人饥己饥、人溺己溺：把别人饥饿看作自己饥饿，把别人被淹没看作自己被淹没。比喻设身处地，急他人之所急，替他人着想。

下去立刻跳起来，碰伤了舐干①血迹，若无其事，他以牺牲自我的意志征服一切。这是年轻精神的第三特征。

这三种年轻精神的特征，每一个年轻人都是有的，假如他把这些特征保持着，并扩大着，那他便永远年轻，就是死了也还年轻；假如他把这些特征失掉，比如年纪轻，便做狗腿子的事，那他不仅不年轻，而且老早是一个死鬼了。

就在这样的认识之下，我们向"年轻精神"饱满的青年朋友们学习，使自己年轻，使中国年轻！

---

① 舐（shì）干：舔干。

# 3. 怎样阅读（节选）

◎夏丏尊

前天我曾对中学生诸君讲过一次话，题目是"阅读什么"。今天所讲的，可以说是前回的连续题目，是"怎样阅读"。前回讲"阅读什么"，是阅读的种类，今天讲"怎样阅读"，是阅读的方法。

"怎样阅读"和"阅读什么"一样，也是一个老问题，从来已有许多人对于这问题说过种种的话。我今天所讲的也并无前人所没有发表过的新意见、新方法，今天的话是对中学生诸君讲的，我只希望我的话能适合于中学生诸君就是了。

我在前回讲"阅读什么"的时候，曾经把阅读的范围划成三个方面：第一是关于职务的书，第二是参考的书，第三是趣味或修养的书。中学生的职务在学习，中学校的课程，中学校的各科教科书属于第一类；学习功课的时候须有别的书籍做参考，这些参考书属于第二类；在课外选择些合乎自己个人趣味或有关修养的书来阅读，这是第三类。今天讲"怎样阅读"，也仍想依据这三个方面来说。

先讲第一类关于诸君职务的书，就是教科书。摆在诸君案头的教科书有两种性质可分，一种是有严密的系统的，一种是没有严密的系统的。如算学、理化、地理、历史、植物、动物等科的书，都有一定的章节，一定的前后次序，这是有系统的。如国文读本、英文读本，就定不出严密的系统。一篇韩愈的《原道》可以收在初中国文第一册，也可以收在高中国文第二册；一篇富兰克林的传记，可以摆在初中英文第三册，也可以摆在高中英文第二册。诸君如果是对于自己所用着的教科书留心的，想来早已知道这情形。这情形并不是偶然的，可以说和学科的性质有关。有严密的系统的是属于一般的所谓科学，像国文、英文之类是专以语言文字为对象的，除文法、修辞教科书外，一般所谓读本、教本，都是用来作模范作练习的工具的东西，所以本身就没有严密的系统了。教科书既然有这两种分别，阅读的方法就也应该有不同的地方。

如果把阅读分开来说，一般科学的教科书应该偏重于阅，语言文字的教科书应该偏重在读。一般科学的教科书虽也用了文字写着，但我们学习的目标并不在文字上。譬如说，我们学地理、学化学，所当注意的是地理、化学书上所记着的事项本身。这些事项除图表外还用文字记着，但我们不必专从文字上记忆揣摩，只要从文字去求得内容就够了。至于语言文字的学科就不同，我们在国文教科书里读到一篇文章——假定是韩愈的《画记》，这时我们不但该知道韩愈这个人，理解这篇《画记》的内容，还该有别的目标，如文章的结构、词句的式样、描写表现的方法等等，都得加以研究。如果读韩愈的《画记》，只知道当时曾有过这样的画，韩愈曾写过这样的一篇文章，那就等于不曾把这篇文章当作国文功课学习过。所以阅读两个字不妨分开来用，一般科学的教科书应懂它的内容，不必从文字上去瞎费力，只要好好地阅就行，像国文、英文两门是语言文字的功课，应在形式上多用力，只阅不够，该好好地读。

不论是阅或是读，对于教科书该毫不放松，因为这是正式功课，是诸君职务上的工作。有疑难，得去翻字典；有问题，得去查书。这就是所谓参考了。参考书是为用功的人预备的，因为要参考先得有参考的项目或问题，这些项目或问题，要阅读认真的人才会从各方面发现。这理由我在前回已经讲过，诸君听过的想尚还能记忆，不多说了。现在让我来说些阅读参考书的时候该注意的事情。

第一，我劝诸君暂时认定参考的范围，不要把自己所要参考的项目或问题抛荒。我们查字典，大概把所要查的字或典故查出了就满足，不会再分心在字典上的。可是如果是字典以外的参考书，一不小心，往往有辗转跑远的事情。举例来说，你读《桃花源记》，为了"乌托邦思想"的一个项目，去把马列斯的《理想乡消息》来作参考书读，是对的，但你得暂时记住，你所要参考的是"乌托邦思想"，不是别的项目。你不要因读了马列斯的这部《理想乡消息》就把心分到很远的地方去。马列斯是主张美术的，是社会思想家，你如果不留意，也许会把所读的《桃花源记》忘掉，在社会思想啊、美术啊等的念头上打圈子，从甲方面转到乙方面，再从乙方面转到丙方面，结果会弄得头脑杂乱无章。我们和朋友谈话的时候，常有把话头远远地扯开去，忘记方才所谈的是什么的。这和因为看参考书把本来的题目抛荒，情形很相像。懂得谈话方法的人，碰到这种情形常会提醒对方把话说回来，回到所要谈的事情上去。看参考书的时候，也该有同样的注意，和自己所想参考的题目无直接关系的方面，不该去多分心。

第二，是劝诸君乘参考之便，留意一般书籍的性质和内容大略。除了查检字典和翻阅杂志上的单篇文字以外，所谓参考书者，普通都是一部一部的独立的书籍。一部书有一部书的性质、内容和组织式样，你为了参考，既有机会去见到某一部书，乘便把这一部书的情形知道一些，是并不费事的。诸君在中学里有种种规定要做的工作，课外读书的时间很少，有些书在常识上、将来应用上却非知道不可，例如，我们在中学校里不读《二十五史》《十三经》，但《二十五史》《十三经》是怎样的东西，却是该知道的常识。如果你读历史课，对于"汉武帝扩展疆土"的题目，想知道得详细一点，去翻《史记》或是《汉书》，这时候你大概会先翻目录吧；你翻目录，一定会见到"本纪""列传""表""志""书"等的名目，这就是《史记》或《汉书》的组织构造。你读了里面的《汉武帝本纪》一篇，或全篇里的几段，再把这些目录看过，你就算是对于《史记》或《汉书》发生过关系，《史记》《汉书》是怎样的书，你可懂得大概了。再举一个例子来说，你从植物学或动物学教师口头听到"进化论"的话，你如果想对这题目多知道些详细情形，你可到图书馆去找书来看。假定你找到了一本陈兼善著的《进化论纲要》，你可先阅序文，看这部书是讲什么方面的，再查目录，看里面有些什么项目。你目前所参考的也许只是其中一节或一章，但这全书的概括知识，于你是很有用处的。你能随时留心，一年之中，可以收得许多书籍的概括的大略知识，久而久之，你就知道哪些书里有些什么东西，要查哪些事项，该去找什么书，翻检起来，非常便利。

以上所说的是关于参考书的话。参考书因参考的题目随时决定，阅读参考书的时候，要顾到自己所参考的题目，勿使题目抛荒，还要把那部书的序文、目录留心一下，记个大略情形，预备将来的翻检便利。

以下应该讲的是趣味修养的书，这类的书，我在上回曾经讲过，种数不必多，选择要精。一种书可以只管读，读到厌倦才止。这类的书，也该尽量地利用参考书。例如：你现在正读着杜甫的诗集，那么有时候你得翻翻杜甫的传记、年谱以及别人诗话中对于杜诗的评语等的书。你如果正读着王阳明的《传习录》，你得翻翻王阳明的集子、他的传记以及后人关于程、朱、陆、王的论争的著作。把自己正在读着的书做中心，再用别的书来做帮助，这样，才能使你读着的书更明白，更切实有味，不至于犯浅陋的毛病。

关于阅读两个字的本身，尚有几点想说说。我方才曾把教科书分为两种性质，一种是属于一般的科学的，有严密的系统，一种是属于语言文字的，没有严密的系统。我又曾说过，属于一般科学的该偏重在阅，属于语言文字的，只阅不够，该偏重在读。现在让我再进一步来说，凡是书都是用语言文字写成的，照普通的情形看来，一部书可以含有两种性质：书本身有着内容，内容上自有系统可寻，性质属于一般科学；书是用语言文字写着的，从形式上去推究，就属于语言文字了。一部《史记》，从其内容说是历史，但是也可以选出一篇来当作国文科教材。诸君所用的算学教科书，当然是属于科学一类的，但就语言文字看，也未始不可为写作上的参考模范。算学书里的文章，朴实正确，秩序非常完整，实是学术文的好模样。这样看来，任何书籍都可有两种说法，如果就内容说，只阅可以了，如果当作语言文字来看，那么非读不可。

## 让演讲更有感染力的要诀

把握语速。我们讲话是通过声波传播的，而声波转瞬即逝，因此演讲时说话速度不可太快。一般的发言大约为200字/分钟，最快不能超过280字/分钟。

整体协调。演讲时，语言、声调、体态、动作要综合考虑，如果语调没有变化，声音就是单调的；如果没有加一点儿体态语，表达就是不生动的。因此，演讲者要调动面部、手足等各个部位的积极性，使之与声音配合来完成演说内容，要有整体感、协调感。如果你想表达出蕴藏在内心的激情，讲话不仅应该有抑扬顿挫，还应配合动作手势。如：双手握拳，作激动状；说到关键处，双目凝视，深深叹息；皱紧双眉作痛苦状；抬头仰望天空；等等。但注意肢体动作要少而精，自然舒展，切忌夸张造作。

# 4. 今日青年之弱点 ①

◎章太炎

现在青年第一个弱点，就是把事情太看容易，其结果不是侥幸，便是退却。因为大凡做一件事情，在起初的时候，很不容易区别谁为杰出之士，必须历练许多困难，经过相当时间，然后才显得出谁为人才，其所造就方才可靠。近来一般人士皆把事情看得容易，亦有时凑巧居然侥幸成功。他们成功既是侥幸得来，因之他们凡事皆想侥幸成功。但是天下事哪有许多侥幸呢？于是乎一遇困难，即刻退却。所以近来人物一时侥幸成功，则誉满天下；一时遇着困难废然而返，则毁谤丛集。譬如辛亥革命侥幸成功，为时太速，所以当时革命诸人多半未经历练，真才不易显出。诸君须知凡侥幸成功之事，便显不出谁是勇敢，谁是退却，因之杂乱无章，遂无首领之可言。假使当时革命能延长时间三年，清廷奋力抵抗，革命诸人由那艰难困苦中历练出来，既无昔日之侥幸成功，何至于有今日之纷纷退却。又如孙中山之为人，私德尚好，就是把事情看得太容易，实是他的

---

① 本文为 1919 年章太炎先生在少年中国学会所作的讲演。

最大弱点。现在青年若能将这个弱点痛改，遇事宜慎重，决机宜敏速，抱志既极坚确，观察又极明了，则无所谓侥幸退却，只有百折千回以达吾人最终之目的而已。

现在青年第二个弱点，就是妄想凭借已成势力。本来自己是有才能的，因为要想凭借已成势力，就将自己原有之才能皆一并牺牲，不能发展。譬如辛亥革命，大家皆利用袁世凯推翻清廷，后来大家都上了袁世凯的当。历次革命之利用陆荣廷、岑春煊，皆未得良好结果。若使革命诸人听由自己的力量，一步一步地做去，旗帜鲜明，宗旨确定，未有不成功的。你们的少年中国学会，主张不利用已成势力我是很赞成的。不过已成势力，无论大小，皆不宜利用。宗旨确定，向前做去，自然志同道合的青年一天多似一天，那力量就不小了。唯最要紧的须要耐得过这寂寞的日子，不要动那凭借势力的念头。

现在青年第三个弱点，就是虚慕文明。虚慕那物质上的文明，其弊是显而易见的。就是虚慕那人道主义，也是有害的。原来人类性质，凡是能坚忍的人，都是含有几分残忍性，不过他时常勉强抑制，不易显露出来。有时抑制不住，那残忍性质便和盘托出。譬如曾文正破九江的时候，杀了许多人，所杀者未必皆是洪杨党人，那就是他的残忍性抑制不住的表示，也就是他除恶务尽的办法。这次欧洲大战，死了多少人，用了若干钱，直到德奥屈服，然后停战。我们试想欧战四年中，死亡非不多，损失非不大，协约各国为什么不讲和呢？这就是欧美人做事彻底的表现，也就是除恶务尽的办法。

现在中国是煦煦为仁的时代，既无所谓坚忍，亦无所谓残忍，当道者对于凶横蛮悍之督军，卖国殃民之官吏，无不包容之奖励之，决不妄杀一个，是即所谓人道主义。今后之青年做事皆宜彻底，不要虚慕那人道主义。

现在青年第四个弱点，就是好高骛远。在求学时代，都以将来之大政治家自命，并不踏踏实实去求学问。在少年时代，偶然说几句大话，将来偶然成功，那些执笔先生就称他为少年有大志。譬如郑成功做了一篇小子当洒扫应对进退的八股，中有汤武征诛，亦洒扫也；尧舜揖让，亦进退也；小子当之，有何不可数语。不过偶然说几句话而已，后人遂称他为少年有大志。故现在青年之好高骛远，在青年自身当然亟应痛改。即前辈中之好以"少年有大志"奖励青年者，亦当负咎。我想欧美各国青年在求学时代，必不如中国青年之好高骛远。大家如能踏踏实实去求学问，始足与各国青年相竞争于二十世纪时代也。

# 5. 在春晖中学演说词

◎蔡元培

兄弟在北京时，经校长时常和我谈起春晖中学的情形，原早想来看看。此次回到故乡，又承五中沈校长邀同来此，今日得和诸位相会，非常欢喜。到了这里，觉得一切都好，所可说的只有羡慕诸君的话。我所羡慕诸君的有三：一是羡慕诸君有中学校可入，二是羡慕诸君所入的中学校是个私人创立的学校，三是羡慕诸君所入的学校有这样的好环境。

中学时代，是人生中最重要的一段。一切身体上、精神上、知识上的基础，都在这时代中学成。就身体上说，我们在这时候，正在发育时期，要想将来有健全的身体去担当社会事业，就非在这时候受正当的体育不可。就知识上说，凡是学问都不是独立的，譬如我想研究化学，就非知道数学、生物学、物理学等不可。如不在这时候修得普通知识，受到普通教育，将来就不能研求正当的学问。这时期无论在何种方面来看，都是重要关头，如果不让他好好地正当地经过，就要终身受亏。回想我从前和诸君一样年纪的时候，要求入中学而不可得，因为那时候还没有这样的一种机关。虽然读书，也无非延师教读，在家念点经书，作点当时通行的八股文而已。到了现在，身体不好，不能担当什么大事，虽想研究一种学问，可是根底没有，很觉得困难。譬如我想研究哲学，或是什么学科，但因没有数学、生物学、化学等的知识，就无从着手，要想一一重新学习呢，年龄已大，来不及了。这是我所常常自恨的。

中学一面继续着小学，一面又接着高等教育。诸君在小学时，大概都还不过是因了兴味而学习种种事情，对于各科，所得的不过是大约的概括的头绪，并未曾得着过分析的知识的。中学的功课比之小学，是较为分析的，将来到了专门大学，那分析将更精细。诸君已入中学，较在小学已更进一境，小学虽不过因了兴味来学习种种，在中学校，却不能只凭兴味，比之在小学时，要用点苦功下去，要格外精细地研究了。至于毕业后，或就去任社会事务，或去升入专门，各有各的一条路，分析将又细密，用力自然将又加多。但只要这时打好了根底，那时也就没有什么困难了。最重要的就是现在。关于各科，要好好地用功；身体要好好地当心，不要把他错过。这时代留意一分，终身就享受一分的利益；自己弄坏一分，终身就难免一分的吃亏。我回想到自己当时不得受中等教育，至今吃了不少的亏，所以对于今日在座的诸位，觉得很是羡慕。诸君生当现在，有中学可入，真是幸福。

现在中学已多，有官立的，有私立的。诸君所入的中学，却是一个个人创立的学校，尤为难得。这春晖中学是已故陈春澜先生独立出资创设的。他何以要出了许多私财来创立这个春晖中学呢？他虽有钱，如果不拿出来办这个学校，试问谁能强迫他，说他不是？

可知他的出钱办学，完全出于自己的本心。他因为有感于自己幼时，未曾得到求学的机会，有了钱就出钱办学，使大家可以来此求学，这一层已很足使我们感动了。我们要怎样地用功，才不致辜负他这片苦心？春澜先生出钱办学时，想来总希望得着许多善良的学生，决不愿有坏学生的，我们要怎样地努力做好学生，才不致违反他的希望？我们人类，在生物中，无角无爪，很是柔弱，而能发达生存者，全在彼此互助，只顾一人，是断不能生存的。自己要人家帮助，同时也须帮助人家。譬如有能做工的，就应去帮助人家做工；有能医病的，就应去帮助人家医病。这样大家彼此互助，世界上的事情才弄得好。春澜先生出了这许多钱来办这个学校，于他自己是丝毫没有利益的，虽用了春晖二字做校名，他老先生死了，还自己晓得什么？他的出钱办学，无非要为帮助我们求学，他这样帮助了我们，我们将怎样地学他去帮助别人呢？这校的历史，种种都可以鼓舞我们，勉励我们。诸君得在此求学，比在别校更容易引起好的感想，更多自振的机会，这也是可羡慕的一件事。

春澜先生出钱办学，不办在都会，而办在这风景很好的清静的白马湖，这尤足令人快意。凡人行事，虽出于自己，但环境也是支配人的行为。人受环境影响，实是很大。孟母三迁，就是为此。譬如我们，如果置身于争权夺利的人群中，不久看惯了，也就会争权夺利起来，不以为耻了。此地白马湖四周没有坏的事情来诱惑我们，于修养最宜。风景的好，又是城市中人所难得目睹的，空气清爽，不比都会的烟尘熏蒸。这里所有的东西，在都市里都是难得办到的，或不能办到的。在都市的学校，要觅一个运动场不可得，而此地却有很宽大的运动场，并且要扩充也容易。都市中人要花许多旅费才能领略的山水，而诸君却可朝夕赏玩，游钓任意。诸君要研究生物，标本随时随处可得；要研究地理，随处都是材料；天上的星辰，空中的飞鸟，无一不是供给诸君实际上的知识。此地的环境，可以使得诸君于品格上、身体上、知识上得着无限的利益，我很羡慕。

又，人生在世，所要的不但是知识，还要求情的满足。知识的能力，足以征服自然，现在的电灯，较古时的油灯进步；现在的飞机、轮船、火车，较古时的舟车进步。古人虽有很好的心思，但因为被偏见所迷，以为异国人或异种人是可以杀的，或是可以食的，遂有种种残忍不道的危险。现在知识进步，已逐渐把这种偏见除去了许多了。知识上的进步，可以使人得着安全的生活，现在一切穿的、吃的、用的，都好于从前，一切都比从前危险少而利益多。某事怎么去做才便利，怎么去想法子才安全，这都是从知识上计较打算来的。知识的进步，正无限量，将来还不知道有怎样安全快乐便利的生活可得哩！可是人类于知识以外，还有情的要求。世间尽有许多人们，物质的生活虽已安全舒服，心里还觉得有许多不满意的。一个人虽不能全没有计较打算，但有的却情愿做和计较打算无关系的事，不如此，就觉得不快，这就是爱美的情。人有爱美的情，原是自然而然的。野蛮人拾了海边的贝壳，编串为各种的式样，挂在身上，或于食了动物以后，更在其骨上雕刻种种花样，视以为乐。乡间农人每逢新年，欢喜买几张花纸贴在壁上，有的或将香烟里的小画片粘贴起来。这在我们看去，或以为不好看，但在他们，却以为是很美的。又如有人听唱戏，学了歌，便喜欢仰天唱唱，或是弄弄什么乐器，这都是人类爱美的心情的流露，也可以说是人与动物不同的地方。其实动物中有许多已有爱美的表现，如鸟类已有美音和美羽。美的东西，虽饥不可以为食，寒不可以为衣，可是却省不来。人如终日在计较打算之中，那便无味。求美也和求知识一样，同是要事。古来伦理学者中有许多人将人生的目的，完全放在"快乐"二字上面，以为人生的目的，无非在快乐。这虽一偏之见，但快乐很是要事，物质的快乐，有时还不能使人满意，最要紧的就是情的满足。人如果只为生存，只计较打算利益，其实世间没有不可做的事。可是现在有一种人，自己所不愿的事，无论怎样有利于己，总不肯做；自己所愿做的事，无论如何于物质的生活上有害，还是要做，甚至于牺牲生命，也所不惜。这就是所谓高尚。高尚也是一种美。我们人类不愿做丑事，愿做美事，就是天性爱美的缘故。若只为生存，还有什么事不可做呢？人不能绝对地不顾自己，但也不能绝对地只求利己，有时还要离了浅薄的自利主义，为别人牺牲自己的一部分或是全体，才能自己满足。譬如陈春澜先生出资办学，就是牺牲行为之一，他并不知后来在校求学的是哪一个，于自己有何利益，却肯出资办学，这就是高尚的美行，我们应该学他的。那么我们怎样才会能牺牲自己呢？我们做人，最要紧的是于一日之中，有一种时候不把计较打算放在心里，久而久之，自然有时会发出美的行为来，不觉而能牺牲了。用了计较打算的态度去看一切，一切都无美可得。

譬如田间的麦，有人以为粉可充饥，秆可编物、燃火，有人离了这种见解，只赏玩他的叫作"麦浪"的一种随风的波动。又如有人见了山上的植物，以为果可做食品，根可做什么药的，有人却只爱它花的色样或枝叶的风趣。又如有人在白马湖居住了，钓鱼来吃，斫柴来烧，有人却从远远的城市，花了许多钱跑来看看风景，除此外无所求。这两者看法不同，前者是计较打算的，后者是美的。人能日常除去计较打算，才会渐渐地美起来。

美有自然美、人造美两种。山水风景属于自然美，绘画音乐等属于人造美。人造美随处可作，不限地方，如绘画、音乐在城市也可赏鉴的。至于自然，却限于一定的地方才可领略。人在稠密的城市中，难得有自然美，所以住在城市的人，家家都喜欢挂山水画，他们四面找不出好风景，所以只好在画中看看罢了。诸君现在处在这样好的风景之中，真是难得的好机会，我很羡慕。诸位将来出去到社会上任事的时候，我想必定要回想到白马湖的风景，因为那时必无这样的好山好水给诸君领略了。在这几年中，务必好好地领略，才不辜负了这样的好地方。

以上是我对于诸君所羡慕的三桩事。如前所说，中学时代是终身中关系最重的一段，诸君既入了中学，身体、知识都要趁现在注意留心。这校的历史，足以使诸君发生至好的感想，宜格外自励，不可错过机会。此地有这样的好风景，是别处所不易得的，趁现在有机会要请诸君好好地领略。最要紧的就是现在了。

1923 年作

# 单元学习任务

### 任务一

本单元的文章都是穿越了近百年的时光来到我们身边的，你在阅读中是否遇到了不熟悉的词语？自己借助工具书或网络查查这些词语的意思，积累在下面的表格中。

| 文章 | 词语 | 释义 |
|---|---|---|
| 在厦门大学送别会上的讲演 | 蒿目伤心 | 旧时指志士仁人对艰危时世的关切忧虑。 |
|  |  |  |
|  |  |  |
|  |  |  |
|  |  |  |
|  |  |  |

### 任务二

阅读本单元文章，积累那些给你带来新的思考的精彩语句。

### 任务三

本单元选取的演讲词都对青年人提出了希冀和期望，读过这些文章后，你对自己的学习、成长是否有了新的规划呢？请在小组里跟同学分享一下吧。

第五单元

# 撰写演讲稿·写作指导

撰写演讲稿,除了可以借鉴一般的写作手法外,还要体现出演讲的特征。下面,就让我们一起阅读几篇有关"演讲稿的写作"的文章,学习如何撰写演讲稿吧!

# *1.* 演讲稿的写作

⊙孙绍振

　　许多人写不好演讲词，原因很多，其中之一是不明白一个道理：演讲和作文不同，文章的读者是单独一人，演讲则面对众人。一人自由，可断断续续，且不受他人影响；多人共聚一室，情绪易受周围的影响。他人的笑声或嘘声、会场的活跃或沉闷都会鼓舞或打击演讲者的情绪。更重要的是，演讲者与听众面对面，不像文章作者与读者互不相见，读者的情绪、反应不影响作者的情绪，而在会场上，演讲者不单纯是发出信息，同时又在现场接受听众的信息反馈，现场的反应立即影响演讲者的信心、情绪、才智的发挥，甚至决定其成败。

　　演讲与作文的不同，归根到底在于作文是单方面的输出信息，演讲是演讲者在现场与听众的双向交流。除此之外，听众与听众也处在双向交流之中，不过他们交流的不是语言，而是情绪和反应。严格地说，演讲是三方信息的相互交流。在演讲现场中，如果演讲者与听众、听众与听众三方面能够互相沟通，情绪能够自由、自然、自发地交流，就会形成一种浓郁的心领神会的情绪氛围。有了这种氛围，哪怕是无声的体态语言，都能引发满场的欢笑和掌声。如果这三方面不能顺畅沟通，则任何美妙的语言都难以得到起码的感应。听众无动于衷，对于演讲者的情绪无疑是一种消极的刺激，甚至会造成演讲者与听众之间的对立，不管多好的演讲词都难以形成交流的氛围。正因为要达到三方面心领神会的交流，演讲者就要尽一切可能抓住会场上每一个听众的心，不让任何一个人走神。即使有一个人做小动作，发出细微的声音，都可能影响自己或者其他人的情绪，进而影响会场情绪的贯通。

为了创造最佳效果，就不能以传达一般的思想和情绪为满足。演讲词的第一要义就是必须是你自己特有的、富于个性的思想和情绪，最忌讳老生常谈，尤其是那些人所共知的大话、套话、空话。必须记住，你在台上讲话，只代表你自己，因而现成的、流行的话越少越好，要努力把生活中最为精彩、最能代表自己个性和心灵特点的话讲出来。要做到这一点是不容易的，因为那些现成的话语有某种优势，不动脑筋就可以说出来。但是这样的话又有一个缺点：不管什么人讲出来都是一样的，没有一点儿新鲜感。没有新鲜感就没有吸引力。把没有吸引力的话，在大庭广众之下滔滔不绝地大讲一通，除了叫人昏昏欲睡以外，没有什么用处。据我做演讲比赛评委的经验，整场演讲比赛下来，真正有自己的话语的选手，往往不足百分之十。事实上，每一个人都是一个不可重复的存在，每一个人的心里都充满了与众不同的思绪，只要把其中百分之一的东西拿出来，就能出彩。遗憾的是，多数人都做不到这一点。这是因为，人们常常有两种不由自主的冲动：第一，就是从最为省力的地方做起；第二，总是不由自主地跟别人讲一样的话。而演讲却要求有个性，就是要和别人不一样。试想，一次演讲比赛下来，近二十个选手，大部分参赛者讲的东西是一样的，只有个别选手别出心裁。如果你做评委，你会把高分评给什么样的人呢？从这个意义上说，演讲稿的写作，最重要的就是充分表现你的个性；用最大的努力把你特有的观点提炼出来，最忌就是把流行的观念、话语拿出来重新炒一次冷饭。

韩愈说："唯陈言之务去。"说的虽是写文章，但对于演讲稿，尤其需要去"陈言"。但是，演讲与一般写文章相比，还有一个特别的要求，那就是要有现场感。所谓现场感，就是要有一种强烈的意识，每一句话都是讲给那些带着不同的思想情绪、怀着不同的关切的听众听的。他们都很可爱，但有一点不够可爱，就是随时随地可能走神、开小差。你的语言必须唤起他们的注意，使他们的精神集中；把他们从来会场路上还困扰他们的事务中争取过来。一般的官样文章、大话、套话，不能排除现场的干扰，激起他们的兴奋，所以演讲稿的语言一定要明快，明快到有一种面对面的感觉。要做到有现场感，用语的力度须和一般文章不同。比如，在一般文章中，你反对一种观念，只要说"这是不对的"就成了，但是在演讲中，就要带一点儿情绪。你可以说："这是错误的。"如果还不够分量，那么你可以说："这是荒谬的。"如果你论述民众的收入不提高，就不可能有人资助希望工程。这样说，对于写一般文章，可能就足够了，但是对于演讲就显得有点儿不够味道，这时，你最好说："如果大家都很穷，那么希望工程就可能变成失望工程。"这样说可能好一点儿了，但对于调动现场听众的情绪可能还是不够到位。这时，你就可以在情绪上再加一点儿码："希望工程可能变成失望工程，失望工程可能变成绝望工程。"这样的效果就可能好得多。如果你在论述环保问题，说到地球上的臭氧层上的空洞已经和美国的国土面积差不多了。这也许比只是简单地引述一下抽象的统计数字要好一点儿。但是，你要考虑一下，你的听众都是中国人，与其说和美国国土面积一样大，不如说比中国面积还要大一点儿更好。如果你说每年因水污染而死的人有多少，还不如说就在我讲话的时候，就在三分钟之内，已经死去了多少人。

演讲成功的关键在于：不管说什么，都要足以引起现场的交流效果，这就要求演讲者善于运用现场的一些现象来引起共同感受。福建师范大学中文系的卢佳音在以"假如没有改革开放"为题的演讲中，本来准备的开头是：

今天我做了一个小小的统计，刚才上台的18位演讲选手当中，穿着14种款式的衣服，10种颜色，9种发型，除了性别，一如既往地只有两种之外，我们的色彩变得丰富了，选择变得多元了。这就是改革带给我们的真真切切的变化。可是假如没有改革呢，这些丰富的色彩就将退出今天的画面，而大家呢，则不分男女统一着装，想想吧，这样的日子多么枯燥。

但是，临场时，她觉得这样引起共鸣的力度还不够，就把稿子改动了：

> 谢谢大家的掌声！我分析了一下，掌声这么热烈有三个原因：一是我是师大的学生，鼓掌的都是我的啦啦队；二是大家都听累了，累坏了，精疲力竭，终于是最后一名选手上台了，可以松一口气了；三是我今天穿的还算漂亮。我之所以这样穿着打扮站在这里，实际上是改革的功劳。

她一说，听众就笑了，笑是心理最短的距离，接下来就是热烈的掌声。

现场共鸣有时并不一定要有充分的道理，有时则相反，来一点儿非理性的语言更能产生自我调侃的幽默感。有一个演讲比赛的参赛者，抽签抽到了第一个上台，这是很不利的，她却抛开早已准备好的讲稿即兴发挥：

> 很不幸，今天，我抽到了第一个上台，碰巧上次参加系里的比赛，抽签的结果是我第三个上台。看来上苍有意要让我做先行者、牺牲者。如果我能把教训留给后来的同学们，让他们发挥得更好的话，我的牺牲就无怨无悔了，下面的同学发挥得越是超过我，我就越感到欣慰。

她这么一说，台下马上报之以热烈的掌声。即兴发挥能造成一种现场沟通的效果，其力量比脱离现场的美丽的文字大得多。

为了充分调动听众的注意力，话语不能空泛，发出的信息要有一点儿想象的刺激力。同时，语言必须十分精练、集中。你的野心不要太大，不要指望你的一番话会改变人家多少年来形成的观念，但是可以推动他思考。因而，演讲稿就要写得集中。与其讲许多问题，一个都没有给人留下印象，不如讲很少的问题，让人家久久不能忘怀。在普通文章中可以讲十个问题，在演讲词中最多只能讲两三个问题，而且这两三个问题还得很紧密地在逻辑上串联起来，以层层推演的方式，一环扣一环地展开。这时最忌的是平面罗列：甲、乙、丙、丁，1、2、3、4，a、b、c、d；尤其忌讳先亮论点，后举例子这种结构。这只能使听众停止思考，甚至昏昏欲睡。分散的论点和被动的（亦即无分析的，不能发展论点的）例子，无异于催眠曲。许多大学教授学富五车、才高八斗，其讲课效果往往不理想，其原因概不外乎此。在短短几十分钟内，想把好几个问题都讲得很清楚，野心太大。当然教师讲课要求有系统性，时间又十分充足，可以不得已而为之，而在一般演讲中则须谨慎处之。

在演讲比赛中，论点尤其要集中，因为时间的限制很大。

有一次演讲赛，参赛者讲的是一位很出名的民警。这位民警有许多感人事迹，但是演讲稿的题目是"敬礼"，主要讲了一个场面：在这位民警值岗时，一个小痞子骑着摩托车违规了。民警向他敬了一个礼，说明情况，开了罚单。小痞子却不分青红皂白，一拳头打到他脸上，把警帽都打落到地上了。这位民警不慌不忙地把警帽拾起来，又敬了一个礼，平静地说明开罚单的理由。这下子把小痞子镇住了，他说："我服了，从此我再也不好意思在你面前违规了。"

然后，来了两三句对于敬礼的抒情语言，听众立即鼓掌了。

　　1996年，在福建某大学举行的一次关于税务问题的演讲竞赛中，许多参赛者都犯了论点分散的毛病，力求全面的结果恰恰是很不全面。相反两个参赛者集中在一个论点上，却取得了冠军和亚军。冠军的演讲集中在她当了税务工作者以后遇到的一个难题——如何处理好自己与有偷税行为的婆婆的关系；亚军集中谈目前我国每年偷漏税总额高达一千亿。一千亿，如果就这么一句话带过去，这个数字也可能会给听众留下某种印象，但是对于演讲来说，这样的印象是不够的，演讲要求的现场效果要比这个强烈得多。亚军获得者死死揪住抽象的"一千亿"不放，反复把它具体化，说这一千亿等于全国县级以下一年财政总收入的总和，等于两个三峡工程的投资（以上均为当时的统计数字）。他反反复复地说了几分钟，听众不但明白了他的思想，而且感受到了他的情绪，情不自禁地鼓起掌来。

　　他之所以没有获得第一名，可能是发挥得还不够淋漓尽致，毕竟他所讲的离会场远了一点儿，最好能把事情拉到与会场上的人的情绪更切近一些。我在美国听过克林顿的竞选演说。那是在俄勒冈大学的校园中，克林顿一开头不谈别的，就谈他上了台以后，将如何降低学生的经济负担，提出一个给学生贷款的办法：等学生毕业以后，再从社会服务中分期偿还。美国学生那时正因学费连年猛涨而苦恼，听了这些话，马上欢呼甚至尖叫起来。我想如果这位大学生懂得一点儿克林顿式的演讲术，他就应该再发挥下去，比如这样说：一千亿，意味着我国还可以办一千多所中等规模的新大学（按当时的投资规模），这等于将现有的大学再增加一倍。我国目前高中生考大学的录取率大致是二比一。如果把这些偷税漏税的款项都拿来办大学，全国的中学生就可能每一个人都有上大学的机会。而我们的家长不用因为一分之差，拿上几万块钱让孩子去读高价学校。

在这里，我们可以得出一个更加切实的结论：集中一点，死揪住不放还不够，要争取发挥到淋漓尽致，关键是缩短心理距离，贴近听众的感觉和情绪。这样才可能有某种煽动性。这种煽动性最容易达到三方情绪的高度交流，而这正是演讲词写作的根本追求。

为了达到最佳效果，光是论点集中还不够，还要辅之以感情色彩强烈的语言。一般的演讲者最易受到迷惑的是些抒情的、华丽的语言。然而实践证明，这种语言只能有限度地使用。虽然这种书面语言有严密的好处，但也有其局限：一是书面语言日常使用率低，人们大脑皮层的反应不如口语快，因此很难在现场产生瞬时沟通的效应；二是它不如口语响亮干脆，稍不留神，就会造成听众与演讲者之间交流的阻隔。最好在大量使用书面语言后，在论点的要害处，有一些鼓动色彩的口语。在一次公安部门的演讲会上，一名战士讲他在执行公务时，被歹徒打瞎了一只眼睛，歹徒弹冠相庆，说这下子他成"独眼龙"了，但他伤愈之后又重返第一线工作了。讲到这里，他拍了一下桌子，大声说："我'独眼龙'又回来了！"会场里立即响起雷鸣般的掌声。

这就是口语的力量。口语能产生直接共鸣，其效果和书面语言是大不相同的，这一点却往往被许多演讲者忽略。有一次，我替一位模范民警修改演讲稿。他是一个颇有英雄气概的汉子，说自己对歹徒有一股情不自禁的拼命精神。我想到，他那种拼命精神最初不被人们理解，有些人叫他"郭疯子"，于是替他加上了几句："干我们这一行，就得有一股拼命精神，有人叫我'郭疯子'，我想，和'害人精'斗争，没有股疯劲哪儿行！案情一发，就横下一条心，我今天就跟你疯上了！"对我的修改，这位英雄十分赞成，他说："你这么改，我才觉得来劲，要不然，总是讲不出心里那种辣乎乎的情绪来。"我对他说："其实这种话你平时经常讲，只是你一想到上台演讲，就有一种看不见的力量，指挥着你不往平时口语这边想，而是往书本上那些美丽的词句那边想，总以为书本上的话要比口头上讲得漂亮，这么一来，不但把本来很生动的话丢掉了，而且把你本来很生动的个性歪曲了。一旦你歪曲了自己，听众和你之间的情绪就产生了一堵透明的玻璃墙，你和听众、听众和听众之间交流的渠道就不可能畅通了。"

响亮的口语即使在开始只鼓舞了几个敏感者，但只要他们一鼓掌，就意味着心灵的交流渠道在最敏感的人士那里已经沟通了，相对不够敏感的听众就自然地被他们唤醒，跟着鼓起掌来，使局部的沟通变成全部的沟通。

一个演说家要珍惜与这种最敏感者的带动与次敏感者响应的契

机。这时，最好停顿一下，让次敏感听众觉悟过来，加入鼓掌者的阵营。这也说明，演讲者要善于驾驭二者，使之乐于达到你和他们之间高度的默契。

### 演讲技巧一：熟读成诵

熟悉和背记演讲稿，在演讲活动中占有重要地位，也是演讲活动取得成功的必不可少的条件。可以这样说：不熟记，无以成演讲。

要脱稿演讲，使口语表达收到最佳效果，就必须对演讲稿反复熟记，反复演练。记忆演讲稿时，可以一遍一遍地高声朗读，以至"烂熟于心"。实际上，朗读法不仅能增强记忆，也是一种演讲的"彩排"。通过这种方法，演讲者既锻炼了口才，又能体会到演讲的临场效果。

# *2.* 好演讲意为高（节选）

◎侯爱兵

千古文章意为高，立文先立意。演讲亦是如此，立意就是讲什么，怎么讲，向听众传达什么样的旨意和理念。如何确定一个好"立意"呢？

## 返璞归真"趣"立意

86岁的"高龄少年"王蒙出版长篇小说《笑的风》时的演讲："有年轻人问我有没有年老力衰、文思枯竭的感觉，我的回答是明年我将衰老，今年我仍兴致勃勃。当然我也不能太吹，衰老是自然过程，但在'明年'到来之前，我依然要把创作进行下去。有一种说法叫成长到死，那么小说也可以创造到老，书写到老，敲击到老，追求开拓到老。一写小说，我每个细胞都在跳跃，每根神经都在抖擞。爱生活，爱家国，爱文学，爱每一棵草每一朵花每一只小鸟，爱你我他。保持热乎乎的生活态度，永远抱着希望，活得更好，写得更好。"

王蒙以返璞归真立意，耄耋之年的他没有一点儿老气横秋的语态，全然是新潮有趣的幽默语调，娓娓道出他笔耕不辍、永葆旺盛创作力的秘诀，其旨意昭告人们不负年少，不惧年老，在有限的生命中，享受每一寸时光，对各种事都充满热爱与激情，都跃跃欲试，活出生命精彩，创造生命价值。正值青春年华的我们，更应该少年感爆棚！

## 归纳概括"精"立意

教育家陶西平在北京第一六六中学的演讲："学校提出博雅教育，我想是否可以把博雅学子的特点归纳为两个：第一，心中有担当。今天青少年的担当是什么？就是共筑中国梦。靠什么担当？这个世界就像是一个圆，每个人都是一个圆心，半径就是我们通过学习所能掌握的知识与能力。你学习的东西越多，你的半径就越长，就能拥有更加广博的世界。第二，脸上有微笑。著名诗人聂鲁达有一首诗《你的微笑》：'你需要的话，可以拿走我的面包，/可以拿走我的空气，可是/别把你的微笑拿掉……'你的微笑，表明你有修养，你带着微笑与别人交流交往，就是你的雅。"

陶西平以归纳概括立意，博雅教育、博雅学子该是什么样的，他没有长篇累牍做深奥的、学理性的理解，而是做非常浅显的解读，将其核心内容简明概括为两句话，叙述简约，阐释精当，入耳入脑入心。常铭记这两句话，不仅对于中学时代，而且对于整个人生，都是成功的不二法门。

立意是演讲的主旨和灵魂。立意立得好，演讲就能命辞遣意、意味深长、尽如人意。

# 撰写演讲稿·讲稿众评

优劣得失众人鉴，取长补短我来评。同学们，阅读完两篇有关演讲稿写作的文章后，大家的创作热情是否已被点燃了呢？别急，我们先来看几篇同学创作的演讲稿。老师已经对其做出部分批注，期待你提出不同的见解。你可以在旁边空白处写上批注，也可以在文章结尾处对其做总体评价。全部完成后，不妨在小组内和你的同学进行交流、研讨。

# 1. 感恩母爱，传承孝道

⊙李　智

开篇以"心里话"带领听众走进作者内心。

大家好，非常高兴能有机会在这儿跟大家说说我的心里话。

我妈妈是一个爱旅行的人，我从记事起就一直跟着妈妈四处游玩，每个周末、节假日都不曾落下。翻看妈妈的朋友圈，几乎全是我们外出游玩的各种照片。

肯定有同学会说："哇，李智，你太幸福了！"小时候我也是这么想的，可不知什么时候开始，我不再喜欢配合妈妈摆出各种姿势拍照，而妈妈却一如既往，每到一处，第一件事就是拍照。你说她拍就拍吧，还非要拉上我！拉就拉吧，还必须摆出各种无语的造型，做到全方位配合！什么手扶下栏杆，眼镜抬高一点儿，身体稍微侧一点儿……这些话真的让我抓狂！

终于有一次，我爆发了。

那是去云南，八天行程，妈妈每天不停地拍照，就连吃饭、排队也要拍。我终于忍无可忍，不顾周围众人的眼光大声说："你都拍多少了，出来玩是看风景的，拍那么多照片干吗！"说完，我气呼呼地顺着人流往前走，丢下了一脸惊愕的妈妈。后来妈妈追上我，什么也没说，只是若无其事地看着滇池的风景，再也没有拉我拍照。我虽然有点内疚，但也乐得清闲。

"若无其事"的外表下，听众能否感受到"波涛汹涌"的五味杂陈？

回深圳后的一个晚上，妈妈把我叫进她的房间，吃力地从梳妆台下搬出一个纸箱，说："这些都是你小时候的东西，要不要看看？"我打开箱子，里面居然是整整一箱的照片，有些虽然年代久远，但仍崭新如初。往下翻，有张是我幼儿园时的，背面有一行小字——幼儿园小班，主持晚会。再往下翻，看到我在淡水海边手托夕阳的一张照片，背面也写了字——五年级寒假，儿子拿着旅游地图带我乘地铁游遍了台北的大街小巷。

年代久远却崭新如初，这意味着什么？

细心的母亲将每一张照片的故事都浓缩在了字里行间。

我翻看了每一张照片，发现整整一箱照片几乎都是我的。这些照片让我回忆起和妈妈经历过的很多事。最后，妈妈温柔地说："你小时候爱拍照，也特别独立，妈妈最幸福的时刻就是看你像个小大人一样带着我到处走，我希望把这些都留在照片里，等以后你上高中、上大学，要住校或者将来出去工作，不能经常见到你的时候，我就可以看看这些照片，就能想起我们在一起的每一件事。"

那之后，我明白了一个道理，妈妈们拍照，其实是想留下自己孩子的成长过程，因为她们太爱我们，希望但又不舍得我们长大。就在那一刻，我告诉自己，以后不管多累，妈妈多唠叨，也要高质量地帮妈妈完成拍照的心愿，因为这是我现在能回报母爱的最好方式。

可怜天下父母心，也许有时他们的表达方式不太合你的意，让你心里有点不舒服；也许有时他们对你有些误解，让你觉得委屈；也许他们对你的期望有点高，多唠叨了几句，但他们的出发点都是爱，目的都是让我们能成为最好的自己。对于这种无私的爱，羔羊尚知跪乳报恩，那我们又该怎么办呢？

孟子曾经说过："老吾老以及人之老，幼吾幼以及人之幼。"那就让我们从最简单的好

细细品读母亲温柔平淡的话语背后的情绪。

小作者以每个人青春期都有的"个性经历"，引出"共性母爱"。

好说话开始，多理解、多包容、多尊重我们的
父母和长辈们，用我们目前能做到的方式来报
答他们对我们的养育之恩，同学们，你们能做
到吗？

　　我们都是最棒的！

　　我的演讲结束了，谢谢大家。

借古圣人之言，发出倡议。

**我来评：** _____

_____

_____

# 2. 守护这一抹中国红

○李佳桐

去年暑假去了趟西藏，高原反应让我提不起精神来，在去日喀则的路上，随行导游指着车窗外邈远的高山对我说："小伙子，这点高度你就受不了，要去山顶上该咋办？""山顶那么高，怎么可能有人！""那上面还真有人呢！"导游缓缓说道，"山上有个边防站，叫'詹娘舍哨所'。十几年前，哨所的三位军人在执勤途中遇到了雪崩……"随着导游的讲述，我仿佛看到了那个惊心动魄的瞬间。危难关头，班长和卫生员选择留下照顾伤员，命令其余人返回请求营救。然而，极端天气下，救援的路寸步难行，当他们的遗体被搜救部队发现时，他们仍紧抱在一起。他们用彼此的体温取暖，直到生命的最后一刻。听完导游的讲述后，我

以第一人称视角，用一则充满感染力的故事材料，引出下文个性的思考。你是否认同小作者对故事材料的处理方式？

再次看向那座高山，心里满是敬仰。

　　是什么让他们甘愿为国为民奉献了青春乃至生命呢？我时常思考这个问题。返回深圳后，我成了一个军事迷，阅读了大量国防英雄的故事：献身强军实战化大型兵棋系统的时代先锋张国春教授；在孤岛守望半个甲子的"不灭灯塔"王继才；生死雷场大喊一声"你退后，让我来"的楷模杜富国……英雄们的动人故事不胜枚举，我当初的困惑，也有了答案。那是因为他们有一份初心，一份献身国防事业的初心，一份守护这一抹中国红的初心！迎风飘扬的五星红旗，是国防战士们心中最美的风景。我仿佛看到那黝黑的面孔、坚毅的眼神，我仿佛听到有力的誓言："这里有我，祖国，请放心！"这一刻，我同样热血沸腾！

　　英雄们的故事，不仅给了我启示，更给了我力量。学习时，我拿出了哨兵们守边防的耐心，因为只有守得住寂寞，耐得住孤独，才能到达理想的彼岸；体育课做引体向上时，即使握着单杠的双手火辣辣地疼，手掌的皮肤破裂渗出点点血迹，我也要拿出战士坚守哨所的坚忍，咬牙坚持……因为，在英雄们的感召下，

*受英雄之感动，得榜样之激励，小作者是如何践行这份启示的？你是否也受到了鼓舞和振奋？*

血气方刚的我，同样有了献身国防的决心。

今年是中华人民共和国成立七十一周年，我们深深知道，只有边防固若金汤，祖国才能繁荣昌盛。回忆起詹娘舍哨所那个悲壮的故事，我时常告诉自己，要把国防英雄之精神作为我们年轻一代生命的底色，用青春热血铸就起新的"长城"。大学毕业之后，我希望我能以一名军事记者的身份，亲自走进詹娘舍哨所，聆听哨兵们的故事，然后，用我的力量，把国防英雄的故事传播到更远的地方！

我相信，等到那一天，我一定可以骄傲地告诉世界，为守护那一抹中国红，我，贡献了自己的力量！

结合时事，阐述个人理想，感召听众。

结尾铿锵有力，掷地有声。

我来评：_____

_____

_____

# 3. 一言一行关荣辱，携手共创文明城

⊙裘　是

亲爱的老师、同学们：

大家好！今天我演讲的题目是"一言一行关荣辱，携手共创文明城"。

片言只语体现修养，小事细节彰显文明。正是这些细节，使我看到我们离文明还有一定距离。难怪有人慨叹：不文明行为也是一种国耻。

当前，我们的县城正在紧锣密鼓创建文明城市。共创文明城市，同享幸福生活，着实是一件好事。全县人民正期待着一个更加美好的家园，呼唤一个崭新的现代化文明城市。我们的县城北靠雅致的钟罗山，东有清澈的温凉河，颜真卿故里，历史悠久，可以说是山清水秀，景色宜人。高楼鳞次栉比，马路宽阔平坦，店铺琳琅满目，广场绿草如茵。难道拥有这些就算是一个真正的文明城市了吗？不！当您到这个城市投资，到这个城市创业，到这个城市生活时，如果遇到的都是毫无表情、麻木不仁的面孔，受到的都是冷若冰霜、

拒人于千里之外的接待，看到的都是言行粗鲁、不守秩序的市民，那么文明从何谈起？创建怎能成功？

在此，我呼吁每位同学都行动起来，养成文明习惯，做文明学生。

文明从脚下起步，创建自你我做起。

一言一行关荣辱，携手共创文明城。

可是环顾我们的身边，仍有一些不文明现象：校园内、楼梯上总能见到与我们美丽的校园极不和谐的白色垃圾；教室里、走廊上，个别同学起哄打闹、推推搡搡；有些同学之间相互讲粗话；有的同学随意攀爬学校墙头、国旗围栏；甚至还有个别同学一言不合就拳脚相加……一言一行关荣辱，我们的举止不文明，如何创建文明城？

印度有句谚语说得非常好："播种一种行为，收获一种习惯；播种一种习惯，收获一种性格；播种一种性格，收获一种命运。"让我们从现在做起，从自己做起，从点点滴滴的小事做起，养成良好的文明习惯，做文明学生。管住我们的口，不随地吐痰；管住我们的手，不乱扔垃圾；管住我们的脚，不践踏花草。公共汽车上主动把座位让给需要帮助的人；遇到师长微笑问好；向有困难的人伸出援手；将操场上的纸屑随手捡起；自觉遵守交通规则；友爱同学，使用文明用语……亲爱的同学们，做到这些，我们就是文明的学生；人人如此，我们的县城就是文明城！

同学们，行动起来吧！我相信，经过我们的努力，一定会营造出一个宁静、有序、有着良好环境的文明城！文明之风轻轻拂过，我们美好的县城一定天更蓝、水更绿、花更艳、人更美！

我的演讲到此结束，谢谢大家！

我来评：_____

_____

_____

## 演讲技巧二：处理声音

强调关键词，弱化一般语词，可以使表情达意的重点更突出。

变换语调，语调时而高亢、时而低沉、时而如常的变换，会消除听众因长时间倾听而产生的倦怠感。

调节语速，会令听众因节奏变化而产生新鲜感。语速的改变还可以突出语意，强化情感：喜悦之情，语速要快一些；淡淡的哀愁，语速要慢一些；散乱的、冗长的句子和发音拗口的词汇，语速不宜太快；整齐的、富有韵律色彩的语句，语速宜快些，听众才听得顺耳。

另外，在重要地方的前面和后面稍作停顿，会引发听众的特别关注。

第七单元

# 举办演讲比赛

　　大家都撰写了演讲稿，接下来我们将以班级、年级或学校为单位举办一场演讲比赛。本单元选取了作家尹世霖关于演讲的一些建议和××中学关于"我心中的伟人"纪念建党九十九周年主题演讲比赛的策划方案，分享给大家，仅供参考。

# *1.* 怎样演讲

◎尹世霖

　　演讲不需化妆、道具、行头，只要有立足之地为讲台，有热心的听众在眼前，那么，"胸有成竹"的演讲员便"出口成章"，演讲会就举行起来了。好的演讲具有号召性、教育性。组织演讲会可以训练学生"胸有成竹"和"出口成章"的本领。这真是宜于中学开展的好活动。

　　演讲，使普通的说话上升为一门语言的艺术。它包括"演"和"讲"两部分。演戏的"演"使"讲"戏剧化；讲话的"讲"使"演"实在化。演是为了看，讲是为了听，视觉、听觉有机地交融在一起。只讲不演是讲话，只演不讲是哑剧。演和讲应该是统一的，互相配合，互为补充。

　　演讲和朗诵有一个共同点，它们不同于戏剧，不是演员在台上互相说话，而是台上的演

演讲对中学生有哪些有益的方面？

演讲为什么是一门艺术？

讲员和朗诵者同台下的听众"说话"。可演讲又不同于朗诵。朗诵是朗诵者对文艺作品的再创造，是代表作品的作者"说话"；而演讲则是演讲员自己同听众"说话"，把自己的观点、认识、感情，通过自己的语言传达给听众。因此，讲材（即讲什么）的问题就清楚了：应该是自己十分熟悉、透彻理解的事物，最好是亲身经历、目睹耳闻的材料。这样，才能有精辟的见解、感人的效果。那种东抄西摘，甚至背诵别人写的、自己也不太懂的讲稿，是打动不了人心的。

讲稿和文章是有区别的。第一，读者看文章，一遍不清楚，可以回头再看，因此，层次稍为复杂一些不要紧；而讲稿则不同，听众只能听一遍，因此要求层次、条理十分清楚，一听就明。第二，基于以上原因，文章可以写得十分干净，不容啰唆；而讲稿可以在一些地方"重复"，或在告一段落的时候，再将要点"明确"一次，或将条理"整理"两句，或将警句连说两三遍。

**讲法** 演讲是推广普通话的好机会，特别要注意"字正腔圆"，断句、断词准确，还要注意整篇演讲有抑有扬，不要低声絮语，也不

演讲稿的特点：1.条理清楚；2.通俗易懂；3.重点突出。

要咄咄逼人，要有紧有弛。

**表情** 这是指面部表情，即眉、眼、嘴以及头等配合讲词的协同动作。这些动作要完全服从于讲词的需要，是"自然而然"的，从生活中来的。台上的表情可以比生活中稍微夸张，但不宜过分，成为做作。尤其不能为"演"而"演"，因"演"害"讲"，这样会显得"假"，而引起哄笑。

在表情中尤为重要的是眼神。首先，演讲员的眼神要"拢"住全体听众，不可瞪天看地，或盯住台下一隅，而要自然地平直向前，达到最后一排听众为止；其次，要照顾到台下两边的听众，以加强演讲员和听众的感情交流。

我们在演讲过程中，表情应该注意哪几方面？

**站位** 演讲比朗诵更自然，更自由，可以随着讲稿的内容而变化站位。一般说来，最好不要在演讲员前边安放讲桌，顶多安一个麦克风，以增强音量和效果。这样，演讲员一上台，就站在台前正中的麦克风前。脚跟应靠近，腿站直，显得精神。虽然不必如体育课"立正"般僵直，但是切忌双脚分立，那样显得粗俗松垮。演讲过程中，又切忌脚尖点地、脚跟颠颤，这是同学们常犯的毛病，有人把这种动作叫"踩电门"。在演讲过程中，有时候可以稍微向左、右、前、后做些移动。

**手势** 演讲员在演讲时使用最多、动作最大的要算手了。它可以随着内容的需要向上、下、左、右、前侧各个方向挥动。就是在同一个方向，还可以有手心向上、向下、向内、向外之别。手势可单手，可双手，还可以用拳。这些都没有机械的规定。在使用手势时要注意三点：胳膊不要伸得过直，以免僵板；手指不宜弯曲，以免拙笨；手势运用要和它所配合的那句话同始同终，以免分裂。

# 2.××中学"我心中的伟人"
# 主题演讲比赛策划方案

一、赛前准备

（一）活动通知

赛前下发活动通知，并严格按照通知要求进行各项演讲比赛准备。

## 活动通知

亲爱的同学们：

为纪念建党九十九周年，同时深刻践行我校"启发潜能"的教育理念，锻炼大家当众讲话的能力，我校特开展第五季"我心中的伟人"主题演讲比赛。

一、活动主题

以"我心中的伟人"为主题，尽情发挥参赛选手的自身风采和演讲才能，再现伟人们胸怀救国救民的崇高理想，肩负开天辟地的历史重托，指引中华民族走向伟大复兴航程的伟大形象。

二、活动目的

通过演讲比赛，引导我校学生"理论联系实际"，在公共场合说话能够旁征博引、感人肺腑、魅力四射，牢牢抓住听众的注意力，锻炼当众讲话的能力，锤炼演讲技巧。同时，通过歌颂伟人，使得莘莘学子更加坚定信仰，振奋精神，凝聚力量。

三、组织方式

由校团委主办、校语文组承办。

四、参赛对象

全校所有同学。

五、活动过程及安排

（一）2020 年 6 月 10 日—2020 年 6 月 20 日，各班同学举办小组选拔赛。选择同一"伟人"撰写演讲稿的同学自由组成小组，先在小组内进行预赛选拔。

（二）2020 年 6 月 26 日，组织每组胜出的一名同学参加决赛前彩排。

（三）2020 年 7 月 1 日，举行决赛。

六、评分标准

（一）现场评委打分

1.表情自然、大方。（20 分）

2.声音清晰、悦耳，音量适中。语气、语速适当。（20 分）

3.站姿自然、沉稳，有合适的手势动作。（20 分）

4.直面听众，有眼神交流。（20 分）

5.情绪饱满，演讲一气呵成。（20分）

（二）网络投票

所有参赛选手的演讲视频将上传到学校公众平台，并由大众为自己喜爱的选手进行投票。

（三）综合得分

比赛最终成绩将根据现场比赛成绩（70%）和网络投票结果（30%）共同核算，赛后择日公布。

七、奖项设置

特等奖、金奖若干。

××中学团委、语文组

2020 年 6 月 8 日

（二）演讲技巧指南

1.可以搜集历史名人演讲的视频或音频资料，也可以关注网络或电视上热门的演说类节目。

2.重点关注演讲技巧，如语气、语调、重音、节奏的调配，表情的处理，体态语的运用等。

3.自己演练时注意借鉴他人的演讲技巧，并熟记演讲词，力求脱稿。

（三）活动设备及场地事项

由信息技术组老师及设备管理组老师全权负责。

（四）颁奖仪式流程及颁奖嘉宾邀请

结合现场及网络投票综合得分，于 2020 年 7 月 6 日在校图书馆举行颁奖仪式，特邀颁奖嘉宾副校长、教务处主任、校团委书记等校领导为获奖同学颁奖。

（五）活动应急预案

1.情况：参赛选手因故未到。

预案：若个别选手未到，主持人安排下一位选手提前登场，活动照常进行。

2.情况：投影、照明等场地设备失灵。

预案：技术人员迅速进入后台解决问题，主持人控场。

3.情况：话筒失灵。

预案：若为无线话筒失灵，则改用台式话筒；若台式话筒亦失灵，则打开幻灯片介绍；若投影失灵，则播放轻音乐缓场。

4.情况：音效失灵。

预案：暂停活动，校团委老师带领全体观众进行歌唱等现场活动，技术人员迅速解决问题。

5.情况：师生意外受伤。

预案：速送校医室，主持人控场。

二、现场比赛

（一）选手要注意临场表现和发挥。

1.面带微笑，放松心情。如果感到紧张，可以做一下深呼吸，环视全场，调整好自己的状态。

2.声音清晰、悦耳，音量适中，根据演讲的需要，适当调整语速、语气。

3.站姿自然、沉稳，同时辅以合适的手势动作。

4.直面听众，适时用眼神与听众交流，观察他们的反应，检验演讲的效果，调整自己的演讲内容、语气和体态。

5.保持饱满的情绪，一气呵成地完成演讲。

6.如果在演讲中出现了一些突发情况，比如忘词了或者讲错了，要通过放慢语速努力回忆、结合现场情况略做调整、临时应变自圆其说等方式，努力使演讲顺利进行下去。

（二）评委根据评选细则现场打分。

（三）对参赛者进行赛后采访，并将采访视频同最终获奖名单一并发布到学校公众平台，全体同学可以在公众平台上观看、留言。

三、赛后颁奖及总结

（一）赛后颁奖

综合现场评委打分（70%）及网络投票得分（30%）进行评奖，并于校图书馆举行颁奖仪式。邀请副校长、教务处主任、校团委书记等为所有获奖同学颁奖。

（二）活动总结

由校宣传中心汇总所有比赛资料，进行整理并发布到学校公众平台。

# 钢铁是怎样炼成的

⊙〔苏联〕奥斯特洛夫斯基

## 阅读导航

"人最宝贵的是生命。生命每个人只有一次。人的一生应当这样度过：当回忆往事的时候，他不会因为虚度年华而悔恨，也不会因为碌碌无为而羞愧；在临死的时候，他能够说：'我的整个生命和全部精力，都已经献给了世界上最壮丽的事业——为人类的解放而斗争。'"这段被广为传诵的名言是《钢铁是怎样炼成的》主人公保尔·柯察金将曲折坎坷的人生经历和五味俱全的生命感受浓缩而成的精警之言。

保尔·柯察金年少时曾做过店员，受人欺侮；偷过德国人的手枪，因救朱赫来而坐牢；辗转于硝烟弥漫的战场，多次挣扎在死亡线上；革命胜利之后又将全部身心投入国民建设当中……从一个挣扎在社会底层的贫苦少年，到一名为祖国和人民的事业奋斗终生的无产阶级革命战士，在这个逐渐成长的过程中，保尔表现出了一个真正的无产阶级革命战士所具有的坚毅、勇敢、无私奉献的高尚品格。他把自己宝贵的青春毫无保留地献给了党和人民，在全身瘫痪的情况下继续用饱蘸激情的笔与厄运顽强搏击，继续为人民服务，让生命绽放异彩。

用心阅读全书，你会对生命的意义有更深刻的理解和感悟。

## 第二章（节选）

从车站起，已经有一公里轻轨铁路铺好了。

往前，大约有一公里半的路基已经平整好。路基上面挖了座槽，座槽里铺着一排长木头，看上去很像被大风刮倒的栅栏。这就是枕木。再往前，一直到小山包跟前，是一条刚平整出来的路面。

在这里干活的是潘克拉托夫的第一筑路队。他们四十个人正在铺枕木。一个留着棕红色胡子的农民，穿着一双新编的树皮鞋，不慌不忙地把木头从雪橇上卸下来，扔到路基上。稍远一点儿的地方，也有几架这样的雪橇在卸木头。地上摆着两根长铁棍，这是代替路轨的，以便给枕木找出水平位。为了把路基夯实，斧子、铁棍、铁锹全都派上了用场。

铺枕木是一项很费工夫的细致活。枕木必须铺得既牢固又平稳，让每根枕木均匀地承受铁轨的压力。

工地上只有筑路工长拉古京一人懂得铺路技术。这位老同志已经五十四岁了，却没有一根白头发，乌黑发亮的胡子从中间向两边分开。他每次都自愿留下，现在已经是与第四批人一起干了。他跟年轻人一样忍受艰难困苦，因此在筑路队里受到普遍的尊敬。每当全体党员开会，都邀请这位非党同志（他是塔莉亚的父亲）参加，并请他就座荣誉席。老头子为此感到很自豪，发誓绝不离开工地。

"你们说说看，我怎么能扔下你们不管呢？我一走，铺枕木的工作会搞乱的，这儿需要我的一双眼睛，需要实践经验。我在俄罗斯各地跟枕木打了一辈子交道……"每到换班的时候，他都这样推心置腹地说，于是就一次又一次地留了下来。

　　帕托什金很信任潘克拉托夫，很少来检查他这个工段的工作。当朱赫来他们三个人走到正在干活的人群跟前时，潘克拉托夫正挥动斧头在挖一个安放枕木用的凹槽。他累得满脸通红，头上直冒汗。

　　阿基姆好不容易才认出这个码头工人。他瘦多了，两块本来就很高的颧骨现在显得更加突出了，脸也没好好洗过，显得又黑又憔悴。

　　"呵，省里的领导来了！"说着，他把热乎乎、湿漉漉的手伸给阿基姆。

　　铁锹声暂时停了下来。阿基姆看见了周围那些苍白的脸。他们脱下来的大衣和皮袄都放在旁边的雪地上。

　　托卡列夫跟拉古京交代了几句，就拉上潘克拉托夫陪同刚来的三个人到掘土的地方去。潘克拉托夫和朱赫来并排走着。

　　"潘克拉托夫，你说说，你们在莫托维洛夫卡车站到底跟肃反工作人员发生了什么事？你们把他的枪都缴了，你不觉得干得太过火了一点儿吗？"朱赫来严肃地问这个不爱多说话的码头装卸工。

　　潘克拉托夫不好意思地笑了笑，说：

　　"我们经过协商才缴了他的枪，是他主动要求我们这么做的。这小伙子是个好同志。我们把所有的情况跟他一摆，他就说：'同志们，我没有权力让你们搬走门窗。捷尔任斯基同志命令严禁一切盗窃铁路财产的行为。这儿的站长跟我结了仇，这个坏蛋老偷东西，我总是阻拦他。要是我让你们把门窗拿走，他准会上告，那我就得到革命法庭受审。最好你们先缴了我的枪，再把东西赶快运走。要是站长不上告，这件事就算过去了。'于是我们就这么办了。我们又不是把门窗往自己家里搬。"

潘克拉托夫看到朱赫来的眼神里掠过一丝笑意，就补充说：

"朱赫来同志，要处分就请处分我们吧。千万别为难那个小伙子。"

"这件事情到此为止。往后可不许再发生这样的事，这是破坏纪律。我们有足够的力量通过组织程序打倒官僚主义。好了，现在谈谈更重要的事情吧。"于是朱赫来详细地询问了匪徒袭击的情况。

在离博雅尔卡站四公里半的地方，筑路的人们正愤怒地挥动铁锹，猛砍坚硬的冻土。他们要劈开挡道的小山包。

工地四周，站着七个人担任警卫。他们随身携带着霍利亚瓦的马枪，以及保尔、潘克拉托夫、杜巴瓦和霍穆托夫几个人的手枪。这就是筑路队所有的武器了。

帕托什金坐在斜坡上，把数字记在笔记本上。现在只剩下他一个工程师了。瓦库林科怕被土匪的子弹打死，宁愿让法庭以临阵脱逃罪判处死刑也不干了，今天一早就溜回了城里。

"挖开这个山包，需要半个月的时间。因为地已经冻住了。"帕托什金对站在面前的霍穆托夫低声说。霍穆托夫是个动作迟缓、老皱着眉头、不太喜欢说话的人。

"全部工程只给我们二十五天时间，光挖山包您就用十五天，这不成！"霍穆托夫一边回答，一边气呼呼地用嘴咬着胡子梢。

"当然，这只是估算。我一生从未在这样的情况下筑过路，也从未跟这样一群人一起筑过路。也许我估计错了，我已经有两次都估计错了。"

就在这时，朱赫来、阿基姆和潘克拉托夫走近了小山包。斜坡上的人们看见了他们。

"瞧，谁来了？"在铁路工厂当过旋工的彼得卡·特罗菲莫夫是个斜眼小伙子，穿着露出胳膊肘的破绒线衫。他用胳膊肘捅了保尔一下，指着坡下的人喊道。

保尔连铁锹也没扔，马上朝斜坡下跑。他的两只眼睛在军帽帽檐下面热情地微笑着。朱赫来紧紧握住他的手，握的时间比握谁的手都长。

"你好哇，保尔。瞧你穿了这么一身胡拼乱凑的衣服，差点认不出你来了。"

潘克拉托夫苦笑了一下，愁眉不展地对阿基姆说：

"他那五个脚指头倒是步调一致，总是整齐地露在外面。而且，开小差的家伙还偷走了他的大衣。幸亏跟他一个公社的奥库涅夫把自己的短上衣送给了他。不过没关系，保尔是一个热血青年。他还可以在水泥地上躺上一两个星期，铺不铺麦秸都一个样，然后，他还可以躺到棺材里去。"

眉毛漆黑、鼻子微翘的奥库涅夫调皮地眯缝起双眼，反驳说：

"我们才不让保尔完蛋呢。我们可以推选他去当厨子，做奥达尔卡的一名后备军。只要他不是傻瓜，在那里，他不但可以吃得饱，还可以睡得暖——愿意挨着火炉也行，愿意挨着奥达尔卡也行。"

一阵开心的哄笑淹没了奥库涅夫的话。

这是他们今天第一次大笑。


朱赫来查看了小山包，然后和托卡列夫、帕托什金坐上雪橇到伐木场去了一趟，接着又转了回来。大伙仍旧在小土坡上顽强地挖着土。朱赫来看着闪光的铁锹，看着弯着腰紧张劳动的人群，低声对阿基姆说：

"用不着开群众大会了。这里谁也用不着鼓动。托卡列夫，你说得对，他们真是无价之宝。钢铁就是这样炼成的！"

朱赫来看着这些挖土的人，眼睛里流露出钦佩、爱护和自豪的神情。就在不久之前，在反革命叛乱的前夜，他们中间有一部分人曾经背起钢枪战斗；而现在，他们又都怀抱着共同的志向，要把钢铁动脉通到堆放大量宝贵木材的森林里去。木材可是温暖与生命的源泉啊！


工程师帕托什金终于既彬彬有礼又言之有据地向朱赫来证明：没有两个星期的时间，要挖开这个小山包是不可能的。朱赫来仔细地听着帕托什金的计算，心里打定了主意。他说：

"把人从斜坡上撤下来，调到前面去修路。咱们另想办法来对付这个小山坡。"

朱赫来在车站上花了好大工夫才接通了电话。霍利亚瓦站在门外警卫，他听见里面朱赫来粗声粗气地说：

"立即以我的名义给军区参谋长挂电话，请他马上把普兹列夫斯基团调到筑路工地来。一定要把这一带的匪帮肃清。此外，再派一辆装甲车和几个工兵爆破手来。其他事情由我自己来安排。我连夜赶回去。叫小李特克在十二点以前把汽车开到车站。"

板棚里，阿基姆做了简短讲话之后，朱赫来接着发言。在亲切的交谈中，不知不觉地过去了一个小时。朱赫来告诉大家，原定的工程期限不能改变，必须在一月一日之前完工。他说：

"从现在开始，我们要按战时状态进行工作。全体党员编成一个特勤中队，杜巴瓦同志担任中队长。六个筑路队，都要担负一定的任务。尚未完成的工程平均分成六段，每队承包一段。全部工程必须在一月一日以前完工。提前完成任务的小队，可以回城里休息。此外，省执行委员会主席团还要向乌克兰中央执行委员会呈报，给这个小队的优秀工人颁发红旗勋章。"

各小队的队长已经派定：第一小队是潘克拉托夫同志，第二小队是杜巴瓦同志，第三小队是霍穆托夫同志，第四小队是拉古京同志，第五小队是柯察金同志，第六小队是奥库涅夫同志。

"至于筑路工程的总负责人，"朱赫来在发言结束时宣布，"也就是整个思想工作和组织工作的总负责人，当然继续由不换班的安东·尼基福罗维齐·托卡列夫同志担任。"

仿佛群鸟振翅起飞，响起一阵噼啪噼啪的掌声。一张张严肃的面孔都露出了笑容。朱赫来一向很严肃，最后说的这句话却既亲切又诙谐，使一直在注意听他讲话的人全都轻松地笑了起来。

二十来个人一齐去送阿基姆和朱赫来上轧道车。

在和保尔话别的时候，朱赫来看见他那只灌满雪的套鞋，低声说：

"我给你捎双靴子来。你的脚还没有冻坏吧？"

"好像已经冻坏了，两只脚都肿起来了，"保尔回答。接着他想起一个心中老早就有的要求，便拉住朱赫来的袖子，说，"你能不能给我几发子弹？我只剩下三发能用的了。"

朱赫来抱歉地摇了摇头，但是他看到保尔失望的眼神，就立刻毫不犹豫地解下了自己的毛瑟枪。

"这是我给你的礼物。"

保尔开头简直不相信他已经得到了盼望已久的礼物，但是朱赫来已经把枪带挂在他的肩膀上。

"拿去吧，拿去吧！我知道你早就盯上它了。不过要多加小心，别伤了自己人。这里还有满满的三夹子弹，也给你啦。"

许多双羡慕的眼睛齐刷刷地盯向保尔。有人喊：

"保尔，咱俩交换，我给你一双靴子，外加一件短皮袄。"

潘克拉托夫朝他后背推了一下，开玩笑似的说：

"小鬼，你拿它换一双毡靴吧。再穿着那只套鞋，你休想活到今年圣诞节。"

这时候，朱赫来已经一只脚踏在轧道车的踏板上，正在给保尔开持枪许可证。


清晨，一列装甲列车轰隆隆地驶过道岔，开进车站。一团团乳白色的蒸气，犹如天鹅绒般喷发出来，又立即消散在清新而寒冷的空气中。从装甲车厢里走出来几个穿皮衣的人。几小时以后，装甲车送来的三名爆破手已经在山坡上深深地埋下了两个深蓝色的大南瓜，从上面引出两根长长的导火线，然后放了信号枪。人们纷纷离开现在已经变成险地的小山包，四散隐蔽起来。火柴点燃导火线，顿时冒出荧荧的磷光。

几百个人的心一下子提了起来。一分钟，两分钟，多么难熬的等待——终于……大地颤抖了一下，一股可怕的力量将小山包炸得粉碎，把巨大的土块抛向空中。接着，第二次爆炸又开始了，比第一次更猛烈。震耳欲聋的轰鸣声响彻密林，山崩地裂的隆隆声在林间回荡。

刚才还是小山包的那个地方，现在变成了一个深坑，周围几十米内，在像砂糖一样洁白的雪地上，撒满了四散飞溅的碎土。

筑路工人立刻提起镐头和铁锹，喊叫着朝炸出来的土坑跑去。


自从朱赫来走后，各筑路队展开了一场争取首先完成任务的顽强竞赛。

离天亮还很早，保尔就悄悄地起了床，谁也不惊动，艰难地挪动着在冰凉的地面上冻僵了的双脚，走到厨房。他烧开了一桶沏茶用的水之后，才回去叫醒同小队的伙伴。

等到其他各队的人都醒来时，天已经亮了。

在板棚里吃早点的时候，潘克拉托夫挤到杜巴瓦和他兵工厂的伙伴们的桌子跟前，激动地说：

"米佳伊，看见没有？保尔那家伙，天还没亮就把他那伙人叫起来了。现在他们也许已经筑好十俄丈了。伙伴们都说，他把他队里由铁路工厂来的人鼓动得雄心勃勃，夸口说要在十二月二十五日以前就铺完他们那一段。他想把咱们大伙都给比下去。但是，对不起，谁胜谁负还得走着瞧！"

杜巴瓦苦笑了一下。他十分清楚为什么铁路工厂那一队的行动会使这个货运码头的共青团书记如此坐卧不安。就连他杜巴瓦，也受到好朋友保尔的一记闷棍：这个保尔竟一声不响，就向各队挑战了。

"这真是朋友归朋友，各自显身手。这是关系到'谁战胜谁'的问题。"潘克拉托夫说。

中午时分，柯察金小队正干得热火朝天，突然一声枪响，打断了他们的工作。这是站在步枪垛旁边的哨兵，发现树林里出现了一队骑兵，便鸣枪示警。

"同志们，快拿枪，土匪来了！"保尔喊了一声，扔下铁锹，朝一棵大树跑去。他的毛瑟枪就挂在树枝上。

全队马上拿起武器，直接卧倒在路基旁的雪地上。走在前面的几个骑兵挥动着帽子，其中有个人高声喊道：

"别开枪，同志们！自己人！"

五十多个骑兵沿着大路跑了过来，他们都戴着缀有红星的布琼尼军帽。

原来这是普济列夫斯基团的一个排，前来探望筑路人员。保尔看到排长的坐骑少了一只耳朵，这引起了他的注意。那是一匹漂亮的灰骒马，额上有一块白斑。它不肯老实站着，一直在骑者胯下玩花样。保尔跑到它跟前，一把抓住笼头绳，马吓得直往后退。

"小白斑，你这个调皮鬼，想不到在这儿又见到你了！你没让子弹打死呀，我的独耳朵的美人。"

他亲热地搂住马的细长脖子，抚摸着它那翕动的鼻子。排长仔细地端详着保尔，终于认出来了，他惊喜地喊道：

"啊，这不是保尔吗！……马你倒认出来了，老朋友谢列达反而看不出来啦。你好，老弟！"


城里各部门都积极行动起来，全力以赴支援筑路工程。这立刻取得了明显的效果。扎尔基把留在城里的人都派往博雅尔卡，团区委成了个空架子。整个索络缅卡区只剩下清一色的女团员。扎尔基又到铁路专科学校动员了一批学生去支援工地。

当他向阿基姆汇报这些情况的时候，半开玩笑地说：

"现在只剩下我和那些女无产阶级革命者了。我打算让拉古京娜代替我，门口换上'妇女部'的牌子，这样我就可以马上到博雅尔卡去了。你想，我一个男子汉成天在女人堆里转悠，实在不像话。那帮女孩子都怀疑地看着我。她们私下里准像喜鹊似的在叽叽喳喳议论我：'他把别人都打发走了，自己却赖在城里，真是个大滑头。'没准还有比这更难听的话呢。求求你，让我也去吧。"

阿基姆笑着拒绝了。

到博雅尔卡工地的人数在不断增加。铁路专科学校的六十个学生也到了。

朱赫来设法让铁路管理局调出四节客车车厢，开到博雅尔卡，给新到的工人们住宿。

杜巴瓦的那一队人撤出了工地，被派往普夏－沃季查，负责把窄轨车头和六十五节窄轨的敞车运回工地。这项工作顶替他们原先所执行的任务。

临走之前，杜巴瓦向托卡列夫建议，把克拉维切克调回筑路队，由他领导新组织的一个小队。托卡列夫下达了这个命令，丝毫没有怀疑杜巴瓦提出这一建议的真实动机。

（周露／译）

## 阅读规划

读书时，除了可以在书中直接圈点批注外，还可以做一些摘抄和笔记。摘抄和笔记可以帮助同学们重温作品内容，积累语言和素材，有助于提升阅读质量，提高分析能力、鉴赏能力和写作能力。在阅读实践中，摘抄和做笔记常常是结合在一起的，有时几则摘抄连贯起来便可以成为作品的提要，有时摘抄之后可以随手记下读书心得。

| 篇名 | 计划阅读<br>起止时间 | 采撷佳句 | 梳理感受 | 完成情况 |
|---|---|---|---|---|
| | __月__日__时至<br>__月__日__时 | | | |
| | __月__日__时至<br>__月__日__时 | | | |
| | __月__日__时至<br>__月__日__时 | | | |
| | __月__日__时至<br>__月__日__时 | | | |
| | __月__日__时至<br>__月__日__时 | | | |
| | __月__日__时至<br>__月__日__时 | | | |
| | __月__日__时至<br>__月__日__时 | | | |
| | __月__日__时至<br>__月__日__时 | | | |
| | __月__日__时至<br>__月__日__时 | | | |
| | __月__日__时至<br>__月__日__时 | | | |

| 篇名 | 计划阅读<br>起止时间 | 采撷佳句 | 梳理感受 | 完成情况 |
|---|---|---|---|---|
|  | __月__日__时至<br>__月__日__时 |  |  |  |
|  | __月__日__时至<br>__月__日__时 |  |  |  |
|  | __月__日__时至<br>__月__日__时 |  |  |  |
|  | __月__日__时至<br>__月__日__时 |  |  |  |
|  | __月__日__时至<br>__月__日__时 |  |  |  |
|  | __月__日__时至<br>__月__日__时 |  |  |  |
|  | __月__日__时至<br>__月__日__时 |  |  |  |
|  | __月__日__时至<br>__月__日__时 |  |  |  |

## 交流平台

一种思想与另一种思想交换，可以形成更新的多元思想。阅读完《钢铁是怎样炼成的》，同学们可以将自己的摘抄与笔记相互分享、交流。

示例1：

［采撷佳句］

朱赫来听见枪声，朝旁边一闪，回过头来，看见押送兵正在狂暴地从保尔手里夺枪。他转动着枪，扭绞着少年的双手。但是保尔依旧抓住不放。那个彼得留拉匪兵简直气疯了，猛一使劲，把保尔摔倒在地。可是即使这样，他还是没能夺回步枪。保尔摔倒的时候，顺势把押送兵也拖倒了。此时此刻，没有任何力量可以迫使保尔放开手里的枪。

[梳理感受]

这是保尔参加的第一场真正意义上的战斗。双方实力悬殊：敌人是狡黠且残忍的，试图通过扭绞的方式令保尔松手；敌人是疯狂而暴虐的，为了夺回枪支，将保尔几近摔坏。保尔的身体还很柔弱，只能任匪兵将自己摔倒，但他的精神却强大到济河焚舟之境，紧握着枪的手无论如何也不放开。反复提及的这双手的力量便来自朱赫来在保尔心中已播下的革命之种。搏斗中，保尔因经验不足处于劣势，可在精神的对弈中，他丝毫不逊色，他甚至强大到让对手感到恐惧。

示例 2：

[采撷佳句]

不，杜曼诺娃同志，坦率地说，我的粗鲁比你所谓的礼貌要好得多。你用不着担心我的生活，我的生活过得挺好。但是你的生活却变得比我想象的还要糟糕。两年以前，你还好些：那时候你还敢和一个工人握手。可是现在呢，你浑身都发出樟脑丸的味道。说句心里话，现在我跟你已经没什么可谈的了。

[梳理感受]

保尔对冬妮娅的称呼变成了杜曼诺娃同志，寻常又陌生，两人之间界若鸿沟。保尔口中的粗鲁与礼貌充满了反讽的意味，往昔，保尔蓬乱的头发被冬妮娅梳理整齐时，保尔眼中的自己是卑微的，冬妮娅是圣洁的；如今，保尔扛着铁锹铲雪却令冬妮娅觉得不便握手时，保尔眼中的冬妮娅是酸臭的，自己是正义的。两人的错位与反差，在于他们人生选择的不同。冬妮娅选择了追逐个人私利，放弃信仰，去"体面地生活"；保尔选择了追求革命理想，舍弃小我，去忘我地战斗。道不同不相为谋，既然如此，子非我友，割席分坐。

# 敬　启

　　为编好这本书，我们与收入本书的作品（含图片）作者进行了广泛联系，得到了各位作者的大力支持。在此，我们表示衷心的感谢。但是，由于个别作者地址不详，虽经多方努力，仍无法取得联系。敬请各位有著作权的作者尽快与我们联系，以便我们支付稿酬，并致谢忱！

　　我们还要感谢使用本书的师生们。希望你们在使用本书的过程中，能够及时把意见和建议反馈给我们，对此，我们深表谢意，并将给予一定奖励。让我们携起手来，共同完成本书的建设工作。

联 系 人：梁老师　刘老师

联系电话：010-58022100-6362

联系邮箱：ztxx2008@sina.com

网　　址：http://www.ywztxx.com

地　　址：北京市海淀区知春路7号致真大厦A座18层

图书在版编目（CIP）数据

自然物语 / 赵建霞主编. — 上海：上海教育出版
社, 2021.12
ISBN 978-7-5720-0818-4

Ⅰ.①自… Ⅱ.①赵… Ⅲ.①阅读课—初中—教学参
考资料 Ⅳ.①G634.333

中国版本图书馆CIP数据核字（2021）第260851号

本书部分文字作品的版权由中国文字著作权协会代理及转付稿酬，
电话：010-65978917，传真：010-65978926，E-mail：wenzhuxie@126.com

责任编辑　李清奇
封面设计　陈丽娟　王艺霖
著作权人　北京华樾教育科技有限公司

**自然物语**

**赵建霞　主编**

出版发行　上海教育出版社有限公司
官　　网　www.seph.com.cn
地　　址　上海市闵行区号景路159弄C座
邮　　编　201101
印　　刷　肥城新华印刷有限公司
开　　本　720×1010　1/16　印张 66
字　　数　900千字
版　　次　2021年12月第1版
印　　次　2021年12月第1次印刷
书　　号　ISBN 978-7-5720-0818-4/G·0634
定　　价　268.00元（全六册）

如发现质量问题，请向本社调换　　021-64373213

适合13至14岁

\ZIRAN WUYU \

# 自然物语

主编 赵建霞

5

上海教育出版社
SHANGHAI EDUCATIONAL
PUBLISHING HOUSE

# 编 委 会

**总主编**　顾之川

**主　　编**　赵建霞

**编　　委**

赵建霞　张　敏　孙红云　王秀梅　张　凤

孙立权

**编写人员**

王　焱　张　青　张秀勤　李妮妮　徐　强

赵建霞　林楚涛　张　敏　孙红云　王秀梅

张　凤　孙立权　张胜强　张　莉　黄　恺

编者的话

　　亲爱的同学，当你打开这本书时，你就开启了一段惬意的旅程。从相遇、相知，到相伴前行，淡淡的书香将一直萦绕在你身边。

　　初中阶段，你已经读过许多名篇佳作，在充满智慧和温情的文字浸润中，语文素养自然会得到提升。但面对神秘奇幻的自然、日新月异的社会、渐趋丰盈的人生，仅仅是课堂上阅读的文章，恐怕很难再满足你的需求，你的阅读理应更广泛、更专业。如何让课内外读物有机融合成滋养你成长的沃土？如何让点滴的阅读收获汇聚成助推你遨游书海的动力？为此，我们邀请了全国各地的名师，精选文章，为你搭建大量阅读、高效阅读的平台。

　　于是，便有了摆在你面前的这本书。

　　这本书分为经典诵读、主题阅读、整本书阅读三个板块。

　　第一个板块是"经典诵读"，所选古诗词都具有经典阅读价值。针对诗词中可能会给你造成阅读障碍的生字难词，我们增加了读音和注释，且辅以专业诵读音频和鉴赏资料供你随时赏听或查阅。你可以利用每天的晨读或其他课余时间反复诵读，只要持之以恒地阅读，假以时日，定能厚积薄发。

　　第二个板块是"主题阅读"，我们精心挑选了几组文章，聚焦主题，帮助你进行专题探究。其中，"范文阅读"有批注和学习提示，方便你边阅读边思考，掌握这一类文章的阅读方法，并能进行拓展运用。"组文阅读"有单元学习任务，帮助你对一组文章进行整合阅读、比较鉴赏，从碎片化到结构化，在阅读中积累语言、拓展思维，提升核心素养。带有"自由阅读"标签的文章，你可以根据自己的需要、

兴趣自主选择阅读，多读、少读，深读、浅读皆可，如能养成边读边做批注的习惯，你会收获更多。带有"类文阅读"标签的是一组与写作要求相匹配的文章，旨在提供写作思路，激发你的创作灵感。这组文章的首篇附有旁批，为你的写作实践提供技巧点拨。

"整本书阅读"设计了"阅读导航""精彩选篇""阅读规划""交流平台"等助读工具，旨在激发你的阅读兴趣，帮助你掌握科学的阅读方法，从而有计划地开展整本书阅读。

愿这本书伴随你度过阅读的美好时光，与经典交流，与大师对话，帮助你积累知识，开阔视野，提升素养，成为睿智优雅、阳光自信的中国好少年！

# 目录

## 经典诵读

## 第一单元　江河胜景

### 范文阅读

# 第二单元　绝美风景

# 第三单元　品读峰峦

## 自由阅读

# 第四单元　古城风韵

## 自由阅读

## 第五单元　学写游记

### 类文阅读

## 整本书阅读

经典诵读

　　踏一条平平仄仄的幽径，咏一阕抑扬顿挫的辞章，让心灵开始一次雅韵悠长的旅程。从《诗经》到宋词，从田园到边塞，从婉约到豪放，从现实主义到浪漫主义……那些或率真质朴、或清幽缠绵、或慷慨刚健、或隽永蕴藉的诗句，寄托了中华儿女的家国情怀，传承着博大精深的中华文明。

　　有了诗词的濡染，我们的语文学习自当渐入佳境；有了经典的浸润，我们的语文生活定会异彩纷呈。

# 1. 菊 花

◎〔唐〕元稹

秋丛<sup>①</sup>绕舍似陶<sup>②</sup>家，遍绕篱边日渐斜<sup>③</sup>。
不是花中偏<sup>④</sup>爱菊，此花开尽<sup>⑤</sup>更无花。

　　元稹这首咏菊诗别具一格。他不从花本身的形象、颜色去写，也不直言其坚强品格，而是重笔描述赏菊的情景，虽短短四句，却将对菊花的喜爱之情表现得淋漓尽致，花的品质也就不赞而自现了。诗人首先赞叹菊花之多，满院盛开的情景令人心旷神怡。然而更令人称道的是他的切入点"秋丛绕舍"，一"丛"一"绕"，形象地写出花儿遍地的景象，最妙之处在于首句并未点"菊"，而用"似陶家"让人由陶渊明的"采菊东篱下，悠然见南山"的诗句想象眼前菊花满院的美景，如此美好的景象怎能不令人陶醉？那么，菊花何以如此吸引诗人呢？诗人笔锋一转，巧妙道出菊花历尽风霜而后凋的品格。

①秋丛：秋天一丛丛的菊花。

②陶：指东晋著名文学家陶渊明，他甚爱菊花。

③斜：倾斜，指日落西山。

④偏：偏心。

⑤尽：完，诗中指花凋谢。

# 2. 观 猎

扫码收听朗诵音频

⊙〔唐〕王维

风劲角弓鸣①，将军猎渭城②。
草枯鹰眼疾③，雪尽马蹄轻。
忽过新丰市④，还归细柳营⑤。
回看射雕处⑥，千里暮云平⑦。

---

① 角弓鸣：指拉弓放箭声。角弓，以兽角为装饰的硬弓。

② 渭城：秦朝国都咸阳故城，汉武帝时改名渭城，在长安西北，渭水北岸。

③ 疾：迅速，敏捷。

④ 新丰市：在今陕西省西安市临潼区新丰镇一带。

⑤ 细柳营：在今陕西省长安区，为汉代名将周亚夫屯军的地方。

⑥ 射雕处：据《北史·斛律光传》载，北齐斛律光曾将云层之上的一只大雕射落，因此
　 被人称为"射雕手"。此处是借以赞美将军高超的箭术。

⑦ 暮云平：指暮云与地面平齐。

　　这是一首写将军狩猎的诗，内容虽然简单明了，却写得奔放潇洒、激情四溢。首联先点明出猎，起用逆笔，先声夺人；接着推出主角，点出猎者——将军。颔联具体描绘射猎的情景。颈联紧衔"马蹄轻"之意，转写归猎，与前句浓淡相济，相得益彰。诗至猎归，其意似尽，然尾联却又以"回看"二句作结，出人意料。全诗以写景结束，所写非营地景色，而是回看向来行猎之处，早已被暮云笼罩。这样安排给读者一种轻松的感觉，与开篇出猎的紧张气氛，在节奏上形成一种内在韵律，与猎归后踌躇满志的心境相对应。前三联文势如行云流水，一气呵成。至此，作者有意将文势一顿，用"回看"二字陡然刹住，使人如觉奇峰突起。首尾不仅彼此呼应，而且互为对照。全诗气象开阔雄壮，博大浑茫。

# 3.咏怀古迹五首（其三）

扫码收听朗诵音频

◎〔唐〕杜甫

群山万壑赴荆门①，生长明妃②尚有村③。

一去紫台④连⑤朔漠⑥，独留青冢⑦向黄昏。

画图省识春风面，环珮空归月夜魂。

千载琵琶作胡语，分明怨恨曲中论⑧。

---

① 荆门：山名，在今湖北省宜都市西北。

② 明妃：指王昭君，名嫱（qiáng）。西晋时为避文帝司马昭讳，改称明君，也称明妃。

③ 村：指昭君村，在今湖北省兴山县。

④ 紫台：紫宫，宫廷。

⑤ 连：连接，通往。此指昭君离开汉宫前往匈奴。

⑥ 朔漠：北方的沙漠，借指匈奴。

⑦ 青冢（zhǒng）：指王昭君墓，在今内蒙古自治区呼和浩特市南。

⑧ 曲中论：在乐曲中寄托情怀。

《咏怀古迹五首》是唐代宗大历元年（766）杜甫在夔（kuí）州（今重庆奉节）写成的一组诗。长江三峡一带本来就有宋玉、王昭君、刘备、诸葛亮等人留下的古迹，杜甫正是借这些古迹怀念古人，同时也抒写自己的身世家国之感。这是其中的第三首，诗人借咏昭君村、怀念昭君来抒写自己的心怀。诗人有感于昭君的遭遇，寄予了自己深切的同情，同时也表现了昭君对故国的思念与怨恨，从中寄托了诗人自己的身世之慨及爱国之情。他当时正"飘泊西南天地间"，远离故乡，处境和昭君相似。他寓居在昭君的故乡，正好借昭君当年想念故土、月夜魂归的形象，寄托自己想念故乡的心情。全诗叙事明确，形象突出，寓意深刻。

# 4. 寄黄几复<sup>①</sup>

◎〔宋〕黄庭坚

我居北海君南海<sup>②</sup>，寄雁传书谢不能<sup>③</sup>。

桃李春风一杯酒，江湖夜雨十年<sup>④</sup>灯。

持家但有四立壁<sup>⑤</sup>，治病不蕲<sup>⑥</sup>三折肱<sup>⑦</sup>。

想得读书头已白，隔溪猿哭瘴<sup>⑧</sup>溪藤。

---

① 黄几复：指黄介，字几复，南昌人，是黄庭坚少年时的好友。

② 我居北海君南海：语出《左传·僖公四年》："君处北海，寡人处南海，唯是风马牛不相及也。"作者在"跋"中说："几复在广州四会，予在德州德平镇，皆海滨也。"

③ 寄雁传书谢不能：古有雁足传书之说，又说雁南飞时不过衡阳，更不用说岭南了。谢不能，代大雁回答，表示抱歉。

④ 十年：黄庭坚与黄几复于熙宁九年（1076）京师欢聚后相别，距写此诗时已近十年。

⑤ 四立壁：语出《史记·司马相如传》："文君夜奔相如，相如驰归成都，家徒四壁立。"比喻家贫。

⑥ 蕲（qí）：同"祈"，求。

⑦ 三折肱：语出《左传·定公十三年》："三折肱知为良医。"比喻阅历丰富，变得更加成熟。

⑧ 瘴（zhàng）：旧传岭南边远之地多瘴气。

扫码收听朗诵音频

赏析

　　这首诗的首联"我居北海君南海，寄雁传书谢不能"抒写了对远方友人的思念之情。当时，诗人监德州（今属山东）德平镇，他的朋友黄几复任四会（今属广东）知县。他们都居住在滨海地区。前句化用《左传》中楚子对齐桓公所说的"君处北海，寡人处南海"，说明海天茫茫相距辽远。后句是说通信颇为不易。古人有雁足传书之说，但又说鸿雁南飞止于衡阳，而四会在衡阳之南。所以，想托鸿雁捎封信去也被谢绝。

　　颔联"桃李春风一杯酒，江湖夜雨十年灯"回忆昔日相聚宴游之乐，并进一步抒写相别十年的思念之深。想当年，春风拂面，我们在盛开的桃李花下举杯畅饮；十年来，漂泊在外，每当夜雨潇潇、漏尽灯残之时，不由得更加思念远方的友人。这两句所描绘的情景形成了强烈对比，从而更加凸显了思念之情。

　　颈联"持家但有四立壁，治病不蕲三折肱"称赞友人为官清廉、从政有方。

　　尾联"想得读书头已白，隔溪猿哭瘴溪藤"赞美友人认真读书、好学不倦的品质。诗人想象友人如今已白发苍苍，伴随着他的读书声的，是那从隔着瘴气弥漫的溪水边的野藤上传来的悲苦猿啼。这里颇有为博学多才的友人偏居荒蛮之地不得重用而鸣不平的意味。

　　黄庭坚开创了江西诗派。他的诗具有奇、拗、瘦、硬的艺术风格，善于运用典故。他把古代典籍中的词语经过转化、改造，吸收融合在自己的作品中，从而使诗歌的含义更加丰富、情致更加含蓄。因此，他的诗表现出深厚的学养，具有浓郁的书卷气。这首诗就集中体现了这种艺术特点。

# 5. 相见欢①

　　⊙〔南唐〕李煜

林花谢了春红②，太匆匆。无奈朝来寒雨晚来风。

胭脂泪③，留人醉，几时重④？自是⑤人生长恨水长东！

---

① 相见欢：唐教坊曲名，后用作词牌名，又名《乌夜啼》《秋夜月》《上西楼》等。双
　 调三十六字，上阕平韵，下阕两仄韵两平韵，亦有通篇皆押平韵者。

② 春红：春天的花朵。

③ 胭脂泪：古代女子脸多抹胭脂，泪流时带胭脂而下，谓之胭脂泪。这里指林花着雨的
　 鲜艳颜色，代指美丽的花。

④ 几时重（chóng）：何时再度相会。重，重逢，再会。

⑤ 自是：本是，本来。

赏析

　　从内容上看，本词应是南唐覆灭、李煜被俘之后的作品。这首词布局有些特别，描写的事物不大连贯：上片写林花、寒雨、风，下片写胭脂泪、人生、水。比喻中夹杂着议论，看上去好像互不相干，可读完之后又会觉得血肉相连，有景有情，如泣如诉，把一个丧失自由而又无可奈何的亡国之君的形象鲜明地展现在读者面前。尤其是李煜常将自己的离愁别恨比喻为流水东去，写得深入浅出，功力不凡。"自是人生长恨水长东""问君能有几多愁，恰似一江春水向东流"，都成为千古传唱的名句。有人曾经把它们和欧阳修的"离愁渐远渐无穷，迢迢不断如春水"作比较，认为欧词虽自然生动，但比之李煜，不免相形见绌。难怪有人说："后主之词，足当太白诗篇，高奇无匹。"

扫码收听朗诵音频

# 6. 於潜僧<sup>①</sup> 绿筠轩<sup>②</sup>

⊙〔宋〕苏轼

可使食无肉，不可使居无竹。

无肉令人瘦，无竹令人俗。

人瘦尚可肥，俗士不可医。

旁人笑此言："似高还似痴<sup>③</sup>？"

若对此君<sup>④</sup>仍大嚼，世间那有扬州鹤<sup>⑤</sup>！

---

① 於潜僧：名孜，字慧觉。於潜，旧县名，在今浙江临安境。

② 绿筠（yún）轩：在於潜县南二里的丰国乡寂照寺（於潜僧出家之地）。筠，竹子的青皮，借指竹子。

③ 痴（chī）：迂腐，不聪明。

④ 此君：指竹子。《晋书·王徽之传》记载，王羲之的儿子王徽之，为人高雅，生性喜竹。有一次，他寄居在一座空宅中，便马上令人种竹。有人问其缘故，他不予正面解释，"但啸咏指竹曰：'何可一日无此君！'"这里借此典故赞赏於潜僧。

⑤ 扬州鹤：《殷芸小说》中说，有客相从，各言所志，其中有一个人说："腰缠十万贯，骑鹤上扬州。"意思是发财、成仙都想获得。

 赏析

　　这首诗在很大程度上显示出苏轼的人生品位。生活中人们大都热衷于追名逐利，欲望有增无减，而精神空虚。作者将"肉"和"竹"对举而出，完全是两种人格志趣的对比，然后以"瘦尚可肥""俗不可医"对两种人格倾向向纵深阐释，形象地指明人若在精神上趋于庸俗或堕落将是不可救药的。诗中第三、四句极富哲理，苏轼以美食与美德喻物质与精神的价值比较，取意深远而落笔于竹，是对於潜僧风节的赞颂之语，也是对缺乏风节之辈的警示。此句一出，便给苦思于物质和精神而难以取舍的人们以响亮的回答，一时盛传开去。

# 7. 踏莎行<sup>①</sup>

⊙〔宋〕贺铸

扫码收听朗诵音频

　　杨柳回塘<sup>②</sup>，鸳鸯别浦<sup>③</sup>，绿萍涨断莲舟路<sup>④</sup>。断无蜂蝶慕幽香，红衣<sup>⑤</sup>脱尽芳心苦<sup>⑥</sup>。

　　返照<sup>⑦</sup>迎潮，行云<sup>⑧</sup>带雨，依依<sup>⑨</sup>似与骚人语。当年不肯嫁春风<sup>⑩</sup>，无端却被秋风误。

---

① 踏莎行：词牌名。又名《柳长春》《喜朝天》等。双调五十八字，仄韵。又有《转调踏莎行》，双调六十四字或六十六字，仄韵。欧阳修有《踏莎行慢》，双调八十八字，仄韵。

② 回塘：环曲的水塘。

③ 别浦：江河的支流入水口。

④ 绿萍涨断莲舟路：水面布满了绿萍，采莲船难以前行。莲舟，采莲的船。

⑤ 红衣：指荷花的红色花瓣。

⑥ 芳心苦：指莲心有苦味。

⑦ 返照：夕阳的回光。

⑧ 行云：流动的云。

⑨ 依依：形容荷花随风摇摆的样子。

⑩ 不肯嫁春风：韩偓《寄恨》诗有"莲花不肯嫁春风"的诗句。张先在《一丛花》词里写道："沉恨细思，不如桃杏，犹解嫁东风。"贺铸是把荷花和桃杏隐隐对比。

　　这首词上片的前两句写荷花所在之地。就储水之地而言，则谓之塘；就进水之地而言，则谓之浦。荷花在回塘、别浦，就暗示了它处于不容易被人发现，也不容易为人爱慕的环境之中。第三句由写荷花的美丽转入叹不幸的命运。古人常以花开当折，比喻女子年长当嫁，男子学成当仕。荷花长在水中，一般都由女子乘坐莲舟前往采摘。但若是水中浮萍太密，莲舟的行驶就困难了，作者状莲舟难进，自然有所寄托，喻自己不受重用之苦，托喻非常委婉。第四句再用比喻。荷花既生长于回塘、别浦，莲舟又被绿萍所阻，不能前来，那么能飞的蜂与蝶该是可以来的吧。然而不幸的是，这些蜂和蝶，又不知幽香之可爱慕，断然不来。这是以荷花的幽香，比喻自己的品德；以蜂蝶之断然不来，比喻在上位者对自己的全不欣赏。

　　下片的前两句描绘了夏秋之间傍晚雨后初晴的荷塘景象，在暮色苍茫中带有郁闷的色彩，烘托出"红衣脱尽"的荷花黯淡苦闷的心境。第三句将荷花暗比作美人，似乎在满怀感情地向文人墨客诉说自己的悲惨遭遇，显示出荷花不乏知者。第四、五句将荷花、美人、作者三位一体，是咏物、拟人与自寓的完美结合，其中有对"秋风"的埋怨，也有自怜自艾的感情，同时又隐含被命运捉弄的嗟叹，感情内涵丰富。

　　全词清雅可人，托喻幽隐，意味悠长。

扫码收听朗诵音频

# 8. 一剪梅

⊙〔宋〕李清照

红藕①香残玉簟②秋。轻解罗③裳，独上兰舟④。云中谁寄锦书⑤来？雁字回时⑥，月满西楼。

花自飘零水自流。一种相思，两处闲愁。此情无计⑦可消除，才下眉头，却上心头。

---

① 红藕：荷花的别称。

② 玉簟（diàn）：光洁似玉的竹席，席子的美称。簟，竹席。

③ 罗：一种质地轻软的丝织品。

④ 兰舟：木兰树做的船，船的美称。

⑤ 锦书：写在锦帛上的信。据《晋书》记载，窦滔妻苏氏曾织锦为《回文璇玑图诗》，寄给她的丈夫。后来就用"锦书"指代妻子给在外丈夫的信。这里是反其义而用之，指在外的丈夫给妻子的信。

⑥ 雁字回时：大雁排成人字形或一字形飞行，称雁字。大雁是候鸟，春去秋来，雁回表明秋天。古有大雁传书的传说，所以上句说书信，此句说雁字。

⑦ 计：办法。

　　这首词的艺术特色颇为鲜明。在语言上，"轻解"句与"独上"句、"一种"句与"两处"句、"才下"句与"却上"句均为对偶；上片的"红藕"句与下片的"花自"句各以两个结构相仿的主谓句组成，使词作呈现出字面工稳整饬、音律顿挫有致的特点。作者又巧妙地在对偶句中掺以散句，浑融无间，通篇诵来轻松爽利，毫无板滞之感。作者所用的"红藕""玉簟""罗裳""兰舟""锦书"等使词作色泽绚烂、精秀特绝，而又济以"雁回""月满""水流"三词，便收到繁缛落尽、飘逸真淳的效果。

　　词作篇幅不长，却警句迭出。"花自飘零水自流"，意象澹荡，又兼具比兴的作用；"此情无计可消除，才下眉头，却上心头"，似从范仲淹《御街行》"都来此事，眉间心上，无计相回避"脱胎而来，但措语更精妙，蕴意更浑成，离别相思，情态曲尽，实有胜蓝之美。

# 江河胜景

　　有人说：要么读书，要么旅行，灵魂和身体，必须有一个在路上。阅读也是一种旅行，随着作者的脚步穿越江河湖海，倾心聆听它们传递的凝重与风韵。狮虎咆哮的瀑布、微雨朦胧的郊野、飘然而下的飞泉、雄奇秀美的峡谷、壮丽威严的堤堰，它们或雄浑惊心，或激越荡气，或氤氲怡神，或俊美悦目……在这些风格迥异的江河胜景中，我们领略到了大自然的鬼斧神工，而作者那独特的体验和瞬间的感触，也启示我们在观景的同时去领略景物的文化内涵。

　　阅读本单元文章，要在通读全文的基础上，深入了解游记的特点，抓住点明地点、位置的关键词句，梳理游踪，把握所写景物的特点，探究作者写景的角度和方法；还要揣摩品味语言，欣赏积累精彩语句。

# 1. 娘子关上看飞泉

⊙梁 衡

开篇介绍娘子关的地理位置和名称由来，点明所游之处、所记之景。

娘子关，雄踞在太行山东侧，正当晋、冀两省的交界。史载唐太宗之妹平阳公主曾奉命驻兵于此，创建城关，故而得名。盛夏七月，我们一行数人出平定县城，驱车九十里前来造访。这里山高谷深，草茂树稀，迎着山风还有几丝寒意。山上现存新旧两关，旧关只剩两楼和一些阶梯残石，共二十七级，极陡，人登时需俯身弯腰，手脚并用。新关尚完整，有一条小道直通山下，关门仅能过一车一马，可谓"一夫当关，万夫莫开"。城墙顺山势起伏，逶迤而去，谷底风回水响，声若雷鸣，使人不由生发凭吊古战场的幽情。汉初，韩信曾在这里攻打赵国，背水一仗，大获全胜。如今这山畔、沟下已星散着不少工厂、机关、居民和驻军，给这荒僻的山野增添了无限的生机。再加上这里以泉水著称，那藏在山坳崖后的绿柳青田，使这北国的原野颇带一点江南的景象。

我们先去看玉龙泉，泉已修一电厂，用此水来发电。过去喷水的玉龙头已不复见，只见一处很大的泉口，上加石盖，盖的东西两侧各留六孔。水从泉眼内向上喷出，直顶石盖，然后向两边穿孔而出，汇入一个大池中。我们站在石盖上，脚下膨膨然如立鼓面。水池中建有石舫，舫边另有一个石条砌就的大游泳池。难得的是这急喷横流的大水却无一泥一沙，一池碧波清若空无，这时一群顽童正在池里嬉水，来去翕忽，宛若游鱼。

娘子关的泉眼有一百多处，最壮观的当数水帘洞泉。我们转过一个山崖，只见对面山嘴上一挂飞泉飘然而下。这时人恰好与飞泉的半腰相齐，隔岸平视，看个正好。那泉后的山石在流水的浸润下满是苔藓、葛藤，一层叠一层，厚重，滑腻，像一幅墨绿的挂毯。那飞泉白光一闪，当空划破厚重的浓绿，散成一挂珠帘，轻轻贴着石壁垂下来；又像是一轴素绢，靠着绿壁，浴着艳阳，时舒时卷，楚楚有

介绍"所至"，移步换景。请圈画出表明作者行踪的句子，梳理全文游踪。

这两个比喻句写出了景物的什么特点？如果删去其中一个效果有何不同？

情，就专等谁来作画题诗了。我看着看着，忽而心里不知足起来，就攀藤附葛，向谷底探去。同伴们直喊使不得，但我哪顾这些。谷底多巨石，光滑，圆润，洁白，是上游洪水冲下来的，其状如卧牛、奔象、驯羊、飞马……而深谷两峰的石壁却另是一种奇观：石形或凸或凹，石面若松针杂陈，若蜂窝相叠，石色又似白似黄，莫能确指，一起构成这面千奇百怪的大浮雕。这时谷底细雾蒙蒙，仰观山岩、飞泉，如面纱相遮。我想，抽象派的艺术家，要是站在这里指石壁而言，说这是人，是兽，是车，是马，是田园村舍，你是不能完全否认的。原来这也是一种钟乳石，不过桂林的钟乳石经大水侵蚀，成柱，成林；这里的经湿雾浸润，成线，成丝。那好比是一座园林，这却如一个盆景，各得其妙。当地群众叫这种石头为上水石。石多孔，取一块置浅水盘中，水可徐徐升到石巅，若再撒些豆、麦、花籽于上，则可发芽抽绿，移青山绿水于案几之上，使室内春意盎然。

到谷底观飞泉，不仅能默察其细微，还可领略其声威，仰望蓝天一线，两山壁立，谷中激流湍急，虎啸雷鸣。水帘后深草茂树，不知

行文中多用四字词语，节奏鲜明，畅达自然，与典雅凝练相得益彰。

对比阅读，思考这一段与上一段的写景角度有何不同。

其底。传说那里面有个神仙住过的老君洞。我突然记起县志上的一首明人题咏："娘子关头水拍天，老君洞口赤霞悬。惊雷激浪三千丈，洞里仙人不得眠。"稍近帘底，水烟雾气，缠臂绕腿。我大着胆子靠前几步，大珠小珠，立时劈面盖顶。这时仰观水帘，真是银河泻地，云翻水怒。苏东坡观庐山是"横看成岭侧成峰"，我看这娘子关飞泉堪称"远似淑女近如虎"。我喜滋滋地淋了一身水，退坐在远处的一块大石头上。我细品着这水，她是泉，但又不是一般的涓涓细流；是瀑布，但又不是泥沙俱下的洪水。她从山顶迸石而出，又飘飘落下。黄河滚滚没有她这样妩媚，长江浩浩没有她这般激越，那排空的海浪又没有这样俊美。她豪爽、多情、开朗、大方，把大把的珍珠悬空撒下，摔得粉碎，然后又在谷底聚拢成一泓清潭，再转山绕石，悠然而去。空谷独坐，我吸着湿润润的雾，听着水在石上弹奏的歌，看着水珠在阳光中幻成的五彩的霓，任清泉在我心头静静地淌。山顶上伙伴们已招手催行了，我却一片痴情，好像对这水还有许多未说完的话。

回来的路上，我问一位水利工作者，才知

三个带引号的句子有何不同？

运用排比、拟人等修辞手法，将无生命的景物写得富有情趣，生动传神。

道这方圆几百里都是石灰岩山区。石间缝隙甚多，地面水全渗到了地下深处。太行东来，到这关前骤然下降，地层错动，于是那些经石间千过万滤的清清流水，便一起被挤出地面。这关上关下到处是大泉小水，有的老乡在家里搬起一块石板便可汲水呢。这大概就是"蓄之既久，其发必速"的道理吧！

一九八一年七月

点明"所感"，富含哲理，使文章回味悠长。

**学习提示**

本文记述的是一次赏幽探奇的游程。作者描绘了娘子关飞泉的奇美之景。飞驰的想象、新奇贴切的比喻，使飞泉超脱了现实，呈现出形神俱备的鲜活感；动静相衬、虚实结合、多感官的参与，使飞泉成了一幅流动的山水画。本文体现了梁衡先生提倡的散文美的三个层次：描写叙述的美、意境的美、哲理的美。

阅读过程中，先勾画出体现游记文体特点（所至、所见、所感）的句子，再反复品读作者从多个角度、用多种手法描摹景物的精彩语句，你会有更多发现和感悟。

# 2. 西溪的晴雨

⊙郁达夫

西北风未起，蟹也不曾肥，我原晓得芦花总还没有白，前两星期，源宁来看了西湖，说他倒觉得有点失望，因为湖光山色，太整齐，太小巧，不够味儿。他开来的一张节目上，原有西溪的一项，恰巧第二天又下了微雨，秋原和我就主张微雨里下西溪，好叫源宁去尝一尝这西湖近旁的野趣。

天色是阴阴漠漠的一层，湿风吹来，有点儿冷，也有点儿香，香的是野草花的气息。车过方井旁边，自然又下车来，去看了一下那座古墓。从墓门望进去，只是黑沉沉、冷冰冰的一个大洞，什么也看不见，鼻子里却闻吸到了一种霉灰的阴气。

把鼻子掀了两掀，耸了一耸肩膀，大家都

作者写这种恐怖、不安和畏缩的心情，与游览西溪有何关系？

说，可惜忘记带了电筒，但在下意识里，自然也有一种恐怖、不安和畏缩的心意，在那里作恶，直到花坞的溪旁，走进窗明几净的静莲庵堂去坐下，喝了两碗清茶，这一些阴气，方才洗涤了个空空脱脱。

游西溪，本来是以松木场下船，带了酒盒行厨，慢慢儿地向西摇去为正宗。像我们那么高坐了汽车，飞鸣而过古荡、东岳，一个钟头要走百来里路的旅客，终于是难度的俗物。但是俗物也有俗益。你若坐在汽车座里，引颈而向西向北一望，直到湖州，只见一派空明，遥盖在淡绿成荫的斜平海上；这中间不见水，不见山，当然也不见人，只是渺渺茫茫，青青绿绿，远无岸，近亦无田园村落的一个大斜坡，过秦亭山后，一直到留下为止的那一条沿山大道上的景色，好处就在这里，尤其是当微雨蒙胧、江南草长的春或秋的半中间。

从留下下船，回环曲折，一路向西向北，只在芦花浅水里打圈圈；圆桥茅舍，桑树蓼花，是本地的风光，还不足道；最古怪的，是剩在背后的一带湖上的青山，不知不觉，忽而又会得移上你的面前来，和你点一点头，又匆

不甘寂寞又矜持散淡，这是文人眼中青山的韵致。

匆匆地别了。

摇船的少女，也总好算是西溪的一景；一个站在船尾把摇橹，一个坐在船头上使桨，身体一伸一俯，一往一来，和橹声的咿呀，水波的起落，凑合成一大又圆又曲的进行软调；游人到此，自然会想起瘦西湖边，竹西歌吹的闲情，而源宁昨天在漪园月下老人祠里求得的那支灵签，仿佛是完全地应了，签诗的语文，是《鄘风·桑中》章末后的三句，叫作"期我乎桑中，要我乎上宫，送我乎淇之上矣"。

此后便到了茭芦庵，上了弹指楼，因为是在雨里，带水拖泥，终于也感不到什么的大趣，但这一天向晚回来，在湖滨酒楼上放谈之下，源宁却一本正经地说："今天的西溪，却比昨日的西湖，要好三倍。"

前天星期假日，日暖风和，并且在报上也曾看到了芦花怒放的消息。午后日斜，老龙夫妇，又来约去西溪，去的时候，太晚了一点，所以只在秋雪庵的弹指楼上，消磨了半日之半。一片斜阳，反照在芦花浅渚的高头，花也并未怒放，树叶也不曾凋落，原不见秋，更不见雪，只是一味地晴明浩荡，飘飘然，浑浑

"一伸一俯""一往一来"极富表现力，在动作的伸展中表现了摇船少女的闲适优雅，侧面突出了西溪景致的"闲"。

请赏析画线句子，说说它的精妙之处。

然，洞贯了我们的肠腑。老僧无相，烧了面，泡了茶，更送来了酒，末后还拿出了纸和墨，我们看看日影下的北高峰，看看庵旁边的芦花荡，就问无相，花要几时才能全白？老僧操着缓慢的楚国口音，微笑着说："总要到阴历十月的中间；若有月亮，更为出色。"说后，还提出了一个交换的条件，要我们到那时候，再去一玩，他当预备些精馔相待，聊当作润笔，可是今天的字，却非写不可。老龙写了"一剑横飞破六合，万家憔悴哭三吴"的十四个字，我也附和着抄了一副不知在哪里见过的联语："春梦有时来枕畔，夕阳依旧上帘钩。"

喝得酒醉醺醺，走下楼来，小河里起了晚烟，船中间满载了黑暗，龙妇又逸兴遄飞，不知上哪里去摸出了一支洞箫来吹着。"其声呜呜然，如怨如慕，如泣如诉，余音袅袅，不绝如缕"，倒真有点像是七月既望，和东坡在赤壁的夜游。

再次默读全文，找找表示地点变化的词句，梳理作者的游踪。

**学习提示**

　　文章记叙了作者偕友人赏游西溪的两次经历：一次是在雨中，一次是在晴日。本文最大的特色是作者不仅写出了西溪景色的野趣，而且从天气的变化中捕捉到了山水景物一刹那间的神采，写出了山水的个性美和变化中的美。

　　就写法和风格而言，本文虽说是题为"西溪的晴雨"，但正面描绘西溪晴雨之景的内容并不多，花在两次游览过程中所遇之人身上的笔墨倒着实不少。请勾画出文中写人的语句，品味景中的文人雅趣，感受游记自由的笔法和多样的风格。

# 1.读三峡（节选）

⊙王充闾

　　"船窗低亚小栏杆，竟日青山画里看。"我满怀着四十余年的渴慕，放舟江上，畅游三峡，饱览着山川胜景。

　　伴着船行激起的"沙沙""唑唑"的水声，迎来又送走那峥嵘、嶙峋的山影。江轮在危岩绝壁间宛转穿行，眼看要撞在迎面横过来的陡壁上，却灵巧地一闪，辟出一片生面别开的天地。真是"山塞疑无路，湾回别有天"，不能不由衷地佩服古诗用字的贴切。

　　老杜笔力的雄健更是令人心折，群山万壑，的确像无数匹高高低低的骏马，脱缰解辔，挤挤撞撞，奔赴荆门。谪仙作诗，惯用夸张手法，但他刻画三峡之险巇："上有六龙回日之高标，下有冲波逆折之回川。黄鹤之飞尚不得过，猿猱欲度愁攀援。"则全是写实。

　　峡中景色变化无常，适才还是"高江急峡雷霆斗"，令人目骇神摇，霎时烟云浮荡，一变而为惝恍迷离，幻成一幅绝妙的米家山水。游人也随之从现时的有限形象转入绵邈无际的心灵境域，玲珑相见，灵犀互通，开掘出融心理境界、生活体验、艺术创造的第二自然于一体的多维向度。

一些峭拔的石壁，由于亿万斯年风雨剥蚀，岩石现出许许多多的层次和异常分明的轮廓，或竖向排列，或重叠摆放，或向两侧摊开，使人想起"书似青山常乱叠"的诗句。船过兵书宝剑峡，这种"书"的概念就更加浓重了。平日嗜书如命的我，此刻，面对着峡江胜境，自然要把它捧起来当书读了。

三峡，这部上接苍冥、下临江底、近四百里长的硕大无朋的典籍，是异常古老的。早在语言文字出现之前，不，应该说早在"混沌初开，乾坤始奠"之际，它就已经摊开在这里了。它的每一叠岩页，都是历史老人留下的回音壁、记事珠和备忘录。里面镂刻着岁月的履痕，律动着乾坤的吐纳，展现着大自然的启示，里面映照着尧时日、秦时月、汉时云，浸透了造化的情思与眼泪。我们不能设想，在自己有限的一生中读尽它的无限内涵，但总可以观嬗变于烟波浩渺之外，启哲思于残编断简之中。作为现实与有限的存在物，人们徜徉其间，一种对山川形胜的原始恋情与源远流长的历史激动，会不期然而然地被呼唤出来。

在这锦山绣水之间，早在五千年前就曾闪烁着大溪文化的异彩。两千年前，扁舟一叶从那条唤作香溪的小河里，载出一位绝代佳姝。"昭君自有千秋在，胡汉和亲识见高"，不独闾里之荣，也是邦家之光。两汉之交，公孙述枭踞白帝城，跃马称帝。过了三周甲子，这里又成了吴蜀争雄的战场。年轻的陆逊创建了"火烧连营七百里"的赫赫战功；刘先主永安宫一病不起，将他的嗣子以及未竟的事业，连同未来的千般险阻，一股脑儿托付给他的军师；诸葛公神机妙算，在鱼腹浦摆下了"八阵图"……今日舟行访古，不仅史迹久湮，而江山亦不可复识矣。

就诗而言，巫山十二峰可以说是一部不是靠语言文字而是由境界氛围酿成的朦胧诗卷。两岸诸峰时隐时现，忽近忽远，笼罩在云气氤氲、雨意迷离的万古空蒙之中，透出一种"悠然心会，妙处难与君说"的朦胧意态。比之于绘画，巫山十二峰无疑是整个三峡风景线上一条最为雄奇秀美的山水画廊。在这里，勾皴点染、浓淡干湿、阴阳向背、疏密虚实等各种表现手法兼备毕具。那群峰竞秀、断岸千尺的高峡奇观，宛如刀锋峻劲、层次分明的版画；而云封雾障中的似有若无、令人神凝意远的万叠青峦，则与水墨画同其韵致。

著名学者王国维有过"古今之成大事业、大学问者必经三种之境界"的说法，还有人把绘画分为写实、传神、妙悟三个层次。我以为，读三峡可能也有三种灵境：始读之，止于心灵对自然美的直接感悟，目注神驰，怦然心动。再读之，就会感到主观的生命情调与客观景物交融互渗，物我融为一体，亦即辛弃疾词中所说的："我见青山多妩媚，料青山见我应如是。情与貌，略相似。"卒读之，则身入化境，浓酣忘我，"冲然而澹，悄然而远"，进入《易经》上讲的那种"天地氤氲，万物化醇"的灵境，此刻该是"此中有真意，欲辨已忘言"了。

# 2. 镜泊湖

⊙臧克家

我国有许多著名的湖。"气蒸云梦泽，波撼岳阳城"的洞庭湖；茫茫千顷、气象万千的太湖，我都是闻名而心向往之的。西湖，我曾经踏着苏堤端详过她那动人的姿容，孤舟深夜三潭上看过印月。至于大明湖，那是家乡的湖，我更是一个熟客了：盛夏划一条小船，在荷花阵里冲击，在过去那些黑暗的岁月里，何止一次和朋友们寒宵夜游，历下亭前狂歌当哭？

镜泊湖却是一个陌生的名字。七月间，到了沈阳、长春、哈尔滨，游览了名胜古迹，参观了工业建设，往返三千里，历时一个半月，以抱病之身，登山涉水，使朋友们为之惊讶，叹为"奇迹"。可是东北的同志们却对我说："到了东北，看看镜泊湖，方不虚此行。"他们说镜泊湖的红鲫如何鲜美，他们给我唱了镜泊湖的赞歌。看景不如听景，我心动了。但一想到那遥远的途程我又踌躇起来，心里怀着"望美人兮天一方"的惆怅。眼看着和自己住在同一旅舍的客人们一批又一批地出发了，里边有一位八十二岁的名医，他幽默地说："不看镜泊湖我死不瞑目！"

"走！"他的话给我做了起身炮。

十小时的火车把我们从哈尔滨送到牡丹江。这是一个美丽的城市，像北大荒边边上的一朵花。"八女投江"的故事，使它名满天下。又是两小时的火车，我们已经和镜泊湖一同置身在黑龙江省的宁安县境内了。

下了火车坐上"嘎斯六九"汽车。牡丹江昨天是好天，镜泊湖附近却落了雨。乍上来，这小卡车在二十几里的平展的公路上轻快地飞跑，高粱、谷子，一色青青，微风吹来，绿波粼粼，扩展到极处和青山与碧天相接，望着眼前的景色，心里惊叹着祖国的辽阔广大。已经接近初秋了，这里的麦子刚刚上场，关里关外的气候，悬殊多大啊！小卡车好似一只蚱蜢舟，冲开碧波跳荡在绿色的大海里。一个庞然大物，老虎似的迎面而来，一时烟尘滚滚，风声呜呜。原来是一部大型柴油车，拖着五六节车厢，上面横躺着粗大的木材，它们高兴地离开森林去为社会主义建设事业立地撑天！三三五五朝鲜族的妇女，不时从车边走过，头上顶着罐子，走起来衣裙飘飘，大方而美丽。光滑的路走完了，接着是崎岖的沙泥路，一个坑就是一个小水塘，车子在上面蹦蹦跳跳，像在跳舞。

远远在望的青山看不见了，我们的车子已经走上山腰，一盘又一盘地在步步升高。路两旁长满了奇花异草，有的像成串的珍珠，有的像红色的小灯笼，有的像蓝的吊钟，有的像金黄的大喇叭……它们用自己的美色和幽香列队在路的两旁向客人们热情地打招呼。

眼前的景色在游客心里引起清新的感觉，一个又一个生动鲜明的印象连成了彩色的连环。但是，湖在哪里？

"我们在绕着她走呢。"迎接我们的那位同志回答。

车子转到了山顶，从司机座位上发出了一声："看！"

啊，镜泊湖，从丛林的绿隙里我看到了你漫长的银光闪闪的腰身！你引领着汽车向它的终点疾驰，又好似望到了亲人，热情地追在车子后面，我的视觉，我的嗅觉，我的心灵，完完全全地浸沉在镜泊湖美妙的气氛里了。

一栋又一栋木头房子，不同的式样，不同的颜色，别致、新颖，彼此挨近着，或隔一条小路对望。里面住着各种工作人员和他们的眷属，还有科学家、作家、教授和名医，他们来自北京、沈阳、哈尔滨……他们要在这幽静的湖边，度过夏季最后的一段时光。

晚上，躺在床上，扭死电灯，湖光像静女多情的眼波，从玻璃窗上射过来，没有一声虫鸣，没有半点波浪声，清幽、神秘、朦胧，好似置身在童话里一样。第二天一早醒来，浑身舒畅，才知道自己就睡在她的温柔清凉的环抱中。

踏着满地朝阳走到她的身边。小桥上有人在持竿垂钓，三五只小船在等待着游客。向南望，向北望，一望无边，从幽静的水里看扯连不断的青山，听不见蝉鸣，听不见鸟声，偶尔有一只鱼鹰箭头似的带着朝曦从半空里直射到水面上来。站在湖边上，望着四周险峻的峰峦，清澈幽深的湖水，想象一百万年前，火山着魔似的突然一声震天巨响，地心里的水汹涌而出："高峡出平湖"！她纵身在海拔三百五十米的高处，像一个美人，舒展地横陈着她长长的玉体。她心怀幽深，姿态天然，隐藏在这幽僻处，顾影自怜。是不是怕扰乱了她的清静，时在夏季，鸟不叫，蝉不鸣，虫也无声。

小径上有稀疏的人影，有大人，有小孩，见了面很自然地点点头，站住谈上几句，就像老朋友重逢。从深林里走出来一群孩子，手里拿着各式各样的菌子，有的黄黄的像面包，有的红红的像一柄小伞。八十多岁的老人也像大自然的一个孩子，拄着手杖，手里擎着一朵万年青，像得了至宝似的得意地向人夸耀。这湖是个宝湖。她养育着鳌花、湖鲫、红尾鱼……吃一口，保管你一生忘不了它的鲜美。她可以发出大量的电，她可以把千条万条木材输送到广大的世界里去。这山也是宝山。水獭、狐狸、豹子……说不尽的异兽就以它为家，一圈大电网，把它们挡在青山深处。幸运的人到森林中，可以捡回"参"孩子、黄芩……这一类的药材到处都有。大好湖山，是全国稀有的胜地，也是名贵物品的出产地。

在淡淡的夕阳下，一艘小汽艇载着我们向湖的上游驶去。湖面上水波不兴，船像在一面玻璃上滑行。粼粼水波，像丝绸上的细纹，光滑嫩绿。往远处望，颜色一点深似一点，渐渐地变成了深碧。仰望天空，云片悠然地在移动，低视湖心，另有一个天，云影在徘徊。两岸的峰峦倒立在湖里，一色青青，情意缠绵地伴送着游人。眼看到了尽头了，转一个弯，又是同样的山，同样的水，真想她来点变化啊，可是走过南北一百二十里，仍然是同样风姿。真是山外青山湖外湖。比起波浪汹涌的洞庭湖，镜泊湖太像水波不兴的一条大江。大明湖和她相比，不过是一池清水。西湖和她相比，一个像"春山滴翠、秋水凝眸"的美艳少妇，一个像朴素自然、贞静自守的处子。镜泊湖，没有半点人工气，她所有的佳胜都是自己所具有的。岸上没有一座庙，没有什么名胜古迹，真有"犹恐脂粉污颜色"的意味。早晨，她可以给天仙当镜子从事晨妆；晚上，她可以给月里嫦娥照一照自己美丽的倩影。在炎夏的日子里，如果神话里的仙女到幽静的湖边来洗浴，管保没有人抱走罗衫使她们再也回不到天上去。

两岸山上，青翠欲流，树木丛茂，郁郁苍苍。这全是新中国成立以后植育的"幼林"，那原始森林的参天古木，敌伪时代，给日本侵略军一把火烧得精光！船，慢慢地走动着，微风轻轻地吹着，真是像画中游。湖面上，一片一片的小球藻在小汽船冲动了的水波上微微地荡漾，水里的大鱼，突然把它庞大的脊背突出水面来使人惊呼。水产公司，撒下了网子，浮标长长的一串又一串。听说昨天起网，一网就打到了二万四千斤鱼。想想看，如果是在夕阳的金光下，锦鳞闪闪，那景象该多美、多动人啊。

在湖左边的山窝窝里，突然出现了几座瓦房，耀眼的红，给古朴单调的大自然平添了无限景色。我们向司机同志发问："这是什么地方？"

"这是水电站。抗日联军曾经在这里消灭过日本的一个守备队。"这话使我深思。使我想到，在哈尔滨参观了两次的"东北烈士纪念馆"里那些烈士的形象和战斗的生平；使我想到，在牡丹江，在休养所里遇见过的那些抗日领袖人物，有的至今脸上还带着抗战时期留下的未愈合的伤口。湖山是美丽的，然而她是血洗过的，因为当年这一带经过不止一次的战斗，所以她的景色格外美丽，格外动人！

镜泊湖上，也有八大名景，大孤山、小孤山，和长江里同名的小山相仿佛。珍珠门，两座圆突突的山，像两颗水上明珠，船从当中走过。最著名的是湖北口的那个天然大瀑布——"吊水楼"。我从彩色照片上，从名画家的画上早已欣赏过她壮丽的面容。镜泊湖水从二十米的簸箕背上一倾而下，像一面水晶帘子，水落潭中，轰然作响，烟雾腾腾，溅起亿万颗珍珠。她的声色不比庐山的瀑布差逊，虽然她的名声还不太大。可惜我们到的时候，正在雨后，翻过一层山，有一道拦腰大水把人拦住，使你只能从绿树丛中隐隐约约遥望着白茫茫的一点水影。是不是因为她太美丽了，自己不愿意轻易以真面目示人？我们在山上停了五天，天天去探水，水势无意消退，我们不能再等待了，只好怀着美中不足的遗憾，怅惘地辞别了镜泊湖。这"吊水楼"也许她别有深情，故意在我们心上留下个"想头"，希望我们下次重来。

1962年9月3日　北京

# 3. 都江堰（节选）

⊙余秋雨

　　我去都江堰之前，以为它只是一个水利工程罢了，不会有太大的游观价值。连葛洲坝都看过了，它还能怎么样？只是要去青城山玩，得路过灌县①县城，它就在近旁，就乘便看一眼吧。因此，在灌县下车，心绪懒懒的，脚步散散的，在街上胡逛，一心只想看青城山。

　　七转八弯，从简朴的街市走进了一个草木茂盛的所在。脸面渐觉滋润，眼前愈显清朗，也没有谁指路，只向更滋润、更清朗的去处走。忽然，天地间开始有些异常，一种隐隐然的骚动，一种还不太响却一定是非常响的声音，充斥周际。如地震前兆，如海啸将临，如山崩即至，浑身起一种莫名的紧张，又紧张得急于趋附。不知是自己走去的还是被它吸去的，终于陡然一惊，我已站在伏龙观前，眼前，急流浩荡，大地震颤。

　　即便是站在海边礁石上，也没有像在这里强烈地领受到水的魅

———

① 灌县：今都江堰市。

力。这里的水，要说多也不算太多，但股股叠叠都精神焕发，合在一起比赛着飞奔的力量，踊跃着喧嚣的生命。这种比赛又极有规矩，奔着奔着，遇到江心的分水堤，"唰"的一下裁割为二，直蹿出去，两股水分别撞到了一道坚坝，立即乖乖地转身改向，再在另一道坚坝上撞一下，于是又根据筑坝者的指令来一番调整……也许水流对自己的驯顺有点恼怒了，突然撒起野来，猛地翻卷咆哮，但越是这样越是显现出一种更壮丽的驯顺。已经咆哮到让人心魄俱夺，也没有一滴水溅错了方位。阴气森森间，延续着一场千年的收服战。水在这里，吃够了苦头也出足了风头，就像一大拨翻越各种障碍的马拉松健儿，把最强悍的生命付之于规整，付之于企盼，付之于众目睽睽。

这一切，首先要归功于遥远得看不出面影的李冰。

四川有幸，中国有幸，约公元前256年出现过一项毫不惹人注目的任命：李冰任蜀郡守。

在李冰看来，政治的含义是浚理，是消灾，是滋润，是濡养，它要实施的事儿，既具体又质朴。他领受了一个连孩童都能领悟的简单道理：既然四川最大的困扰是旱涝，那么蜀郡守必须成为水利学家。

他是郡守，手握一把长锸，站在滔滔的江边，完成了一个"守"字的原始造型。

他开始叫人绘制水系图谱。他当然没有在哪里学过水利，但是，以使命为学校，死钻几载，他总结出治水三字经"深淘滩，低作堰"、八字真言"遇湾截角，逢正抽心"，直到20世纪仍是水利工程的圭臬。他的这点学问，永远水汽淋漓，而后于他不知多少年的厚厚典籍，却早已风干，松脆得无法翻阅。

他未曾留下什么生平资料，只留下硬扎扎的水坝一座，让人们去猜详。人们到这儿一次次纳闷：这是谁呢？死于两千年前，却明明还在指挥水流。站在江心的岗亭前，"你走这边，他走那边"的吆喝声、劝诫声、慰抚声，声声入耳。

李冰在世时已考虑事业的承续，命令自己的儿子做三个石人，镇于江间，测量水位。李冰逝世约四百年后，也许三个石人已经损缺，汉代水官重造高及三米的"三神石人"测量水位。这"三神石人"其中一尊即是李冰雕像。这位汉代水官一定是承接了李冰的伟大精魂，竟敢于把自己尊敬的祖师放在江中镇水测量。他懂得李冰的心意，唯有那里才是李冰最合适的岗位。这个设计竟然没有遭到反对而顺利实施，只能说都江堰为自己流泻出了一个独特的精神世界。

石像终于被岁月的淤泥掩埋，20世纪70年代出土时，有一尊石像头部已经残缺，手上还紧握着长锸。有人说，这是李冰的儿子，即使不是，我仍然把他看成是李冰的儿子。

出土的石像现正在伏龙观里展览。人们在轰鸣如雷的水声中向他们默默祭奠。在这里，我突然产生了对中国历史的某种乐观。只要都江堰不坍，李冰的精魂就不会消散，李冰的儿子会代代繁衍。轰鸣的江水便是至圣至善的遗言。

# 4. 双瀑记

⊙徐　迅

　　远远地就听见巨大的声响，是水的声音，是瀑布的声浪。果然是天下闻名了。但没有看见瀑布，只看见一溜溜白烟，一团团水汽从沟壑里呵了出来。直扑向青青的山，绿色的树，踏着这巨大的声浪走，渐渐的，就看见那飞泻的瀑布了。只是视觉上有些遗憾，觉得这飞瀑并无传说中的恢宏、雄伟，只是脚还在走，走在瀑布的声里。像是不相信自己的眼睛，像瀑布是个大美人，是要绕着、转着，才能将她看得个通通透透。

　　瀑布当然不理会人的心思，径直奔涌着，咆哮着，跌宕着。倒是人耐不住性子，有人兴奋得尖叫，有人感动得沉吟，有人争先恐后地照相，都恨不得把这美丽的瀑布揽在怀里。瀑布展开的是它宽大的胸怀，伸出的是它雄浑的双臂，袒露的是它纯净的心灵。感受到瀑布的灵性，就钻进那一缕缕白烟里，烟雨蒙蒙，头发上沾着，浑身染着，心里也溅满了烟雾，就抑制不住地看起这巨大的瀑布来：是那种白色的水的大，是那种轰鸣的水的大，是那种美丽自然的大。人一时都没有了声音，屏气凝神，当然不仅仅是恐惧山高路滑，自己会像那瀑布从空中向下摔个粉碎，还害怕自己视力不济，怕自己的心思不够用，不能将这美丽的瀑布欣赏够，将瀑布的心情体会透。移动步子，左看右看，瀑布都是舒展的、肆意的，它想爱就爱，敢恨敢怒，就那么径自从空中飞流直下，敞亮着心思，溅起的是叫声，是轰鸣声，流泻的白云不及它的速度，抖落的白带不及它的绵长，倒像时间老人的白须，它自然地飘逸着、捋着，诉说时间的迅猛、强大、易逝，它同时还细细打量着面前的山、面前的天，笑得合不拢嘴。这样看，瀑布巨大的声浪就是它呵呵的笑声了。

钻进水帘洞，就钻进瀑布的肚子里了。仰着头，就见头顶上的瀑布像一团雾、一片云，从眼前飞掠而过。那是一种铺天盖地的生命的张扬。许多人站在瀑布下，让瀑布包裹着，让瀑布在四周响着，暂时忘却郁闷，也没有了烦恼，挥着手，伸着臂，一个个都像个顽童，捋着时间老人的胡须，调皮得就像自然的精灵——若说这种比喻是苍白的，是不准确的，那么还可以想象，人到了这里都有一种"拥抱"的感觉。就有人想张开双臂，想随那飞瀑纵身一跃，跃入大自在中，紧紧抱住瀑布做一次生命的羽化。幸好瀑布是无邪的，是透明的，它没有吞噬生命的意思。相反，它以自己的流泻和智慧告诉人"堕落"的沉痛，告诉你绕开它的办法。这样，在它的怀抱里，人就变得敬畏了，小心了，还变得生机盎然。

瀑布的壮观，犹如生命的壮观，总是经受得住人的眼光。它让你从前面看，从后面看，从高处看，再从低处看。钻出水帘洞，沿着迤逦的石阶而下，缓缓地就告别瀑布，渐渐远离了喧闹。触目的是苍翠的山峦和树木，走着，走着，就走到瀑布的下面了。再看瀑布从高高的山崖，溅进河里的就如一河的珠玉，轰然作响的是生命的无畏。千米多高，几十米宽，在自然里恣意地抒写着什么，告诉人时间的源远流长，生命的生生不息，自然的苍劲豪迈。或许什么也没说，分明只让人屏气息声地思索。高处不胜寒，水往低处流……也许还发着声响，但那是一种提示，警醒生命的存在。瀑布是存在的，人也存在着，人和自然都能和谐地存在，多么美好！

我就坐在瀑布下，面对瀑布前的一座青山。坐对一岸青山，看那一岸青山如屹如立，刀砍斧削，满身枝柯交错，披满了绿叶。由于这绿叶，青山悬崖就有点平缓舒展的姿势了。忽然就让人感觉面前的山不是山，树也不是树，也是瀑布，是硕大的绿色瀑布了！看哪！那沾满水气的悬崖，那鱼鳞般交织的树叶的瀑布，也从高空中飞流直下，竟是与大瀑布的白色遥遥相对，相互呼应。一样的高度，一样的陡峭，一样的宽度。再细看那绿瀑，竟也是流动的，在风里流动，在水蒸气里流动，在白色的瀑布面前肆无忌惮地奔涌。"两瀑"相对，又相依相偎，相得益彰，相看两不厌。一白一绿，一动一静。白瀑让人激动，绿瀑让人宁静；动的让人心颤，静的让人心绿——也算是见过一些瀑布，但瀑布前面未曾见过这么高的青山对峙，也不见这么高的绿岩相守。黄果树的瀑布有福了！

当然，有福的还是人。像我，观赏到这么著名的大瀑布，又发现了这壮美的绿瀑！别人心里怎么想我不清楚。在我，我却是把这称作"双瀑"的。"双瀑"从此叠印在我的心间了。

# 5. 壶口，壶口

在中国北方浩瀚的群山中，有无数条蜿蜒伸展的沟谷。由于地势的羁束，这些沟谷都多少显出一种挤手夹脚的尴尬和无奈，秦晋大峡谷却是个例外。它用一种排山倒海的气概劈峰破谷，在陕西宜川和山西吉县一带形成了一条磅礴开阔、气吞山河的大通道。

黄河有幸，倚身此中。

和那些在羁束中逶迤蛇行的沟谷一样，此前的黄河尽管强悍凶猛，却同样不得不委屈着自己，用一种默默无闻的低调在峻梁雄峁中曲意周旋。环境的逼迫，使它唯一的选择只能是忍受和服从。但黄河是如此雄心勃勃，它从来都不屑隐忍，不甘迁就，更不愿受辱。它像一条蓄爪待扑的巨龙，随时都在等待着机会。而现在，秦晋大峡谷终于为他提供了一个释放的舞台，它没有丝毫犹豫便腾空而起，用一种不可思议的狂奔劲舞，瞬间便造就出一个自然景观中的伟大和不朽！这就是壶口瀑布。

壶口瀑布诚如其名，诞生在一个地地道道的壶口中——瀑布之前，黄河的河床足有上千米宽，而到了这里，两岸岩石陡然一缩，形成了一条只有二三十米的狭槽。不仅如此，槽道下又奇特地出现了一个高低悬殊、落差极陡的深谷。于是，漫天而来的黄河水流在这里聚为一股，齐心协力地朝狭槽里奔涌也顺着狭槽喷吐，由此形成"壶口"。

壶口瀑布之壮美、激越、狂放、丰富，是难以用语言描述的。

离壶口瀑布还足足有几公里的距离，你便可以看见峡谷里腾起一股股飘冉的云团，那是瀑布迸溅形成的飞雾。飞雾如霞似烟，弥漫在河床上空。屏息凝听，空气中伴有一种骇人的震吼。好像来自天籁，似乎源于地底。仿佛惊雷滚地，犹如万骏疾走。声音撼天动地又包容万千。那是一种捶胸哭天的苍凉，又是一种共赴国难的悲壮；是一种无坚不摧的刚烈，又是一种壮士断腕的豪雄。无论从气势上还是从内容上，它都令每一个闻者无法不愕然，也无法不肃穆。

黄河水量随着四季的变化而变化。水量缩减时，河床岩石堆垒，危崖肃耸，只剩那个天然的"壶口"中水流奔涌。水量充沛时，无数上游的水流都任由着脾气也放纵了手脚，它们从乱石堆中穿崖越岩而来，条条水流，道道喷花，九曲迂回，奔涌直下。抬眼望去，水流和浪花全高置于头顶，起码也平及视线，仿佛直扑门面，直叩额顶。于是满耳全是黄河水声，满眼全是黄河水流，满身遍是黄河缠绕，一霎时，满脑子一片空白，恍惚中只有一句千古咏叹涌上心头：黄河之水天上来！

狂放不羁的黄河水流在壶口的限制下，有了核心，得着凝聚、统一和团结，使它们的力量排山倒海。一瞬间，狂潮嘶卷，天崩地裂，击崖叩石，声焰震空。那种疯狂和奋勇的奔扑让坚硬如铁的岩层也无法不退让，无法不动容。瀑布从高处飞流直下，每一滴水珠，每一朵浪花都不分彼此，都争先恐后，用一种近乎疯狂的急迫向"壶口"流泻和喷涌。它们凝成一团，形成一根根粗大的浪柱，又由这浪柱组合成宽阔的扇面，齐刷刷地向下垂落。水浪砸在岩石上，迸起冲天的水柱，也碾为残酷的碎片。碎片已完全不是我们想象中的小水滴或者小水珠，而是一种完完全全的肢解，直至肢解成用手无法捕抓，用舌无法舔触的水汽。一霎时，雾气漫天升腾，而脚下那些没有来得及牺牲的黄河水流仍然前仆后继地、毫不间歇也毫不犹豫地继续疯狂猛扑！

我们全看呆了。或许世界上还存在着许许多多的伟大力量，或许生活中还翻演着无数撼人心魄的壮烈冲击，但没有哪一种景象能像眼前这样，让我们感受到一种空前的震撼。那种急急迫迫义无反顾的献身精神，那种粉身碎骨视死如归的英雄气概，都让我们心惊胆战又瞠目结舌。那是愤怒的极致，激昂的顶端，凶猛的无限，力量的空前！那是我们永远无法说清也永远无法完整感受的物质和精神的全部！

哦，千古黄河！我们几乎每天都行走在你的身边也接受着你的润泽，那些日常的行走和接触使我们对你有了一种熟视无睹的平淡和麻木，但是只有此刻，我们才顿然醒悟，为什么作家和歌者都虔诚地要到你身边来一览姿容！为什么志士和仁人们都本能地要到你身边来聆听涛吼！为什么你能够被众口一致地尊为我们伟大民族的不朽魂魄！

## 单元学习任务

任务一

本单元文章以再现型游记为主，作者在文中叙写游踪、描绘景物、记录风俗、抒发观览所感，虽景物特点各异，语言风格多样，但游记文体特点鲜明。请结合下面的表格，理顺本单元文章的所至、所见、所感，感知游记的文体特点。

| 文章 | 所至 | 所见 | 所感 |
|---|---|---|---|
| 娘子关上看飞泉 | | | |
| 西溪的晴雨 | | | |
| 读三峡（节选） | | | |
| 镜泊湖 | | | |
| 都江堰（节选） | | | |
| 双瀑记 | | | |
| 壶口，壶口 | | | |

任务二

"读万卷书，行万里路，胸中脱去尘浊，自然丘壑内营。"读游记，便是边读书边行路。读中行，行的便不再只是脚下之路；行中读，读的便不再只是手中之书。在读和行中变化着的不仅是胸怀和境界，还有气质和谈吐。

读了本单元文章，你是否被其中精妙的语言所触动和感染？是否也想用别样的方式来表达自己且读且行的别样感受呢？把你喜欢的语段摘录下来，在班级群里分享一下吧。

任务三

本单元文章，在选材、构思、语言等方面各具特色，经历和境遇不同的人，读来会生出不同的阅读感受。请你从以下几类人中任选两类，分别推荐一篇适合他们读的游记，并结合读者的特点和游记中的具体内容写一段话，阐明推荐理由。

| 阅读者 | 推荐游记篇目 | 推荐理由 |
| --- | --- | --- |
| 即将进入毕业班的中学生 | | |
| 高考失利，与理想大学擦肩而过的人 | | |
| 即将进入职场的大学生 | | |
| 即将退休的教师 | | |
| 长期卧病在床的老人 | | |
| 暂得闲暇的家庭主妇 | | |
| 朝九晚五的上班族 | | |

第二单元

# 绝美风景

　　诗人冯至曾指出："游记，一方面是要写客观现实、景象，一方面是写作者个人的感受、感情变化。"赏绝美风景，观人生百态。和作者一起，安卧川西石渠，享隔世清静，任思绪飞扬；信步武夷之峰，感受山之铮铮、水之悠悠；对话绝壁之松，聆听智者心语……敬畏自然，珍视自然，用心品味每处风景的内蕴，参悟每番际遇的缘起，充盈自己的心灵和人生。

　　阅读本单元的文章，要在通读全文、进一步把握游记特点的基础上，了解不同风格、不同类型游记的特点。揣摩品味精美的语言，体会作者细腻而丰富的情感，深入理解作者对自然、社会和人生的感悟与思考。

# *1.* 石渠的心愿

⊙张元略

想江南，已绿荫匝地芳菲尽，而川西石渠，春意却留在雅砻江岸的草尖上，再也不敢向其他地方润染半步，因为那仍是冬君统领的天下。

海子山，青藏高原上雀儿山脉的一座山峰，这位冰雪的巨人，头顶着蓝天，显得那么圣洁。谁知当你盘上雪山，再翻过山的垭口时，只见面面山坡，草色枯黄，随山体浅表裂成鱼鳞纹。人由此会想到远古先民陶器上的纹饰。也许是燧人氏时，有人看到灰烬中的泥块硬如石，于是捏出简易的素面器具，这便是人类向文明社会迈进过程中具有标志意义的陶器。日子久了，觉得那东西单调，就在泥坯上刻画绳纹、指甲纹等，的确好看了许多。更有

借游览石渠写海子山的景致。结合具体语句，说说作者游历川西石渠依次到了哪些地方，见到了哪些奇景。

位见多识广的，凭记忆刻上这高原草坡的鱼鳞纹、方格草纹，此后几千年，成了古陶上的经典纹饰。这是天神的随意涂画，还是种警示，不知该做怎样的解读。

石渠近郊，举目远望，四围的雪山，耸立在灰色的天空。自远而近，连高山杜鹃和铺地刺柏都不愿长的地上，满眼薄雪，现几根稀疏的枯草，昏昏然，没半点青的意思。西向山头，起片灰云，不一会儿便移至头顶，青灰的苍天暴怒，逞起威来。青云冻雨未待凝成雪花，就随着风倾泻而下，化成亿万冷箭的芒尖，将石渠层层掩埋。四顾迷茫，天地间无始无终的白、白、白，人成了白色魔国的囚徒，连头脑都被刷成一片空茫。定神看看天，低沉的灰白后是青灰的铁幕，山们躲在铁幕后发威，齐力呼吼自己的名字——"青藏高原"！千山呼喊，万峰回应，震撼心魄。

试着分析画线部分的词语在表现景物特点方面所起的作用。

高原反应来了，头颅胸间犹如灌铅，沉重而疼痛，硬是把我这个粗人，折磨成那种"斯文"模样，细声慢气，在街上轻移慢步。

头疼欲裂，胸间慌乱，浑身更像压着沙鲁里和巴颜喀拉两座雪山。

夜晚，浑身疼痛如灼一刻不停，我呼吸紧促，用嘴"嘘咻嘘咻"，犹如一架风箱拉到天明。

此处作者写自己的高原反应，目的是什么？

早六点，症状见轻，渐觉安稳。自从走出家门，登上高原，算是轻松躲过了俗世的烦乱，而自己寻找的那份清静呢？身相宜、心相悦的现实图境，何处可寻？

忽然想到居住小区有空坪，人生冒进，怎如退而筑园，既可栖身，又能寄心托情，既颐养身心，更沾溉后人。此刻，便躺在石渠的床上，将几十年里园林的记忆、见闻和遐想串联起来。

所建园，当名宜园，期相生相宜，谐和万物。

园中有山，山不高，擎天即可；崖不危，能招天风；脉岭不大，盘盘困困三千里，涧鸣松吟，蓄藏风雨。园中石，家乡的石灰石最妙，倘能默然相对，便有了石性、石胆和石骨；设若复与之相聚而相拥，便成山成岭更成峰……园中水，盈而不溢，青萝挂岸，石怪水中。野溪起于清泉，鸣于涧谷，凝为潭，濑成滩，或急湍暗涌晃耀日月，或平白明静暗藏水

将园中山、崖、岭、石逐一铺排，句式长短交替，加以文白相间，既错落有致，又精致典雅。

中天地。无论那时花秀草，还是枯树老藤，野麻长葛，列翠屏，染山崖，生清风，化寒冬，既可洗眼，更能赏心。值此，似乎仍有不足，缺什么呢？无非亭廊构架，矮墙漏窗，收虚实相间，内外呼应和移步易景的雅致。

如此，便可游、可居、可艺、可师，更可寄情遣兴，系心而明志。一晚又一晚，数明月东升西沉，听时光抚过耳鬓，心中收获那种怡然与恬静。

雪域高原的阳光早已爬上窗口，而我仍躺在床上，一砖一瓦、一草一木，勾画着心园。店主像是放心不下，几次来到门外，轻轻敲响。

走在街上，高原反应如重病退去，人变得轻飘虚脱。高原的天空那么明净，浮几片轻絮般的白云，太阳那白金的青毫，洒在肌肤上有点辣，而寒冷仍躲在屋角和一切阴影下，待你走近便冻得直颤。放眼野外，四周雪山闪耀在远空，其实并不高，坡也平缓，大写意的弧形，但看一眼就让你感受其大家风度，绝非平常所见的高大险峻，或枯皱如老精，或秀润灵巧，故意做给人看。那么平实又不失庄严，平易又高不可攀，令人喜爱

"洒""躲"极富表现力，再从文中找出类似的词语加以赏析。

更使人敬畏，使你敬她、爱她，更惧怕她。

唉！这就是石渠的山。

清晨我在这青藏高原，世界的屋脊，虚构了心的宜园，此刻将它置入心愿的纸船或宝瓶，放入时间的长河，愿五十年后再回流手中，那时成了什么呢？

我期待着。

结尾独立成段，有何作用？

**学习提示**

　　文章题为"石渠的心愿"，实则是作者观景之体悟，作者通过描绘自己安卧石渠的遐想，表达了对自然的敬畏。

　　文中写石渠的山"平实又不失庄严，平易又高不可攀，令人喜爱更使人敬畏，使你敬她、爱她，更惧怕她"。句中"庄严""平易""高不可攀"多用来形容人，用在此处有何好处，请说说你的理解。

# 2. 圣湖纳木错

◎高　鸿

西藏有三大圣湖：纳木错、玛旁雍错、羊卓雍错。纳木错，藏语意为"天湖"，湖面海拔4718米，面积约1940平方千米，是世界最高的大内陆湖、中国第二大咸水湖。

从拉萨到纳木错有200多千米。我们起了个大早，出城的时候太阳还没出来，拉萨城静悄悄的，还没从夜里完全苏醒。到达羊八井的时候，导游说这里有水温很高的温泉，可以洗澡，问大家是否感兴趣。来拉萨就怕感冒，所以大家对洗澡都不感兴趣，因此羊八井只能与我们擦肩而过了。

车上有人带着氧气袋，导游说最好不要依赖它，否则会很麻烦。曾经有一个旅客一直戴着氧气袋，有一天走在路上，氧气突然用完

从整体来看，本文采用了移步换景的写法，找找文中体现这一写法的其他句子，体会这样写景的好处。

文中插叙这件事，有何作用？

了，这个旅客便出现胸闷、头疼现象，实在受不了，央求导游无论如何给他弄些氧气。导游拿着氧气袋跑了一圈，又吹了一通气，然后回来说："这就是氧气。"旅客戴上后一阵狂吸，马上就觉得轻松了许多。导游说这都是心理作用，荒山野岭的，哪来的氧气啊？

车子经过一段谷地，来到比较平缓的地带，两边都是荒地。一股寒流从车门、车窗涌了进来，说明外面温度很低。西藏就是这样，早晚温差非常大。我们都带了冲锋衣，没带的就租了一件。

太阳出来了，霞光辉映下的雪山非常壮观，有种神话般的感觉。前面高耸入云的山峰是念青唐古拉山的主峰念青唐古拉峰，海拔7162米。应大家的要求，导游让司机把车停在观景点。观景点上有很多玛尼堆，经幡纵横交织，猎猎飞舞。导游说，到了纳木错也能看见这座山，从另一个方向观望会更美。大家就十分期待，赶紧上车启程。

去纳木错要经过当雄县，也是我们中午吃饭的地方。高原上的县城人比较少，规模像我们内地的小镇，房子不高，车辆也比较稀少。

作者善于捕捉所写景物的神韵，来突出西藏地区特有的景色之美。

出县城后要经过当雄赛马场，藏民在日常生活中培养了对马的浓郁情感。藏北草原的赛马场都很大，每年的赛马节，这里都会人头攒动，盛况空前。

车子开始爬坡了。山势陡峭，雪线在逐渐下降，植被便由绿变黄，一点点地稀薄起来。大家都知道，我们要翻越海拔5190米的那根拉山口，这是到达纳木错的必经之地。这里经常会有狂风暴雪，因此许多游客都被阻隔在山口外面。现在，雪线已经移到了我们脚下，雪山就在眼前，触手可及。我们在山上做短暂停留，感觉寒风刺骨，却没有传说中那么令人窒息的反应。站在山口眺望，倒映着雪山的圣湖，像一面宝镜嵌在天际。

用比喻的修辞手法写出了圣湖之美。文中还运用了哪些修辞手法？勾画出来，加以赏析。

翻过山口，车子便沿着盘山公路一直下坡。坡上零零星星地住着一些藏民，黑色的氆氇在雪山的衬托下格外醒目。不远处是他们的羊群和牦牛，他们已经与这里的环境融为了一体。山坡下，是一望无际的草原。草原上分散着一些帐篷，牛羊像贝壳一样撒在四周。

我对纳木错是十分期待的。在网上及《国家地理》杂志上，都欣赏过她冷艳的倩影。三大圣湖中的玛旁雍错远在阿里，这次是没机会去了，羊卓雍错听说水域不宽，纳木错更加壮观，因此这次一定要好好地看一看。

草原在继续延伸。这些草甸曾经是纳木错的湖床，后来水位下降，就成了草地。车子转过几道弯后，眼前出现一片浩瀚的水域，在蓝天的衬托下，显得格外辽阔。

纳木错到了。

结尾独立成段，表达了作者对终于到达目的地的欣喜，有余音袅袅之感。

学习提示

　　本文是一篇比较典型的游记，作者以游踪为线索，采用移步换景的写法，以描写景物为主体，并自然生发出感想与思考。阅读过程中，一方面要借助思维导图，梳理文章思路，提高自己的赏析能力；另一方面，要结合具体语段，体会作者将写景、叙事、议论、抒情熔于一炉的写法有何妙处。

# 1. 武夷风采

○刘白羽

人赞武夷曰：丹山碧水。我就概括我两日之游，说说山，谈谈水。

我穿过迂回曲折的岩洞，听尽琴弦急语的泉声。久久伫立，为一座险峰镇住。峰壁上紧贴着一片森然直上的苍崖，像一支利剑。但，它的半腰却横裂三痕，令人望之悚然，好像只要一阵风吹，就会崩裂而下。但，这正是武夷山奇绝的特色。当我走进茶洞，这片茶园四周耸立着七座巍巍大峰，有如一口深井，据说只有在太阳西下前的瞬间，一线阳光忽然凭空而下，其璀璨，其艳丽，无与伦比。当我方沉醉于遐想之中，忽然仰头一看，一座高峰耸立面前，这就是天游峰。

我看上山的石梯，狭窄、曲折、壁陡，实在令人望而生畏。我不想上了，同行人也不要我上了。但，徐霞客说："其不临溪而能尽九曲之胜①，此峰固应第一也。"这句话吸引了我，鼓舞了我，我还是

---

① 根据《徐霞客游记》，此处"九曲之胜"应为"九溪之胜"。

奋力而上。我虽未能穷万仞之巅，而只登临其半，但眼前忽地豁然开朗，山卷狂涛，溪流万转，尽入胸襟。我在迎着灿烂的阳光，吹着飒爽的清风，一时之间，呼啸苍天，扶摇大地，真有游天之感了。

这儿的山有这儿的风格，它既不像黄山那样万山萦回，也不像庐山那样一山飞峙，它像天上造物者偶然抛撒下无数碧螺，万峰千岩，如剑如笋，朝天耸立。我一看这儿的山就想起青铜雕塑。之所以这样想，一因其色，一因其形。红层地貌，人称丹霞，于青苍中露出赤红，确实叫人联想到万古风霜、铜色斑斓；岩体崩解，岩如断壁残垣，危绝奇峭，山如肌层怒张，孔武有力。总之，每峭岩，每峻岭，都像由一个巨大艺术家，凭他敏捷的才智，豪迈的心灵，挥动雕刀，铿锵劈刻，处处显得矫健、粗犷、苍劲、神奇，从而给人一种动态的美感。当我回过身来看时，但见天游峰顶，万丈悬崖，一片飞瀑，直泻而下，日光闪烁，微风摇曳，像碎玉，像飞雪，就更给这凝聚的峰峦，凭空增添了几分意气、几分生机。人们告诉我，如果夜宿天游峰顶，在晨曦到来的时刻，看白茫茫的云海，像大海的波涛，旋卷翻腾，待朝阳骤临，霞光绚烂，像姹紫嫣红，万葩齐放，那才真是瑰丽壮观呢！

如果说丹山是武夷的铮铮神骨，碧水便是武夷的悠悠心灵。我们下午就乘竹筏一泛九曲溪了。好心的主人特别安排，逆流而上，这样可以按照序列，从一曲游到九曲。溪名九曲，其实水随峰流，峰逐波转，何止百转千回。岩石凝紫，溪水湛绿，两峰山崩峰裂，铁熔铜铸，形成曲曲折折的幽涧深谷。溪上水清如镜，一眼望到底，河底的卵石清晰可数，日光立影，闪闪浮动，真像有千万片水晶在震颤，在闪烁。当我沉醉在一片浓绿之中的时候，突然在一泓深潭上看到倒垂着一片乳白色的山影，随着碧波荡漾，真是动人。我连忙翘首仰望，但见整个山体洁白如玉，在苍苍层峦叠嶂之间，愈发显得像是一个亭亭玉立、脉脉含情的少女。啊！玉女峰！玉女峰！我曾仰望长江上的神女峰而惆怅，我曾凝眸石林中的阿诗玛而慨叹，但我以为武夷山的玉女峰的确是美得惊人，它不但婀娜多姿，而且神情飘逸。当我们的竹筏已浮游而进，我还屡屡回顾，它使我想到我在巴黎卢浮宫中默默观赏维纳斯那一时刻心中所升起的亲切、喜悦、完美的人和生命自由的庄严的向往。九曲溪一曲一折，有时清流浓碧，波光粼粼，有时乱石堆滩，急湍飞鸣。千山萦回，一流宛转，回头望，望不尽乱山丛立，有如长江三峡；向前看，看不完明山丽水，又是一曲新的画廊。竹筏浮至四曲，忽见一株红艳艳的杜鹃，从崖头垂下，凌风嫣然。武夷回天天怜我，小阳春里露深情。你，杜鹃，我一个月之前在云南边境亚热带丛林中，冒着浓雾，涉过激流，向扣林山奔驰时，曾为那满山遍野浓艳艳的红紫色而精神一振，谁料如此之快，又在这僻静的幽谷中重逢，好像春之神真的回天有术，给我以深泽厚爱。但真正使我整个神魂为之震颤的是游到五曲。在岸上凌空飞来一座平坦的、浩荡的巨崖，它上凌青天，下临碧水，这就是仙掌峰。而奇特惊人的，是在这一半铁青一半赭红的崖壁上，冲激出数十道均匀齐崭的圆形棱柱，在天风飒爽之中，如见古希腊神庙的廊柱。我再细看，这峰崖倒映水中，那些圆柱就像千万条游龙在随波荡漾，真令人有虎跃龙腾天上人间之慨！上到八曲，乱滩纵横，万流迸裂，声如奔雷，浪花飞雪。过了芙蓉滩，山势迂回舒坦。到了九曲，已是夕阳明灭乱山中，暮霭低垂，紫云缭绕了。

这一夜，我久久沉思，不能入睡。我与其说带回一身九曲清气，不如说带回一颗水晶的心。那些染满污泥浊气的人，怎能懂得一碧如染的清流那样纯净，那样澄澈，那样柔和，而又那样百折不挠，勇往直前，是多么可珍贵的情趣！

由于诞生了上述这一种信念，因此，第二天清早我就奔向武夷深山的原始森林。上了车，车越开越快，进入一片绿的黄金世界。断涧残崖，千回万转，森森古木，染透碧空，深壑之中，乱石如立，溪水有时聚为深潭，水绿得那样浓，就像浓醇的薄荷酒，从石缝中喷出的激流像飞腾的冰雪。绿的阳光、绿的风和白的水、白的浪花，融织交汇成为一曲交响乐，萦回漫卷，悠悠飘荡。我到这武夷深山之中，为了寻找九曲溪的源头，更重要的是寻找我们中华民族神魄的源头。

今天，这莽莽苍苍的大自然，这诗，这美，一切都属于我们，我们为什么不开发这绿色黄金的矿藏呢？更重要的是，这儿不仅凝聚着中华民族神魄的过去，也凝聚着中华民族神魄的今天和未来。因为，我们瑰丽的大自然，就显出新时代山河的大千气象，舒展着新时代天地的蓬勃生机。

（有删节）

# 2. 黄山绝壁松

⊙冯骥才

黄山以石奇、云奇、松奇名天下。然而登上黄山，给我以震动的还是黄山松。

黄山之松布满黄山。由深深的山谷至大大小小的山顶，无处无松。可是我说的松只是山上的松。

山上有名气的松树颇多。如迎客松、望客松、黑虎松、连理松等，都是游客们争相拍照的对象。但我说的不是这些名松，而是那些生在极顶和绝壁上不知名的野松。

黄山全是石峰。裸露的巨石侧立千仞，光秃秃没有土壤。尤其那些极高的地方，天寒风疾，草木不生，苍鹰也不去那里，一棵棵松树却破石而出，伸展着优美而碧绿的长臂，显示其独具的气质。世人赞叹它们独绝的姿容，很少去想在终年的烈日下或寒飙中，它们是怎样存活和生长的。

一位本地人告诉我，这些生长在石缝里的松树，根部能够分泌一种酸性的物质，腐蚀石头的表面，使其化为养分被自己吸收。为了从石头里寻觅生机，也为了牢牢抓住绝壁，以抵抗不期而至的狂风的撕扯与摧折，它们的根日日夜夜与石头搏斗着，最终不可思议地穿入坚如钢铁的石体。细心便能看到，这些松根在生长和壮大时常常把石头从中挣裂！还有什么树木有如此顽强的生命力？

我在迎客松后边的山崖上仰望一处绝壁，看到一条长长的石缝里生着一株幼小的松树。它高不及一米，却旺盛而又有活力。显然曾有一颗松子飞落到这里，在这冰冷的石缝间，什么养料也没有，它却奇迹般生根发芽，生长起来。如此幼小的树也能这般顽强？这力量是来自物种本身，还是在一代代松树坎坷的命运中磨砺出来的？我想，一定是后者。我发现，山上之松与山下之松绝不一样。那些密密实实拥挤在温暖的山谷中的松树，干直枝肥，针叶鲜碧，慵懒而富态；而这些山顶上的绝壁松却是枝干瘦硬，树叶黑绿，矫健又强悍。这绝壁之松是被恶劣与凶险的环境强化出来的。它遒劲和富于弹性的树干，是长期与风雨搏斗的结果；它远远地伸出的枝叶是为了更多地吸取阳光……这一代代艰辛的生存记忆，已经化为一种个性的基因，潜入绝壁松的骨头里。因此，它们才有着如此非凡的性格与精神。

它们站立在所有人迹罕至的地方。那些荒峰野岭的极顶，那些下临万丈的悬崖峭壁，那些凶险莫测的绝境，常常可以看到三两棵甚至只有一棵孤松，十分夺目地立在那里。它们彼此姿态各异，也神情各异，或英武，或肃穆，或孤傲，或寂寞。远远望着它们，会心生敬意。但它们——只有站在这些高不可攀的地方，才能真正看到天地的浩荡与博大。

于是，在大雪纷飞中，在夕阳残照里，在风狂雨骤间，在云烟明灭时，这些绝壁松都像一个个活着的人：像站立在船头镇定又从容地与激浪搏斗的艄公，战场上永不倒下的英雄，沉静的思想者，超逸又具风骨的文人……在一片光亮晴空的映衬下，它们的身影就如同用浓墨画上去的一样。

但是，别以为它们全像画中的松树那么漂亮。有的枝干被飓风吹折，暴露着断枝残干，但另一些枝叶仍很苍郁；有的被酷热与冰寒打败，只剩下赤裸的枯骸，却依旧尊严地挺立在绝壁之上。于是，一个强者应当有的品质——刚强、坚韧、适应、忍耐、奋取与自信，它全都具备。

现在可以说了，在黄山这些名绝天下的奇石、奇云、奇松中，石是山的体魄，云是山的情感，而松——绝壁之松是黄山的灵魂。

# 3. 月亮湖记

⊙陈海强

车子在腾格里沙漠边缘的戈壁滩上持续颠簸着。风呼啦啦地从耳畔卷过，起伏的沙丘如金色巨蛇向后掠去。有人问："我们这是去哪里啊？""月亮湖！"不知是谁的声音在回答。月亮是挂在天上的，是夜晚的美神，我们的祖先仰视过，我们依然在仰视。而湖是大地的含情之眼，向来令人怦然心动、浮想联翩。那么月亮湖是什么？是一弯弦月幻化为女子在大野中的水泊里沐浴？还是湖如弯月在寂然的沙漠中证明着造物的神奇？大家似乎都已相信，"月亮湖"三个字的背后潜藏着无穷的美好，所有人开始躁动不安、如雀聒噪起来。

路像一根好看的带子蜿蜒着飘入沙漠，又如一缕轻烟在天地间扭来扭去，倏忽消失了。于是我们全都下了车，环顾四周，果然已被沙漠重重包围，只有贺兰山的影子还在隐隐指示着方向。要去月亮湖，就得从这里换车。我们爬上一辆改装后的越野车，司机回过头来问："坐稳了吧？"我们抓紧了身边的栏杆和座椅。于是车子原地发动起来，轰隆隆响了半天，才小心翼翼地开出去。行不到几百米，就出现横七竖八躺卧的沙丘，车子压低声音吼起来，然后往坡顶缓缓爬去。有人尖叫："再爬车就翻了！"一片嚷嚷声中，车子却一鼓作气爬到沙丘的顶端。众人一脸释然的表情，大口喘起气来。然而尚未回过神来，车子便一个猛子从沙丘上扎了下去。我抓紧前排的座椅，眼睁睁看着百余米深的沙丘底端，所有人不约而同张大嘴巴尖叫起来。与其说是车子往下滑，不如说是车子往下坠落。我们就这样胆战心惊地向着沙漠的怀抱坠落下去。

接下来翻越了多少座沙丘，无人能够记清。但大家都知道，我们正朝着沙漠的腹地挺进。当车子终于平稳下来时，一位女同事吧嗒吧嗒掉起了眼泪。抬头四顾，我们已被沙漠包围了。远远近近全是沙丘，看不出有什么区别。往身后看，贺兰山的影子也消失了，天空如一顶淡蓝色的帐篷笼罩在我们头顶。哪里是北？哪里是南？问谁谁摇头。有人担忧起来："可别迷路了！"有人掏出手机说："大不了打电话求救……"话音未落却又惨叫一声："手机没信号了！"大伙儿开始骚动不安，唯有司机不动声色。有人问司机："迷路了怎么办？"司机挠挠头说："路在我心里。"大家将信将疑地看着这个敦实的当地人，不再追问了。

远远地，一片开阔地出现在我们的视野。车轮在柔软的沙子里扭来扭去地开着，车上的人恍如坐着八抬大轿，晃晃悠悠向着目的地靠过去。近了，近了，湖却依然不见踪影。在一排木头栅栏前，车子嘎吱一声停下来，我们跳了下来，尚未站稳便有热情的蒙古族同胞捧着哈达迎上前来。现在，我们终于相信自己到达了目的地。

然而月亮呢？湖呢？我们热切地张望着，一座布满胡杨的沙丘就在这时闯入眼帘。曾经在书上读到过，胡杨是沙漠里的神树，生时千年不死，死后千年不倒，倒亦千年不腐。这多少是有些夸张的说法，但作为最古老的杨树树种，胡杨之所以受人敬畏，就在于它与生俱来的强大生命力。眼前的这些胡杨，却都是死去的。它们的确未曾腐烂，被人们搬运至此堆砌成墙，意在告诫后人：就算是荒凉死寂的地方，也曾有过繁花似锦的生命盛景；就算是繁花似锦的地方，也可能沦为荒凉死寂的所在。而在交替更迭的历史背后，人类对自然环境的保护意识却需要培养起来。

我的内心感到一阵战栗——腾格里沙漠竟是连胡杨都无法存活的地方！

绕过这座沙丘，眼前豁然开朗，一道厚实的芦苇荡仿佛要把整个沙漠挡在自己的身后。湖水依然没能看到，但大家似乎不再关心湖水的存在与否。在寂寥的大漠中奔波了大半天，能看到绿色的植物就已倍感幸福。于是大伙儿扑过去，呼喊、尖叫、奔跑……芦苇丛中扑棱棱地往外飞着五颜六色的鸟儿，也有长腿的水禽，但没一只能叫出准确的名字。当众鸟飞上天空，笼罩腾格里沙漠的死亡气息瞬间被打碎了。这时抬头张望，天原来那么低矮，丝丝缕缕的白云漫不经心地游弋着。芦苇荡里隐藏着一条窄小的木板路，我们踏上木板路的同时也就隐藏在了芦苇荡。

现在我可以悄悄告诉你：亲爱的，我们从腾格里沙漠中消失了！与我们同时消失的还有时间和荒凉。

月亮湖突兀地出现在我的眼前。我还没有准备好迎接它的美丽，一瞬间似乎有些灵魂出窍。四周依然是远远近近的沙丘，可是舒展在眼前的，却是如镜的湖泊。风有一下没一下地吹着，水面宁静得如同睡梦中的孩子。一叶小舟往湖心泊过去，我坐在船尾伸手在湖水中打捞，捞起一串清脆的水滴声。闭上眼睛想，这五六个平方公里的水面，让约4.27万平方公里的腾格里沙漠全然成为陪衬！神奇的造物者啊，竟把最美的风景留在了最深的寂寞中。

常听说"美丽的地方不富饶，富饶的地方不美丽"，然而我却觉得美丽的地方都是富饶的。因为这美丽，我们的灵魂才可以从纷纷扰扰的现实中抽身而出，重获安详和宁静，这样的财富可不是"富饶"二字所能形容。爬上湖畔一处沙丘，众人都在欢呼着照相留影。看着西天上那轮红色的落日，我取出背包中的矿泉水瓶，缓缓将一捧捧细沙装进去。同行的长者笑着说："你要把沙子带回北京啊？"我说："我要把月亮湖畔的腾格里沙漠带回去。"

# *4.* 香格里拉高原

⊙李智红

　　我来自"三江并流"的边缘地带，那是个偏僻的小地方，没有雪山，没有草甸，甚至没有青稞和牦牛。所以我对"雪山为城、江河为池"的香格里拉，始终怀有一种敬畏。

　　在客车刚刚爬到海拔3200米高度的时候，我就深切地领会到了"辽阔"这个词的所有内涵。山，开始潮水般向着远方退去，铺排在我眼前的，是低矮的山丘和大片的草原。打一个很俗的比方，五月的香格里拉简直就是一块洋洋洒洒地铺展开来的巨幅锦绣。不论是四周的山丘还是脚下的草原，到处都有花朵在开放。红的、黄的、绿的、紫的……所有颜色的花都在开放。浓的、淡的……所有开放的花都很芬芳。尤其是那些种类繁多的杜鹃，到处都在开着。山坡上开着，草甸上开着，沟边开着。每一树每一枝都开得那么热烈、那么粗犷、那么随心所欲、那么咄咄逼人。不过，我在香格里拉的山丘草原所看到的杜鹃，比在冲江河峡谷中见到的杜鹃要矮小得多。这里的杜鹃全都高不足尺，矮不敌寸，像匍匐在地表上的一堆堆火把。在挤挤攘攘的杜鹃花丛中，间杂着大报春、金盏花、绿绒蒿以及许许多多我至今尚叫不出名字的各种野花。五月的香格里拉有了这些花朵的帮衬，层次更加分明，内涵更加丰富。

头顶上的天空特别蓝，仿佛是被众神之手精心擦拭过的玻璃一样干净。在山丘之上，几团白得发亮的云朵，一动不动地凝固在那儿，像是被精心修饰过的舞台布景。远方，雄伟地耸立着一排排被羊脂般的白雪包裹着的雪山。北面，是素有"香格里拉第一峰"盛誉的巴拉格宗雪山。东面，是雄奇秀丽的浪都雪山和天宝雪山。更远处，是白马雪山和梅里雪山。在玻璃一样透明的阳光的照耀下，这些雄伟的雪山，全都闪烁着一种玉石般耀眼的白光。

梅里雪山是一座有必要进一步交代的、非常著名的雪山。梅里雪山是它的学名，乳名叫"太子雪山"。它冰峰耸峙，雄峻而孤傲，仅海拔在6000米以上的冰峰就有13座之多，被誉为"太子十三峰"。那高高耸立在十三峰之上的，是主峰卡瓦格博峰，海拔6740米。

这是一座气象万千的山，冷酷而神秘，像一个古老的禁忌。它拒绝征服，拒绝亲近，虽然它的海拔远远低于珠穆朗玛峰，但至今没有任何中外探险家或旅行家登上过它的顶峰。

在地毯一样一直铺展到地平线的草原之上，有着大群黑铁般壮实的牦牛、云朵一样洁白的藏羊、山风一样敏捷的驮马，悠闲地咀嚼着嫩草。青稞地里，被一冬的瑞雪滋润过的青稞，正使劲地向上抽拔着葱绿的嫩叶。地头间，高高的青稞架犹如一柄柄豪迈的木剑，直指蓝得让人刻骨铭心的天空。几只白腹雪鸦在刚刚锄过的青稞地里，旁若无人地跳跃、觅食。一座座结实的藏家楼房，大多依山逐势而建，清一色的白墙、红窗、平瓦盖顶，远远望去，像一座座坚不可摧的碉楼。

坐落在一片开阔地上的香格里拉县城[①]，是我所见到过的最简朴、最谦卑的县城。说它是城，却没有半点城的气度和架势。其实，它不过就是一个普普通通的高原小镇，质朴、简单、松散，像一幅潦草的素描，像一个简短的小品。小镇的大多数建筑，都援引了藏式建筑的风格，结实、低矮、封闭。漫步在小镇的街头，你完全感觉不到城市的那种拥挤和喧嚣，更没有那种冷漠而又拥挤的大厦高楼，阻断你与天空和大地的联系。在香格里拉，所有关于城市的概念都被废止，都被淡出。这里没有汉堡包，没有自选商场，甚至没有一家像样的影院。但这里有酥油茶、哈达、雪莲、虫草、青稞酒和藏红花，还有天空中飞翔的雄鹰和草地上飞驰的骏马。

曾有朋友著文说："香格里拉是个离天近、离地远的人间仙境、世外桃源。"我原先总有些不以为然。到香格里拉之后，才发觉这个说法其实并不夸张。香格里拉与西藏及川西北紧密相连，是云南高原群落中唯一一块海拔最高、最为开阔、最为圣洁的雪域高地。只有到过香格里拉，并且被香格里拉美妙绝伦的自然风光以及神秘殷富的人文景观陶醉过、感动过、惊讶过、捶打过、炙烤过、浸泡过的人，才不会去怀疑它就是詹姆斯·希尔顿小说中的"人间天堂"。

---

① 2014 年 12 月 16 日，香格里拉撤县设市获得国务院批准。

# 5. 太阳的香味

⊙叶文玲

没有去过青海，我却早早有了从古诗中获得的认识："青海长云暗雪山，孤城遥望玉门关。""青海戍头空有月，黄沙碛里本无春。"

青海高原，你难道真是这样春无春，秋非秋，荒漠、苍凉，令人听而生畏的吗？

不是亲聆目睹，我总疑信参半，没有去过的地方，又特别想去闯一闯。

我终于去青海了。

沿着青藏线的兵站，我们走了整整一个月，朝行夜宿，四千里路云和月，自以为快走出"界"了呢，细看地图，嘿，只不过沿着柴达木走了多半圈！

但我还是异常兴奋：那变幻着奇光异彩的青海湖，那有着神话般传说的日月山，那有着无穷珍藏的"聚宝盆"，那如白银铺地的察尔汗……哦，高原、高原，你决不像古人咏叹的那般萧索荒凉，更不像我原先揣想的那样单调刻板。

七、八、九三个月是青海高原的黄金季节。这时的高原，风和气爽、万物向荣，金色的太阳日日高悬，光照的时间特别长。这时的高原，天是那么湛蓝湛蓝，云朵是那样雪白雪白，峰巅山峦绵延，湖畔草原无边，天与地的相接处，分不清云似羊群还是羊群如云。这一派景象，这一派风光，在终日被灰蒙蒙的烟气浓浓笼罩的大城市，你是无论如何也难以想象出这样清朗幽蓝的晴空的。

我向来只知咏叹故乡江南，如处处可观的花红柳绿，如村村都有的小桥流水，也如四季可尝的鲜韭嫩蔬，可我万万没想到：形貌严峻的高原，也有许多奇美的事物和风光教人惊叹哩！

未上高原前，我们都做了"艰苦"上路的思想准备：不是吗，人都说高原寒冷、缺氧，沙漠中除了红柳、骆驼刺，便不见一点儿绿色，要能吃苦耐劳，还要准备过一过十天半月吃不着一点儿新鲜蔬菜的生活呢！人都说，西宁以西都是海拔三千三百米以上，在那片牧草都稀少的高寒地区，你难道还想尝尝青菜黄瓜西红柿吗？收起贪馋的口水吧！细心的同行者老程还揣了几瓶维生素C片，真的，有备无患，到时候说不定就用得着呢！

谁知道，越往西行越往高处走，我们这小心翼翼的"准备"就越发显得多余和可笑了，在江西沟、诺木洪、格尔木，甚至在人烟稀少的那赤台兵站，我们的饭桌上一次又一次地出现了奇迹：芹菜绿、黄瓜脆，红嘟嘟的番茄，两个就切一大盘！快尝一尝啊，唷，好鲜甜！

我们呆了。要知道，诺木洪四周几百里都是滚滚黄沙，沙漠绿洲格尔木，在1954年还只有几顶牧羊人的破帐篷，而那赤台，即使是现在这"黄金季节"，许多人一到这里，只能张嘴喘气，连呼吸都感到困难呢！

是的，这都不假。以前，这些地方光见黄沙不见绿，要吃菜只能从几千里外的兰州往这里运，虽然只能运冬瓜、土豆这些大头货，但到了这里，还是烂掉百分之八十，而青芹、白菜呢，连想也不要想！

那么，现在这鲜灵的青菜红番茄，难道是王母娘娘送来的神物吗？

"自己动手样样有嘛，我们靠的是蔬菜'大棚'啊！"说话的是一个陕西口音的战士。黧黑的面孔，一排白牙齿扇贝似的闪着光，"开始，我们盖这大棚真叫艰难啊，光那墙基就得掘下几尺深。种菜要有土，这里光有沙，就是没有土，没有，那就动手搬呗！我们挖走一车车沙，运来一筐筐土，那土坷垃全是从几百里外运来的，真是比银豆金蛋蛋还珍贵啊！好不容易铺好了'地'，立好了'墙'，盖好了'棚'，浇了水、撒了种，嘿，还没等大伙儿高兴完呢，一阵大风铺天盖地，一场冰雹噼里啪啦，好家伙，不到几分钟，我们的'家当'立时就稀里哗啦了！真叫人哭都来不及……你们不知道，这格尔木动不动就刮这样的大风，一抱粗的铁烟囱说倒就倒，那天，我们的排长在棚外被刮出去十几丈远，眼睁睁就在跟前，可就趴着一动也不动，后来大家才知道，原来他怀里抱着一瓦罐菜籽！……"

棚子垮了，不怕，只要大伙儿的决心不垮就从头来，重新干！

这回有教训了，塑料布不行，干脆换成玻璃的，玻璃怕砸，再加上一层厚毡！有志者，事竟成。海拔四千多米的高原上，终于有了一畦畦碧绿的蔬菜！

当他们的饭桌上竟然有香喷喷热气腾腾的青椒炒肉片、豆角烧茄子，当他们干裂的双唇喝上这鲜嫩翠绿的菠菜汤时，又怎不笑逐颜开，饭没进口心自甜哟！

高原的兵站上，一个比一个漂亮的"大棚"星罗棋布，一个比一个有趣的"故事"到处传闻……在西宁兵站部，格尔木指挥所的展室，当一个个重达六斤半的茄子、一根根二斤多重的黄瓜、一根根七厘米粗、七十七厘米长的莴苣等一大批"展品"赫然出现在我们面前时，我不能不又一次为亲眼所见的高原神话所迷醉！

"吃嘛，快尝尝嘛，这里的瓜是特别特别好吃呢！"热情劝说的是一个四川籍的战士，粗糙的双手、黧黑的脸，和先前那位一样，他也是兵站蔬菜大棚的辛勤栽培者。

我们接了过来，"嘣"地咬了一口……

"喂，你吃出有股特别的味儿了没有？"同行的老程，忽然眯起双眼，饶有兴味地问。

特别的味道？我一愣，马上会意了：是的，是有股特别的味道，高原的蔬菜瓜果，不但十分脆甜，而且分外芬芳，因为它融合着高原战士的万千汗水，因为它饱含着太阳的香味呢！

## 单元学习任务

### 任务一

读完《武夷风采》《黄山绝壁松》《月亮湖记》三篇文章后，小瓯在班级群留言，提出了读文过程中的困惑，你能为他答疑解惑吗？

◎**留言一：**本单元文章，作者一方面客观叙述了游览时的景象，另一方面又着力介绍了观览景物时独特的感受，这样安排的用意是什么？

| 文章 | 作者感受 | 写作用意 |
| --- | --- | --- |
| 武夷风采 | 我看上山的石梯，狭窄、曲折、壁陡，实在令人望而生畏。 | |
| 黄山绝壁松 | 远远望着它们，会心生敬意。但它们——只有站在这些高不可攀的地方，才能真正看到天地的浩荡与博大。 | |
| 月亮湖记 | 我们就这样胆战心惊地向着沙漠的怀抱坠落下去。 | |

◎**留言二：**我还发现这一组游记散文，在写景、状物、述事、传播信息和知识等方面，求的是准确、简净。作者是如何做到的呢？

　　读完本单元文章后，王强同学准备寒假时组织一次全家自驾游，可又担心思想有些传统和保守的父母不肯接受，就想做一份海报向父母隆重推荐几个高原景点。由于担心自己文采不够，所以想得到大家的帮助。请大家以小组合作的方式，每人任选1～2篇文章，结合文中让你感触最深的内容写一段文字，再选几张图片，帮王强同学一起完成这份海报吧。

　　**提示：**

　　设计时注意将图片和文字有机结合，且做到色彩鲜明、布局合理，突出景点的特色。

# 品读峰峦

　　"横看成岭侧成峰，远近高低各不同"。品读峰峦，视角不同，山的意境也不同：远读其苍茫，近观其清幽，粗读其豪放，细读其深沉。仰望群山，气势恢宏，峰峦连绵，层林尽染；极目远眺，蓝天白云，苍松翠柏，色彩缤纷。让我们在山的笃定、博大和丰富中，读青、读绿、读和谐、读静谧，积蓄和锤炼自己的仁爱之心，找寻属于自己的那份宁静与安然吧。

　　本单元文章的语言风格既有共性又各有特色，有的宏阔而不失细腻，有的亦庄亦谐、妙趣横生，有的细致优美且富有诗意。阅读时，以"赏析语言"为主要任务，通过揣摩品味语言，欣赏积累精妙的语句，领会游记多样化的语言风格。

# *1.*三游华山

◎贾平凹

　　华山是天下名山，我在西安住十多年了，却还没有去过一次。今年四月里，筹备了好些天，终于在一个天气晴朗的日子去了。一到华阴，远远就看见华山了，矗立群山之上，半截在云里裹着，似露非露，像罩了一层神光灵气。趋着那个方向走去，越走越不见了华山，铁兽似的无名群山直铺了几里远的凉荫，树木一片一片的。偶尔从树林子里漫出一条河来，河里却全都没水，满是石头，大的如一间房的模样，小的也有瓮大的、盆大的、枕大的。颜色一律灰白，远远看去，在绿树林子之下，白花花的耀眼，像天地之间，忽然裸露了一条秘密。这便将我吸引过去。置身在那里，先觉得一河石头高高低低，密密疏疏，似乎是太杂乱了，慢慢地便看出它乱得有节奏，又表现得那么和谐。本是一片死寂的顽石，却充满了运动和生命，这使我惊奇不已，高兴得从这块石头上跳上那块石头，从那块石头上又看这块石头的阴、阳、明、暗，不停地在石隙之间跑动出没，竟没有再往华山去，天到黄昏便返回了。

到了五月，我又去了一趟华山。直接搭车在桃枝站下来，步行了七里赶到华山入谷口，忽见谷外有一处院落，很是好看，便抬脚进去，才知道这是华山下名叫"玉泉院"的寺庙。院内空寂无人，数十棵几搂粗的大树，全部遮了天日，树下的场地上，有着深深浅浅的绿，如铺了一层茸茸的地毯。坐上去，仰头看见太阳在树梢碎纸片大的空隙激射，低眼儿看身下的绿，却并不是苔藓，是一种小得可怜的草，指甲盖般方圆，裂五个七个瓣，伏地而生，中有数十个针尖大小的花蕊，嫩黄可爱。用手去抠，草不能抠起，手却染成浅绿。这小草一棵挨着一棵，延续到草场边的斜砖栏上，几乎又生长在树的根部，如汗毛一般。我太喜欢这种环境了，觉得到了最好的地方，盘脚坐起，静静地听着自己呼吸。忽见后边的朱红方格门推开了，出现几个游客。再看时，一条曲径，直从那边花坛旁通去，不知那里又有了什么幽境，只见那路面碎石铺成，光影落下，款款如在浮动。我就这么坐着，神静身爽，竟不觉几个小时过去，起来看天色不早，就又搭车返回西安。

两次为华山来，却未登山而归，友人都笑我荒唐，我只笑而不语。到了六月初，又邀我的一个学生再次去上华山，终于进了谷口，逆一条河水深入。走了三里，本应再走十里便可上山了，河水却惹得我放慢了脚步，后来干脆就在水中列石上坐下。水很明净，河底石子清晰可见，脚伸进去，那汗毛就显出一层银亮亮的小珠儿，在脚下形成无数漩涡，悠悠而去。青石板很多，水从上流过，腻腻地软着身子，但遇着一块仄石了，就翻出一朵雪浪花，或在下出现一个空心轴儿的漩涡。河里没见到鱼，令我很遗憾，到了拐弯处，水骤起小潭，有几丈深的，依然能看到底。捡些小片石丢下去，片石如树叶一样，先在水面上浮着飞，接着就没进水，左一漂，右一漂，自自在在好长时间才落水底。

这么又玩了半天，学生催我赶路，我说："回吧。"他有些疑惑了："你这是怎么啦？三次上华山，都半途而归？"我说："这就蛮够兴趣了。"学生说："好的还在山上哩！"我说："是的，山下都这么好，山上不知更是有多好了。"学生便怨我身懒。我说："不。要是身懒，我能年年想着来吗？能在今年接连三次来吗？之所以几年里一直不敢动身，是听别人说得多了，觉得越好越不敢去看。如今来了三次，还未上山，便得了这许多好处，若再去山上，如何能再享用得了？如今不去山上，山上的美妙永远对我产生吸引力。好东西不可一次饱享，慢慢消化才是。花愈是好，与人越亲近。但好花折在手了，香就没有了。"学生说："那么，这是什么道理呢？"我说："天地大自然是知之无涯的，人的有限的知于大自然永远是无知，知之不知才欲知。比如人之所以有性格，在于人与人的差异。好朋友之间有了矛盾，往往不在大事上纠纷，而在于小事上伤了和气。体育场上百米赛跑，赛的其实并不在于百米，而是一步的距离。屋内屋外，也不是仅仅只是一门之隔吗？可以说，大自然的一切奥秘，全在微妙二字，懂得这个道理，无事不可晓得，无时不产生乐趣和追求。"学生点头称是。两人一路返回。学生很乐道此游，要我下次上华山，一定再邀他同往，并要我将所说的道理写出送他。

# 2. 庐山面目

⊙丰子恺

"咫尺愁风雨，匡庐不可登。只疑云雾窟，犹有六朝僧。"（钱
珝）这位唐朝诗人教我们"不可登"，我们没有听他的话，竟在两
小时内乘汽车登上了匡庐。这两小时内气候由盛夏迅速进入了深
秋。上汽车的时候九十五度[①]，在汽车中先藏扇子，后添衣服，
下汽车的时候不过七十几度了。赴第三招待所的汽车驶过正街闹
市的时候，庐山给我的最初印象竟是桃源仙境：土地平旷，屋舍
俨然；有茶馆、酒楼、百货之属；黄发垂髫，并怡然自乐。不过
他们看见了我们没有"乃大惊"，因为上山避暑休养的人很多，
招待所满坑满谷，好容易留两个房间给我们住。庐山避暑胜地，
果然名不虚传。这一天天气晴朗，凭窗远眺，但见近处古木参
天，绿荫蔽日；远处岗峦起伏，白云出没。有时一带树林忽然不
见，变成了一片云海；有时一片白云忽然消散，变成了许多楼

---

① 这里指华氏度。华氏度为非法定计量单位中的华氏温度单位，当 x 华氏度换算为以摄
氏度表示时，为 5（x-32）/9 摄氏度。

台。正在凝望之间，一朵白云冉冉而来，钻进了我们的房间里。倘是幽人雅士，一定大开窗户，欢迎它进来共住；但我犹未免为俗人，连忙关窗谢客。我想，庐山真面目的不容易窥见，就为了这些白云在那里作怪。

庐山的名胜古迹很多，据说共有两百多处。但我们十天内游踪所到的地方，主要的就是小天池、花径、天桥、仙人洞、含鄱口、黄龙潭、乌龙潭等处而已。夏禹治水的时候曾经登大汉阳峰，周朝的匡俗曾经在这里隐居，晋朝的慧远法师曾经在东林寺门口种松树，王羲之曾经在归宗寺洗墨，陶渊明曾经在温泉附近的栗里村住家，李白曾经在五老峰下读书，白居易曾经在花径咏桃花，朱熹曾经在白鹿洞讲学，王阳明曾经在舍身岩散步，朱元璋和陈友谅曾经在天桥作战……古迹不可胜计。然而凭吊也颇伤脑筋，况且我又不是诗人，这些古迹不能激发我的灵感，跑去访寻也是枉然，所以除了乘便之外，大都没有专诚拜访。有时我的太太跟着孩子们去寻幽探险了，我独自高卧在海拔一千五百米的山楼上，看看庐山风景照片和导游之类的书，山光照槛，云树满窗，尘嚣绝迹，凉生枕簟，倒是真正的避暑。我看到天桥的照片，游兴发动起来，有一天就跟着孩子们去寻访。爬上断崖去的时候，一位挂着南京大学徽章的教授告诉我："上面路很难走，老先生不必去吧。天桥的那条石头大概已经跌落，就只是这么一个断崖。"我抬头一看，果然和照片中所见不同：照片上是两个断崖相对，右面的断崖上伸出一根大石条来，伸向左面的断崖，但是没有达到，相距数尺，仿佛一脚可以跨过似的。然而实景中并没有石条，只是相距若干丈的两个断崖，我们所登的便是左面的断崖。我想：这地方叫作天桥，大概那根石条就是桥，如今桥已经跌落了。我们在断崖上坐看云起，卧听鸟鸣，又拍了几张照片，逍遥地步行回寓。晚餐的时候，我向管理局的同志探问这座桥何时跌落，他回答我说，本来没有桥，那照相是从某角度望去所见的光景。啊，我恍然大悟了：那位南京大学教授和我谈话的地方，即离开左面的断崖数十丈的地方，我的确看到有一根不很大的石条伸出在空中，照相镜头放在石条附近适当的地方，透视法就把石条和断崖之间的距离取消，拍下来的就是我所欣赏的照片。我略感不快，仿佛上了商业广告的当。然而就照相术而论，我不能说它虚伪，只是"太"巧妙了些。天桥这个名字也古怪，没有桥为什么叫天桥？

含鄱口左望扬子江，右瞰鄱阳湖，天下壮观，不可不看。有一天我们果然爬上了最高峰的亭子里，然而白云作怪，密密层层地遮盖了江和湖，不肯给我们看。我们在亭子里吃茶，等候了好久，白云始终不散，望下去白茫茫的，一无所见。这时候有一个人手里拿一把芭蕉扇，走进亭子来。他听见我们五个人讲土白，就和我招呼，说是同乡。原来他是湖州人，我们石门湾靠近湖州边界，语音相似。我们就用土白同他谈起天来。土白实在痛快，个个字入木三分，极细致的思想感情也充分表达得出。这位湖州客也实在不俗，句句话都动听。他说他住在上海，到汉口去望儿子，归途在九江上岸，乘便一游庐山。我问他为什么带芭蕉扇，他回答说，这东西妙用无穷：热的时候扇风，太阳大的时候遮阴，下雨的时候代伞，休息的时候当坐垫，这好比济公活佛的芭蕉扇。因此后来我们谈起他的时候就称他为"济公活佛"。互相叙述游览经过的时候，他说他昨天上午才上山，知道正街上的馆子规定时间卖饭票，他就在十一点钟先买了饭票，然后买一瓶酒，跑到小天池，在革命烈士墓前奠了酒，游览了一番，然后拿了酒瓶回到馆子里来吃午饭，这顿午饭吃得真开心。这番话我也听得真开心。时候不早，汽车在山下等候，我们只得别了"济公活佛"回招待所去。

在九江的浔庐餐厅吃饭，似乎同在上海差不多。山上的吃饭情况就不同：我们住的第三招待所离开正街有三四里路，四周毫无供给，吃饭势必包在招待所里。价钱很便宜，饭菜也很丰富。只是听凭配给，不能点菜，而且吃饭时间限定。原来这不是菜馆，是一个膳堂，仿佛学校的饭厅。我有四十年不过饭厅生活了，颇有返老还童之感。跑三四里路，正街上有一所菜馆。然而这菜馆也限定时间，而且供应量有限，若非趁早买票，难免枵腹游山。我们在轮船里的时候，吃饭分五六班，每班限定二十分钟，必须预先买票。膳厅里写明请勿喝酒。有一个乘客说："吃饭是一件任务。"我想：轮船里地方小，人多，倒也难怪；山上游览之区，饮食一定便当。岂知山上的菜馆不见得比轮船里好些。我很希望下年这种办法加以改善。为什么呢，这到底是游览之区！并不是学校或学习班！人们长年劳动，难得游山玩水，游兴好的时候难免把吃饭延迟些，跑得肚饥的时候难免想吃些点心。名胜之区的饮食供应倘能满足游客的愿望，使大家能够畅游，岂不是美上加美呢？然而庐山给我的总是好感，在饮食方面也有好感：啤酒开瓶的时候，白沫四散喷射，飞溅到几尺之外。我想，我在上海一向喝啤酒，并无白沫飞溅。啊，原来是海拔一千五百米的气压的关系！庐山上的啤酒真好！

1956年9月作于上海

（有删节）

## 庐山瀑布群

历代均有文人骚客在庐山赋诗题词，以李白的《望庐山瀑布》为代表的赞颂之作给庐山瀑布带来了极高的声誉。庐山的瀑布群中最著名的应数被称为"庐山第一奇观"的三叠泉瀑布，旧有"未到三叠泉，不算庐山客"之说。三叠泉瀑布之水，自大月山流出，缓慢流淌一段后，再过五老峰背，经过山川石阶，由北崖口悬注于大盘石之上，后又飞泻到第二级大盘石，再喷洒到第三级大盘石上，折成三叠，故得名。白练悬挂于空中，三叠分明。在水流飞溅中，远隔十几米仍觉湿意扑面。除三叠泉瀑布外，庐山瀑布群中还有开先瀑布、石门涧瀑布、玉帘泉瀑布、黄龙潭和乌龙潭瀑布等，向世人展示着万般风情。

# 3.大戈壁·火焰山·葡萄沟

◎汪曾祺

从乌鲁木齐到吐鲁番，要经过一片很大的戈壁滩。这是典型的大戈壁，寸草不生，没有任何生物。我经过别处的戈壁，总还有点芨芨草、梭梭、红柳，偶尔有一两棵曼陀罗开着白花，有几只像黑漆涂出来的乌鸦。这里什么都没有。没有飞鸟的影子，没有虫声，连苔藓的痕迹都没有。就是一片大平地，平极了。地面都是砾石，都差不多大，好像是筛选过的。有黑的、有白的。铺得很均匀。远看像铺了一地炉灰矿子，一望无际。真是荒凉。太古洪荒，真像是到了一个什么别的星球上。

我们的汽车以每小时八十公里的速度在平坦的柏油路上奔驰，我觉得汽车像一只快艇飞驶在海上。

戈壁上时常见到幻影，远看一片湖泊，清清楚楚。走近了，什么也没有。幻影曾经欺骗了很多干渴的旅人。幻影不难碰到，我们一路见到多次。

快到吐鲁番了，已经看到坎儿井。坎儿井像一溜一溜巨大的蚁坆。下面，是暗渠，流着从天山引下来的雪水。这些大蚁垤是挖渠掏出的砾石堆。现在有了水泥管道，有些坎儿井已经废弃了，有些还在用着。总有一天，它们都会成为古迹的。但是不管到什么时候，看到这些巨大的蚁垤，想到人能够从这样的大戈壁下面，把水引了出来，还是会生起历史的庄严感和悲壮感的。

到了吐鲁番，看到房屋、市街、树木，加上天气特殊的干热，人昏昏的，有点像做梦。有点不相信我们是从那样荒凉的戈壁滩上走过来的。

吐鲁番是一个著名的绿洲。绿洲是什么意思呢？我从小就在诗歌里知道绿洲，以为只是有水草树木的地方。而且既名为洲，想必很小。不对。绿洲很大。绿洲是人所居住的地方。绿洲意味着人的生活，人的勤劳，人的生老病死、喜怒哀乐，人的文明。

一出吐鲁番，南面便是火焰山。

又是戈壁。下面是苍茫的戈壁，前面是通红的火焰山。靠近火焰山时，发现戈壁上长了一丛丛翠绿翠绿的梭梭。这样一个无雨的、酷热的戈壁上怎么会长出梭梭来呢？而且是那样的绿！不知它是本来就这样绿，还是通红的山把它衬得更绿了。大概在干旱的戈壁上，凡能发绿的植物，都罄其生命，拼命地绿。这一丛一丛的翠绿，是一声一声胜利的呼喊。

火焰山，前人记载，都说它颜色赤红如火。不止此也。整个山像一场正在燃烧的大火。凡火之颜色、形态无不具。有些地方如火方炽，火苗高蹿，颜色正红。有些地方已经烧成白热，火头旋拧如波涛。有一处火头得了风，火借风势，呼啸而起，横扯成了一条很长的火带，颜色微黄。有几处，下面的小火为上面的大火所逼，带着烟末气流，倒溢而出。有几个小山岔，褶缝间黑黑的，分明是残火将熄的烟炙……

火焰山真是一个奇观。

火焰山大概是风造成的，山的石质本是红的，表面风化，成为细细的红沙。风于是在这些疏松的沙土上雕镂搜剔，刻出了一场热热烘烘、刮刮杂杂的大火。风是个大手笔。

火焰山下极热，盛夏地表温度至七十多摄氏度。

火焰山下，大戈壁上，有一条山沟，长十余里，沟中有一条从天山流下来的河，河两岸，除了石榴、无花果、棉花、一般的庄稼，种的都是葡萄，是为葡萄沟。

葡萄沟里到处是晾葡萄干的阴房。——葡萄干是晾出来的，不是晒出来的。四方的土房子，四面都用土墼砌出透空的花墙。无核白葡萄就一长串一长串地挂在里面，尽吐鲁番特有的干燥的热风，把它吹上四十天，就成了葡萄干，运到北京、上海、外国。

吐鲁番的葡萄全国第一，各样品种无不极甜，而且皮很薄，入口即化。吐鲁番人吃葡萄都不吐皮，因为无皮可吐。——不但不吐皮，连核也一同吃下，他们认为葡萄核是好东西。北京绕口令曰"吃葡萄不吐葡萄皮儿"，未免少见多怪。

（有删节）

# 4. 沙原隐泉

⊙余秋雨

　　沙漠中也会有路的，但这儿没有。远远看去，有几行歪歪扭扭的脚印。顺着脚印走吧，但不行，被人踩过了的地方，反而松得难走。只能用自己的脚，去走一条新路。回头一看，为自己长长的脚印高兴。不知这行脚印，能保存多久？

　　挡眼是几座巨大的沙山。只能翻过它们，别无他途。上沙山实在是一项无比辛劳的苦役。刚刚踩实一脚，稍一用力，脚底就松松地下滑。用力越大，陷得越深，下滑也越加厉害。才踩几脚，已经气喘，浑身恼怒。我在浙东山区长大，在幼童时已能欢快地翻越大山。累了，一使蛮劲，还能飞奔峰巅。这儿可万万使不得蛮劲。软软的细沙，也不硌脚，也不让你磕撞，只是款款地抹去你的全部气力。你越发疯，它越温柔，温柔得可恨之极。无奈，只能暂息雷霆之怒，把脚底放轻，与它厮磨。

　　要腾腾腾地快步登山，那就不要到这儿来。有的是栈道，有的是石阶，千万人走过了的，还会有千万人走。只是，那儿不给你留下脚印，属于你自己的脚印。来了，那就认了吧，为沙漠行走者的公规，为这些美丽的脚印。

心气平和了，慢慢地爬。沙山的顶越看越高，爬多少它就高多少，简直像儿时追月。已经担心今晚的栖宿。狠一狠心，不宿也罢，爬！再不理会那高远的目标了，何必自己惊吓自己。它总在的，不看也在，还是转过头来看看自己已经走过的路吧。我竟然走了那么长，爬了那么高。脚印已像一条长不可及的绸带，平静而飘逸地画下了一条波动的曲线，曲线一端，紧系脚下。完全是大手笔，不禁钦佩起自己来了。不为那山顶，只为这已经画下的曲线，爬。不管能抵达哪儿，只为已耗下的生命，爬。无论怎么说，我始终站在已走过的路的顶端。永久的顶端，不断浮动的顶端，自我的顶端，未曾后退的顶端。沙山的顶端是次要的。爬，只管爬。

脚下突然平实，眼前突然空阔，怯怯地抬头四顾，山顶还是被我爬到了。完全不必担心栖宿，西天的夕阳还十分灿烂。夕阳下的绵绵沙山是无与伦比的天下美景。光与影以最畅直的线条流泻着分割，金黄和黛赭都纯净得毫无斑驳，像用一面巨大的筛子筛过了。日夜的风，把山脊、山坡塑成波荡，那是极其款曼平适的波，不含一丝涟纹。于是，满眼皆是畅快，一天一地都被铺排得大大方方、明明净净。色彩单纯到了圣洁，气韵委和到了崇高。为什么历代的僧人、俗民、艺术家要偏偏选中沙漠沙山来倾泻自己的信仰，建造了莫高窟、榆林窟和其他洞窟？站在这儿，我懂了。

刚刚登上山脊时，已发现山脚下尚有异相，舍不得一眼看全。

待放眼鸟瞰一过，此时才敢仔细端详。那分明是一湾清泉，横卧山底。动用哪一个藻饰词汇，都会是对它的亵渎。只觉它来得莽撞，来得怪异，安安静静地躲坐在本不该有它的地方，让人的眼睛看了很久还不大能够适应。再年轻的旅行者，也会像一位年迈慈父责斥自己深深钟爱的女儿一般，道一声：你怎么也跑到这里！

是的，这里无论如何不是它来的地方。要来，该来一道黄浊的激流，但它是这样的清澈和宁谧。或者，干脆来一个大一点的湖泊，但它是这样的纤瘦和婉约。按它的品貌，该落脚在富春江畔，雁荡山间，或是从虎跑到九溪的树荫下。漫天的飞沙，难道从未把它填塞？夜半的飓风，难道从未把它吸干？这里可曾出没过强盗的足迹，借它的甘泉赖以为生？这里可曾蜂聚过匪帮的马队，在它身边留下一片污浊？

我胡乱想着，随即又愁云满面。怎么走近它呢？我站立峰巅，它委身山底；向着它的峰坡，陡峭如削。此时此刻，刚才的攀登，全化成了悲哀。向往峰巅，向往高度，结果峰巅只是一道刚能立足的狭地。不能横行，不能直走，只享一时俯视之乐，怎可长久驻足安坐？上已无路，下又艰难，我感到从未有过的孤独与惶恐。世间真正温煦的美色，都熨帖着大地，潜伏在深谷。君临万物的高度，到头来只构成自我嘲弄。我已看出了它的讥谑，于是急急地来试探下削的陡坡。人生真是艰难，不上高峰发现不了它，上了高峰又不能与它近乎。看来，注定要不断地上坡下坡、上坡下坡。

咬一咬牙，狠一狠心。总要出点事了，且把脖子缩紧，歪扭着脸上肌肉把脚伸下去。一脚，再一脚，整个骨骼都已准备好了一次重重的摔打。然而，奇了，什么也没有发生。才两脚，已哧溜下去好几米，又站得十分稳当。不前摔，也不后仰，一时变作了高加索山头上的普罗米修斯。再稍用力，如入慢镜头，跨步若舞蹈，只十来下就到了山底。实在惊呆了：那么艰难地爬了几个时辰，下来只是几步！想想刚才伸脚时的悲壮决心，哑然失笑。康德所说的滑稽，正恰是这种情景。

来不及多想康德了，急急向泉水奔去。一湾不算太小，长可三四百步，中间最宽处，相当于一条中等河道。水面之下，漂动着丛丛水草，使水色绿得更浓。竟有三只玄身水鸭，轻浮其上，带出两翼长长的波纹。真不知它们如何飞越万里关山，找到这儿。水边有树，不少已虬根曲绕，该有数百岁高龄。总之，一切清泉静池所应该有的，这儿都有了。至此，这湾泉水在我眼中又变成了独行侠，在荒漠的天地中，全靠一己之力，张罗出了一个可人的世界。

茫茫沙漠，滔滔流水，于世无奇。唯有大漠中如此一湾，风沙中如此一静，荒凉中如此一景，高坡后如此一跌，才深得天地之韵律、造化之机巧，让人神醉情驰。以此推衍，人生、世界、历史，莫不如此。给浮嚣以宁静，给躁急以清冽，给高蹈以平实，给粗犷以明丽，唯其这样，人生才见灵动，世界才显精致，历史才有风韵。然而，人们日常见惯了的，都是各色各样的单向夸张，连自然之神也粗粗糙糙，懒得细加调配，让人世间大受其累。

——山，名为鸣沙山；泉，名为月牙泉。皆在敦煌市境内。

# 5. 飞红滴翠记黄山

⊙柯 蓝

说起黄山，人们很容易想起徐霞客对黄山的赞誉："五岳归来不看山，黄山归来不看岳。"

黄山是长江与钱塘江的分水岭，位于安徽省南部，南北长约40公里，东西宽约30公里，全山面积大约1200平方公里。号称方圆500里的黄山，是祖国大地上的一块瑰宝。

从高空俯视，在一片山水相间的万绿丛中，千峰竞秀，万壑藏云，郁郁葱葱，飞红滴翠。可谁能想到，眼前这座黄山，竟是亿万年前地壳中的岩浆凝固后形成的花岗石群；这大大小小、不计其数的群峰，竟是日晒雨淋、水流侵蚀这些大自然的能工巧匠"雕刻""装饰"的结果！地质学家告诉我们，两亿多年前，黄山这一带是一片汪洋大海，过了一亿多年，海水退去，留下了一片丘陵。以后在猛烈的地壳运动中，地层断裂，岩浆活动，形成了黄山的基础。在距今约7000万年到6500万年前，地质学上称为新生代第三纪的地质时期，地球上发生了"喜马拉雅运动"，黄山大约是这个时期形成的。在距今二三百万年时，地球进入了第四纪冰川时代。由于长期受寒冷气候影响，黄山山体受到较大侵蚀，地形变化很大，形成种种奇特的造型：奇峰怪石林立。真是峰峰有奇观，处处是仙境。游人们来到黄山，自然要浮想联翩，寻根问底，神游天外了。

巍峨黄山，群峰挺拔。天都峰海拔1810米。由于它是黄山的三大主峰（莲花峰、天都峰、光明顶）之一，在群峰的环抱中，好像是天国的都会，所以取名 "天都峰"。这是一座高耸入云、盘空千仞的险峰。它以高和险，使游人望而生畏，仰天长叹。

如今，从下到上，都有了登山的石阶，还安上了护栏，系上了铁链。然而，这小路仍是太陡太险了。当你踏在这光滑潮湿的台阶上，手里抓着摇晃的铁索，几乎垂直向上攀登，这时，如果回首身后，两侧斧劈刀削般的悬崖峭壁，万丈深渊，不能不叫人心惊胆战。如果从远处遥望，登山的男女老少，一个接着一个，连绵不断，鱼贯而上，如同一条悬空的彩带，飘动在万绿丛中。在快要到达山顶的地方，石阶更窄，只能容一人通过。人们在攀登时，互相扶持，互相照应，互相鼓励，虽然并不相识，但因目标一致，倒像是一个登山的集体。

现在，当我们登上刻有"登峰造极"四个字的天都峰绝顶时，正如同经过一番搏斗之后获得成功一样，眼前景色给了我们极为难得的满足。放眼望去，群峰起伏，云海翻涌，山峰若隐若现，就像航船、岛屿漂浮在汪洋大海上。这时，我们不由得心潮澎湃，思绪万千，上下几千年，纵横千万里，一下涌进脑海之中，真是"无限风光在险峰"啊!

黄山的最高峰是莲花峰。它独出群峰之上，仿佛是枝含苞欲放的新莲。登上峰顶，放眼天外，真是令人心驰神往。

沿"百步云梯"而下，翘首昂视"鳌鱼峰"，上有一巧石，如同一只"螺蛳"。看上去好像一条巨大的鳌鱼要一口吞掉"螺蛳"。可是，你从另一个方向望去，它又像鳌鱼驮着一只金龟。

西海中的"飞来峰"，从侧面看，像一块巨大的石峰从远方飞来，悬置在别的石峰上。可你从正面看，它却像一只桃子，人们又称它为"仙桃峰"。

黄山著名的巧石"猴子观海"，是一只石猴蹲在狮子峰顶，也真难为它有这么好的耐心，千万年来一动不动地观望着眼前飘逝的烟云。遇到晴朗的日子，虽然没有云海茫茫，却别有一番景观。山脚下太平县境内，呈现出一片秀美如画的田园风光，适逢此时，人们又称"猴子观海"为"猴子观太平"了。

清晨，当四周还是一片漆黑的时候，游人们就起身，踏着晨露去看日出。当那遥远的天际，微明的东方出现鱼肚白时，人们就屏住了呼吸，等待着，盼望着。而当太阳露出它那耀眼的光辉时，人群中就响起了一阵欢呼。这呼声充满了兴奋，但又带有节制，因为大家都不愿破坏这黎明前的肃穆。也许是由于大地尘埃和光线折射的原因吧，冲破北海云雾，喷薄而出的太阳是暗红色的。但是，在一刹那间，太阳好像经过了一次净化，变成了纯净的橘黄色。光明逐走了黑暗，四周的一切都变得灿烂夺目，五光十色。蔚蓝色的天空、剪影般的群峰山松、五彩缤纷的云海霞光，在高空气流的影响下变幻无穷，使人仿佛置身于神奇的仙山琼阁。这景致真是难以用笔墨形容。啊，太阳！人们对它的感情，在自然界中是没有任何东西可以比拟的。不论是初生的红日还是即将消失的落日，都是红彤彤的巨大的火轮，披着五光十色、一瞬万变的彩霞，给天下万物以无限生机和柔美的抚爱。即使落日给我们留下夜晚的黑暗，那也没有什么可怕，那闪光的星星，仿佛是太阳在黑暗中留下的火种。它守卫在天幕上，也守卫在人们的心灵中，为迎接明天更美丽的日出，给那些勇于在困难中奋斗的人们以新的启迪。大概就是由于这些原因，人们在日出和日落中才得到了使人沉醉的美的享受，才赞美火和光明中诞生的一切吧。

　　游人下山后，往往会在临近黄山脚下的温泉浴室里洗个温泉澡，兴致高的还会去室内温泉游泳池里游个痛快。这温度恰到好处的泉水，会冲掉你登山的劳累，是那样解乏、舒适。也只有此时此刻，你才能对黄山的温泉有温馨之感，而为之叫绝！

（有删节）

# 6. 高高的天子山

◎碧　野

从索溪峪登天子山，山崖陡立，林木森森，小径曲折，磴道盘旋。虽然山高风冷，但人们爬山，仍然汗湿衣衫。在喘息中歇脚，可以听见四山鸟雀的啁啾，可以采摘崖边的野花闻香，还可以掬崖壁上漫流的清泉解渴。

爬山辛苦，但也充满了野趣。那背衬蓝天、凌空开启的是"天门"。远望，"天门"像一面镌刻得很精巧的镜子，镜框是高耸的岩头，镜面是蓝天白云。登"天门"，山径像九曲回肠，磴道像万级天梯。但人们望见"天门"，总想一鼓作气攀登上去。

上到"天门"，天风吹拂，汗气全消。这"天门"，是山崖久经风雨剥蚀，亿万年来只剩下一座中空的巨岩，两柱对立，一梁横架，形成了一个"门"字。

坐在"天门"上歇息，回头俯览，群山蛰伏。那索溪峪的骆驼峰，像骆驼来自万里漠北，风尘仆仆；那十里画廊的峰林，像出现在眼底的万缕烟云，在轻轻浮动。

幻觉会使人精神升华，会使人心灵净化。停留在"天门"，遥看千里山川，仰望万里云天，视野无边开阔，心胸无限开朗。好像自己不是跋涉在天地间，而是翱翔于太空上。

竭尽脚力爬上了高高的天子山，这才发现天子山是造山运动中的一个奇迹。原来天子山不是一座高峰，而是平顶的，方圆百里，像一片平原。

这座湘西平顶的大山，被誉为天子山，是很贴切的。古帝王戴的平天冠是平顶的，天子山的前后山上的明崖、瀑布、绿树、山花、野果，不就是平天冠的珠串流苏吗？

站立天子山环望，四周的武陵山尽入眼帘。那苍茫的远山像天边的海涛，奔腾跳荡；那突起于群山之上的翠绿的峰林，像钢锥直刺青天。高山深谷，天地无边，这大自然的雄浑气派，何等壮观！

更奇特的是，在天子山高台的中心，地层突然下陷，形成几十里的山谷。这巨大的山谷名叫"西海"。"西海"云雾迷茫，沿岸峭壁耸峙，深不见底，内有千百峰林在云雾中突起，看不见山根，只见古松倒挂峰林，气象万千。

这生长在峰林崖头上的古松，树干倒挂，枝柯横斜。云雾的湿润使它们能够生在岩缝石隙间，树身虽小，但根部发达。松树皮赤鳞龟裂，而针叶青青。这许多赤松，每一棵都生长在峰林之巅，经受了百载千年的风霜。它们在石缝中盘根，在缺水的恶劣环境里生长，它们的生命力是多么顽强。

如果是遇到白天下雨，雨后天晴，在东升的旭日或西斜的夕阳下，你眼前就会展现一幅绚丽的图画：周围山岚清新鲜绿，一条彩虹横贯长空。这时，在千柱峰林的谷底水汽蒸腾，徐徐升起一缕缕乳白色的云纱，然后在峰林之间聚成白云，冉冉地飞向高空。云纱从谷底升起，缭绕千峰，形成一个个像白浪滔滔中的岛屿。峰林顶巅浮出云间，山谷幽深，无路可寻，千秋万载，谁也不敢下去。

有一条小路通过半岛似的山崖陡壁，伸入深谷之上。这是带着神秘色彩的"神堂湾"。神堂湾的峭岩上生长古松，下临万丈深渊，云雾茫茫，深不可测。不知道是空谷传音，还是出于错觉，只听见下面好像有狂风的呼啸声，恶浪的奔腾声，猛兽的咆哮声。天造地设，深渊之上架着一块巨岩，坐在岩头俯视谷底烟云，听万籁齐鸣，也是一种大自然的乐趣。

上得天子山来，从东头走到西头，绕行"西海"一角，二三十里。小路在巉岩乱石间弯弯曲曲延伸，时而山崖迎面陡立，时而脚底泉水漫漫。山路难行，汗流浃背，气喘吁吁。不久，这里将开辟通汽车的公路，而且将在汽车不能通行的地方，开辟马车道。到了那个时候，为了悠然观山景，汽车慢行，蹄声嘚嘚，人声欢笑。

天子山属湘西土家族苗族自治州管辖。当马儿响着铃铛在山路上小跑的时候，驾驭它的是身穿土家族或苗族盛装的小伙子或姑娘。姑娘们彩丝缕织的衣服在闪光，环佩随着马铃在叮当，这该是多么动人的情景啊。

现在，人们徒步行走在"西海"边，别有一番情趣。虽然旅游者来自祖国各地，甚至有的来自异国，肤色不同，语言不同，但这美丽的山川使人精神升华，爱美之心使人们的感情密切地联结在一起。

不论在山洼，在崖角，或是遥遥相见，或是发现奇观异景，大家彼此呼唤，远传近接，声震山林。无形中，这成了旅游者传递信息的方法。

更有趣的是，在山行中，可以发现面前的树枝上挂着一条花手绢。花手绢在风中飘动，招人认领。不知道这是哪一个粗心的小伙子或姑娘遗失的。花手绢有色有香，逗人喜爱。它被半开玩笑地挂在树枝上，但却体现出物轻义重的人心美。

旅游培养人的品德。山行暑热，汗湿衣衫，沿途出现阴凉的大山洞，是人们歇脚的地方。这一队旅游者看见另一队旅游者的到来，立即空出最阴凉的一角，让后来的人乘凉。

谁饥饿了吗？我的挎包里有干粮；谁口渴了吗？我的水壶里有泉水。旅游者虽只有一面之交，但却好像是多年的老朋友，彼此不分，情同手足，甘甜与共。

过神堂湾继续沿着"西海"往西走，林木青翠，山路在绿荫中弯弯曲曲出没。

清晨，人们从天子山东头接待站踩着露珠上路，太阳偏西才到达天子山西头的接待站。

天子山西头的接待站，位于天子山峡谷之上，峰林矗立。远处，传来隆隆的炮声，那是修路工人在修筑上山公路。不久，汽车就可以从天子山背后盘旋上山了。

这接待站是天子山的风景点，周围种植着大面积的果园。木瓜的香甜，桃子的清甜，李子的脆甜，山林果园的溢香流芳，使刚刚进入接待站的旅游者心旷神怡。

接待站的年轻姑娘们都是高中毕业生。她们刚刚参加工作不久，既活泼又热情。她们提来泉水让游客抹汗。泉水照得见人影，洁净而清凉。当旅游的客人们坐在长廊上迎着山风休息的时候，姑娘们端来一杯杯醇香的云雾茶，让客人们解渴。最后，她们用托盘给游客们送来了桃子和李子。桃李用泉水洗得干干净净，在托盘里闪着珠光，诱人品尝。大家尝了尝天子山出产的甜桃脆李，觉得满口清香，个个竖起大拇指，笑着向姑娘们道谢。

入夜，山林寂寂，圆月东升。月光如水，山林深处偶尔传来鸟雀的夜鸣。就在这神秘而美妙的夜晚，天子山上飘起了嘹亮的歌声，这是姑娘们在为旅游者们表演土家族、苗族、壮族和白族的民间舞蹈和演唱民歌。姑娘们的舞姿优美，歌喉婉转，带着湘西少数民族的风韵和浓郁的感情。

夜歌，给人留下了深刻的印象。深夜归寝，梦魂仍迷恋在轻盈的舞步和甜美的歌声中。

# 7. 玉龙雪山

⊙林长青

玉龙雪山位于云南省丽江市北，是北半球纬度最低的一座有现代冰川分布的极高山。十三座山峰如擎天玉柱，海拔均在五千米以上，群峰南北纵列，山顶终年积雪，山间常有云雾，犹如玉龙横卧，故名玉龙雪山。山中植物按海拔高度及气候分布，物种丰富，被称为植物宝库。山顶上万年冰封，山腰森林密布，山下四季如春，呈现出"一山分四季，十里不同天"的奇异景象。

云杉坪是深藏在玉龙雪山东面的一块林间草地。我们旅游团来到白水河北岸，乘坐去云杉坪的登山缆车。腾空越过碧波连天的林海、芳草铺地的植被、幽深的峡谷，犹如飞行于蓝天白云之中。云杉坪索道运行平稳，安全舒适，没有了步行之累，可以尽情地观赏玉龙雪山的风景。时令虽是隆冬，但是云杉坪树木青翠，景色秀丽。俯视索道下面，从谷底到山巅到处长满了林木。绿海腾浪，幽谷苍翠。裸岩崖壁石缝中，亦有林木长出，盘根显露，虬曲多姿。远处岭峦千重，连山秀举，云烟翻滚，林深如黛。回首玉龙雪山，连峰对峙，雄奇险峻。山间白雪皑皑，山顶云雾弥漫。

　　缆车十几分钟就到索道上站，沿着林间铺设的栗木栈道，进入云杉坪古老的原始森林。云杉坪海拔三千多米，这里苍松翠柏，傲立挺拔，树高参天，绵延不断。许多高大的树木身姿修直，枝叶蔽空。虽是冰天雪地，却生气不减。苍茫的森林中，林深草密。云杉、红杉等树种分布其间。密林深处，偶然见松鼠跳跃于松枝间，飞鸟落于枝头，给幽静的山林增添了一道美丽的风景线，生机勃勃，情趣盎然。穿过茂密而古老的原始森林，便可以到达神秘而宁静的云杉坪草地。云杉坪草甸舒缓，四周森林环绕，雪山背衬。栗木栈道上，时有头戴皮帽，上插雉尾，身穿黑色或红色披风，系长腰带，下着宽大裤子，脚蹬长筒鞋，扎裹绑腿，显得英武剽悍的少数民族青年穿行于游人之间。草坪北边，有二三十个身穿彩色服装的彝族少女在栗木搭成的圆形舞台上翩翩起舞，歌声嘹亮，响彻云空。许多旅游者与她们共同跳起了欢乐的舞蹈。草坪的南边，由于树木遮阴，有一片厚厚的积雪。我们拿照相机在这高原雪地森林中留下了这难忘的时刻。中午从云杉坪归来时，山中云雾散尽，天空放晴，玉龙雪山峰顶顿现，重峦叠嶂一览无余。山顶峰峦银装素裹，分外妖娆。近观林木苍翠参天，盖峦掩谷。茫茫山峰，白雪皑皑，玉龙雪山被人们誉为我国"十大赏雪胜地"之一，可谓名副其实。

　　玉龙雪山南麓的玉峰寺，四周松柏茂密，泉水潺潺，汇聚成潭，风景优美。寺中游人络绎不绝。寺院内外种有山茶、樱花、十里香、夜合欢等花木。院中的"万朵山茶"驰名中外。此株茶花一树两品，主茎为两种茶花合而为一，是有"九心十八瓣"之称的狮子头茶花和颜色深红的红花油茶，年年竞开茶花万朵，鲜艳无比，"新花开时老花落，瘦红才罢嫩红来"，花期一百多天，故名"万朵山茶"。据云南省园林专家考证，"万朵山茶"植于康熙年间，至今已有三百多年历史。山茶主茎粗壮，枝干错综盘扭，巧妙地编织成三坊一盖的花棚，遮满了整个院子。

玉龙雪山风景名胜区还有"虎跳峡""长江第一湾""宝山石城"等，大索道上站的滑雪场、冰塔林等组成了一幅幅游览不尽的风景画卷。

# 古城风韵

　　深院古树演绎着诗意的沧桑，青石板穿街过巷还是当年的模样，报时的梆声依旧回响在小巷里……来吧，和作者一起，去追寻古城的风韵，吟赏她万般的风情，品鉴她隽永的陈香。在烟花三月下溱潼，看一看"绿院垂槐"婆娑的生活原色；摇一支弯曲的木橹，感受周庄水乡别样的夜色；在神奇脱俗的丽江，忘情于白墙青瓦、小巷幽深……古城见证着过往的深邃，记载着岁月的绵长。

　　阅读本单元文章，以"欣赏和积累精彩语句"为重点，在通读文章、理顺作者游踪的基础上，圈点勾画，做好读书笔记，提高自己品味欣赏精彩语句的能力，并试着背诵自己喜欢的句子或段落。

# *1.* 烟花三月下溱潼

⊙卞毓方

　　暮春三月，也是烟花三月，我与林非、王充闾、刘宝柱三位先生同访溱潼。

　　当天上午，主人安排游溱湖。画舫使人和湖面亲近，又和湖面疏远，坐在舱里，浪舔不到，风吹不到，日头也晒不到，但你却可从从容容、仔仔细细地为云看相，为水把脉。

　　溱湖要我把脉，首先是湖水尚清冽，但是，溱湖，你懂得我的悲凉吗？在工业化、现代化浪潮的裹挟冲刷下，那绿渊镜净、一尘不染的好光景永难再现，只能留梦于《诗经》中的涟漪、《楚辞》中的浪花了。其次，便数眼前这湖边的篙船，这是会船节的余兴。岳阳有龙舟节，溱潼有会船节。龙舟节纪念屈原沉江，他的《离骚》，引起人心骚动，人心就起了波澜，就要借龙舟节的不朽以实证屈原诗文的不朽、精神的不朽，讴歌不朽。会船节也有纪念的缘由，它的纪念，显示了溱潼人的贤良和公德：清明节的第二天，溱潼百姓相约划着自家的小船，为四港八汊无主的孤坟添土洒饭，烧化纸钱。

午后游溱潼古镇。我曾行过一遭，那是在一个月前。于我，出游如同赴宴，一向不关心厨师端上的是什么，而在乎今天与谁同桌。此番系陪三位先生同游，心情愈加雀跃，我们沿着前番的路线走了一遭：麻石老街、院士旧居、民俗风情馆，以及古茶古井、古槐古寺。叫我吃惊的是，我前番的"莅临"已经被摄成图像，加以装潢，悬挂于一处景点。惭愧，经如此一炮制，我就成了"到此一游"的所谓名士。溱潼，她似乎觉得自己沉默得太久了；溱潼，她似乎觉得自己开放得太迟了。她就像锁闭在水网中的孤岛，在这大喧哗大造势的年代，终于也耐不住寂寞，渴望外界的足音余响了。

身边备有相机，一路张罗着想给三位先生处处"立此存照"，却仅有两次成功。一次是在"花影清潭"。那是一个小院，院内有一株古苍苍的茶树，寿长逾千年，花开逾万朵，茶树旁有一古井，井壁青苔斑驳，井底水莹如镜，三位不仅在茶树前欣然留影，还分别弯腰探头，和幽幽的井水照了一个多情的面。另一次是在"绿院垂槐"。院是寺院，槐是官槐，院内曾创办过书院、义学，而后又设立小学，是古镇教育事业的滥觞，官槐不仅沐过宋朝的风、元代的雨，还系着天仙配的传说。三位先生往槐树前一站，嘴里俱念念有词，是许愿吧，我不知他们许的是什么。按动快门的刹那，眼睛一眨，仿佛镜头锁定的是三株大树，不，四株。绝非矫情，生活的原色，生命的底色，本该是这般浑然一碧，浓翠盈目。

次日上午，细雨霏霏，我们参观了高二适纪念馆。高氏是那种生前看着不高而死后愈仰愈高的学者、诗人兼书法家。他是溱潼的邻居（他本是邻县之人），又是溱潼的女婿（娶了溱潼之女为妻）。高氏"独学自成"，没有背景，没有台阶，一介寒儒，好钻研而"不求人知"，然而，骤然而起的一桩"兰亭公案"，却不由分说地把他推到前台，置于聚光灯之下：1965年，值兰亭盛会召开之际，郭老沫若抛出《由王谢墓志的出土论到〈兰亭序〉的真伪》一文，指出享誉千古的《兰亭序》乃赝品，为后世所托作。鉴于郭老彼时的社会地位和学术威望，黄钟一启，万籁噤声。当是之时，唯独高二适挺身而出，撰写《〈兰亭序〉真伪驳议》，与郭老据理力争。高二适的精湛见解，尤其是他不畏权贵的风骨，倾倒士林。

纪念馆建在两水相交的半岛。主人公的塑像在迎门而笑，绿树环拥，回廊的碑刻龙飞凤舞。展厅，半是书法，半是丹青，以为这就是全部了。谁知出得旧馆，又见新馆，博敞而宏丽，沿阶梯步上三楼的平台，脚下踩踏的是坚实，胸中翻滚的是浩叹。不要说唐代的边塞诗人高适——那位二适先生的本家兼同行——生前死后，从未拥有如许气派，就是当代的诸多硕儒宏彦，也鲜能享受此等殊荣。这一切自然要归功于溱潼人的景仰，真想在楼头迎风长啸啊，高二适有幸结缘于溱潼，百载之下，果然"适吾所适"。

（有删改）

# 2. 周庄水韵

⊙赵丽宏

　　一支弯曲的木橹，在水面上一来一回悠然搅动。倒映在水中的石桥、楼屋、树影，还有天上的云彩和飞鸟，都被这不慌不忙的木橹搅碎，碎成斑斓的光点，迷离闪烁，犹如在风中漾动的一匹长长的彩绸，没有人能描绘它朦胧炫目的花纹……

　　有什么事情比在周庄的小河里泛舟更富有诗意呢？小小的木船，在窄窄的河道中缓缓滑行，拱形的桥孔一个接一个从头顶掠过。贞丰桥、富安桥、双桥……古老的石桥，一座有一座的形状，一座有一座的风格，过一座桥，便换了一道风景。站在桥上的行人低头看河里的船，坐在船上的乘客抬头看桥上的人，相看两不厌，双方的眼帘中都是动人的景象。

　　周庄的河道呈"井"字形，街道和楼宅被河分隔，然而河上有桥，石桥巧妙地将古镇连缀为一体。据说，当年的大户人家，能将船划进家门，大宅后院还有泊船的池塘。这样的景象，大概只有在威尼斯才能见到。一个外乡人，来到周庄，印象最深的莫过于这里的水，以及一切和水连在一起的景物。

我曾经三次到周庄，每一次都乘船游镇，然而每一次给我留下的印象都不一样。第一次到周庄，正是仲春，天下着小雨，古镇被飘动的雨雾笼罩着，石桥和屋脊都隐约出没在飘忽的雨雾中，那天打着伞坐船游览，看到的是一幅画在宣纸上的水墨画。

第二次到周庄是冬天，刚刚下过一夜小雪，积雪还没有来得及将古镇覆盖，阳光已经穿破云层抚摸大地。在耀眼的阳光下，古镇上到处可以看到斑斑积雪：在路边、在屋脊、在树梢、在河边的石阶上，一摊摊积雪反射着阳光，一片晶莹，令人目眩。古老的砖石和清新的白雪参差交织，黑白分明，像是一幅色彩对比强烈的版画。在阳光下，积雪正在融化，到处可以听见滴水和流水的声音，小街的屋檐下在滴水，石拱桥的栏杆和桥洞在淌水，小河的石河沿上，往下流淌的雪水仿佛正从石缝中渗出来。细细谛听，水声重重叠叠，如诉如泣，仿佛神秘幽远的江南丝竹，裹着万般柔情，从地下袅袅回旋上升。这样的声音，用人类的乐器永远也无法模仿。

最近一次去周庄，是在一个温暖的春夜。周庄正举办旅游节，古镇把这天当成一个盛大的节日。古老的楼房和曲折的小街缀满了闪烁的彩灯，灯光倒映在河中，使小河变成一条色彩斑斓的光带。坐船夜游，仿佛进入了梦境。船娘是一位三十岁的农妇，以娴熟的动作，轻松地摇着橹，小船在平静的河面慢慢滑行，我们的身后，船的轨迹和橹的划痕留在水面上，变成一片漾动的光斑，水中倒影变得模糊朦胧，难以捉摸。小船经过一座拱桥时，前方传来一阵音乐，水面也突然变得晶莹剔透，仿佛是有晃荡的荧光从水下射出。船摇过桥洞，才发现从旁边交叉的水道中划过来一条张灯结彩的船，船舱里，有几个当地农民在摆弄丝弦。还没有等我来得及细看，那船已经转了个弯，消失在后面的桥洞里，只留下丝竹管弦声在被木船搅得起伏不平的河面上飘绕不绝……我们的小船划到了古镇的尽头，灯光暗淡了，小河也恢复了它本来的面目，平静的水面上闪烁着点点星光。从河里抬头看，只见屋脊参差，深蓝色的天幕上勾勒出它们曲折多变的黑色剪影。突然，一串串亮晶晶的光点从黑黝黝的屋脊上飞起来，像一群冲天而起的萤火虫，在黑暗中划出一道道暗红的光线。随着一声声清脆的爆炸声，小小的光点变成满天盛开的缤纷礼花，天空和大地都被这满天焰火照得一片通明。已经隐匿在夜色中的古镇，在七彩的焰火照耀下面目一新，瞬息万变，原本墨一般漆黑的屋脊，此时如同被彩霞拂照的群山，凝重的墨线变成了活泼流动的彩光。最奇妙的，当然是我身畔的河水，天上的辉煌和璀璨，全都落到了水里，平静幽深的河水，顿时变成了一条摇曳生辉、光彩四射的彩带。随焰火忽明忽暗的河畔楼屋倒映在水里，像从河底泛起的一张张仰望天空的脸，我来不及看清楚他们的表情，他们便在水中消失。当新的一轮焰火在空中盛开时，他们又从遥远的水下泛起，只是又换了另一种表情。这时，从古镇的四面八方传来惊喜的欢呼，天上的美景稍纵即逝，地上的惊喜却在蔓延……

我很难忘记这个奇妙的夜晚，这是一个梦幻一般的夜晚，周庄在宁静的夜色中变得像神奇的童话，古镇悠远的历史和缤纷的现实，都荡漾在被竹篙和木橹搅动的水波之中。

## 镜泊湖瀑布

牡丹江本是一条很温顺的河流，一万年前的火山爆发，改写了牡丹江的生命流程。第四纪的玄武岩流，在吊水楼附近形成了天然堰塞堤，拦截了牡丹江出口，使水位提高而形成了90多平方千米的镜泊湖。每当夏季洪水到来之时，镜泊湖水从四面八方涌来聚集在潭口，然后蓦然跌下，如万千白马奔腾。湖水漫过平滑的熔岩床面，从峭壁上飞泻而下，在丰水期时形成宽达二三百米、落差二十多米的大瀑布，浪花四溅，如浮云堆雪，蔚为壮观。

# 3. 我爱北京的小胡同

⊙季羡林

我爱北京的小胡同，北京的小胡同也爱我，我们已经结下了永恒的缘分。

六十多年前，我到北京来考大学，就下榻于西单大木仓里面一条小胡同中的一个小公寓里。白天忙于到沙滩北大三院去应试。北大与清华各考三天，考得我焦头烂额，筋疲力尽。夜里回到公寓小屋中，还要忍受臭虫的围攻，特别可怕的是那些臭虫的空降部队，防不胜防。

但是，我们这一帮山东来的学生仍然能够苦中作乐。在黄昏时分，总要到西单一带去逛街。街灯并不辉煌，"无风三尺土，有雨一街泥"，也会令人不快，我们却甘之若饴。耳听铿锵清脆、悠扬有致的京腔，如闻仙乐。此时鼻管里会蓦地涌入一股幽香，是从路旁小花摊上的栀子花和茉莉花那里散发出来的。回到公寓，又能听到小胡同中的叫卖声："驴肉——驴肉——""王致和的臭豆腐！"其声悠扬、深邃，还含有一点凄清之意。这声音把我送入梦中，送到与臭虫搏斗的战场上。

将近五十年前，我在欧洲待了十多年以后，又回到了故都。这次是住在东城的一条小胡同里：翠花胡同，与南面的东厂胡同为邻。我住的地方后门在翠花胡同，前门则在东厂胡同，据说就是明朝的特务机关东厂所在地，是关押所谓"犯人"的地方。我感兴趣的是这所大房子本身。它地跨两个胡同，其大可知。里面重楼复阁，四廊盘曲，院落错落，花园重叠，一个陌生人走进去，必然是如入迷宫，不辨东西。

然而，这样复杂的内容，无论是从前面的东厂胡同，还是从后面的翠花胡同，都是看不出来的。外面十分简单，里面十分复杂；外面十分平凡，里面十分神奇。这是北京许多小胡同共有的特点。

据说当年黎元洪大总统在这里住过。我住在这里的时候，北大校长胡适住在黎住过的房子中。我住的这个地方仅仅是这个大院子中的一个旮旯，在西北角上。但是这个旮旯并不小，是一个三进的院子，我第一次体会到"庭院深深深几许"的意境。我住在最深一层院子的东房中，院子里摆满了汉代的砖棺。所以很少有人敢在晚上来拜访我，我倒也过得很安静。

第二进院子里有很多树木，我最初没有注意是什么树。有一个夏日的晚上，刚下过一阵雨，我走在树下，忽然闻到一股幽香。原来这些是马缨花树，树上正开着繁花，幽香就是从这里散发出来的。

这一下子让我回忆起十几年前西单的栀子花和茉莉花的香气。

当时我是一个十九岁的大孩子，现在成了中年人。相距将近二十年的两个我，忽然融合到一起来了。

不管是六十多年，还是五十年，都成为过去了。现在北京的面貌天天在改变，层楼摩天，国道宽敞。然而那些可爱的小胡同，却日渐消逝，被摩天大楼吞噬掉了。看来在现实中小胡同的命运和地位都要日趋消沉，这是不可抗御的，也不一定就算是坏事。可是我仍然执着地关心我的小胡同。就让它们在我的心中占一个地位吧，永远，永远。

我爱北京的小胡同，北京的小胡同也爱我。

### 流沙瀑布

位于湘西的流沙瀑布，落差达216米，据说居全国之冠。瀑布从绝壁之上腾空而下，极高的落差，使流水到了下面就散落成流沙状。从瀑布下走过，水若雾似纱般纷纷扬扬地飘下来，犹如丝丝细雨，浸入心脾。细沙般的水珠随着风吹在脸上、手上、草丛间、石头上，流水奔到底，便汇成了瀑布下那湛蓝的湖。没有如万马奔腾的磅礴气势，没有如万兽怒吼的狂嚣之声，但凭一点似有似无的轻柔，流沙瀑布便以其缥缈的气质萦绕于观者之心。

# *4.* 西栅的梆声

◎迟子建

乌镇是一枝莲，东栅、西栅、南栅、北栅是它张开的花瓣。东栅因为天光和烟火气盛，这片花瓣在我眼里是银粉色的。西栅呢，它被不绝的流水环绕着，那层层叠叠的楼台水阁，迷宫似的灰街长巷，也就有了舟楫的气象，似乎你轻轻一推，它们就会起航。这片轻灵的花瓣，在我眼里就是烛白色的了。烛白色不像银白那么耀眼奢华，也不像乳白那么温柔平淡。烛白色，它高贵朴素，充满激情而又深沉内敛。

来乌镇的，不仅仅是人，还有白鹭、云朵、晨雾。与它们比起来，依赖车船出行的人，是多么的被动啊。白鹭来，乘着清风，扇动着丝绸一样的翅膀，倏忽间就翩然而至了。云朵呢，如果它们思念身下这片枕河入梦的人家了，从天宇的某个角落出发，且歌且舞，飘飘洒洒，也是说到就到了。比起白鹭和云朵，晨雾不是远客，它们就栖息在乌镇纵横交织的水泽深处。只要它起了顽皮，就一哄而起，缚住太阳，把人间幻化为海市蜃楼，霸气十足地做这世界早晨的皇帝。

我在乌镇，住在西栅。西栅由十二座小岛组成，所以进出西栅，须乘坐渡船。到乌镇时已是晚上九点，江南的雨淅淅沥沥下着，好像乌镇这个素服女子忙活了一天，正在做安寝前的沐浴。从西栅的码头登船，去客栈，大约一刻钟。西栅的渡船是我喜欢的那种，带篷的木船，梭形，人工摇橹，至多坐六人，既不像大船那样笨拙少情调，又不像只能容一两个人坐的小舟，在水波上活跃得像条鱼一样，让人心生不安。不大不小的渡船，如同恰到好处的鞋子，最适合游人的脚。船家是个女子，乌镇人对她们有个亲切的称谓：船娘。而我觉得，女子的性情，最适合在西栅摆渡。因为这儿不是荒凉的海域，需要顶天立地的男人披荆斩棘；西栅是一个宁静的港湾，是个听桨声的地方，由性情多温婉的女子做"掌门人"，再妥帖不过了。

船娘戴着斗笠，不紧不慢地摇着橹。虽然落着雨，但岸上投下的灯影，依然盛开在河面上，看来电的筋骨，实在强啊。没有月亮的夜晚，那一团团湿漉漉的橘黄的灯影，看上去像是月亮生出的金发婴孩，是那么的鲜润明媚。带着一身的水汽，船停靠在客栈的码头上了。简单吃了点东西，洗漱后躺下，已是深夜了。旅途的劳顿，并没有使我立刻入睡。不过在西栅，失眠是幸福的，因为你在静得出奇的夜里，能听见淙淙的流水声。

来乌镇的次日，是茅盾文学奖颁奖的日子。我醒来的时候，西栅还没醒，因为它被浓雾包裹着，所以到了天亮的时辰，它却亮不起来。早饭后，我出了客栈散步。上了一座灰白的石拱桥，站在桥上，只见河两岸的房屋，好像晾晒着一匹匹白色的丝绸，被雾气紧紧缠绕。你想看远一点的河道，看不清楚；想看近处房屋的飞檐，也是看不清楚的。雾中的西栅，也就有了如梦似幻的感觉。上午十点多，雾小了，雨又来了，所以那个白天的太阳和那个夜晚的月亮，是逃跑的新娘，芳踪难觅。如果说乌镇是一朵静静的莲的话，那么茅盾文学奖的颁奖典礼在我眼里就是昙花。那个夜晚的颁奖盛典结束后，第二天，与会人员纷纷离去了。客栈的小码头忙碌起来，船娘忙碌起来，被桨搅起的水波，也忙碌起来了。

游过西栅，天色已昏。回到客栈，清理完旅行箱，想想明天就要离开西栅了，心中似乎还有什么割舍不下的。九点一刻，我独自出了门，看夜下的西栅。

石板路上，几乎看不见行人了。西栅静下来，而另一种光明，却升起来。点缀着夜晚的灯光，以乳黄为主，但也有幽蓝的光带，裹着石桥，使桥有了闪电的气象。那一盏盏古朴的风灯，在苍灰的屋檐下，随着晚风轻轻摇荡，像恋人温柔的眼。我走进一条深巷，周围竟一个人都不见，那一座座阒然无声的深宅大院，使我有些害怕，连忙回到离出发点不远的放生桥那儿，桥下有一个小酒吧，还有零星的顾客。刚停下脚步，就见柳树丛中闪出一只猫来，雪白雪白的，它好像赶赴什么约会，飞也似的越过石桥，去另一岸了。猫离去了，一个清扫员出现了。她一手拎着撮子，一手提着扫帚，打扫石巷。我看了看撮子，里面最多的是落叶。乌镇再怎么的江南，也是秋意阑珊了。我跨上桥，刚好看见有一只载客的船从远处荡来。我听见客人在问："岸上是什么树呀？"船娘答："香樟树。"之后再无人语，有的只是水声。我看着这只船渐渐接近石桥，然后鱼似的从桥下跃过，不见了踪影。正当我要走下石桥的时候，一阵梆声石破天惊地响起，这是打更的人在报时了。打更的人穿行在哪一条巷子，我并不知晓，但这寂寥而空灵的梆声，让我身心顿时为之一爽。是啊，这梆声让我明白，所有的盛典和荣耀，不过是一季的盛花，会转瞬间化为流水。明白了这个道理，你就不会在脱离了灯火璀璨、人语喧嚣的环境后，惧怕一个人走夜路。这复古的梆声，让西栅的夜，白了。

（有删改）

## 黄果树瀑布

黄果树瀑布位于贵州省镇宁布依族苗族自治县西南15千米的白水河上。白水河自山区流出，到黄果树地段，河床突然断落，形成七股瀑布，夏季洪峰时汇成巨瀑，宽81米，落差74米。黄果树瀑布将河水的缓游漫吟和欢跃奔腾糅合在一起，阳光垂爱时还可形成迷人的彩虹。顺岩壁小径走去，水帘洞便赫然出现于眼前，虽然没有花果山水帘洞的空阔奇妙，但在岩缝的空隙中穿行，让鲜丽的水珠溅一身清爽，让崎岖的登临育一腔豪迈，足以令人心花怒放了。瀑底是深不可测的犀牛潭，水流清澈得令人难以抗拒，此时若不掬一捧濯洗征尘，必抱憾终生。

# 5. 一次美丽的精神之旅
## ——《一滴水经过丽江》赏析

⊙朱献华

阿来，中国当代著名作家，第五届茅盾文学奖得主，代表作品有长篇小说《尘埃落定》《空山》《格萨尔王》等。如果把阿来的小说比作崇高厚重的巍巍昆仑，那么他的散文就是涓涓流淌的溪流，以其清澈和纯净，洗涤着人类疲惫的灵魂，带给人非同寻常的审美感受。《一滴水经过丽江》就是作者在洞悉云南丽江地域特色、风土人情之后，运用神奇的想象和浪漫的诗情，用心写就的一篇精美散文。

1.角度新颖，构思奇特

文章采用第一人称和拟人的手法，从一滴水这个独特的视角，描写了丽江的源头玉龙雪山，凝聚着纳西族智慧的丽江古城，以及充满浓郁地方特色的四方街，在读者面前展开了一幅集历史、人文、地理、科学于一体的美丽画卷，在诗情画意之中让人感受到祖国山河的壮丽秀美和传统文化的博大精深。采用第一人称写法，以亲身阅历者的眼光去观察和叙述，不仅使情感表达更为浓厚、动人，也增加了作品的真实性、亲和力和亲切感。而采用拟人手法，赋予水滴以人的思想感情，不仅生动、形象、传神，给人以深刻鲜明的印象，而且更有助于思想情感的表达。以上都反映出作者在构思上的匠心独运。

2.脉络清晰，层次分明

虽然本文采用了拟人的写法，而且沿途描绘了大量的人文自然风光，但全文游踪清晰，主次分明，行文灵活却不紊乱。文章先从玉龙雪山的冰川写起，交代丽江的起源；接着写奔流到丽江沿途所见所闻，其中既有山峦、瀑布、树木、鲜花，更有千百年来建设美丽丽江的纳西族人，由"丽江坝"到"丽江城"称谓的变化，则反映出丽江由封闭的古老城镇变为开放的旅游城市这一历史变迁；最后作者抓住重点，对丽江最具特色和魅力的四方街进行了浓墨重彩的描写，那叮叮当当敲打着银器的小店、挂着水一样碧绿的翡翠的玉器店、售卖东巴象形文字的字画店、演奏古代音乐的白须垂胸的老者们……无不以一种独特的方式，向人们诉说着丽江古城的历史、现在与未来，而远离尘世喧嚣，坚守那伊甸园般的美好，正是丽江亘古不变的性格和气质，也是丽江吸引全中国、全世界的人前来膜拜的原因所在！

3.内涵丰富，美不胜收

阿来散文的一个最大特色，就是客观的叙述、诗意的审美与文化的遐想并行。他从一滴水的角度去描述丽江，虽然让人欣喜，却不矫揉造作。他尊重自然、历史和科学，笔下无论是山川河流、风土人物抑或历史典故，都客观真实经得起推敲。他不为文造情，体现出一个作家良好的学养和风范。阿来本色是诗人，他的文字清新自然，就像从玉龙雪山上飘下来的风，里面还夹着冰冷却动人的温柔。读了这样唯美的文字，让人也情愿做一滴水，流过丽江沉淀的悠悠岁月。更为重要的是，他的散文既有生动鲜明的形象，又不失厚重的人文底蕴，丽江古城、纳西族、东巴文化业已成为中国文化的一个缩影，而优美的丽江、优美的文字和优美的思想相互碰撞，最终造就了这样一篇传世佳作。

### 九寨沟瀑布

从箭竹海、熊猫海、五花海、孔雀河到珍珠滩，从皑皑积雪到淙淙清溪，从喧嚣的瀑布到静静的湖泊，当清纯的溪流走完坎坷的生命之路，水的幸运和悲壮便裸露在山崖间。九寨沟最宽阔的瀑布叫诺日朗瀑布，水从静海穿林过滩，蓦然凌空而下，银花四溅，那种纯净的色彩真是令人心醉。顺流步行，进入树正沟，沿途有犀牛海、树正瀑布、火花海、芦苇海和盆景滩。流水被密匝丛生的灌木乔木分割成无数的小溪流，雀跃而下，火花海如同宽阔绵长的浅水堤坝，坝上树木参差，所有的根茎都习惯了流水恣意的抚摸。

# 6. 一滴泉水流出了济南

⊙叶延滨

一滴泉水流出了济南。就像人们熟知的那样，汇入奔涌的大河。大河也就是千万颗小水滴汇聚在一起。向前奔涌的流水中，有许多来自其他地方的小水滴，高兴地向济南流出的这滴泉水打招呼："哎，你好啊，历下君，真高兴和你这样有教养的君子同行！"水滴们喊它"历下君"，它们知道那个泉水汇聚的地方叫历下，但它们不知道历下只是济南的老城区，新济南可就大得多了。叫"历下"也不错。就这样，从济南流出来的这滴泉水，在这篇文章里有了名字"历下君"。

这滴泉水接受了这名字——多秀雅的名字，一听就有历史感。是的，泉水从济南流过，也就经历了一次伟大的回归与穿越之旅。历下君想到这里，虔诚地在心里说，谢谢老天爷，也谢谢泰山爷，让我落在齐鲁大地，又有机缘从石缝中冒出来，成为济南泉水中的一滴。泉水在地下，大家都匆匆地涌动，因为都知道，只要从历史的石岩中涌出来，就"回家"了。历下君和无数泉水在唱一首童谣："古舜者，耕历山，历下是我家。"从尧舜爷算起，历下就算是泉水们的"老家"了。这个"老家"有大名"济南"，也有别号"泉城"。记住了，最有名的泉城之画，是元代诗人、书画大家赵孟頫所著的《鹊华秋色图》。老先生还有诗云："泺水发源天下无，平地涌出白玉壶。"哎，你这刚从石缝里涌出来的小水滴，怎么知道得这么清楚？这有什么奇怪的。赵先生画《鹊华秋色图》的时候，也没到过济南，只听了友人的描述，便画出这天下闻名的画卷。这叫什么？叫传统，也叫与生俱来的灵感。济南的泉水承载着传统，它流过济南街坊井巷千百年，也流过了那厚厚的历史。

这滴从济南流过的泉水，是从历史深处流过来的，我们信。具体一点是从哪个泉眼冒出来的呢？这个问题提得好，有文化。有文化的济南，泉眼都有名。最有名的是趵突泉。趵突泉比历下的名气还大，历下也为自己土地上有这名扬天下的泉而自豪。趵突泉的三眼巨泉咕突突往外冒，像牡丹，像银壶，更像雪莲！成百上千的人围在泉池四周，像听大学者讲课。历下君觉得自己从地下冒出，见到阳光的时候四周没这么多双眼睛。那么也许是从珍珠泉出来的？一方清池，沙底上冒出一串串水泡，慢悠悠，亮晶晶，像幼儿园的游戏场。还是黑虎泉、九女泉、玛瑙泉、琵琶泉、白石泉、芙蓉泉、起凤泉？七十二名泉，每个名字后面都有很多文化意蕴。有文化的名泉滋养有文化的名士。就说这漱玉泉，泉边永远有个美人倩影，那是写下"昨夜雨疏风骤，浓睡不消残酒。试问卷帘人，却道海棠依旧。知否？知否？应是绿肥红瘦"的李清照。历下君觉得，自己应该是从漱玉泉出来的。这首词就像自己看到这个世界时的心情，"绿肥红瘦"让这滴泉水感到世界真有说不尽的美。还是文化有魅力。名泉引名士，杜甫即有名句"济南名士多"，这句子挂在大明湖的历下亭。天下的文人墨客，就像全济南的名泉之水，也要汇聚大明湖，李白、杜甫、曾巩、辛弃疾……今人更多，老舍、胡适、柳亚子、叶圣陶、郁达夫……都在济南留下了身影。

这滴从济南流出的泉水，还真舍不得离开济南。济南是老家，济南与泉水相亲相融，大大小小几百眼泉就是济南的"家庭成员"。外地的游客到济南，常被黑虎泉的泉水与市民百姓间的亲近画面感动。黑虎泉名字够威风，虎头张着大嘴让泉水"轰轰下泄，澎湃万状"，济南的老百姓提着水桶、水壶，排着队从虎口取水，亲近嬉戏，如同家人。更多的小泉，就在井巷街市之中，譬如芙蓉泉就是芙蓉街的一景，起凤泉就是起凤桥的邻居。还有恋上好人家的泉水，干脆就从市民的小院里冒出来，成为理所当然的家庭成员。早先有个叫刘鹗的作家，就有八个字写尽了济南泉水的人缘："家家泉水，户户垂杨。"这八个字你读懂了吗？这不是写景，而是在说泉水与济南百姓是一家子啊。"家家泉水"，泉水流出家门，就像儿女出了门，儿行千里也恋家，记住济南是老家。"户户垂杨"，舍不得离家的泉水，顺着柳树根，站在家门口，站成一棵棵迎风摇摆的杨柳树。又听说前些年，济南的泉水突然干涸了。枯泉干沟，残荷衰柳，让济南百姓心急如焚。济南的百姓家里哪能少了一泓清泉啊。经过整治，泉水又像久别的亲人，回到了柳街水巷。

这滴从济南流出的泉水，说到这里都有些哽咽了。是啊，世上还有比泉水更多情的水吗？世上还有比济南更亲泉水的城吗？我来到了济南，真想跟这滴从济南流出的泉水打个招呼："历下君，多保重。"也有点舍不得历下君的济南了。

这时，手机响了，收到一个短信：请像济南爱泉水那样地爱护地球吧，不要让你眼睛里的泪花，成为地球上最后一滴水。历下君问好！

啊呀，好像在哪儿见过这句话，你见过吗……

### 银练坠瀑布

银练坠瀑布在天星桥景区内，离黄果树瀑布只有7公里。天星桥是一个岩溶地貌公园，这里有很多小山，路绕湖而过，到对面的山峰去必过一座形状独特、天然形成的石桥，中间插着一块石头如流星坠落时碰巧构成，天星桥由此得名。过了桥，就到了天星洞，洞里特别令人叫绝的是一片石笋群，酷似传说中的八仙，边上又有一泓浅水，故称"八仙过海"。出洞之后，眼前是冒水潭，乱石丛由于高低不平，流水便有了瀑布的形态，众多小瀑布又构成壮丽的气势。

紧接着出现的就是银练坠瀑布了，几块巨岩犹如自然垂下的肩膀，让流水轻盈地漫过，缓缓地汇聚在深潭里。流水在粗糙的岩石表面形成美丽的银色颗粒，整个景观仿佛银练纷垂，其柔美风韵让人心旷神怡。

# 7. 丽水妖娆

⊙范　稳

　　大凡到过丽江古城的人，都会为那状如人体血管、穿越古城街道房舍的大小河流、沟渠感慨：如今在哪儿还能找到这样清丽自然、纯洁鲜活的城中之河啊？！

　　古城之河不是一条，而是无数条。如果不是有心，很难说得清丽江古城里究竟有多少条河、多少道沟。这些遍布城区的大小河流，像大地上逶迤自然的脉络，滋润着这座高原小城的生命，让它赢得"高原姑苏"的美誉。但是，丽江古城之水又与江南水乡风情迥异。

　　纳西族是最知道与自然和谐相处的民族之一。在他们古老的东巴文化中，人与自然是兄弟，这个兄弟的名字叫作"署"。相传开天辟地时期，神灵把土地、牛羊分给了人类，把雪山、森林、河流、野物分给了"署"。开始兄弟间还能相依相惜，后来人类繁衍，欲望增大，便开始无休止地向"署"索取资源，砍他的树，污染他的河流，猎杀他的动物。"署"忍无可忍，便向人类报复，冰雹雪灾来了，洪水干旱来了，瘟疫疾病也来了。人类这才认识到，自然是不可欺的，兄弟间是要和睦相处的。于是，纳西族不仅在很早很早以前就把自然当亲兄弟看，还视"署"为神。他们敬畏自然，叩拜大地，比我们现代的环保意识早了近千年；他们善待自己的兄弟，才给我们留下了这一片纤尘不染、宁静优雅的土地。

古城因水而时时生动，贴近自然。最初丽江古城只有一条由北而南的河，名为玉河，发源于现今的黑龙潭公园。黑龙潭里的水又是从附近的象山脚下涌出来的。这股清澈的泉水，有人说来自玉龙雪山，有人说来自象山背后九子海地区的崇山峻岭，那里层峦叠嶂，森林茂密。可以肯定的一点是，此水是"署"神对纳西族的眷顾。

在丽江还没有成为一座城市的时候，玉河水经常泛滥成灾，古城一带或为阡陌农舍，或为泽国汪洋。后来人们在玉河上游筑了一道拦河坝，将水分流，靠近狮子山开沟筑渠为西河，玉河旧道为中河，古城以东坝子地区良田万顷，引水为东河。是以古城之水，一分为三，三分为九，九再分之，无以计数。人们择岸筑屋，毗邻而居；放倒树木，是为桥；开沟引渠，便活人。纳西族善用水，无论是开地建房，还是生活之需，水从自然来，复归自然去。清亮的水从家家灶门前经过，人们援瓢一舀即入锅，那才叫真正的"自来水"。纳西族人也爱惜水，有处叫"三眼井"的地方，一字排开三口水潭，最上端井的水饮用，中间井的水洗碗洗菜，下面井的水洗衣洗农具，人们从不混淆。

最神奇的是引水洗城。过去丽江是茶马古道的重要驿站，来来往往的商旅奔走于内地和边疆之间，他们在丽江打尖歇息、交换商情、骡马互市。一个集市下来，古城必然满是牛矢马溲，污秽不堪。人们利用西河和中河高于城市平面的地势，将西河和中河之水暂时拦住，待水满溢河，顺着古城密如蛛网的大街小巷荡涤而入东河。古城的街道都用本地的五花石铺就，像这座城市坚硬的皮肤。水流三尺清，水过地洁净。石板路经水一洗，光洁湿润，纹路毕现，古朴沧桑，给这座古老的城市平添了许多遐思幽情。

水流寻常百姓家，财分南来北往客。这水流的就是财富啊！我经常站在丽江的水边，面对摩肩接踵的游客感叹。城市因水而活，在西方有威尼斯，在云南有丽江。上善若水，一座城市的布局倘如此，那真是上中之上。千年古城，百年老屋，鳞次栉比，依山就水，像一部尚未完全打开的古书，平和、朴实、谦卑、深沉。在古城里你看不到高楼巍峨、深宅大院，也看不到"井"字形的街道、"十"字形的路口。它似乎没有布局，缺乏规划，更没有标志性的建筑，但它顺其自然，水到哪里，房子就建在哪里。古城的建筑就像水一样自由，像水一样沉静，像一个阅尽人间沧桑的老人。从善如流，是说一个人顺应时势，用来形容丽江古城，也再合适不过。

现今，在城市的钢筋水泥森林里憋慌了的人们，来到丽江古城，白墙青瓦，小巷幽深，让人立即就会有对某种逝去了的岁月久违的感觉；建筑专家、学界泰斗来了，毫不吝啬地赋之以"唐宋遗风""明清韵味"的美誉。本地的学者说，丽江把中原遗失了的文明都传承下来了，从纳西古乐（过去的洞经音乐）、儒释道文化到房屋建筑，一守就是数百年。信然。

# 8. 桥都甪直

◎韩开春

甪直的风韵，是在和她一次亲密接触后才领略到的。

还没进镇，镇口的一个独角兽雕像已经先声夺人，从众多的明清建筑中跳脱出来，扑入眼帘，这个便是甪直的象征——瑞兽"甪端"了，神兽的形象像极了"甪"字。关于甪直名字的由来，甪直人代代口耳相传的是，古代独角神兽甪端巡察神州大地路经这里时，见这里风水极佳，就不想再东奔西走，在这儿长期落脚了，这个地方也就由原来的"甫里"改名为"甪直"了。虽然只是个神话，但是甪直自有史以来，没有战荒，没有旱涝灾害，却是不争的事实。我想这个应该跟江南独特的地理环境有着密切的关系。这儿水网密布，大军团在这儿无法行动，实在不适合战争，加之这儿风调雨顺，自然就会年年富足，鱼米之乡的美名当之无愧。实际上，没有战乱也正是江南水乡小镇得以保存这么完好的一个重要原因，试想，如果战乱频仍，我们今天还会看到这样的周庄、这样的同里、这样的甪直吗？

在镇上转了一圈，我们才知道"甪直"这个名字的真正由来，原来镇东有一直港，通向六处，水流形状酷如"甪"字，因了这个缘故，才有了"甪直"这个镇名。这个解释可信度极高，但是我仍然喜欢"甪端"的传说，或许是因为神话总是美好的吧。

独特的地形造就了甪直独特的风景。跟江南其他小镇比起来，这儿的桥更多，称甪直为"桥的世界"一点都不为过。据镇志记载，一平方公里的古镇区原有宋、元、明、清时代的石拱桥72座半，现存41座，其桥梁的密度，远远超过意大利的水城威尼斯。因此，甪直历来享有江南"桥都"的美称。这儿的桥造型各异，各具特色，古色古香。有多孔的大石桥、独孔的小石桥、宽敞的拱形桥、狭窄的平顶桥，也有装饰性很强的双桥、左右相邻的姊妹桥和方便镇民的平桥，其中两桥相连成直角的双桥就多达5处，因此有人说：去了甪直，实际就等于参观了一个古代桥梁的博物馆。

古银杏树是甪直古老的另一象征。这不仅是甪直这个历史文化名镇古老的标志，而且为甪直的景色添彩增辉。目前镇上有银杏树7棵，其中在保圣寺四周有4棵，最大的一棵已有1300年树龄，高50米，树身三位男子也围它不住。站在树下，仰望这株虽历经千年风霜，但仍然挺拔、健壮的银杏树，不禁想起我们教育界的前辈、著名文学家叶圣陶先生在甪直执教期间写的《高高的银杏树》，明白了叶老先生为什么会在临终时关照其亲属要将他的全部骨灰安放在有4棵银杏树（甪直保圣寺）的地方，银杏"形象高大，意志坚强，气魄宏伟"，不正是先生人格的写照？

在中学的课本中，我认识了万盛米行，也正因为叶老先生的那篇《多收了三五斗》，万盛米行得以蜚声海内外。在我的印象中，能横七竖八停泊着乡下上来卖米的敞口船的万盛米行的河埠头应该是个很大的码头。没有想到的是，当我真真切切站在它的面前的时候，才发现它是那么的不起眼，跟我看到的江南小镇上的任何一个码头好像也没有什么两样，只是略略大些，但也绝对没有我想象中的那么大。据说这已是万盛米行当年的规模了，1998年甪直镇人民政府斥资恢复了万盛米行原貌。一个鲜红的"米"字刷在灰白色的墙上，格外醒目，除了通过这个还可看出当年这儿是个米行外，似乎也没有什么其他特征了。很难想象，这就是那个有存放粮食的廒间近百，当时吴东地区首屈一指的大米行，甪直及其周围十多个乡镇的粮食集散中心。原来盛名之下也未必符实。

漫步古镇，我惊讶地发现这儿妇女的装束跟我看过的其他小镇妇女装束有很大的不同，很有江南水乡特色，随处可见梳髻髻头，扎包头巾，穿拼接衫、拼裆裤、束裙裙，着绣花鞋的妇女，简直就是一道流动的风景。听导游说，也只有在甪直、胜浦、唯亭、陆慕一带的农村妇女，至今还保留着穿民俗服饰的传统，这些地方的女人进城，一眼就能认出来，故有"苏州的少数民族"的美称。

观古桥驳岸，看渔船人家，都是小桥流水、桨声灯影、粉墙黛瓦、柳堤诗韵，江南的小镇亦如环肥燕瘦，虽然同为美人，但也各具风姿，决不雷同。

# 学写游记

　　如果说"社会是人生真正的大学，自然是社会的百科全书"，那么游历就是人们融入社会与自然的最好方式。游历，既能欣赏到秀丽的自然风光，又能丰富见闻、增长知识、开阔眼界。把游览时的经历和感受写下来，就是游记。本单元所选游记中既有山川景物、名胜古迹，也有风土人情、社会生活，不同的作者写法灵活多样、语言风格各异，多读游记可以为你学写游记助一臂之力。

　　阅读本单元文章，要关注关键语句，学习作者有序呈现游踪的方式方法，学会条理清晰地介绍游览所见；分析作者安排详略的意图，学会根据表达的需要，主次分明、重点突出地描绘游览所见；积累精妙的语言，学会贴切精准地表述游览所感；还要关注游记丰富的内容，学会用自己积累的经典诗词、名言警句、成语民谚等增加游记的文化内涵。

## 片段集锦

【范例1】

　　莫愁湖在华严庵里。湖不大，又不能泛舟，夏天却有荷花荷叶。临湖一带屋子，凭栏眺望，也颇有远情。莫愁小像，在胜棋楼下，不知谁画的，大约不很古吧；但脸子开得秀逸之至，衣褶也柔活之至，大有"挥袖凌虚翔"的意思；若让我题，我将毫不踌躇地写上"仙乎仙乎"四字。另有石刻的画像，也在这里，想来许是那一幅画所从出；但生气反而差得多。这里虽也临湖，因为屋子深，显得阴暗些；可是古色古香，阴暗得好。诗文联语当然多，只记得王湘绮的半联云："莫轻他北地胭脂，看艇子初来，江南儿女无颜色。"气概很不错。所谓胜棋楼，相传是明太祖与徐达下棋，徐达胜了，太祖便赐给他这一所屋子。太祖那样人，居然也会做出这种雅事来了。

（《南京》朱自清）

【范例2】

　　我们在堤上的一家茶馆里，烘着太阳，脱下衣服，先喝了两大碗土烧酒，吃了十几个茶叶蛋，和一大包花生米豆腐干。村里的人，看见我们食量的宏大，行动的奇特，在这早春的农闲期里，居然也聚集拢了许多农工织女，来和我们攀谈。中间有一位抱小孩子的二十二三岁的少妇，衣服穿得异常的整齐，相貌也生得非常之完满，默默微笑着坐在我们一丛人的边上，在听我们谈海天，说笑话，而时时还要加以一句两句的羞缩的问语。何诗人得意之至，酒喝完后，诗兴发了，即席就吟成了一首七言长句，后来就题上了"半山娘娘庙"的墙壁；他要我和，我只做成了一半，后一半却是在回来的路上做的，当然是出韵了，原诗已经记不出来，我现在先把我的和诗抄在下面：

> 春愁如水刀难断，村酿偏醇醉易狂，
> 笑指朱颜称白也，乱抛青眼到红妆，
> 上方钟定夫人庙，东阁诗成水部郎，
> 看遍野梅三百树，皋亭山色暮苍苍。

（《皋亭山》郁达夫）

【范例3】

在秋深的日子，经过金鳌玉蛛桥，看看中南海和北海的宫殿，半隐半显在苍绿的古树中。那北海的琼岛，簇拥了古槐和古柏，其中的黄色琉璃瓦，被偏西的太阳斜照着，闪出一道金光。印度式的白塔，伸入半空，四周围了权丫的老树干，像怒龙伸爪。这就有千百成群的乌鸦，掠过故宫，掠过湖水，掠过树林，纷纷飞到这琼岛的老树上来，远看是黑纷腾腾，近听是呱呱乱叫，不由你不对这些东西发生了怀古之幽情。

（《听鸦叹夕阳》张恨水）

【范例4】

登上了大佛寺的三层高楼，才和这寺内的一尊大佛的头部相对。四周都是黄的红的蓝的彩色，都是细致的小佛像及佛饰。有点过于绚丽失真。这都是后人用泥彩修补的，修得很不好，特别是头部，没有一点是仿得像原形的，看来毫没有原刻的高华生动的气势。这洞内几乎全部是彩画过的，有的原来未毁坏的，其真容也被掩却。想来装修不止一次。最后的一次是光绪十七年兴和王氏所修的。他"购买民院地点，装彩五佛洞，并修饰东西两楼，金装大佛金身"。不能不说与云冈有功，特别是购买民地，保存佛窟的一事。向西到五佛洞，也因被装修彩绘而大失原形。反是几个未被"装彩"过的小洞，还保全着高华古朴的态度。

（《云冈》郑振铎）

【范例5】

我也怕思想发霉，乐意跟他出去看看新鲜景致，就到了陶然亭。这地方在北京南城角，本来是京城有名的风景，我早从书上知道了。去了一看，果然是好一片清亮的湖水。湖的北面堆起一带精致的小山，山顶上远近点缀着几座小亭子。围着湖绿丛丛的，遍地是杨柳、马樱、马尾松、银白杨……花木也多：碧桃、樱花、丁香、木槿、榆叶梅、太平花……都长得旺得很。要在春景天，花都开了，绕着湖一片锦绣，该多好看。不过秋天也有秋天的花：湖里正开着紫色的凤眼兰；沿着沙堤到处是成球的珍珠梅；还有种木本的紫色小花，一串一串挂下来，味道挺香，后来我才打听出来叫胡枝子。

（《京城漫记》杨朔）

【范例6】

"峡谷盆景"是对云台山潭瀑峡最形象的写照，三步一泉，五步一瀑，十步一潭，飞瀑流泉，瀑泉相连。如烟的夏雨无声地落入红色的峡谷，清灵的泉水随着人们的视线缓缓地流动。当你驻足飞泉时，一定会被她的秀雅温和、优美纯净所吸引；当你仰望高山时，又怎能不被它的深邃悠远、质朴坦诚而感动。置身于云台山，让人不由想起了吴均《与朱元思书》中的名句："鸢飞戾天者，望峰息心；经纶世务者，窥谷忘反。"

（《魂牵梦绕红石峡》刘思佳）

## 德天瀑布

　　德天是广西大新县边陲乡村的名字，划开了中国和越南两国界限的归春河选择了在这里展示她的倔强与柔美。她从石崖绿树掩映中倾泻而出，飞流曲折，形成三层跌宕而下的瀑布。德天瀑布从被造就的那一天起，就以最质朴的姿态传达着归春河的激情。没有观瀑亭，没有吟瀑对联，没有赏瀑诗文，没有任何的摩崖题刻，那是一种最原生态的美丽。

# *1.* 长江三峡

◎刘白羽

蒙眬中听见广播说，到了奉节。"江津号"停泊时，天已微明。起来看了一下，峰峦刚刚从黑夜中显露出一片灰蒙蒙的轮廓。启碇续行，我来到休息室里。只见前边两面悬崖绝壁，中间一条狭狭的江面，船已进入瞿塘峡了。江随壁转，前面天空上露出一片金色阳光，像横着一条金带，其余各处还是云海茫茫。瞿塘峡口为三峡最险处。杜甫《夔州歌》云："白帝高为三峡镇，瞿塘险过百牢关。"古时歌谣说："滟滪大如马，瞿塘不可下；滟滪大如猴，瞿塘不可游；滟滪大如龟，瞿塘不可回；滟滪大如象，瞿塘不可上。"这滟滪堆原是对准峡口的一堆黑色巨礁。万水奔腾，冲进峡口，便直奔巨礁而来，你可想象得到那真

写游记时，要交代清楚游踪，通过游踪记述游览的经历，以此串起全文，这样才能使行文思路流畅。阅读中，请勾画出其他表明作者游踪的句子。

引用杜甫的诗和古歌谣，既突出瞿塘峡之险，又使文章内容更有内涵。这种笔法你还在哪篇文章里见过？尝试在自己的游记里也添上这样的神来之笔吧。

是雷霆万钧。船如离弦之箭，稍差分厘，便会撞得粉碎。现在，这巨礁早已炸掉。不过，瞿塘峡中依然激流澎湃，涛如雷鸣，江面形成无数漩涡。船从漩涡中冲过，只听得一片哗啦啦的水声。过了八公里长的瞿塘峡，乌沉沉的云雾突然隐去，峡顶上一道蓝天，浮着几小片金色浮云，一注阳光像闪电样落在左边峭壁上。右面峰顶上一片白云像银片样发亮了，但阳光还没有降临。这时，远远前方，层峦叠嶂之上，迷蒙云雾之中，忽然出现一团红雾。你看，绛紫色的山峰衬托着这一团雾，真美极了，就像那深谷之中反射出红色宝石的闪光，令人仿佛进入了神话境界。这时，你朝江流上望去，也是色彩缤纷：两面巨崖，倒影如墨；中间曲曲折折，却像有一条闪光的道路，上面荡着细碎的波光；近处山峦，则碧绿如翡翠。时间一分钟一分钟过去，前面那团红雾更红更亮了。船越驶越近，渐渐看清有一高峰亭亭笔立于红雾之中，渐渐看清那红雾原来是千万道强烈的阳光。八点二十分，我们来到这一片明朗的金黄色朝晖之中。

抬头望处，已是巫山。上面阳光垂照下

来，下面浓雾滚涌上去，云蒸霞蔚，颇为壮观。刚从远处看到的那个笔直的山峰，就站在巫峡口上，山如斧削，隽秀婀娜。人们告诉我，这就是巫山十二峰的第一峰。它仿佛在招呼上游来的客人说："你看，这就是巫山巫峡了。""江津号"紧贴山脚进入峡口。红通通的阳光恰在此时射进玻璃厅中，照在我的脸上。峡中，强烈的阳光与乳白色云雾交织一起，数步之隔，这边是阳光，那边是云雾，真是神妙莫测。几只木船从下游上来，帆给阳光照得像透明的白色羽翼。山峡越来越狭，前面两山对峙，看去连一扇大门那么宽也没有，而门外完全是白雾。

八点五十分，满船人都在仰头观望。我也跑到甲板上，看到万仞高峰之巅，有一细石耸立，如一人对江而望，那就是充满神奇色彩的传说中的美女峰了。据说一个渔人在江中打鱼，突遇狂风暴雨，船覆灭顶。他的妻子抱着小孩从峰顶眺望，盼他回来，一天一天，一月一月，他终未回来，而她却依然不顾晨昏，不顾风雨，站在那儿等候着他——至今还在那儿等着他呢。

如果说瞿塘峡像一道闸门，那么巫峡简直

行文中适当变换写法可以使文章错落有致。如果说瞿塘峡的壮美与优美是分层描写的话，那么巫峡的壮美与优美则是合写的，前者是刚健，后者是柔媚。

像江上一条迂回曲折的画廊。船随山势左一弯，右一转，每一曲，每一折，都向你展开一幅绝好的风景画。两岸山峰连绵不断，山势奇绝，巫山十二峰各有各的姿态，人们给它们以很高的评价和美的命名，为我们的江山增加了诗意。而诗意又是变化无穷的：突然是深灰色石岩从高空直垂而下，浸入江心，令人想到一个巨大的惊叹号；突然是绿茸茸的草坂，像一支充满幽情的乐曲。特别好看的是悬崖上那一堆堆给秋霜染得红艳艳的野草，简直像是满山杜鹃了。峡陡江急，江面布满大大小小的漩涡，船只能缓缓行进，像一个在崇山峻岭之间慢步前行的旅人。但这正好使远方来的人有充裕时间欣赏这莽莽苍苍、浩浩荡荡长江上大自然的壮美。苍鹰在高峡上盘旋，江涛追随着山峦激荡，山影云影，日光水光，交织成一片。

十点，江面渐趋广阔，"江津号"急流稳渡，穿过了巫峡。十点十五分到巴东，进入湖北省境内，十点半到牛口，江浪汹涌，船在浪头上摇摆着前进。江流刚奔出巫峡，还没来得及喘息，却又冲入第三峡——西陵峡了。

西陵峡比较宽阔，但是江流至此变得特别

"巨大的惊叹号"这一比喻新奇别致，以最精练的言辞传达出游览者目睹石岩从高空垂下时的震撼、惊叹。

"绿茸茸""红艳艳"色彩对比鲜明，深灰色的背景陡然切换，情趣盎然；叠词的使用更是完美地完成了将读者从敬畏引向惬意的使命。丰富多变的游览感受通过灵活多变的言辞加以呈现，作者的笔法，你学到了吗？

凶恶，处处是急流，处处是险滩。船一下像流星随着怒涛冲去，一下又绕着险滩迂回浮进。最著名的三个险滩是：泄滩、青滩和崆岭滩。初下泄滩，看着那万马奔腾的江水，到这里突然变成千万个漩涡，你会感到江水简直是在旋转不前。"江津号"剧烈地震动起来。这一节江流虽险，却流传着无数美丽的传说。十一点十五分到秭归。秭归是楚先王熊绎始封之地，也是屈原的故乡。后来屈原被流放到汨罗江，死在那里。民间流传着：屈大夫死日，有人在汨罗江畔看见他峨冠博带，骑一匹白马飘然而去。又传说：屈原死后，被一条大鱼驮回秭归，终于从流放之地回到故乡。这一切听起来过于神奇怪诞，却反映了人民对屈原的无限怀念之情。

秭归正面有一大片铁青色礁石，森然耸立江面。经过很长一段急流才绕过泄滩。在最急峻的地方，"江津号"用尽全副精力，战抖着、震颤着前进。急流刚刚滚过，前面有一奇峰突起，江水沿着这山峰右面流去。山峰左面却又出现一道河流，原来这里就是王昭君诞生地香溪。它一下就令人记起杜甫的诗："群山万壑赴荆门，生长明妃尚有村。"我们遥望了一下香溪，船便沿着山峰进入一道无比险峻的长峡——兵书宝剑峡。这儿完全是一条窄巷。我到船头上，抬头仰望，只见黄石碧岩，高与天齐。再驶行一段，就到了青滩。江面陡然下降，波涛汹涌，浪花四溅，你还没来得及仔细观看，船已像箭一样迅速飞下，巨浪被船头劈开，旋卷着，合在一起，一下又激荡开去。江水像滚沸了一样，到处是泡沫，到处是浪花。船上的同志指着岩上一处乡镇告诉我："长江航船上很多领航人都出生在这儿……就是木船要想渡过青滩，也得请这儿的人引领过去。"这时我正注视着一只逆流而上的木船，看起来这青滩的声势十分吓人，但人们只要从汹涌浪涛中掌握了一条前进的途径，也就战胜大自然了。

中午，"江津号"到了崆岭滩跟前。长江上的人都知道："泄滩青滩不算滩，崆岭才是鬼门关。"可见其凶险了。眼看一片灰色礁石布满水面，船抛锚停泊了。原来崆岭滩一条狭窄航道只能过一只船，这时有一只江轮正在上行，我们只好等着。谁知竟等了好久，可见那上行的船是如何小心翼翼了。"江津号"驶下崆岭滩时，只见一片乱石林立，我们简直不像在浩荡的长江上，而是在苍莽的丛林中寻找小径跋涉前进了。

顺前文的详尽描绘之势，此处"感"的推出水到渠成。安排详略的要义，你悟到了吗？

# 2. 化作春泥更护花

## ——参观江西革命根据地随笔

⊙丰子恺

　　我平生——孩童时代不算——难得流眼泪；但这次在南昌的烈士纪念堂里，竟流了不少。这里面的灵堂里，左右两排玻璃柜子，里面陈列着许多装潢很隆重的册子，是当年江西各地为解放战争而牺牲的烈士的名册。翻开来一看，里面记录着烈士的姓名、年岁、籍贯等；各村、各乡分别造册，有的一村牺牲数千名，有的一乡牺牲数万名，都用工整的楷书历历地记载着。楼上几个大房间的墙壁上，挂着许多烈士的照片，鲁迅先生记录过的刘和珍女烈士亦在其内。玻璃柜子里陈列着各烈士的遗物，有书册、信件、器什、血衣等，叫人看了更是悲愤交集。

　　江西人民为革命付出了巨大的代价！据报道：第一次大革命时期江西全省人口有二千六百多万。到了一九四九年新中国成立的时候，只剩下一千三百万。这就是说，在革命的斗争中被反动派摧残了一半人口。长征开始之后，国民党在江西各革命根据地进行了疯狂的烧杀。这期间江西人民死在敌人屠刀之下的共有七十多万。宁都县满门抄斩的有八千三百家。井冈山的村落全部被烧光。兴国一县参军者有六万多人，参加长征者有三万多人；新中国成立时只剩三百多人。

江西人民用千百万生命来换得了胜利！这些烈士的血化作了革命的动力，激励了全国人民的心，取得了巨大的胜利。我瞻仰烈士纪念堂之后，想起了古人的两句诗："落红不是无情物，化作春泥更护花。"这两句诗看似风雅优美，其实沉痛悲壮；看似消沉的，其实是积极的。这就是"化悲愤为力量"！我把这两句诗吟了几遍，胸中的郁勃才消解了些。

我在南昌又参观了"八一纪念馆"。这里面陈列着"八一"起义时的各种纪念物。其中有当时所用的茶水缸、马灯、手电筒、武器以及红军的用品等，叫人看了非常感动。这屋子本来是江西大旅社。周恩来、叶挺等同志当时住过的房间、用过的会议室，都照当时的原样保存着。朱德同志用过的手枪，也陈列在这里。贺龙指挥部的楼窗上，还留着当时的弹痕呢！

我又参观了当年朱德同志领导的"军官教导团"的旧址。现在这里面住着军士，但有一个房间里保留着朱德同志当时所用的床。这只床真使人吃惊：不但没有棕绷，竟连松板也没有，只是在木框子上钉着八九条竹片，每两条之间相距约有一两寸，上面铺一条薄薄的褥子，是当时的原物。我用手按按褥子，底下的竹片就一条一条地突出来，想见身体躺在这上面，是很不舒服的。如果躺过一夜，早上起来说不定身上会起条纹呢。我想想这种艰苦奋斗的精神，觉得愧感交集。我住在南昌的宾馆里，睡的是席梦思床，同这只床比较起来，真是天差地远。我有什么功德，今天来享受这幸福呢？

这种艰苦奋斗的精神，普遍地贯彻在江西革命根据地人民的心中。据当地的老英雄们说：他们为了支援前线，宁可自己少吃少穿。在极艰苦的期间，他们曾经发起"每天每人节约一两米、一个铜板"的运动。当干部的每人每天只有十二两米和一角钱的菜钱。为了支援红军，还有主动提出自带粮食、不吃公粮的。当时瑞金的人民有一支歌："白塔巍峨矗立，绵江长流向东。红色儿女前仆后继，任凭血雨腥风。"赣南区党委的第一书记刘建华同志曾经参加游击战十九年，直到新中国成立为止。他告诉我们，那时候敌人搜山"清剿"，游击队天天要从这山头转到那山头，躲避危险。特别是从一九三五到一九三七年，最为艰苦，三年间极少有脱衣服睡觉的日子。吃的是野菜竹笋，有时简直挨饿。冬天没有棉被，坐在火堆旁边过夜。虽然敌人颁布了"通匪者杀"和"移民并村"等恶毒的办法，但是群众还是冒着生命危险，给游击队送情报，送衣服，送粮食。真是艰苦卓绝啊！

这种坚苦卓绝的精神和这种悲愤，都化作了无穷大的力量，取得了辉煌的胜利，又推动着伟大的社会主义建设。因人成事而坐享成果的我们，安得不感谢这些烈士和英雄，而尽心竭力地为社会主义建设服务呢？我在南昌填了一阕《望江南》：

> 南昌好，八一建奇勋。饮水思源怀烈士，揭竿起义忆群英。青史永留名。

一九六一年

# 3. 三千道瀑布（节选）

⊙冯骥才

很少有国家像挪威被粗壮而簇密的森林所覆盖。古老的森林随处可见。伐木往往是为了不叫森林生长得过密窒息而死，这不是最理想和良性的生态吗？就是这种一望无际、排山倒海般的森林把甲壳虫乐队的歌手，接着又把村上春树征服了，这位日本作家才用《挪威的森林》作为自己颇具魅力的书名。那天，我们乘坐的大巴车一路很少关窗，为了享受在山间穿行时森林里冒出来的极充沛的又凉又湿又清澈的氧气。我们称大巴是"活动氧吧"。我还感觉我的肺叶大敞四开，所有肺细胞都像玻璃珠儿一样鼓胀而透明。

然而更叫我震撼的是山间的瀑布。我从来没有见过其他地方有如此丰沛的泉水。车子走着走着，便可听到前边什么地方泉声咆哮，跟着窗外一条雪白的飞泉好像要冲到车子上来。车子在山中跑了两天，轮胎给泉水冲洗得仍然像新换上去的。一天夜里住店歇脚，听到不远地方泉水轰鸣，好像飞机起飞那种声音。怎样的瀑布能发出如此巨响？我们被诱惑起来，出了旅店，摸黑去瞧那个呼吼不已的山间"巨兽"，没想到它竟在几里外的地方。待走到跟前，尽管夜很黑，却隐约地看到它巨大的狂滚的有些狰狞的形态。尽管它喷出来的细密的水雾很快湿了我们的衣服，大家激动得又叫又喊，但在瀑布声中谁也听不到别人喊什么，只能看到彼此兴奋而发光的眼睛。子建的目光尖而亮，刘恒的目光圆而明，像灯。

到了卑尔根，我对挪威朋友说，你们的瀑布太棒了。挪威朋友说，那你应该从这里再进一趟峡湾，挪威最应该去的地方是峡湾。我知道挪威西部海岸，陆海交叉，蔚为奇观，大海伸进陆地最长的峡湾是挪威桑格纳峡湾，长达二百余公里，深至一千三百米！冷战时期苏军的一条潜艇曾误入峡湾，使挪威误以为要爆发战争，吓了一跳。

这一次我又来到奥斯陆，决心要去一趟峡湾。我知道挪威人的一个逻辑：如果没去过峡湾就等于没来过挪威。我选择的路仍是从奥斯陆出发驱车前往西部沿海，想再感受一下挪威的山水。然而不同的是，那一次是在夏末，这一次是深秋。季节改观天地。车子不再像上次那样在流水般浓绿的山林中穿行，而是徜徉于金子般炫目的秋色中。漫山黄叶中，偶尔还会有夹着几棵赤朱斑斓，好似开满花朵；或是一株通红通红，好似高擎着火炬一般。溢满车厢里的也全是给太阳晒暖的秋叶的气息了。想想看，从这样金色的山林进入蓝色的峡湾是怎样的优美。

可是，受着大西洋暖流影响的峡湾的气候是莫测的。待到了著名的佛拉姆码头，天正下雨，入住旅店后又听了一夜的雨，清晨拉开窗帘依旧是漫天阴云，雨反而更紧一些。我从来不抱怨天气。可是总不能再等一天，冒雨也要进峡湾看看。这样，乘着游轮驶入一片高山深谷中，当想到船驶在海水而非江水上时，感觉确实有些奇异。

浓烟一般的雨雾遮住山色、水光和远处的景物。但是我相信，当老天拿走你一样东西的同时，一定还会给你另一样东西，就看你能否发现。于是我看见了——瀑布！

一条雪白的瀑布远远地挂在高山黝黑的石壁上，直泻而下，中间受阻，腾起烟雾，折返三次，遂落入湾中。由于远，听不见水声，却看得出它奔泻下来时的冲动与急切。

不等我细细观看，船已驶过，然而又一道瀑布出现了。峡湾里有这样多的瀑布吗？是的，随着船的行进与深入，一道接着一道瀑布层出不穷地出现在眼前，而且千姿万态。有的飞流直下，一线如注；有的宛如万串珍珠，喷洒似雨；有的银龙般狂奔激涌，由天而降；有的烟一般地纠缠在峭壁上，边落边飞。途经一处，两边危崖陡壁挂满大大小小瀑布，竟有五六十道，我没有见过如此众多、各不相同的瀑布同时展现，简直是瀑布的博览会！而每一道瀑布的出现都给人们带来一种惊喜，大家举着相机争着给瀑布拍照。这瀑布是峡湾的第一奇观吗？船员却说，并不是天天都能看到如此众多的瀑布，正是由于一天一夜的雨，使大量的瀑布出现了！

你说阴雨是给我败兴还是助兴？

我庆幸自己的幸运，但还是难以明白一场雨怎能生出如此壮美的瀑布奇观。

由于我们事先选择另一条路返回奥斯陆，这条路必须翻越一座两千米高的山顶，这便有幸找到了瀑布奇观的答案。

当我们的车子爬到极顶，景象变得奇异甚至有些恐怖。一堆堆殷红的石头，刺目的白雪，枯死而发黑的苔藓，不仅无人，鸟也没有，任何活的生命都看不到，古怪、原始、死寂，好像来到月球上。车子开了很长一阵子，居然没见到别的车开过，负责驾车的伙伴小俞说："如果这时车子熄了火，咱们可就完了。"这话增加了心里的恐惧感。

我忽然发现这山顶道路的两边插着很多很长的木杆，排得很密，杆子约四米，在离地三米高的地方画着黑色或红色的标记。据说这是到了冬天山上积雪看不见道路时，为行车的人设置的路标，这么说山顶上积雪竟可以达到三米厚吗？春天积雪融化后跑到哪儿去了？当车子开进山顶腹地，出现了许多巨大的湖，一个连着一个，湖的彼岸常常很远，甚至有水天相接之感。融雪的水纯净而湛蓝，在阳光下静静地闪着光亮。难道它们就是山下那上千条瀑布之源吗？当然是，它们就是峡湾里那些瀑布不竭的源泉。我被挪威大地自然资源的雄厚惊呆了。

回到奥斯陆后我把此行之所见告诉一位久居这座城市的朋友。我说："我估算了一下，二百里的峡湾里的瀑布至少有一千道。"朋友笑道："峡湾里的瀑布是数不清的。你有没有留心山壁处处都有泉水流过的痕迹？如果那天雨水再大些，那些地方也是瀑布。瀑布还要多上两倍呢，至少三千道。"他不等我说话，接着说，"别忘了，你去的只是桑格纳峡湾。挪威西北部海边可是布满峡湾呀。"

于是，现在一想到挪威，第一个冒出来的形象就是由天而降的雪白的瀑布。

## 雁荡山瀑布

雁荡山分南北两山：南雁荡山在平阳县西，主峰九峰尖，海拔1237米。北雁荡山在乐清市境，以山水奇秀闻名。灵峰、灵岩、大龙湫（瀑布），为雁荡风景三绝。大龙湫瀑布以落差190多米，成为我国瀑布之最。大龙湫的特色在于一股悬空脱缰而下的急流，因落差太大和山风吹拂，分成各具特色的两段，上半段白练飞舞，下半段如烟如雾。然而，雁荡山最美丽的瀑布不是大龙湫，而是三折瀑，其中尤以中折瀑为极致——有人甚至称它为"雁山第一胜景"。三折瀑由同一山溪水南向三越重岩而成，分别称上折瀑、中折瀑、下折瀑。

# 4. 湖

◎王 蒙

　　我喜爱湖。湖是大地的眼睛，湖是一种流动的深情。湖是生活中没有被剥夺的一点儿奇妙。早在幼年时候，一见到北海公园的太液池，我就眼睛一亮。在贫穷和危险的旧社会，太液池是一个意外的惊喜，是一个奇异的温柔，一种孩提式的敞露与清流。

　　我常常认为，大地与人之间有一种奇妙的契合。山是沉重的责任与名节的矜持。海是渺茫的遐思与变易的丰富。沙漠是希望与失望交织的庄严的等待。河流是一种寻求，一种机智，一种被辖制的自由……

　　那时候我没有见过海，颐和园的昆明湖对于我来说已经是浩浩然荡荡然的大水了。我每去一次颐和园，都要欣赏昆明湖的碧波，惊叹于湖水的美丽与自身的渺小。

　　是的，湖是一种美丽，是一种情意。为了陆地不那么干枯，为了人的生活不那么疲劳，为了把凶恶的海控制起来把生硬的地面活泼起来，为了你的眼睛与天上的月亮……你不觉得看到地面上的一个湖泊就像看到天上的月亮一样令人欣喜吗？为了短暂的焦渴的生命中不能或缺的滋润，于是有了湖。

北京的西山风景区是很美的，但是太缺少湖水了。这样，对于香山静宜园"双清"的池水，对于小小的儿童乐园式的眼镜湖，我自然是情有独钟。一见到这样的水波荡漾，脸上不由得出现衷心的笑容。

后来到了新疆以后，那就开了眼啦。在乌鲁木齐与伊犁之间的天山深处，著名的高山湖泊赛里木湖曾经怎么样地令人眼界开阔呀！湖水是咸的，湖水一望无际，湛蓝如玉。盘山公路傍湖而过，无数拉运木材、粮食、水泥、钢筋、百货的重型卡车从湖边走过。四周是长满枞树的高处终年积雪的山坡。时而有强劲的风自由地吹过。我在这里，感觉到一种庄严，一种粗犷，一种阔大。我不能不庆幸我终于离开了大城市，离开了那一个区一个胡同一处房子。我面对着的是一个严峻的、带几分神秘和野性的世界。这个世界里有一个巨大而晶莹的咸湖，它冷静而又庄严，凛然而又高耸地存在着。你觉得你其实只能向往它却很难有机会去亲近它。

在天山南麓的焉耆与库尔勒之间，有一个大湖——博斯腾湖，浩渺无际，芦苇丛生，坐着汽艇穿来穿去也见不到岸。据说有一个外国的总理看展览的时候看到博斯腾湖的照片甚感惊异，他说："新疆不是不靠海吗？"那宛如内陆海的湖，是远古时代的海的遗留，是对于远离大海的新疆的特殊的安慰。

在阿尔卑斯山的脚下，在芝加哥的北边，在布加勒斯特的市区，在高原墨西哥城近郊，我造访过许多湖泊。我流连忘返，我抱怨自己只能匆匆邂逅，匆匆离去，我太对不起上苍的得意创造与生活给予我的机缘。

而珠海斗门的白藤湖呢？它是1993年6月走入我的记忆的。这是又一种心绪，又一番风趣。它是那样亲切随和，那样为人所有、为人所用。它是一种景观，更是一种资源，它是一种大自然的慷慨，也是特有的风水——它象征着斗门人的、白藤湖人的无限发达的可能。度假村的修建已经开辟了新的历史。白藤湖是一个更加人化的湖、人化的自然。1993年我有幸在这里居住了若干天。居住在白藤湖，我觉得好舒适而又平安。我觉得发展其实并不难，生活其实也不是那么困难。只要好好地做，只要不把力量放在破坏上。只要我们变得更近人情一些，更简单一些。只要我们多一点儿美好的祝愿，少一点儿恶狠狠的狼眼。

# 5. 游云门山

⊙张文轩

爸爸早许诺我们"五一"去云门山。终于到了"五一"。收拾好东西，在东方泛出鱼肚白时，爸爸、妈妈、弟弟和我出发了。

青州市的西南郊区有云门山、驼山、玲珑山，"三山联翠，障城如画"。进入青州西南郊区，放眼望去，初夏的晴空里朦胧着青翠的生机。

爸爸停好车，我们拾级而上。石阶很干净，两旁树影绰绰，交织着锁住一片蓝到透明的天空。抬头像是看不到路的尽头，小弟抢先跑了起来，爸爸紧跟着追了上去，一会儿，家里的两个男子汉就没了影儿。"老妈，快，我们追上去。"我也拉着妈妈的手，噔噔噔往上爬。"不要跑，这山高着呢，到半山腰没力气了怎么办……""不会啦。"现在的我精力充沛，慢慢走会扫兴的。

记得有人说过："有时候逞强只会让自己受苦。"现在的我无疑是为这句话做了一个最好的脚注。看看，那个几欲瘫在山腰凉亭石椅上的人，不就是我吗？看着后面一步一步走上来的妈妈、爸爸和小弟高兴地拍照,我后悔极了。

又往上走了一段,一座寺院出现在青山间。"咦,这里就是望寿阁啊。"爸爸突然说道。望寿阁?就是那个能够望见山顶"寿"字的小庙?我这才细细看起来,这个由正阁、东西厢房和垂花门组成的小阁楼雕梁画栋,古色古香。置身阁中,仰望南山,恰好望见"寿"字,但被层层树木遮住了一小部分,有些模糊。

又经过一段时间的"爬梯子",终于到了那个著名的"寿"字前。青州当地有"一拜寿、二拜佛、三拜清官"之说,大多数人游云门山最终目的还是拜"寿"。据说它是明嘉靖年间衡王府内掌司冀阳周全为衡王祝寿,在山阴处石壁上镌刻了这个国内外罕见的大"寿"字,以讨好衡王。再看这大"寿"字,字体结构严谨,端庄大方,坐南朝北,通高7.5米,宽3.7米,仅"寿"字下面的"寸"字就有两米多高,难怪导游说"人无寸高"。

穿过寿石旁的山洞,便是云门山的阳坡造像。大小石窟5个,造像272尊。这些造像,虽历经一千余年的沧桑,风雨侵蚀,战火洗劫,但大部分完好如初。

要返程了,我的心头却弥漫着一点点遗憾,那就是没有看到壮观的云海仙境,爸爸说只有到秋季才可以看到。告别云门山,相约在秋季,只为那如滚滚波涛又虚无缥缈的云海!

(学生习作)

# 整本书阅读

## 梁衡游记

⊙梁 衡

### 阅读导航

"山水会像绿树释放氧气一样，不停地为我们释放美感；会像书本润泽我们的心田一样，不停地润泽我们的灵魂。这山水中的一树一石都是一个普通的教员，而那些名山名水就是特级教授了。我们要永葆一种崇敬、虔诚之心，向自然汲取美感。这是更高层次的人与自然的和谐。"这段富含哲理的文字，出自当代散文家梁衡的游记作品集《梁衡游记》。

《梁衡游记》主要是梁衡先生游历大江南北以及海外的所见所思所想，全书共分六辑，依次是乡愁何处、豪气西北、关内关外、南国烟雨、云贵川藏、域外驻影。许多作品堪称当代散文的经典。作者凭借一双敏锐的新闻记者的眼和一颗充满艺术性灵的散文作家的心，"采一块石，撷一朵浪，借此来完成与自然的交流"（《赏不尽看不够说不完的大自然》），同时把这份美感传达给像他一样热爱自然的人。

这部作品集见证着梁衡先生不懈探索游记散文"三美"的执着："亮晶晶的冰床上，撑开了纵横的裂缝"（《春到黄河边》）；"几头黄牛正低头吃草，看见来人，好奇地摆动尾巴"（《百年震柳》）。他用心灵的快门摄取大自然的精魂和神韵，激发人们对祖国的爱，对生活的向往："你看，诗人来了，他们要借这山的坚毅与风的狂舞铸炼诗魂"（《泰山——人向天的倾诉》）；"她们是牵着一条历史的轴线，从近两千年以前的大地上走来的啊"（《吴县四柏》）。他在名山大川中不倦地寻绎更为深厚的人文内涵，把历史的目光与现实的思考通过画面蕴含的意境传递出来："而一个生命一旦降生，就会本能地捍卫生的权利，坚强地活下去"（《铁锅槐》）；"一个人是微不足道的，但是当他与百姓利益、与社会进步连在一起时就价值无穷，就被社会所承认"（《读韩愈》）。他以充满着睿智和哲思的诗一般的语句，使人获得心灵的愉悦、灵魂的震撼、精神的颖悟。

这本书值得反复阅读，每阅读一次，灵魂都会经受一次洗礼，它能映照你的内心，给你精神上的冲击。

**精彩选篇**

### 长岛读海

要想知道海吗？先选一个岛子住下来，再拣一条小船探出去，你就会有无穷的感受。八月里在烟台对面的长岛开会，招待所所长是一个很热情的人，叫林克松。一天下午，他说："我给你弄一条小船，到海里漂一回怎么样？"第二天吃过早饭，我们驱车来到了海边。船工们说风太大不敢出海，老林与他们商议了一会儿，还是请我们上了船。他说："你来了，我们没有惊动当地政府，要不然你今天就享受不上这小船的味道了。"我想今天就冒上一回险。

快艇高高地昂起头在海上划出一道白色的浪沟，海水一望无际，碎波粼粼，碧绿沉沉。片刻，我们就脱离了陆地，成了汪洋中的一片树叶。这时基本上还风平浪静。大家有说有笑，一会儿就到了庙岛。这岛因地利之便是一座天然的避风港，历代都十分繁华。岛上有一座古老的海神庙，海神为女性，这里称海神娘娘，在福建一带则叫妈祖。妈祖在历史上确有其人，是福建湄洲的一林姓女子，善航海，又乐善好施，死后人们奉为海神。宋代时朝廷封林家女为顺济夫人，元时封天妃，清时封天后，神就这样一步步被造成了。这反映了不管是官府还是百姓，都祈求平安。后殿右侧是一陈列室，有各种不同时代、不同类型的船只模型，大多是船民、船商所献。室后专有一块空地，供人们祭神时燃放鞭炮之用。人们出海之前总要来这里放一挂鞭炮，是求神也是自慰，地上的炮皮已有寸许厚。我国沿海一带，直至东南亚，甚至欧美，凡靠海又有华人的地方都有妈祖庙。

庙岛的海神庙依山而建，山门上书"显应宫"三个大字。山门两侧立哼哈二将，门庭正中则供着一个当年甲午海战时致远舰上的大铁锚。这铁锚和致远舰，还有舰的主人，带着一个弱国的屈辱和悲愤，以死明志，半个多世纪后它又显灵于此，昭示民族大义。锚重一吨，高二点五米，环大如拳，根壮如股。海风穿山门而过，呼呼有声，大锚拥链而坐，锈迹斑斑，如千年古树。我手抚大锚，远眺山门之外，水天一色，烟波浩渺。遥想当年这一带海域，炮火连天，血染碧波，沉船饮恨，英雄尽节。这大铁锚本是海战的遗物，因为它忠毅刚烈也就入庙为神。人们是将与海有关的理想幻化为神，寄之于庙。这庙和海真是古往今来一部书，天上人间一池墨。

离开庙岛，我们向外海方向驶去，海水渐渐变得烦躁不安。这海水本是平整如镜，如田如野，走着走着我们像从平原进入了丘陵，脚下的"地"也动了起来。海像一面宽大的绿锦缎，正由一个巨人从天的那一头扯着它抖动，于是层层的大波就连绵不断地向我们推压过来。快艇更加昂起头，在这幅水缎上急速滑行。老林说开花为浪，无花为涌。我心中一惊，那年在北戴河赶上涌，军舰都没敢出海，今天却乘着小船来闯海了。离庙岛越来越远，涌也越来越大。船上的人开始还兴奋地说笑，现在却一片寂静，每个人的手都紧紧地扣着船舷。当船冲上波峰时，就像车子冲上了悬崖，船头本来就是向上昂着的，再经波峰一托，就直向天空，不见前路，连心里都是空荡荡的了。我们像一个婴儿被巨人高高地抛向天空，心中一惊，又被轻轻接住。但也有接不住的时候，船就摔在水上，炸开水花，船体一阵震颤，像要散架。大海的波涌越来越急，我们被推来搡去，像一个刚学步的小孩在犁沟里蹒跚地行走，又像是一只爬在被单上的小瓢虫，主人铺床时不经意地轻轻一抖，我们就慌得不知所措。我不知道这海有多深，下面有什么东西在鼓噪；不知道这海有多宽，尽头有谁在抻动它；不知道天有多高，上面有什么东西在抓吸着海水。我只担心这只半个花生壳大小的小船，别让那只无形的大手捏碎。这时我才感到要想了解自然的伟大莫过于探海了。在陆地上登山，再高再陡的山也是脚踏实地，可停可歇，而且你一旦登上顶峰，就会有一种把它踩在了脚下的自豪。可是在海里呢，你始终是如来佛手心里的一只小猴子，你才感到了人的渺小，你才理解人为什么要在自然之上幻化出一个神，来弥补自己对自然的尊重。

我们就这样在海上被颠，被抖，被蒸，被煮，腾云驾雾般走了约半个小时。这时海面上出现了一座小山，名龙爪山，峭壁如架如构，探出水面，岩石呈褐色，层层节节，如龙爪之鳞。山上被风和水洗削得没有一棵树或一根草，唯有巨流裹着惊雷一声声地炸响在峭壁上。山脚下有石缝中裂，海水急流倒灌，雪白的浪花和阵阵水雾将山缠绕着，看不清它的本来面目。老林说这山下有一洞名隐仙洞，是八仙所居之地，天好时船可以进去，今天是看不成了。我这时才知道，在我国广泛流传的八仙过海原来发生在这里。现在我们随着起伏的海浪，看那在水雾中忽隐忽现的仙山，仿佛已处在人世的边缘。在海上航行确实最能悟出人生的味道。

离开龙爪山，我们破浪来到宝塔礁。这是一块突出于海中的礁石，有六七层楼高，酷似一座宝塔。海水将礁石冲刷出一道道的横向凹槽，石块层层相叠，如人工所垒，底座微收，远看好像风都可以刮倒，近看却硬如钢浇铁铸。我看着这座水石相搏产生的杰作，直叹大自然的伟力。过去在陆地上看水与石的作品，最多的是溶洞，洞里的钟乳石是水珠轻轻地落在石上，水中的碳酸钙慢慢凝结，每万年才长一毫米，终于在洞中长成了石笋、石树、石塔、石林。可今天，我看到水是怎样将自己柔软的身子压缩成一把锉、一把刀，日日夜夜永无休止地加工着一座石山，硬将它刻出一圈圈的凸凸凹凹，分出塔层，磨出花纹。完工后又将塔座多挖进一圈，以求其险；在塔尖之上再加一顶，以证其高；又在塔下洗削出一个平台，以供那些有幸越海而来的人凭吊。这些都做好之后还不算完，大海又将宝塔后的背景仔细调动一番。离塔百多米之远是一片壁立的山坳，像一道屏风拱卫相连。屏面云飞兽走，沙树田园；屏与塔之间，奇石散布，如谁人的私家花园。我选了一块有横断面的石头，斜卧其旁，留影一张。石上云纹横出，水流东西，风起林涛，万壑松声，若人之思绪起伏不平，难以名状。脚下一块大石斜铺水面，简直就是一块刚洗完，正在晾晒的扎染布。粉红色的石底上现出隐隐的曲线，飘飘落落如春日的柳丝，柳丝间又点撒些黑碎片，画面温馨祥和，"燕子声声里，相思又一年"。这是任何一个画家都无法创作出的作品。大海作画就是与人工不同，如果我们来画一张画，是先有一个稿子，再将颜色一层一层地涂上去，而这海却是将点、线、色等，在那天崩地裂的一瞬间，统统熔铸在这个石头坯子里，然后就用这一汪海水，蘸着盐，借着风，一下一下地磨，一遍一遍地洗，这画就制成了。实际上我们现在看着的这一幅画仍在创作中。《蒙娜丽莎》挂在巴黎的博物馆里，几百年还是原样，而我们再过十年、百年后再来看这幅石画，不知又将是什么样子。现代科技发明了高速摄像机，能将运动场上的快动作分解来看，有谁再来发明一个超低速摄像机，将这幅画的形成过程动起来，拿到美术院校的课堂上去放，那将是一门绝顶精彩的"自然艺术"课。

下午看九丈崖。这是北长山岛的一段海岸，虽名"九丈"，实则百丈不止。从崖下走一遍可以感受海山相吻、相接、相拼、相搏的气魄。我们从南面下海，贴着山脚蹭着崖壁走了一圈。右边是水天相连的大海，海上迎风而起的白浪像草原上奔驰的马群，翻腾着，嘶鸣着，直扑身旁。左边是冰冷的石壁，犬牙交错，刀丛剑树，几无退路。那浪头仿佛正是要把人拍扁在这个"砧板"上，我们就在这样的夹缝中觅路而行。但是脚下何曾有什么路，只是一些散乱的踏石和在崖上凿出的石阶。行人如履薄冰地探路，一边又提心吊胆地看着侧面飞来的海浪。老林走在前面，他喊着："数一、二、三！三个浪头过后有一个小空当，快过！"我们就像穿越炮火封锁线一样，弓腰塌背，走走停停。尽管非常小心，还是会有浪头打来，淋一身咸汤。这时最好的享受就是到悬崖下，仰着脖子去接几滴从天而降的甘露。原来与海的苦涩成对比，九丈崖顶上不断飘落下甜甜的水珠。这些从石缝里渗出来的水，如断线的珍珠，逆着阳光折射出美丽的色彩。我们仰着脸，目光紧追定一颗五色流星，然后一口咬住，在嘴里咂出甜甜的味道。在仰望悬崖的一霎间，我又突然体会到了山的伟大。它横空出世，托云踏海，崖壁连绵曲折，尽收人间风景。半山常有巨石与山体只一线相连，如危楼将倾；山下礁石则乱抛海滩，若败军之阵。唯半山腰一条数米宽的浅红色石层，依山势奔突蜿蜒，如海风吹来一条彩虹挂在山前。背后海浪从天边澎湃而来，在脚下炸出一阵阵的惊雷，山就越发伟岸，崖就越发险绝。我转身饱吸一口山海之气，顿觉生命充盈天地，物我两忘，神人不分。

一九九六年一月

## 阅读规划

梁衡先生曾说，"我生怕自己不能理解它的真谛""有时一个地方去多次而不敢著一字，一篇文章改一年、两年也不敢送出去""还不知道是否摸准了自然的脉搏"。因此《梁衡游记》中的每一篇散文都是精品，都值得我们精读。

阅读时，除了随文圈点批注外，大家还可以这样读：

1. 整合式阅读。

根据自己的阅读兴趣，确立探究专题，组合相同或不同的篇目，整合式阅读。如以"行脚天涯"为专题，探究梁衡游记所描绘景物的特点，把握游记三要素；以"美学价值"为专题，探究梁衡游记的"三美"；以"文化内涵"为专题，探究梁衡游记的文化符号；等等。

2. 摘抄式阅读。

评论家何西来曾说，"梁衡的文笔雅洁、凝练、明丽""颇能透出某种知识的蕴积和风貌来"。阅读中将自己喜欢的精彩词句抄录下来，背诵积累，丰厚积淀。

无论采用哪种方式的阅读，都需要提前做好规划，请根据下面的表格，做好阅读规划并严格遵守和落实。

### 《梁衡游记》阅读规划表

| 阅读时间 | 阅读时长 | 阅读篇目 | 提要摘记 | 阅读心印<br>（可从文章主题、人物、语言等方面呈现你的发现与收获） |
|---|---|---|---|---|
|  |  |  |  |  |
|  |  |  |  |  |
|  |  |  |  |  |

| 阅读时间 | 阅读时长 | 阅读篇目 | 提要摘记 | 阅读心印<br>（可从文章主题、人物、语言等方面呈现你的发现与收获） |
|---|---|---|---|---|
|  |  |  |  |  |
|  |  |  |  |  |
|  |  |  |  |  |
|  |  |  |  |  |
|  |  |  |  |  |

## 交流平台

话题一：请以"行者无疆"为专题，从六个专辑中选择一个专辑，选择部分文章制作一份旅行日志，梳理所至、所见、所感，力争做到图文并茂。

话题二：请以"格言金句"为专题，自己设计类别（如"大美之景""精神之核""修辞之妙"等），分门别类摘抄阅读中发现的精彩语句，在班级内举行一次读书笔记展览。

话题三：有人评论梁衡的散文："用他的一支笔，带给我们说不尽的话题，留给我们说不尽的思索。"请以"无尽的思索"为话题，举行一次班级读书分享会。

提示：1. 围绕一个主题，谈读后收获。

2. 观点明确，做到有理有据。

3. 交流时间控制在 10 分钟以内。

# 敬　启

　　为编好这本书，我们与收入本书的作品（含图片）作者进行了广泛联系，得到了各位作者的大力支持。在此，我们表示衷心的感谢。但是，由于个别作者地址不详，虽经多方努力，仍无法取得联系。敬请各位有著作权的作者尽快与我们联系，以便我们支付稿酬，并致谢忱！

　　我们还要感谢使用本书的师生们。希望你们在使用本书的过程中，能够及时把意见和建议反馈给我们，对此，我们深表谢意，并将给予一定奖励。让我们携起手来，共同完成本书的建设工作。

联 系 人：梁老师　刘老师

联系电话：010-58022100-6362

联系邮箱：ztxx2008@sina.com

网　　址：http://www.ywztxx.com

地　　址：北京市海淀区知春路7号致真大厦A座18层

**图书在版编目（CIP）数据**

自然物语 / 赵建霞主编. — 上海：上海教育出版
社, 2021.12
　　ISBN 978-7-5720-0818-4

　　Ⅰ.①自… Ⅱ.①赵… Ⅲ.①阅读课—初中—教学参
考资料 Ⅳ.①G634.333

　　中国版本图书馆CIP数据核字（2021）第260851号

本书部分文字作品的版权由中国文字著作权协会代理及转付稿酬，
电话：010-65978917，传真：010-65978926，E-mail：wenzhuxie@126.com

责任编辑　李清奇
封面设计　陈丽娟　王艺霖
著作权人　北京华樾教育科技有限公司

**自然物语**

**赵建霞　主编**

出版发行　上海教育出版社有限公司
官　　网　www.seph.com.cn
地　　址　上海市闵行区号景路159弄C座
邮　　编　201101
印　　刷　肥城新华印刷有限公司
开　　本　720×1010　1/16　印张 66
字　　数　900千字
版　　次　2021年12月第1版
印　　次　2021年12月第1次印刷
书　　号　ISBN 978-7-5720-0818-4/G·0634
定　　价　268.00元（全六册）

如发现质量问题，请向本社调换　　021-64373213

适合13至14岁

\ZIRAN WUYU\

# 自然物语

主编 赵建霞

6

上海教育出版社
SHANGHAI EDUCATIONAL
PUBLISHING HOUSE

# 编 委 会

**总 主 编**　顾之川

**主　　编**　赵建霞

**编　　委**

　　　林楚涛　　孙立权　　张爱英　　高岳成　　张晓溪

　　　史九龙

**编写人员**

　　　王　焱　　张　青　　张秀勤　　李妮妮　　徐　强

　　　赵建霞　　林楚涛　　孙立权　　张爱英　　高岳成

　　　张晓溪　　史九龙　　张胜强　　张　莉　　黄　恺

　　亲爱的同学，当你打开这本书时，你就开启了一段惬意的旅程。从相遇、相知，到相伴前行，淡淡的书香将一直萦绕在你身边。

　　初中阶段，你已经读过许多名篇佳作，在充满智慧和温情的文字浸润中，语文素养自然会得到提升。但面对神秘奇幻的自然、日新月异的社会、渐趋丰盈的人生，仅仅是课堂上阅读的文章，恐怕很难再满足你的需求，你的阅读理应更广泛、更专业。如何让课内外读物有机融合成滋养你成长的沃土？如何让点滴的阅读收获汇聚成助推你遨游书海的动力？为此，我们邀请了全国各地的名师，精选文章，为你搭建大量阅读、高效阅读的平台。

　　于是，便有了摆在你面前的这本书。

　　这本书分为经典诵读、主题阅读、整本书阅读三个板块。

　　第一个板块是"经典诵读"，所选古诗词都具有经典阅读价值。针对诗词中可能会给你造成阅读障碍的生字难词，我们增加了读音和注释，且辅以专业诵读音频和鉴赏资料供你随时赏听或查阅。你可以利用每天的晨读或其他课余时间反复诵读，只要持之以恒地阅读，假以时日，定能厚积薄发。

　　第二个板块是"主题阅读"，我们精心挑选了几组文章，聚焦主题，帮助你进行专题探究。其中，"范文阅读"有批注和学习提示，方便你边阅读边思考，掌握这一类文章的阅读方法，并能进行拓展运用。"组文阅读"有单元学习任务，帮助你对一组文章进行整合阅读、比较鉴赏，从碎片化到结构化，在阅读中积累语言、拓展思维，提升核心素养。带有"自由阅读"标签的文章，你可以根据自己的需要、

兴趣自主选择阅读，多读、少读，深读、浅读皆可，如能养成边读边做批注的习惯，你会收获更多。带有"类文阅读"标签的是一组与写作要求相匹配的文章，旨在提供写作思路，激发你的创作灵感。这组文章的首篇附有旁批，为你的写作实践提供技巧点拨。

"整本书阅读"设计了"阅读导航""精彩选篇""阅读规划""交流平台"等助读工具，旨在激发你的阅读兴趣，帮助你掌握科学的阅读方法，从而有计划地开展整本书阅读。

愿这本书伴随你度过阅读的美好时光，与经典交流，与大师对话，帮助你积累知识，开阔视野，提升素养，成为睿智优雅、阳光自信的中国好少年！

# 目录

## 经典诵读

## 第一单元　智者哲思

### 范文阅读

### 组文阅读

## 第二单元　为学修身

### 范文阅读

### 组文阅读

# 第三单元　鸣怀感遇

# 第四单元　心系苍生

## 第五单元　学写故事

**类文阅读**

## 第六单元　中国精神

## 整本书阅读

经典诵读

踏一条平平仄仄的幽径，咏一阕抑扬顿挫的辞章，让心灵开始一段雅韵悠长的旅程。从《诗经》到宋词，从田园到边塞，从婉约到豪放，从现实主义到浪漫主义……那些或率真质朴、或清幽缠绵、或慷慨刚健、或隽永蕴藉的诗句，寄托了中华儿女的家国情怀，传承着博大精深的中华文明。

有了诗词的濡染，我们的语文学习自当渐入佳境；有了经典的浸润，我们的语文生活定会异彩纷呈。

# 1. 与诸子登岘首①

⊙〔唐〕孟浩然

人事有代谢②，往来成古今。

江山留胜迹，我辈复登临。

水落鱼梁③浅，天寒梦泽④深。

羊公碑⑤尚在，读罢泪沾襟。

　　岘山以堕泪碑闻名。史载羊祜镇守荆襄时，常登岘山，每叹江山长存，而人事不永。羊祜去世后，百姓感念其德政，建碑于此，望者无不下泪。

　　本诗首联旷放，颔联沉着，颈联仍引而不发，而于尾联忽出"泪沾襟"之语，欲扬先抑，何等超妙！诗人登临，实怀着与羊祜同样的感慨，而更增添了"后之视今，亦犹今之视昔"的余悲。这是人生无法解决的悲慨，故此诗能引起一代代读者的共鸣。

① 岘（xiàn）首：即岘山，又称岘首山，位于湖北襄阳。

② 代谢：交替变化。

③ 鱼梁：指鱼梁洲。

④ 梦泽：古代有云、梦二泽，后淤积为陆地，约为今洞庭湖北岸一带地区。

⑤ 羊公碑：又名堕泪碑，在岘山上。羊公，西晋名将羊祜。

# 2. 长相思

扫码收听朗诵音频

◎〔唐〕李白

长相思，在长安。

络纬①秋啼金井阑②，微霜凄凄簟色寒③。

孤灯不明思欲绝，卷帷④望月空长叹。

美人如花隔云端。

上有青冥之高天，下有渌水⑤之波澜。

天长路远魂飞苦，梦魂不到关山难。

长相思，摧心肝。

　　这首诗是李白离开长安后回忆往日的作品，豪放飘逸中兼有含蓄。诗人通过对秋虫、秋霜、孤灯等景物的描写，抒发了相思之苦。"美人如花隔云端"是全诗的中心句，其中含有托兴意味。我国古代经常用"美人"比喻所追求的理想。"长安"这个特定的地点更加暗示"美人"在这里是个政治托寓，表明此诗目的在于抒发诗人追求政治理想而不能实现的郁闷之情。诗人将意旨隐含在形象之中，隐而不露，自有一种含蓄的韵味。

---

① 络纬：昆虫名，又名莎鸡，俗称纺织娘。

② 金井阑：精美的井栏。

③ 簟（diàn）色寒：指竹席的凉意。簟，竹席。

④ 帷（wéi）：窗帘。

⑤ 渌（lù）水：清水。渌，清澈。

# 3. 玉楼春

⊙〔宋〕晏殊

绿杨芳草长亭路①，年少②抛人容易去。楼头残梦五更钟③，花底离愁三月雨。

无情不似多情苦，一寸④还成千万缕。天涯地角有穷时，只有相思无尽处。

这是一首深深慨叹人生离愁苦、多情苦的词作，有着迷人的艺术魅力，并闪烁着哲理的光芒。上阕以写景开篇，描写长亭的春景，然后叙述临行的感慨。"楼头残梦五更钟，花底离愁三月雨"两句不仅对仗工整、语调谐婉，而且含义深蕴、绮丽天成。下阕两用对比，先以"无情"和"多情"对比，再以"有穷"和"无尽"对比，把离愁别恨写得缠绵悱恻。结尾两句虽是从白居易《长恨歌》的结尾"天长地久有时尽，此恨绵绵无绝期"处借来，但却不见斧迹，十分贴切。

---

① 长亭路：送别的路。长亭，古代驿路上十里一长亭，五里一短亭，供行人休憩。

② 年少：这里指思妇的恋人。

③ 五更钟：与下句的"三月雨"都是指思念人的时候。

④ 一寸：即寸心，指愁肠。

# 4. 玉楼春

⊙〔宋〕欧阳修

扫码收听朗诵音频

尊前①拟把归期说，欲语春容②先惨咽。人生自是有情痴，此恨不关风与月。

离歌③且莫翻新阕④，一曲能教肠寸结⑤。直须看尽洛城花⑥，始共春风容易别。

## 赏析

　　这首词作于欧阳修离开洛阳之际。上阕"尊前"二句写离情。面对离席上的酒杯，抒情主人公打算把归期先告诉对方。写离情从心理动态到外部表露，细致入微而又一波三折，真挚感人。"人生"二句，由离情深入一步，抒发更加深广的人生感慨。下阕"离歌"二句抒情更切，离歌即惜别之歌，一曲离歌已使人肝摧肠结，莫要再翻新曲了。"直须"二句陡然一转，即使已有离歌伤别，也决不仓促起程，必定要等到看尽洛阳的牡丹花，才肯与春风一起告别。"直须""始共"，一气贯通，以刚健有力的笔调，郑重地表示一种决心、一种顽强的态度，遣词造句方面，既有李白诗的畅达，又有杜甫诗的沉着。

① 尊前：即樽前，饯行的酒席前。尊，同"樽"，古代盛酒的器具。

② 春容：如春风般妩媚的容颜。此指别离的佳人。

③ 离歌：指饯别宴前唱的流行的送别曲。

④ 翻新阕：用旧曲填新词。

⑤ 肠寸结：形容极度悲伤。

⑥ 洛城花：特指牡丹花。

扫码收听朗诵音频

# 5. 浣溪沙①

◎〔宋〕苏轼

簌簌衣巾落枣花②，村南村北响缫车③，牛衣④古柳卖黄瓜。酒困路长惟欲睡，日高人渴漫⑤思茶，敲门试问野人家⑥。

 赏析

　　元丰元年（1078）春，徐州大旱，身为知州的苏轼亲自到城东二十里的石潭为民祈雨。不久，天降甘霖，苏轼按照民间风俗又去石潭谢雨，在路上欣然写下了五首《浣溪沙》，以记喜悦之情，本词是第四首。

　　上阕记田园之景。起句"簌簌衣巾落枣花"描绘出宁静、祥和、美好的乡村景色，同时暗示了此行时节是暮春初夏。乡村的繁忙、热闹以由南到北的空间转化从宏观描述，然后凝为一点，"古柳"的背景下"牛衣"（借代修辞）在叫卖黄瓜。下阕写行人。行人悠然而行，作者笔随意走，酒困思茶，似不在写词赋句，意在笔先，任意而走，至"敲门试问野人家"，亲切、率真，还读者一个意外的惊喜。

① 浣溪沙：唐教坊曲名，后用为词牌名。浣，洗。

② 簌簌衣巾落枣花："枣花簌簌落衣巾"的倒装句。意思是：枣花从树上纷纷落下，粘在人的衣巾上。簌簌，纷纷下落的样子。

③ 缫（sāo）车：抽丝用的工具。

④ 牛衣：泛指粗布衣，这里指身穿牛衣的人。

⑤ 漫：随意，胡乱。

⑥ 野人家：村野人家。

扫码收听朗诵音频

# 6. 题胡逸老致虚庵 ①

⊙〔宋〕黄庭坚

藏书万卷可教子，遗金满籝② 常作灾。

能与贫人共年谷，必有明月生蚌胎③。

山随宴坐画图出，水作夜窗风雨来。

观山观水皆得妙，更将何物污灵台？

　　首联诗人先发议论：诗书传家能使后代成才，而遗金满籝往往给子孙招来祸害。赞美了胡逸老的诗礼传家，显示其品格的清高，令人仰慕。颔联承上，进一步赞美庵主的仁爱之心，说他在灾年能拿出粮食与贫人共享，和气必能致祥，后代必得佳子弟，这里用了韦康、韦诞兄弟的典故。颈联转到正面写致虚庵，白天闲坐庵中，眼前的山景如一幅幅图画映出；入夜倚于窗前，只觉风雨飒飒而来。这两句是脍炙人口的名句。尾联总收全诗，照应开头。以闲逸之心观山观水，山水的妙境自能常现于心中。而山水的清淑之气又能涤荡胸怀，使心澄清无滓，一尘不染。这里一方面说胡逸老，另一方面也披露了诗人自己的胸襟。

---

① 致虚庵：胡逸老的书房名。

② 籝（yíng）：竹箱。

③ 必有明月生蚌胎：这里用了韦康、韦诞兄弟的典故。《三国志·魏书》中记载，孔融赞扬韦端的两个儿子"不意双珠，近出老蚌"，即韦康与韦诞为一双明珠。明月，这里指珍珠。

# 7. 论诗三十首（其四）

⊙〔金〕元好问

一语天然①万古新，豪华②落尽见真淳③。
南窗④白日羲皇⑤上，未害⑥渊明是晋人。

 **赏析**

　　元好问的《论诗三十首》是一组很有影响的论诗绝句，其中的第四首专论东晋大诗人陶渊明。诗的前两句概括了陶诗的总体风格：天然浑成，真诚淳朴。这同时也是元好问的诗学理想，他主张诗必须真诚地抒发胸臆。那么，陶渊明为什么能写出毫无斧凿之痕、历久弥新的好诗呢？第三句"南窗白日羲皇上"作了回答：是因为陶渊明为人高古，旷达天真，不染世尘。当然，陶渊明既有遗世独立的隐逸的一面，又有不忘世事、不能超脱现实的一面，故而诗的最后一句说"未害渊明是晋人"。

　　自古以来，论诗的诗不好写，既要有理论性，又要有形象性；既要给人以理性的启迪，又要给人以艺术的享受。应该说，元好问的这首论诗绝句兼顾了这两个方面，确是论诗绝句的佳作。

① 天然：形容诗的语言平易、自然天真。

② 豪华：这里指两晋诗坛雕琢粉饰、矫揉造作的诗风。

③ 真淳：指陶渊明所崇尚的自然、质朴、无雕饰的诗歌创作风格。

④ 南窗：陶渊明在其《归去来兮辞》中有"倚南窗以寄傲"句。

⑤ 羲皇：即伏羲，我国古代传说中的人物。

⑥ 害：妨碍。

# 8. 宿野庙

扫码收听朗诵音频

⊙〔明末清初〕金圣叹

众响<sup>①</sup>渐已寂，虫于佛<sup>②</sup>面飞。

半窗关夜雨，四壁挂僧衣。

　　整首诗的诗意很好理解，却令人回味无穷。全诗共四句，每句都体现出"野"的意味。众响渐寂，意味着野外空旷无边，万籁无声。"虫于佛面飞"意味着野庙处境的荒凉、诗人处境的落寞。夜雨来袭，却只有半扇窗户来遮雨，更见野庙之人迹罕至的特点。四壁上挂着的僧衣表明庙里还有其他人，却早已入睡，更突出了在这个寂寥无声、阴雨绵绵的夜晚，羁旅诗人无限的孤独和惆怅之情。一切话语都不事雕琢，却收到了淡而有味、浅而有致的效果。

　　袁枚在《随园诗话》中收录此诗时说道："金圣叹好批小说，人多薄之，然其《宿野庙》一绝云：'众响渐已寂，虫于佛面飞。半窗关夜雨，四壁挂僧衣。'殊清绝。"作为性灵说诗论的倡导者，袁枚此话肯定了金圣叹这首诗的价值，"殊清绝"三字也道尽了它的妙处。

---

① 众响：听得到的所有声响。

② 佛：这里指寺庙里的佛像。

第一单元

# 智者哲思

　　仰望星空，脚踏大地。在天地之间，人类获取生存的技巧，也探寻存在的意义。从古至今，智者参透了天人之间的奥秘，驰骋想象阐释奇妙的世界，轻灵逍遥地游于天地万物间。庄子就是这样一位智者，他用雄奇瑰丽的想象、汪洋恣肆的语言、奇诡形象的论辩为我们描绘了一个诗意、灵性的世界。走近庄子，让我们在先哲思想的轨迹上领略灵魂的逍遥，享受精神的富足。

　　阅读本单元的文章，我们不仅要重视文言实词的积累，还要学会复述故事，在此基础上感受庄子故事里经典形象的魅力，注意体会庄子散文运用寓言故事说理、想象雄奇瑰丽的特点。

# 1. 小大之辩①

⊙《庄子》

　　穷发②之北，有冥海者，天池也。有鱼焉，其广数千里，未有知其修③者，其名为鲲。有鸟焉，其名为鹏，背若泰山，翼若垂天之云，抟扶摇羊角④而上者九万里，绝云气，负青天⑤，然后图南⑥，且适⑦南冥也。斥鴳⑧笑之曰："彼且奚适也⑨？我腾跃而上，不过数仞⑩而下，翱翔蓬蒿之间，此亦飞之至也。而彼且奚适也？"此小大之辩也。

───────────────

① 节选自《庄子·逍遥游》，题目为编者所加。辩，同"辨"，区别。

② 穷发：不毛之地。发，指草木。

③ 修：长。

④ 羊角：旋风。

⑤ 负青天：背对着青天。

⑥ 图南：向南飞行。

⑦ 适：到，往。

⑧ 斥鴳：池泽中的小麻雀。

⑨ 彼且奚适也：它到哪里去呢？彼，代词，这里代指大鹏鸟。奚，表疑问语气，哪里。

⑩ 仞：长度单位，八尺或七尺为一仞。

## 译 文

在那草木不生的北方，有一片很深的大海，那是天然形成的大池。那里有一种鱼，宽有几千里，没有人知道它有多长，它的名字叫鲲。有一种鸟，名字叫鹏，它的脊背像座大山，翅膀就像悬挂在天边的云。它借着旋风盘旋直上九万里的高空，穿越云层，背负青天，然后向南飞翔，去往南方的大海。池泽里的小麻雀笑它说："它要飞到哪儿去？我腾挪跳跃，奋力起飞，不过几丈高就落下来，盘旋在蓬蒿丛中，这也是我飞翔的极限了。它打算飞到哪儿去？"这是大和小的分别。

**学习提示**

1. 与教材中的《北冥有鱼》一样，本文同样写了鲲鹏的故事，阅读时可以通过对照印证的方式读懂文章内容，积累更多的文言词语。

2. 两文都塑造了鲲鹏的形象，但作者的用意却不相同，阅读时可以通过对比阅读分析作者的不同用意。

# *2.* 惠子相梁 ①

⊙《庄子》

　　惠子相梁，庄子往见之。或谓惠子曰："庄子来，欲代子相。"
于是惠子恐，搜于国②中三日三夜。

　　庄子往见之，曰："南方有鸟，其名为鹓雏③，子知之乎？夫
鹓雏发于南海而飞于北海；非梧桐不止④，非练实⑤不食，非醴泉⑥
不饮。于是⑦鸱⑧得腐鼠，鹓雏过之，仰而视之曰：'吓⑨！'今子

---

① 节选自《庄子·秋水》，题目为编者所加。相（xiàng）梁，在梁国当宰相。相，
　这里用作动词，做宰相的意思。梁，魏国的都城，战国时期魏国迁都大梁（今
　河南开封）后的别称。此处以都城大梁代称魏国。

② 国：国都。

③ 鹓雏（yuān chú）：古代传说中像凤凰一类的鸟，习性高洁。

④ 止：栖息。

⑤ 练实：竹实，即竹子所结的子。

⑥ 醴（lǐ）泉：甘泉，甜美的泉水。醴，甘甜。

⑦ 于是：在这时。

⑧ 鸱（chī）：猫头鹰。

⑨ 吓（hè）：怒斥声。下文的"吓"用作动词，吓唬。

欲以子之梁国而吓我邪？"

## 译文

　　惠子在魏国当宰相，庄子前往见他。有人告诉惠子说："庄子来大梁，是想取代你做宰相。"于是惠子害怕失去相位，在国都中搜捕了几天几夜。

　　庄子前去见他，说："南方有一种鸟，它的名字叫鹓雏，你知道吗？鹓雏从南海出发飞到北海，不是梧桐树不栖息，不是竹子的果实不吃，不是甜美的泉水不喝。就在此时猫头鹰捡到一只腐臭的老鼠，鹓雏从它面前飞过，猫头鹰仰头看着，发出'吓'的怒斥声。现在你也想用你的梁国来吓唬我吗？"

**学习提示**

　　这是一则短小精妙的寓言故事，人物形象对照鲜明，比喻巧妙贴切。阅读时想一想：庄子寓言故事中的鹓雏、鸱、腐鼠分别喻指什么？

# 1. 藐姑射之山①

◎《庄子》

藐姑射之山，有神人居焉，肌肤若冰雪，淖约若处子②；不食五谷，吸风饮露；乘云气，御飞龙，而游乎四海之外；其神凝③，使物不疵疠④，而年谷熟。

## 译文

在遥远的姑射山上，住着一位神人，她的肌肤润白，如同晶莹的冰雪。她的体态轻盈，如同少女一样柔美。她不吃五谷，只是吸清风，饮甘露，乘着云气，驾驭飞龙，遨游于四海之外。她的神情是那么专注，使得世间万物不受病害，而年年五谷丰登。

———————————

① 节选自《庄子·逍遥游》，题目为编者所加。藐（miǎo），遥远。姑射（yè）之山，即姑射山，传说中的仙山。

② 淖约若处子：像少女一样轻盈柔美。淖约，轻盈柔美，淖，同"绰"。

③ 其神凝：她的精神专注。凝，专注。

④ 使物不疵疠（cī lì）：使万物不受病害。疵疠，疾病，灾害。

# 2. 郢人斫垩①

⊙《庄子》

　　庄子送葬，过惠子之墓，顾②谓从者曰："郢人垩漫③其鼻端若蝇翼，使匠石斫之。匠石运斤成风④，听⑤而斫之，尽垩而鼻不伤，郢人立不失容⑥。宋元君闻之，召匠石曰：'尝试为寡人为之。'匠石曰：'臣则尝能斫之。虽然，臣之质⑦死久矣。'自夫子⑧之死也，吾无以为质矣，吾无与言之矣！"

---

① 节选自《庄子·徐无鬼》，题目为编者所加。郢（yǐng），春秋时楚国的国都。斫（zhuó），砍。垩（è），白色泥土。

② 顾：回头。

③ 漫：沾染。

④ 运斤成风：挥动斧头，发出呼呼的风声。现在作为成语比喻手法熟练，技艺高超。斤，斧子一类的工具。

⑤ 听：随意。

⑥ 立不失容：站在原地，面不改色。

⑦ 质：对手。

⑧ 夫子：先生，这里代称惠子。

## 译 文

　　庄子送葬，经过惠子的墓地，回过头对跟随的人说："郢地有个人在捏白泥时不小心沾染到自己的鼻尖上，像苍蝇的翅膀那样薄。于是他请匠石用斧子砍削掉这一小白点。匠石抡起斧头，发出呼呼的风声，随手劈掉泥点，白泥完全除去而鼻子却一点儿也没有受伤，郢人站在原地，面不改色。宋元君知道了这件事，召见匠石说：'你为我也这么试试。'匠石说：'我确实曾经能够砍削掉鼻尖上的小白点。虽然如此，但能让我这样做的对手却已经死去很久了。'自从惠子死后，我就没有对手了，我没有可以谈论的对象了！"

### 庄子的境界（一）

　　庄周梦见自己变成了蝴蝶，不知自己是庄周；清醒后，发现自己分明是庄周。究竟是庄周梦为蝴蝶，还是蝴蝶梦为庄周？是梦是真，难以分辨。

　　这个故事是庄子对"相对主义"的阐释，意在指明一切事物的存在、变化都是有限的、局部的、不确定的、无意义的。要从一个混沌、完全、齐备的整体中寻出种种区别，就会失去真实的本体存在。只有在精神上超越不真实的现象世界，从有限事物的束缚和局限中解脱出来，才能达到"天地与我并生，万物与我为一"的境界。

# 3. 庄周梦蝶①

⊙《庄子》

昔者庄周梦为胡蝶②，栩栩然胡蝶也，自喻适志与③，不知周也。俄然觉④，则蘧蘧⑤然周也。不知周之梦为胡蝶与，胡蝶之梦为周与？周与胡蝶，则必有分矣。此之谓物化⑥。

## 译 文

从前，庄周梦见自己变成蝴蝶，这是一只翩然飞舞的蝴蝶啊，自己感到多么愉快和惬意，完全不知道自己原本是庄周。突然间醒过来，惊疑动容之间才知道原来自己是庄周。不知道是庄周做梦变成蝴蝶呢，还是蝴蝶梦见自己变成庄周呢？庄周与蝴蝶必定是有区别的，但是庄周和蝴蝶可以转变，这就可以叫作物、我的交合与变化。

---

① 节选自《庄子·齐物论》，题目为编者所加。

② 胡蝶：即蝴蝶。

③ 自喻适志与：自己感到多么愉悦快意啊。喻，同"愉"，愉悦。适志，合乎心意，心情愉快。与，同"欤"，语气词。

④ 俄然觉（jué）：忽然醒过来。俄然，忽然。觉，醒。

⑤ 蘧（jù）蘧：惊疑动容的样子。蘧，惊喜的样子。

⑥ 物化：万物的转化。

# 4. 曳尾于涂 ①

　　庄子钓于濮水②，楚王使大夫③二人往先④焉，曰："愿以境内累矣⑤！"庄子持竿不顾，曰："吾闻楚有神龟，死已三千岁矣。王巾笥⑥而藏之庙堂⑦之上。此龟者，宁其死为留骨而贵⑧乎？宁其生而曳尾于涂中乎？"二大夫曰："宁生而曳尾涂中。"庄子曰："往矣⑨！吾将曳尾于涂中。"

---

① 节选自《庄子·秋水》，题目为编者所加。曳，摇。涂，污泥。

② 濮（pú）水：古水名。

③ 大夫：官职名。周代在国君之下有卿、大夫、士三等。

④ 往先：指先前往表达心意。

⑤ 愿以境内累矣：希望把国事托付给你，有劳了。

⑥ 巾笥（sì）：这里是名词活用为动词，用布巾包裹，用竹箱贮藏。笥，盛东西的方形竹器。

⑦ 庙堂：宗庙大堂。

⑧ 贵：形容词作动词，彰显尊贵。

⑨ 往矣：走吧。

## 译 文

　　庄子在濮水钓鱼，楚王派两位大夫先行前往致意。他们对庄子说："楚王愿将国事托付给您，劳烦您了。"庄子拿着鱼竿，头也不回地说："我听说楚国有一只神龟，死去已有三千年了。大王用布巾将它包裹，放在竹箱中，珍藏在宗庙大堂。你们觉得，这只神龟是宁愿死去以留下骨骸来彰显尊贵呢，还是宁愿活着拖着尾巴在烂泥里爬行呢？"两位大夫说："宁愿活在烂泥里拖着尾巴爬行。"庄子说："你们走吧！我宁愿像龟一样在烂泥里拖着尾巴爬行。"

### 庄子的境界（二）

　　庄子曾讲过一个关于影子的故事：有人讨厌自己的影子，就拼命跑，想摆脱影子，但无论如何都摆脱不了，最后累死了。庄子说，为什么不到树荫里去休息，大树下还有影子吗？在庄子看来，世界原本是虚幻的，世人其实总在与影子（虚幻不实的力量）角逐。人生如"白驹之过隙"，瞬间即逝。人作为匆匆过客，无休止地去争斗角逐，其实是没有意义的。人生在世，要随世界同在，像水一样流淌，像云一样缥缈。没有了执着，就有了自由。

# 5. 浑沌之死 ①

⊙《庄子》

南海之帝为②倏③，北海之帝为忽，中央之帝为浑沌。倏与忽时相与④遇于浑沌之地，浑沌待之甚善⑤。倏与忽谋⑥报浑沌之德⑦，曰："人皆有七窍⑧，以视、听、食、息，此独无有，尝试凿之。"日凿一窍，七日而浑沌死。

---

① 节选自《庄子·应帝王》，题目为编者所加。

② 为：是。

③ 倏：与后面的"忽""浑沌"，都为人名。

④ 时相与：常常一起。时，时常。

⑤ 善：好。

⑥ 谋：商量。

⑦ 报浑沌之德：报答浑沌的美意。

⑧ 七窍：指一口、两耳、两目、两鼻孔。

## 译 文

南海的帝王叫作"倏"，北海的帝王叫作"忽"，中央的帝王叫作"浑沌"。倏和忽常常一起在浑沌的居地相遇，浑沌对待他们非常友好。倏与忽商量着报答浑沌的恩情，说："人都有七窍，用来看（外界），听（声音），吃（食物），呼吸（空气），唯独浑沌没有七窍，（让我们）试着给他凿出七窍。"于是倏和忽每天替浑沌开一窍，到了第七天，浑沌就死了。

### 庄子的幸福观

庄子的《逍遥游》中那些让人开怀一笑的故事告诉我们：获得幸福有不同的等级。自由发展我们的自然本性，可以使我们得到一种相对幸福；绝对幸福是通过对事物的自然本性有更高一层的理解而得到的。为了自由发展我们的自然本性，就必须充分发挥我们的自然能力，这种能力就是我们的"德"。"德"充分而自由地发挥了，自然本性就充分而自由地发展了，相对的幸福就得到了。庄子认为：顺乎自然是一切幸福和善的根源。

# *6. 涸辙之鲋*①

⊙《庄子》

    庄周家贫，故往贷粟②于监河侯。监河侯曰："诺③。我将得邑金④，将贷子三百金，可乎？"庄周忿然⑤作色曰："周昨来，有中道而呼者。周顾视，车辙中有鲋鱼焉。周问之曰：'鲋鱼来！子何为者邪？'对曰：'我，东海之波臣⑥也。君岂有斗升之水而活⑦我哉？'周曰：'诺。我且南游吴、越之王，激⑧西江之水而迎子，

---

① 节选自《庄子·外物》，题目为编者所加。涸，水干。辙，车轮碾过的痕迹。
鲋（fù），鲫鱼。

② 贷粟（sù）：借粮。贷，借。

③ 诺：表同意的应答声。

④ 邑金：古代贵族封地所得的收入。

⑤ 忿（fèn）然：生气的样子。

⑥ 波臣：水中族类。

⑦ 活：救活，使动用法。

⑧ 激：引水。遏阻水势，使水激流。

可乎？'鲋鱼忿然作色曰：'吾失我常与<sup>①</sup>，我无所处。吾得斗升之水然活耳。君乃言此，曾不如早索我于枯鱼之肆<sup>②</sup>！'"

## 译 文

　　庄周家里贫穷，因此前往监河侯处借粮。监河侯说："好！我将获得封地的收入，会借你三百金，可以吗？"庄周勃然大怒，变了脸色说："我昨天来的时候，在途中听到呼救声。我回头一看，车轮轧过的痕迹中有一条鲫鱼。我问它：'鲫鱼啊，你干什么呢？'它回答：'我是东海水族的一员。您有没有一点点水来救我活命？'我说：'好！我将要往南游说吴王、越王，汲引西江的水来迎接你，可以吗？'鲋鱼勃然大怒，变了脸色说：'我失去了水，没有安身之处。如今，我只要得到一点点水就可以活命了。您竟然这样说，还不如早点去卖干鱼的铺子找我！'"

① 常与：常处的环境，这里指水。

② 枯鱼之肆：卖干鱼的铺子。肆，铺子。

# 7. 拥抱庄子（节选）

⊙高新燕

在众多古代圣贤先哲中，我尤爱庄子。

据司马迁《史记》记载：庄子是战国时期宋国蒙（今河南商丘）人。他曾经做过漆园小吏，生活在一个战乱频频而求贤若渴的时代。他隐居不仕，终老天年，没有什么社会名分，却是诸子百家中一个重要的代表人物。他的文章气势磅礴，纵横恣肆；他的思想深邃宏阔，笼盖古今；他的寓言想象奇特，寓意深远；他的风格嬉笑怒骂，了无拘囿。

我爱庄子，首先是因为欣赏他淡泊名利、达生乐观的人生观。

庄子生活贫穷，但他不在乎利；庄子思精才富，但他不在乎名。庄子的生活一直是相当贫困的，经常有等米下锅的时候，他却认为这是贫穷而不是困顿，认为读书人有道德理想而不能实现才是困顿。他认为自己困顿的原因是生不逢时。就像跳跃的猿猴可以在楠树、梓树和樟树这样的大树上攀缘跳跃、唯我独尊、自得其乐，连善于射箭的后羿和逢蒙对它们也没有什么办法；但如果它们身处荆棘丛中，就只能小心翼翼、胆战心惊，不敢乱跑乱跳了。这不是它们身体不灵便，而是处在不利的情势下无法施展自己的才能而已。他担心的不是生活上的贫困，而是精神上的潦倒。他追求人心的自由，认为人的一生只能被自己真正在乎的事情拘束住。庄子的追求已经远远超越了"名""利"。他认为为"利"辛苦、为"名"奔波，却丧失自己很多的自由、很多的快乐，这样"心为形役"太不值得了。所以"名""利"束缚不了他。

人生不满百，常怀千岁忧。我们的生命跟整个时间的流程相比，如同白驹过隙，怎样才是真正地善待生命呢？庄子提供给我们一种态度——乐生，达生。他"乐生"，认为人活着是第一个无可怀疑的存在论意义上的基本事实，没有比它更优先的，所以他从来就不惧怕死亡。他达生，认为人活着是为了追求一种更幸福的生活、更欢乐的人生，这是最高目的，没有比它更重要的了。所以，他对生命有一种旷达的态度，认为人生至高的境界就是完成天地之间一番逍遥游，也就是看破内心重重的樊篱障碍，静观辽阔天地之中人生的定位。

我爱庄子，其次是因为欣赏他多角度多方位考虑问题的辩证观。

庄子告诉我们：一个人境界的大小，决定了他的思维方式。人们常常以世俗的眼光，墨守成规地去判断事物的价值。而只有大境界的人，才能看到事物的真正价值。正如另一则故事中庄子和惠子说的一段话：一个葫芦如果长得小，可以当瓢，它是有用的。一棵树长得小，它可以去做桌子、椅子，它是有用的。一个葫芦长到最大，不必把它破开，可以把它当游泳圈一样浮于江海，它还是有用的。一棵树长到最大，可以为人遮风避雨，它也是有用的。难道一个东西，必须要被加工成某种规定的产品，它才有用吗？有一次配钥匙时，我跟师傅说锁涩难开，师傅说他给我一些润滑锁孔的机油，于是撤下烟盒外面的塑料软包装，装了机油给我。我感慨于他的废物利用。他说："这个世界上无所谓垃圾和废物，所谓废物，只是放错了地方的财富。"是呀，大材大用，小材小用，有用和无用是可以相互转化的。当我们以世俗的小境界去观察事物时，常常会以眼前的有用和无用来进行判断。我们所谓的有用，可能只是一些局部的有用。而当你具有大境界时，才能够理解什么叫作"天生我材必有用"。

我爱庄子，还因为欣赏他无羁无绊的逍遥游的心态。

这种逍遥不是人的生命凌驾于外在世界之上、跟万物成为对抗的一种自尊霸主，而是需要用我们的心、我们的眼、我们的呼吸、我们的行动与世间万物紧密相连、水乳交融，是需要我们能够欣赏花开、聆听水流，能够看见飞鸟掠过天际、朝阳跃上云端的。我们听说过这样一首诗："春有百花秋有月，夏有凉风冬有雪。若无闲事挂心头，便是人间好时节。"人间真正的好时节，就是没有闲事挂心头。所谓闲事就是我们为自己设置的一种障碍，它使我们的境界不能开阔。所以老庄提倡道法自然——世间的一切事物都应该顺其自然，而不能自以为是地把自己的想法强加于人。道法自然就是让我们的心感受天地之气；就是鼓励每一个人用自己的脚步去丈量自己的历程，用自己的体验去开启自己的心智；就是让我们无处不看见。所以于丹说："在今天这个时代，我们更需要内心的火眼金睛，更需要常常反省，更需要摆脱外在的标准和评价来判断自己的能力。只有确立了这一切，以自己的清明理性去善待他人、善待朋友、善待子女，才能够做到对人对己的真正尊重。"

拥抱庄子吧，解读他的奥秘，以觉悟的态度反观内心，那么，我们就会拥有一双灵魂的眼睛，就会拥有一把庖丁的利刃，就可以看破世间的是是非非，释放自己，尽可能达到一个逍遥游的境界，就会获得一份清明的理性，而完成自己独一无二的人生。

### 《庄子》中的美学

《庄子·秋水》篇里庄子与惠子在濠梁之上的论辩颇值得玩味，这个故事可以用来说明美感经验中一个极有趣味的道理。

严格地说，每个人都只能知道自己处何种境地，有何种知觉，生何种情感，而旁人旁物的处境、知觉、情感，则是凭自己的经验揣测出来的。这种心理活动叫作"共情作用"，即仿佛觉得自己也有同样的感想或感受。庄子看到鲦鱼"出游从容"便觉得它"乐"，就是因为庄子体会过"出游从容"的"乐"的滋味。美感经验中的"共情作用"不单是由我及物，同时也是由物及我的。所谓美感经验不过是我的情趣和物的情趣往复回流而已。

# 8. 那只逍遥的蝴蝶

◎程应峰

庄周梦见自己变成了一只翩翩飞舞的蝴蝶，遨游各处，悠闲自在。醒来后，却不知是自己做梦化作了蝴蝶，还是蝴蝶做梦化作了自己。"庄周梦蝶，蝶梦庄周"所昭示的，是人与自然万物对峙与轮回的一个场景。这种形象化的场景，正是庄子对老子道的思想的灵性延伸，是道家哲学智慧的灵魂所在。

庄子的生活，充满了感性的逍遥。"入梦化蝶，化蝶入梦"，那种畅游自然、悠游于世的快意，使他无法分清自己与蝶的界限。当他放下一切背负，思想游离于世俗之外时，才滋生出了"物我为一"的感受。他才可以"乘天地之正，而御六气之辩，以游无穷"。也许庄子无法脱离俗世而活，但他的思想已超脱了红尘凡俗，云游于大千世界，融合于天地之间。

蝶即庄周，庄周即蝶。追求如此这般物我合一境界的，不止庄周一人，还有陶渊明、贝多芬、霍金……

陶渊明在功名利禄前，双眼没有被蒙蔽，情愿躬耕劳作生存，也不愿出卖灵魂的自由去换取一时的丰衣足食。独自饮酒、赏菊、观竹、读书，隐居山林，孤独但不寂寞，与自然万物融为一体。"采菊东篱下，悠然见南山"正是他的生活写照。陶潜即菊，菊即陶潜。

童年时的贝多芬被迫练琴，少时遭遇丧母之痛，在人生正待七彩绽放时，又遭受了失聪的痛苦。"木秀于林，风必摧之"，连上天也止不住要嫉妒的贝多芬，从肉体到灵魂承受了太多的磨难。然而被困境蹂躏了千百次的贝多芬，没有放弃，没有退缩。就算听不到声音，也要"扼住命运的咽喉"，写出盘踞于灵魂的乐曲。他用牙齿咬住铅笔感受音乐的律动，在无声世界里永不停息地战斗，他的精神使他超越了尘世间的苦难。贝多芬即音乐，音乐即贝多芬。

霍金呢，他的形骸困于轮椅之间，但这并不能阻止他对科学的追求。他不停地思考、质疑、追问，他的科研成果铸就了他灵魂的高度，他的头脑装的是整个宇宙，他的思维超出了世俗的观念和时空的束缚，在精神的天地中自由飞翔。霍金即宇宙，宇宙即霍金。

道家哲学中诸如"天人合一、无为而治、道法自然"等理念，包含了依天地自然运行之道，法阴阳消长变化之理，辨五行生克制化之机。小到个人修身养性，大到治国安邦的玄机，都有预见、判断、变通之功效，是古代先贤的智慧结晶，堪称东方哲学经典。道的思想就像庄周梦到的这只蝴蝶，快乐、逍遥、自在、物我两忘。它可抚慰灵魂，安顿心灵，蕴含着丰富的生命智慧，具有超越时空的品性和质地。道家智慧能够消除物我界限，使万物融为一体，在天地间自由飞翔。

"道法自然"理念的形成，是因为在人类的经验领域，万事万物，皆为有限，只有超越有限到无限，才能真正弥补人类自身的局限。自然造化之功正是超越有限到无限的恢宏途径。有一次，牛顿用很多钢丝、齿轮等材料制成了一个太阳系模型，有个手柄，轻轻一摇，行星就会围着太阳转，很精致。一个朋友来他家发现了这个模型，玩得爱不释手，便问牛顿："这么精致的太阳系模型是谁制造的？他一定非常聪明。"牛顿回答："没有人制造。"牛顿的朋友说："怎么可能呢？怎么会没有人制造呢？"牛顿说："如果一具模型都必须由人设计制作，那为什么实际运转着的太阳系却会是偶然形成，而没有一位设计创造者呢？"这位朋友一时语塞，不能不感念于自然造化之功力。可以说，道法自然，人类才会在欲知和未知、有限和无限之间不断地发掘能量、获取真知。

生活之道，顺其自然，知足常乐。它告诫我们要有一颗平常心，淡泊怡情，遇事不计较、不慌乱，才能率性地投入生活，抵达心灵自由之境。为人之道，知人者智，自知者明。它提点我们，做人应谦虚如水，要本分天成，要不求回报，不必面面俱到，只有有所不为，才能有所作为。

如何获得生命的真谛？还得回到"道法自然"。老子提出的"道法自然"，不仅提示了宇宙中事物间的关系，还指出了人们处事必须遵循的原则：要学会适应新的生活方式，顺势而为；要善于顺应外在环境，如水随形；要把握事物发展变化的本质，伺机而动；要学会在浮躁中沉淀，"处无为之事，行无言之道"，及时清空归零。

生命是一个不断地知道、学道、悟道、得道、出道的过程，道在哪里？道在"天网恢恢，疏而不失"之中。茶杯里有水，如果把水倒光，茶杯里还有空气；空气之外，还有"道"。一张纸，叫一页；一滴水，叫一滴。什么都有道，"无中有道"讲究的就是一个悟的过程，悟到了，任何东西都是道的所在。

凡俗生活中，大多数人看到的是有形的东西，而老子看到的是无形的东西。就像"庄周梦蝶，蝶梦庄周"，将无形的梦变成有形的蝴蝶，又让有形的蝴蝶回到无形的梦境一样，这就是道，道是悟出来的。人的一生会经常置身于十字路口，站在十字路口，要明智地选择走哪条路，如果选择错了，或者出口错了，就麻烦了。这个选择的过程就是一个悟的过程，也就是我们通常说的"思路决定出路"。老子说："知人者智，自知者明。"意思是知道别人是一种智慧，知道自己才算是"明白"。

人生在世，常常是"你在做着别人的梦，你也在被别人而梦"，却总也不明白为什么而活。有个哲学家说过这么一句话："人为死而活着。"老子也说了一句同样深刻的话："死而不亡者寿。"意思是活着的时候所做的事情，能够在自己死了以后仍然让人知晓，这将是一种不死的超越。明白了这一点，人生最大的僵局也会变得活泛生动。

老子论道，以大智大慧为我们的生活指引了方向；庄周梦蝶，为我们的生活幻化出了一只生机盎然、可以效仿的蝴蝶。

# 9. 庄子的追问：个体独立与心灵自由（节选）

⊙张 恒

庄子发现，人总是喜欢比较，以己之长短比之于人之短长，而这正是通往个体独立和心灵自由的误区。

在《庄子·逍遥游》篇中，庄子讲了大鹏南徙的寓言。北冥之中有一只身长不知几千里的大鱼，名鲲。鲲一朝变身为背长不知几千里的大鸟，名鹏。每当海动之时，大鹏便展翅南徙。庄子援引《齐谐》的记述说，大鹏南徙时，得划水三千里才能升空，升到九万里高空才能正常飞翔，整个南徙过程要耗费半年光景。这引来了知了和乌鸦等小动物的嘲笑："我们想飞便飞，想飞往榆树就飞往榆树，想飞到檀树就飞到檀树。如果树远，一时飞不到，就落地歇一歇，然后再飞。何必为了南徙腾空九万里呢？"

对此，庄子评论说，世间万物的确存在差别，好比赶路，若只是去一趟郊外，路上最多也就吃三顿饭，回来的时候肚子还是饱着的；要是赶百里路程呢，那就得多备点干粮，因为白天怕是赶不回来；而要是赶几千里路程呢，那就得准备三个月的干粮，不然路上怕会挨饿。

根据路程远近准备干粮，这样的道理人人都懂，可是同样的道理搁在其他事情上，人们怎么就糊涂了呢？大鹏一展翅即飞出成千上万里，这既不能说明它有多勇武，也不能说明它有多笨拙，实在是因为它生就如此庞大的身躯和翅膀；知了、乌鸦只在树林之中起落穿梭，既不是因为它们灵巧，也不是因为它们格局太小，实在是因为它们生就了如此小巧的身躯和翅膀。

由此，尽管大鹏和小鸟有所区别——身躯大小和体态不一、飞翔高度和距离有别，可是就适合各自的"天性"来说，它们又没什么不一样。既然各适天性，那它们的逍遥之情，也就没什么不一样。从这个意义上说，大鹏和小鸟不具可比性，既不需要比较，也没必要相互羡慕或嘲笑，它们只要做好自己就够了。

当然，要做好自己，首先得了解自己，了解自己的天性和欲求，并拒绝与之无关的外界诱惑。为了说明这一点，庄子还讲过一个故事。尧曾想把天下禅让给当时的贤人许由，可是许由拒绝了，他说："鹪鹩巢于深林，不过一枝；偃鼠饮河，不过满腹。归休乎君！予无所用天下为！"能得天下，这是多少人的梦想啊！可许由偏偏不要，他明白自己，懂得拒绝。

能明白自己的天性而自足，能拒绝外界名利的诱惑，如此，便能走出"比较"的误区，实现人格的独立完整和心灵的自在逍遥。

# 单元学习任务

## 任务一

穿越时空，对话古人，战国时代的"诸子访谈"栏目请到了道家代表人物庄子。读完本单元的《庄子》选段以及后代人对庄子的评价文章，你一定对庄子有更深入的了解。假如你是庄子，面对"记者"的提问，你会如何回答呢？请你根据下列问题，完成《庄子采访录》。

记者（以下简称"记"）：在《逍遥游》中，您写了鲲鹏与斥鴳的故事，请问您想借此向世人表达什么观念呢？

庄子（以下简称"庄"）：我想表达的是＿＿＿＿＿＿＿＿＿

＿＿＿＿＿＿＿＿＿＿＿＿＿＿＿＿＿＿＿＿＿＿＿＿＿

记：好像您很喜欢用寓言故事给世人讲道理。

庄：是的，你眼光很独到，我确实喜欢用这种方式，因为用这种方式有很大的好处，那就是＿＿＿＿＿＿＿＿＿＿＿

＿＿＿＿＿＿＿＿＿＿＿＿＿＿＿＿＿＿＿＿＿＿＿＿＿

记：人们都说您是一个想象极为丰富的哲学家，您认同吗？能否结合您的作品谈谈？

庄：想象确实让我感受到世界的美妙，这在我的论说中有很多，比如我曾经想象＿＿＿＿＿＿＿＿＿＿＿＿＿＿

记：能说说您所追求的理想生活吗？

庄：＿＿＿＿＿＿＿＿＿＿＿＿＿＿＿＿＿＿＿＿＿＿

记：人们都说您和惠子先生亦敌亦友，能不能给我们说说您是怎么看他的？

庄：_____

……

　　小文同学在阅读《庄子》的过程中，发现庄子讲的故事中有很多动物，庄子往往赋予它们某种象征意义，于是他决定针对此现象进行探究，并以《〈庄子〉中的动物》为题写一篇小论文，下面是他写论文前准备的资料，请你根据示例试着补充完善一下吧。

| 动物 | 出处 | 特点 | 用意 |
|---|---|---|---|
| 鲦鱼 | 《庄子与惠子游于濠梁之上》 | "出游从容，是鱼之乐" | 这是庄子将自己的情感投射和外化到鲦鱼身上，体现了庄子重情、尚美的个性 |
| 鲲鹏 | | | |
| 斥鷃 | | | |
| 鹓雏 | | | |
| 鸱 | | | |
| 蝴蝶 | | | |
| 神龟 | | | |
| 鲋鱼 | | | |

# 为学修身

　　千百年来，往圣先哲对人的精神世界的探索从未止息，儒家传统思想更以其渊深浩渺的精神内涵影响着一代代的中国人。儒家经典《大学》开宗明义，明确地指出了一个人成就崇高德行的路径：格物、致知、诚意、正心，修身、齐家、治国、平天下。从独善其身的内在修养到兼济天下的入世追求，实现立身于己、惠及他人的自我价值。为学修身为本，治国济世为要。人生在世，应以践行先哲的为学之道为起点，以建设美好的理想家园为指归。

　　学习本单元的文章，要注意部分文言词语古今意义的不同，体会对偶句、排比句增强文章气势的铺排效果，把握作者的观点，并分析作者是如何进行阐述的。同时积累格言警句，结合自己的学习经验加以理解。

# *1.*《礼记》三则

⊙《礼记》

## 一

玉不琢①，不成器；人不学，不知道。是故古之王者建国君②民，教学为先。《兑命》曰："念终始，典③于学。"其此之谓乎。

## 二

发④然后禁，则扞格⑤而不胜；时过然后学，则勤苦而难成；杂施而不孙⑥，则坏乱而不修⑦；独学而无友，则孤陋而寡闻⑧；

---

① 琢：雕，刻。

② 君：名词作动词，治理。

③ 典：经常。

④ 发：发生。

⑤ 扞（hàn）格：互相抵触，格格不入。

⑥ 杂施而不孙：杂乱地进行（教育）而不合乎顺序。孙，同"逊"，顺。

⑦ 修：整治。

⑧ 孤陋而寡闻：学识浅陋，见闻不广。

燕朋<sup>①</sup>逆<sup>②</sup>其师；燕辟<sup>③</sup>废其学。此六者，教之所由<sup>④</sup>废也。

# 三

善学者，师逸<sup>⑤</sup>而功倍，又从而庸<sup>⑥</sup>之。不善学者，师勤而功半，又从而怨<sup>⑦</sup>之。善问者，如攻坚木<sup>⑧</sup>，先其易者，后其节目<sup>⑨</sup>，及其久也，相说<sup>⑩</sup>以解；不善问者反此。善待问者，如撞钟，叩之以小者则小鸣，叩之以大者则大鸣，待其从容，然后尽其声。不善答问者反此。此皆进学之道也。

---

① 燕朋：轻慢友人。燕，轻慢。

② 逆：违背。

③ 燕辟：轻慢。

④ 所由：之所以……的原因。

⑤ 逸：安闲，这里指费力小。

⑥ 庸：功劳，这里指归功于。

⑦ 怨：埋怨。

⑧ 攻坚木：处理坚硬木材。攻，治，这里指加工处理木材。

⑨ 节目："节"指树的枝干交接处。"目"指纹理不顺处，泛指节疤。

⑩ 说：同"悦"，愉悦。

## 译 文

### 一

玉石不经过雕琢，就不能成为有用的器物；人不学习，就不能懂得道理。因此，古代的君王建立国家、治理民众，都把教育作为首要的事情。《兑命》说："自始至终，常常想着致力于学习。"说的就是这个意思吧。

### 二

如果等到错事发生以后再禁止，就会抵触而难纠正；如果错过时机以后再学习，就会劳累辛苦而难有成效；杂乱施教而不循序渐进，就会败坏混乱而无法治理；如果独自学习而不与友人讨论，就会学识浅薄而见闻不广；轻慢朋友会违背老师的教诲；轻慢老师教学的训谕，会荒废自己的学业。这六种情况，是教学之所以失败的原因。

### 三

善于学习的人，老师不费力气，而自己收到的效果却很大，并归功于老师教导有方。不善于学习的人，老师费力大，而自己的收获却很小，还因此埋怨老师。善于提问的人，就像加工处理坚硬的木材，先从容易处理的地方下手，然后再处理节疤和纹理不顺的地方，久而久之，问题就愉快地解决了；不善于提问的人与此相反。善于回答问题的人，就像撞钟一样，轻轻敲击则钟声较小，用力敲击则钟声就大，等钟声响起之后，让它的声音响完。不善于回答问题的人与此相反。这些都是推进学习的方法。

1.这三则短文多用对偶句，朗朗上口，可以采用反复诵读的方式感受文章的铺排效果。此外，三则短文写法多样，第一则短文用类比，第二则短文用排比，第三则短文用对比，阅读时要注意对此进行比较分析。

2.这三则短文都是《礼记》中讲学习的经典篇章。阅读过程中要思考三则短文分别是从哪个角度对学习加以论述的。同时，要把握作者在文中提出的观点，并学会分析作者是怎样进行论述的。

# 2. 小国寡民 ①

⊙《道德经》

　　小国寡民。使②有什伯之器③而不用；使民重死④而不远徙⑤。虽有舟舆⑥，无所乘之；虽有甲兵⑦，无所陈⑧之。使人复结绳⑨而用之。甘其食，美其服，安其居，乐其俗。⑩邻国相望，鸡犬之声相闻，民至老死不相往来。

---

① 节选自《道德经》第八十章。小国寡民，使国家变小，使人民稀少。小，使……变小。寡，使……变少。

② 使：即使。下文"使民重死"的"使"是"让"的意思。

③ 什伯之器：各种各样的器具。什伯，意为极多，多种多样。

④ 重死：看重死亡，不轻易冒着生命危险去做事。

⑤ 徙：迁移。

⑥ 舆（yú）：车子。

⑦ 甲兵：武器装备。

⑧ 陈：陈列，这里指布阵打仗。

⑨ 结绳：文字产生以前，人们以绳记事。这里指回归古朴的生活状态。

⑩ 甘其食，美其服，安其居，乐其俗：使人民吃得香甜，穿得漂亮，住得安适，过得快乐。

## 译 文

使国家变小，使人民稀少。即使有各种各样的器具也不使用；使人民重视死亡而不向远方迁徙。即使有船只车辆，也不必每次乘坐；即使有武器装备，也没有地方去布阵打仗。使人民再回复到远古结绳记事的自然状态之中。使人民吃得香甜，穿得漂亮，住得安适，过得快乐。国与国之间互相望得见，鸡犬的叫声都可以听得见，但人民从生到死，也不互相往来。

**学习提示**

　　"大同社会"是儒家理想的社会，"小国寡民"则是道家政治纲领的体现，阅读时可以对比两种理想社会的相同点与不同点。有人认为陶渊明的《桃花源记》深受老子这篇短文的影响，你是否认同这个观点呢？阅读时对此进行思考探究。

# 1. 修齐治平 ①

⊙《大学》

　　古之欲明②明德③于天下者，先治其国；欲治其国者，先齐其家④；欲齐其家者，先修其身⑤；欲修其身者，先正其心⑥；欲正其心者，先诚其意⑦；欲诚其意者，先致其知⑧。致知在格物⑨。物格而后知至，知至而后意诚，意诚而后心正，心正而后身修，身修而后家齐，家齐而后国治，国治而后天下平。自天子以至于庶人，

---

① 节选自《大学》，题目为编者所加。修齐治平，即文章所说的修身、齐家、治国、平天下。

② 明：阐明，彰明。

③ 明德：光明的德行，指美德。

④ 齐其家：整治好自己的家庭。

⑤ 修其身：修养自己的品性。修，修养。

⑥ 正其心：端正自己的思想。正，端正。

⑦ 诚其意：使自己的心意诚实。诚，使动用法，使……诚实。

⑧ 致其知：充实自己的知识。致，这里指充实。

⑨ 格物：穷究事物的原理。格，推究，探究。

壹是<sup>①</sup>皆以修身为本。

## 译 文

古人想要彰明美德于天下，一定要先治理好他的国家；而要治理好国家，就要先整治好自己的家庭；要整治好家庭，就要先修养自己的品性；要修养自己的品性，就要先端正自己的思想；要端正自己的思想，就要先使自己心意诚实；要使自己心意诚实，就要先充实自己的知识。充实知识取决于对天下事理的探究。探究天下事理之后才能充实知识，获得知识后才能做到心意诚实，心意诚实之后才能端正自己的思想，端正自己的思想之后才能修养自己的品性，自我修养之后才能整治好家庭，整治好家庭之后才能治理好国家，治理好国家之后才能使美德彰明于天下。从天子到平民，一律都要把修身作为根本。

① 壹是：一律。

# 2. 不违农时 ①

⊙《孟子》

　　不违农时，谷不可胜食②也；数罟③不入洿池④，鱼鳖不可胜食也；斧斤⑤以时入山林，材木不可胜用也。谷与鱼鳖不可胜食，材木不可胜用，是使民养生⑥丧死⑦无憾⑧也。养生丧死无憾，王道之始也。

---

① 节选自《孟子·梁惠王上》。选段为孟子对梁惠王的回答，表现了孟子的王道主张和治国理想。违，违反，这里指耽误。

② 不可胜食：吃不尽。胜，尽。

③ 数罟（cù gǔ）：密密的渔网。数，密。罟，渔网。

④ 洿（wū）池：池塘。

⑤ 斤：斧子一类的工具。

⑥ 养生：供养活着的人。

⑦ 丧死：安葬死去的人。

⑧ 憾：遗憾，不满。

五亩之宅，树之以桑<sup>①</sup>，五十者可以衣帛<sup>②</sup>矣；鸡豚狗彘<sup>③</sup>之畜，无失其时<sup>④</sup>，七十者可以食肉矣；百亩之田，勿夺其时<sup>⑤</sup>，数口之家可以无饥矣；谨庠序之教<sup>⑥</sup>，申之以孝悌之义<sup>⑦</sup>，颁白者不负戴于道路矣<sup>⑧</sup>。七十者衣帛食肉，黎民不饥不寒，然而不王者，未之有也。

## 译 文

　　农忙时不要征调百姓服役，那么百姓的谷物就吃不完；密密的渔网不要到池塘捕鱼，那么水里的鱼鳖水产就吃不完；按一定的季节入山伐木，那木材便用不完。谷物和鱼鳖水产吃不完，木材用不尽，这就让百姓对生养和死葬没有不满了。老百姓对生养和死葬没有不满，这正是王道的开始。

　　在五亩大的住宅边种上桑树，五十岁以上的人就可以穿着丝织品了；鸡、猪、狗的繁殖饲养，不要错过时节，七十岁以上的人就可以经常吃到肉了。百亩的田地，不耽误农忙时节，数口之家就不会闹饥荒了。认真兴办乡学的教育，反复陈述孝敬长辈和友爱兄弟的道理，须发花白的老人们就不必背着重物或头顶物品在路上走了。七十岁以上的人能穿上丝织品、吃上肉，老百姓不缺衣少食，做到了这些而不称王于天下，是绝不会有的。

---

① 树之以桑：种桑树。树，名词作动词，种植。

② 衣（yì）帛：穿上丝织品的衣服。衣，名词作动词，穿。

③ 鸡豚狗彘（zhì）：鸡、猪、狗等家畜。豚，小猪。彘，猪。

④ 无失其时：不要错过繁殖时期。无，同"毋"，不要。

⑤ 勿夺其时：不要耽误耕种时间。夺，违背，这里指耽误。

⑥ 谨庠序之教：认真地兴办学校教育。谨，这里指认真从事。庠、序，都是学校。

⑦ 申之以孝悌（tì）之义：把孝悌的道理反复讲给百姓听。申，反复陈述。悌，敬爱兄长。义，道理。

⑧ 颁白者不负戴于道路矣：头发花白的老人不必背着或者顶着东西在路上走了。颁，同"斑"。负，背着东西。戴，顶着东西。

# 3. 观雅化闲游君子邦　慕仁风误入良臣府（节选）

⊙〔清〕李汝珍

话说唐、多二人把匾看了，随即进城。只见人烟辏集，作买作卖，接连不断。衣冠言谈，都与天朝一样。唐敖见言语可通，因向一位老翁问其何以"好让不争"之故。谁知老翁听了，一毫不懂。又问国以"君子"为名是何缘故，老翁也回不知。一连问了几个，都是如此。多九公道："据老夫看来，他这国名以及'好让不争'四字，大约都是邻邦替他取的，所以他们都回不知。方才我们一路看来，那些'耕者让畔，行者让路'光景，已是不争之意。而且士庶人等，无论富贵贫贱，举止言谈，莫不恭而有礼，也不愧'君子'二字。"唐敖道："话虽如此，仍须慢慢观玩，方能得其详细。"

说话间，来到闹市，只见有一隶卒在那里买物，手中拿着货物道："老兄如此高货，却讨恁般贱价，教小弟买去，如何能安！务求将价加增，方好遵教。若再过谦，那是有意不肯赏光交易了。"唐敖听了，因暗暗说道："九公，凡买物，只有卖者讨价，买者还价。今卖者虽讨过价，那买者并不还价，却要添价。此等言谈，倒也罕闻。据此看来，那'好让不争'四字，竟有几分意思了。"只听卖货人答道："既承照顾，敢不仰体！但适才妄讨大价，已觉厚颜；不意老兄反说货高价贱，岂不更教小弟惭愧？况敝货并非'言无二价'，其中颇有虚头。俗云：'漫天要价，就地还钱。'今老兄不但不减，反要加增，如此克己，只好请到别家交易，小弟实难从命。"唐敖道："'漫天要价，就地还钱'，原是买物之人向来俗谈；至'并非言无二价，其中颇有虚头'，亦是买者之话。不意今皆出于卖者之口，倒也有趣。"只听隶卒又说道："老兄以高货讨贱价，反说小弟克己，岂不失了'忠恕之道'？凡事总要彼此无欺，方为公允。试问那个腹中无算盘，小弟又安能受人之愚哩。"谈之许久，卖货人执意不增。隶卒赌气，照数付价，拿了一半货物，刚要举步，卖货人那里肯依，只说"价多货少"，拦住不放。路旁走过两个老翁，作好作歹，从公评定，令隶卒照价拿了八折货物，这才交易而去。唐、多二人不觉暗暗点头。

走未数步，市中有个小军，也在那里买物。小军道："刚才请教贵价若干，老兄执意吝教，命我酌量付给。及至遵命付价，老兄又怪过多。其实小弟所付业已刻减。若说过多，不独太偏，竟是'违心之论'了。"卖货人道："小弟不敢言价，听兄自付者，因敝货既欠新鲜，而且平常，不如别家之美。若论价值，只照老兄所付减半，已属过分，何敢谬领大价。"唐敖道："'货色平常'，原是买者之话；'付价刻减'，本系卖者之话。那知此处却句句相反，另是一种风气。"只听小军又道："老兄说那里话来！小弟于买卖虽系外行，至货之好丑，安有不知？以丑为好，亦愚不至此。第以高货只取半价，不但欺人过甚，亦失公平交易之道了。"卖货人道："老兄如真心照顾，只照前价减半，最为公平。若说价少，小弟也不敢辩，惟有请向别处再把价钱谈谈，才知我家并非相欺哩。"小军说之至再，见他执意不卖，只得照前减半付价，将货略略选择，拿了就走。卖货人忙拦住道："老兄为何只将下等货物选去？难道留下好的给小弟自用么？我看老兄如此讨巧，就是走遍天下，也难交易成功的。"小军发急道："小弟因老兄定要减价，只得委曲从命，略将次等货物拿去，于心庶可稍安，不意老兄又要责备。且小弟所买之物，必须次等，方能合用；至于上等，虽承美意，其实倒不适用了。"卖货人道："老兄既要低货方能合用，这也不妨。但低货自有低价，何能付大价而买丑货呢？"小军听了，也不答言，拿了货物，只管要走。那过路人看见，都说小军欺人不公。小军难违众论，只得将上等货物、下等货物，各携一半而去。

　　二人看罢，又朝前进，只见那边又有一个农人买物。原来物已买妥，将银付过，携了货物要去。那卖货的接过银子仔细一看，用戥称了一称，连忙上前道："老兄慢走。银子平水都错了。此地向来买卖都是大市中等银色，今老兄既将上等银子付我，自应将色扣去。方才小弟称了一称，不但银水未扣，而且戥头过高。此等平色小事，老兄有余之家，原不在此；但小弟受之无因，请照例扣去。"农人道："些须银色小事，何必锱铢较量？既有多余，容小弟他日奉买宝货，再来扣除，也是一样。"说罢，又要走。卖货人拦住道：

"这如何使得！去岁有位老兄照顾小弟，也将多余银子存在我处，曾言后来买货再算。谁知至今不见，各处寻他，无从归还。岂非欠了来生债么？今老兄又要如此。倘一去不来，到了来生，小弟变驴变马归还先前那位老兄，业已尽够一忙，那里还有工夫再还老兄，岂非下一世又要变驴变马归结老兄？据小弟愚见，与其日后买物再算，何不就在今日？况多余若干，日子久了，倒恐难记。"彼此推让许久，农人只得将货拿了两样，作抵此银而去。卖货人仍口口声声只说"银多货少，过于偏枯"。奈农人业已去远，无可如何。忽见有个乞丐走过，卖货人自言自语道："这个花子只怕就是讨人便宜的后身，所以今生有这报应。"一面说着，却将多余平色，用戥称出，尽付乞丐而去。

唐敖道："如此看来，这几个交易光景，岂非'好让不争'一幅行乐图么？我们还打听甚么！且到前面再去畅游。如此美地，领略领略风景，广广识见，也是好的。"

只见路旁走过两个老者，都是鹤发童颜，满面春风，举止大雅。唐敖看罢，知非下等之人，忙侍立一旁。四人登时拱手见礼，问了名姓。原来这两个老者都姓吴，乃同胞弟兄，一名吴之和，一名吴之祥。唐敖道："不意二位老丈都是泰伯之后，失敬，失敬！"吴之和道："请教二位贵乡何处？来此有何贵干？"多九公将乡贯来意说了。吴之祥躬身道："原来贵邦天朝！小子向闻天朝乃圣人之国，二位大贤荣列胶庠，为天朝清贵，今得幸遇，尤其难得。第不知驾到，有失迎迓，尚求海涵！"唐、多二人连道："岂敢！"吴之和道："二位大贤由天朝至此，小子谊属地主，意欲略展杯茗之敬，少叙片时，不知可肯枉驾？如蒙赏光，寒舍就在咫尺，敢劳玉趾一行。"二人听了，甚觉欣然，于是随着吴氏弟兄一路行来。

## 关于《礼记》（一）

　　《礼记》是战国到秦汉时期儒家论说或解释礼制的文章汇编，是儒家经典之一。《礼记》一书的编定者是西汉礼学家戴德和他的侄子戴圣。戴德选编的八十五篇本叫《大戴礼记》，在后来的流传过程中若断若续，到唐代只剩下了三十九篇。戴圣选编的四十九篇本叫《小戴礼记》，即我们今天见到的《礼记》。《礼记》主要是对礼制、礼仪的记载和论述。其中涉及秦汉以前的社会组织、生活习俗、道德规范、文物制度等情况，反映了儒家的政治、哲学、伦理思想。

# *4.* 教学相长

"教学相长"揭示了古代"教"与"学"互相促进的教学关系。

到春秋时期，中国教育已从西周官学的棍棒教育逐渐走向师道尊严与师生平等两者并重。到孔子时代，师生之间，教与学之间，呈现出一种互相尊重、相互促进的"教学相长"的关系。

在孔子那里，我们至少可以看到孔门师生的四种关系：

第一种是孔子与颜回之间的相互推崇的关系。

颜回是孔子最得意的学生，颜回对孔子自然是十分崇拜的。成语"仰之弥高，钻之弥坚"就来自颜回仰慕孔子的话："仰之弥高，钻之弥坚，瞻之在前，忽焉在后。夫子循循然善诱人，博我以文，约我以礼，欲罢不能。既竭吾才，如有所立卓尔。虽欲从之，末由也已。"这是学生崇拜老师。

而孔子对于颜回，其喜爱之情溢于言表。孔子曾由衷赞叹："贤哉回也！一箪食，一瓢饮，在陋巷，人不堪其忧，回也不改其乐。贤哉回也！"一次，孔子与子贡谈起颜回。他问子贡："你和颜回比，哪个更强？"子贡说："我怎么敢和颜回比呢？他能够闻一知十，我顶多是闻一知二。"这时孔子说："弗如也，吾与女弗如也。"连续两个"弗如也"，连孔子自己也"弗如也"。孔子被困于陈蔡，七天没见到粮食。子路想方设法得到一点儿米，让颜回做饭。子路远远望见颜回正从饭锅里掏饭吃，以为颜回太饥饿在偷食，便去问孔子："仁者会不会在穷困中改变自己的节操？"孔子说："既然改变了节操，怎么还能称其为仁呢？"意思是真正的仁者当然不会改节。这时子路才问出正题："像颜回，会不会改节呢？"孔子断然回答："不会！"子路便将所见告诉孔子。孔子找来颜回试探着了解情况，原来是灰尘掉进饭里，颜回将带有灰尘的饭粒捡出来，觉得丢掉浪费了，不丢掉又不干净，便吃掉了。孔子便说："如果是我，也会将它吃掉。"还说"吾之信回也，非待今日也"。

由此可见他们师生之间的互相推崇。不过，这种互相推崇的师生关系倒不是孔子所十分期待的。孔子曾说："回也，非助我者也，于吾言无所不说。"他认为颜回太崇拜他，对他没有什么帮助。他甚至批评颜回"不违如愚"。他更期待的是互有帮助的师生关系。他与子夏、曾晳，尤其是与子路的关系，便是此类关系。

第二种是孔子与子夏之间在学问上互相启发的关系。

一次，子夏问孔子该怎么理解《诗经》中的"巧笑倩兮，美目盼兮"，孔子以"绘事后素"四字回答。子夏说，这是不是表明"礼"在"仁德"之后呢？孔子高兴地说："起予者商也，始可与言《诗》已矣。"意思是说，能给我启发的是卜商（即子夏）啊，今后可以和他讨论《诗经》了。

这是一种在思维和学术上能互相启发的师生关系。

第三种是孔子与曾皙之间在人生理想上互相唤醒的关系。

《论语》有一个著名的文段《侍坐》，讲的是孔子要一众侍坐的弟子谈谈自己的人生理想。子路、冉有、公西华分别谈了自己的理想，孔子一一评点，最后剩下曾皙了。当时曾皙在一旁弹瑟，孔子便问："点（曾皙），尔何如？"这时，曾皙先是让琴瑟之声缓慢下来，最后"铿"的一声结束弹奏，慢慢放下琴，站起来从容答道："我和他们的理想不同。"孔子说："无妨啊，说说看吧。"曾皙说："我的理想是，暮春时节，春服刚成，同五六个青年，六七个少年，在沂水里游游泳，在舞雩台上吹吹风，然后，沐着春风，踏歌而归。"

曾皙的描绘给了孔子内心以强烈的震撼，那种天下大同的景象，那种艺术化、审美化的生活情景，让孔子心有戚戚焉。孔子不由赞叹："吾与点也。"他太赞成曾皙了。

第四种是孔子与子路之间在行为上互相提醒的关系。

孔子众弟子中，唯有子路敢向孔子提出质疑，敢在孔子面前表现出不高兴，敢发脾气；也正是在子路面前，孔子充分表现出了其非常可爱的一面。

子路敢于质疑孔子，而孔子也并不因子路的质疑而生气。

孔子被围陈蔡，陷入困境，绝粮七日，学生大多病倒，孔子一方面仍然弦歌不绝，另一方面也招来弟子问："我们为什么会陷入这样的困境呢？"他首先招来的就是子路，子路一脸怨气地说："真正的君子是不会陷入困境的，大概是您的仁德还没有达到应有的境界吧，所以人家不信任我们；或者是您的智慧还没有达到应有的境界吧，所以人家不愿推行我们的主张。您曾说：'行善事老天会降福，做坏事老天会降祸。'现在您积德怀仁，推行您的主张很久了，怎么处境还会如此艰难呢？"至此，子路甚至怀疑起孔子的主张了。

卫灵公的夫人南子名声不好，一次，卫灵公说他的夫人想见孔子。孔子作为一个道德圣人，当然不愿见一个名声不好的夫人，但又碍于礼节，不得已去拜见。这时子路就很不高兴，孔子只得发誓道："予所否者，天厌之，天厌之！"意思是，如果我有不良想法的话，老天爷会惩罚我，老天爷会惩罚我！连续两句"天厌之"，可以想象孔子当时的窘态。

一次，子路问孔子，如果卫国国君让孔子主政，他首先做的会是什么。孔子说，首先就要"正名"。子路便说他太迂腐，孔子便骂道："野哉由也！（你小子太无礼了！）"

这对互怼的师生，却情同父子。子路一生忠心护卫孔子，孔子也说："吾自有由，而恶言不入于耳。"

子路在卫国的内乱中死去，孔子得到消息，在中庭痛哭。有人来吊丧，孔子以主人的身份回拜。

在孔子那里，并非只有师道尊严，更多的是师生之间的互敬互爱，是师生之间的取长补短，是师生之间的互相促进。孔子最善于发现弟子的长处，也善于发现他们的不足；他可以学习弟子的长处，更善于弥补他们的不足。他发现颜回诚信却不灵活，子贡聪明却受不了委屈，子路勇敢却不能示弱，子张庄重却不随和。他敬他们的长处，又帮助他们补齐短板，这不仅造就了一批大儒，也成就了自己的至圣品格，很好地诠释了"教学相长"的含义：教与学之间是一种相互制约、相互渗透、相互促进的既矛盾而又统一的关系。

## 关于《礼记》（二）

《礼记》全书用散文写成，一些篇章具有相当高的文学价值。有的用短小生动的故事阐明某一道理，有的气势磅礴、结构谨严，有的言简意赅、意味隽永，有的擅长心理描写和刻画，书中还收有大量富有哲理的格言、警句，精辟而深刻。《礼记》对我国文化产生过深远的影响，各个时代的人都从中寻找思想资源，因而，历代为《礼记》做注释的书很多。宋代的理学家选中《礼记》中的《大学》《中庸》，将其与《论语》《孟子》合称为"四书"，用来作为儒学的基础读物。

# 单元学习任务

## 任务一

宋代文学家王安石曾经写过一篇文章《伤仲永》，说的是金溪平民方仲永出身农家，却从小天资聪颖，没上过学而通笔墨，能做到指物让他作诗立刻就能完成。乡人对此感到惊奇，请他父亲带着他去做客，花钱求仲永题诗。他父亲认为有利可图，每天拉着仲永四处拜访乡人，不让他读书。久而久之，仲永天才渐退，最终沦为普通人。请你读读此文，并给方仲永的父亲写一段话，用《礼记》中的话分析仲永"泯然众人"的原因，并给他一些教导孩子成才的合理建议。全文如下：

金溪民方仲永，世隶耕。仲永生五年，未尝识书具，忽啼求之。父异焉，借旁近与之，即书诗四句，并自为其名。其诗以养父母、收族为意，传一乡秀才观之。自是指物作诗立就，其文理皆有可观者。邑人奇之，稍稍宾客其父，或以钱币乞之。父利其然也，日扳仲永环谒于邑人，不使学。

予闻之也久。明道中，从先人还家，于舅家见之，十二三矣。令作诗，不能称前时之闻。又七年，还自扬州，复到舅家，问焉，曰："泯然众人矣！"

王子曰：仲永之通悟，受之天也。其受之天也，贤于材人远矣。卒之为众人，则其受于人者不至也。彼其受之天也，如此其贤也，不受之人，且为众人。今夫不受之天，固众人；又不受之人，得为众人而已邪？

老子提倡"小国寡民"，孟子主张"王道"治国，《礼记》构造"大同社会"，陶渊明想象"世外桃源"，李汝珍虚构"君子国度"……本单元为我们展示了古人对理想国的追求和探索。假如你可以体验上述理想社会中的一个，你最想体验哪一个呢？请你展开想象，完成一份《＿＿＿＿＿＿＿理想国体验报告》，并在班级进行分享。

| ＿＿＿＿＿＿＿理想国体验报告 | |
|---|---|
| 体验的舒适度<br>（请根据体验涂黑） | ☆ ☆ ☆ ☆ ☆ |
| 实现的难易度<br>（请根据体验涂黑） | ☆ ☆ ☆ ☆ ☆ |
| 优势<br>（请用文字描述） | |
| 劣势<br>（请用文字描述） | |
| 改良意见<br>（请用文字描述） | |
| 结论<br>（请用文字描述） | |

第三单元

# 鸣怀感遇

　　文学之美，缘情感物；情动于中，发之于外。沉浮宦海的坎坷曲折，怀才不遇的愤懑苦涩，壮志未酬的悲哀叹惋，知己难觅的失落忧愁，都曾触发迁客骚人的情怀。自从韩愈在《马说》里借千里马发出不平的呐喊之后，马鸣千古，振聋发聩，鸣于笔端，一篇篇佳作传世，满纸生辉，浩然正气充盈天地之间。鸣怀感遇，体现了古人对人生价值的思索与追求。

　　阅读本单元文章，要通晓文意，培养文言语感，在积累文言实词的基础上欣赏文中佳句，体会借物喻人手法的妙处，进而读懂作者的精神寄托。

# 1.龙　说<sup>①</sup>

⊙〔唐〕韩愈

　　龙嘘<sup>②</sup>气成云，云固<sup>③</sup>弗灵于龙也。然龙乘是气，茫洋<sup>④</sup>穷乎玄间，薄<sup>⑤</sup>日月，伏光景<sup>⑥</sup>，感<sup>⑦</sup>震电<sup>⑧</sup>，神变化，水<sup>⑨</sup>下土，汩陵谷<sup>⑩</sup>。云亦灵怪矣哉！

　　云，龙之所能使为灵也。若龙之灵，则非云之所能使为灵也。

---

① 节选自《杂说》，题目为编者所加。

② 嘘：吐气。

③ 固：本来。

④ 茫洋：深远广大。

⑤ 薄：接近。

⑥ 伏光景：遮住日月的光芒，隐藏起影子。伏，遮蔽，隐藏。景，泛指光明。

⑦ 感：同"撼"，动摇。

⑧ 震电：雷电。

⑨ 水：名词作动词，降水。

⑩ 汩（gǔ）陵谷：淹没大山深谷。汩，淹没。

然龙弗得云，无以<sup>①</sup>神其灵矣。失其所凭依<sup>②</sup>，信<sup>③</sup>不可欤！

异哉<sup>④</sup>！其所凭依，乃其所自为也。《易》曰："云从<sup>⑤</sup>龙。"既曰龙，云从之矣。

## 译 文

龙吐气为云，云原来比不上龙灵异。但是龙乘着这股云气，遨游于浩瀚无极的太空，甚至接近日月，遮住光芒，并能驱动雷电，变化神奇，化作雨雪洒遍山川大地，水浸山谷。云是多么神奇啊！

云，是龙使它灵异的。至于龙的灵异，就不是云能够赋予它的了。但是，龙没有云，就无法显示它的灵异，失去了它所依赖的东西，实在是不行啊！

真奇怪！龙所依靠的东西，正是它自己创造出来的。《易经》上说："云跟着龙。"既要说龙，就必然要说到云。

**学习提示**

本文被视为《马说》的姉妹篇，文章以龙喻君，以云喻臣，写出君臣遇合的关系。本文句式参差，摇曳生姿，阅读时要体会借物喻人手法的妙处，通过抓住文章的感叹句读懂作者的精神寄托。

---

① 无以：无法，不能。

② 凭依：依托。

③ 信：的确，实在。

④ 异哉：真奇怪。

⑤ 从：跟随。

# 2. 论 马①

⊙〔宋〕岳飞

　　骥②不称③其力，称其德也。臣有二马，故常奇之。日啖④刍⑤豆至数斗，饮泉一斛⑥，然非精洁宁饿死不受。介胄⑦而驰，其初若不甚疾，比⑧行百余里，始振鬣长鸣⑨，奋迅示骏⑩。自午至酉，

---

① 节选自《宋史》卷三六五，内容略有改动，题目为编者所加。

② 骥：好马。

③ 称：称赞。

④ 啖（dàn）：同"啖"，吃。

⑤ 刍（chú）：喂养牲口的草料。

⑥ 斛（hú）：量器名。容十斗。

⑦ 介胄（zhòu）：指给马披上铠甲、头盔。介，铠甲。胄，头盔。两词均为名词作动词，披上铠甲和头盔。

⑧ 比：等到。

⑨ 始振鬣（liè）长鸣：才扬起马鬣，长声鸣叫。始，才。鬣，这里指马脖子上的长毛。

⑩ 奋迅示骏：振奋加速，显示出了骏马的品质。

犹可二百里；褫<sup>①</sup>鞍甲而不息、不汗<sup>②</sup>，若无事然。此其为马，受大而不苟取<sup>③</sup>，力裕<sup>④</sup>而不求逞，致远之材<sup>⑤</sup>也。值<sup>⑥</sup>复襄阳<sup>⑦</sup>，平杨么<sup>⑧</sup>，不幸相继以死。今所乘者不然，日所受不过数升，而秣不择粟<sup>⑨</sup>，饮不择泉。揽辔未安<sup>⑩</sup>，踊跃疾驱，甫<sup>⑪</sup>百里，力竭汗喘，殆欲毙然<sup>⑫</sup>。此其为马，寡取易盈<sup>⑬</sup>，好逞易穷<sup>⑭</sup>，驽钝<sup>⑮</sup>之材也。

---

① 褫（chǐ）：夺去，这里是脱去、解下的意思。

② 不息、不汗：不喘息，不流汗。

③ 苟取：随便取用。苟，随便。

④ 裕：充沛。

⑤ 致远之材：能走远路的好马。

⑥ 值：适逢，正当。

⑦ 复襄阳：1134 年，岳飞率军收复襄阳等六郡。

⑧ 平杨么：1135 年，岳飞平定杨么发动的叛乱。

⑨ 秣（mò）不择粟：吃东西不挑粮食。秣，马的饲料，这里用作动词，吃。

⑩ 揽辔（pèi）未安：拉住缰绳尚未坐稳。

⑪ 甫：才。

⑫ 殆（dài）欲毙然：像要死了的样子。殆，几乎。

⑬ 寡取易盈：要求不多，容易满足。

⑭ 好逞易穷：好逞能显示自己，没有后劲。

⑮ 驽钝：拙劣，低下。

## 译 文

把好马称为骥，并不是称赞它的气力，而是称赞它的品德。我有两匹马，常常对它们的表现感到惊奇。它们每天吃饲料豆类多达几斗，喝泉水一斛，然而如果不是精细的饲料和清洁的泉水，它们就宁肯饿死也不吃。它们披上铠甲头盔奔驰而去，刚开始好像速度并不快，等走到一百多里，它们才开始扬起鬃毛长声鸣叫，振奋加速，显示出骏马的品质。从午时到酉时，还可以走二百里；脱掉鞍甲后不喘粗气，也不流汗，就像没事一样。这样的马，吃喝虽多但却不会随便饮食，力量充沛而不逞能，是能走远路的好马。那时适逢我收复襄阳，平定杨么，它们不幸相继死了。现在所乘坐的马就不是这样的。它每天吃的饲料不过几升，但是吃不挑粮食，喝不选泉水，人拉住缰绳尚未坐稳它就跳跃起来快速奔跑，才跑一百里就用尽力气流汗喘息，几乎像要死了一样。这样的马，需求不多，容易满足，喜欢逞能，但力气却很快耗尽，是低下的劣马啊。

**学习提示**

作者看似论马，实则在论说国家用人之法，何为良才，何为劣才，都借良马与劣马之别点破，妙在含蓄不露。文章短小精悍，寓意深刻。阅读本文，一是要把握作者借物寓意的写作手法，读懂文章的寓意；二是要注意文章中的对比手法，作者通过良马和劣马的对比突出良马的优点和劣马的弱点。

# 3. 千里马故事三则

⊙《战国策》

## 骥遇伯乐

夫骥之齿至①矣，服②盐车而上太行，蹄申膝折③，尾湛④肤溃⑤，漉汁⑥洒地，白汗交流。中阪迁延⑦，负⑧辕不能上。伯乐遭⑨之，下车攀⑩而哭之，解纻衣⑪以幂⑫之。骥于是俯而喷，仰而鸣，

① 齿至：指马到了可以役使的年龄。

② 服：拖，拉（车）。

③ 蹄申膝折：马蹄伸展，膝盖弯曲。申，同"伸"，伸展。折，弯曲。

④ 湛：浸泡。

⑤ 肤（fū）溃：皮肤被汗水渍烂了。肤，同"肤"，皮肤。

⑥ 漉（lù）汁：原指渗出的液体，这里指马流出的口水。

⑦ 迁延：步履艰难。

⑧ 负：拉着。

⑨ 遭：遇。

⑩ 攀：牵挽，抓住。

⑪ 纻（zhù）衣：麻衣。

⑫ 幂：覆盖，披。

声达于天，若出金石声者，何也？彼见伯乐之知己也。

# 千金买首

古之君人，有以千金求千里马者，三年不能得。涓人①言于君曰："请求之。"君遣之，三月得千里马。马已死，买其首五百金，反②以报君。君大怒曰："所求者生马，安事死马而捐③五百金？"涓人对曰："死马且买之五百金，况生马乎？天下必以王为能市马。马今至矣！"于是，不能期年④，千里之马至者三。

# 马价十倍

人有卖骏马者，比⑤三旦⑥立于市，人莫之知⑦。往见伯乐曰："臣有骏马，欲卖之，比三旦立于市，人莫与言。愿子还⑧而视之，去而顾之，臣请献一朝之贾⑨。"伯乐乃还而视之，去而顾之，一旦而马价十倍。

---

① 涓（juān）人：近侍之臣。

② 反：同"返"，返回。

③ 捐：花费。

④ 期（jī）年：满一年。

⑤ 比：连续。

⑥ 旦：早晨，这里指一天。

⑦ 人莫之知："人莫知之"的倒装，人们没有知道它的。

⑧ 还：同"环"，围绕。

⑨ 一朝之贾：工作一天的报酬。贾，同"价"，价钱。这里指报酬。

# 译 文

## 骥遇伯乐

千里马到了服役的年龄，拉着装盐的车爬太行山。它蹄子僵直了，膝盖折断了，尾巴被浸湿了，皮肤溃烂了，口水洒到了地上，汗水满身流淌。拉到半山腰，它便再也上不去了。伯乐遇到了它，赶忙从车上跳下来，抱住它心疼地哭起来，并脱下自己的麻布衣服给它披上。这时千里马低下头喷气，又昂起头高声长鸣，那声音直上云天，响亮得就好像金石发出来的一样，这是为什么呢？因为它知道伯乐是自己的知己啊。

## 千金买首

古时候有个君王，想拿千金高价买千里马，买了三年也没有得到。一个侍臣对他说："请允许我去找一下吧。"君王派他前去，他三个月便找到一匹千里马，但是马已经死了。他用五百金买了马头，回来献给君王。君王大怒说："我想找的是活马，怎么能花费五百金买死马呢？"侍臣回答："死马都用五百金买下它，更何况是活马呢？天下的人一定都认为大王您善于买马。千里马眼看就会送上门来了。"于是，不到一年，送来的千里马就有三匹。

## 马价十倍

有个人要卖掉自己的骏马，接连在市场上站了三天，没有人懂得欣赏他的马。这人去见伯乐，说："我有一匹骏马想要卖掉，在市场站了三天，没有人向我询问。想请您围着我的马转一圈，离开的时候再回头看看马，我愿意给您一天的酬劳。"伯乐于是围着马转一圈，离开的时候又回头看了看马，这匹马的价钱立刻涨了十倍。

# 4. 工之侨① 献琴

⊙〔明〕刘基

　　工之侨得良桐②焉，斫③而为琴，弦而鼓④之，金声而玉应。自以为天下之美也，献之太常⑤。使国工视之，曰："弗古⑥。"还之。

　　工之侨以归，谋诸漆工，作断纹焉；又谋诸篆工，作古窾⑦焉；匣⑧而埋诸土，期年出之，抱以适市。贵人过而见之，易之以百金。献诸朝，乐官传视，皆曰："稀世之珍也。"

　　工之侨闻之，叹曰："悲哉世也！岂独一琴哉？莫不然矣。而

---

① 工之侨：名字叫作侨的技艺工人，是虚构的人物。

② 桐：桐木，可制琴。

③ 斫（zhuó）：砍，削。

④ 弦而鼓：装上弦弹奏。弦、鼓，都是名词作动词。鼓，打鼓，这里指弹奏。

⑤ 太常：掌管祭祀礼乐的官。

⑥ 弗古：不古老。琴以古为贵。

⑦ 窾（kuǎn）：同"款"。古代钟鼎彝器上刻铸的文字。

⑧ 匣：装在匣子里。

不早图 <sup>①</sup> 之，其与亡矣！"遂去，入于宕冥之山 <sup>②</sup>，不知其所终。

## 译 文

　　工之侨得到一块上好的桐木，砍削后做成一张琴，装上琴弦弹奏起来，优美的琴声好像金属与玉石相互应和。他自己认为这是天下最好的琴，就把琴献给主管礼乐的官府。乐官让国内最有名的乐师鉴别这琴，都说："这琴不是古老的琴。"便把琴退还回来。

　　工之侨拿着琴回到家，跟漆匠商量，给琴身漆上残断不齐的花纹；又跟刻工商量，在琴上雕刻古代文字；再把它装入匣子埋在泥土中。第二年挖出来，抱着它到集市上。有个大官路过集市看到了这琴，就用一百金买走了它，把它献到朝廷上。乐官传递着观赏它，都说："这琴真是世上少有的珍宝啊！"

　　工之侨听到这种情况，感叹道："可悲啊，这样的社会！难道只有这张琴的遭遇是如此吗？整个世风无不如此啊。如果再不早点想办法扭转，恐怕国家将要随着这种风气灭亡了！"于是隐居到一座山中，谁也不知道他的去向了。

---

① 图：谋划，打算。

② 宕冥之山：虚构的山名。宕冥，高峻幽深。

# 5. 伯乐就是你自己

慧眼识珠者为人景仰，知人善任者功德无量。然而茫茫人海之中，这样的"伯乐"却往往是可遇而不可求。韩愈说："世有伯乐，然后有千里马。"我却要说："千里马，你要做自己的伯乐！"

美国著名心理学专家、世界潜能激励大师安东尼·罗宾曾经在《唤醒心中的巨人》一书中指出："每个人身上都蕴藏着一份特殊的才能。那份才能犹如一位熟睡的巨人，等待着我们去唤醒他……上天不会亏待任何一个人，他给我们每个人以无穷的机会去充分发挥自己。"既然如此，我们还等什么，为什么不做自己的伯乐呢？

当代著名作家贾平凹有一句名言："人贵能自我发现。"也就是说，你要做自己的伯乐。他本人经过多年的左冲右突，发现了自己写作方面的才能，寻求到一条通往成功的道路。正是因为他发现了自己，才勇敢地将自己的才能展示给了众人，他就是自己的伯乐！

毛遂地位卑微，却果敢得令人钦佩。在赵国被秦军围困的关键时刻，他不顾旁人的鄙夷和耻笑，挺身而出，自我推荐。楚国宫殿之上，他凭借自己"三寸不烂之舌"，说服楚王出兵，救国民于水火之中，留下了"小蔺相如"的美称。毛遂之所以能够名垂千古，正是因为他敢于发现自我，敢于做自己的伯乐。

如果你是一匹"千里马"，千万别把希望寄托在别人身上，当义无反顾地向毛遂学习，做自己的伯乐，发现自己的才能，然后以百倍的信心和勇气，把自己"荐"出去，去一展自己的风采，去实现自己的抱负。万万学不得那个才高八斗、计谋超群的姜子牙，他用几乎一生的时间来等待伯乐发现自己，要不是在垂老之年偶遇周文王，他的才华险些就被自己的消极等待给埋没了。

我们常常惊羡别人的成功，却往往忽视自己的努力；常常感叹命运不公，却很少发掘自己的潜质。那么，从现在起做自己的伯乐吧，别让自己把自己埋没，努力地去发现自己的天赋和潜能，并将其发扬光大。把我们心中的巨人唤醒，让我们发现自己、赏识自己，看准正确的人生方向，一步一个脚印往前走，总有一天，我们会走进自己心中的圣殿。

# 6. 鸿鹄志短

○周　礼

　　一天，去公园玩耍，发现东南角的水池里游着两只美丽的天鹅，它们全身洁白，伸着长长的脖子，高贵而优雅。不少游人围在池子的四周，争先恐后地给它们投食、照相。

　　对于天鹅，我并不陌生，儿时在李商隐的《镜槛》中读到过："镜槛芙蓉入，香台翡翠过。拨弦惊火凤，交扇拂天鹅。"还有安徒生的《丑小鸭》中也写到了天鹅。当然，令我印象最深的要数《史记·陈涉世家》中陈胜提到的一句话："嗟乎，燕雀安知鸿鹄之志哉！"

　　那时，天鹅在我的心目中，简直就是天使的化身、雄心壮志的代言。但我万万没有想到，如今这两只骄傲的白天鹅竟然生活于这样一个狭小局促的水池中，并且毫不在意，还一副悠然自得的样子。这样想着，我不禁向它们投去几分鄙夷的目光。我一向认为，天鹅的家不是湖泊，就是蓝天，待在池子里的天鹅，算不上真正的天鹅。

以前我听别人说，天鹅是世界上飞得很高的飞禽之一。天鹅有如此大的本领，却可怜兮兮地待在池子里向人们乞食，这着实让我感到有些意外。我好奇地问公园里的管理员："你们把天鹅放在这样一个水池里，还不设任何的防护措施，难道你们不知道天鹅会飞吗？"

管理员微笑着回答说："我们当然知道，但是它们绝不会飞走的。"

我疑惑地问："为什么呢？"

管理员不慌不忙地解释说："一则，水池里有吃不完的食物，这不仅免去了它们四处觅食的烦恼，还不用担心受到其他动物的侵袭。有这么优越的条件和环境，你就算拿着竹竿赶它们，它们也舍不得走。二则，天鹅起飞需要助跑，没有足够的空间，它们根本飞不起来。在这两只天鹅小的时候，我们先将它们放在一个经过特殊设计的小池子里，起初，这两只天鹅拼命地想要飞走，但池子的宽度达不到它们起飞的要求，每次逃逸均以失败而告终。经过多次尝试后，天鹅渐渐失去了信心，最后不得不放弃了起飞的念头。慢慢地，它们学会了享乐，学会了安于现状，不再幻想辽阔的蓝天和湖泊，以至于后来我们将它们放进一个大池子里，它们也没有想过逃跑，或许它们早已忘记自己会飞翔了。"

听了管理员的述说，我猛然醒悟：如果没有远大的志向，即便是本来能飞得很高的天鹅，也跟普通的鸭子无异，只能整天游荡在几尺见方的水池内，供人们观赏和取乐。

原来，很多时候，人之所以庸庸碌碌，不是因为我们没有才华，没有能力，而是因为我们根本没有展翅高飞的信心、雄心和恒心。如果一个人有了高远的目标，哪怕他是一只不起眼的黄雀，也能自由自在地翱翔于天空。

## 《礼记》名字的由来

汉代，人们通常将孔子所编定的典籍称作"经"，将孔子的弟子对"经"的解说称作"传"或"记"。《礼记》是对"礼"的解释，因此得名。到西汉前期，《礼记》共有一百三十一篇。后来西汉礼学家戴德和其侄子戴圣重新编定成为《大戴礼记》和《小戴礼记》。东汉末年著名学者郑玄为《小戴礼记》做了注解后，《小戴礼记》便从此盛行不衰，逐渐成为经典，并与《周礼》《仪礼》合称为"三礼"，与《诗经》《尚书》《周易》《春秋》并称为"五经"。

# 7. 木秀于林，风必助之

⊙叶倾城

学者谢泳在研究西南联大的时候注意到，当时同班的学生，后来的差别主要体现在机遇上："是机遇影响了才能，不是有才能就能得到机遇。有才能没有机遇，才能慢慢就没有了；而有机遇，没有才能慢慢也会发展出才能，获得成功。"

同学少年的日子，大家都是纤纤小树，生长在同一片苗圃里。而后，大家渐渐分散到人生的大森林里，有些不幸落在低洼，有些却有缘栽种在山顶；有些栽在沃野中，有些留在沙土上。种在山顶的，比周遭的林木都高出一截，于是，更多的阳光照在它身上，春天的第一场雨也都给了它。

木秀于林，风必摧之？没错。狂风暴雨季节，它在风中凌乱，断了一地的枝丫。但，一年能有几次摧折之风？平常日子里，风把它的花粉传播，蜜蜂蝴蝶都飞来；借助风势，它的种子传播天下。而随着它越长越大，成为参天大树，小小的风对于它，连摧折都无能为力了。它得到的越多，其他树就得到越少——资源，不过就是一碗饭，你多吃一口，其他人就饿着。

人与人之间的差别，往往还没有两棵树之间来得大，毕竟人家还可能不同科不同纲不同属，而我们，都是人科人属智人种。所以，能流传千古的名言，普通人也说得出来；伟大的、撼动世界的发明，多是人曾心念一转间想到的。区别何在？不是说了什么，也不一定是谁说的，往往只取决于——你在什么位置上，风帮不帮你忙。

就像如果树会说话，森林里也有窃窃私语。最矮的灌木丛，满腹心事只能说给小草听——小草可能还似听非听。而百年红松，才有资格发出松吟，好风凭借力，松涛入你梦。

你要当灌木还是红松？想风不打头雨不打脸，还是笑傲风云？你是愿意湮没人海，默默无闻，还是成为参天大树，活出人生的丰盛美好？

一切，都是人类自愿的选择。

# 心系苍生

屈原"长太息以掩涕兮，哀民生之多艰"；王维"达人无不可，忘己爱苍生"；杜甫"穷年忧黎元，叹息肠内热"；白居易"丈夫贵兼济，岂独善一身"；范仲淹"先天下之忧而忧，后天下之乐而乐"；李纲"但得众生皆得饱，不辞羸病卧残阳"；郑板桥"衙斋卧听萧萧竹，疑是民间疾苦声"……他们心系苍生安危，情牵百姓冷暖。让我们带着对"古仁人之心"的仰慕，阅读本单元的文章，感受他们胸怀天下的无疆大爱。

阅读本单元的文章，我们要体会古体诗在句式、用韵等方面的特点，要体会作者是如何运用细节描写刻画人物形象的，还要借助想象感受诗文中描述的社会现实，从故事和人物入手体会作者的人生感悟和情怀。

# 1. 新安吏

○〔唐〕杜甫

客①行新安道，喧呼闻点兵②。

借问新安吏："县小更③无丁？"

"府帖④昨夜下，次选中男⑤行。"

"中男绝⑥短小，何以守王城？"

肥男有母送，瘦男独伶俜⑦。

白水暮东流，青山犹哭声。

"莫自使眼枯⑧，收汝泪纵横。

---

① 客：杜甫自称。

② 点兵：征兵，抓丁。

③ 更：岂。

④ 府帖：指征兵的文书，即"军帖"。

⑤ 中男：指十八岁以上、二十三岁以下成丁。这是唐天宝初年兵役制度规定的。

⑥ 绝：副词。极，非常。

⑦ 伶俜（pīng）：形容孤独伶仃的样子。

⑧ 眼枯：哭干眼泪。

眼枯即见骨，天地<sup>①</sup>终无情！

我军取相州，日夕望其平。

岂意<sup>②</sup>贼难料，归军<sup>③</sup>星散营。

就粮近故垒，练卒依旧京<sup>④</sup>。

掘壕<sup>⑤</sup>不到水，牧马役亦轻。

况乃王师顺，抚养甚分明。

送行勿泣血，仆射<sup>⑥</sup>如父兄<sup>⑦</sup>。"

## 赏析

　　全诗从作者一次行旅起笔，"客行新安道，喧呼闻点兵"两句总起全诗，与《石壕吏》的"暮投石壕村，有吏夜捉人"异曲同工。下文承接"点兵"，"喧呼"已经点透了其间的无序混乱。眼见征兵乱象，作者与新安吏展开了对话，按照正常的征兵制度，中男不该服役，但眼前却被作为壮丁抓走。作者对新安吏的质疑正体现了对人民的同情。"肥男有母送，瘦男独伶俜。白水暮东流，青山犹哭声"宕开一笔，也许官吏被作者的质疑问得无言以对，对话戛然而止，于是作者把目光转向被押送的人群。对比手法一方面写出"肥男"母子生离死别的惨状，另一方面突出"瘦男"在战乱中无亲无靠、有苦却难诉的孤独情境。白水、青山两句环境描写移情于景，以山水天地同悲衬

---

① 天地：暗喻朝廷。

② 岂意：哪里料到。

③ 归军：指唐朝的败兵。

④ 旧京：这里指东都洛阳。

⑤ 壕：城下之池。

⑥ 仆射：指郭子仪。

⑦ 如父兄：指极爱士卒。

托百姓凄苦。接着，作者开始劝慰征人收泪，以"天地终无情"暗讽兵役制度的不合理，然而当此国家存亡迫在眉睫之时，战事吃紧，匹夫有责。"况乃王师顺，抚养甚分明"，讨伐安史叛军为"顺"，战争的正义性不容置疑。站在国家立场，作者以大义晓之以理，最后两句则以仆射爱军如子动之以情，对强征入伍的中男进行安慰。整首诗在揭露战乱给百姓带来苦痛的同时，又对朝廷有所回护，体现了杜甫内心的矛盾与痛苦。

## 学习提示

与《石壕吏》一样，这首诗通过语言描写，将安史之乱期间强行征兵给百姓带来的惨状铺展开来。学习时要在反复诵读的基础上，品析诗歌中的语言描写，揣摩作者对新安吏的质问和对中男的慰藉分别隐含着怎样的情感态度，进而理解作者的矛盾心理。

# 2. 观刈麦

⊙〔唐〕白居易

田家少闲月，五月人倍忙。

夜来南风起，小麦覆陇①黄。

妇姑荷箪②食，童稚携壶浆③。

相随饷田④去，丁壮在南冈。

足蒸暑土气，背灼炎天光。

力尽不知热，但惜⑤夏日长。

复有贫妇人，抱子在其旁。

右手秉遗穗⑥，左臂悬敝筐。

听其相顾言，闻者为悲伤。

---

① 陇（lǒng）：同"垄"，田埂。

② 箪（dān）：古代盛饭用的圆形竹器。

③ 壶浆：用壶装的汤水。

④ 饷（xiǎng）田：给在田里劳动的人送饭。

⑤ 但惜：只盼望。

⑥ 秉遗穗：拿着从田里拾取的麦穗。秉，拿着。

家田输税① 尽，拾此充饥肠。

今我何功德，曾② 不事③ 农桑。

吏禄三百石④，岁晏⑤ 有余粮。

念此私自愧，尽日不能忘。

## 赏 析

　　诗歌以五月麦收的农忙季节起笔，一句"田家少闲月"已点出农民的艰辛，而五月更是最为艰辛的时刻。接着写妇女领着小孩往田里送饭送水。此处"妇姑""童稚"两句对偶，使得诗歌句式错落有致，摇曳生姿。随之，作者写丁壮劳作情景：暑气炎热，赤足熏蒸，烈日烘烤，弯背灼热。他们虽已经累得筋疲力尽但不觉得炎热，只想趁着夏天昼长能够多干点儿活。这种矛盾心态和《卖炭翁》"可怜身上衣正单，心忧炭贱愿天寒"异曲同工，一冷一热，将底层百姓生活于水深火热间的辛苦劳碌有力地展现出来。在泛笔描写田间常见的景象后，作者以特写镜头描绘另一种令人心酸的情景：一个贫妇人抱子提篮拾穗。作者让她现身说法，拾麦穗的原因是田地为缴纳官税而卖光了，只好靠拾麦充饥。丁壮劳作揭示了农民的辛苦，妇人拾穗则揭示了赋税的繁重。至此，作者触景生情，由农民生活的痛苦而躬身自省，为自己舒适的生活而感到惭愧。将农民和自己的生活进行对比，表现了对劳动人民的深切同情，体现了古代知识分子的良知，难能可贵。

① 输税：缴纳租税。输，送给，引申为缴纳、献纳。

② 曾（zēng）：副词，竟然。

③ 事：从事，做。

④ 石：古代容量单位，十斗为一石。

⑤ 岁晏（yàn）：一年将尽的时候。晏，晚。

　　这首诗歌既有全景式的描绘，又有对特定人物的刻画，既有对刈麦场景的叙写，又有作者自我反省的议论。朗读时要理清诗歌的写作层次，同时体会作者通过动作、心理、语言等细节描写刻画人物形象这一写法的妙处，特别要关注作者通过刻画小人物和选取典型事件反映社会现实、表现文章主旨的写法。

# *1.* 无家别

⊙〔唐〕杜甫

寂寞天宝后①，园庐但蒿藜。

我里百余家，世乱各东西。

存者无消息，死者为尘泥。

贱子②因阵败，归来寻旧蹊。

久行见空巷，日瘦③气惨凄。

但对狐与狸，竖毛怒我啼④。

四邻何所有？一二老寡妻。

宿鸟恋本枝，安辞且穷栖。

方春独荷锄，日暮还灌畦。

县吏知我至，召令习鼓鞞⑤。

---

① 天宝后：指安史之乱以后。

② 贱子：这位无家者的自谓。

③ 日瘦：日光暗淡。

④ 怒我啼：对我发怒且啼叫。

⑤ 鞞（pí）：同"鼙"，鼓名。

虽从本州役，内顾无所携①。

近行止一身，远去终转迷②。

家乡既荡尽，远近理亦齐。

永痛长病母，五年委沟溪。

生我不得力，终身两酸嘶③。

人生无家别，何以为蒸黎④！

## 赏析

　　这首诗的叙述者不是作者，而是诗中的主人公。诗歌开篇即写出了安史之乱给百姓、家国带来的巨大创伤，前十四句叙述主人公回乡后看到的满目狼藉、荒凉萧索的惨状："园庐但蒿藜"显示出田园荒芜，"死者为尘泥"则揭示了命如蝼蚁的残酷现实。中间穿插"贱子因阵败，归来寻旧蹊"承前启后；"久行见空巷，日瘦气惨凄。但对狐与狸，竖毛怒我啼。四邻何所有？一二老寡妻"，详细地刻画了主人公自己寻访家园旧迹的情境，日光暗淡写出环境萧索，狐狸怒啼写出野兽横行，只存寡邻写出村人凋零。"宿鸟恋本枝，安辞且穷栖。方春独荷锄，日暮还灌畦。"这四句写主人公回乡后眷恋故土，打算安居家乡，开始新的生活。然而，这种归鸟投林的美好愿望并未实现，文章最后一部分写县吏再次征调服役，主人公又将远行，然而无家可别，孤身一人，前途未卜，于是主人公只好发出"家乡既荡尽，远近理亦齐"的决绝之语，既然家乡已经荡然一空，那么远近也都无差别了。虽然主人公故作旷达，但别时"永痛长病母，五年委沟溪。生我不得力，终身两酸嘶"的悲痛往事终于还是涌上心头：因自己前次服役而无法尽孝病母以

① 无所携：家里没有可以告别的人。携，即"离"。

② 终转迷：终究是前途迷茫，生死凶吉难料。

③ 酸嘶：失声痛哭。

④ 蒸黎：指劳动人民。

致最后至亲委骨沟溪，这是终生难忘的疼痛啊！至此，母亡之痛、家破之惨和盘托出，作者最后发出的"人生无家别，何以为蒸黎"的反问也就掷地有声，令人动容！诗歌塑造了一个遭遇悲惨、有血有肉的人物形象，表达了作者对底层百姓的深切同情。

## 五言古诗

五言古诗，又称五言古风，简称"五古"，是古体诗的一种，形成于东汉初。每句五字，每篇句数不拘，不求对仗，不讲格律，换韵比较自由。其内容"非指言时事，即感伤己遭"。篇幅短者，一般直赋其情或比兴寄托，较长者可叙事、议论、抒情。风格以高古、雄浑、有风骨为正。唐人"五古"笔力豪纵，气象万千。

# 2. 悲陈陶 ①

⊙〔唐〕杜甫

孟冬②十郡③良家子④，血作陈陶泽中水。

野旷天清无战声，四万义军同日死。

群胡⑤归来血洗箭，仍唱胡歌饮都市。

都人回面向北啼⑥，日夜更望官军至。

---

① 陈陶：即陈陶泽，唐时位于长安西北。唐肃宗至德元年（756）冬，唐军跟安史
   叛军在这里作战，唐军四万余人几乎全军覆没。

② 孟冬：每年冬季的第一个月，即农历十月。

③ 十郡：泛指当时秦地各郡。

④ 良家子：旧指出身良家的子女，此处指征召于百姓的士兵。

⑤ 群胡：指安史叛军。安禄山军中多胡人。

⑥ 向北啼：当时长安被叛军占领，唐肃宗迁都灵武（在长安之北），故长安百姓
   向北啼哭。

## 赏 析

　　这首诗以"陈陶"与"长安"作为场景转换，四句一层，层次分明。唐王朝这场悲痛惨重的失败战役发生于陈陶，诗人避写战争的发生及其情景，而是以"孟冬十郡良家子"起笔，突出军人良家百姓的身份，紧接着写"血作陈陶泽中水"，良家子弟顿时化身血水，沉重地写出了战争的残酷，由良家子到泽中水，让人目不忍睹，揪心惨痛。接着，诗人在描绘战事的悲惨结局后，又调转笔锋补写"野旷天清无战声，四万义军同日死"的战后场景。战事已了，天地瞬间沉寂，原野显得格外空旷，天空显得格外清虚，仿佛天地同悲，肃杀的氛围是为哀悼那同日战死的四万义军。与陈陶战场血水浮尸不同，长安街市叛军骄肆放纵，箭上沾染的良家子的鲜血仍未滴尽，他们已经得志骄横，放歌畅饮。叛军虽占领长安，却不得人心。与之相对，长安百姓对朝廷十分渴望，他们抑制不住心底的悲伤，北向而哭，渴望官军收复长安。最后两句可见民心向背，充分体现了百姓对叛军的厌恨。整首诗虽然为唐军惨败而痛心，但是诗人以悲壮的笔调写出家国蒙难时民心所向的支撑，传达出坚毅不屈的斗志。

# 3. 百忧集行①

⊙〔唐〕杜甫

忆年十五心尚孩②，健如黄犊③走复来。

庭前八月梨枣熟，一日上树能千回。

即今倏忽已五十，坐卧只多少行立④。

强将笑语供主人⑤，悲见生涯百忧集。

入门依旧四壁空，老妻睹我颜色同⑥。

痴儿不知父子礼，叫怒索饭啼门东⑦。

---

① 这是一首歌行体诗，故以"行"命名。"百忧集"即忧心满怀之意。

② 心尚孩：心智还未成熟，还像一个小孩子。

③ 黄犊（dú）：黄色小牛。

④ 少行立：走路和站立的时间少了，意即身已衰老。

⑤ 强（qiǎng）将笑语供主人：勉强作笑语，与援助之人相处。杜甫当时作客投
   靠他人，故有不得已的苦衷。

⑥ 颜色同：指妻子和自己的脸色一样忧愁。

⑦ 门东：按古时建筑，厨房之门在东。

## 赏 析

　　这首诗与《茅屋为秋风所破歌》同时而作，写于杜甫在成都草堂隐居时期，当时诗人生活困窘，仰人鼻息。虽然题目有"百忧集怀"之意，但是首句却不承题而写，而是写年少乐事。当时无忧无虑，朝气蓬勃，神清气爽，真正是"健如黄犊走复来"，爬树摘果，一日千回，略加点染铺叙，突出年少矫健。这四句写少、写乐正为反衬后文写老、写忧。"即今倏忽"瞬间回到现实，由十五到五十，岁月沧桑，自不待言。年岁之老也意味着身体之衰，两句转笔写现状，接以"强将笑语供主人，悲见生涯百忧集"两句，点题之笔写出人生悲况。一是为生计不得不仰仗他人，强作笑语，对于早年有"致君尧舜上"志向的杜甫而言，这是多么大的心理落差。二是即使如此，依然家徒四壁，生计维艰，愧对老妻，正是贫贱夫妻百事哀，所以忧从中来，读之令人心酸。诗以痴儿索饭作结，照应开头，与自己年少天真对比，贫困生活使得孩子只为饱肚啼哭，完全不同于自己少年时的矫健活泼。《杜臆》说："'强将笑语供主人'，写作客之苦刻骨，身历始知。四壁依旧空，老妻颜色同，痴儿索饭啼，不亲历，写不出。写得情真自然，妙绝。"整首诗的情感悲愤慷慨，郁结于中，作者融不幸的遭遇、切身的体验、内心的痛楚于一篇，读来让人叹息。

# 4. 红线毯

⊙〔唐〕白居易

忧蚕桑之费也。

红线毯，

择茧缫丝[①]清水煮，拣丝练线[②]红蓝[③]染；

染为红线红于蓝[④]，织作披香殿[⑤]上毯。

披香殿广十丈余，红线织成可殿铺；

彩丝茸茸香拂拂，线软花虚不胜[⑥]物；

美人踏上歌舞来，罗袜绣鞋随步没。

太原毯涩毳[⑦]缕硬，蜀都褥薄锦花冷。

---

① 缫（sāo）丝：将蚕茧抽为丝缕。

② 练线：水煮丝线，使之变白变软。

③ 红蓝：红蓝花。一种草本植物，可制胭脂和红色染料。

④ 红于蓝：染成的丝线，比红蓝花还红。

⑤ 披香殿：汉代宫殿名。这里泛指宫廷里歌舞的处所。

⑥ 不胜（shēng）：承受不起。

⑦ 毳（cuì）：鸟兽的细毛。

不如此毯温且柔，年年十月来宣州<sup>①</sup>。

宣州太守加样织<sup>②</sup>，自谓为臣能竭力；

百夫同担进宫中，线厚<sup>③</sup>丝多卷不得。

宣州太守知不知？一丈毯，千两丝<sup>④</sup>！

地不知寒人要暖，少夺人衣作地衣<sup>⑤</sup>！

## 赏　析

　　这首诗以宣州进贡红线毯，掠夺织工劳作为题材，深刻地批判了官府奉迎统治者而罔顾民生，剥削压迫底层百姓的残酷现实。全诗可分为三个部分。前五句为第一部分，描绘了织工精工细作，编织红线毯的场景。作者详细地写出红线毯择茧、缫丝、水煮、拣丝、练线、色染、织毯的全部制作过程，使人如亲见制作红线毯繁复的劳作过程，感受到织工的艰辛和紧张，更点出诗歌题注"忧蚕桑之费也"对糜烂豪奢帝王生活加以批判的主旨。第六至第十五句为第二部分。"披香殿广十丈余，红线织成可殿铺"，看似写红线毯之大，实则侧笔突出奢靡之极，耗费之多，工程之大，织工之艰。"彩丝茸茸香拂拂"，从视觉与嗅觉描写红线毯制作精致；"线软花虚不胜物"，从触觉表现红线毯质地松软；"美人踏上歌舞来，罗袜绣鞋随步没"，用侧面描写突出如此精致的丝织品却被用于歌女踏歌，让人心疼织工的付出；"太原毯涩毳缕硬，蜀都褥薄锦花冷。不如此毯温且柔，年年十月来宣州"，依然是侧面描写，用其他地方的织毯反衬红线毯之优质难得，从而开始显露作者批判的笔锋：帝王享乐、官府奉承。诗歌最后部分抨击宣州太守为奉迎帝

---

① 宣州：今安徽省宣城市。

② 加样织：用新花样加工精织。加样，翻新花样。

③ 线厚：丝毯太厚。

④ 千两丝：虚写所耗费蚕丝之多。

⑤ 地衣：即地毯。

王罔顾百姓，作者秉笔直言，毫不委婉，愤恨填膺，发出怒问："宣州太守知不知？一丈毯，千两丝！地不知寒人要暖，少夺人衣作地衣！""一"与"千"的对比突出耗费蚕丝之多，"人"与"地"的对比讽刺地方官荒唐丑恶的做法和百姓的悲苦，发出正义的呐喊。

## 七言古诗

七言古诗，又称七言古风，简称"七古"，七言古诗和歌行都称"七古"。起源于汉代民间歌谣，甚至更早。每句七字，但也并不绝对，只要诗中多数句子是七个字就可以，每篇句数不拘。其形式活泼，句法自由，用韵也非常灵活。

七言古诗是我国古典诗歌的主要形式之一，现在公认最早、最完整的七古是曹丕的《燕歌行》，南北朝时期的鲍照将其发展成一种充满活力的诗体。唐代的"七古"气象恢宏，手法多样，深沉开阔，尤其篇幅长、容量大的篇章，叙事、抒情的表现力极强。

# 5. 小我与大我

## ——兼谈杜甫、白居易

⊙刘荣哲

作家的胸怀必须要超越。超越什么？超越"小我"。超越的目标是什么？进入"大我"。

"小我"是什么？"小我"即具体之"我"，即"唯我"。眼下，短浅庸俗的作品比比皆是，这些作品，一是目光的短浅（时间意义上的小），二是视野的狭窄（空间意义上的小）。其作者只看到眼前的事与物，只关心个人的得与失。他们从不将自己的思想与伟大的思想沟通，从不把个人的命运向人类的命运贴近，从不把自己狭隘的境界向伟大的境界升华。从而，胸怀是小胸小怀，思想是小思小想，道理是小道小理，情绪是小情小绪，感觉是小感小觉，恩怨是小恩小怨，喜怒哀乐皆是小喜小怒小哀小乐。写自己得志处，读起来像是小人得志；写自己的失意处，看起来也不过是小人失意。

"大我"是何物？"大我"即普遍之"我"，即人类之心。《西京杂记》卷二载，盛览问司马相如怎样作赋。相如回答说："赋家之心，包括宇宙，总览人物，斯乃得之于内，不可得而传。"这个"包括宇宙，总览人物"的"赋家之心"就是"大我"。作文者不可无"大我"。沟渠中的水不与江河沟通，不过一股浊流，养得鱼虾，起不了风浪，行不得大船。没有人去理睬你的"唯我"。

我一再为杜甫感动。让我们读一读他的《茅屋为秋风所破歌》吧！他所住的是不堪一击的草房，秋风一起，即"卷我屋上三重茅"，他的生活是"布衾多年冷似铁，娇儿恶卧踏里裂。床头屋漏无干处，雨脚如麻未断绝。自经丧乱少睡眠，长夜沾湿何由彻"，其"小我"的贫陋程度，其艰难困苦，谁人堪比？作为一个知识分子，一个"一览众山小"的大诗人，基本的生活所需都无法满足，叹息、牢骚、绝望、诅咒甚至漫骂，都是完全可以理解的。然而，伟大的诗人毕竟是伟大的诗人，伟大的心胸在困苦中显得越发伟大："安得广厦千万间，大庇天下寒士俱欢颜，风雨不动安如山？"不仅没有抱怨和漫骂，甚至连悲观都没有，在这等的困境中想着的竟是得到万千广厦大庇天下寒士！不仅如此，他还说："何时眼前突兀见此屋，吾庐独破受冻死亦足。"意即我死你活，我苦你乐，无怨无悔！

这是何等的境界！

这种境界，我认为高于屈原的"亦余心之所善兮，虽九死其犹未悔"；高于诸葛亮的"鞠躬尽瘁，死而后已"；高于陶渊明的"采菊东篱下，悠然见南山"；高于文天祥的"人生自古谁无死，留取丹心照汗青"；也高于儒家的"穷则独善其身，达则兼善天下"。杜甫尽管穷，却没有"独善"，仍然保持着一种伟大胸怀，这种胸怀竟然伟大得不以地位的变化而变化，其境界，"独善"哪能望其项背！他覆披一切的关怀，以特殊的命运为基点，发出了绝不特殊的呼唤。这是文学对"小我"进行超越的最好例证。

我也一再为白居易的诗感动。他的《观刈麦》，面对辛苦的农夫油然反躬自问："今我何功德，曾不事农桑。吏禄三百石，岁晏有余粮。念此私自愧，尽日不能忘。"他的《卖炭翁》所勾勒的卖炭翁形象，所表露的控诉、指责之情，非设身处地不能感动，非将心比心不能同情。一个贞元中高中进士的知识分子，一个曾授翰林学士、左拾遗及左赞善大夫的大官，被贬之后仍为司马、为刺史的官吏，把最底层的百姓之苦直接与自己的灵魂对接，这是何等伟大的心地。

令人感动的还有他的《琵琶行》，文中白公竟将自己的命运与琵琶女的命运相提并论。在封建社会，琵琶女的社会地位是很低下的。而作为江州司马的白居易，眼里却根本没有社会地位的差别，在他看来，那位琵琶女就是技艺高超、命途多舛的艺术家！他不仅用大量的文字对她的演奏水平进行了热情的赞颂、推崇，而且将她视为知己，深情地写下了"同是天涯沦落人，相逢何必曾相识"的惊人之句。不仅如此，了解到琵琶女的身世之后，他再听弦声，竟然潸然泪下，以至于"座中泣下谁最多，江州司马青衫湿"。

这就是白居易，这就是一个伟大的文学家的关怀。这让我们想起了托尔斯泰的《复活》，托翁所深切关怀、理解与同情的女主角玛丝洛娃也身处社会的底层，但在托翁的笔下，她却比一切上流社会的人物更有灵魂。也令人想起雨果的《巴黎圣母院》，艾丝美拉达和丑陋的撞钟人卡西莫多竟那样可亲可爱。

善哉杜甫！善哉白居易！善哉托尔斯泰！善哉雨果！他们的精神一直延续到鲁迅的《一件小事》，老舍的《骆驼祥子》。在他们眼中，越是社会地位微贱的人，越是关怀的对象。这种关怀不是肤浅轻薄的同情，而是心心相印。关怀的伟大，越过了阶级、阶层的局限，越过了俗世的鸿沟，越过了世俗的道德评价。

以大的心胸、大的关怀写出大情怀的作品，才能称其为大作家。

## 名家评杜诗

盛唐一味秀丽雄浑，杜则精粗、巨细、巧拙、新陈、险易、浅深、浓淡、肥瘦靡不毕具，参其格调，实与盛唐大别。其能荟萃前人在此，滥觞后世亦在此。且言理近经，叙事兼史，尤诗家绝睹。

——胡应麟《诗薮》

千古诗人推杜甫。其诗随所遇之人、之境、之事、之物，无处不发，其思君王、忧祸乱、悲时日、念友朋、吊古人、怀远道，凡欢愉、幽愁、离合、今昔之感，一一触类而起，因遇得题，因题达情，因情敷句，皆因甫有胸襟以为基。

——叶燮《原诗》

# 6. 诗与成都

⊙肖复兴

　　和其他一些城市相比，成都一个特别之处，便是它和诗的关系格外特别，不仅仅因为那里有杜甫的草堂。说其是座诗城，是有传统来历的。

　　曾经听到这样一则民间传说，明朝新都状元郎杨升庵，少年即是天才，7岁那一年，碰到一位县太爷来访，县太爷想考考这个神童，身边的一棵古树枝上正晾晒着衣服，便指着古树随口说了一句上联：千年古树为衣架。没有想到，小小年纪的杨升庵脱口说出了下联：万里长江作澡盆。可谓巧对，且有些气势不俗。

　　成都古今曾经出过的诗人很多，历代来过成都的诗人更是无数，他们的诗写得或联对得再漂亮，并不足以说明成都就是一个诗城。

　　能够证明成都是一座诗城的，是诗对这座城市的影响，以及诗如水一样在这座城市的蔓延和普及。

　　20世纪三四十年代，在成都最为大众化的茶馆，曾经有百姓自发的写诗的热情，有好事者将自己写好的诗拿到茶馆里张贴，第二天再去一看，应对者已经如云，和诗者，在茶馆里彼此打擂台，茶客们，则在观看中肆意地评点优劣。诗让人们自得其乐，再没有哪里可以找到如成都茶馆里这样对诗的热闹场景了，想象那劲头赶得上《红楼梦》大观园里的赛诗会吧。

还曾经读到过这样一则故事，说是抗战期间，在半边街魏家祠堂对面开有一家饭馆，战争期间经济拮据，怕人吃饭不给钱或赊账；饭前先要钱呢，又觉得不大好，既怕得罪人，又怕伤自己的面子。店家便写下一首诗，贴在墙上："进门好似韩信，出门赛过苏秦，赊账桃园结义，要账三请孔明。"句句用典，又通俗好懂，众人皆会意而笑，皆大欢喜。在成都，诗不止于诗家之间风雅的唱和，而很实在，很实用，又有几分居家过日子的恬淡和狡黠，以及艰辛日子里的苦中作乐。

还曾经听说过这样一则民间的小诗，作者不详，但在成都流行，说的也是成都的人与事，其中头两句是：明皇无宫，薛涛有井。说的是唐玄宗流亡成都，落魄得没有了自己的皇宫，但同在唐朝的薛涛，却有自己的美景和美名而流芳千古，与世长存。对历史的调侃与褒贬，尽在简短的诗句之中，体现了成都人的智慧与幽默。

在成都图书馆查阅资料时，在书架上翻到一本不起眼的小书，是一位叫何韫若的退休老人写的一本《锦城旧事竹枝词》。老先生沉潜多年，集腋成裘，百余首竹枝词，遍写成都民俗民风，不仅有史笔钩沉流年往事，又有诗心抒写怀旧之情，是一本难得的成都民俗历史的民间纪事。

或许，上述的一切并不足以令人完全信服成都就一定是座诗城。再举一例，便是在成都，连乞丐都能够写诗。也许，这样的乞丐只是丐帮中的凤毛麟角，属于有异禀者，但他们确实曾经存在过，并为成都留下了他们不俗的诗作。这在别的城市里，我还真的未曾听说过。

过去的年代里，乞丐的生活颠沛流离不好过，特别是到了深秋和冬天，冷风刺骨，更是饥寒交迫。夜晚，店铺打烊后，会把剩余的炭火倒在街上，乞丐这时候会一拥而上，抱着那残火取暖。老成都人称之为"烘笼"。曾看过乞丐写下"烘笼"的一首诗："烟笼向晓迎残月，破碗临风唱晚秋。两足踏翻尘世路，一盅喝尽古今愁。"诗写得确实不俗，又文气十足，居然可以把寒夜里争抢残火的凄凉写得如此诗意盎然。让人不得不叹服，乞丐中也有诗人，并非天方夜谭。

1913 年，成都慈善人士曾经在北门一破庙旧址上搭建一排瓦屋，专门供乞丐在寒冬时有个避风的地方，并取了个典雅的名字，为"栖流所"。没过多久，便被乞丐在门上贴了一副对联："是士绅工商之友，与魑魅魍魉为邻"。联对得工稳又俏皮得很，一点不亚于杨升庵和流沙河。

一座平民化的城市，才能够将诗从高雅的殿堂上拉下来，让诗和自己平起平坐。一座有诗的传统的城市，才可以使得乞丐都能够拥有诗的才华，让诗真的走进民间，有了烟火气，处处花开一般，都可以绽放出诗来。

清末有这样一首竹枝词："石马巷中存石马，青羊宫里有青羊，青羊宫里休题句，隔壁诗人旧草堂。"这里所说的，便是处处有诗，处处有诗人，就在隔壁呢。

成都的诗的传统，要得益于杜甫和他的草堂。如果当年杜甫没有来成都，而是在别的地方盖了一间草堂，那也许就另当别论了，就像蒲公英的种子，飞落在哪里，哪里就生根发芽。诗的传统，其实就是一种文化的底蕴。它靠的不是一朝一夕，而是长久岁月的积淀和打磨，才化为了这座城市的血脉和基因。

记得同为诗人的冯至先生曾经说过一段话："人们提到杜甫时尽可以忽略了杜甫的生地和死地，却总忘不了成都的草堂。"这实在是成都的福气。成都人便也格外珍惜这一福分，将杜甫当作自己的诗神，把草堂当成诗的殿堂，每年人日即正月初七这一天，都要到草堂里祭拜，这已经成为由来已久的传统，成为成都人的庆典节日。如今，草堂的杜公祠前还悬挂着何绍基题写的楹联："锦水春风公占却，草堂人日我归来。"今年①是杜甫诞辰1300周年，自然，成都人更格外在意，来草堂的人会更多。诗的传统在一座城市走过了一千多年，这座城市又该是一种什么样的成色？

安史之乱后，杜甫携带自己的稚子，从甘肃的同谷步行了一

---

① 此指 2012 年。

个多月，才走到了成都，投奔到当时任剑南节度使的朋友严武门下。但不多日后，杜甫坚持搬出条件优越的严府，而居于简陋的寺院之中。日后，杜甫在浣花溪旁搭建一间茅草屋，即我们现在所说的草堂，写下《堂成》一诗，其中一联："暂止飞乌将数子，频来语燕定新巢。"道出了草堂建成时的情景和心情。才有了以后我们见到的"细雨鱼儿出，微风燕子斜""秋水才深四五尺，野航恰受两三人""自去自来梁上燕，相亲相近水中鸥"……这样我们司空见惯却又情趣盎然，令我们会心会意，平易得任何人都懂得的诗句。我一直这样认为，正由于杜甫自身这样的平民性，造就了杜甫诗歌的人民性，也才造就了成都这座城市诗歌传统的平民性，让诗和这座城市的人们心心相通，让诗不再是高雅的代名词，不再是诗人的专利，而属于大众和这座城市的每一棵树、每一朵花。

成都，便不仅是一座茶城、一座花城、一座美食城，还是一座诗城。

# 7. 追寻诗圣的流年踪影——记成都杜甫草堂博物馆（节选）

⊙陆培法

杜甫刚到成都的时候寄居在浣花祠的古庙里。在晨钟暮鼓中，静养人生羁旅的疲惫与创伤。这座古庙最早就叫草堂寺，按杜甫当时的描写已经很破败了，草堂寺的历史也很悠久。

"国破山河在，城春草木深。感时花溅泪，恨别鸟惊心。烽火连三月，家书抵万金。白头搔更短，浑欲不胜簪。"生逢"安史之乱"的杜甫忧国思家，颠沛流离。而成都接纳了浪迹天涯的诗人，给予他漂泊生活中难得的安适与温情。杜甫也有意无意之间，给成都留下了深刻的印记，这印记就是他的传颂千古的诗篇。

岷江水自成都西部的千年雪山蜿蜒而下，滋养着成都平原沃野千里。天府之国，山川形胜，气候宜人。杜甫写《登楼》诗："花近高楼伤客心，万方多难此登临。锦江春色来天地，玉垒浮云变古今。北极朝廷终不改，西山寇盗莫相侵。可怜后主还祠庙，日暮聊为梁甫吟。"

诗中写到的西岭即在四川境内的岷山附近，在岷山以西聚居着羌族与藏族的一些部落。此诗是唐代宗广德二年（764）杜甫从阆州重返成都登城楼之作。成都平原土地肥沃，民生安顺。然而，在

1200多年前，杜甫在写下这诗句的时候，他的眼里看到的可不只是美丽与富饶。"安史之乱"爆发后，唐王朝国力渐衰，天下动荡，家国残破。置身富足安宁的成都，杜甫却感到对于家国与庶民安危的深重忧患。

杜甫在草堂时期创作的流传最广的诗篇是《茅屋为秋风所破歌》。秋风秋雨，对于成都人来说根本不值一提，但对于杜甫而言，却是一场灾难。就在他登上青城山的那年秋天，一场秋天的暴风雨席卷了草堂。苦心建起的草堂被秋风刮破，杜甫的安乐之梦被冷雨摧残，他痛心疾首；看到因寒冷而无法睡去的家人，他万般无奈；面对凄凉窘迫的现状，他只能通过诗歌来抒发痛苦和愁绪。即便是在如此无助的处境下，杜甫心中所想的，不只是一己之安乐，而是天下苍生的共同命运。诗人在诗里沉痛疾呼："安得广厦千万间，大庇天下寒士俱欢颜，风雨不动安如山！呜呼！何时眼前突兀见此屋，吾庐独破受冻死亦足！"

草堂之美，其实不在于建筑之工巧，陈设之精雅，它美在一种天成的聪明和风骨。杜甫并非川人，但蓉城却实实在在地因着他的文字，更曼妙了几分——蓉城对诗人的回报就是以这草堂相赠。当时的茅屋，今日的华堂，无论何时，都是一个城市的感激与记忆。所以，这么多年人们都没有发现，杜甫草堂的意义，甚至远远地大过他的出生地——草堂未曾将杜甫视为一个客旅者，所以杜甫也未曾将草堂视为一个短暂的栖身之所，他们在匆匆的相聚中照应彼此，物我两忘，华彩相映。

# 单元学习任务

任务一

2020年4月，英国广播公司（BBC）推出了一部单集58分钟的纪录片——《杜甫：中国最伟大的诗人》。该片既为西方介绍了这位来自中国的伟大诗人，也通过探访现代中国，试图找寻杜甫与我们当下生活的关联。千百年来，杜甫的诗持续引发着中国人的共鸣，今天，我们阅读杜甫的诗歌，依然能感受到诗人的伟大。请你结合本单元所选杜诗，说说为什么杜甫能被称为"中国最伟大的诗人"。

任务二

白居易在写给好友元稹的信《与元九书》中说他创作"新乐府诗"的艺术水平应该达到"根情、苗言、华声、实义"的标准，即"以感情为根本，以语言为苗叶，以音律为花朵，以思想为果实"。请你阅读《观刈麦》和《红线毯》两首诗，分析这两首诗的"花""实""苗""根"。

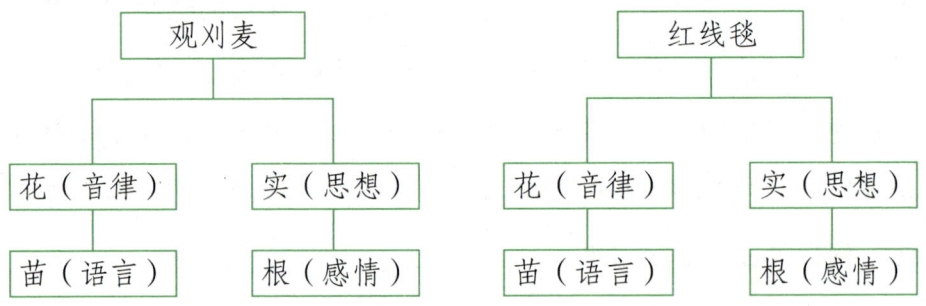

# 学写故事

　　中国是一个擅长讲述故事的国度。从神话故事到诸子寓言，从文人逸闻到民间趣谈，从庙堂传记到稗官野史……故事是民族文化的载体，是历史脉络的血肉。故事也许不在惊心动魄，也不在大喜大悲，它吸引我们的是蕴藏其中的人生感悟，那里有对人性温暖的体察，有对故土乡人的眷恋，有对家国情怀的诠释。

　　阅读本单元文章，要学习通过丰富的细节充实故事情节、塑造人物形象的写作手法，并且运用这种写法尝试创作故事。

## 片段集锦

**【范例1】**

　　紫鹃见了，忙悄悄的说道："三姑娘，瞧瞧林姑娘罢。"说着，泪如雨下。探春过来，摸了摸黛玉的手，已经凉了，连目光也都散了。探春、紫鹃正哭着叫人端水来给黛玉擦洗，李纨赶忙进来了。三个人才见了，不及说话。刚擦着，猛听黛玉直声叫道："宝玉，宝玉，你好……"说到"好"字，便浑身冷汗，不作声了。

（曹雪芹、高鹗《红楼梦》）

**【范例2】**

　　一日，捕盗十余名，押赴市曹。内一盗识兵，逡巡告曰："闻君刀最快，斩首无二割。求杀我！"兵曰："诺。其谨依我，无离也。"盗从之刑处，出刀挥之，豁然头落。数步之外，犹圆转而大赞曰："好快刀！"

（蒲松龄《快刀》）

**【范例3】**

　　冬至的祭祖时节，她做得更出力，看四婶装好祭品，和阿牛将桌子抬到堂屋中央，她便坦然的去拿酒杯和筷子。

　　"你放着罢，祥林嫂！"四婶慌忙大声说。

　　她像是受了炮烙似的缩手，脸色同时变作灰黑，也不再去取烛台，只是失神的站着。直到四叔上香的时候，教她走开，她才走开。

（鲁迅《祝福》）

【范例4】

多年以后，面对行刑队，奥雷里亚诺·布恩迪亚上校将会回想起父亲带他去见识冰块的那个遥远的下午。那时的马孔多是一个二十户人家的村落，泥巴和芦苇盖成的屋子沿河岸排开，湍急的河水清澈见底，河床里卵石洁白光滑宛如史前巨蛋。世界新生伊始，许多事物还没有名字，提到的时候尚需用手指指点点。每年三月前后，一家衣衫褴褛的吉卜赛人都会来到村边扎下帐篷，击鼓鸣笛，在喧闹欢腾中介绍新近的发明。

（加西亚·马尔克斯《百年孤独》）

【范例5】

父亲叫他：

"倪二。"

他像个孩子似的哭起来。

怎么办呢？

围着的人说：

"去找陆长庚，他有法子。"

"哎，除非陆长庚。"

"只有老陆，陆鸭。"

陆长庚在哪里？

"多半在桥头茶馆。"

（汪曾祺《鸡鸭名家》）

# 1. 家乡话

◎叶 舟

看见那块发亮的门头时，我就知道自己有救了，忙喊停了车，跳将下去。这里毗邻扬州大学，晚课后的学子们熙熙攘攘，与我一样，提着饥饿的胃，睁着贪婪的眼，徘徊在这一条街上。我反倒不急了，在门口挑了个凳子坐下来，让年轻人们先一饱口福。

烟花三月，街灯摇曳，空中飘满了柳絮，也送来了一丝植物的暗香。

在这样的良宵，能邂逅一碗我梦寐以求的面条，我哭的心都有了。我必须坦白，我的胃就是一介贫下中农的胃，走的是西北特色的面食路线，死不悔改。行旅扬州，"白天皮包水，晚上水包皮"，面对主人的热情和一桌子像牙雕一般的珍馐美食，我竟然不被诱惑，兴趣寡淡，好像三魂六魄都在半空中游荡，像柳絮似的无根无凭，始终安放不在身体中，也难以入眠。这不，深更半夜的，我叫了一辆的士，偷偷摸摸地出来觅食。

走了一拨儿人，又来了一拨儿人，学子们风卷残云，丝毫不给我机会。门头的牌匾上镶着几个大字：正宗兰州拉面。我磨着牙，饥肠辘辘。我闻见了熟悉的味道，我的胃张开了血盆大口，舌下生津，储满了一嘴的哈喇子，随时决堤。

后来，他从门里踅了出来，收拾桌上的碗，一眼瞄见了我。我谄笑，用了方言说："喏，给我下一碗二细！"

他愣了愣，像触电似的，盯着我面前的烟盒。他迅速恢复了表情，将手里的一摞脏碗送进了门内，跟一个伙计耳语一番，又掉头返回来。

他问："你是兰州来的？"他顺手拿起了烟盒，瞅了一眼。

我说："听口音，你是临洮的，离兰州城不远嘛。"

他回说："今儿个打烊了，你想吃的话，

明天来吧。"

我苦涩极了，哀告说："你凑合一碗吧，明天我还有公务呢。"

他笃定地说："卖完了。"

讽刺的是，这时又来了一对学生情侣，坐在旁边的桌子上，伙计热情地招呼着。不一会儿，两碗热腾腾的面端了出来，情侣们吃得山高水长，让我几乎晕厥了过去。

他自辩说："就因为你是兰州来的，不卖给你。除非……"

我忍辱负重地问："除非啥？"

他咧嘴笑，按住了我的肩膀，安慰道："除非你不急，先跟我说一阵子家乡话吧！"

找到了家乡风味，店主人却不卖，这是情节的第二处"曲折"。

本以为店主人会刁难，不料只是想让"我"跟他说说家乡话，这是情节的第三处"曲折"。至此故事戛然而止，看似结束，实则意味深长。

# 2. 逃 难

⊙萧 红

这火车可怎能上去？要带东西是不可能，就单说人吧，也得从下边用人抬。

何南生在抗战之前做小学教员，他从南京逃难到陕西，遇到一个朋友是做中学校长的，于是他就做了中学教员。做中学教员这回事先不提。就单说何南生这面貌，一看上去真使你替他发愁。两个眼睛非常光亮而又时时在留神，凡是别人要看的东西，他却躲避着，而别人不要看的东西，他却偷着看。他还没开口说话，他的嘴先向四边咧着，几乎把嘴咧成一个火柴盒形，那样子使人疑心他吃了黄连。除了这之外，他的脸上还有点特别的地方，就是下眼睑之下那两块豆腐块样突起的方形筋肉，不管他在说话的时候，在笑的时候，在发愁的时候，那两块筋肉永久不会运动，就连他最好的好朋友，不用说，就连他的太太吧，也从没有看到他那两块砖头似的筋肉运动过。

"这是干什么……这些人。我说，中国人若有出息……"

何南生一向反对中国人，就好像他自己不是中国人似的。抗战之前反对得更厉害，抗战之后稍稍好了一点，不过有时候仍旧来了他的老毛病。

什么是他的老毛病呢？就是他本身将要发生点困难的事情，也许这事情不一定发生。只要他一想到关于他本身的一点不痛快的事，他就对全世界怀着不满。好比他的袜子晚上脱的时候掉在地板上，差一点没给耗子咬了一个洞，又好比临走下讲台的当儿，一脚踏在一支粉笔头上，粉笔头一滚，好险没有跌了一跤。总之，危险的事情若没有发生就过去了，他就越感到那危险得了不得，所以他的嘴上除掉常常说中国人怎样怎样之外，还有一句常说的就是："到那时候可怎么办哪……"

他一回头，又看到了那塞满着人的好像鸭笼似的火车。

"到那时候可怎么办哪？"现在他所说的到那时候可怎么办，是指着到他们逃难的时候可怎么办。

何南生和他的太太送走了一个同事，还没有离开站台，他就开始不满意。他的眼睛离开那火车第一眼看到他的太太，就觉得自己的太太胖得像笨猪，这在逃难的时候多麻烦。

"看吧，到那时候可怎么办！"他心里想着，"再胖点就是一辆火车都要装不下啦！"可是他并没有说。

他又想到，还有两个孩子，还有一只柳条箱，一只猪皮箱，一个网篮，三床被子也得都带着……网篮里边还能装得下两个白铁锅。到哪里还不是得烧饭呢！逃难，逃到哪里还不是得先吃饭呢！

不用说逃难，就说抗战吧，我看天天说抗战的逃起难来比谁都来得快，而且带着孩子老婆锅碗瓢盆一大堆。

在路上他走在他太太的前边，因为他心里一烦乱，就什么也不愿意看。他的脖子向前探着，两个肩头低落下来，两只胳臂就像用稻草做的似的，一路上连手指尖都没有弹一下。若不是看到他的两只脚还在一前一后地移进着，真要相信他是画匠铺里的纸彩人了。

这几天来何南生就替他们的家庭忧着心，而忧心得最厉害的就是从他送走那个同事，那快要压瘫人的火车的印象总不能去掉。可是也难说，就是不逃难，不抗战，什么事也没有的时候，他也总是胆战心惊的。这一抗战，他就觉得个人的幸福算完全不用希望了，他就开始做着倒霉的准备。倒霉也要准备的吗？读者们可不要稀奇！现在何南生就要做给我们看了：一九三八年三月十五日，何南生从床上起来了，第一眼他看到的，就是墙上他已准备好的日历。

"对的，是今天，今天是十五……"

一夜他没有好好睡，凡是他能够想起的，他就一件一件地不管大事小事都把它想一遍，一直听到了潼关的炮声。

敌人占了风陵渡和我们隔河炮战已经好几天了。这炮声夜里就停息，天一亮就开始。本来这炮声也没有什么可怕的，何南生也不怕。虽然他教书的那个学校离潼关几十里路，照理应该害怕，可是因为他的东西都通通整理好了，就要走了，还管他炮战不炮战呢！

他第二眼看到的就是他太太给他摆在枕头旁边的一双袜子。

"这是干什么？这是逃难哪……不是上任去呀……你知道现在

袜子多少钱一双……"他喊着他的太太，"快把旧袜子给我拿来！把这新袜子给我放起来。"

他把脚尖伸进拖鞋里去，没有看见破袜子破到什么程度，那露在后边的脚跟，他太太一看到就咧起嘴来。

"你笑什么，你笑！这有什么好笑的……还不快给孩子穿衣裳，天不早啦……上火车比登天还难，那天你还没看见。袜子破有什么好笑的，你没看到前线上的士兵呢！都光着脚。"这样说，好像他看见了，其实他也没看见。

十一点钟还有他的一点钟历史课，他没有去上，两点钟他要上车站。

他吃午饭的时候，一会儿看看钟，一会儿揩揩汗，心里一着急，所以他就出汗。学生问他几点钟开车，他就说：

"六点一班车，八点还有一班车，我是预备六点的，现在的事难说，要早去，何况我是带着他们……"他所说的"他们"是指的孩子、老婆和箱子。

因为他是学生们组织的抗战救国团的指导，临走之前还得给学生们讲几句话。他讲的什么，他没有准备，他一开头就说，他说他三五天就回来，其实他是一去就不回来的。最后的一句说的是最后的胜利是我们的……其余的他说，他与陕西共存亡，他绝不逃难。

何南生的一家，在五点二十分钟的时候，算是全来到了车站：太太，孩子——一个男孩、一个女孩，一只柳条箱，一只猪皮箱，一个网篮，三个行李包。为什么行李包这样多呢？因为他把雨伞、字纸篓、旧报纸都用一条破被子裹着，算作一件行李；又把抗战救国团所发的棉制服，还有一双破棉鞋，又用一条被子包着，这又是一个行李；那第三个行李，一条被子，那里边包的东西可非常多：电灯泡，粉笔箱，羊毛刷子，扫床的扫帚，破揩布两三块，洋蜡头一大堆，算盘子一个，细铁丝两丈多，还有一团白线，还有肥皂盒盖一个，剩下又都是旧报纸。只旧报纸他就带了五十多斤，他说："到哪里还不得烧饭呢？还不得吃呢？而点火还有比报纸再好的吗？这逃难的时候，能俭省就俭省，肚子不饿就行了。"

除掉这三个行李，网篮也最丰富：白铁锅、黑瓦罐、空饼干盒子、挂西装的弓形的木架、洗衣裳时挂衣裳的绳子，还有一个掉了半个边的陕西土产的痰盂，还有一张小油布，是他那个两岁的女孩夜里铺在床上怕尿了褥子用的，还有两个破洗脸盆，一个洗脸的，一个洗脚的。还有油乌的筷子笼一个，切菜刀一把，筷子一大堆，吃饭的饭碗三十多个，切菜墩三个。切菜墩和饭碗是一个朋友走时留给他的。他说："逃难的时候，东西只有越逃越少，是不会越逃越多的，若可能就多带些个，没有错，丢了这个还有那个，就是扔也能够多扔几天呀！"还有好几条破裤子都在网篮的底上，这个他也有准备。

他太太在装网篮的时候问他："这破裤子要它做什么呢？"

他说："你看你，万事没有打算，若有到难民所去的那一天，这个不都是好的吗？"

所以何南生这一家人，在他领导之下，五点二十分钟才全体到了车站，差一点没有赶上火车——火车六点开。

何南生一边流着汗珠，一边觉得这回可万事齐全了。他的心上有八分快乐，他再也想不起什么要拿而没有拿的，因为他已经跑回去三次，第一次取了一个花瓶，第二次又在灯头上拧下一个灯伞来，第三次他又取了忘记在灶台上的半盒刀牌烟。

火车站离他家很近，他回头看看那前些日子还是白的，为着怕飞机昨天才染成灰色的小房。他点起一支烟来，在站台上来回地喷着，反正就等火车来，就等这一下了。

"到那时候可怎么办哪！"照理他正该说这一句话的时候。站台上不知堆了多少箱子、包裹，还有那么一大批流着血的伤兵，还有那么一大堆吵叫着的难民。这都是要上六点钟开往西安的火车。但何南生的习惯不是这样，凡事一开头，他最害怕。总之一开头他就绝望，等到事情真来了，或是越来越近了，或是就在眼前，一到这时候，你看他就安闲得多。

火车就要来了，站台的大钟已经五点四十一分。

他又把他所有的东西看了一遍，一共是大小六件，外加热水瓶一个。

"实在没有什么东西忘记的吧！你再好好想想！"他问他的太太说。

他的女孩跌了一跤，正在哭着，他太太就用手给那孩子抹鼻涕："哟！我的小手帕忘下了呀！今天早晨洗的，就挂在院心的绳子上。我想着想着，说可别忘了，可是到底忘了，我觉得还有点什么东西，

有点什么东西，可就想不起来。"

何南生早就离开太太往回跑了。

"怎么能够丢呢？你知道现在的手帕多少钱一条？"他就用那手揩着脸上的汗，"这逃难的时候，我没说过吗！东西少了可得节约，添不起。"

他刚喘上一口气来，他用手一摸口袋：早晨那双没有舍得穿的新袜子又没有了。

"这是丢在什么地方啦？……火车就要到啦……三四毛钱，又算白扔啦！"

火车误了点，六点五分钟还没到，他就趁这机会又跑回去一趟。袜子果然找到了，托在他的掌心上，他正在研究着袜子上的花纹，他听他的太太说："你的眼镜呀……"

可不是，他一摸眼镜又没有了，本来他也不近视，也许为了好看，他戴眼镜。

他正想回去找眼镜，这时候，火车到了。

他提起箱子来，向车门奔去，他挤了半天没有挤进去，他看别人都比他来得快，也许别人的东西轻些，自己不是最先奔到车门口的吗？怎么上不去，却让别人上去了呢？大概过了十分钟，他的箱子和他仍旧站在车厢外边。

"中国人……真是天生中国人！"他的帽子被挤下去时，他这样骂着。

火车开出去好远了，何南生的全家仍旧完完全全地留在站台上。

"中国人要逃不要命，还抗战呢！不如说逃战吧！"他说完了"逃战"，还四边看一看，这车站上是否有自己的学生或熟人。他一看没有，于是又抖着他那被撕裂的长衫："这还行，这还没有见个敌人的影，就吓没魂啦！要挤死啦！好像屁股后边有大炮轰着。"

八点钟的那次开往西安的列车进站了，何南生又率领着他的全家向车厢冲去，女人叫着，孩子哭着，箱子和网篮又挤得吱咯地乱响。何南生恍恍惚惚地觉得自己是跌倒了，等他站起来，他的鼻子早就流了不少的血，血染着长衫的前胸。他太太报告说，他们只有一只猪皮箱子在人们的头顶上被挤进了车厢去。

"那里装的都是什么东西？"他着急所以连那猪皮箱子装的什么东西都弄不清了。

"你还不知道吗？不都是你的衣裳？你的西装……"

他一听这个还了得！他就向着他太太所指的那个车厢奔去，火车就开了，起初开得很慢，他还跟着跑，他还招呼着，而后只得安然地退下来。

他的全家仍旧留在站台上，和别的那些没有上得车的人们留在一起。只是他的猪皮箱子自己跑上火车去走了。

"走不了，走不了，谁让你带这些破东西呢？我看……"太太说。

"不带，不带，什么也不带……到那时候可怎么办哪！"

"让你带吧！我看你现在还带什么！"

猪皮箱不跟着主人而自己跑了，饱满的网篮在枕木旁边裂着肚子，小白铁锅瘪得非常可怜，若不是它的主人，就不能认识它了。而那个黑瓦罐竟碎成一片一片的。三个行李只剩下一个完整的，他们的两个孩子正坐在那上面休息。其余的一个行李不见了，另一个被撕裂了，那些旧报纸在站台上飞，柳条箱也不见了，记不清是别人给拿去了还是他们自己抬上车去了。

等到第三次开往西安的车，何南生的全家总算全上去了。到了西安一下火车，先到他们的朋友家。

"你们来了啊！都很好！车上没有挤着？"

"没有，没有，就是丢点东西……还好，还好，人总算平安。"何南生的下眼睑之下的那两块不会运动的筋肉，仍旧没有运动。

"到那时候……"他又想要说到那时候可怎么办，没有说，他想算了吧！抗战胜利之前，什么能是自己的呢？抗战胜利之后什么不都有了吗？

何南生平静地把那一路上抱来的热水瓶放在了桌子上。

# 3. 指路小孩

⊙王安忆

　　香港屯门有一条轻铁，沿途一边是街道，一边是山坡绿地。站台是敞开的，立着车费刷卡机。站在月台上，看闲花野草，楼宇路人。过一会儿，有电车驶来，车与轨道的摩擦声在高远的天空下散得很远。

　　头一回搭轻铁去天水围看朋友，半路上与一个小孩同行。那是个胖胖的男孩，穿一条肥大的短裤，颈上挂着八达通卡，手里提着一个黑色乐器盒，肩上的布袋里是乐谱，应该是星期六上琴课或者下琴课回家。看他神情严肃、身负要务的样子很有趣，便逗他，指他的盒子说："双簧管？单簧管？"他先还绷着，后来就绷不住了，鼓鼓的脸颊露出笑容。又猜："小提琴？"他用劲点一下头，猜对了。于是，我们就唱一段小提琴基础课程《开塞》练习曲，与他套近乎。

　　搭乘轻铁比预想的要复杂。首先，同一个站台上有多条不同方向的路线；其次，我们要去的天水围似乎不在任何一条路线上。于是，招来新结识的朋友，请他指点。他默想片刻，胖胖的手指头在路线图上指定一个点，表示是我们应乘的那路车；沿线爬行一段，停下了，表示我们需抵达的地方；停一会儿，手指头跳到另一条路线上，这回的意思是换车；然后，迅速爬行，直至天水围，停下。指点完毕，他便走开，与我们保持一段距离。

车来了，才知道他与我们上同一路车。拥挤的人群，将我们的视线阻断了。有几次，我见他转头寻找我们，脸上流露出焦急的表情，等看见我们，却又立即回过头，看前边人的脊背。下车后，他遥遥对着我们，指向一处。顺着他的指点走了几步，不料，已到对面站台的他，又转身奔来。他努力交替浑圆的小腿，将小提琴盒提高到膝盖以上，以避免磕碰，这样就更吃力了。我们不由停下脚步。他一边跑，一边用手再次强调地指点，使我们明白走错了。这一回，他领着我们走到正确的站台。

站台上的人熙来攘往，他与我们，就像茫茫人海中相遇相知、聚散无常的样子。等驶往天水围的轻铁靠站，小孩看我们上了车，才放心离去，乘坐他自己的车。

从头至尾，他基本没有说话，大概怕我们听不懂他的广东话，或怕我们笑话他的普通话，极少又极关键的几个字，是用英语说的。唯有小提琴练习曲《开塞》的旋律，为我们做沟通，使我们于萍水中结交。

# 4. 轿 夫

◎罗 淑

　　记得是在一个暑期里，因为一时的高兴，答应了几个住在辽远的 L 县的同学，一同到她们的家乡去过夏。只给家里通了个信去，并不等候许可，就同着她们走了。

　　起初的两天是坐木船。可是在船上没有像我们想象中的那么潇洒、平静，因为我们搭着的是一只装载菜油往下河去的货船，篾篷终日给阳光炙得火烫，舱底的油蒸发着强烈的熏人的气味，而且搭客太多，起居上也深感到不便当。于是在第二天的晚上，我们便商议改走山路，虽是多了一日的路程，免不了要受她们家庭的埋怨，但是有我这一个外客，凡事只往我身上推，不就什么都干净了吗？等到早晨船靠了一个市镇的时候，我们就上岸去，在这里雇了四乘凉轿。

　　没有上轿以前，我们叮咛轿夫说："四乘轿子要接连一起走，不许隔得太远，有赶不上的，走拢了不添酒钱。"

　　于是四乘轿子，八个轿夫，热热闹闹地拉了一长串，在满是树木的山道上蜿蜒地前进。

轿夫们全都很驯良，又因许了他们到家后多付小费，供给一餐饭食，所以他们就格外地殷勤。

我们一路上耽搁着，只要有好风景的地方，或者看见了一些不曾见过的花木，总把轿子停了下来，逗留好些时候才肯再走。要是停轿的地方有人家，他们就趁着我们向乡里人买东西的时候，向人讨碗凉水，几口吞完之后，再打一个欠，坐在突出地面的大树根上、石头上，抽着旱烟低声地闲话着。从那不善掩饰的目光里，我猜想得到他们谈话的主题是我们，可是我拿得定，那是不含着任何恶意的：我们没有像穿黄衣服的兵大爷，时刻用枪柄在他们干柴似的骨架上敲打，也不像穿着长袍大褂的老爷们，惯于用口唾和脚头对付他们。

"我看那两个轿夫的模样有些特别。"

一次下轿来买甘蔗，我的一个朋友对我这样说。随着她的视线，我望了一下立在一棵庞大的古松底下的抬我的那两个青年轿夫，他们正在对着一群找野食的鸡抛石子。

"有什么特别呢？"我问。

"你仔细看看，我也说不出他们特别的地方，总之，我觉得他们的确有点异样就是了。"

我仔细再看，这一次仍然没有发现她所谓的特别的地方，只不过他们不像别的六个轿夫一样打着赤膊，身上老是挂着一件给汗水灰尘糊紧了的褴褛的衣裳，除此，便是他们的眼睛比较其余的要显得温和一点儿罢了。

"没有什么稀奇，还不是一个样子？"

我的朋友便不再说什么。

我的轿子本来是在第三，渐渐地，第四乘冲上去了。我招呼我的轿夫说："快点啊，看看你们就要跟不上了，叫前面的等一等吧！"

"赶得上的，不要他们等！"他们似乎不愿意输气。

话虽这样说，他们的脚步分毫没有加快，而且不到多久，连前面的三乘轿子的影子都几乎望不见了。我很着急，不断地催促他们赶快走，可是无论怎样，我总是和前面的人愈隔愈远，终于他们在我的视线中不见了踪影！

太阳已经沉西，灿烂的彩霞失掉了鲜明的颜色，路上的行人也少了，这时起了一阵凉风，全山的树木全都披头散发地抖擞着，似乎在欢迎临近了的温柔的夜。

我不住地叫苦，身上的汗直淌，心像要跳出腔子似的那么难过。我在轿里蹬脚大声地喊道：

"等到了店子再给你们算账！……叫你们喊他们等等，你们偏不叫！……这样配当轿夫吗？坏东西，明天不要你们抬，我另自换人，呵！我另自换人！"

"呵呵！小姐，你生气！老实地讲，我们跟得上他们男子汉吗？老天偏又不给我们这些人多生两只脚……"前面的一个说。

"什么？你们是女人？"我惶惑地问。

"不是女人是男人？"后面的一个咕噜道。

我的一团怒气完全给这几句简单的话语消除得一丝无存，我不由得随口问了一句：

　　"为什么女人也要跑来抬轿子呢？"

　　"哈！哈！哈！我的老天爷，为什么！……"后面的一个大笑说。

　　"为肚皮啊！小姐！"前面的一个接口道。

　　这句话一完，两个人合拢又是几声哈哈。

　　这种笑，在她们也许是单纯的，可是我觉得那里面夹杂着讽刺，夹杂着血和泪，愤怒和呼号，它使我发起呆来，我木然地任她们把我抬着在苍茫的暮色里缓慢地走着。

# 5. 家里那张老照片

⊙郑嘉祺

那张老照片上阳光明媚，我却一度不曾感受到它的温暖；那张老照片上激荡着胜利的喜悦，我却不是享受胜利喜悦的幸运儿；那张老照片多年来一直在我近旁，我却从不肯驻足回味……

八年前，耀眼的阳光下，踌躇满志的我怀揣着激情与梦想，向着赛道终点飞奔。风声和呐喊助威声在我耳畔呼呼作响，终点线在我眼中渐渐变宽变长。近在咫尺时，它突然被一个风驰电掣般的黑色身影掠走，随之而去的还有那份原本可能属于我的荣耀。"咔嚓"，快门按动，令我懊丧的一瞬便被定格在那张老照片上。

母亲把这张照片挂在了客厅里。每次回家时，我第一眼就能瞄到那刺眼的黑色身影，只有胜利者才是有价值的，我相信母亲是要告诉我这点。

有时亲戚来家里，看到那张照片时就大呼："你们家的孩子好棒啊！"然后看到我之后又诧异："怎么跟照片里的人不像？"这时母亲总是会说："哪里不像了，不是一模一样嘛！"第一次听到时我震惊了，母亲是如何迫切地希望我能成为他，成为胜利者啊！为此，她竟不惜如此无情地"讥讽"我。这些话在日后竟成了家常便饭。我越来越仇视那张照片，不曾用正眼看过它。

为报这"一步之仇"，我决不能止步。不仅限于体育，在所有学科上我总是皱着眉头，咬紧牙关，直视终点，不顾一切地向前冲。我相信自己总有一天能拥抱终点线，向母亲证明，我能成为真正的胜利者。

"把那张照片也放好吧。"母亲在我即将关门时说道，她走进房间，把照片取了出来，"看看小时候的你跟现在的你有多像。""哪里像了？这根本不是我！"我忍无可忍，怒目相向。母亲却静静地把照片推到我眼前，指向照片的右下角——一个奋力奔跑的身影屈居一隅。啊，那不正是我吗？皱着眉头，咬紧牙关，直视终点，不顾一切地向前冲。"人努力的时候，才是最耀眼的时候。"母亲说。原来她眼中的那张旧照片上，主角一直是我，即使是一个只占照片面积 1/20 的小小身影，也会被母爱无限放大。

"少一点对结果的期许，多一点过程中的执着，无问西东，始终瞄准终点前行，不管胜利属于谁，努力的身影永远是最闪耀的。"那张老照片如是说。

（学生习作）

第六单元

# 中国精神

　　曾经，"我以我血荐轩辕"，在中华民族生死存亡的岁月里，无数中华儿女浴血奋战，彰显了以爱国主义为核心的民族精神。

　　而今，我们自强不息，厚德载物，在中华民族伟大复兴的进程中，众多先锋楷模践行着以改革创新为核心的时代精神。

　　由此而焕发出的凝聚力和感召力，铸成不折不挠、勇往直前的中国精神，生生不息、薪火相传。

　　伟大的中国精神必将引领我们实现中华民族的伟大复兴！

# *1.* 谈中国精神

◎季羡林

**关键词：爱国　传统　文化**

郑州市社会科学界联合会的青年学者窦志力同志，冒着北国的寒风，不远千里，从郑州来到北京，把自己的新著《中国精神》这一部长达四十万言的著作送到我手中，并且让我写一篇序。说句老实话，我现在以望九之年被文债压得喘不过气来，原打算立即婉言谢绝的。但是，一想到这个书名——中国精神，我立刻想到中国"诗圣"杜甫的四句诗："好雨知时节，当春乃发生。随风潜入夜，润物细无声。"正当我们全国人民群策群力，意气风发，锐意弘扬和创造我们的精神文明时，这一部书难道不是一场"当春乃发生"的"及时雨"吗？

再说句老实话，我现在实在挤不出时间细读这样一部巨著。我只能大体翻看一下，看看全书的目录和结构，找出我自己认为必读的几个章节，细读了一番，其余的只能望一望它而已，我决不冒充我曾读过全书。

就我翻阅所及，我觉得这是一部好书。有资料，有分析，有见解，有论断，而且有一些见解很精辟，发前人之所未发。虽然我不敢说，对他的意见我全部同意；但是我却不能不佩服这位青年学者思想之敏锐，对中国精神分析之细致。有的话切中时弊，发人深省。这些都是作者近几年来奋发努力、锲而不舍的结果，我应该向他祝贺。

我对中国精神，或者笼统说东方文化，没有多么深的研究。由于自己好胡思乱想，所以也悟出了一些道理，不敢敝帚自珍，曾写过一些文章，得到的反响总起来说是积极的。但自知是"野狐谈禅"，并不敢沾沾自喜。

我同作者的意见有的是一致的，有的是近似的。比如，他从五个方面来概括中华民族的基本精神：爱国爱民的献身精神，勤劳智巧的创业精神，忠诚无畏的勇敢精神，仁爱孝敬的重德精神，追求光明进步的革命精神。对他这样的概括，我是同意的。

鲁迅先生的《且介亭杂文》中有一篇文章叫《中国人失掉自信力了吗》。他在文章中写道："我们从古以来，就有埋头苦干的人，有拼命硬干的人，有为民请命的人，有舍身求法的人，……虽是等于为帝王将相作家谱的所谓'正史'，也往往掩不住他们的光耀，这就是中国的脊梁。"鲁迅先生这一段话，同窦志力同志在上面列举的五条对比一下，可以发现许多共同的东西。

多少年以来，总有一个问题萦回在我的心中：什么是中华民族最优秀的传统？几经思考的结果，我认为是爱国主义。我们是唯物主义者，不能说，中国人天生就是爱国的。存在决定意识，必须有一个促成爱国主义的环境，我们才能有根深蒂固的爱国主义。只要看一看我们几千年的历史，这样的环境立即呈现在我们眼前。在几千年的历史中，我们始终没有断过敌人，东西南北，四面都有。虽然有的当年的敌人今天可能已融入中华民族之中；但是在当年，他们只能算是敌人。我们决不能把古代史现代化，否则我们的苏武、岳飞、文天祥等一大批著名的爱国者，就都被剥去了爱国的光环，成为内战的牺牲者。

但是，爱国主义并不一定都是好东西。我认为，我们必须严格区分正义的爱国主义和邪恶的爱国主义。在过去的历史上我们中国基本上一直是受侵略、受压迫的，因此我们的爱国主义是正义的。而像日本军国主义者和德国法西斯，手上涂满了别国人民的鲜血，而口中却狂呼爱国，这样的爱国主义难道还不是最邪恶的吗？这样的爱国主义连他们本国的人民也是应该挺身而出痛加挞伐的。今天，我们虽然已经翻了身，享受了独立自由的生活，但是一些心怀叵测的列强仍在觊觎敌视。因此，我们仍然要努力发扬正义的爱国主义精神，这是我们神圣的职责。

现在我们已经改革开放，正处在市场经济的大潮中，正处在一个重要的转型期中，我们仍然要弘扬中国文化中国精神的精髓，这一点我在上面已经谈过了。但是我们的中国精神和以中国文化为核心的东方文化，其作用就仅仅限于中国和东方吗？否，否，绝不是的。自工业革命以后，几百年来，西方列强挟其分析的思维模式，征服自然，为人类创造了空前辉煌的文化，世界各国人民皆蒙其利。然而到了今天，众多弊端都显露了出来，举其荦荦大者就是环境污染、生态平衡破坏、新疾病产生、臭氧层出洞等等。如果其中一项我们无法遏止，人类前途就处在危险之中。有没有拯救的办法呢？有的，"三十年河东，三十年河西"，西方不亮东方亮，唯一的一条拯救之路就是以东方综合思维模式来济西方之穷，在过去已有的基础上改弦更张，人类庶几有被拯救的可能，这就是我的结论。

给别人的书写序而侈谈自己的主张，似乎不妥。但我并不认为是这样的。我这样写不过表示我们"心有灵犀一点通"而已。

1996 年 12 月 10 日

# 2. 一个人的古驿道

⊙邱振刚

**关键词：建功立业　端直不阿**

初到梅岭，是盛夏时节。从大余县城出来，车行不久，我们就到了梅岭脚下。走出中巴，迫不及待抬眼望去，见到满山浓郁的绿，心里就有了些凉爽。

此时，除了同行的友人、向导，周围并无游客，城市的喧闹被山林挡在身后。从景区入口远望上去，只见一条铺着碎石、碎石上又生满青苔的山间石径，顺山势蜿蜒而上。这就是梅岭古驿道。

梅岭，又名大庾岭，居五岭之首，横亘于粤赣之界。

历史上的梅岭古驿道，从梅关城楼向南北两边，即赣粤两省伸延，北连江西大余，南达广东南雄，全长近百里，道宽处达五米，即使是迫于山势的最窄处也有两米，驿道全以青石及鹅卵石铺砌而成，至今保存完好的有两千五百余米长。

这段驿道开凿于唐开元年间，工程由张九龄主持。一俟开通，这里就成为由中原进出岭南的咽喉要道。

张九龄，是开元年间的名相，但他拜相，乃是开元二十二年的事情，而古驿道之开凿，是开元四年。当时的张九龄，刚刚以"秩满"（即官员任期已满）为由返乡。

要知道，张九龄为官数十载，大大小小的官衔不计其数，但主持修筑驿道的两年，却正值他仕途中仅有的一段真空期。那么，他为何会不在其位而谋其政，当起"包工头"来？

答案自然要到历史中寻找。

公元708年，一个来自广东韶州曲江的读书人，在梅岭山路上艰难行走。此刻他要做的，是一路走进长安城，在科举考试中脱颖而出，然后按照圣贤的教诲，辅佐君王，建功立业。

他就是张九龄，时年三十岁。

然而，他到了梅岭，看到的是这样的场景：一个个行旅客商无法骑马，更无法用车辆——哪怕是最小的独轮车来运输货物，只得手提、肩扛、背负，沿着宽不盈尺的崎岖小路，在悬崖峭壁间辗转前行。

梅岭山路之漫漶艰危，作为韶州人的张九龄自然早有耳闻。但穿越梅岭竟然如此艰难，还是出乎他的意料。原来，无论是士人北上求取功名，还是行商要在岭南中原之间穿梭奔波，都要经历"人苦峻极"的一番折磨！大概就是在山路上跋涉而行时，他就想到要打通这段"岭东废路"（"人苦峻极""岭东废路"均语出张九龄《开凿大庾岭路序》）。

开元四年秋，张九龄在朝因为处事端直不阿而为人所忌，只得找了个"秩满"的托词辞官归养。在由长安返回原籍韶州的路上，他再一次途经梅岭，再一次领略到梅岭的关山之险、通行之难。回乡后的张九龄，再也坐不住了，向唐玄宗上书，建议开凿梅岭山路。唐玄宗很快批准了张九龄的请求。

踌躇满志的张九龄，对着这巍峨群山，抛出了挑战书。

他不是那种坐在后方指挥部里只知发号施令，"运筹帷幄之中，决胜千里之外"的官僚，而是亲自探勘山道，拟制线路，"缘磴道，披灌丛，相其山谷之宜，革其坂险之故"（张九龄《开凿大庾岭路序》）。

但是，他拟定出的线路，却让人们心生疑虑。因为按照他的设计，这条路要直接贯穿梅岭的最高峰，把群山之巅一劈为二。

张九龄的用意其实很简单，就是尽可能地缩短人们翻越梅岭的行程。

终于，工匠按照张九龄的设计开工了。然而，徒步穿岭而过已经是辛苦万分，在这苍莽大山中靠着当时的简陋工具，要硬生生开出一条路来，其难度可想而知。

就在天马行空的冥想之间，我走到了梅关城楼，这里是梅岭之最高点，亦是粤赣两省的分界点。城楼的另一侧，就是广东了。我站在城楼下，往前后望去，只见广东、江西，一样的青苔遍地，一样的石径逶迤。

有位广东游客，在城楼下最高一级的台阶上，一跳一跃，"我到江西了，我又回广东了，我又到江西了，我又回广东了"。

今人轻轻一跃，倏忽间便可穿越赣粤，但唐开元四年之前，由此地进出岭南，却是不尽的苦旅。终于，梅岭驿道开通，"坦坦而方五轨，阗阗而走四通"（张九龄《开凿大庾岭路序》），各地商旅纷至沓来，络绎不绝，驿道沿途还逐渐修建了驿站、茶亭、客店、货栈等，使"镵耳贯胸之类，殊琛绝赆之人，有宿有息，如京如坻"（张九龄《开凿大庾岭路序》）。不仅有大批货物通过梅岭驿道转运到大唐国土上的各州各府，而且"凡台省命使之宣布，广海贡筐之献纳，莫不道出此都"（张鉴《重修南安路记》），也就是说，因为这条驿道连接着广州这个当时中国的海外贸易口岸，所以，整个中国的海上贸易，都离不开这条隐藏在大山深处的驿道。

其实，何止唐代，直至宋、元、明、清，梅岭驿道都是陆海两条丝绸之路的唯一交汇处，还同时联系着长江流域和珠江流域两大水系。这里每天都有成千上万的商户经过，繁华气象历经千余年不衰，"商贾如云，货物如雨，万足践履，冬无寒土"（桑悦《重修岭路记》）的盛况一直延续到清朝末年。因为这条古驿道，我在来赣州前即开始埋头研究史书，搜寻这位一代名相在中国历史中的踪迹。然而，在《旧唐书》《新唐书》两部史籍中，在关于张九龄的记载里，均找不到开凿梅岭驿道的记载。

这并不奇怪。

比起条条缕缕地铺陈一项项具体政绩，古人更看重一个人的人格操守，越是高官显贵，就越是如此。所以，《旧唐书》《新唐书》中，关于张九龄的记载，基本上就是一部通过他和唐玄宗之间的君臣关系变迁所折射出的心灵史。

走下梅关城楼，望着古驿道旁参差排列的梅树，尽管未逢花期，仍能想见梅花盛开时的绝佳景致。此地不乏历朝历代文人墨客吟咏梅花的诗作，其中当然也能找到张九龄的作品。张九龄一生，诗歌成就颇高，时称"后出词人之冠"。他留于后世的诗作中，我最爱"草木有本心，何求美人折"这两句，我总觉得此两句中那种低调从容的自信，比之传诵千古的"海上生明月，天涯共此时"，更宜于独行、独思时静静地咀嚼、品读。

兰叶春葳蕤，桂华秋皎洁。

欣欣此生意，自尔为佳节。

谁知林栖者，闻风坐相悦。

草木有本心，何求美人折？

一千多年后的一个黄昏，我默念着这样的诗句，终于走下了这段质朴沉静的古驿道，这段属于张九龄的古驿道。

# 3. 血肉筑成的滇缅路

⊙萧 乾

**关键词：责任感　凝聚力　血肉长城**

## 一、罗汉们

有谁还记得幼时初涉足"罗汉堂"的经验吗？高耸的石级，崇丽的堂宇，乳鸽雏燕在阴森黑暗的殿顶展翅盘旋，而四壁泥塑的"云层"上排列着那一百零八尊：盘膝而坐的，挺然而立的，龇牙笑着的，瞪眼嗔怒的，庄严、肃穆，却又诙谐，一种无名的沉甸压在呼吸器官上。

旅行在崭新的滇缅路上，我重温了这感觉。不同的是，我屏息，我微颤，然而那不是由于沉甸，而是为那伟大工程所感动。正如蜿蜒山脊的万里长城使现代人惊愕得倒吸一口凉气，终有一天我们的子孙也将抱肘高黎贡山麓，感慨万千地问：是可能的吗？ 973千米的汽车路，370座桥梁，140万立方尺（1立方尺约等于0.28立方米）的石砌工程，近2000万立方尺的土方，不曾沾过一架机器的光，不曾动用巨款，只凭2500万民工的抢筑：铺土，铺石，也铺血肉，下关至畹町那一段 1937 年 1 月动工，3 月分段试车，5 月便全路通车。

　　你不信，然而车沿怒（潞）江岸，沿梅子箐驶过，筑路的罗汉们却还在屈着腰，在炽热的太阳下操作。车驶到脚前他们才闪开，立在那陡岩绝壁的新缺口。山是嶙峭森凛得怕人，亚热带古怪的藤蔓植物盘缠在硕大的木棉蜂桐上宛如梁柱。汽车爬坡时，喘吁也正如幼时登罗汉殿石级那样吃力。千千万万筑路罗汉们：秃疮脑袋上梳着小辫的，赤背戴草笠的，头上包巾、颈下拖着葫芦形瘿瘤的，捧着水烟筒的，盘坐捉虱的，扶着锹镐的，一个个站在路边，或蹲在山脚，定睛地望着。（嘿，悬崖上竟跑起汽车了，他们比坐车的还高兴！）罗汉们老到七八十，小到六七岁，没牙的老媪，花裤脚的闺女。当洋人的娃娃正在幼儿园拍沙土玩耍时，这些小罗汉们却赤了小脚板，滴着汗粒，吃力地抱了只簸箕往这些国防大道的公路上"添土"哪。那些羞怯的小眼睛仰头望到我时，真像是在说："你别嫌我岁数小，在这段历史上，我也撮了一把土哩！"

## 二、桥的历史

　　挖土铺石凭的还仅仅是一股傻力气，桥梁和崖石才是人类血肉的吞噬者。异于有钢架的火车桥，公路的桥梁时常是在不知不觉中便开过去了。有一天，也许你会跨过这已坦夷如平地的横断山脉，请侧耳细听，车轮下咯吱吱压着的有人骨啊！长城的修筑史已来不及搜集了，我们却该知道滇缅路上那些全凭人力搭成的桥梁是怎样筑成的。并不是"上天说有桥，于是就有了桥"，每座桥都有它不平凡的来历。修胜备桥的桥基时，先得筑坝，把来势凶猛的江水迎头拦住。然后用田塍上那种水车，几十只几百只脚昼夜不停地踩，硬把江水一点点地淘干。然后还要筑围坝，最后下桥基。下桥基的那晚，刚好大雨滂沱。下一次，给水冲掉一次。这时，山洪暴涨了。为了易于管理，一千多桥工是全部搭棚聚住在平坝上的。江水泛滥到他们的棚口，后来侵袭到他们的膝踝。可怕的魔手啊，水在不息地涨，终于涨到这千多人的胸脯。那是壮烈凄绝的一晚：千多名路工手牵着手，男女老幼紧紧拉成一条受难者的链索，面对着这洪泛（液体的坟土！）绝望地哭喊。眼看它涌上了喉咙，小孩子们多已没了顶，大人号啕的气力也殆尽。身量较高的，声嘶力竭地嚷："松不得手啊！"因为那样水势将更猖獗了。——半夜，水退了。早晨，甚至太阳也冒了芽。但点查人数的结果，昨夜洪流卷去了三四十个伙伴。

如果有人要为滇缅路建一座万人冢，不必迟疑，它应该建在惠通桥畔。怒江在全国河流中踞势之险峻，脾气之古怪，读者或已闻名了。《禹贡》里的"黑水"据说就是它，老家在西藏泡河老，经西康循他念他翁山和柏舒拉岭而入滇，是中国西南部一条巨蟒。它的东岸屏他念他翁余脉的怒山，西岸便是害得汽车呜咽喘吁三小时的高黎贡山（属喜马拉雅山系，来头自也很大）。山巅虽然有时披雪，躺在山麓下的怒江，温度却时常在105度，有时热到118度。江流多险滩，水质比重又轻；既无舟楫之便，即想利用江水冲运木料也不易。当惠通桥未修成时，每年死在渡江竹筏上的人畜不计其数。

1931年有侨商捐修了一座铁索桥，造福往来商旅，功德无量。惠通桥工程虽浩大，还仅是沿用旧墩，加强原有载重力而已。但其艰险情形，听了已够令人咋舌的了。

惠通桥的铁工是印度人，木工是粤人，石工多是当年修筑滇越铁路的云南人（他们个个都有一段经历）。但还有并无专技却不容泯没的一工，那是"负木料者"。为了使桥身坚固，非使用栗木不可，10个月修桥，有半年时间都用在搬运木料上。如果栗木遍地皆是，自然就没有什么神话意味了。然而栗木稀少得有如神话中的"奇宝"。它们长在蛮老凹（属龙陵），藏在原始的深山密箐中。七八天的路程，摸着悬崖，在没人的鬼剑草丛中钻出钻入，崎岖得不可想象。半年来，有近百人经常在蔽不见日的古森林中，披荆斩棘地四下寻觅，砍伐下来，每天又有几百人抬运。好沉重的栗木啊！每15个人搬运一根：7个抬，8个保驾。这样搬了1000根，才筑成了这座驮得动钢铁的桥。

筑桥自然先得开路。怒江对岸鹰嘴形的惠通崖也不是好惹的家伙。那是高黎贡山的胯骨。120个昼夜，动员了数万工人才沿那段悬崖炸出一条路。那真是活生生一幅人与自然的搏斗图，而对手是那么顽强坚硬。一个修路的工头在向我描述由对岸望到悬崖上的工人时说："那真像是用面浆硬粘在上面一样，一阵风就会吹下江去。"说起失足落江时，他形容说："就像只鸟儿那么嗖地飞了下去。"随之怒江起个漩涡，那便是一切了。但这还是"美丽"点的死呢。惨莫惨于炸石的悲剧了。一声爆响，也许打断一条腿，也许四肢五脏都掷到了半空。由下关到畹町，所有悬崖陡壁都是这么斩开的啊！

一个没声响但是更贪婪的死神，是那穿黑袍的"瘴毒"，正如阴曹地府里有牛头马面，当地人也为这神秘病疫起了许多名称。如龙陵、芒市段的双坡、放马厂、芭蕉窝等地，据说是流行着像泥鳅痧、哑瘴、肛疔、羊皮痧等病症。总之，永昌以南的路工死于瘴毒的数目很惊人。如云龙一县即死五六百，筑梅子箐石桥的腾越200石工，只有一半生还。

虽然有些人武断地否认瘴毒的存在，直谓为"恶性疟疾"，而许多云南朋友又把这"如一股旋风，腾地而起"的"五彩虹氲"说得那么神秘。我不谙医学，不便妄做论断。但只要看看边地筑路工人的生活情形，即知死亡以种种方式大量侵入，原是极其自然的。这些老少英雄们很多是来自远方的，像蒙化、顺宁、腾冲。公路并不经过他们的家乡——时常须走七八天的路才能抵达。他们负了干粮（还有没粮可带的穷人，白天筑路，晚上沿门讨饭），爬山越巅地走到工作地点，便在附近的山坳里扎了营。地势是低洼潮湿的，四面为巉岩围起。一路上，山箐里这些"棚"中腾起缕缕炊烟。棚子其实只有两根木棍做支架，上面散铺着树叶，低矮到仅容一个人"钻"进去。遇到阴雨，那和露宿实在分别不大，而赶工的时期刚好就在雨季。那小棚是寝室、厨房，又是便溺坑。白族路工炊饭的燃料是捏成饼形的牛粪。

这便是为烈日晒了一天的罗汉们晚上安歇的地方！

# 三、历史的原料

龙潞段上有位老人，年纪已快60了，带着儿孙三代，同来修路。放工时，老先生盘膝坐在岩石上，捋着苍白胡须，用汉话、白族话对路工演讲这条国防大道的重要，并引用历史上举国反抗暴力的事迹。他不吸水烟筒，但喜欢闻鼻烟。生活是那样苦，他却永远笑着，他是用一个老人的坚忍感动着后生。在动人的故事中，这是唯一不令人听完落泪的了。到了保山，我才知道连这位老头儿也为瘴气摄去了。临死，他还望了望那行将竣工的公路，清癯、满是皱纹的脸上，浮起一片安详的笑容。

沿途我访问了不下20位"监工"，且都是当日开天辟地的先驱者。追述起他们伙伴的惨剧，时常忍不住淌下泪来。干活太疲倦，因昏晕而掼下江的；误踏到炮眼上，崩成粉末的。路面高出山脚那么多，许多人已死掉，监工还不知道，及至找另外的尸首时才发现。像去年4月25日，腊猛梅子箐发放工资时，因道狭人多，竟有路工被挤下江去。等第二天又有人跌下去时，才在岩石缝隙发现早先掉下去的。

残暴无情莫过于黑色炸药，它眼里没有壁立千仞的岩石，更何况万物之灵可不经一锤的人！像赵阿拴明明把炮眼打好，燃着。他背起火药箱，随了五个伙伴说说笑笑地往远处走了。火捻的延烧本足够他们走出半里地的，谁料他背着的火药箱装得太满了，那粉末像雪山蛇迹般尾随在他们背后。訇的一声，岩石炸裂了，他们惬意地笑了。就在这时候，火却迅速地沿了那蛇迹追踪过来，而且直触着了他背着的火药箱。在笑声中，赵阿拴同他的伙伴们被炸到空中，然后落下江心去了。

更不容埋没的是金塘子那对好夫妇。男的打炮眼，一天挣四毛，女的三毛，工作是替他背火药箱。规定每天打六个炮眼，刚好日落西山，双双回家。

有时候我们怪马戏班子太不为观众的神经设想，而滇缅路上打炮眼的工作情形如果为心灵脆弱的人看到，也会马上昏厥的！想在一片峭岩绝壁上硬凿出 9 米宽的坦道，那不是唾手可成的。打炮眼的人是用一根皮带由腰间系住，一端绑在崖脚的树干上。然后，人如桥上的竹篮那么垂挂下来。挂到路线上，便开始用锤斧凿眼。仰头，重岩叠嶂，上面是乔木丛草，下面江水沸锅那么滚淊着，翻着乳白色的浪花。人便这样烤鸭般悬在峭壁上。待一锤锤把炮眼打好，这才往里塞炸药。这并不是最新式的爆炸物，因而在安全上是毫无保障的。为了防止它突然爆炸，须再覆上一层沙土，这才好点燃。人要像猿猴般即刻矫健地攀到崖上。慢了一步，人便与岩石同休了。

那一天，这汉子手下也许特别勤快。打完六个炮眼，回头看看，日头距峰尖还老高的。金黄色的阳光晒在大龙竹和粗长的茅草上。山岚发淡褐色，景色异常温柔；而江面这时浮起一层薄雾，一切都在鼓励他工作下去。

"该歇手了吧！"背着火药箱的妇人在高处催着他。她本是个强壮女人，但最近时常觉得疲倦，一箱火药的重量可也不轻呢！

他啐了口唾沫，沉吟一阵。来，再打一个吧！

这"规定"外的一个炮眼表征什么呢？没有报偿，没有额外酬劳，甚而没人知道。这是一个纯朴的滇西农民，基于对祖国的赤诚而捧出的一份贡献。

但一个人的体力和神经的持久性毕竟有限，而自然规律原本无情，赤诚也不能改变物理因果。

这一回，他凿完了眼，塞完了药，却忘记敷上沙土。

訇的一声，没等这个好人爬远，爆炸了，人碎了；而更不幸的，火星触着女人的药箱。女人也炸得倒在崖边了。

江水还浩荡滚流着，太阳这时是已没山了，峰尖烘起一片红光，艳于玫瑰，而淡于火。

妇人被担到10千米外工程分段的茅屋里，她居然还有点微息。血如江水般由她的胸脯胁缝间淌着，头发为血浸过，已凝成稍黏的饼子。

过好一阵，而且就在这妇人和世界永别的前一刹那，她用搭在胸脯上的手指了指腹部，嘎声地说："救救——救救这小的。……"随后，一个痉挛，这孕妇仅剩一缝的黑眼珠也翻过去了。

这时，天已黑了。滇西高原的风在旷古森林中呼啸着，江水依然翻着白浪，宛如用尖尖牙齿嚼啃着这悲哀的夜，宇宙的黑袍。

有一天你旅行也许要经过这条血肉筑成的公路。你剥橘子糖果，你对美景吭歌，你可也别忘记听听车轮下面咯吱吱的声响。那是为这条公路捐躯者的白骨，是构成历史不可少的原料。

一九三九年三月

# 4. 永远的丰碑

⊙杨海蒂

**关键词：奉献　品格　赤诚　乐观　勇气**

作为生长在江西这片红色土地的儿女，方志敏是永远屹立于我心中的一座丰碑。

少年时在课本中学过《可爱的中国》："假如我还能生存，那我生存一天就要为中国呼喊一天；假如我不能生存——死了，我流血的地方，或者我瘗骨的地方，或许会长出一朵可爱的花来，这朵花你们就看作是我的精诚的寄托吧！"多么赤诚的心灵，多么崇高的品格，我为方志敏"是我们江西人"感到骄傲。

方志敏心中"可爱的花"，就是杜鹃。在江西，杜鹃花还有一个美丽动听的名称：映山红。

我曾三上南昌城郊的梅岭，无限崇敬地瞻仰庄严肃穆的方志敏烈士墓。墓碑正中镌刻着毛泽东题词"方志敏烈士之墓"。

而真正了解到方志敏的"有勇气、有志气而且是很有才华"，是在今年清明时节，在我走进横峰之后。

位于赣东北、地处闽浙皖赣四省要冲的江西横峰县，是著名的革命老区。在那如火如荼的岁月里，方志敏在此叱咤风云，率领民众以两条半枪起家，领导弋（阳）横（峰）起义，领导建立江西红军独立第一团、中国工农红军第十军，创建全国六大革命根据地之一的闽浙皖赣革命根据地。当年，横峰六万人口就有两万儿女参军参战，有名有姓的烈士逾六千，几乎家家户户都有为国捐躯的革命先烈，横峰为中国革命的胜利做出了重大牺牲和突出贡献。闽浙皖赣革命根据地，被毛泽东誉为"方志敏式的根据地""我们光荣的模范苏区"。而今，保存完好的闽浙皖赣革命根据地红色旧址群被列为"全国爱国主义教育基地"，系国家级重点文物保护单位。

被公认为"农民大王"的方志敏，也是饱读诗书之士。

十六岁时，他挥就自况自勉自励的对联："心有三爱奇书骏马佳山水，园栽四物青松翠竹洁梅兰。"后来他分别以松、竹、梅、兰为四个儿女取名，其心志高远、心性高洁可窥一斑。

青年时期他求学上海，担任过《民国日报》校对；他写作的白话小说《谋事》在《觉悟》副刊发表，与鲁迅、郁达夫、叶圣陶等著名作家的作品一起入选上海小说研究所编印的《小说年鉴》。在上海，他结识了陈独秀、瞿秋白、恽代英、向警予等著名中共领导人，加入了中国共产党。回到江西后他创办"文化书社"，创建"马克思学说研究会"，出版《青年声》周报和《寸铁》旬刊。身为党政军领导人的他，还曾亲自编写话剧《年关斗争》并登台演出。

出众的文学艺术才华，加上理想主义精神、浪漫主义气质，使他气度超群卓尔不凡。他三十来岁就担任国民党江西省党部执行委员兼农民部部长，正可谓青年才俊前途无量。然而，为了共产主义信仰，他毅然决然踏上"革命"这条九死一生的道路。

横峰县葛源镇，峰峦交织地势险要，自古为兵家必争之地，方志敏在此把马克思主义与赣东北实际相结合，创建了中国共产党最早的苏维埃政权，创造出一整套建党、建军和建立红色政权的经验：率领起义农军开展游击战争，提炼出"出其不意、攻其不备、声东击西、避实就虚"的十六字战略要诀；首创地雷战，把人民战争提高到新水平；建立拥有"铁的纪律"的红十军，一年内连续打退国民党军多次"进剿"。

在葛源——当年赣东北革命根据地的心脏，方志敏亲手缔造出一个红色天地：创建我军第一座军校、第一所医院、第一支军乐队，首创我党第一家银行、苏区股份制、对外开放的边贸政策、第一座公园（列宁公园），还创办了一批学校和文化、教育、卫生单位。

天纵英才，他在政治、经济、军事、管理、文学、艺术上都有那么高的天分；岁月流逝，斗转星移，而他创造的那些传奇，永远不会失去光辉。

沿着崎岖蜿蜒的山路，我来到横峰葛源，踏着革命先驱的足迹，走进闽浙皖赣革命根据地旧址群——闽浙皖赣苏维埃政府旧址、中共闽浙皖赣省委机关旧址、闽浙皖赣省军区司令部旧址、红军操场司令台遗址的综合体——也就是方志敏的理想王国、红色王国。

方志敏故居前，有一棵他亲手种下的芭蕉树，神奇的是，八十多年来，这棵芭蕉树年年春天发新绿。我轻轻地抚摸着它，想象着当年他在树旁是怎样的英姿勃发、笑如朗月，心底一阵阵发痛。在列宁公园，他也兴致勃勃地亲手植下了一株梭椤树，传说那正是月亮里吴刚永远砍不倒的桂花树。他是那么热爱生活，那么地富有生活情趣。他住着一间阴暗简陋的屋子，所有家当就是一张挂着土蚊帐的老式架子硬板床、一张破旧办公桌和一把破损木椅，与赣地普通农夫住处无异，只有墙壁上糊着的因年代久远字迹已模糊的《红色东北》报和英文报纸，提示着房间主人的非同寻常。他曾在美国人创办的教会学校念书，能直接无障碍阅读英文报刊。

1934 年，为宣传中国共产党的抗日主张，推动全民族抗日救亡运动，策应中央主力红军战略大转移，病痛在身的方志敏临危受命，出任中国工农红军北上抗日先遣队总司令，去开辟新苏区并迫使国民党变更战略部署。这是"小马拉大车"的极其困难的军事行动，但方志敏誓言"党要我们做什么事，虽死不辞"。历时半年多、行程五千余里、在冰天雪地里浴血奋战二十多天后，他的队伍弹尽粮绝。本来已经突围的他，认为"在责任上我不能先走"，非要亲自接应后续部队，仅仅率领着十几名警卫人员，又返回敌军的重重包围圈。

这个至情至性的硬汉子，这个舍生取义的大丈夫，不幸被俘。国民党士兵从他身上只搜到一只怀表和一支钢笔。敌人怎么也不肯相信，这个闽浙皖赣苏维埃政府主席兼财政部部长，全部财产只有两套旧褂裤和几双线袜。

他被押解到南昌，当时一家美国报纸的记者描述了在国民党驻赣"绥靖公署"举办的"庆祝生擒方志敏大会"上见到的情景:"戴了脚镣手铐而站立在铁甲车上之方志敏,其态度之激昂,使观众表示无限敬仰。周围是由大会兵马森严戒备着。观众看见方志敏后,谁也不发一言,大家默然无声。即使蒋介石参谋部之军官亦莫不如此。观众之静默,适足证明观众对此气魄昂然之囚犯,表示无限之尊敬及同情。"

撼山易,撼英雄难。在狱中,方志敏严词拒绝敌人高官厚禄的诱惑,宁死不屈。他声明:"我愿牺牲一切,贡献于苏维埃和革命。"他英勇就义,年仅三十六岁。很多人目睹了他就义前的情形:举止汪洋,巍然刚毅,视死如归。

他已经杀身成仁,他的确功德卓著,他堪称道德完美。在生命的最后日子里,他克服种种难以想象的困难,写下十几万字重要文稿和信件。在《在狱致全体同志书》和《我从事革命斗争的略述》这两篇遗墨中,他在深切怀念战友的同时,不断反省自己的过失,主动承担战争失利的责任,不时沉痛严苛自责。

峻拔如孤峰绝壁,明净如高山积雪,高远如长空彩虹,坚润如金石蕙兰。这就是方志敏。

而他的不朽之作《清贫》,我每读一遍都会为之动容:"我从事革命斗争,已经十余年了。在这长期的奋斗中,我一向是过着朴素的生活,从没有奢侈过。""清贫,洁白朴素的生活,正是我们革命者能够战胜许多困难的地方!"

《清贫》,是中华民族难以磨灭的文化记忆;清贫精神,是中国共产党的理想信念，是中国革命精神的重要组成部分。英雄虽逝，浩气长存，功勋不朽，精神永在，光耀千秋。

暮春四月，葛源杜鹃花开，漫山遍野，撼人心魄。我来到方志敏烈士纪念馆，为这个赤诚忠勇的先烈、清贫自守的领袖、灵魂圣洁的英雄、雄才大略的伟人、人格伟岸的革命家，以及所有牺牲在这片红色土地上的革命烈士敬献花圈。大山静默，林风轻拂；我深深鞠躬，泪洒衣襟。

## 可爱的中国（节选）

亲爱的朋友们：

我终于被俘入狱了。

关于我被俘入狱的情形，你们在报纸上可以看到，知道大概，我不必说了。我在被俘以后，经过绳子的绑缚，经过钉上粗重的脚镣，经过无数次的拍照，经过装甲车的押解，经过几次群众会上活的示众，以至关入笼子里，这些都像放电影一般，一幕一幕地过去！我不愿再去回忆那些过去了的事情，回忆，只能增加我不堪的羞愧和苦恼！我也不愿将我在狱中的生活告诉你们。朋友，无论谁入了狱，都得感到愁苦和屈辱，我当然更甚，所以不能告诉你们一点什么好的新闻。我今天想告诉你们的却是另外一个比较紧要的问题，即是关于爱护中国、拯救中国的问题，你们或者高兴听一听我讲这个问题吧。

# 5. 少年中国之精神

⊙胡　适

**关键词：方法　主张　科学观　人生观**

我想提出几个概念，和各位同志商酌商酌。

## 一、少年中国的逻辑

逻辑即思想、辩论、办事的方法。一般中国人现在最缺乏的就是一种正当的方法。因为方法缺乏，所以有下列的几种现象：（一）灵异鬼怪的迷信，如上海的盛德坛及各地的各种迷信；（二）谩骂无礼的议论；（三）用"诗云子曰"作根据的议论；（四）把西洋古人当作无上真理的议论；还有一种平常人不很注意的怪状，我且称它为"目的热"，就是迷信一些空虚的大话，认为高尚的目的，全不问这种观念的意义究竟如何。今天有人说"我主张统一和平"，大家齐声喝彩，就请他做内阁总理；明天又有人说"我主张和平统一"，大家又齐声叫好，就举他做大总统。此外还有什么"爱国"哪、"护法"哪、"孔教"哪、"卫道"哪……许多空虚的名词，意义不曾确定，也都有许多人随声附和，认为天经地义，这便是我所说的"目的热"。以上所说各种现象都是缺乏方法的表示。我们既然自认为"少年中国"，不可不有一种新方法。这种新方法，应该是科学的方法。科学方法，不是我在这短促时间里所能详细讨论的，我且略说科学方法的要点：

第一，注重事实。科学方法是用事实作为起点，不要问孔子怎么说，柏拉图怎么说，康德怎么说……我们须要先从研究事实下手，凡游历调查统计等事都属于此项。

第二，注重假设。单研究事实，算不得科学方法。王阳明对着庭前的竹子做了七天的"格物"功夫，格不出什么道理来，反病倒了，这是笨伯的"格物"方法。科学家最重假设。观察事物之后，自然有几个假定的意思。我们应该把每一个假设所含的意义彻底想出，看那意义是否可以解释所观察的事实，是否可以解决所遇的疑难。所以要博学，正是因为博学方才可以有许多假设，学问只是供给我们种种假设的来源。

第三，注重证实。许多假设之中，我们挑出一个，认为最合用的假设。但是这个假设是否真正合用，必须实地证明。有时候，证实是很容易的；有时候，必须用"试验"方才可以证实。证实了的假设，方可说是"真"的，方才可用。一切古人今人的主张、东哲西哲的学说，若不曾经过这一层证实的功夫，只可作为待证的假设，不配认作真理。

少年的中国，中国的少年，不可不时时刻刻保存这种科学的方法、实验的态度。

# 二、少年中国的人生观

现在中国有几种人生观都是"少年中国"的仇敌：第一种是醉生梦死的无意识生活，固然不消说了。第二种是退缩的人生观，如静坐的人，是消极的缩头主义。这些人没有生活的胆子，不敢冒险，只求平安，所以变成一班退缩懦夫。第三种是野心的投机主义，这种人虽不退缩，但为完全自己的私利起见，所以他们不惜利用他人，做他们自己的器具，不惜牺牲别人的人格和自己的人格，来满足自己的野心。到了紧要关头，不惜作伪，不惜作恶，不顾社会的公共幸福，以求达他们自己的目的。这三种人生观都是我们该反对的。少年中国的人生观，依我个人看来，该有下列的几种要素：

第一，须有批评的精神。一切习惯、风俗、制度的改良，都起于一点批评的眼光。个人的行为和社会的习俗，都最容易陷入机械的习惯，到了"机械的习惯"的时代，样样事都不知不觉地去做，全不理会何以要这样做，只晓得人家都这样做故我也这样做。这样的个人便成了无意识的两脚机器，这样的社会便成了无生气的守旧社会。我们如果发愿要造成少年的中国，第一步便须有一种批评的精神。批评的精神不是别的，就是随时随地都要问我为什么要这样做，为什么不那样做。

第二，须有冒险进取的精神。我们需要认定这个世界是有很多危险的，是不太平的，是需要冒险的。世界的缺点很多，是要我们来补救的；世界的痛苦很多，是要我们来减少的；世界的危险很多，是要我们来冒险进取的。俗话说得好："成人不自在，自在不成人。"我们要做一个人，岂可贪图自在？我们要想造一个"少年的中国"，岂可不冒险？这个世界是给我们活动的大舞台，我们既上了台，便应该老着面皮，硬着头皮，大着胆子，干将起来。那些缩进后台去静坐的人都是懦夫，那些袖着双手只会看戏的人，也都是懦夫。这个世界岂是给我们静坐旁观的吗？那些厌恶这个世界梦想超生别的世界的人，更是懦夫，不用说了。

第三，须要有社会协进的观念。上条所说的冒险进取，并不是野心的、自私自利的。我们既认定这个世界是给我们活动的，又须认定人类的生活全是社会的生活。社会是有机的组织，全体影响个人，个人影响全体，社会的活动是互助的，你靠他帮忙，他靠你帮忙，我又靠你同他帮忙，你同他又靠我帮忙。你少说了一句话，我或者不是我现在的样子，我多尽了一份力，你或者也不是你现在这个样子，我和你多尽了一份力，或少做了一点事，社会的全体也许不是现在这个样子。这便是社会协进的观念。有这个观念，我们自然把人人都看作通力合作的伴侣，自然会尊重人人的人格了。有这个观念，我们自然觉得我们的一举一动都和社会有关，自然不肯为社会造恶因，自然要努力为社会种善果，自然不致变成自私自利的野心投机家了。

少年的中国，中国的少年，不可不时时刻刻保存这种批评的、冒险进取的、社会的人生观。

# 三、少年中国的精神

少年中国的精神并不是别的，就是上文所说的逻辑和人生观。我且说一个故事做我这番谈话的结论：诸君读过英国史的，一定知道英国前世纪有一种革新的运动，这种运动的几个领袖痛恨英国的腐败，想大大地改革一番。这个运动未起事之先，这几位领袖做了一些诗歌写在一个册子上，纽曼摘了一句荷马的诗题在册子上，那句诗是："You shall see the difference now that we are back again！"翻译出来即："如今我们回来了，你们看便不同了！"

少年的中国，中国的少年，我们也该时时刻刻记着这句话：

如今我们回来了，你们看便不同了！

这便是少年中国的精神。

（有删改）

# 整本书阅读

# 名人传

⊙〔法国〕罗曼·罗兰

## 阅读导航

　　有这样一个人，他被命运长久地捉弄，爱情的流逝、亲人的离世、病痛的折磨、贫穷的摧残贯穿一生。更为可怕的是，他身为音乐家却不幸双耳失聪，在离群索居的岁月里，在风云变幻的时代中，他终于接受了带给他无尽痛楚的命运，并扼住了它的咽喉，用"痛苦换来欢乐"，奏响了《第九交响曲》。你知道他是谁吗？

　　有这样一个人，他孤独而脆弱，他恨人，亦被人恨；他爱人，却不被人爱。他几乎从不休息，妇人的爱永远与他无缘，他的心魂永远在欺妄他的天才。他是一个恨不得把整座山岩都雕出生命的工作狂，是一个献身艺术的天才，更是享受痛苦、舍弃欢乐的英雄。你知道他是谁吗？

　　有这样一个人，他自我折磨，推翻自己。他无法安于他所属贵族阶层的享受，晚年孤独决绝地离家出走，为的只是打破生活的安宁而抚慰良心。尽管他很早就拥有了财富、荣誉和地位，但是他却不断解剖自我。为了信仰，他抛弃一切世俗的欢乐，最终客死在一个偏远的火车站。你知道他是谁吗？

　　他是贝多芬，他是米开朗琪罗，他是列夫·托尔斯泰；也可以说，他们是同一个人——英雄。

那么，问题来了：什么是英雄？

如果你想知道人类对此最精辟、深沉和富有启发的回答，那么，最好的答案就在罗曼·罗兰的《名人传》中。罗曼·罗兰说："世界上只有一种英雄主义，那就是看清生活的真相之后依然热爱生活。"他又说过："我称为英雄的，并非思想或力量上伟大的人，而只是心灵上伟大的人。"

1934年3月3日，正是怀着对这种精神的无比尊崇，翻译家傅雷先生向罗曼·罗兰致奉一函："大师座右：尊作'名人传'三册，现已译竣，祈允予付梓出版……先生关于三大天才之著作，已哺育万千青年，谅各现行语言早有译本，中译已落后手。个中原因，容弟子追述一二，俾先生知愚以何等感恩之情勉力从事哉。"就这样，《名人传》带着浓烈的英雄主义气息来到了中国读者的视野中，丰富着人们的心灵。

《名人传》是三个人物的传记合集，由《贝多芬传》《米开朗琪罗传》《托尔斯泰传》三部分组成。三部传记分别记叙了传主崎岖坎坷却又摇曳多姿的一生，看似独立，互不相干，实则内在有着高度的同一性，那就是三位传主在面对苦难人生时精神上的高度一致。作者不去琐屑地考订、记叙他们三人一生的完整履历，而是重在表现人物在命运摧残下的人格精神，着力刻画了人物为了追求真善美而长期忍受苦难的心路历程。所以，结构上分散的三部传记，合起来却有一股高尚的精神气质贯穿其中，迸发出荡气回肠、鼓舞人心的精神力量。

贝多芬说："用痛苦换来的欢乐。"他为什么这样说？

米开朗琪罗说："我的欢乐，就是忧伤。"他为什么这样说？

托尔斯泰说："我哭泣，我痛苦，我只是追求真理。"他为什么这样说？

同学们，请带着这些问题翻开这本书，随着人物的人生经历去寻找答案吧。

## 贝多芬传（节选）

因此，什么都不能使这股不可驯服的力量屈膝。如今它似乎玩弄痛苦了。在此最后几年中所写的音乐，虽然环境恶劣，往往有一副簇新的面目，嘲弄的、睥睨一切的、快乐的。他逝世前四个月，在一八二六年十一月完成的作品，作品第一三〇号的四重奏的新的结束是非常轻快的。这种快乐并非一般人所有的那种，时而是莫舍勒斯所说的嬉笑怒骂；时而是战胜了如许痛苦以后的动人的微笑。总之，他是战胜了。他不相信死。

然而，死终于来了。一八二六年十一月终，他患上肋膜炎性的感冒；为侄子奔走前程而旅行回来，他在维也纳病倒了。① 朋友都在远方。他打发侄儿去找医生。据说这麻木不仁的家伙竟忘记了使命，两天之后才重新想起来。医生来得太迟，而且治疗得很恶劣。三个月内，他运动家般的体格和病魔挣扎着。一八二七年一月三日，

---

① 他的病有两个阶段：（一）肺部的感冒，那是六天就结束的。"第七天上，他觉得好了一些，从床上起来，走路，看书，写作。"（二）消化器病，外加循环系病。医生说："第八天，我发现他脱了衣服，身体发黄色。剧烈地泄泻，外加呕吐，几乎使他那天晚上送命。"从那时起，水肿病开始加剧。这一次的复病还有我们迄今不甚清楚的精神上的原因。华洛赫医生说："一件使他愤慨的事，使他大发雷霆，非常苦恼，这就促成了病的爆发。打着寒噤，浑身颤抖，因内脏的痛楚而起拘挛。"关于贝多芬最后一次的病情，从一八四二年起就有医生详细的叙述公开发表。

他把至爱的侄儿立为正式的继承人。他想到莱茵河畔的亲爱的友人，写信给韦格勒说："我多想和你谈谈！但我身体太弱了，除了在心里拥抱你和洛亨①以外，我什么都无能为力了。"要不是几个豪侠的英国朋友，贫穷的苦难几乎笼罩到他生命的最后一刻。他变得非常柔和，非常忍耐。②一八二七年二月十七日，躺在弥留的床上，经过了三次手术以后，等待着第四次，他在等待期间还安详地说："我耐着性子，想道：一切灾难都带来几分善。"③

这个善，是解脱，是像他临终时所说的"喜剧的终场"，——我们却说是他一生悲剧的终场。

他在大风雨中，大风雪中，一声响雷中，咽了最后一口气。一只陌生的手替他阖上了眼睛（一八二七年三月二十六日）。④

亲爱的贝多芬！多少人已颂赞过他艺术上的伟大。但他远不止是音乐家中的第一人，而是近代艺术的最英勇的力。对于一般受苦

---

① 洛亨即韦格勒夫人埃莱奥诺雷的亲密的称呼。

② 一个名叫路德维希·克拉莫利尼的歌唱家，说他看见最后一次病中的贝多芬，觉得他心地宁静，慈祥恺恻，达于极点。

③ 据格哈得·冯·布罗伊宁的信，说他在弥留时，在床上受着臭虫的骚扰。——他的四次手术分别是一八二六年十二月二十日，一八二七年一月八日、二月二日和二月二十七日。

④ 这陌生人是青年音乐家安塞尔姆·许滕布伦纳。布罗伊宁写道："感谢上天！感谢他结束了这长时期悲惨的苦难。"贝多芬的手稿、书籍、家具，全部拍卖掉，代价不过一百七十五弗洛令。拍卖目录上登记着二百五十二件音乐手稿和音乐书籍，共售九百八十二弗洛令。谈话手册只售一弗洛令二十。

而奋斗的人，他是最大而最好的朋友。

当我们对着世界的劫难感到忧伤时，他会到我们身旁来，好似坐在一个穿着丧服的母亲旁边，一言不发，在琴上唱着他隐忍的悲歌，安慰那哭泣的人。当我们对德与善的庸俗，斗争到疲惫的辰光，到此意志与信仰的海洋中浸润一下，将获得无可言喻的裨益。他分赠我们的是一股勇气，一种奋斗的欢乐 ①。仿佛在他和大自然不息的沟通之下，他竟感染了自然的深邃的力 ②。格里尔巴策对贝多芬是钦佩之中含有惧意的，在提及他时说："他所到达的那种境界，艺术竟和犷野与古怪的元素混合为一。"

舒曼提到《第五交响曲》时也说："尽管你时常听到它，它对你始终有一股不变的威力，有如自然界的现象，虽然时时发生，总教人充满着恐惧与惊异。"他的密友申德勒说："他抓住了大自然的精神。"——这是不错的：贝多芬是自然界的一股力；一种原始的力和大自然其余的部分接战之下，便产生了荷马史诗般的壮观。

他的一生宛如雷雨日。——先是一个明净如水的早晨，仅仅有几阵懒懒的微风。但在静止的空气中，已经有隐隐的威胁，沉重的预感。然后，突然之间巨大的阴影卷过，悲壮的雷吼，充满着声

---

① 他致"不朽的爱人"信中有言："当我有所克服的时候，我总是快乐的。"一八〇一年十一月十六日致韦格勒信中又言："我愿把生命活上千百次……我非生来过恬静的日子的。"

② 申德勒有言："贝多芬教了我大自然的学问，在这方面的研究，他给我的指导和在音乐方面没有分别。使他陶醉的并非自然的律令，而是自然的基本威力。"

响的可怖的静默，一阵复一阵的狂风，如《英雄交响曲》与《第五交响曲》。然而白日的清纯之气尚未受到损害，欢乐依然是欢乐，悲哀永远保存着一缕希望。但自一八一〇年后，心灵的均衡丧失了。日光变得异样。最清楚的思想，看来也似乎如水汽一般在升华：忽而四散，忽而凝聚，它们的又凄凉又古怪的骚动，罩住了心；往往乐思在薄雾之中浮沉了一两次以后，完全消失了，淹没了，直到曲终才在一阵狂飙中重新出现。即使快乐本身也蒙上苦涩与犷野的性质。所有的情操里都混着一种热病，一种毒素。黄昏将临，雷雨也随着酝酿。随后是沉重的云，饱蓄着闪电，给黑夜染成乌黑，挟带着大风雨，那是《第九交响曲》的开始。——突然，当风狂雨骤之际，黑暗裂了缝，夜在天空被赶走，由于意志之力，白日的清明重又还给了我们。

什么胜利可和这场胜利相比？波拿巴的哪一场战争，奥斯特利茨①哪一天的阳光，曾经达到这种超人的努力的光荣？曾经获得这种心灵从未获得的凯旋？一个不幸的人，贫穷、残废、孤独，由痛苦造成的人，世界不给他欢乐，他却创造了欢乐来给予世界！他用他的苦难来铸成欢乐，好似他用那句豪语来说明的，——那是可以总结他一生，可以成为一切英勇心灵的箴言的：

"用痛苦换来的欢乐。"

（傅雷／译）

---

① 拿破仑一八〇五年十二月大获胜利之地。

## 阅读规划

请同学们为阅读这本书做一份规划，并根据人物经历和阅读体会完成表格：

| 《贝多芬传》 | 阅读时间 | 人物经历简述 | 评价与收获 |
| --- | --- | --- | --- |
| 第一节 | | | |
| 第二节 | | | |
| 第三节 | | | |
| 第四节 | | | |
| 第五节 | | | |
| 第六节 | | | |
| 《米开朗琪罗传》 | 阅读时间 | 人物经历简述 | 评价与收获 |
| 导言 | | | |
| 上篇第一节 | | | |
| 上篇第二节 | | | |
| 上篇第三节 | | | |
| 下篇第一节 | | | |
| 下篇第二节 | | | |
| 下篇第三节 | | | |
| 尾声 | | | |
| 《托尔斯泰传》 | 阅读时间 | 人物经历简述 | 评价与收获 |
| 第一节 | | | |
| 第二节 | | | |
| 第三节 | | | |
| 第四节 | | | |
| 第五节 | | | |
| 第六节 | | | |

（续表）

| 《托尔斯泰传》 | 阅读时间 | 人物经历简述 | 评价与收获 |
|---|---|---|---|
| 第七节 | | | |
| 第八节 | | | |
| 第九节 | | | |
| 第十节 | | | |
| 第十一节 | | | |
| 第十二节 | | | |
| 第十三节 | | | |
| 第十四节 | | | |
| 第十五节 | | | |
| 第十六节 | | | |
| 第十七节 | | | |
| 第十八节 | | | |

## 交流平台

问题一：孟子有言："故天将降大任于是人也，必先苦其心志，劳其筋骨，饿其体肤，空乏其身，行拂乱其所为，所以动心忍性，曾益其所不能。"有人认为《名人传》中的三个人物为孟子此言做了生动的注脚，请你以其中一个人物为例，通过讲述其阅历对孟子的话加以验证。

问题二：传记主要记述人物的生平事迹，根据各种书面的、口述的回忆、调查等相关材料，加以选择性的编排、描写与说明而成。《名人传》区别于一般传记作品的特点在于作者除了"记传"，还有"评述"，请你从书中找出作者对人物的评论性语句，谈谈你是否认同作者对传主的评价。

# 敬 启

　　为编好这本书，我们与收入本书的作品（含图片）作者进行了广泛联系，得到了各位作者的大力支持。在此，我们表示衷心的感谢。但是，由于个别作者地址不详，虽经多方努力，仍无法取得联系。敬请各位有著作权的作者尽快与我们联系，以便我们支付稿酬，并致谢忱！

　　我们还要感谢使用本书的师生们。希望你们在使用本书的过程中，能够及时把意见和建议反馈给我们，对此，我们深表谢意，并将给予一定奖励。让我们携起手来，共同完成本书的建设工作。

联 系 人：梁老师　刘老师

联系电话：010-58022100-6362

联系邮箱：ztxx2008@sina.com

网　　　址：http://www.ywztxx.com

地　　　址：北京市海淀区知春路7号致真大厦A座18层

图书在版编目（CIP）数据

自然物语 / 赵建霞主编. — 上海：上海教育出版社, 2021.12
ISBN 978-7-5720-0818-4

Ⅰ.①自… Ⅱ.①赵… Ⅲ.①阅读课—初中—教学参考资料 Ⅳ.①G634.333

中国版本图书馆CIP数据核字（2021）第260851号

本书部分文字作品的版权由中国文字著作权协会代理及转付稿酬，电话：010-65978917，传真：010-65978926，E-mail：wenzhuxie@126.com

责任编辑　李清奇
封面设计　陈丽娟　王艺霖
著作权人　北京华樾教育科技有限公司

**自然物语**

**赵建霞　主编**

出版发行　上海教育出版社有限公司
官　　网　www.seph.com.cn
地　　址　上海市闵行区号景路159弄C座
邮　　编　201101
印　　刷　肥城新华印刷有限公司
开　　本　720×1010　1/16　印张 66
字　　数　900千字
版　　次　2021年12月第1版
印　　次　2021年12月第1次印刷
书　　号　ISBN 978-7-5720-0818-4/G·0634
定　　价　268.00元（全六册）

如发现质量问题，请向本社调换　　021-64373213

# 《自然物语》阅读资源
## —— 使用说明 ——

亲爱的同学，这是我们精心为你编写的素养提升丛书。当你打开这套书时，一段愉快而有意义的阅读时光便开始了！

这套书由初中语文统编教材主编顾之川老师领衔、全国多省市优秀教研员和特级教师联袂打造，共有 6 个分册，适合 13 至 14 岁学生阅读，每个分册包含"经典诵读""主题阅读""整本书阅读"三大板块。

### 经典诵读

"经典诵读"板块有 8 首古诗词，附有注释和赏析。你可以自由诵读，也可以与同学共读，还可以扫码收听名家配乐朗诵。

扫码收听

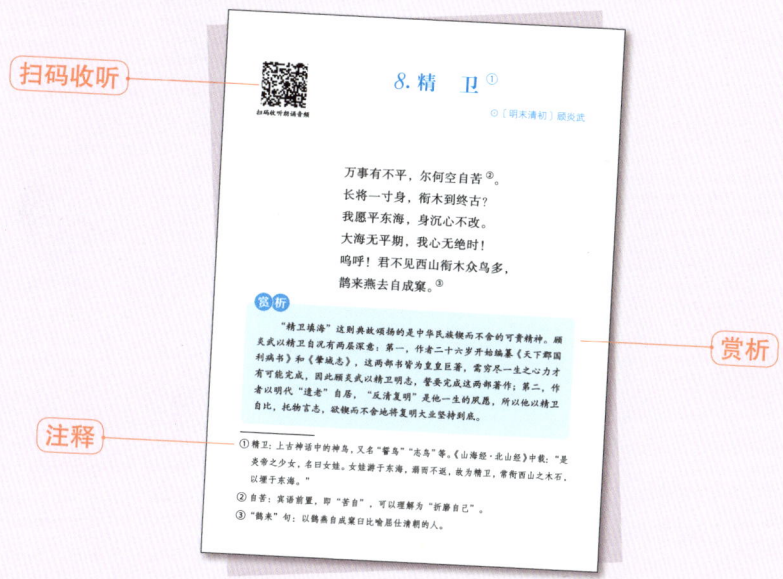

赏析

注释

## 主题阅读

"主题阅读"板块一般有"范文阅读""组文阅读""自由阅读""类文阅读"四种类型。

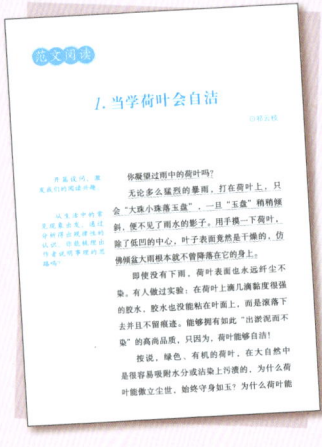 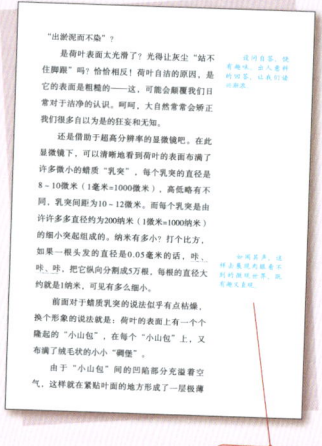

**旁批引领**

❀ **范文阅读:**

有批注和阅读提示,方便你边阅读边思考,掌握同类文本的阅读方法,并能迁移运用到阅读中。

❀ **组文阅读:**

围绕主题整合一组文章,是"范文阅读"的拓展延伸,帮助你比较鉴赏,从碎片化到结构化,发展思维,提升核心素养。

**聚焦主题**

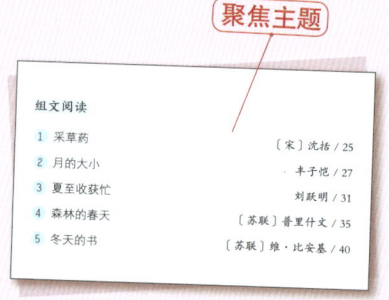

**自主阅读**

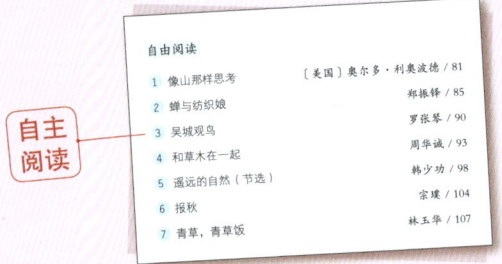

❀ **自由阅读:**

可以根据自己的需要、兴趣自主选择阅读,多读、少读、深读、浅读皆可。

**1** 打开微信扫一扫，开通会员

扫描下方二维码，开通会员账号。

2282663892755

素养文库注册二维码

**2** 素养文库使用介绍

开通会员后，可使用导读视频、古诗文音频、阅读留痕功能。

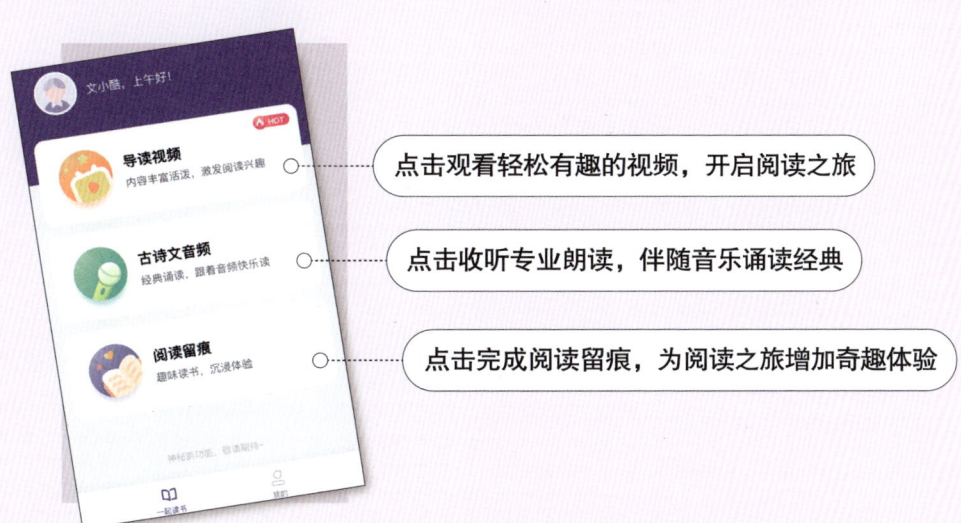

点击观看轻松有趣的视频，开启阅读之旅

点击收听专业朗读，伴随音乐诵读经典

点击完成阅读留痕，为阅读之旅增加奇趣体验

内容丰富活泼，激发阅读兴趣

经典诵读，跟着音频快乐读

趣味读书，沉浸体验

**❀ 类文阅读：**

依据写作主题，精选"经典片段"和"篇章范例"，助力写作，你可以自主选择，参考借鉴。

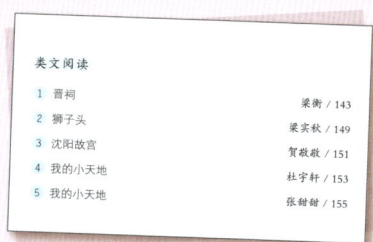

## 整本书阅读

每个分册都向你推荐了一部名著。你可以借助"阅读导航""精彩选篇""阅读规划""交流平台"等栏目开展整本书的阅读。

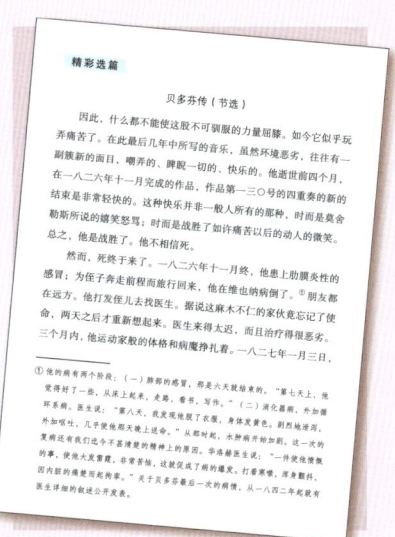

一本书就是一个五彩缤纷的世界。请你捧起书尽情地阅读吧，去感受书中的精彩，体验不一样的生活！

图书在版编目（CIP）数据

自然物语 / 赵建霞主编. — 上海：上海教育出版
社, 2021.12
　　ISBN 978-7-5720-0818-4

　　Ⅰ.①自… Ⅱ.①赵… Ⅲ.①阅读课—初中—教学参
考资料 Ⅳ.①G634.333

　　中国版本图书馆CIP数据核字（2021）第260851号

本书部分文字作品的版权由中国文字著作权协会代理及转付稿酬，
电话：010-65978917，传真：010-65978926，E-mail：wenzhuxie@126.com

责任编辑　李清奇
封面设计　陈丽娟　王艺霖
著作权人　北京华樾教育科技有限公司

**自然物语**

**赵建霞　主编**

出版发行　上海教育出版社有限公司
官　　网　www.seph.com.cn
地　　址　上海市闵行区号景路159弄C座
邮　　编　201101
印　　刷　肥城新华印刷有限公司
开　　本　720×1010　1/16　印张 66
字　　数　900千字
版　　次　2021年12月第1版
印　　次　2021年12月第1次印刷
书　　号　ISBN 978-7-5720-0818-4/G·0634
定　　价　268.00元（全六册）

如发现质量问题，请向本社调换　　　021-64373213

# 自然物语 ①

## 第一单元 流年似水

**《社戏（节选）》**

1. 当"我"向挤在"我"左边的____问那位名角是谁时，他斜瞥了"我"一眼，原因是____。

    A. 同行的好友

    B. 一位胖绅士

    C. "我"连龚云甫这样的名角都不知道，而嘲笑蔑视"我"

    D. 他不喜欢"我"打扰他看戏

2. 第6段"于是看小旦唱，看花旦唱……然而叫天竟还没有来。"这组句子有怎样的表达作用？____

    A. 这组句子运用了比喻的修辞手法，生动形象地写出了自己看京戏过程中喜悦愉快的心情。

    B. 这组句子运用了拟人的修辞手法，生动形象地写出了自己看京戏过程中平静坦然的心情。

    C. 这组句子运用了反复、排比的修辞手法，写出了看京戏过程中自己煎熬难耐的心情，表达了心绪的压抑烦闷。

    D. 这组句子运用了排比、比喻的修辞手法，生动形象地写出了自己看京戏过程中害怕恐惧的心情。

**《清明》**

1. 下列哪几项是上"大家坟"那天孩子们的"乐事"？____

    A. 吃船里烧出来的饭菜

    B. 吃甜麦塌饼

    C. 抢鸡蛋吃

    D. 在草地上吃午饭

2. 如何理解"我难得抢到，觉得这鸡蛋的确比平常的好吃"？____

    A. 因为孩子们难得有这样的机会可以好好吃一顿。

    B. 因为这时候孩子们快乐开心，所以觉得比平常好吃。

    C. 因为孩子们很馋。

    D. 因为那个年代物资很匮乏，不经常吃到鸡蛋。

**《鲁迅翁杂忆》**

1. 文中依次提到了鲁迅先生话语、文章中的哪些特点？____

    A. 人间味。

    B. 简，故意用古语。

    C. 诙谐幽默。

    D. 精美。

2. 下列哪一项不属于回忆和鲁迅相关的事？____

A. 担任翻译的职务。

B. 教历史课。

C. 穿洋官纱、吸烟卷、每夜看书。

D. 学过医学，很幽默。

### 《风会记得一朵花的香》

1. 为什么每每看到卖桂花糕的老人在那里，"我"心里便很安然呢？____

   A. 因为"我"看到他健康无恙，就少了一份担忧与牵挂。

   B. 因为"我"喜欢吃老人做的桂花糕，桂花糕的香气会带给我一份安然。

   C. 因为老人面相很和善，和善的人总会给人安然的感觉。

   D. 因为老人是当年老街的一个标志，老街的氛围是安然宁静的。

2. 下列关于标题"风会记得一朵花的香"的含义，理解不正确的是哪一项？____

   A. 风指的是生活中的芸芸众生。

   B. 一朵花指的是生活中的最细微、最美好的场景。

   C. 香指的是那些场景带给人们的感动。

   D. 风中的清香经久不散。

### 《看戏》

1. 下列不是排比句的是哪一项？____

   A. 那里面有歌，也有舞；有悲欢，也有离合；有忠诚，也有奸谗；有决心，也有疑惧；有大公的牺牲精神，也有自私的个人打算。

   B. 从九点多到十点，从十点到十一点，

从十一点到十一点半，从十一点半到十二点，——然而叫天竟还没有来。

   C. 有的吃甜麦塌饼，有的吃粽子，有的拔蚕豆梗来做笛子。

   D. 工人、店员、手艺人、干部、学生，甚至还有近郊来的农民。

2. 第1段在全文中有什么作用？____

   A. 点明时间，交代时令。

   B. 点明地点，交代环境。

   C. 烘托心情，渲染气氛。

   D. 为主要人物出场蓄势。

### 《七夕看戏》

1. 下列哪一项与文中让"我"真切体会到"生离死别"的那部戏结局相似？____

   A.《西厢记》

   B.《窦娥冤》

   C.《红楼梦》

   D.《牡丹亭》

2. 为什么"我"自从七夕看戏后，像那夜那样好的戏以后再也没有看过？____

   A. 没有再遇到相同的戏。

   B. "我"长大了。

   C. 天真烂漫的童年一去不返。

   D. "我"再也回不到童年了。

### 《吆喝》

1. 吆喝是一种什么广告？____

   A. 口头广告。

   B. 报纸广告。

C. 杂志广告。

D. 电视广告。

2. 为什么作者详细介绍了声乐性的吆喝？____

　　A. 因为在作者的家乡主要是声乐性的吆喝。

　　B. 因为声乐性的吆喝富有自己的特点。

　　C. 因为声乐性的吆喝很好听。

　　D. 因为声乐性的吆喝种类多。

## 第二单元　乡梦如烟

### 《延安，我把你追寻》

1. 诗歌第二节用了四个"追寻你"，第四个"你"代表的是什么？____

　　A. 中央领导同志在这里从事的革命活动。

　　B. 人们在延安度过的那一段革命岁月。

　　C. 大生产运动中所体现的艰苦奋斗的革命精神。

　　D. 当年党中央对中国革命的正确领导。

2. 对诗歌内容的概括分析不正确的是哪一项？____

　　A. 诗歌前两个小节侧重写延安的美丽景色。

　　B. 诗歌第三、四小节写实现现代化需要延安精神。

　　C. 诗歌第五小节从反面写了追寻延安精神的重要性。

　　D. 诗歌第六小节从正面写了追寻延安精神的重要性。

### 《桂林山水歌》

1. 对下列各句修辞手法判断错误的是哪两项？____

　　A. 云中的神啊，雾中的仙，神姿仙态桂林的山！（拟人）

　　B. 情一样深啊，梦一样美，如情似梦漓江的水！（比喻）

　　C. 鸡笼山一唱屏风开，绿水白帆红旗来！（对偶）

　　D. 黄河的浪涛塞外的风，此来关山千万重。（夸张）

2. 对诗歌内容的分析不正确的是哪一项？____

　　A. 诗歌中描写了漓江、桂林城、独秀峰、老人山、鸡笼山等许多景致。

　　B. "鸡笼山一唱屏风开，绿水白帆红旗来"主要从色彩方面赞美了漓江美景。

　　C. 诗人写黄河浪涛、塞外风、关山、马鞍等，描绘了现在桂林的生活状况。

　　D. 诗人身处秀美的景色之中，不觉怀疑自己是到了梦境还是仙境。

### 《老虎鞋》

1. 对"老虎鞋"在全文中所起作用的表述，正确的是哪一项？____

A. 设置悬念。

B. 全文线索。

C. 照应开头。

D. 首尾呼应。

2. 关于老虎鞋，下列说法错误的是哪一项？____

A. "我"的穷家破舍，因为这双老虎鞋，平添了无限喜气。

B. 同妈妈高兴地为我缝制满月礼物老虎鞋就是为了给我祈福。

C. 老虎鞋上带着同妈妈的手温，也带着革命母亲对下一代的希冀。

D. 山高水长的老虎鞋使"我"在建设祖国的实践中增添了虎虎生气。

### 《记一辆纺车》

1. 对第1段在全文中所起作用的表述，不正确的是哪一项？____

A. 照应文题。

B. 总领全篇。

C. 设置悬念。

D. 引出下文。

2. 对文章内容的表述有误的是哪一项？
____

A. 第3段是具体谈纺车在经济和精神上的作用，第4段是总谈纺车的作用。

B. 第10段既是上面几段的小结，又是前几段意思的深入，揭示怀念纺车的原因。

C. 第11段开头几句话并不是简单的

重复，而是首尾呼应的写法，加深了读者的印象。

D. "跟困难做斗争，其乐无穷"是全文的总结，把中心鲜明地突出地表现了出来。

### 《故乡的野菜》

1. 第1段中，作者说"故乡对于我并没有什么特别的情分"的用意何在？____

A. 表明作者对故乡确实没什么感情。

B. 表明作者离开故乡太久，感情变淡了。

C. 先扬后抑，突出对故乡的情感。

D. 欲扬先抑，突出对故乡的情感。

2. 对文章写作手法的分析，表述不正确的是哪一项？____

A. 文章熔知识性、趣味性于一炉，在趣味中书写内容。

B. 文章语言辞藻华丽，多用修辞手法，意味深远。

C. 文章将故乡的民俗童趣借助文字娓娓道来。

D. 文章借物抒情，将浓浓的深情借野菜表达出来。

### 《榆钱饭》

1. 榆钱饭是救命粮，为何文章开头几段还要写杨芽儿和柳叶儿呢？____

A. 说明杨芽儿、柳叶儿和榆钱饭一样，都是救命粮。

B. 形成对比，突出榆钱饭作为救命粮

的优势。

    C. 形成对比，突出杨芽儿作为救命粮的优势。

    D. 形成对比，突出柳叶儿作为救命粮的优势。

2. 对文章内容的理解，有误的是哪一项？____

    A. 文章描写了作者几十年时间里对榆钱饭印象的变迁。

    B. 丫姑和"我"在不同时期对榆钱饭的心态都是相同的。

    C. 在文中，榆钱饭是不同历史时期社会生活的缩影。

    D. 作者一九八一年回乡，虽值榆钱正成熟，却未能吃到。

### 《端午的鸭蛋》

1. 对"放黄烟子"作用的表述符合文意的是哪一项？____

    A. 驱除室内湿气。

    B. 可以熏除室内害虫。

    C. 用来辟邪。

    D. 给小孩练习写字。

2. 对文章内容的理解，有误的一项是____

    A. 作者对家乡的咸鸭蛋久久不能忘怀，实际上是对儿时的生活、对故乡不能忘怀。

    B. 本文抒发了作者对淳朴欢乐的童年

生活，对丰富美妙的家乡习俗的怀念之情。

    C. 高邮咸鸭蛋自古就有名，而且只有高邮能出双黄蛋。

    D. 本文通过对家乡端午风俗的描写，表达了作者热爱家乡、热爱生活的美好情感。

### 《故乡的吃食》

1. 对民俗节日和相应吃食的概括，不符合文意的是哪一项？____

    A. 立春—春饼

    B. 清明—蒸包

    C. 端午—粽子

    D. 腊八—腊八粥

2. 文章开头说"北方人好吃，但吃得不像南方人那么讲究和精致，菜品味重色暗，所以真正能上得了席面的很少"，对这句话理解不正确的是哪一项？____

    A. 这句话运用了对比手法，写出了北方食物和南方食物的不同特点。

    B. 这句话表达了作者对北方节日吃食不精致、不讲究的不屑态度。

    C. 这句话能够引起下文，突出北方在各个节日里吃食的特色。

    D. 表面说北方吃食不讲究，实则对北方节日吃食充满了赞美之情。

**《北平的零食小贩》**

1. 对文章的主要内容概括最准确的是哪一项？____

   A. 文章主要介绍了类似于京剧唱腔的零食小贩的各种吆喝声。

   B. 文章主要介绍了几十年前北京城里的数十种风味小吃。

   C. 文章主要介绍了北京零食小吃几十年的发展、变化和小贩们的生活状态。

   D. 文章主要介绍了作者最喜爱的北京的几种特色小吃。

2. 对文章内容理解有误的是哪一项？____

   A. 作者在文中凭借记忆将数十年前老北京风味小吃的吃法、做法如数家珍般写出，甚至把小贩的吆喝声也描述得悦耳动听。

   B. 作者在文中对北京的小吃是大加赞美的，说明他对饮食的要求是很苛刻的，已上升到历史与文化的高度。

   C. 作者谈论北京风味独特、堪称传统的零食小吃时，并没有一一详细介绍，但自始至终都洋溢着"主人"的自豪。

   D. 最后一段说"以上约略举说，只就记忆所及，挂漏必多"说明了北京的特色零食小吃真的是种类繁多。

**《端午日》**

1. 文章中写了许多当地的端午民俗，不包括下面哪一项？____

   A. 妇女、小孩穿新衣。

   B. 吃鱼、吃肉、吃粽子。

   C. 额角用雄黄蘸酒画王字。

   D. 军民同乐抢鸭子。

2. 对文章内容的理解有误的是哪一项？____

   A. 文章以端午日一天的活动为线索，内容安排详略得当。

   B. 文章第2段开头用了三个"莫不"展现了人人参与的热闹场景。

   C. 文章详细描写了端午日人们吃喝的热闹场面。

   D. 文章展现了作者对湘西端午民俗的细致观察和深切的感受。

**《家住太极城》**

1. 父亲为什么给"我"起的名字中没有"旬"字，却有"华"字呢？____

   A. 因为父亲觉得"华"字比大姐、二姐的"旬"字好听。

   B. 因为父亲用"华"字寄托了他的一腔悠悠乡情。

   C. 因为父亲并不像疼爱大姐、二姐那样疼爱"我"。

   D. 因为父亲希望"我"能时时刻刻记

住"我"的家乡。

2. 下列选项中对第 1 段的作用分析不正确的是哪一项？＿＿＿

  A. 引用父亲遗留下的诗句，表明了父亲对故乡的深情。

  B. 引用爸爸遗留下的诗句，表达了对父亲的思念之情。

  C. 段末点明了自己居住的地方是陕南太极城，照应了文题。

  D. 开头第 1 段总领全文，概括了文章的主要内容。

## 《陕北秧歌》

1. 对文章第 4 段结尾"时而粗犷奔放，能使河流为之激扬动荡；时而稳步柔美，能使无数人为之心醉；时而缓和细腻，能使大地为之倾倒"一句分析不正确的是哪一项？＿＿＿

  A. 这句话运用了夸张和排比的修辞手法。

  B. 这几个短句句式整齐，写出汉子们忘乎所以的情态。

  C. 写出汉子们表演形式的多变，令人深深沉醉其中。

  D. 运用夸张的修辞手法，突出了锣鼓声震撼聒噪的响声。

2. 本文描绘场面运用了正侧面描写相结合的手法，选项中不属于侧面描写的是哪一项？＿＿＿

  A. 观者不仅是眼花缭乱，而是眼神跟

着扇子起落，不知道最后的眼神落在何方。

  B. 一声惊吼，两只花巧的旱船上场了，像在水中一样，轻飘飘地游来游去。

  C. 你瞧那些小孩子，架在父亲或者爷爷的肩膀上，笑着，鼓着掌。

  D. 老太太的两颗门牙差点儿飞落出来，歪着脖颈双手慌忙捂住。

## 《窗花》

1. 文章第 2 段最后一句写了这次踏雪北上的用意，下面选项中表述不正确的是哪一项？＿＿＿

  A. "亮"的意思是醒目、耀眼，突出了窗花的鲜活与鲜艳。

  B. 这句话写出陕北自然环境的恶劣和荒芜，突出窗花的作用。

  C. 这句话表现了作者看到陕北窗花时的惊喜与赞美之情。

  D. 奠定了全文的情感基调，为下文揭示窗花的内涵做铺垫。

2. 从全文看，窗花文化包含很多方面，下列选项中表述不正确的是哪一项？

  ＿＿＿

  A. 窗花中往往蕴藏着动人的人生故事。

  B. 窗花是陕北人的精神食粮，是不可或缺的内容。

  C. 窗花折射出剪纸人的生活及其丰富的想象力。

  D. 窗花表现了陕北特有的动植物形象。

**《酒醅子飘香》**

1. 下列选项中对文中母亲形象的概括不正确的是哪一项？ ____

   A. 心灵手巧。

   B. 端庄秀丽。

   C. 和蔼亲切。

   D. 勤劳朴实。

2. 文章末段说"怎么也吃不出小时候的那种味道"，对其原因分析不正确的是哪一项？ ____

   A. 因为街头售卖的酒醅子味道色泽都不如小时候的好。

   B. 因为小时候的酒醅子是母亲做的，包含爱意。

   C. 社会环境改变了，没有小时候的氛围了。

   D. 因为现在制作酒醅子的原材料都改变了。

# 第四单元 民俗寻趣

**《除夕情怀》**

1. 作者认为人们在除夕要"守岁"的原因是什么？ ____

   A. 庆祝一年的结束。

   B. 表达对宝贵时光的留恋。

   C. 迎接新一年的到来。

   D. 庆祝家人的欢乐团圆。

2. 文章依次写了有关除夕的两件事，下列小标题中，表达最准确、新颖的是____、____。

   A. 梦幻红酒

   B. 除夕买酒

   C. 恪尽职守

   D. 陌生知己

**《新年怀旧》**

1. 下列选项中对作者在文中流露的情感分析有误的是哪一项？ ____

   A. 对昔日新年的怀念之情。

   B. 对儿时新年生活的留恋之情。

   C. 对现在新年的失望和无奈之情。

   D. 对城市无聊生活的不满之情。

2. 下列选项的表述中，与文章内容不相符的是哪一项？ ____

   A. 新年收账时，双方一团和气，收账者不咄咄逼人，反而能与人为善。

   B. 过年时，即使是乡间小镇也能有数台热闹的鼓乐表演，参与者众多，酬谢仙人赐福。

   C. 新年期间大人们比平时舍得花钱，竞相用花炮欢庆新年，常引得众人围观欢呼。

   D. 新年期间，儿童比平时自由快乐，能吃到多种美食，到各处玩耍，受到大人们的优待。

**《花灯》**

1. 为什么开头第一段要介绍西方节日

呢？＿＿＿

A. 通过对比，突出了西方圣诞节的热闹气氛。

B. 通过对比，突出我国春节的热闹气氛和特色。

C. 为了突出西方节日的热闹，与我国春节的气氛形成对比。

D. 为了照应文章的题目，引出下文对西方节日的描写。

2. 下列对文章内容的理解哪一项有误？＿＿＿

A. 春节是中国所有节日中最热闹的，作者认为八月十五中秋节是非常雅的节日。

B. 正月里欢乐的高峰就是灯节，在作者看来，花灯是真正的艺术品。

C. 作者把纽约霓虹灯和我国节日中各种花灯对比是为了赞美我国花灯，尤其是"走马灯"。

D. 作者希望这样美好的节日活动能保留下来，表现了作者对祖国传统习俗的热爱。

### 《千年糖葫芦　一串到如今》

1. 文章分别从不同方面介绍糖葫芦，下列选项中哪一项不包含在内？＿＿＿

A. 糖葫芦的历史由来。

B. 糖葫芦的美容功效。

C. 糖葫芦的文化内涵。

D. 糖葫芦的制作方法。

2. 下列对文章内容的理解有误的是哪一项？＿＿＿

A. 文章引用了大量的史实和材料，增强了文章的文学性。

B. 糖葫芦的制作过程并不复杂，味道酸甜可口。

C. 糖葫芦的食用价值很高，适合所有人长期使用。

D. 第 12 段讲了糖葫芦的制作方法。

### 《昆曲》

1. 下列关于昆曲表演的说法，有误的是哪一项？＿＿＿

A. 昆曲本是吴方言区域里的产物。

B. 演唱昆曲是厅堂里的事。

C. 演唱时的主要乐器是笛子。

D. 演唱声音很大，适合旧式戏台。

2. 作者在文中谈到了昆曲的特点，下列选项中哪一项不包含在内？＿＿＿

A. 文化内涵丰富。

B. 唱词文白兼有。

C. 适合新式舞台。

D. 表演歌舞并重。

### 《宁国府除夕祭宗祠》

1. 判断：文章选自清代作家曹雪芹的作品《红楼梦》，是该书的第五十四回。＿＿＿

2. 下列对文章内容的理解不正确的是哪一项？＿＿＿

A. 贾家是大家族，宗祠建得极有气派，

使贾府一品望族的地位跃然纸上。

  B. 除夕为皇家大祭之日，文中重笔写出"俱是御笔"，尽显皇家气派。

  C. 贾府是一个即将没落的家族，在对皇帝朝贺的问题上并没有高度重视。

  D. 贾母在贾府中辈分最高，地位最高，自然受到了贾府合家老小的行礼。

**《绝唱》**

1. 关于王小玉开始说唱时给听众感受的表述不符合文意的是哪一项？ ____

  A. 说不出来的妙境。

  B. 五脏六腑里，像熨斗熨过，无一处不伏贴。

  C. 三万六千个毛孔，像吃了人参果，无一个毛孔不畅快。

  D. 愈翻愈险，愈险愈奇。

2. 下列有关选文的内容形式表述正确的是哪一项？ ____

  A. 选文着力描写王小玉的演唱艺术，主要运用了侧面描写的方法。

  B. "忽又扬起……俱来并发"一句有关王小玉演唱高潮的描写，与《琵琶行》中的"银瓶乍破水浆迸，铁骑突出刀枪鸣"有异曲同工之妙。

  C. 选文调遣了各种表现手法，绝妙的比喻、奇特的联想、精到的评论，把王小玉的演唱技艺表现到了极致。

  D. 王小玉的表演形式丰富，吹拉弹唱样样精通。

## 整本书阅读

**《傅雷家书》**

1. 这本书是一部收录了100多封家信的____，是一部最好的____，也是一部充满着父爱的____。

  A. 苦心孤诣的教子篇

  B. 书信合集

  C. 艺术学徒修养读物

  D. 传记

2. 文中说："赤子孤独了，会创造一个世界，创造许多心灵的朋友！"孤独的赤子创造的是什么样的世界？下列选项中哪几个表述正确？ ____

  A. 这个世界是指剔除私心杂念、远离欲望纷争的内心世界。

  B. 是指只容纳人间最美好、最真挚的感情的精神世界。

  C. 赤子有时境遇不佳、缺少知音，会另辟一个新的精神高地的世界。

  D. 是指相通而永存的，最博大宽广的精神世界。

附参考答案：

# 自然物语 ①

第一单元／流年似水

**《社戏（节选）》**

1.BC 2.C 解析："看小旦唱，看花旦唱，看老生唱，看不知什么角色唱……从十一点半到十二点"运用的是反复与排比的修辞手法，写出了看戏过程的漫长，表达了"我"煎熬难耐的心情以及看戏的索然无味。所以选C。

**《清明》**

1.ACD 2.B 解析："孩子们中，谁先向坟墓土地叩头，谁先抢得鸡蛋"，主要是抢鸡蛋这件事有乐趣，让孩子们觉得开心快乐。所以选B。

**《鲁迅翁杂忆》**

1.DBAC 2.B

**《风会记得一朵花的香》**

1.A 2.D 解析：选文选取了三个典型细微的场景，四个底层社会人物，通过与他们的接触，"我"从内心深处产生了感动。所以选D。

**《看戏》**

1.D 2.CD 解析：通过描写太阳、暑气、古树等景物，抓住它们静的特点，渲染了一种神秘的氛围，为后文观众被梅兰芳的表演吸引、折服蓄势。所以选CD。

**《七夕看戏》**

1.C 2.C 解析：作者回忆的是童年时候的一段美好有趣的经历，随着以后作者阅历的增加，这段美好的经历再也没有过，表现了作者对天真烂漫的童年的留恋。所以选C。

**《吆喝》**

1.A 2.A 解析：选文的第2段提到"我的家乡器乐性的吆喝不多，大多是声乐性的吆喝"，第5段提到"声乐性的吆喝就比较多了。一年四季，早晨常听到的吆喝就是卖豆腐和卖油条的"，接着第6段到第10段就详细地介绍了卖豆腐、卖油条、卖凉粉等的吆喝。所以选A。

第二单元／乡梦如烟

**《延安，我把你追寻》**

1.D 2.A

**《桂林山水歌》**

1.AC 2.C 解析：诗人写黄河浪涛、塞外风、关山、马鞍等，是再现当年的战斗生活，不是现在桂林的生活状况。所以选 C。

**《老虎鞋》**

1.B  2.B  解析："我"过满月的当儿，志丹伯伯刚牺牲不久，同妈妈忍着巨大的悲痛为"我"赶做老虎鞋，寄寓了对革命事业接班人的厚望。所以选 B。

**《记一辆纺车》**

1.C  2.A  解析：第 3 段总括纺车的作用，第 4 段具体谈纺车在经济和精神上的作用。所以选 A。

**《故乡的野菜》**

1.D  2.B  解析：文章的语言平和冲淡、淡雅悠远。所以选 B。

**《榆钱饭》**

1.B  2.B

**《端午的鸭蛋》**

1.B  2.C  解析："别处鸭蛋也偶有双黄的，但不如高邮的多，可以成批输出。"所以选 C。

**《故乡的吃食》**

1.B  2.B

**第三单元 / 地域风情**

**《北平的零食小贩》**

1.B  2.B  解析：作者对饮食的要求并不苛刻，没有上升到历史文化的高度。所以选 B。

**《端午日》**

1.B  2.C  解析：文章主要详写了赛龙

舟和赶鸭竞赛的场面。所以选 C。

**《家住太极城》**

1.B  2.D

**《陕北秧歌》**

1.D  2.B

**《窗花》**

1.B  2.D  解析：窗花文化不侧重表现具体动植物的形象。所以选 D。

**《酒醋子飘香》**

1.B  2.D

**第四单元 / 民俗寻趣**

**《除夕情怀》**

1.B  2.BD

**《新年怀旧》**

1.D  2.B  解析：酬谢仙人赐福的说法是错误的。所以选 B。

**《花灯》**

1.B  2.A  解析：作者认为端午节是"多么雅的一个节日"。所以选 A。

**《千年糖葫芦  一串到如今》**

1.B  2.C

**《昆曲》**

1.D  2.C

**《宁国府除夕祭宗祠》**

1.错误  解析：节选部分是《红楼梦》第五十三回。所以错误。  2.C  解析：文中说"次日五鼓，贾母等又按品大妆，摆全副执事进宫朝贺，兼祝元春千秋"，写出了贾府上下在对皇帝朝贺问题上的高度重视。所以选 C。

### 《绝唱》

1.D　2.B

整本书阅读

### 《傅雷家书》

1.BCA　2.ABD

# 自然物语 ②

## 第一单元　物候密码

### 《大自然的文字》

1. 第9—10段写水手利用星星寻找方向的时候运用了什么说明方法？有什么作用？＿＿＿

   A. 运用打比方的说明方法，表明了水手的智慧。

   B. 运用举例子的说明方法，表明对水手而言，星星就是大自然的文字。

   C. 运用举例子的说明方法，写海上的航海环境，表明了水手工作的艰难。

   D. 运用打比方的说明方法，写罗盘和星星，表明了航海条件的先进。

2. 根据文中提及的各种大自然的文字的特点判断，下列哪种现象不会发生？
   ＿＿＿

   A. 看到燕子飞得很低，小明妈妈赶紧洗衣服晾在院子里。

   B. 看到天上出现了卷云，学校取消了明天的运动会。

   C. 看到白嘴鸦飞到了家门口，小王收起了冬天的厚衣服。

   D. 去森林里探险的张同学指南针坏了，他通过星星判断方向走出了森林。

### 《关于"水的职称"的说明书》

1. 判断："水的职称"，向读者介绍了水世界，在作者看来，人性其实就和水性一样，不同的人就像不同类型的水，人和人之间也应该像水和水之间一样，和谐共处，相亲相爱，作者讽刺了人类世界杂乱无序的现象。＿＿＿

2. 下列选项中关于文章内容及形式特点的表述不正确的是哪一项？＿＿＿

   A. 第4—7段运用比喻和拟人的修辞手法，把水的四种形态比喻为人生的四个阶段，将人的性格特点赋予水。

   B. 文章采用"分—总"结构，写了水的不同状态、不同类型，帮助读者更加全面细致地了解水。

   C. "塘是我在故乡成长的一片难忘的亲密和温柔"一句中融入了作者真挚的情感，细腻动人。

   D. 结尾段将人性和水性作对比，赞美了水的不争不抢、和谐有序，升华了文章的主旨。

### 《采草药》

1. 一般来说，用根的草药，如果有隔年的老根的话，那么在什么时间采药比较合适？＿＿＿

   A. 茎叶茂盛的时候。

B. 没有茎叶的时候。

C. 第二年春天。

D. 等冬天植物受冻的时候。

2. 判断：文中沈括指出了古法采药固定月份的错误，提倡应该根据植物不同入药部位和生长条件来确定采药时间。＿＿＿＿

## 《月的大小》

1. 判断：文章以一群人的对话开头，不仅引起读者对"月的大小"的思考，还给人亲切的感觉。＿＿＿＿

2. 下列选项中对文章内容的理解，不正确的是哪一项？＿＿＿＿

A. 在不同的视角中，月亮的大小是没有固定标准的。

B. 在"我"看来，因为画家的眼睛是特别的，所以他们看到的月亮理应不同。

C. 人们看到事物的大小不同是由于距离事物的远近不同。

D. 人们看到的月亮大小不同，是因为与不同的事物相比较。

## 《夏至收获忙》

1. 下列哪种现象不可能发生在夏至时节？＿＿＿＿

A. 突然天降大雨。

B. 知了声不断。

C. 人们多喜食羊肉和白萝卜。

D. 甜瓜大量成熟。

2. 下列选项中关于文章内容的表述，不正确的是哪一项？＿＿＿＿

A. 对作者而言，在田地里刨土豆和挖洋葱是最有成就感的事情。

B. 洋葱圆圆的，长在地里很显眼，所以挖洋葱是件很轻松的事情。

C. 收获的土豆要放在见不到光的地库里，南瓜和洋葱需要放在干爽透气的地方。

D. 西葫芦的生长速度很快，总是会让人大吃一惊。

## 《森林的春天》

1. 下面各项中词语书写全部正确的是哪一项？＿＿＿＿

A. 涟漪　熠熠发亮

B. 潋滟　班驳

C. 鲫鱼　喧器

D. 树冠　闪砾

2. 下列选项中对文章内容的理解，哪一项是错误的？＿＿＿＿

A. 本文语言亲切自然、如叙家常，既给人知识，又让人产生美的享受，作者选取了五个片段从不同的角度描述了春天里生机勃勃的景象。

B. "大地的眼睛"这个片段描述了春天来临后人们心中的圣地，这里的"眼睛"指的是草地。

C. "金龟子"片段描述了春天一到，鲜花竞相开放以及金龟子蜂拥而出

D. "杜鹃的第一声啼鸣"片段描述了春天里万物复苏的景象：湖水开冻，百鸟齐鸣。

## 《冬天的书》

1. 请你按照作者的写作顺序将下列的小标题排序。____

　A. 狗用鼻子辨认谁来过

　B. 北方树木机智御寒

　C. 狼在冬天之书上谨慎书写

　D. 小动物的签字各具特色

2. 下列选项中对本文的理解，有误的是哪一项？____

　A. 狼在森林里走动和小跑的时候，会想方设法掩盖自己的行走印记，将自己的脚印弄成一条直线，它们这样做是为了保护自己，保证自己的安全，狼的机智让别人很难辨认出来它们的动向。

　B. 树木面对冬天的寒冷，有舍有得，舍弃了自己的树叶，积攒了身体内的热量，同时树叶腐烂保护了树根，树木利用自己的聪明和智慧保证了自己在冬天的安全。

　C. 北方的冬天实在寒冷，作者看到这样的环境，不免觉得单调、悲凉，心情变得抑郁，在作者的心里，冬天意味着没有生机和活力，作者在这样荒凉的环境里内心也变得焦躁，作者认为这种心情很正常。

　D. 作者将冬天比作一本书，首先是因为作者认为各种生物的"签字"给这本书增添了独特的"笔画"；其次，在作者心中，北方冬天的雪像书一样平整；最后，作者认为冬天像书一样耐人寻味。

## 第二单元　探索之趣

### 《当学荷叶会自洁》

1. 第 6 段"在此显微镜下，可以清晰地看到荷叶的表面布满了许多微小的蜡质'乳突'，每个乳突的直径是 8~10 微米……每根的直径大约就是 1 纳米，可见有多么细小"一句中运用了列数字和____的说明方法，突出了____。

　A. 下定义

　B. 作比较

　C. 乳突细小的特征

　D. 乳突的重要作用

2. 下列选项对"荷叶的自洁"的理解中，哪一项是错误的？____

　A. 荷叶表面永远纤尘不染，是因为它的表面是粗糙的。

　B. 荷叶的自洁效应，不仅令荷叶美观，还提高了叶面进行光合作用的效率。

C. 荷叶的自洁有利于防止大气中的有害细菌和真菌对植物的侵害。

D. 受到荷叶自洁效应的启发，人类改进了汽车烤漆、建筑物外墙、玻璃和织物的制造技术。

**《恐龙灭绝之谜新解》**

1. 下列选项中能体现科学家求真、严谨的科学精神的是哪一项？ ＿＿＿＿

　　A. 有人在十年前提出过这样一种理论：6500 万年前恐龙灭绝的原因是当时有巨大陨星或彗星撞击了地球。

　　B. 加利福尼亚州拉霍亚的斯克里普斯海洋研究所的科学家杰弗里·L·巴达，在 6500 万年前形成的沉积物中找到了氨基酸。

　　C. 氨基酸是构成蛋白质的基本单位。每个蛋白质分子有一条或多条氨基酸链组成。

　　D. 不过，科学家们对这一发现持怀疑态度。因为氨基酸不是一个牢固的分子，通常情况下，它无法抵御高温。

2. 下列选项中与文章内容不符的是哪一项？ ＿＿＿＿

　　A. 地球上只有生物组织能够生成氨基酸。

　　B. 氨基酸的种类不计其数，但地球上的生物却只利用了其中的 20 种来形成蛋白质。

　　C. 在古老岩石中存在的氨基酸只有两

种，它们都是生物形成的。

　　D. 科学家在少数陨石中发现了异缬氨基酸和 α- 氨基异丁酸，据此推测：当含有氨基酸的陨石或彗星撞击地球时，氨基酸被撒在了地球的表面。

**《趣谈猪笼草》**

1. 起初，乙告诉甲草能吃东西的时候，甲的态度可以用下面哪个成语形容？ ＿＿＿＿

　　A. 心服口服。

　　B. 嗤之以鼻。

　　C. 疑团满腹。

　　D. 半信半疑。

2. 下列选项中对文章内容的理解，哪一项是错误的？ ＿＿＿＿

　　A. 猪笼草是多年生草本植物，主要分布在印度、澳大利亚等地。

　　B. 猪笼草的叶子大，茎部扁平，呈伞状，可贮存雨水。

　　C. 地球上的食肉植物有 500 种以上。

　　D. 猪笼草囊状体中贮存的雨水上半部分可以让虫子解渴。

**《蝴蝶的秘密》**

1. 关于"人造地球卫星在太空遨游时，会受到太阳光强烈的辐射，向着太阳的一面温度可高达 200℃，而背着太阳的一面温度低至零下 200℃……"一句的说明方法及作用的分析正确的是哪一项？ ＿＿＿＿

A. 列数字，科学严谨地说明了人造地球卫星向着太阳的一面温度高、背着太阳的一面温度低的特点。

B. 作比较，生动准确地说明了人造地球卫星向着太阳的一面温度高的特点。

C. 举例子，具体准确地说明了太阳的温度高的特点。

D. 分类别、条理清晰地说明了人造地球卫星向着太阳的一面温度高、背着太阳的一面温度低的特点。

2. 下列选项中对文章的内容的表述，不正确的是哪一项？＿＿＿

A. 蝴蝶的一生是以"卵、幼虫、蛹、成虫"四种姿态出现的。

B. 荨麻蛱蝶被誉为"气象员"，是由其先天的预知风雨的能力决定的。

C. 蝴蝶的翅膀上有极其规则的"鳞片"，表面还有色素颗粒。

D. 军队仿生蝴蝶，当敌机轰炸的时候，根本发现不了目标。

**《化石——存在的证明》**

1. 下列关于"化石"的表述，与原文不符的是哪一项？＿＿＿

A. 只要埋藏超过一万年的动植物等生命体的残骸或是它们所产生的痕迹，都能叫作"化石"。

B. 化石在长期掩埋的过程中，其中的结构逐渐被矿物质所取代，就变成了现在我们看到的坚硬石头。

C. 化石的形成涉及许多非常复杂的过程。

D. 科学家们可以通过实验，详细地再现化石演变机制。

2. 下列各句中括号里的词语删去后，不改变原意的是哪一项？＿＿＿

A.（多数的）化石的确还是受到各种物理、化学作用影响，而变得像石头。

B. 埋藏下去开始代换之后，如果发生地震、火山等地质运动，也（可能）破坏化石。

C. 古生物学家想要发掘化石（自然）不是拿着铲子、锤子看到地方就挖。

D. 这些意外（往往）被越传越玄，增添许多不可思议的杜撰成分。

**《令人感动的动物互助》**

1. 下列选项中对文中运用的说明顺序判断正确的是哪一项？＿＿＿

A. 逻辑顺序，按照动物由高级到低级发展的顺序进行说明的。

B. 时间顺序，按照动物由低级到高级发展的顺序进行说明的。

C. 逻辑顺序，按照动物由低级到高级发展的顺序进行说明的。

D. 空间顺序，按照动物由高级到低级发展的顺序进行说明的。

2. "鸟类"部分的第3段"动物学家有幸目睹到鸟儿互相救助的动人场面：一只山雀在飞翔时不慎撞上树枝，跌落到地上……有的拍打翅膀，有的用喙尖摩擦"运用＿＿的说明方法，阐述了＿＿。

　A. 打比方

　B. 举例子

　C. 鸟儿们互助的情景

　D. 鸟儿们的活泼可爱

### 《阿西莫夫：把科普写成艺术》

1. 下列选项中关于阿西莫夫作品的描述，哪一项是错误的？＿＿

　A. 体裁多样。

　B. 行文流畅。

　C. 幽默风趣。

　D. 深入浅出。

2. 下列选项中对于本文内容的理解，哪一项是错误的？＿＿

　A. 阿西莫夫对中国科普事业的发展产生了重要的影响，在科普创作上树立了不起的标杆。

　B. 阿西莫夫一生著书 400 多部，题材仅限于科学总论类。

　C. 很多国外学者把阿西莫夫看作是当代最杰出的科学教育家。

　D. 阿西莫夫的科普作品始终注意营造一种跟读者的亲近感。

## 第三单元　人与自然

### 《像山那样思考》

1. 判断：本文探讨人与山的关系，在山面前，人是渺小卑微的，人应该学会敬畏、顺从山。＿＿

2. 下列选项中对文章内容的分析，哪一项是不正确的？＿＿

　A. 我们要像山那样去思考，认清自己与自然的关系，平等地对待万物，我们与万物的关系和山与万物的关系是一样的，我们人类并不比一座山高明。

　B. 在文章结尾，作者用类比手法，揭示人与动物一样，都在为和平、安全、繁荣和舒适而奋斗。同时也隐含着人类不能鼠目寸光、牺牲大自然为自己谋取短期利益的警示。

　C. "这个世界的启示在野性中"，这里的"野性"指的是动物频繁活动的地方。

　D. "像山那样思考"，赋予山以人的灵性，同时，它又是一个带有祈使、号召意义的短句。

### 《蝉与纺织娘》

1. 下列选项中对本文语言风格的赏析，不正确的是哪一项？＿＿

　A. 叙述语言如同拉家常，极具生活气息。

　B. 语言工整，激情四射。

　C. 语言幽默风趣，轻松活泼。

D. 语言平实朴素，给人亲近的感觉。

2. 下列选项中对文章内容的理解，不正确的是哪一项？ ____

A. 炎热的夏季，"我"在山中小居时，"闭目"能听到蝉鸣，"炎热似乎也减少了"，这是在暗示读者，炎热的夏季可以听蝉鸣来避暑。

B. 作者描述自己的山居情景，描写大自然不同季节的虫鸣声，特别是描写蝉在不同状态下的神态，表明了作者观察生活的细致。

C. 文章第3段用对比手法，写了对听夏季蝉声和秋季虫声的不同感受，读者能从这种不同感受中体味出作者的情感趣味和态度。

D. 文章借助比喻和联想等手法，对"忽高忽低，忽断忽续，此唱彼和"的蝉之曲给予了热情的赞颂，流露出了作者对生活的态度。

## 《吴城观鸟》

1. "但西北草原的地是干的，草又枯疏，而吴城的湿地草原有水……"通过____的说明方法，说明了____。

A. 打比方

B. 作比较

C. 吴城的自然环境优越

D. 吴城的湿度高

2. 下列选项中对文章内容的表述，不正确的是哪一项？ ____

A. 第3段"整个湿地瞬间荡漾起金色的浪波"，这里"金色的浪波"是指候鸟的翅膀的颜色。

B. 白鹤中的雄鸟保护雌鸟，雌鸟庇佑幼鸟，和人类一样相亲相爱。

C. 候鸟不断为自己选择环境良好、安全无忧的栖息地。

D. 候鸟栖息吴城越冬只是中国生态建设的一个缩影，"绿色"发展的理念已经深入每个人心中。

## 《和草木在一起》

1. 作者认为人和草木在一起之后不会发生什么变化？ ____

A. 语言变得多余，不再夸夸其谈。

B. 行动迅速，思维敏捷。

C. 语速变得缓慢，渐渐拙于人事。

D. 拥有自信和淡然。

2. "节气就是规矩，草木与人，都要遵循这些规矩"，这里的"规矩"指的是什么？ ____

A. 历史记忆。

B. 农民心愿。

C. 自然规律。

D. 气温高低。

## 《遥远的自然（节选）》

1. 作者为什么说"在大自然面前，私权只是某种文明炎症的一点点局部感染"？ ____

A. 任何世俗权力在大自然面前都能轻

而易举地瓦解和消失，都是微不足道的。

  B.大自然的力量是无尽的，人在大自然面前，应该顺从自然、敬畏自然。

  C.私欲才是人类生活的本旨，在大自然的感染下，私欲更加能印证人性。

  D.道德的评判标准不是人对于大自然的贡献多少，而是人克制了多少私欲。

2. 判断：第8段"台风、洪水、沙暴、雷电、地震，无一不显露出凶暴可畏的面目——人们只有依靠文明才得以避其灾难"，这句话中的破折号起到了解释说明的作用。____

### 《报秋》

1. 下列选项中有关第6段中"不是丁香的幽香，不是桂花的甜香，也不是荷花的那种清香。它的香比较强，似乎有点醒脑的作用"一句的分析，哪一项是不正确的？____

  A.本句运用了对比的写法。

  B.本句写玉簪花没有其他的花味道好闻。

  C.本句写出了玉簪花香气的与众不同。

  D.本句突出玉簪花的香气可以让人警醒的作用。

2. 下列选项中对这篇文章的理解和赏析，哪一项是不正确的？____

  A.玉簪花的芳香似乎有点醒脑的作用，可以提醒人们秋的到来，让人减少一些惰性。

  B.作者对"领取而今现在"一句的吟哦，让人们体味到一种悠然自得、面对现实的人生态度。

  C."领取自己那一份"，是劝慰人们及时把握好自己应得的那一份，而不要有非分之想。

  D.作者借助对比的手法，巧妙地写出了玉簪花所散发出来的与其他几种花不同的芳香。

### 《青草，青草饭》

1. 本文先后介绍了青草饭中的_____、_____和_____三种药材。

  A.四方枝苦楝

  B.鸡屎藤

  C.五色梅

  D.臭草

2. 下列选项中对于文章内容的表述，哪一项是不正确的？____

  A.青草饭里除了有四方枝苦楝，还有"鸡屎藤"。

  B.臭草和五色梅是一样的作用，都能够增加药草香。

  C.鸡屎藤的名字虽然难听，但是它可以祛风除湿、解毒消肿。

  D.青草饭是作者独有的回忆，也是作者母亲对作者的爱的见证。

## 《没有不"烂"的石头》

1. 判断：第2段写从埃及运到圣彼得堡的人头狮身像是为了吸引读者的眼球，引起读者的兴趣。____

2. 下列选项中对文章内容的理解，哪一项是不正确的？____

   A. "它们在埃及住了几千年，身体仍然相当结实"说明石像若不搬运到圣彼得堡，就不会变得"脆弱"。

   B. 石像"生病"的原因找到之后，科学家对症下药，这个"药"就是在石像身上涂油脂等。

   C. 石像受不了圣彼得堡潮湿的空气，也害怕那里的寒冷。

   D. 如果没有冷热的变化，石头就不会受到破坏。

## 《旅鼠之谜》

1. 文章介绍了旅鼠的特点，下列选项中哪一项没有被提及？____

   A. 旅鼠的繁殖不但有节制，而且一旦繁殖过多，就会出现怪现象。

   B. 死亡大迁移，数百万旅鼠奔往大海，葬身大海。

   C. 旅鼠喜欢自杀，用自杀的方式缓解压力。

   D. 旅鼠的繁殖力惊人。

2. 下列对本文主题的表述不符合文意的是哪一项？____

   A. 对于旅鼠，自有一批动物学家和动物行为专家怀着极大的兴致，孜孜不倦研究，他们离开繁华的都市，来到边远极地，醉心于观察和研究。

   B. 科学研究过程要不断调整研究方法和思维方式，创新研究方法、改变思维方式才能解开大自然的谜底。

   C. 大自然本身具有调节机制，一旦打破生态平衡，就出现向新的平衡转化的新趋势。

   D. 人在自然界面前，就是相互博弈的状态，你强它就弱，你弱它就强。

## 《天空为什么是蓝的》

1. 第7段的小实验在文章中起到了什么作用？____

   A. 证明在阳光下，事物会有颜色。

   B. 证明白色的光能够分成彩虹的颜色。

   C. 证明地平线上空是白色的。

   D. 证明阳光的照射过程中障碍不断。

2. 下列选项中对文章内容的理解，表述不恰当的是哪一项？____

   A. 氟利昂是一种被人们用来制作护发剂或用在冰箱和空调里制冷的物质，对臭氧层是有害的，所以应该禁止使用氟利昂。

B. 蓝色光波比较短，翻不过空气中的障碍，便被"喷射"的到处都是，所以天空被折射成了蓝色。

C. 在距离地球30千米以外的高空中，聚集成厚厚的一个层面，这就是臭氧层。

D. 傍晚的光在照射中所遇到的微粒使得阳光中的紫色和蓝色的部分往四面八方展开，仅留下肉眼可见的橙红色光线。

### 《宇宙里有些什么》

1. 这篇文章采用了什么样的结构？ ＿＿

　A. 分—总

　B. 总—分

　C. 总—分—总

　D. 并列式

2. 下列选项中对文章内容的理解，哪一项是不准确的？ ＿＿

　A. 恒星的体积有大有小，有的比地球还小，有的却很大。

　B. 数以亿计的恒星仍然只是茫茫宇宙中的一部分。

　C. 宇宙中的恒星是运动的，每时每刻恒星都在运动。

　D. 人类足不出户，就能测算出遥远恒星的大小和温度。

### 《金属也有"记忆力"》

1. 导致记忆合金形状改变的基本条件是什么？ ＿＿

A. 体积。

B. 颜色。

C. 温度。

D. 湿度。

2. 结合文章内容判断：标题中的"记忆力"到底指什么？ ＿＿

　A. 会恢复到原先的形状。

　B. 对自身作用的认知。

　C. 对自己材质的记忆。

　D. 排斥材质不同的同类。

### 《自然笔记》

1. "晨昏线"蕴含了怎样的哲理？下列哪一项说法不正确？ ＿＿

　A. 地球并不是一只裸球。

　B. 光暗的分庭抗礼自始就不是平分秋色。

　C. 太阳的光辉顶多只照得半个多地球。

　D. 光明和黑暗互相依存，互相攻守。

2. 下列对文章内容的叙述中，不正确的是哪一项？ ＿＿

　A. "晨昏线"是指白天与黑夜在地球表面的交界线，与地球做着反向、同速的运动。

　B. "蓝地球"部分表达了在现代化进程中，城市人类想要为地球披上蓝色的衣裳的愿望。

　C. 文章中将"晨昏线"比作"大散文"，寓示这一自然奇景蕴含着恢宏广大的境界，颇有"大散文"的韵味。

D. 空气具有无处不在、无时不在两个 | 特点，空气与人的生活息息相关。

---

## 整本书阅读

**《沙乡年鉴》**

1. 下面选项中的文章哪一篇不是出自《沙乡年鉴》？ ____

　　A.《大雁归来》

　　B.《寂静的春天》

　　C.《如果我是风》

　　D.《家园》

2. 判断：这本书记载了作者一家在威斯康星州重建沙地农场的生活片段，是按农场建设地点转换的顺序安排写作内容的。 ____

# 自然物语 ②

## 第一单元／物候密码

### 《大自然的文字》

1.B  2.A  解析：燕子低飞说明要下雨，妈妈不可能在雨天来临时洗衣服。所以选A。

### 《关于"水的职称"的说明书》

1. 正确  2.B  解析：本文采用的是"总—分—总"的结构。所以选B。

### 《采草药》

1.B  2. 正确  解析：文章介绍了植物生长需要关注它的内在因素，文章最后一句"岂可一切拘以定月哉？"的意思是"哪能一律用固定的时月来限制（采药时间）呢？"说明作者反对规定采药时间。所以正确。

### 《月的大小》

1. 正确  2.B  解析："这个问题一直在我心中为悬案"，说明作者并不是十分认同这样的观点。所以选B。

### 《夏至收获忙》

1.C  2.B  解析："不能说挖洋葱，简直就是寻觅洋葱。不用除草剂，我们的洋葱畦里到后期杂草总是很多"，说明挖洋葱很费劲，需要翻开杂草去寻觅。所以选B。

### 《森林的春天》

1.A  2.B  解析：在文章中，大地的"眼睛"指的是湖。所以选B。

### 《冬天的书》

1.ADCB  2.C  解析：在文章的最后一段，作者写了"产生这种感觉，是因为我们对大自然还了解得太少"，从这里可以看出作者认为之所以感觉到冬天单调和荒凉，是因为没有真正了解冬天，没有体会到冬天独特的韵味。所以选C。

## 第二单元／探索之趣

### 《当学荷叶会自洁》

1.BC  2.B  解析："提高了叶面的光合作用的效率"说的是荷叶的"结构"，不是"自洁效应"。所以选B。

### 《恐龙灭绝之谜新解》

1.D  2.C  解析：古老岩石中存在的氨基酸都是非生物形成的。

### 《趣谈猪笼草》

1.C  2.B  解析：猪笼草的叶子是呈瓶状的。所以选B。

### 《蝴蝶的秘密》

1.A  2.B  解析："荨麻蛱蝶这种预知

风雨的能力，是它后天实践的结果还是它们的本能？这还是未解之谜。"所以选 B。

### 《化石——存在的证明》

1.D  2.C

### 《令人感动的动物互助》

1.C  2.BC

### 《阿西莫夫：把科普写成艺术》

1.A  2.B  解析：阿西莫夫作品题材广泛，涉及科学总论类、各大学科的分论、论述某小专题的读物等，"构成了一个阵容可观的'梯队'"。所以选 B。

第三单元／人与自然

### 《像山那样思考》

1. 错误  解析：这篇文章讲的是人与自然的关系，讨论的是生态平衡的大问题。所以错误。

2.C  解析：这里的"野性"指的是人类文明未曾涉足的地方。所以选 C。

### 《蝉与纺织娘》

1.A  2.A

### 《吴城观鸟》

1.BC  2.A  解析："金色的浪波"在这里是指候鸟扇动翅膀，触碰芦苇，芦苇动的时候，就形成了金色的浪波。所以选 A。

### 《和草木在一起》

1.B  2.C

### 《遥远的自然（节选）》

1.A  2.错误  解析：这里的破折号让作者表达的意思得到了升华，起到了意思递进的作用。所以错误。

### 《报秋》

1.B  2.C  解析："领取自己那一份，也有品味、把玩、获得的意思。"是让人们去欣赏生活中的美景。所以选 C。

### 《青草，青草饭》

1.ABD  2.B  解析：五色梅是臭草开的花。所以选 B。

第四单元／万象奥秘

### 《没有不"烂"的石头》

1. 错误  解析：是用举例子的方式对前文"石头不会像有机物那样腐烂，但它实际上也是每时每刻都有变化，终究有崩解消亡的时候"进行解释说明。所以错误。  2.D

### 《旅鼠之谜》

1.C  2.D  解析：从自然界的调节中，人应该能感受到：人类也应该注意自我调节，学会和大自然和谐相处。

### 《天空为什么是蓝的》

1.C  2.C  解析：臭氧层在距离地球表面 20 千米至 30 千米的高空处。所以选 C。

### 《宇宙里有些什么》

1.C  2.D

《金属也有"记忆力"》

1.C　2.A

《自然笔记》

1.D　2.B　解析："蓝地球"部分表达了在蓝色天宇下人类能和平宁静生活的美好愿望。所以选 B。

《沙乡年鉴》

1.B　2.错误　解析：本书所写内容按十二个月的顺序编排在一起的，因此取名为"沙乡年鉴"。所以错误。

# 自然物语 ❸

## 第一单元　田园情怀

**《再游花源记（节选）》**

1. 下列句子翻译中，有误的一项是＿＿＿

　　A. 诸峰累累，极为瘦削：山峰接连不断，看起来瘦瘦的，像被刀切过一样。

　　B. 桃可千余树：那里有上千棵桃树。

　　C. 夹道如锦幄：道路两旁如同铺设了锦帐。

　　D. 花蕊藉地寸余：地上交错杂乱的落花有一寸多厚。

2. 本文对桃花源的描写与陶渊明的《桃花源记》相似，以下语句并不对应的一项是＿＿＿

　　A. "桃可千余树"与"夹岸数百步，中无杂树"。

　　B. "花蕊藉地寸余"与"落英缤纷"。

　　C. "溯源而上"与"缘溪行"。

　　D. "夹道如锦幄"与"阡陌交通"。

**《和陶渊明桃花源诗序（节选）》**

1. 下面词语解释中，有误的一项是＿＿＿

　　A. 止言先世避秦乱来此。止：同"只"，只有。

　　B. 生不识盐醯。醯：酱。

　　C. 或至百二三十岁。或：有时。

　　D. 使武陵太守得而至焉。焉：于此。

2. 关于南阳和四川青城山的事例，理解有误的一项是＿＿＿

　　A. 用两个事例证明桃花源并非神仙境地。

　　B. 南阳百姓长寿的原因在于不吃盐和醯。

　　C. 青城山百姓近些年与外面人的寿命差不多了。

　　D. 两地百姓长寿的共同原因在于与世隔绝。

**《桃花源诗》**

1. 判断：诗歌不仅表达了对美好生活的向往，还表达了作者对世俗生活的厌恶。＿＿＿

2. 下列句子中，不能体现"百姓生活安宁、和平、美好、淳朴"的一项是＿＿＿

　　A. 相命肆农耕，日入从所憩。

　　B. 荒路暖交通，鸡犬互鸣吠。

　　C. 童孺纵行歌，斑白欢游诣。

　　D. 愿言蹑轻风，高举寻吾契。

**《雪窦游志（节选）》**

1. 下列分析中，有误的一项是＿＿＿

　　A. 对药师寺僧人的描写，体现了作者对他们的称赞和对出入于官署僧人的不屑。

| 28 |

B. 雪窦山基本与世隔绝，人民生活淳朴。

C. "遥望白蛇蜿蜒下赴大壑"一句，作者用比喻从侧面描写景色之美。

D. 文章表达了作者对大自然的热爱和对美好生活的向往。

2. 下列对全文的理解错误的一项是＿＿＿

　　A. 雪窦山地形多样。

　　B. 雪窦山自然环境优美。

　　C. 当地百姓生活安宁、民风淳朴。

　　D. 当地百姓与作者相谈甚欢。

**《〈桃花源记〉主题另解》**

1. 本文说陶渊明一生先后经历了＿＿＿

　　A. 陷入绝境，梦碎桃源

　　B. 归隐山林，体验田耕

　　C. 挤进仕途，谋得官职

　　D. 遭遇大火，生活困苦

2. 作者认为《桃花源记》中记载的几个寻"桃花源"的人物分别象征不同时期的陶渊明。请问：可象征"归隐后的陶渊明"的是哪一位？＿＿＿

　　A. 武陵人。

　　B. 太守。

　　C. 刘子骥。

　　D. 后来人。

**《重峦叠嶂间的田园（节选）》**

1. 下列对文章的分析有误的一项是＿＿＿

　　A. 因为陶渊明的诗歌风格自然平淡，所以宋代之前一直无人赏识他。

B. 作者将陶渊明和历史上许多文人进行对比，说明他的安静是一种自觉的处世态度。

C. 陶渊明与魏晋名士一样也追求"回归自然个体"，但他表现得自然、平静、优雅。

D. 标题中的"田园"是陶渊明生命境界的象征，而"自然"就是这种境界的核心。

2. 联系全文，对作者笔下陶渊明的"田园"理解有误的一项是＿＿＿

　　A. "田园"是陶渊明远离官场、远离尘嚣、耕作自资的归隐之地。

　　B. "田园"是陶渊明保持安然自立文化人格的精神归所。

　　C. "田园"是陶渊明信仰自然、投身自然的心灵世界。

　　D. "田园"是陶渊明被动做出的自我边缘化处理。

**《篱笆青青》**

1. 对文章开头一段的作用，分析有误的一项是＿＿＿

　　A. 运用第二人称，拉近了作者与读者之间的距离。

　　B. 运用第二人称，更便于直接抒发情感，引起读者共鸣。

　　C. 在对比中写出了山的险峻、海的宽广。

　　D. 撩拨起思乡之情，为下文篱笆的叙写做铺垫。

2. 对结尾"只愿与一面清寂的篱笆，与乡村，相守到老"的理解有误的一项是____

　　A."与篱笆相守"就是守住心灵，也就是守住"我们"内心的宁静、清洁、本真。

　　B."与篱笆相守"就是不要让物欲膨胀了"我们"的内心，不要让浮躁扰乱了"我们"的本性。

　　C."与乡村相守"就是守住乡村文明，在纯朴的乡村里尽享人情之美、本真之美。

　　D."与乡村相守"就是要远离现代社会的尘嚣、根植农村、远离城市。

**《绿树村边合》**

1. 文中写朱熹栽植杉树的用意是____

　　A.说明每一个婺源人都喜欢栽植杉树。

B.表明婺源的百姓自古以来便注重栽植树木。

C.表明朱熹对家乡的热爱。

D.表明婺源村庄的建立，离不开种树林。

2. 对文章首尾两部分的分析有误的一项是____

　　A.文章首段中将香樟和枫香、香柏、红豆杉对比，表现出香柏和红豆杉的雍容、峭拔。

　　B.首段中通过对"神秘访客"定居的描写，表现现在婺源绿树成荫的景象。

　　C.尾段古诗词的引用，使安静闲适、树木茂密的宜人环境形象更加清晰。

　　D.尾段点明主旨，深化主题，给读者留下了回味的余地和想象的空间。

## 第二单元 探山访水

**《始得西山宴游记》**

1. 本文给我们的启示中，有误的一项是____

　　A.只有志存高远、胸怀开阔，才能有所作为。

　　B.面对挫折我们要保持本心，排解情绪的最佳方法是"引觞满酌，颓然就醉"。

　　C.人与自然应和谐相处，甚至达到天人合一的境界。

D.只有躬身实践、善于探索，才能正确认识事物。

2. 下列括号中，虚词意义和用法相同的一项是____

A."觉（而）起，起（而）归"与"吾尝终日（而）思矣"

B."（其）高下之势"与"（其）可怪也欤"

C."悠悠（乎）与灏气俱"与"浩浩（乎）如冯虚御风"

D. "故为之文（以）志"与"（以）君为长者"

## 《满井游记》

1. 下列朗读节奏划分不正确的一项是___

  A. 柳条 / 将舒未舒

  B. 花朝节 / 后

  C. 始 / 知郊田之外 / 未始无春

  D. 每 / 冒风驰行

2. 下列对全文的分析有误的一项是___

  A. 主要是写城郊的春景，以议论抒情为主，兼有写景。

  B. 抒发了作者春游时悠然轻松的喜悦心情。

  C. 表达了作者旷达、乐观的人生态度，以及对自由的向往。

  D. 首段欲扬先抑，为下文勾画春意盎然、生机勃勃的满井做铺垫。

## 《钴鉧潭西小丘记》

1. 对"其石之突怒偃蹇、负土而出、争为奇状者，殆不可数"的理解有误的一项是___

  A. 此句运用了拟人的修辞手法。

  B. "突怒偃蹇""奇状"写出了石头的奇特。

  C. "负土""争为"表现出"石"顽强抗争的品格。

  D. 用侧面描写表现奇石之多。

2. 下列对全文的分析有误的一项是___

  A. 首段介绍小丘的基本情况，重点放在山石奇特上。

  B. "唐氏之弃地，货而不售"，明写小丘的遭遇，实则暗示作者自身的遭遇。

  C. "即更取器用……烈火而焚之"，暗含作者对社会奸邪势力的深恶痛绝。

  D. 尾段含蓄委婉地为自己的被贬和不公平待遇而哀伤。

## 《石涧记》

1. 判断：本文表达了作者热爱自然、钟情山水的情怀，同时又书写了胸中愤郁，对自己的遭遇表示叹息和苦闷。____

2. 下列对全文的分析有误的一项是___

  A. 文章着重写石态水容，写涧中石和树的特色。

  B. 描绘了石涧溪石的千姿百态，清流激湍，翠羽成荫，景色美丽宜人。

  C. 作者善用新颖贴切的拟人手法来描绘景物，生动形象。

  D. 文章结构上剪裁得体，详略得当，前后呼应。

## 《峡江寺飞泉亭记》

1. 下列句子中"之"字的用法不同于其他三项的是___

  A. 凡人之情，其目悦。

  B. 若青田之石门，瀑未尝不奇。

  C. 余命霞裳与之对枰。

D. 于是吟咏之声又复大作。

2. 下列对全文的分析有误的一项是____

A. 本文写景多用比喻，写出了景色特点，语言华丽优美。

B. 文章直抒胸臆，率真质朴，如叙家常，平淡中足见情趣。

C. 第2段中用别处观瀑布的不易对比衬托峡江寺飞泉亭观瀑的舒适欢愉。

D. 文章第3段写登山之"奇"在于"磴级纡曲……骄阳不炙""三奇树""根分而枝合"。

## 《地泉之灵》

1. 第2段作者用大量笔墨来写雨后秋景和自己的心情，下列分析中，错误的一项是____

A. 写雨后秋景，突出兴安灵渠明朗开阔的特点。

B. 自然引出下文对兴安灵渠的观赏过程和描写。

C. 写自己心情，强调心情的放松和欣喜。

D. 为读者营造了一种凄清怅惘的氛围。

2. 以下对标题"地泉之灵"的意蕴和作用的分析有误的一项是____

A. 标题"地泉之灵"是全文的线索，也是全文的文眼。

B. 灵渠拥有无与伦比的设计和灵思，体现了古代劳动人民的诚实与善良。

C. 灵渠作为一条运河，它引导舟船，

滋养土地，济世济人。

D. 灵渠昭示着我们要淘洗心灵污浊，保持内心圣洁，让心与心沟通。

## 《溪水》

1. 文章第2段"溪水是很会走路的……乍看潦草随意，细察都有章法"，这里的"章法"指什么？____

A. 文章的组织结构。

B. 处理事情的原则。

C. 自然的规律。

D. 法律规章制度。

2. 对文章中"我"的作用分析有误的一项是____

A. 表现人们应像溪水一样追求美好境界，清亮、坦荡而不自私。

B. 赞美溪水具有清澈的情感和思想。

C. 突出文章主旨，写出"我"羡慕和渴望做溪水。

D. 与溪水形成对比，突出"我"品质的高尚。

## 《趵突泉的欣赏》

1. 下列对文中第5段的分析有误的一项是____

A. "像大鱼吐水""像一串明珠""像一串珍珠""几串小碎珠"等，运用了比喻的修辞手法，生动形象。

B. 表现了作者对池边小泉的喜爱之情。

C. 本段连用几个"有的"构成了排比，铺陈了池边诸多小泉的不同姿态，使读者如临其境。

D. 在结构上起到承上启下的作用。

2. 下列对全文的分析有误的一项是____

A. 文章以泉水为线索安排材料，详略得当。

B. 文中第2、3段运用了欲扬先抑的手法，突出泉水的美。

C. 本文体裁属于散文，写作中融记叙、描写、议论为一体。

D. 本文的写作顺序以时间顺序为主。

## 《西北三绿》

1. 下列对本文题目作用的分析不恰当的一项是____

A. 设置悬念，吸引读者。

B. 概括文章的主要内容。

C. 点明文章的情感基调。

D. 本文题目是文章的线索和结构思路。

2. 下列对文章内容理解有误的一项是____

A. 用"纸上""墙上""树木"的绿色与刘家峡水库的绿对比，突出了后者绿得深沉、固执。

B. "她急慌慌地将自己撞碎，成星星点点，成烟，成雾，是为了再乘风飘去。"这句话用拟人的修辞手法，写出了雪水留恋自己的本性。

C. "好一个绿色的怀抱雪山的天池啊，这正是你的伟大，你的美丽。"此句表现出天池伟大美丽的特点，情

感委婉含蓄。

D.《丰收岭绿岛》的第1段通过写沙漠广阔荒凉的景象，为下文描写丰收岭的"绿"做铺垫。

## 《林中小溪》

1. "你顺着小溪会突然来到1个宁静的地方。你会听见，一只灰雀的低鸣和一只苍头燕雀惹动枯叶的簌簌声竟会响遍整个树林。"这两句话运用的写作手法是____

A. 调动多种感官。

B. 对比。

C. 移步换景。

D. 以动衬静。

2. 以下哪一项不属于作者从林中小溪相关自然景物得到的启发？____

A. 溪流行进中不断出现的障碍，就像是人们生命历程中遇到的种种困难。

B. 溪流行进中有分有合，但都有着共同的终极目标——流向大洋，人生奋斗也要有自己的终极追求。

C. 溪流和周围的景物构成了美的境界，所以人生也同样要有美丽的环境。

D. 溪流在前进中越过障碍，要集聚力量，要坚持到底。人们战胜困难同样要有毅力，要不懈地进行斗争。

**《核工记》**

1. 本文描写桃坠主体部分是按照由____到____，由____到____的空间顺序进行说明的。

　　A. 部分

　　B. 上

　　C. 整体

　　D. 下

2. 以下对《核工记》与《核舟记》的比较中，分析有误的一项是____

　　A. 两篇文章，都采用了"总—分—总"的结构模式。

　　B. 主体部分都采用空间顺序介绍雕刻品，先整体后局部。

　　C. 两文都有观察细致、说明生动的特点。

　　D. 说明对象不同，表达的主题亦不同。

**《口技》**

1. 为表现口技表演者的高超技艺，文章采用了正面描写与侧面描写相结合的手法。下面属于"侧面描写"的一项是____

　　A. 微闻有鼠作作索索，盆器倾侧，妇梦中咳嗽。

　　B. 于是宾客无不变色离席，奋袖出臂，两股战战，几欲先走。

　　C. 忽一人大呼"火起"，夫起大呼，

妇亦起大呼。

　　D. 未几，夫齁声起，妇拍儿亦渐拍渐止。

2. 下列对全文的分析中，理解有误的一项是____

　　A. "口技"是我国一种传统民间艺术，其魅力在本文作者林嗣环的笔下得到了充分体现。

　　B. 全文以"善"为文眼，表现了口技艺人高超的技艺。

　　C. 文中多次描述听众的反应，正是为了表现听众对民间艺术的衷心喜爱。

　　D. 文章前后两次把极简单的道具交代得清清楚楚，既结构严谨，又从侧面表现了口技艺人高超的技艺。

**《活板》**

1. 本文说明的对象是____

　　A. 布衣毕昇。

　　B. 活板印刷术的发明。

　　C. 活板印刷术。

　　D. 活板印刷术的优点。

2. 对本文的说明方法分析有误的一项是____

　　A. "欲印，……则字平如砥。"用了举例子的说明方法，恰当地说明了活字印刷的特征。

　　B. "则字平如砥"用了打比方的说明

方法，生动形象地写出了字印的平整程度。

  C. "若止印三二本……则极为神速。"用了举例子的说明方法，写出了活字印刷的速度快。

  D. "不以木为之者……殊不沾污。"用了作比较的说明方法，写出了活字印刷的方便。

**《明湖居听书》**

1. 下列对文章所用修辞手法的分析有误的一项是＿＿＿＿

  A. 文中把小玉初唱时的妙境比作"熨斗熨过""吃了人参果"，是因为小玉初唱时那种不甚大的声音，听起来使人感到甜美、舒畅。

  B. 作者把小玉越唱越高的声音比作"一线钢丝抛入天际"，形象地描绘出了小玉声音的尖细，刚劲有力。

  C. 用"在黄山三十六峰半中腰里盘旋穿插"的飞蛇作比，描绘出小玉那种宛转悠扬、穿插回旋、急促多变的声音。

  D. 作者用"放那东洋烟火"来比喻小玉歌声的高亢。

2. 下列对全文内容的分析有误的一项是＿＿＿

  A. 文章对小玉的演唱用了正面描写和侧面描写相结合的方法。

  B. 第6段"忽又扬起……俱来并发"

两句是对小玉演唱高潮的描写，有"银瓶乍破水浆迸，铁骑突出刀枪鸣"之感。

  C. 文章在小玉出场前，层层烘托，步步蓄势。这种手法达到了引人入胜的效果。

  D. 小玉的表演形式丰富多样，吹拉弹唱样样精通。

**《秦俑漫笔》**

1. 下列注音有误的一项是＿＿＿

  A. 氤氲（yīn yūn）

  B. 岿（kuī）然

  C. 蜿蜒（wān yán）

  D. 粗犷（kuàng）

2. 对于第6段第一句话"欣赏这些已经出土的兵马俑……更是令人驰思不已"在文中的作用，分析有误的一项是＿＿＿

  A. 结构上起到承上启下的作用。

  B. 表现出作者从栩栩如生的兵马俑身上感受到的艺术的精美。

  C. 让作者产生一种苍凉悲壮之慨。

  D. 让人联想到古战场上的景象，产生心灵震撼。

**《单簧管　双簧管》**

1. 下列注音有误的一项是＿＿＿

  A. 袅（niǎo）袅

  B. 跌宕（dàng）

  C. 惘（wǎng）然

  D. 徜（chàng）徉（yàng）

2. 下列对于莫扎特与巴赫的音乐带给作者的感觉，表述有误的一项是____

　　A. 莫扎特的音乐带来平和，巴赫的音乐引发怅惘。

　　B. 莫扎特的音乐甜美，巴赫的音乐轻柔。

　　C. 莫扎特的音乐活泼，巴赫的音乐沉稳。

　　D. 莫扎特的音乐充满灵性，巴赫的音乐温情、人性。

## 《戴车匠》

1. 本文的作者是____。

　　A. 老舍

　　B. 茅盾

　　C. 汪曾祺

　　D. 曹禺

2. 下列对全文的分析有误的一项是____

　　A. 开头写侯家银匠店和杨家香店，点明了戴车匠店的位置，暗写了传统手工艺的兴盛。

　　B. 结尾点明了戴车匠就是最后一个车匠，表达了对传统手工艺逐渐消失、后继无人的惋惜。

　　C. 表达了作者对四十余年前故乡自由、淳朴、和谐的生活方式的怀念之情。

　　D. 表达了作者对以戴车匠为代表的传统手工艺者的技艺和品德的赞美钦佩之情。

## 《景泰蓝的制作》

1. 景泰蓝的制作过程依次是制胎、____、____、____、____、镀金。

　　A. 点蓝

　　B. 打磨

　　C. 烧蓝

　　D. 掐丝

2. 对下列各句中所用说明方法的表述有误的一项是____

　　A. 涂上的色料有好些种，不只是一种蓝色料，为什么单叫点蓝呢？原来这种制作方法开头的时候多用蓝色料，当时叫点蓝，就此叫开了。（下定义）

　　B. 咱们的手工艺品往往费大工夫——刺绣、缂丝、象牙雕刻，全都在细密上显能耐。掐丝跟这些工作比起来，可以说不相上下，半斤八两。（作比较）

　　C. 一个二尺半高的花瓶，掐丝就要花四五十个工。（列数字）

　　D. 譬如粘一棵柳树吧……柳树的每个枝子上长着好些叶子，每片叶子两笔，像一个左括号和一个右括号。（打比方）

# 第四单元　古风古韵

## 《木瓜》

1. 本诗中的语句后来逐渐演化为成语____，现多用来比喻____。

   A. 投桃报李

   B. 君子如玉

   C. 比喻友好往来或互相赠送东西

   D. 君子应当是外带恭顺，内具坚韧；宽以待人，严以律己；光华内敛不彰不显

2. 下列与"投我以木瓜"中的"以"意义和用法相同的一项是____

   A. 楚人以晏子短。

   B. 非学无以广才。

   C. 太医以王命聚之。

   D. 以其境过清，不可久居。

## 《君子于役》

1. 判断：本诗写一个妇人对服役在外、久而不归的丈夫的思恋，表达了对统治阶级以繁重的徭役剥削人民的愤懑。____

2. 下列对于本诗理解有误的一项是____

   A. 此诗起句"君子于役，不知其期，曷至哉"点明了君子在远方长期服役，不知何时回归的现实状况，奠定了全诗的感情基调。

   B. "鸡栖于埘，日之夕矣，羊牛下来"和"鸡栖于桀，日之夕矣，羊牛下括"

两句只运用了"赋"的手法。

   C. 此诗勾勒出一幅典型的乡村田园晚归图，内容上充满了浓烈的乡土气息、生活气息，使诗歌有较强的感染力。

   D. 此诗采用了"重章叠句"的艺术手法，不仅使整首诗结构更加严谨、富于音乐性和节奏感，而且使诗歌蕴含的感情更加深挚。

## 《月出》

1. 下列注音有误的一项是____

   A. 月出皎兮。皎：jiǎo

   B. 舒窈纠兮。窈：yǎo

   C. 劳心悄兮。悄：cǎo

   D. 舒夭绍兮。绍：sháo

2. "月出皎兮"这句既是写景，也是写情。结合下句，这句又有着____作用，用月光的美来比喻所爱之人的美，是很恰切的。

   A. 比喻

   B. 比兴

   C. 赋

   D. 引起下文

## 《伯兮》

1. 判断：本诗的第一、二章主要表现手法是赋，着重于描述女主人公的生活情态。第三、四章主要表现手法是兴。

这两章的中心句子是"愿言思伯"，意思是深切地思念自己的丈夫。____

2. 下列对全诗的理解和赏析有误的一项是____

　　A. 诗歌紧扣一个"思"字，边叙事边抒情，塑造了一个温婉的女性形象——深深思念丈夫，但并没有过于激烈的怨愤。

　　B. 赋、比、兴是《诗经》中常用的表现手法。本诗中"焉得谖草？言树之背"运用了赋的手法。

　　C. 本诗第一章通过"朅""桀""为王前驱"等内容，赞扬了"伯"的形象、才华与地位，表达了女子内心的骄傲与自豪之情。

　　D.《伯兮》与战争有关，是从思妇的角度来写的。

## 《击鼓》

1. 以下对"死生契阔，与子成说。执子之手，与子偕老"分析不正确的一项是？____

　　A. 这是一首典型的爱情诗，表达了征人对和平幸福生活的向往和对战争的厌恶。

　　B. "执子之手，与子偕老"的美好誓愿与"死生契阔"的现实形成鲜明的对比。

　　C. 将战争的残酷与征人的无奈生动地展现在世人面前。

　　D. 这是征人与妻子的誓言，结发为夫妇，生死不相离，但残酷的战争无情地粉碎了这个誓言，造成了生死不相见的结局。

2. 下列对全诗的理解和赏析有误的一项是____

　　A. 第一章写应征入伍，第二章写随帅出征，第三章写驻守待命，第四章写夫妻离别，第五章写厌战思归。

　　B. 此诗全篇用比兴，从各个不同的角度描写从军士兵的行为、心理和语言。文笔简练，形象传神。

　　C. 这是一首典型的战争诗。诗人以袒露自身与主流意识的背离，宣泄自己对战争的抵触情绪。

　　D. 篇中写景若绘，篇末抒情真切。它不朽的艺术魅力永远地传达着中国人民热爱和平的愿望。

## 《诗经》

1. 下列关于《大序》中按着教化作用，对"六艺"的解释有误的一项是____

　　A. 风：指风化（感化）、讽刺的意思。

　　B. 雅：指正的意思。

　　C. 颂：形容盛德的意思。

　　D. 赋：直铺陈今之政教善恶。

2. 对全文的分析有误的一项是____

　　A. 太师们在搜集歌谣时，不但搜集本国的，还搜集别国的；不但搜集乐词，还搜集乐谱。

B. 古代所谓"言志"和现在所谓"抒情"并不一样，那"志"总是关联着政治或教化的。

C. 春秋时列国的赋诗不只是用诗，还在于解释诗的本意。

D. 到了孔子时代，孔子采用断章取义的办法，用诗来讨论做学问、做人的道理。

### 《美丽的〈诗经〉》

1. 判断：作者认为《诗经》与我们的距离主要体现在我们对它的无知上。____

2. 下列对全文的分析有误的一项是____

A. 与国风"采诗"说相配合的是"献诗"说，但这种说法只有《国语》中的一个孤证。

B. 学术界对《诗经》的种种学术疑问得过且过，是因为这种疑问不影响我们喜爱《诗经》。

C. 朱东润先生对"国风是民歌"的说法曾提出过理据充分的质疑，但学术界没有什么反响。

D. 我们只有把《诗经》当"诗"来读，才能挽救被学术化弄得面目可憎的古代诗歌的清誉。

### 《荷韵（组章）》

1. 以下诗歌朗诵节奏划分错误的一项是____

A. 青蛙 / 在荷叶上 / 跳探戈

B. 把 / 睡着的 / 荷花 / 扰醒了

C. 她们 / 半 / 羞着面

D. 从深处 / 一朵朵 / 开过来

2. 《荷韵（组章）》最能体现《诗经》对后世诗歌影响的表现是____

A. 重章叠句的形式。

B. 抒情蕴藉含蓄的特点。

C. 赋比兴手法的运用。

D. 民本思想的主题。

## 整本书阅读

### 《给青年的十二封信》

1. 在精彩选篇《谈静》中，作者所谓"静"，指的是____，而不是____。

A. 心界的空灵

B. 心灵的沉寂

C. 物界的空灵

D. 物界的沉寂

2. 《谈静》的第1段中"感受"的含义极广，依次表现在：____

A. 不同个体的反应有差异。

B. 对象引起人的心灵反应。

C. 得出感悟。

D. 感知到对象。

# 自然物语 ③

## 第一单元／田园情怀

### 《再游花源记（节选）》

1.A 解析：诸峰累累，极为瘦削：山峰接连不断，极为陡峭。 2.D 解析："阡陌交通"指田间小路交错相通。"夹道如锦幄"指道路两旁如同铺设了锦帐。

### 《和陶渊明桃花源诗序（节选）》

1.C 解析："或至百二三十岁"中的"或"指有的人。 2.B 解析：文中只说南阳百姓饮菊水而长寿，不识盐醯的是青城山百姓。

### 《桃花源诗》

1. 正确 解析："怡然有余乐，于何劳智慧。"这两句表现了作者厌倦世俗的尔虞我诈、钩心斗角。 2.D 解析："愿言蹑轻风，高举寻吾契"两句表现了作者对和平美好、安宁淳朴生活的向往。

### 《雪窦游志（节选）》

1.C 解析："遥望白蛇蜿蜒下赴大壑"，作者用比喻从正面描写景色之美。
2.D 解析：由"不深解吴语，或强然诺，或不应所问，率十问仅得二三"可知D选项错误。

### 《〈桃花源记〉主题另解》

1.C B D A 2.C

### 《重峦叠嶂间的田园（节选）》

1.A 解析：A项因果关系不成立，另据文章第9段"到了唐代，陶渊明还是没有产生应有的反响。好评有一些，比较零碎"可知A项错误。 2.D 解析：分析全文可知，陶渊明的寄身"田园"是主动的，选项D错误。

### 《篱笆青青》

1.C 解析：在对比中表现了作者对篱笆墙的喜爱之情。 2.D 解析：D选项中"远离城市"太过片面与绝对。

### 《绿树村边合》

1.B 2.A 解析：文章首段中将香樟和枫香、香柏、红豆杉对比，表现出香樟和枫香的雍容、峭拔。

## 第二单元／探山访水

### 《始得西山宴游记》

1.B 解析：B项说得太绝对。 2.C 解析：选项A中三个"而"分别是表顺承、表修饰、表修饰。选项B中第一个"其"是代词；第二个"其"是副词，加强感叹语气。选项C中都是助词。

选项 D 中第一个"以"是连词，表目的；第二个"以"是介词，解释为"把"。

**《满井游记》**

1.C 解析：始知/郊田之外/未始无春

2.A 解析：以写景为主，兼有议论抒情。

**《钴鉧潭西小丘记》**

1.D 解析：不是侧面描写而是正面描写。 2.D 解析：由"而我与深源、克己独喜得之，是其果有遭乎"可知尾段是直接抒情而非含蓄委婉。

**《石涧记》**

1. 正确 解析：结合本文的写作背景可知。 2.C 解析：不是拟人而是比喻。

**《峡江寺飞泉亭记》**

1.C 解析：选项 A、B、D 中的"之"都是助词"的"的意思，选项 C 中的"之"为代词。 2.A 解析：本文多用白描，而非比喻。

**《地泉之灵》**

1.D 2.B 解析：灵渠拥有无与伦比的设计和灵思，体现了人与自然的和谐相处。

**《溪水》**

1.C 2.D 解析：文章主要是在衬托与对比中突出溪水的境界，清亮、坦荡而不自私。

**《趵突泉的欣赏》**

1.D 解析：第 5 段在全文中不是过渡

段。 2.D 解析：从文中的方位名词可知，本文写作顺序是空间顺序。

**《西北三绿》**

1.C 解析：题目没有涉及作者的情感。

2.C 解析：选项 C 这句话表现情感不是委婉含蓄的，而是直接抒情。

**《林中小溪》**

1.D 2.C 解析：不构成因果关系。

### 第三单元／匠心神韵

**《核工记》**

1.BDCA 2.D 解析：《核舟记》说明对象为核舟，《核工记》说明对象为桃坠，但两文的主题都突出了雕刻者技艺的高超。

**《口技》**

1.B 解析：选项 A、C、D 均在描写口技者用声音营造出的画面。 2.C 解析：选项 C 文中多次写听众的反应，目的是从侧面烘托口技表演者的高超技艺，而非"表现听众对民间艺术的衷心喜爱"。

**《活板》**

1.C 2.C 解析："若止印三二本……则极为神速。"用了作比较的说明方法，突出了活字印刷的速度之快。

**《明湖居听书》**

1.D 解析："放那东洋烟火"不是写其声音的高亢，而是写其唱声余音四散，让人回味无穷。 2.D 解析：表演形式主要是唱，并没有涉及吹拉弹。

**《秦俑漫笔》**

1.D　解析：粗犷（guǎng）　2.C　解析：让作者产生苍凉悲壮之慨的是艳阳下的俑坑废墟。

**《单簧管　双簧管》**

1.D　解析：徜（cháng）徉（yáng）

2.A　解析：文章最后写道："莫扎特的单簧管让我……怅惘和忧郁。巴赫……沉稳和平和。"

**《戴车匠》**

1.C　2.B　解析：说法太绝对，文中是"也许"而非"就是"，而结尾点明传统手工艺的没落，不只是戴家车匠店，与开头相呼应并深化了文章主题。

**《景泰蓝的制作》**

1.DACB　2.A　解析：A选项语句所用说明方法应为"作诠释"。

**第四单元／古风古韵**

**《木瓜》**

1.AC　2.C　解析："投我以木瓜"是"你用木瓜送给我"。以：介词，用。选项A认为；选项B表目的，用来；选项D因为。

**《君子于役》**

1. 正确　2.B　解析：选项B中诗句不只运用了"赋"的手法，也运用了"兴"的手法，借物的描写展开对丈夫的思念。

**《月出》**

1.D　解析：舒天绍兮。绍：shào　2.B

**《伯兮》**

1. 正确　2.B　解析："焉得谖草？言树之背"运用了比兴手法。

**《击鼓》**

1.A　解析：这是一首典型的战争诗，表达了征人对和平幸福生活的向往和对战争的厌恶。　2.B　解析：此诗全篇用赋，从各个不同的角度描写从军士兵的行为、心理和语言。文笔简练，形象传神。

**《诗经》**

1.D　解析：《大序》中只解释了"风、雅、颂"，未解释"赋"。　2.C　解析：第6段言及春秋时列国的赋诗只是用诗，并非解诗，因为在那时诗的意义很明白，不用讨论。

**《美丽的〈诗经〉》**

1. 正确　2.B　解析："得过且过"主要针对的是《诗经》的作者，不是学术疑问；另外，原因归结也不成立。

**《荷韵（组章）》**

1.C　解析：她们／半羞着／面　2.B

**整本书阅读**

**《给青年的十二封信》**

1.AD　2.DBA　解析：选项C文中未涉及。

# 自然物语 4

## 第一单元　学习演讲词·激情演说

### 《组织民众与保卫大西南——民国三十三年昆明各界双十节纪念大会演讲词》

1. 闻一多先生认为保卫国土最后的力量是____。

   A. 政府的决心
   B. 我们人民自己
   C. 同盟国的帮助
   D. 军队的力量

2. 第 1 段中"眼看见盟国都在反攻，我们还在溃退，人家在收复失地，我们还在继续失地"这句话运用____的手法，写出了____。

   A. 对比
   B. 夸张
   C. 作者内心激动
   D. 中国局势危急

### 《读书与革命》

1. 文章开头鲁迅说自己上台说话是因为"职务上的关系"，关于这句话的分析哪一项是正确的？____

   A. 突出鲁迅这次的发言是迫于压力的无奈之举。
   B. 表现鲁迅在中山大学身居要职，影响力大。
   C. 表明鲁迅是一个尽职敬业、敢于直

言的人。
   D. 这样说拉近了听讲学生和鲁迅先生的距离。

2. 下列表述与原文意思相符的一项是____

   A. 大学是学生读书的地方，学生应该把心思都放到学习上。
   B. 青年学生既要读书，也要不忘革命。
   C. 人类需要进步，青年是革命的主力军，所以应该都去参加革命。
   D. 中国青年学生既要学习又要革命，实在太吃力了，所以只要兼顾一个就可以了。

### 《1931 年 11 月 19 日在协和小礼堂的演讲（节选）》

1. 判断：中国传统的建筑群体，显示了明晰的理性精神，最能反映这一点的，莫过于方、正、组、圆的建筑形态。

   ____

2. 最能概括本文演讲中心的是哪一项？

   ____

   A. 建筑文化能透视出时代、社会、国家和民族的政治、哲学、伦理、民俗等意识形态的内涵。
   B. 北平城几乎完全是根据《周书》《考工记》中"匠人营国，方九里，旁三门，国中九经九纬，经途九轨，左祖右社，面朝后市"的规划思想建设起来的。

C. 中国传统的建筑群体，显示了明晰的理性精神，最能反映这一点的，莫过于方、正、组、圆的建筑形态。

D. 它的艺术魅力因顿悟而产生，其结果却是伦理的，这也是中国古代文化和艺术中的一个重要特征。

### 《强我国防，兴我中华》

1. 判断：在写演讲稿时，要顶格写称谓语（如：敬爱的老师），然后下一行空两格写问候（如：大家好）。____

2. 本篇演讲稿属于哪一种类型？____

A. 叙事型。

B. 说理型。

C. 抒情型。

D. 说明型。

### 《少年，永远向前》

1. 第 5 段在全文中起到的作用是____。

A. 引起下文

B. 过渡作用

C. 总结上文

D. 行文线索

2. 你认为本文的语言最突出的特点是____。

A. 通俗口语化

B. 具有鼓动性

C. 风趣幽默

D. 说服力强

## 第二单元 学习演讲词·言之有理

### 《胡适毕业赠言两篇》

1. 作者提出三种防御堕落的药方，下列哪一项对药方内容分析不正确？____

A. 要学会寻找问题，保持一定的好奇心可以防御堕落。

B. 要多发展职业之外的正当兴趣。

C. 要有坚定的信心，相信自己。

D. 保持我们的欲望，对自己理想的追求。

2. 作者用巴斯德的故事想向我们证明____。

A. 只有科学可以救国

B. 做自己擅长的事业

C. 失败是成功之母

D. 要有坚定的信心

### 《论生命》

1. 如果用选文中一句话来统领全文，你会选哪一句？____

A. 生命是平等的。

B. 生命是不同的。

C. 什么是生命？

D. 生命无处不在。

2. 对第 5 段的内容分析错误的一项是？____

A. 运用举例论证的方法，证明了生命的顽强。

B. 用种子、蚂蚁、蝴蝶的事例证明生

命的坚韧。

  C. 表现出作者对生命力量的赞美之情。

  D. 只要热爱生命，任何奇迹都能发生。

## 《什么是幽默》

1. 关于"滑稽"和"幽默"，表述不正确的一项是____

  A. "幽默"比"滑稽"的含义更广一些，也更高超一些。

  B. "幽默"须有思想性与艺术性，"滑稽"只为博人一笑。

  C. "滑稽"和"幽默"是同义词，可以互相替代。

  D. "滑稽"可以只是开玩笑，而"幽默"有更高的企图。

2. 不符合最后一段文意的一项是____

  A. 只要用心观察学习，人人都可以变得幽默起来。

  B. 清清楚楚、老老实实的文章也能是好文章。

  C. 不会幽默的人勉强要几个字眼，企图取笑，反倒会弄巧成拙。

  D. 讥笑坏的品质和坏的行为可以，但

绝对不许讥笑本该同情的某些缺陷。

## 《谈"慢"》

1. 作者将大象与鼹鼠的寿命进行对比，是为了说明什么？____

  A. 慢，是长寿的秘诀。

  B. 快节奏生活我们难以适应。

  C. 慢，就是拖延症。

  D. 快，可以节约时间。

2. 判断：这篇文章围绕"慢"展开叙述，讲述了"慢"的好处和"快"的弊端，我们要慢慢体验生活，注重过程和细节。____

## 《论诚意》

1. 下列句子正确的排序是____

  A. 从前论人的诚伪，大概就品性而言。

  B. 诚伪是品性，却又是态度。

  C. 不诚便是诈伪的小人。

  D. 诚实，诚笃，至诚，都是君子之德。

2. 判断：一般人似乎将品性和态度混为一谈，年轻人天真纯洁，明辨是非，不会将其混淆。____

<hr>

# 第三单元　学习演讲词·人生选择

## 《梦想，让人生绽放光芒——在2016届本科生毕业典礼上的演讲》

1. 张杰校长最希望毕业生今后的生活状态是怎样的？____

  A. 不停地追逐梦想。

  B. 心灵上是愉悦的，精神上是振奋与满足的。

  C. 发自内心的快乐。

  D. 每天都能体会到被梦想叫醒的幸福。

2. 判断：本文首先提出"只有梦想才能

让人生绽放光芒，乐在其中，坚不可摧，终有所成"。接着分别从"快乐""坚强""有成"三个方面展开论述。最后希望大家始终珍视自己内心深处的梦想，勇敢地追求真正的快乐，收获内心的富足与充盈！____

### 《君子之养成——1914年11月5日在清华学校演说词》

1. 这篇演讲词首先阐述的是什么问题？____

　　A. 君子的含义。

　　B. 君子的养成。

　　C. 比较英美教育与我国教育对人格养成的功能差异。

　　D. 对清华学子提出期望。

2. "人之生世，犹舟之航于海。顺风逆风，因时而异，如必风顺而后扬帆，登岸无日矣。"这两句运用了怎样的论证方法？____

　　A. 对比论证。

　　B. 举例论证。

　　C. 比喻论证。

　　D. 道理论证。

### 《每天四问（节选）》

1. "为什么要这样问？因为'健康第一'。"对这两句分析不正确的是哪一项？____

　　A. 运用反问，强调了健康的重要性。

　　B. 运用设问，引出下文。

　　C. 无疑而问，突出了健康是生命之本。

　　D. 容易引起读者重视和思考。

2. 下列说法不正确的是哪一项？____

　　A. 第一问，是希望我们从小树立"健康第一"的观点，筑起"科学的健康堡垒"。

　　B. 第二问，是要我们认准目标，钻进去，让我们的学问进修能有进步。

　　C. 第三问，是要我们认真负责地做好自己手上的每一件事情，不要逃避问题。

　　D. 第四问，是要我们学习做人，学习做"真"人。

### 《腹有诗书气自华（节选）》

1. 判断：作者建议大家多读电子书，因为电子书方便、涵盖面广。____

2. 下列哪一项不属于作者嘱托我们要谨记的内容？____

　　A. 不能忘记母亲和故乡。

　　B. 不能忘记母校和老师。

　　C. 不能忘记祖国和民族。

　　D. 不能忘记阅读和文学创作。

### 《说说做人》

1. 作者认为怎样才能做好人？下列选项按文中表达顺序排列是____

　　A. 扮演好自己的社会角色。

　　B. 有信仰，有理想。

　　C. 学习前人美德。

　　D. 克制自己的私欲和恶念。

2. 判断：作者认为，"人无完人"这是

祖先在教导我们原谅自己，不苛求完 | 美，随遇而安。____

# 第四单元　学习演讲词·大师之言

**《在厦门大学送别会上的讲演》**

1. 下列词语解释不恰当的是哪一项？____

    A. 蒿目伤心：旧时指志士仁人对艰危时世的关切忧虑。

    B. 匡正：诓骗正人君子。

    C. 褒奖：表扬、嘉奖和奖励。

    D. 为虎作伥：比喻充当恶人的帮凶。

2. 下列关于文章内容的分析不正确的是哪一项？____

    A. 鲁迅鼓励大家要过好的生活，就必须斗争。

    B. 鲁迅鼓励大家在厦门要去破除，去革命，去建设。

    C. 鲁迅希望大家要注意社会世事，也要关心国家大事。

    D. 鲁迅希望大家现在拿起斧头和锄头，从事祖国伟大的建设，实现孙中山先生"三大政策"的革命志愿。

**《在萧红墓前的五分钟讲演》**

1. 本文的中心论点是什么？____

    A. 萧红女士是一个伟大的人。

    B. 一个人年不年轻，主要看他的生理年龄。

    C. 一个人年不年轻，主要看精神上的年龄。

    D. 在年轻的时候要具备年轻的精神。

2. 本篇演讲的开头极为巧妙，郭沫若用诙谐风趣的语言来说"五分钟"讲演的要求，其作用是____和____。

    A. 怀念萧红，引出下文的论点

    B. 引起听讲者的兴趣

    C. 说明主席对他的演讲时间要求苛刻

    D. 让大家了解萧红的奉献精神

**《怎样阅读（节选）》**

1. 下列关于阅读参考书的分析理解错误的是哪一项？____

    A. 看参考书的时候不要把自己本来的问题抛弃。

    B. 看参考书要把书的内容大略记住。

    C. 参考书只有用功的人才会认真去看。

    D. 阅读参考书时，要认定自己的参考范围。

2. 下列关于"阅读"的分析哪一项是正确的？____

    A. 对于所有的教科书我们都应该偏重在读。

    B. 参考书的性质、内容和组织都是差不多的。

    C. 只有教科书会被分为两种性质，科学和语言文字。

    D. 任何书籍都有两种说法，如果就内容说，只阅可以了，如果当作语言文字来看就必须读。

### 《今日青年之弱点》

1. 章太炎指出的今日青年之四个弱点依次是＿＿＿。

   A. 虚慕文明

   B. 把事情太看容易

   C. 妄想凭借已成势力

   D. 好高骛远

2. 作者谈到了青年的四大弱点，虽是针对 20 世纪初的情况而提出的，但在今天仍有很强的指导意义。下面联系实际理解不正确的是哪一项？＿＿＿

   A. 当今经济大潮汹涌向前，世界瞬息万变，竞争激烈，人们都提倡智力，忽视情商，以致意志较为脆弱。（把事情太看容易，其结果不是侥幸，便是退却。）

   B. 生活压力大，妄想一举成名，一夜暴富。（妄想凭借已成势力。）

   C. 盲目追求新奇事物，奢谈主义。（虚慕文明。）

   D. 理想远大，努力学习，梦想成为科学家。（好高骛远。）

### 《在春晖中学演说词》

1. 如果让你选择文中的一句话来表示全文的线索，你会选择哪一句？＿＿＿

   A. 中学时代，是人生中最重要的一段。

   B. 诸君生当现在，有中学可入，真是幸福。

   C. 诸君所入的中学，却是一个个人创立的学校，尤为难得。

   D. 人生在世，所要的不但是知识，还要求情的满足。

2. 判断：文章第 4—6 段大篇幅地讲述陈春澜先生出资创办春晖中学的事情，是为了让学生对陈春澜先生心存感激之情，好好学习，报答春澜先生。＿＿＿

---

## 整本书阅读

### 《钢铁是怎样炼成的》

1. 判断：艰苦的条件，恶劣的环境，超负荷的工作量，可以充分体现出保尔在艰难岁月中的无私奉献精神和顽强坚忍的意志。＿＿＿

2. 下面对于修铁路遇到的困难分析不正确的一项是＿＿＿

   A. 居住条件差。

   B. 粮食不足，工人们有衣物不给保尔。

   C. 匪帮不停侵扰。

   D. 天气寒冷。

# 自然物语 ④

## 第一单元 / 学习演讲词·激情演说

**《组织民众与保卫大西南——民国三十三年昆明各界双十节纪念大会演讲词》**

1.B　2.A D

**《读书与革命》**

1.D　2.B

**《1931年11月19日在协和小礼堂的演讲（节选）》**

1.正确　2.A　解析：本文采取的是总分式的结构，抓住开头总领全文的句子就能概括本文的主要内容了。

**《强我国防，兴我中华》**

1.正确　2.C

**《少年，永远向前》**

1.B　2.C　解析：前半部分介绍自己的身体状况时最能体现语言的风趣幽默。

## 第二单元 / 学习演讲词·言之有理

**《胡适毕业赠言两篇》**

1.D　2.D

**《论生命》**

1.C　2.D　解析：表述过于绝对，奇迹不是什么时候都能发生的。

**《什么是幽默》**

1.C　2.A　解析：人的才能不一样，有的人会幽默，有的人不会。

**《谈"慢"》**

1.A　2.正确　解析：文章题目为《谈"慢"》，说明文章的主题是"慢"，作者解释了"慢"的含义，列举了众多事例证明慢的好处。

**《论诚意》**

1.B A D C　2.错误　解析：文中提及"一般人似乎将品性和态度混为一谈，年轻人也如此，却又加上了'天真''纯洁'种种幻想。"

## 第三单元 / 学习演讲词·人生选择

**《梦想，让人生绽放光芒——在2016届本科生毕业典礼上的演讲》**

1.B　2.正确　解析：本文采用的是"总—分—总"式的结构，先提出论点，而后从几个方面阐述，最后总结归纳。

**《君子之养成——1914年11月5日在清华学校演说词》**

1.A　2.C

**《每天四问（节选）》**

1.A　解析：有问有答，属于设问。　2.C　解析：第三问，要我们认真负责地做好事情，是为了培养我们的责任心，锻炼我们的办事能力。

### 《腹有诗书气自华（节选）》

1.错误　解析：作者建议大家多读纸质的书。电子书更适合碎片化、即时性的阅读，看完之后，能够记住的并不多。　2.D　解析：阅读和创作是作者本文中讲述的重点，但是在文章最后总结时让大家谨记的只有ABC三项。

### 《说说做人》

1.CADB　2.错误　解析："人无完人"主要是教导我们用宽容的态度看待别人，对人不要求全责备，并不是借此说原谅自己，而不去争取做好人。

---

**第四单元/学习演讲词·大师之言**

### 《在厦门大学送别会上的讲演》

1.B　解析：匡正是扶正、纠正的意思。

2.D　解析：文章结尾强调第一件事是"拿枪杆子葬送这些凶恶无耻的败类"。

### 《在萧红墓前的五分钟讲演》

1.C　2.AB　解析：既抒发对萧红的怀念、哀悼之情，引出"人应该有年轻的精神"这一观点，又以其不同凡响

---

的表达吸引听众。

### 《怎样阅读（节选）》

1.C　2.D　解析：选项A错误，教科书分科学和语言文字两类，一类偏重在阅，一类偏重在读。选项B错误，每一本书的性质内容和组织都是不一样的。选项C错误，不是只有教科书才有两种性质。

### 《今日青年之弱点》

1.BCAD　2.D　解析：选项D不是好高骛远，忽视当前不努力才是好高骛远。

### 《在春晖中学演说词》

1.A　2.错误　解析：蔡元培先生多次提到陈春澜先生创办春晖中学的事情原因有以下几点：一是希望学生用功读书，去帮助需要帮助的人；二是希望学生要有高尚的品德和精神。

---

**整本书阅读**

### 《钢铁是怎样炼成的》

1.正确　2.B　解析：工人们穿的衣物早已破烂不堪，说明物资是极缺乏的，并不是不给保尔。

# 自然物语 5

第一单元　江河胜景

**《娘子关上看飞泉》**

1. 如果用四字短语概括第3段中水帘洞泉的特点，最不适合的一项是____。

   A. 时舒时卷

   B. 春意盎然

   C. 楚楚有情

   D. 美妙如画

2. 全文以____为线索展开介绍。

   A. 事情的发展变化

   B. 情感的变化

   C. 游踪

   D. 飞泉历史的演变

**《西溪的晴雨》**

1. 第1段说"好叫源宁去尝一尝这西湖近旁的野趣"，全文依次写了_____四个"野趣"。

   A. 乘车去西溪，感受沿山大道景色的空明青翠

   B. 参观古墓的"恐怖、不安"和静莲庵堂的清茶涤荡心灵相映成趣

   C. 少女摇船，领略竹西歌吹般的闲情

   D. 乘船赏景，感受西溪的回环和秀美

2. 下面是小红同学读文时所做的批注，其中不恰当的一项是____

   A. 微雨西溪图中，在微雨的背景下，营造了湿风吹冷、野草飘香的氛围，为全文营造了朦胧素淡的诗意。

   B. 游赏路上，天色是"阴阴漠漠的"，呼吸的是"野草花的气息"，更是增添了阴森恐怖的氛围。

   C. 乘船游览，摇船少女的风姿，既让人感受到一种文人的浪漫情怀，又让人感受到悠然的诗意。

   D. 午后斜阳里流连于弹指楼上，观景、挥毫、饮酒，晚烟中的洞箫，透露出闲情诗意。

**《读三峡（节选）》**

1. 判断：开篇第1段表达了作者对三峡的渴慕和赞美之情，这一段引起下文，使读者能够很快进入情境。____

2. 下面对第7、8段内容的分析，不符合文意的是____

   A. 引用了一系列历史故事，突出了"大溪文化的异彩"。

   B. 借诗句"昭君自有千秋在，胡汉和亲识见高"，表达了作者对王昭君的赞美。

   C. "火烧连营七百里"的赫赫战功，思接千古，是对英雄的赞歌。

   D. 巫山十二峰如今酿成朦胧诗卷，一

种失望落寞油然而生。

## 《镜泊湖》

1. 全文是以＿＿作为线索的。

　　A. 镜泊湖的历史演变

　　B. 作者情感的跌宕

　　C. 作者的游踪

　　D. 镜泊湖的改造过程

2. 读完文章后，如果用一句诗来形容镜泊湖的美，下面不合适的一项是＿＿

　　A. 羽锦筝琴百面弦，吊楼披发万华年。

　　B. 水碧山青宜入画，游人欣赏愿勾留。

　　C. 萦回路转几多峰，别有风光俨翠蓬。

　　D. 万马奔腾舞狂涛，排山倒海战龙槽。

## 《都江堰（节选）》

1. 都江堰是一个水利工程，它位于＿＿省，是战国时期＿＿修建的。

　　A. 四川

　　B. 云南

　　C. 李冰

　　D. 李二郎

2. 第3段浓墨重彩，对都江堰的水流做了极为生动的描绘。对其作用的分析不恰当的一项是＿＿

　　A. 采用了欲抑先扬的写法，写出了水势的浩荡。

　　B. 表现水的魅力，赞美水的强悍生命力。

　　C. 显示出都江堰水坝工程的神奇功效。

　　D. 为下文写李冰精神做铺垫。

## 《双瀑记》

1. 下面的语句，没有运用修辞手法的一项是＿＿

　　A. 瀑布展开的是它宽大的胸怀，伸出的是它雄浑的双臂，袒露的是它纯净的心灵。

　　B. 仰着头，就见头顶上的瀑布像一团雾、一片云，从眼前飞掠而过。

　　C. 在它的怀抱里，人就变得敬畏了，小心了，还变得生机盎然。

　　D. 再看瀑布从高高的山崖，溅进河里的就如一河的珠玉，轰然作响的是生命的无畏。

2. 下面对作者游踪的表述，文中没有提到的一项是＿＿

　　A. 钻进水帘洞，就钻进瀑布的肚子里了。

　　B. 登上山顶，俯视整个瀑布。

　　C. 钻出水帘洞，沿着迤逦的石阶而下。

　　D. 坐在瀑布下，面对瀑布前的一座青山。

## 《壶口，壶口》

1. 对下面句子表达效果的分析不恰当的一项是＿＿

　　A. "黄河是如此雄心勃勃，它从来都不屑隐忍，不甘迁就，更不愿受辱。"运用了夸张的修辞手法，写出了黄河精神的伟大。

　　B. "飞雾如霞似烟，弥漫在河床上空。"运用了比喻的修辞手法，写出了飞雾的美。

C. "仿佛惊雷滚地，犹如万骏疾走。声音撼天动地又包容万千。"两句中四字短语的运用，简洁利落，写出了声音的气势。

D. "那是一种捶胸哭天的苍凉，又是一种共赴国难的悲壮"不单纯写景，更是对黄河精神、中华民族精神的赞美。

2. 对下面观景视角的分析，不恰当的一项是____

A. "离壶口瀑布还足足有几公里的距离，你便可以看见峡谷里腾起一股

股飘冉的云团，那是瀑布迸溅形成的飞雾"是远观之景。

B. "每一滴水珠，每一朵浪花都不分彼此，都争先恐后"是近观绘景。

C. "水浪砸在岩石上，迸起冲天的水柱，也碾为残酷的碎片"是远观写景。

D. "……而脚下那些没有来得及牺牲的黄河水流仍然前仆后继地、毫不间歇也毫不犹豫地继续疯狂猛扑"是近观绘景。

## 第二单元 绝美风景

### 《石渠的心愿》

1. 判断：文章题为《石渠的心愿》，实则是作者观景之体悟，作者通过描绘自己安卧石渠的遐想，表达出对自然的敬畏。____

2. 游记的基本要素是所至、所见、所思，下面的句子没有表达作者所思的一项是____

A. 这是天神的随意涂画，还是种警示，不知该做怎样的解读。

B. 早六点，症状见轻，渐觉安稳。

C. 身相宜、心相悦的现实图境，何处可寻？

D. 那么平实又不失庄严，平易又高不可攀，令人喜爱更使人敬畏，使你

敬她、爱她，更惧怕她。

### 《圣湖纳木错》

1. 纳木错，藏语意为"____"。

A. 天湖

B. 圣湖

C. 大湖

D. 高湖

2. 全文采用了移步换景的写法，下面选项对作者的游踪梳理正确的是____。

A. 拉萨城—当雄县城—纳木错—比较平缓的地带

B. 比较平缓的地带—拉萨城—当雄县城—纳木错

C. 拉萨城—比较平缓的地带—纳木错—当雄县城

D. 拉萨城—比较平缓的地带—当雄县城—纳木错

## 《武夷风采》

1. 如果给武夷的山或水起个名字，下面选项中最不适合的是＿＿＿。

   A. 丹山铁骨铮铮

   B. 碧水悠悠含情

   C. 一山飞峙大江边

   D. 百转千回九曲溪

2. 对文本的理解与分析不恰当的一项是＿＿＿

   A. 第2段，"峰壁上紧贴着一片森然直上的苍崖，像一支利剑"一句写出了武夷山奇绝惊险的特色。

   B. 第4段，"我一看这儿的山就想起青铜雕塑"一句写出了喀斯特地貌的特点。

   C. 第5段，"溪名九曲，其实水随峰流，峰逐波转，何止百转千回"一句，写出了九曲溪水的百转千回。

   D. 结尾句"因为，我们瑰丽的大自然，就显出新时代山河的大千气象，舒展着新时代天地的蓬勃生机"写出对祖国山河的热爱和赞美之情。

## 《黄山绝壁松》

1. 对黄山松令作者震动原因的理解不恰当的一项是＿＿＿

   A. 它生长在极顶和绝壁上，有着顽强的生命力。

   B. 它在恶劣与凶险的环境中磨砺出非凡的性格与精神。

   C. 山上有名气的松树颇多，如迎客松、望客松、黑虎松、连理松等。

   D. 身处绝境却卓立不群，或英武，或肃穆，或孤傲，或寂寞，志怀高远。

2. 对文章内容及写作手法的赏析不恰当的一项是＿＿＿

   A. 这是一篇笔调清新俊逸、语言优美隽永、感人心魄的精美散文。

   B. 作者运用比喻、拟人、对比等多种修辞手法，生动形象地描绘出了黄山绝壁松的精神。

   C. 作者用全景、远景、特写、写意等多种手法，描写了黄山绝壁松的形与神。

   D. 文章不仅写黄山的奇石、奇松，而且生动形象地介绍了黄山的云海，凸显了"黄山三绝"的魅力。

## 《月亮湖记》

1. 下面句子不属于游记中"所感"的是＿＿＿

   A. 而在交替更迭的历史背后，人类对自然环境的保护意识却需要培养起来。

   B. 风呼啦啦地从耳畔卷过，起伏的沙丘如金色巨蛇向后掠去。

   C. 我的内心感到一阵战栗——腾格里沙漠竟是连胡杨都无法存活的

地方！

　　D. 神奇的造物者啊，竟把最美的风景留在了最深的寂寞中。

2. 对文章最后一段中"我却觉得美丽的地方都是富饶的"的理解不恰当的一项是____

　　A. 反驳了"美丽的地方不富饶，富饶的地方不美丽"，强调了自己的感受。

　　B. 这里的"富饶"更多的是侧重于精神层面的丰富和满足。

　　C. 这里的"美丽"既有景色的美丽，又有月亮湖给人带来的安详和宁静之美。

　　D. 沙漠深处的月亮湖，鱼虾丰富，所以它既是美丽的又是富饶的。

**《香格里拉高原》**

1. 下列句子中没有运用比喻修辞手法的一项是____

　　A. 五月的香格里拉有了这些花朵的帮衬，层次更加分明，内涵更加丰富。

　　B. 这里的杜鹃全都高不足尺，矮不敌寸，像匍匐在地表上的一堆堆火把。

　　C. 头顶上的天空特别蓝，仿佛是被众神之手精心擦拭过的玻璃一样干净。

　　D. 远方，雄伟地耸立着一排排被羊脂般的白雪包裹着的雪山。

2. 对第 7 段中"……香格里拉县城，是我所见到过的最简朴、最谦卑的县城"的理解不恰当的一项是____

　　A. 没有半点城的气度和架势。

　　B. 质朴、简单、松散，像一幅潦草的素描，像一个简短的小品。

　　C. 完全感觉不到城市的那种拥挤和喧嚣，更没有那种冷漠而又拥挤的大厦高楼。

　　D. 香格里拉没有什么特产，老百姓生活贫困、落后。

**《太阳的香味》**

1. 对兵站战士们大棚蔬菜种植成功评价最恰当的一项是____

　　A. 有志者，事竟成。

　　B. 处处留心皆学问。

　　C. 人非圣贤，孰能无过？

　　D. 心底无私天地宽。

2. 对文中对比手法运用的理解不符合文意的一项是____

　　A. 将作者未去青海之前从古诗词中获得的认识与亲眼所见构成对比，突出青海的美。

　　B. 将青海七、八、九月的天与一、二、三月的天对比，突出七、八、九月青海的天空之蓝。

　　C. 将预设的不会吃到新鲜蔬菜与吃到的时鲜果蔬对比，突出战士们的成果给作者带来的惊奇。

　　D. 将种植环境的恶劣与果实的丰硕对比，突出种植的艰难，衬托出战士们高贵的品质。

## 《三游华山》

1. 与第2段中"一条曲径，直从那边花坛旁通去，不知那里又有了什么幽境，只见那路面碎石铺成，光影落下，款款如在浮动"意境相似的一项是＿＿＿

    A. 开轩面场圃，把酒话桑麻。

    B. 造化钟神秀，阴阳割昏晓。

    C. 几处早莺争暖树，谁家新燕啄春泥。

    D. 曲径通幽处，禅房花木深。

2. 下列说法不符合文意的一项是＿＿＿

    A. 这篇文章名曰《三游华山》，其实却均未游，"未游"本身正是立意独特之所在。

    B. 学生最终理解了老师的意思，对华山景色不再向往。

    C. 本文通过写自己的特异感受和独到见解，阐明了深刻的道理。

    D. 本文将常人未获之真意在平直的叙述中娓娓道来，令人深思。

## 《庐山面目》

1. 判断：本文写景随意自然而又极富情趣，表达了作者平和闲逸的情致和处世的乐观态度。＿＿＿

2. 对"凭窗远眺，但见近处古木参天，绿荫蔽日；远处岗峦起伏，白云出没。有时一带树林忽然不见，变成了一片云海；有时一片白云忽然消散，变成了许多楼台"分析不恰当的一项是＿＿＿

    A. 按由近及远的顺序写景，条理清晰。

    B. 描写了"凭窗远眺"所见的树林荫翳、白云变幻的美妙景象。

    C. 连用四字短语和结构相近的句式，读来朗朗上口，富有节奏感。

    D. 此处写景采用了移步换景的方式，写出了雨后天晴时庐山的美幻之景。

## 《大戈壁·火焰山·葡萄沟》

1. 读第4段可知，坎儿井是荒漠地区一种特殊＿＿＿系统。

    A. 运输

    B. 灌溉

    C. 固沙

    D. 防风

2. 下列说法不恰当的一项是＿＿＿

    A. 文章以作者的感受为线索，移步换景，条理清晰。

    B. 文章依次介绍了大戈壁、火焰山、葡萄沟，过渡自然简洁。

    C. 文章三部分之间是并列结构。

    D. 作者在写景的同时也表达了对戈壁滩绿色生命和吐鲁番勤劳、智慧的人民的赞颂之情。

## 《沙原隐泉》

1. 作者在沙漠上行走、上坡、下坡过程中的感情变化过程依次是：＿＿＿。

A. 心气平和

B. 恼怒

C. 哑然失笑

D. 愁云满面

2. 对文章的理解与赏析不恰当的一项是____

A. 作者一开始高兴的原因是看见自己走出的新路上那长长的脚印。

B. 历代僧人、俗民、艺术家选中沙漠沙山来倾泻信仰是因为这里沙土松软适合建造洞窟。

C. 第7段用对比手法写出了山底清泉是这样的清澈和宁谧，是这样的纤瘦和婉约。

D. 第11段中茫茫荒凉的沙漠搭配上滔滔清静的泉水，启示我们互补的、多样的美是最美。

### 《飞红滴翠记黄山》

1. 对第3段中，"千峰竞秀，万壑藏云，郁郁葱葱，飞红滴翠"写景的视角分析正确的一项是____

A. 从远处遥望。

B. 由远而近平视。

C. 仰视。

D. 俯视。

2. 对文章题目的理解不恰当的一项是___

A. "飞红"指黄山上枫树叶变成了红色，仿佛给黄山穿了一件红色的衣服。

B. "飞红"还主要体现在华光照耀的

时候，给天下万物以无限生机和柔美的抚爱。

C. "滴翠"是指绿的丛林。红与绿、人与自然的完美结合，才使美景有了灵性。

D. "飞红滴翠"是作者对黄山俯视时的整体描绘。

### 《高高的天子山》

1. 文章以____为线索，对天子山的美景进行了精心描绘。

A. 作者的情感变化

B. 作者的游踪

C. 天子山的历史演变

D. 天子山的美妙传说

2. 对文章内容的理解与分析不正确的一项是____

A. 第9段中，"更奇特的是，在天子山高台的中心，地层突然下陷，形成几十里的山谷"一句，用对比突出"西海"的与众不同。

B. 第10段中，"这生长在峰林崖头上的古松，树干倒挂，枝柯横斜"一句，突出了古松的历史悠久，从侧面介绍天子山的历史。

C. 第12段中，"……只听见下面好像有狂风的呼啸声，恶浪的奔腾声，猛兽的咆哮声"一句，写出了空谷声音的气势。

D. 第18段中介绍了游人间的互助，

赞扬了人的品德美，凸显段中心句"旅游培养人的品德"。

### 《玉龙雪山》

1. 山顶上万年冰封，山腰___，山下___，构成世界上稀有的"阳春白雪"景象。

   A. 森林密布

   B. 层林尽染

   C. 四季如春

   D. 百花盛开

2. 下面批注不恰当的一项是___

   A. "玉龙雪山位于云南省丽江市北，是北半球纬度最低的一座有现代冰川分布的极高山。"这句话点明了玉龙雪山的位置及地位。

   B. "绿海腾浪，幽谷苍翠。"这句话运用了比喻和拟人的修辞手法，写出了植物的茂密。

   C. "山顶峰峦银装素裹，分外妖娆。"这句话运用拟人的修辞手法，写出了山顶风景的魅力。

   D. "据云南省园林专家考证"这句话突出了"万朵山茶历史悠久"是经过园林专家考证了的，体现了语言的准确性。

## 第四单元  古城风韵

### 《烟花三月下溱潼》

1. 作者的游踪依次是_____。

   A. 游溱湖

   B. 芦苇荡泛舟

   C. 参观了高二适纪念馆

   D. 游溱潼古镇

2. 对溱潼人厚爱高二适的原因分析不恰当的一项是___

   A. 当是之时，唯独高二适挺身而出，撰写《〈兰亭序〉真伪驳议》，与郭老据理力争。

   B. 他是溱潼的邻居（他本是邻县之人），又是溱潼的女婿（娶了溱潼之女为妻）。

   C. 高二适的精湛见解，尤其是他不畏权贵的风骨，倾倒士林。

   D. 高二适把毕生的心血都投放到溱潼的教育中去，创办过书院、义学。

### 《周庄水韵》

1. 对周庄的河道分布形式表述正确的一项是___

   A. 呈"爿"字形。

   B. 呈"井"字形。

   C. 呈"米"字形。

   D. 呈"川"字形。

2. 对于作者详写第三次到周庄理解有误的一项是___

   A. 第三次游周庄正值周庄举办旅游节。

   B. 古镇把这天当成一个盛大节日，节日的周庄更美。

C. 第三次去周庄是在春天，因为有众多的朋友陪同，所以印象最深。

D. 详写第三次更能体现古镇水乡的生机和魅力，反映了周庄人的幸福生活。

## 《我爱北京的小胡同》

1. 第5段，"这是北京许多小胡同共有的特点"一句中"这"指代的是____

   A. 许多小胡同看似窄小落后，实则里面布局复杂，摆设现代化。

   B. 许多小胡同都有一段悠久的历史，令人感慨万千。

   C. 许多小胡同都有一个传奇的故事，讲述着人们的悲欢离合。

   D. 许多小胡同外面看似简单平凡，里面却复杂神奇。

2. 如果北京胡同要评选最有特色建筑群的话，下面理由最不恰当的一项是____

   A. 布局奇特：里面重楼复阁，四廊盘曲，院落错落，花园重叠。

   B. 历史悠久：其中就有明朝的特务机关东厂所在地。

   C. 意境悠远：可以体会到"庭院深深深几许"的意境。

   D. 富有挑战：一个陌生人走进去，如入迷宫，不辨东西。

## 《西栅的梆声》

1. 对第2段描写"白鹭""云朵""晨雾"的分析不恰当的一项是____

A. 白鹭"翩然而至"，形象地描绘出白鹭飞翔时轻盈优美的身姿。

B. 云朵"飘飘洒洒"，生动地表现出云朵欢快自由、轻灵飘逸的状态。

C. 晨雾"一哄而起"，运用拟人手法，生动地表现出晨雾笼罩一切的景象。

D. 作者都运用了拟人的修辞手法，表达了作者对它们的喜爱之情。

2. 阅读文章后，有同学想给作者的西栅之行命名，你认为最符合文意的一项是____。

   A. 奢华西栅

   B. 西栅颁奖

   C. 梅园漫步

   D. 夜游西栅

## 《一次美丽的精神之旅——〈一滴水经过丽江〉赏析》

1. 下面对阿来的介绍，与文中表述不符的一项是____

   A. 阿来是第五届茅盾文学奖得主。

   B. 阿来的代表作有《尘埃落定》《空山》等。

   C. 阿来不擅长写小说。

   D. 阿来的散文有着涓涓溪流般的清澈和纯净，洗涤着人类疲惫的灵魂。

2. 对本文题目《一次美丽的精神之旅》分析不恰当的一项是____

   A. 赞扬了《一滴水经过丽江》一文给人留下了深刻鲜明的印象。

B. "美丽"指的是丽江古城的景色之美。

C. "精神之旅"表明阿来的文章带来非同寻常的审美感受。

D. 借评价文章表达对阿来创作艺术的赞美。

## 《一滴泉水流出了济南》

1. 直接描写济南泉水的诗句是＿＿＿

　A. 试问卷帘人，却道海棠依旧。知否？知否？应是绿肥红瘦。

　B. 泺水发源天下无，平地涌出白玉壶。

　C. 望君烟水阔，挥手泪沾巾。

　D. 八月湖水平，涵虚混太清。

2. 济南的泉水富有文化意蕴，下面的分析不符合文意的是哪一项？＿＿＿

　A. 济南的泉水承载着传统，它流过济南街坊井巷千百年，也流过了那厚厚的历史。

　B. 七十二名泉，泉水的名字都有很多文化意蕴。

　C. 泉水舍不得离开济南，是因为济南是一座富饶的城市。

　D. 有文化的名泉滋养有文化的名士，留下了许多写泉水的富有文化意蕴的名篇。

## 《丽水妖娆》

1. 阅读第6段可知，作者认为丽江古城最神奇的是＿＿＿

　A. 丽江是茶马古道的重要驿站。

　B. 引水洗城，水流三尺清，水过地洁净。

C. 古城的街道都用本地五花石铺就。

D. 石板路，光洁湿润，纹路毕现。

2. 如果为丽江古城拟一则宣传语，下面不符合文意的一项是＿＿＿

　A. 丽江古城，世外桃源。

　B. 丽江——"唐宋遗风""明清韵味"。

　C. 刚劲混凝土与东巴文化的精美结合——丽江古城。

　D. 千年古城——一部尚未完全打开的古书。

## 《桥都甪直》

1. 第5段中说著名文学家叶圣陶把全部骨灰安放在银杏树下，是因为银杏的哪一项品格正是先生人格的写照？＿＿＿

　A. 历史悠久，树身高大。

　B. 历经沧桑，不惧风雨。

　C. 形象高大，意志坚强，气魄宏伟。

　D. 参天耸立，毫无旁逸，形象高大。

2. 对文章内容的分析不符合原文的一项是＿＿＿

　A. 镇东有一直港，通向六处，水流形状酷如"甪"字，因了这个缘故，才有了"甪直"这个镇名。

　B. 没有战乱正是江南水乡小镇得以保存这么完好的一个重要原因。

　C. 去了甪直，实际就等于参观了一个古代桥梁的博物馆。

　D.《多收了三五斗》中的"万盛米行"

就在甪直，而且确实是一个非常大 的码头。

## 整本书阅读

**《梁衡游记》**

1.《梁衡游记》共分六辑，依次是乡愁何处、豪气西北、____、南国烟雨、云贵川藏和____。

A. 关内关外

B. 大河上下

C. 域外驻影

D. 国外采风

2.《长岛读海》见证了梁衡先生不懈探索游记散文"三美"（描写叙述的美、意境美、哲理美）的执着，下面的分析不恰当的是____

A."海水一望无际，碎波粼粼，碧绿沉沉"写出了海水的特点，体现了梁衡散文的描写美。

B."海像一面宽大的绿锦缎"写出了大海的平静之美，凸显了梁衡散文的哲理美。

C."可是在海里呢，你始终是如来佛手心里的一只小猴子，你才感到了人的渺小，你才理解人为什么要在自然之上幻化出一个神，来弥补自己对自然的尊重"是作者的观景体悟，富含哲理。

D."这些从石缝里渗出来的水，如断线的珍珠，逆着阳光折射出美丽的色彩。"写出了美丽的意境。

# 自然物语 5

## 第一单元 / 江河胜景

**《娘子关上看飞泉》**

1.B  2.C

**《西溪的晴雨》**

1.A B D C  2.B

**《读三峡（节选）》**

1. 正确  2.D

**《镜泊湖》**

1.C  2.D

**《都江堰（节选）》**

1.A C  2.A

**《双瀑记》**

1.C  2.B

**《壶口，壶口》**

1.A  2.C  解析："水浪砸在岩石上，迸起冲天的水柱，也碾为残酷的碎片"是近观写景。

## 第二单元 / 绝美风景

**《石渠的心愿》**

1. 正确  2.B

**《圣湖纳木错》**

1.A  2.D

**《武夷风采》**

1.C  2.B  解析：这是丹霞地貌的特点。

**《黄山绝壁松》**

1.C  2.D

**《月亮湖记》**

1.B  2.D  解析：文中并没有涉及月亮湖鱼虾丰富的介绍。

**《香格里拉高原》**

1.A  2.D

**《太阳的香味》**

1.A  2.B  解析：将青海七、八、九月的天与内地的天对比，突出七、八、九月青海的天空之蓝。

## 第三单元 / 品读峰峦

**《三游华山》**

1.D  2.B  解析：读文章最后一段可知，学生理解了老师的意思，但仍要求下次上华山还要一同前往。

**《庐山面目》**

1. 正确  2.D

**《大戈壁·火焰山·葡萄沟》**

1.B  2.A  解析：文章以作者的游踪为线索，移步换景，条理清晰。

**《沙原隐泉》**

1.B A D C  解析：第2段，恼怒；第4段，心气平和；第8段，愁云满面；

第9段，哑然失笑。 2.B 解析：因为这里明净、圣洁、崇高，适合他们倾泻信仰。

## 《飞红滴翠记黄山》

1.D 2.A

## 《高高的天子山》

1.B 2.B 解析：读文可知，第10段赞美的是古松生命力的旺盛。

## 《玉龙雪山》

1.AC 2.B 解析："绿海腾浪，幽谷苍翠"这句话写出了植物的茂密，但没有运用拟人的修辞手法。

## 第四单元／古城风韵

## 《烟花三月下溱潼》

1.ADC 2.D

## 《周庄水韵》

1.B 2.C 解析：文中并没有点明有众多的朋友陪同。

## 《我爱北京的小胡同》

1.D 2.D

## 《西栅的梆声》

1.D 2.D

## 《一次美丽的精神之旅——〈一滴水经过丽江〉赏析》

1.C 2.B 解析："美丽"指的是文章本身构思、脉络、内涵等方面，是对《一滴水经过丽江》这一篇文章的评论。

## 《一滴泉水流出了济南》

1.B 2.C 解析：泉水意在告诉人们要珍惜每一滴泉水，为后文的警示做铺垫。

## 《丽水妖娆》

1.B 2.C

## 《桥都用直》

1.C 2.D 解析：第6段中表述为：才发现它是那么的不起眼。

## 整本书阅读

## 《梁衡游记》

1.AC 2.B 解析："海像一面宽大的绿锦缎"写出了大海的平静之美，凸显了梁衡散文的语言美或者意境美。

# 自然物语 **6**

## 第一单元　智者哲思

### 《小大之辩》

1. 文中写到的鸟有____。

    A. 鹏

    B. 图南

    C. 斥鴳

    D. 鲲

2. 判断：文章用鹏鸟和斥鴳对比，寓说理于故事中，阐述了大和小的区别，具有独特的风格。____

### 《惠子相梁》

1. 判断："惠子相梁"中的"相"和"欲代子相"中的"相"都是"做宰相"的意思。____

2. 文中鹓雏、鸱、腐鼠分别喻指____。

    A. 惠子

    B. 梁国相位

    C. 庄子

    D. 梁国

### 《藐姑射之山》

1. 庄子的作品被称为"文学的哲学，哲学的文学"，本文选自他的____。

    A.《逍遥游》

    B.《秋水》

    C.《齐物论》

    D.《外物》

2. 与"淖约若处子"中"若"的意思不相同的是____。

    A. 门庭若市

    B. 天若有情天亦老

    C. 置若罔闻

    D. 安之若素

### 《郢人斫垩》

1. 下列句子中"之"字的用法与其他三项不同的是____。

    A. 使匠石斫之

    B. 自夫子之死也

    C. 庄子往见之

    D. 仰而视之

2. 下列对句中词语解释有误的是____。

    A. 匠石运斤成风（斤：斧头）

    B. 听而斫之（斫：砍，削）

    C. 臣则尝能斫之（尝：曾经）

    D. 自夫子之死也（之：的）

### 《庄周梦蝶》

1. 下列诗句中没有用到"庄周梦蝶"这个典故的是____和____。

    A. 未验周为蝶，安知人作鱼

    B. 鲜红未许佳人见，蝴蝶争知早到来

    C. 庄生晓梦迷蝴蝶，望帝春心托杜鹃

    D. 留连戏蝶时时舞，自在娇莺恰恰啼

2. 判断：这个故事体现了庄子认为一切事物都是相同的，没有什么差别，也没有美丑贵贱之分的思想。＿＿＿＿

## 《曳尾于涂》

1. "庄子持竿不顾"是对庄子的＿＿＿＿描写，表现了庄子＿＿＿＿的精神。

　　A. 动作

　　B. 神态

　　C. 鄙弃富贵权势，追求自由

　　D. 不让外物搅扰自己的内心

2. 庄子用＿＿＿＿说理的方法谢绝了楚王之请。

　　A. 举例

　　B. 比喻

　　C. 比较

　　D. 对比

## 《浑沌之死》

1. 南海之帝、北海之帝、中央之帝的名字分别是＿＿＿＿＿＿＿。

　　A. 忽

　　B. 倏

　　C. 忽时

　　D. 浑沌

2. 下列对文章的分析，不正确的是＿＿＿＿

　　A. "倏""忽"都是转眼之间的意思，作者用这两个字来做神的名字，意在说明二神做事顺乎自然，无为而治。

　　B.《浑沌之死》认为无为是自然的本性，若被加上小聪明，本性将遭到破坏而死亡。

　　C.《浑沌之死》启示我们思考崇尚自然之美、反对雕饰之美的必要性。

　　D.《庄子》想象大胆，堪称瑰玮奇诡，充满了浪漫主义色彩，在《浑沌之死》一文中得到充分的体现。

## 《涸辙之鲋》

1. 下列对句中词语解释有误的一项是＿＿＿＿。

　　A. 故往贷粟于监河侯（贷：借）

　　B. 庄周忿然作色曰（忿然：生气的样子）

　　C. 我且南游吴、越之王（游：游玩）

　　D. 曾不如早索我于枯鱼之肆（肆：铺子）

2. 下列对文章的理解有误的是＿＿＿＿

　　A. 本文将道理寓于叙述当中，所叙之事是涸辙之鲋，所寓之理是真诚助人。

　　B. 本文告诉人们办事要从实际出发，杜绝假话、大话，脚踏实地地解决实际问题。

　　C. 本文构思精巧，故事中套故事，于俗事中见深理。

　　D. 本文讽刺了监河侯的吝啬，赞扬了庄子的机智。

## 《拥抱庄子（节选）》

1. 他的文章气势磅礴，＿＿＿＿；他的思想深邃宏阔，____；他的寓言想象奇特，____；他的风格嬉笑怒骂，____。

A. 了无拘囿

B. 寓意深远

C. 笼盖古今

D. 纵横恣肆

2. 对文章结尾段的作用分析不准确的是____

A. 总结全文，升华主旨。

B. 重申对庄子的喜爱，号召人们拥抱庄子。

C. 照应文章开头，使文章结构完整。

D. 总结了庄子的精神品质。

### 《那只逍遥的蝴蝶》

1. 老子的"道法自然"指出人们处事必须遵循的原则是什么？____

A. 要学会适应新的生活方式，顺势而为，如水随形。

B. 要把握事物发展变化的本质，伺机而动。

C. 要学会在浮躁中沉淀，"处无为之

事，行无言之道"，及时清空归零。

D. 以上表述都正确。

2. 判断：文章首段中"这种形象化的场景，正是庄子对老子道的思想的灵性延伸，是道家哲学智慧的灵魂所在"这句话，和结尾段形成了呼应，使文章结构严密。____

### 《庄子的追问：个体独立与心灵自由（节选）》

1. 文中引用到的庄子讲的故事是____。

A. 大鹏南徙、尧禅让许由

B. 赶路准备干粮、知了和小鸟

C. 尧禅让许由、涸辙之鲋

D. 大鹏南徙、知了和小鸟

2. 作者认为做到_____，就能实现个体独立与心灵自由。

A. 了解自己的天性和欲求

B. 能拒绝外界名利的诱惑

C. 以己之长短比较人之短长

D. 走出"比较"的误区

## 第二单元　为学修身

### 《〈礼记〉三则》

1. 第三则通过把____、____、____进行了对比，告诉我们推进学习的方法。

A. 善学者和不善学者

B. 善问者和不善问者

C. 善答问者和不善答问者

D. 攻坚木和撞钟

2. 《〈礼记〉三则》启发我们____。

A. 一定要重视学习

B. 学习上要取得进步，就必须善学善问

C. 轻慢老师学习上的教导，就会荒废学习

D. 注重在学习中讨论交流，可以让我们不孤陋寡闻

## 《小国寡民》

1. 《道德经》是____思想的代表作。

   A. 儒家

   B. 法家

   C. 道家

   D. 杂家

2. 文章中描绘的生活具有的特点是____。

   A. 无战乱，安定和平

   B. 丰衣足食

   C. 自给自足

   D. 与世隔绝

## 《修齐治平》

1. "四书"是指《大学》《中庸》《论语》____四本著作。

   A. 《尚书》

   B. 《礼记》

   C. 《孟子》

   D. 《春秋》

2. 文章中指出"修身"的方式有哪些？____

   A. 格物

   B. 致知

   C. 诚意

   D. 正心

## 《不违农时》

1. 下列对句中词语解释有误的是____。

   A. 数罟不入洿池（罟：渔网）

   B. 斧斤以时入山林（斧斤：斧子）

   C. 五十者可以衣帛矣（衣：衣服）

   D. 养生丧死（养生：供养活着的人）

2. 本文包含了孟子治理国家的一系列思想，分别是____。

   A. 强调统治者要把百姓放在首位

   B. 重视农业生产

   C. 遵循自然规律

   D. 实现农业的可持续发展

## 《观雅化闲游君子邦　慕仁风误入良臣府（节选）》

1. 本文选自____代小说家李汝珍的《镜花缘》。

   A. 唐

   B. 宋

   C. 明

   D. 清

2. "君子国"的特点是什么？____

   A. 行者让路

   B. 耕者让畔

   C. 恭而有礼

   D. 好让不争

## 《教学相长》

1. 文章的中心论点是什么？____

   A. "教学相长"揭示了古代"教"与"学"相互促进的关系。

   B. 到孔子时代，师生之间，教与学之间，呈现出一种相互尊重、相互促

进的"教学相长"的关系。

C. 教与学之间是一种相互制约、相互渗透、相互促进的既矛盾而又统一的关系。

D. 孔子那里并非只有师道尊严,更多的是师生之间的互敬互爱,是师生之间的取长补短,是师生之间的互

相促进。

2. 文章最后一段在结构上起到了什么作用? ____

A. 总结全文

B. 深化论点

C. 呼应开头

D. 引发读者思考

## 第三单元 鸣怀感遇

### 《龙说》

1. 判断:"龙说"中的"说"是一种文体,用以陈述作者对某些问题的观点;写法灵活,可以叙事,可以议论,都是为了说明一个道理;讲究文采,和现在的杂文大致相近。____

2. 对下列词语解释错误的是____。

A. 薄日月(薄:接近)

B. 伏光景(伏:遮蔽,隐藏)

C. 感震电(感:感受,感到)

D. 水下土(水:降水)

### 《论马》

1. "臣有二马,故常奇之"表现在____。

A. 日噉刍豆至数斗,饮泉一斛,然非精洁宁饿死不受

B. 介胄而驰,其初若不甚疾,比行百余里,始振鬣长鸣,奋迅示骏。自午至酉,犹可二百里

C. 褫鞍甲而不息、不汗,若无事然

D. 骥不称其力,称其德也

2. 下列对句中词语解释有误的是____。

A. 然非精洁宁饿死不受(精洁:精细的饲料、清洁的泉水)

B. 介胄而驰(介胄:铠甲和头盔)

C. 比行百余里(比:等到)

D. 秣不择粟(秣:吃)

### 《千里马故事三则》

1. 判断:《骥遇伯乐》的故事告诫人们,只有遇到知贤重才的人,有才有志之士才能有施展才华的机会。____

2. 对《千金买首》的理解和表述正确的是____。

A. 人们以此类比求贤若渴、礼贤下士等爱惜人才的行为

B. "涓人"本想糊弄君王,不想却歪打正着

C. 寓言中的君王虽然爱千里马,却非常昏庸糊涂

D. 这个故事告诉我们,做事不能因小失大

**《工之侨献琴》**

1. 判断：这个故事表面上写的是琴的遭遇，实际上是写人。作者借工之侨伪造古琴试探世风，讽刺了当时社会上一帮缺乏见识、不重真才实学而只重虚名的虚伪之人，其寓意是十分鲜明而深刻的。____

2. "抱以适市"中"适"的意思是____，"易之以百金"中"以"的意思是____。

   A. 去

   B. 适合

   C. 可以

   D. 用

**《伯乐就是你自己》**

1. 文章的第 2 段主要论述了____，第 3 段论述了____，第 2 段是第 3 段的前提和基础。

   A. 每个人都是有才能的

   B. 每个人都是马

   C. 我们的价值都能实现

   D. 我们要善于发现自己的才能

2. 下列对本文理解表述错误的是____。

   A. 我们要做自己的伯乐

   B. 伯乐就是你自己

   C. 我们要发现自己、赏识自己，把自己的天赋和潜能发扬光大

   D. 上天不会亏待任何一个人，它给我们每个人以无穷的机会去充分发挥自己

**《鸿鹄志短》**

1. 下列不是天鹅安于小水池的原因的是____。

   A. 水池里有吃不完的食物

   B. 天鹅早已不会飞翔了

   C. 学会了享乐，学会了安于现状

   D. 环境安逸，没有四处觅食的烦恼和受其他动物侵袭的危险

2. 下列对文章内容的叙述，不正确的是____。

   A. 公园中的天鹅有高飞的本领，却可怜兮兮地待在池子里向人们乞食，"我"心目中骄傲的天鹅竟然生活在一个狭小局促的水池中，却一副悠然自得的样子

   B. 听了管理员的述说，"我"醒悟到，如果没有远大的志向，天鹅就只能供人们欣赏和玩乐

   C. 看到公园池子里的天鹅时，"我"内心是能够接受的，因为现在的生活中人们已经越来越喜欢享受，不喜欢受苦

   D. 很多时候，人之所以庸庸碌碌，不是因为我们没有能力没有才华，而是因为我们没有信心

**《木秀于林，风必助之》**

1. 判断："木秀于林，风必助之"化用于"木秀于林，风必摧之"，和原句意思是相反的。____

2. 就像如果树会说话，森林里也有____。 最矮的灌木丛，____只能说给小草听——小草可能还____。而百年红松，才有资格发出____，好风凭借力，松涛入你梦。

A. 满腹心事

B. 似听非听

C. 窃窃私语

D. 松吟

## 第四单元　心系苍生

### 《新安吏》

1. 下列对句中词语解释错误的是____。

A. 县小更无丁（更：岂）

B. 中男绝短小（绝：断绝）

C. 岂意贼难料（岂：哪里，怎么）

D. 况乃王师顺（况乃：何况，况且）

2. 下列对这首诗的分析，不正确的是____

A. "白水暮东流，青山犹哭声"表达了诗人对于战争的悲愤和对人民的同情。

B. "肥男有母送，瘦男独伶俜"表达了诗人对于身强力壮的男子一家人亲情的赞美。

C. 这首诗除了同情人民的疾苦之外，还有对朝廷镇压叛军的支持和拥护。

D. 诗的最后四句说朝廷军队爱护士卒，抚养分明，战壕挖得深，牧马劳役轻，郭子仪对待士卒亲如兄弟。

### 《观刈麦》

1. 下列对这首诗的赏析，不正确的是____

A. "夜来南风起，小麦覆陇黄"描绘了丰收的景象，"覆"字准确地写出了小麦成熟后压盖田垄的情形。

B. "力尽不知热，但惜夏日长"与《卖炭翁》中"可怜身上衣正单，心忧炭贱愿天寒"有异曲同工之妙。

C. 诗人"不事农桑"却"岁晏有余粮"，这与贫妇人的处境形成了鲜明对比，突出了诗人的愧疚之情。

D. 以前的割麦者，成了如今的拾穗者，如今的割麦者却享受着悠闲的生活，诗人对此表现出了愤怒之情。

2. 下列说法不正确的是____

A. 这首诗描写了作者观看农民收割麦子时热火朝天的景象，因此题为"观刈麦"。

B. 这首诗叙写了一家农户收麦忙和一位妇人拾麦两件事，实际上是当时社会中农民生活的真实写照。

C. 这是一首讽喻诗，表现了民间疾苦，抨击官吏的罪恶，直接为民鼓与呼。

D. 这首诗最后两句直抒胸臆，写出了

诗人自己的感慨。

## 《无家别》

1. 判断：诗中用第一人称，让主人公直接出面，对读者诉说他的所见、所遇、所感，不仅通过人物的主观抒情表现了人物的心理状态，而且通过环境描写也反映了人物的思想情感。____

2. 下列对这首诗的赏析，不正确的是____

    A. 诗篇开头的"寂寞"二字，渲染满目萧条的景象，表现出诗中主人公触目伤怀的悲凉心情，为全诗奠定了感情基调。

    B. "但对狐与狸，竖毛怒我啼"以"狐与狸"的反客为主，深刻地写出了家园的破败。

    C. 诗的开头写主人公回乡的所见所感，写景由近及远，有条不紊。

    D. "宿鸟恋本枝"，以宿鸟为喻，表达了留恋家乡的情感，不管多么贫困和孤独，只希望在家乡活下去。

## 《悲陈陶》

1. 下列没有写战役残酷的诗句是____。

    A. 孟冬十郡良家子

    B. 血作陈陶泽中水

    C. 四万义军同日死

    D. 群胡归来血洗箭

2. 判断："都人回面向北啼，日夜更望官军至"一句，一"啼"一"望"，体现了人民的情绪，写出了人民的感

情和愿望，给人以力量，鼓舞人民为讨平叛乱而继续斗争。____

## 《百忧集行》

1. 诗人生活的窘迫可以从下面____和____两句诗中看出。

    A. 即今倏忽已五十，坐卧只多少行立

    B. 痴儿不知父子礼，叫怒索饭啼门东

    C. 强将笑语供主人，悲见生涯百忧集

    D. 入门依旧四壁空，老妻睹我颜色同

2. 判断：此诗中诗人不幸的遭遇，切身的体验，内心的痛楚，化为一股股情感激流，回旋跌宕，悲愤呼号，久久不息，正是杜甫作品"沉郁顿挫"风格的体现。____

## 《红线毯》

1. "太原毯涩毳缕硬，蜀都褥薄锦花冷"用对比手法，写出了红线毯____的特点。

    A. 红且艳

    B. 细且密

    C. 温且柔

    D. 硬且薄

2. 下列对这首诗理解不正确的是____

    A. 全诗前几句长短搭配，写出了红线毯的取材精良与工艺复杂。

    B. "一丈"与"千两"中的两个量词，表现出诗人心中的痛惜之情。

    C. "自谓为臣能竭力"表现出作者对宣州太守为官忠于职守、鞠躬尽瘁

的赞扬。

D. 本诗语言通俗，主题深刻，体现了白诗"文章合为时而著，歌诗合为事而作"的特点。

### 《小我与大我——兼谈杜甫、白居易》

1. "超越什么？超越'小我'。超越的目标是什么？进入'大我'。"这句话起到了____作用。

    A. 比较"小我"和"大我"，引出论题

    B. 引发读者阅读兴趣

    C. 点明"超越"的内容，阐述文章的中心论点

    D. 解释"小我""大我"的含义，提出文章的分论点

2. 判断：文章列举杜甫、白居易的事例，以总—分—总的思路阐述了作家的胸怀必须要超越的观点。____

### 《诗与成都》

1. 判断："在成都，连乞丐都能够写诗……这在别的城市里，我还真的未曾听说过。"这段话运用了夸张和对比手法。____

2. 下列关于文章的表述，错误的是哪一项？____

    A. 成都人把杜甫当作自己的诗神，把草堂当成诗的殿堂。诗的传统赋予这座城市非同寻常的成色。

B. 杜甫自身的平民性，造就了杜甫诗歌的人民性。让诗不再是高雅的代名词，不再是诗人的专利，而是属于大众和这座城市的每一棵树、每一朵花。

C. 诗的传统，其实就是一种文化底蕴。它靠的不是一朝一夕，而是长久岁月的积淀和打磨，才化为了这座城市的血脉和基因。

D. 一座有贵族气质的城市，才能够让高雅的诗和自己平起平坐，一座有诗的传统的城市才可以使得乞丐都能够因腹有诗书而气质华贵。

### 《追寻诗圣的流年踪影——记成都杜甫草堂博物馆（节选）》

1. 判断："即便是在如此无助的处境下，杜甫心中所想的，不只是一己之安乐，而是天下苍生的共同命运。"这句话体现了草堂之美"美在一种天成的聪明和风骨"。____

2. 下列说法正确的是____、____。

    A. 这篇文章主要介绍了杜甫在成都写的诗歌

    B. 这篇文章从杜甫作品的角度介绍了杜甫草堂博物馆的相关历史

    C. 文章整体上是总分总结构

    D. 文章开篇介绍了博物馆的具体位置，让读者有了清晰的了解

**《名人传》**

1. 《名人传》的主人公分别是音乐家____、雕塑家____、作家____。

   A. 贝多芬

   B. 韦格勒

   C. 托尔斯泰

   D. 米开朗琪罗

2. "他远不止是音乐家中的第一人，而是近代艺术的最英勇的力。"下面不属于"最英勇的力"的是____

   A. 对于一般受苦而奋斗的人，他是最大而最好的朋友。

   B. 当我们对着世界的劫难感到忧伤时，他会到我们身旁来，给斗争疲惫的我们以勇气和奋斗的欢乐。

   C. 当我们对德与善的庸俗，斗争到疲惫的辰光，到此意志与信仰的海洋中浸润一下，将获得无可言喻的神益。

   D. 贝多芬的一生就像一天雷雨的日子：明净的早晨—隐隐的沉重—乌云雷鸣—狂风暴雨。

# 自然物语 ⑥

## 第一单元 / 智者哲思

**《小大之辩》**

1．A C　2．正确

**《惠子相梁》**

1．错误　解析：第一个"相"是做宰相的意思，是动词；第二个"相"是宰相的意思，是名词。　2．CAB

**《藐姑射之山》**

1．A　2．B

**《郢人斫垩》**

1．B　2．D

**《庄周梦蝶》**

1．B D　2．正确

**《曳尾于涂》**

1．A C　2．B　解析：比喻说理的方法，庄子用龟的选择来表明自己的志向。

**《浑沌之死》**

1．B A D　2．A　解析：意在讽刺二神做事快而不加思考。

**《涸辙之鲋》**

1．C　解析："游"是"交游、拜访"之意。

2．D　解析：没有赞扬庄子的意思。

**《拥抱庄子（节选）》**

1．D C B A　2．D　解析：没有对庄子精神品质的总结。

**《那只逍遥的蝴蝶》**

1．D　2．正确

**《庄子的追问：个体独立与心灵自由（节选）》**

1．A　2．A B D

## 第二单元 / 为学修身

**《〈礼记〉三则》**

1．A B C　2．A B C D

**《小国寡民》**

1．C　2．A B C D

**《修齐治平》**

1．C　2．A B C D

**《不违农时》**

1．C　2．A B C D

**《观雅化闲游君子邦　慕仁风误入良臣府（节选）》**

1．D　2．A B C D

**《教学相长》**

1．C　2．A B C

## 第三单元 / 鸣怀感遇

**《龙说》**

1．正确　2．C

《论马》

1.ABC 2.B 解析：此处是名词作动词，披上铠甲和头盔。

**《千里马故事三则》**

1.正确 2.A

**《工之侨献琴》**

1.正确 2.AD

**《伯乐就是你自己》**

1.AD 2.D 解析：文章没有表达这层意思。

**《鸿鹄志短》**

1.B 2.C 解析："我"第一眼看到公园池子里悠然自得的天鹅时，"我"是鄙夷的。

**《木秀于林，风必助之》**

1.正确 2.CABD

## 第四单元／心系苍生

**《新安吏》**

1.B 2.B 解析：这两句诗的意思是，健壮的中男还有母亲相送，瘦小的中男由于父母在战乱中去世，可就孤苦伶仃了。瘦小的中男没有亲人相送的原因是：成年男子或许已经在战场上，或许已经死了。表达了作者对于战乱的憎恨。

**《观刈麦》**

1.D 解析：诗人表现的不是"愤怒之情"。今日凄凉可怜的拾麦者是昨日辛劳忙碌的刈麦者；今日辛劳忙碌的刈麦者明日会不会沦落成凄凉可怜的拾麦者呢？只要有苛捐杂税在，劳动人民就永远摆脱不了破产的命运。作者在这里对当时害民的赋税制度提出了尖锐的批评。 2.A 解析：本诗是作者任周至县县尉时有感于当地人民劳动艰苦、生活贫困所写的一首诗，作品对造成人间贫困之源的繁重租税提出指责，对于自己无功无德又不劳动却能丰衣足食而深感愧疚，因此题为"观刈麦"。

**《无家别》**

1.正确 2.C 解析：主人公进入村庄由远及近，远景只概括全貌，近景为细节描写。

**《悲陈陶》**

1.A 2.正确

**《百忧集行》**

1.BD 2.正确

**《红线毯》**

1.C 2.C 解析：宣州太守只是为了奉迎帝王而罔顾百姓。

**《小我与大我——兼谈杜甫、白居易》**

1.C 2.正确

**《诗与成都》**

1.错误 解析：语段中只有对比手法，没有夸张。乞丐能赋诗者虽凤毛麟角，却确有其人。 2.D 解析：文章倒数第6段这样表述：一座平民化的城市，

75

才能够将诗从高雅的殿堂上拉下来，让诗和自己平起平坐。一座有诗的传统的城市，才可以使得乞丐都能够拥有诗的才华，让诗真的走进民间，有了烟火气，处处花开一般，都可以绽放出诗来。

《追寻诗圣的流年踪影——记成都杜甫草堂博物馆（节选）》

1. 正确　2.B C

**整本书阅读**

《名人传》

1.A D C　2.D